2024年国家图书馆青年学术论坛论文集

国家图书馆　编

国家图书馆出版社

图书在版编目（CIP）数据

2024年国家图书馆青年学术论坛论文集 / 国家图书馆编，-- 北京：国家图书馆出版社，2025.7.--ISBN 978-7-5013-8321-4

I.G25-53

中国国家版本馆CIP数据核字第20258VK659号

书　　名　**2024年国家图书馆青年学术论坛论文集**
　　　　　2024NIAN GUOJIA TUSHUGUAN QINGNIAN XUESHU LUNTAN LUNWENJI
著　　者　国家图书馆　编
责任编辑　唐　澈　张亚娜
责任校对　郝　蕾
封面设计　耕者设计工作室

出版发行　国家图书馆出版社（北京市西城区文津街7号　100034）
　　　　　（原书目文献出版社　北京图书馆出版社）
　　　　　010-66114536　63802249　nlcpress@nlc.cn（邮购）
网　　址　http://www.nlcpress.com
排　　版　北京旅教文化传播有限公司
印　　装　河北鲁汇荣彩印刷有限公司
版次印次　2025年7月第1版　2025年7月第1次印刷

开　　本　787mm×1092mm　1/16
印　　张　31
字　　数　675千字
书　　号　ISBN 978-7-5013-8321-4
定　　价　210.00元

目　录

一等奖

二等奖

三等奖

优秀奖

基于服务设计思维探析智慧图书馆导视系统设计与发展

朱丹宁（信息技术部）

随着信息技术的飞速发展，为不断满足读者个性化、高质量的阅读需求，我国公共图书馆正经历智慧化转型阶段。运用元宇宙、大数据、人工智能、云平台等先进技术，我国公共图书馆致力于提高信息服务价值，建设一个信息互联、知识共享的图书馆智慧服务新模式。图书馆的导视系统遍布全馆，代表着品牌形象，其不但拥有划分空间区域、信息传达、文化价值传播的基础功能，且能够作为一种无形的服务直观满足读者入馆的目的需求。近年来，图书馆导视系统设计不断优化创新，线上功能逐步完善。未来如何使读者在入馆享受智慧服务的过程中，依托导视系统提升整体体验，是笔者研究的重点。

本文将引入服务设计思维方法，从图书馆的导视系统切入，着力寻找并解决目前图书馆读者的体验痛点，探析未来智慧图书馆导视系统的设计方向与发展，统筹规划整个服务体验，使新技术手段在服务流程中与其他触点更加融合，提高读者满意度，致力于提升图书馆公共服务水平。

1　服务设计的定义、发展与研究意义

服务设计作为融合性的学科，通过对人、物、行为、环境和社会之间的系统关系进行梳理，以用户为中心，围绕用户重新规划组织资源、促进组织运作、提高员工效率，最终使用户体验感得以提升。其五大原则分别为：以用户为中心、共创、整体性、由表及里、迭代（图 1）[1]。这种科学的设计方法，与建设智慧图书馆愿景相吻合。

1982 年，美国学者肖斯塔克（G. Lynn Shotack）在《如何设计服务》（*How to Design a service*）中首次提出管理与营销层面的服务设计概念。1991 年，英国的比尔·霍林斯夫妇出版《全设计》（*Total Design*），服务设计从管理学领域正式进入设计领域。2004 年，玛格·碧吉特成立了全球服务设计联盟[2]，至今全球已有 46 个城市加入了此联盟。2023 年，“源于西方，兴于中国”：2023 全球服务设计联盟上海论坛圆满举办。随着国内行业飞速发展及互联网普及程度提高，目前服务设计在中国迅速发展。

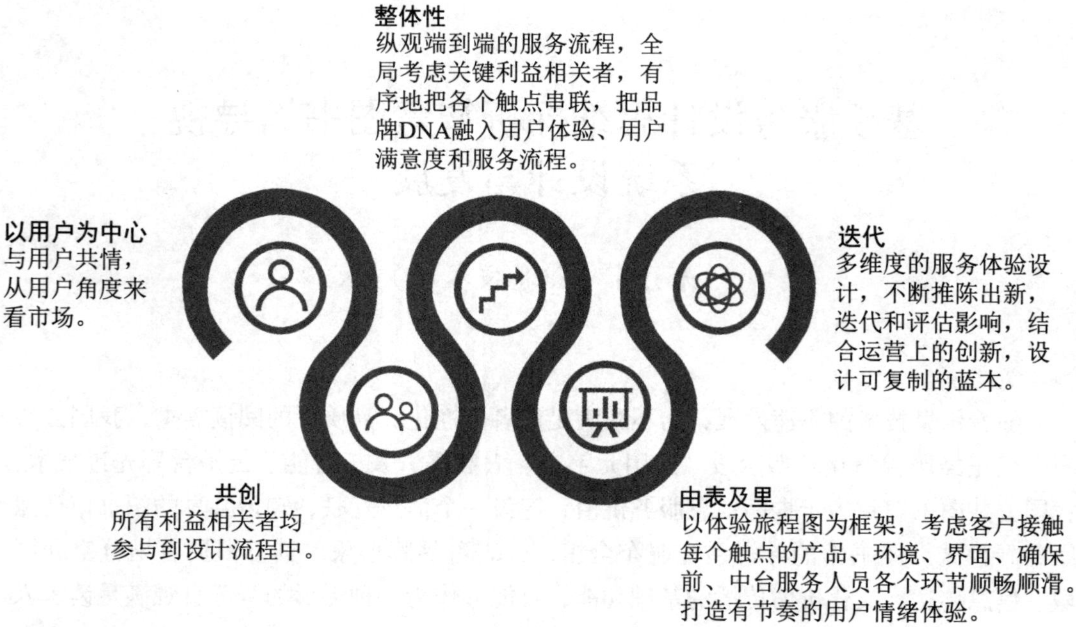

图 1　服务设计五大原则

党的二十大报告提出，“实施国家文化数字化战略，健全现代公共文化服务体系，创新实施文化惠民工程”[3]。这充分反映出党中央对公共文化服务的高度重视，也体现出提升公共文化服务水平的重要性和迫切性。未来智慧图书馆如何提升读者服务质量，使服务系统与设施满足读者需求和预期，令读者在享受图书馆服务的全流程中获得完整体验，这些决定着一个图书馆的整体品质及其在读者心中的地位。因此，在图书馆服务中引入服务设计是十分必要的。读者可以在几分钟内对接触的任何馆员、设施或服务，做出评估和比较。通过科学的方法，找准服务流程中每一个可以改善的触点，能够有效提升图书馆的整体形象，从而提高读者满意度。通过知名度和整体形象的提升，也会增加图书馆的商业机遇和投资合作。另外，服务设计能够帮助图书馆提高服务效率，从而节约成本。从生态学的角度上看，服务设计对问题的服务化解决方案减少了有形产品在生产过程中对资源和能源的过度使用。图书馆能够更好地控制所提供的服务内容，并从中获得更多的回报。

2　公共图书馆导视系统设计现状

导视系统是指一种通过对空间及目的地的指引，增强人们对空间的理解和体验的信息系统，由信息、视觉、空间、界面、交互等众多要素组合而成。进入互联网时代后，导视系统受到需求、审美、科技、媒介等因素的影响，积极应用“互联网＋”新技术突破传统模式，实现了线上地图、路线生成、周边服务参考、环境监测等多种功能，不仅提升用户的交互体验，且便于管理人员的线上管理和监控统计[4]。公共图书馆的导视系统对于读者馆内活动至关重要，无论是借还书、游览、阅读、休闲娱乐等，都需要导视系统的指引。尤其在大型馆区内，导视系统的重要性更得以突显。

2.1 国内公共图书馆

2.1.1 与品牌调性统一结合

国家图书馆（以下简称“国图”）总建筑面积 28 万平方米，馆区分为总馆南区、总馆北区和古籍馆。共设有阅览室 24 个、阅览座位 5339 个。2023 年全年接待到馆读者 409.52 万人次。国图的导视系统（图 2）趋于传统型，主视觉设计结合了国图 logo 配色并辅以汉字“書”与书本元素结合的设计，形成完整的品牌视觉识别系统，传达简约大气的国图文化特色。导视系统主要使用了导视牌的指示形式，并在特定区域设置了工作人员以提供指引和咨询服务，综合完成信息指示。国家图书馆官方网站、微信订阅号的“图示国图——馆区布局”中展示了馆区平面图（图 3），入馆读者可以参考使用。

国家图书馆
NATIONAL LIBRARY OF CHINA

（a）国图 logo

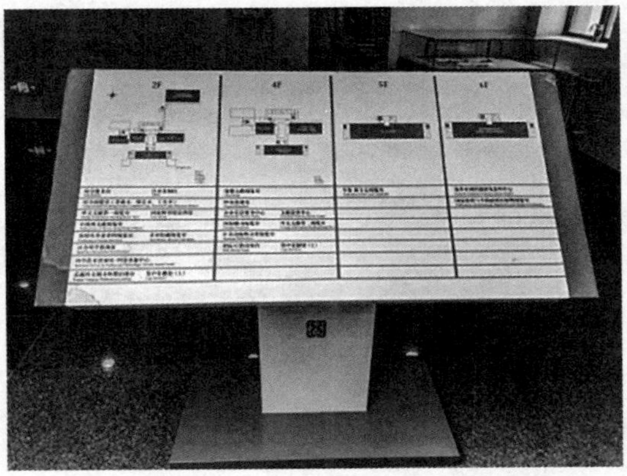

（b）室外导视立牌

（c）室内导视立牌之二

（d）导视牌

图 2　国图的导视系统

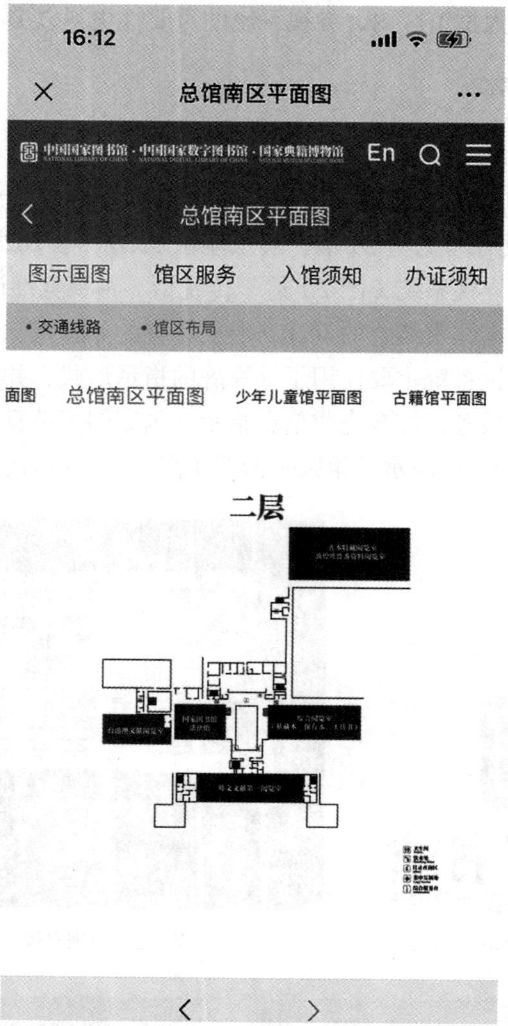

图 3　馆区线上平面图

2.1.2　引入新技术服务

北京城市图书馆开馆于 2023 年 12 月底，建筑面积约 7.5 万平方米，建筑高度 22.3 米。日接待能力为 5000 至 8000 人次，阅览座席约 2400 个。其建筑设计将森林景观与图书阅览区融为一体。由于独特的建筑风格和高度，部分导视系统直接印刷在建筑立柱上（图 4），另设置多种导视牌配合指引，结合区域平面图展示（图 5）。导视系统以白色和木色为主色调，整体设计风格与建筑风格相融合。馆区入口处设置了总服务台，便于读者入馆后立即咨询。由于新场馆人气较高，很多读者携儿童入馆，嘈杂声会影响开放阅读区读者的阅读体验，因此馆区设置了大量工作人员手举“保持安静”标识牌进行提示。每个区域的标识字牌尺寸很大，方便读者能够在远处识别目的地位置。线上导视系统建设较为完善，其中“地图导航”功能在打开手机蓝牙后能够显示馆区全景地图并标注服务点位，在线提供 AR 导航、2D 导航功能（图 6）。在“元宇宙体验馆”内，展示了馆区的元宇宙空间（图 7）。

图 4　导视柱

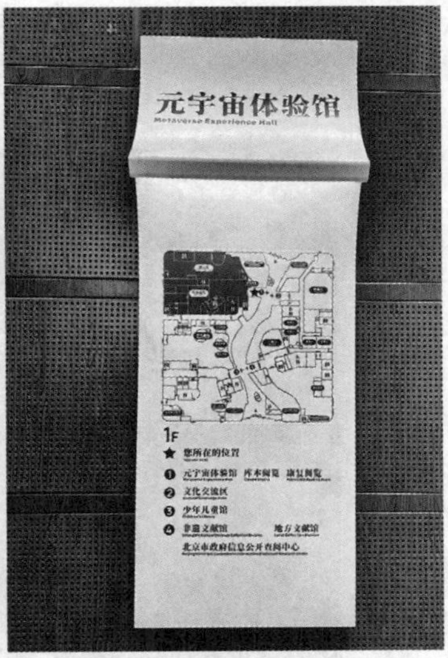

图 5　区域平向图

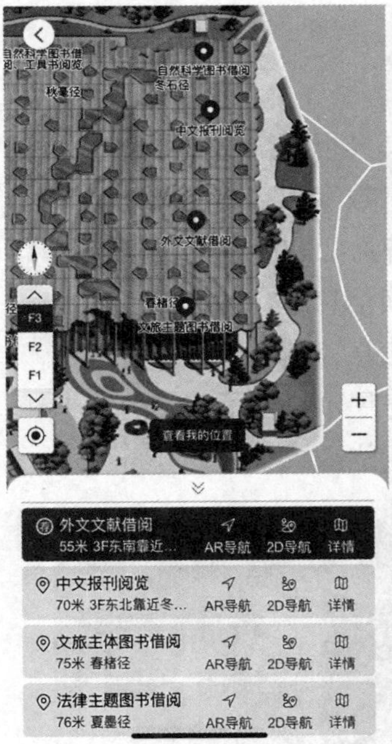

图 6　线上导视系统

图 7　元宇宙空间

2.2　国外公共图书馆

2.2.1　极简主义设计

维多利亚州立图书馆位于澳大利亚墨尔本市中心，成立于 1854 年，拥有藏书 200 万册。基于建筑风格，导视系统整体视觉设计简洁清爽，采用黑色无衬线字体搭配纯白色面板，标牌采用折角设计，像是被翻折过的书页（图 8），与图书馆文化相得益彰。

方向标识使用镂空的形式呈现，更有层次感。部分标牌使用电子信息屏，便于读者查阅信息。

图 8　导视牌设计

2.2.2　可随时调整变化

卢森堡国家图书馆是世界上最重要的科学研究图书馆之一。其导视系统设计结合建筑结构特性和设计美学，将字体设计和导视标牌模块化，使用大量数字和字母立方体组合形成整体的模块化标牌系统（图 9），具有较好的识别性。标牌由 25000 个树脂立方体、6000 个画面和 2400 个数字书架字符组成[5]。这种可随时更换信息组合的方式，有利于适应图书馆海量信息和馆藏的波动变化，便于馆员定制独立信息，随时进行书目位置调整，更改标牌。图书馆的主目录由大板组成（图 10），为信息展示提供了充足的空间。多层图书馆的开放空间使访客能够以最少的信息从远处快速定位区域。

图 9　模块化标牌系统

图 10　模块化导视牌

2.2.3 强烈的视觉冲击力

韦弗利图书馆位于悉尼新南威尔士州，是邦迪枢纽社区的重要服务中心。其导视系统设计初衷旨在鼓励人们不断学习，在主要公共空间设计了大面积环境图形来激发读者兴趣。采用鲜艳的红、黑、蓝、橙的配色，视觉冲击力强，字体使用较粗的无衬线字体，易于辨识。在儿童区设计了丰富的插图和五彩的标识，营造了一个具有童趣的空间。

2.3 现状与问题分析

通过调研，在学术研究层面，导视系统设计研究多聚焦于人工智能技术的应用与实践[6-8]。单独基于服务设计研究智慧图书馆导视系统设计方向的较少。在图书馆的实践应用层面，我国图书馆现有的导视系统大部分还是以线下导视系统为主，主要使用导视牌与咨询服务台结合的形式完成引导服务。部分图书馆积极应用多种新技术开发线上导视系统，致力于为读者打造更便捷的服务体验，但仍存在大量工作人员站在指定点位进行服务解答。由此可见，目前的新型导视系统模式并不能使所有读者完成自主引导，满足所有需求。国外图书馆导视系统趋于简洁的设计风格，在设计形式方面比国内更加新颖丰富。但很多国外图书馆的建筑是历史文物（图 11），在文物保护的前提下，基础设施条件限制了大面积智能化改造的可能。如何利用导视系统设计使资源配置问题得到更合理的解决，让新技术与服务更加有机地结合，有效提升服务效能值得进一步研究。

图 11　奥地利国家图书馆

3 基于服务设计思维的智慧导视系统设计构想

未来智慧图书馆不仅要引入新技术，更要使用服务设计思维去统筹考虑读者的整体服务体验。服务设计主要由人（读者、馆员、经营管理者等与服务有关的利益相关者）、资产（服务所需的实体或虚拟的物件）和流程（任何利益相关者于服务中的流程）三个要素构成，而每个要素都必须被正确地设计，并且能够整合在一起。

3.1 构建服务蓝图寻找关键触点

黄蔚认为："服务设计专注于通过洞察用户的需求，定义机会并解决问题。服务设计从理解需求出发，而不是直接跳到解决方案，它使真正的创新成为可能。"[9] 优化智慧图书馆导视系统整体服务的根本在于更好地理解读者的到馆需求。笔者使用观察法、访谈法、现场调研法等方法，获取并研究了到馆读者的需求及目的、行程轨迹，将其大致分为以下几类（如表 1 所示）。

表 1 读者需求分类

序号	需求及目的	行程轨迹
1	借还书、阅读	在馆阅读或借阅离馆
2	参观、旅游"打卡"	寻找"网红打卡"点位拍照
3	自习	寻找适合自习的场所
4	学习、调研	前往学习目标点位
5	听讲座、参观展览	前往目标点位
6	休闲娱乐	寻找休闲区域
7	上网	连接区域互联网
8	其他	—

建立服务蓝图是服务设计中的核心。通过流程展现来确保读者的每个接触点设计更加规范，使组织能够全面了解其所提供的实体及隐性服务，发现潜在漏洞，从而使各个环节的合作更加顺畅。笔者结合现场观察、访谈及在读者服务工作中接收到的各类读者意见，以读者入馆阅读需求为例，绘制服务蓝图（如表 2 所示），表现不同的触点，这将有利于梳理服务流程，找到读者的体验痛点，寻找提升读者服务体验的方向。

表 2　读者入馆服务蓝图

		入馆前		在馆中							离馆后	
读者行为		了解图书馆	预约	进馆	寻找导视系统	前往咨询台	前往目的地	借书 / 取书	就座	还书	离开	去其他地方
行为途径		线上渠道（媒体、微信公众号、官方网站等）、与他人聊天	入馆 / 指定图书	连接馆区 Wi-Fi	根据需求使用传统导视牌、电子导视屏或线上导视系统	咨询服务人员	跟随导视系统指引	使用人工借书服务或使用线上系统借阅系统	寻找适合阅读的区域	前往还书点	前往馆区出口	
前台	一线服务人员		打招呼	辅助读者连接	指引、提供咨询服务	指引、提供咨询服务	指引、提供咨询服务	指引、提供咨询服务	指引、提供咨询服务	指引、提供咨询服务	说再见、引导出口位置	
接触点	咨询台服务人员					提供咨询服务	引导读者前往					
	借阅处服务人员		接受预约信息，准备预约图书					协助读者完成	指引、提供咨询服务	协助读者完成		
	服务设施		预约系统需提供反馈	显示 wifi 密码或提供连接方法说明	传统导视牌、电子导视屏或线上导视系统	咨询台标识	传统导视版、电子导视屏或线上导视系统	借书点标识	阅读区标识	还书点标识	馆区出口标识	线上推送信息

续表

		入馆前		在馆中							离馆后	
后台	二线馆员及运营团队	负责管理新媒体渠道，向读者推送资讯（官方网站、微信公众号、微博、抖音等）	提供系统运行技术支持	提供网络技术支持	更新信息、维护系统运行	提供问题回复支持组织咨询相关培训	更新信息、维护系统运行	提供系统运行技术支持	空间管理	提供系统运行技术支持	建立服务反馈机制	开展营销、推送更多信息
	管理者	统筹、决策、支持、组织、推进、落实所有活动										
读者痛点		推送内容没有吸引力、不够全面	预约系统的使用问题	网络不稳定或连接有困难	大的馆区导视牌间距过远，难以找到目的地，使用智能设备有障碍，不会使用线上寻视系统	咨询服务等待时间长、服务人员态度问题、目的地较远咨询后到仍有困难	大的馆区导视牌间距过远，难以找到目的地。使用智能设备有障碍不会使用线上导视系统	系统使用问题、服务人员态度问题	对于第一次来馆的读者对馆区阅览室位置缺乏了解，难以找到阅读区域	系统使用问题、服务人员态度问题	大的馆区导视牌间距过远，难以找到目的地。年纪大的读者使用智能设备有障碍，不会使用线上导视系统	推送内容没有吸引力、不够全面

由表 2 所见，读者体验痛点总结如下：

①预约图书成功后，未能提示和显示准确的取书地点；

②入馆后不能迅速找到目的地；

③导视系统与服务设施的便捷度和适应性不足；

④服务人员的态度不佳和问题解决的满意度较低；

⑤离馆时和离馆后的交互与反馈。

3.2 未来智慧图书馆导视系统的提升方向

根据上节的分析研究，结合读者体验痛点，图书馆可以在未来智慧图书馆导视系统的设计中，更加注重读者的整体服务体验。笔者在以下几方面提出提升方向，以供设计借鉴。

3.2.1 导视系统应满足不同读者的需求

在调研中，特殊人群如老年人存在视力障碍、理解力及接受智能设备程度较低的问题，导致不会使用线上导视系统。虽然线上导视系统普及是未来发展趋势，但也要考虑特殊人群的需求，在利用新技术扩展线上导视系统功能的同时，也应继续完善线下导视系统。指示牌或标识的设计应在尺寸、图形设计上保证信息能够清晰传达，过于复杂或抽象的设计虽然新颖，但并不能起到正向的作用。图书馆应使用符合国际通用标准的标识设计，准确控制连贯引导的标牌距离，使读者易于理解其所代表的含义，能够迅速找到目的地位置。导视形式也应继续丰富，如触屏式电子导视屏可加强交互，实现平面地图向立体地图的具象转型和动画演示（图 12），更利于满足不同年龄段读者的需求。在不同阅读区导视系统设计时，应考虑采用相应受众人群易于接受的视觉语言，如儿童阅读区的导视系统可使用儿童喜爱的丰富色彩和图形元素，激发儿童学习兴趣。在设计中应遵循设计思维五步法，即共情、定义、构思、原型、测试，并满足实用性、系统性、多样性、人本性、审美性、可持续性六大原则。

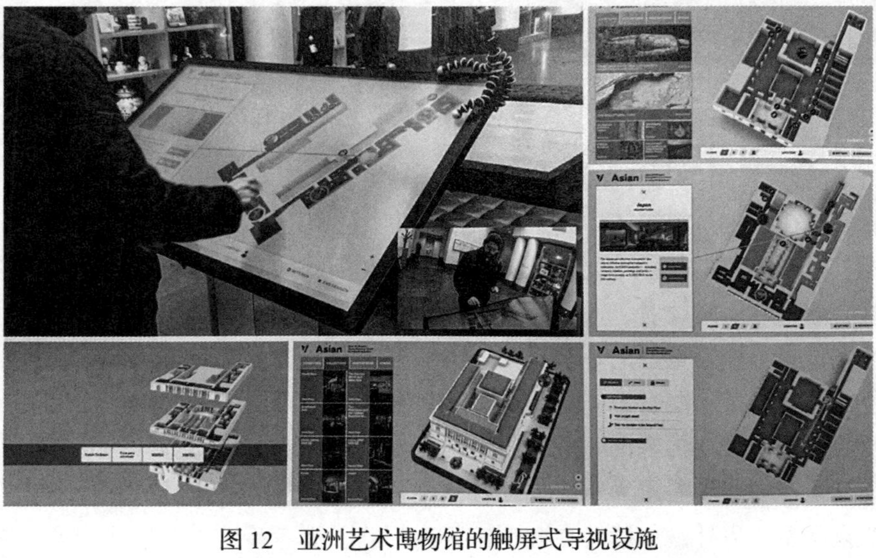

图 12 亚洲艺术博物馆的触屏式导视设施

3.2.2　积极宣传普及新技术服务助力体验提升

目前 AR、VR 等智能定位导航技术已在我国公共服务领域应用。基于“BIM（建筑信息模型）+AI（人工智能）+IOT（物联网）”技术，可实现对馆内人、事、物等信息数据的自动感知、动态采集、智能挖掘和集成计算，支持对场馆空间及设施、设备的智能可视化管理，全面推动智慧空间设施及其管理应用系统与用户智能终端的互联互通，提供给读者智慧服务体验。

无论开发了何种新型服务形式，图书馆应在读者入馆前完成科普、使用说明和广泛宣传。就目前来看，即使馆区已开发智能服务小程序，仍有很多读者对服务缺乏了解，到馆后仍使用线下导视牌或人工服务，使得智能手段的使用率降低，没有充分发挥效能。图书馆可以利用新媒体矩阵，如网站、微信公众号、抖音等途径积极宣传、推广，并配以具体的使用说明视频，使读者在入馆前能够对新服务充分了解。

对于未关注线上宣传的读者来说，在入馆后迅速捕捉到新服务至关重要，图书馆可在入馆处设立宣传栏或电子屏进行演示。纸质宣传册作为传统媒介，不仅可以展示基本区域平面图，且通过让读者扫描二维码进入线上服务平台，能更顺畅地将线上服务推送给读者，还可以展示品牌形象、传播图书馆文化价值（展示图书馆介绍、区域介绍等内容）。在离馆后，宣传册也可以成为读者来馆体验的纪念品，加深其对图书馆服务的印象（图 13）。

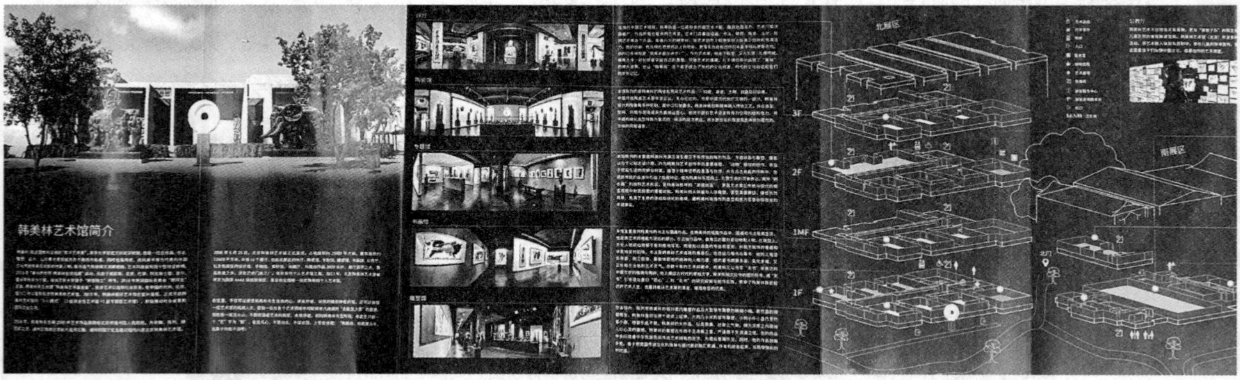

图 13　韩美林艺术馆宣传册

3.2.3　“智慧馆员”与智能问答

部分读者在导视系统服务中仍选择人工咨询的方式，与馆员直接面对面交流，可以更加清晰、直观地解决各种需求。这对未来“智慧”馆员的服务提出了更高要求。因为一线馆员是直接面对读者，其服务态度和服务质量，代表着图书馆的形象，也是读者在图书馆体验服务中很重要的环节。未来不仅要加强对馆员的技术服务培训，更需要中台、后台的技术人员、配套设施给予支撑。例如，在咨询服务中，如一线馆员不能直接回答读者的问题，需要再咨询其他部门后回答，读者会对过长的等待时间产生不满。建议图书馆以读者利益和需求为重，梳理各部门之间的工作流程，减少冗余环节，做到短时间内迅速反馈。另外，如读者在大型馆区内问路，更考验馆员的描述能力。在未来可以给一线馆员配备智能化演示设备，在读者问路时可迅速进行路线演示，直观标注出各类目的地的区域和准确位置，在其他问题咨询时也可利用系统进行讲解展示。

此外，数字人技术的应用成为当下的热点（图 14、图 15）。其背后强大的大数据、智能算法背景可以满足读者的一切想象。智慧图书馆可以积极将数字人技术引入导视系统服务，不仅可以在馆区电子屏中部署数字人服务，也可以实现手机等移动端功能，全方位、随时随地回答读者各类咨询问题。

图 14　国家博物馆数字人艾雯雯

图 15　北京城市图书馆数字人

3.2.4　个性化推介与信息传达服务

未来智慧图书馆如果建设智慧管理系统，智慧线上导视系统将成为该系统中的一部分。在读者使用线上导视系统时，定位与导航只是基础功能，图书馆通过系统中用户的行为数据积累，使用人工智能、大数据、机器学习算法等技术分析读者在阅读、行为方面的兴趣和偏好，在读者使用线上导视系统的同时，图书馆可以随时随地为读者推送个性化信息。如读者今日预约了图书，在其入馆后可立刻提示图书领取位置或在架位置，便于读者迅速完成借书活动。在结束借书流程后，图书馆可以显示馆区内可用阅览室和在座率统计，为读者提供阅读空间导览。其他个性类信息也可以推荐给读者，如“您可能会喜欢的书籍”“您曾经收藏过的书籍”“读书累了，小憩一会儿，休息区在前方 200 米”等。在读者使用线上导视系统时，图书馆对于特色区域（或“网红打卡位”）、母婴室、卫生间、吸烟室等特殊场所的及时提示也十分重要。线上导视系统不仅可以完成馆区内部的服务，介绍、传播本馆的文化信息，周边文化信息亦可推送。对于外地读者来说，参观完图书馆后也可以考虑下一目的地。

3.3　原型测试与反馈机制

在全面升级智慧导视系统之前，为了降低试错成本，可以先建立一个小型的原型设计环境，来测试读者、一线馆员、后台技术人员在使用过程中的反应。通过沉浸式的互动测试，调整触点之间的关系。例如，在图书馆的小型区域内，先建立一个完整的服务设计流程，配备各类智能化设备，通过观察和统计，形成读者的使用满意度报告，评估细节中的问题，在正式大量部署前，及时修正和解决问题，使最终的服务效果更加理想。

在读者离馆后，图书馆的服务并没有结束。未来图书馆应建立反馈机制，多渠道获取评价数据，提供读者真正喜爱、需要的图书馆服务，不断改进服务质量、提升服务水平。

本文从服务设计的角度，探讨未来智慧图书馆导视系统设计发展的方向，致力于通过梳理整体服务流程，解决读者在图书馆的体验痛点，提升读者未来在馆的服务体验。未来智慧图书馆应继续秉承以人为本的服务理念，完善智慧导视系统建设赋能智慧服务，为广大读者传递更多文化价值。

参考文献

[1] 黄蔚.服务设计：用极致体验赢得用户追随［M］.北京：机械工业出版社，2020：13-14.

[2] 黄蔚.服务设计：用极致体验赢得用户追随［M］.北京：机械工业出版社，2020：7.

[3] 习近平：高举中国特色社会主义伟大旗帜 为全面建设社会主义现代化国家而团结奋斗——在中国共产党第二十次全国代表大会上的报告［EB/OL］.［2025-04-29］. https://www.gov.cn/xinwen/2022-10/25/content_5721685.htm.

[4] 陈熹.可视·共存：智慧导视系统设计［M］.武汉：华中科技大学出版社，2023：2，5-6.

[5] 陈熹.可视·共存：智慧导视系统设计［M］.武汉：华中科技大学出版社，2023：83-84.

[6] 范浩东，刘安磊，许万秋.增强现实技术在图书馆导视系统设计中的应用［J］.信息与电脑（理论版），2023（13）：13-15.

[7] 裴超.图书馆 VR 全景导视系统设计应用研究——以武汉理工大学图书馆为例［J］.艺术市场，2022（5）：118-119.

[8] 鲁储珊.人工智能服务在智能化图书馆中的应用探究［J］.科技资讯，2023（18）：195-198.

[9] 黄蔚.服务设计：用极致体验赢得用户追随［M］.北京：机械工业出版社，2020：8.

大语言模型技术对建设智慧参考咨询服务的启示

肇　诚（参考咨询部）

"智慧图书馆"概念最早由西方大学图书馆和公共图书馆提出。2001 年，美国图书馆协会（American Library Association，ALA）发行月刊《智慧图书馆通讯》（*Smart Library Newsletter*），密切关注智慧图书馆领域的发展热点及趋势[1]。2003 年，芬兰奥卢大学图书馆开始提供智慧图书馆服务，芬兰学者 Markus Aittola 对智慧图书馆进行了研究，他认为智慧图书馆是不受空间限制、基于"位置感知"的移动图书馆[2]。同时期，澳大利亚和加拿大的部分图书馆也开始开展智慧图书馆的实践探索。国内对智慧图书馆的研究缘起于 2009 年 IBM 公司（International Business Machines Corporation）提出的"智慧地球"概念，具有标志性的文章是 2010 年严栋发表的《基于物联网的智慧图书馆》，他认为智慧图书馆是物联网、云计算、人工智能与图书馆相结合的产物[3]。智慧图书馆研究起始，就包含了对智慧参考咨询服务的研究。自 2018 年起，学界开始将智慧图书馆下的信息参考咨询服务作为独立的对象加以研究，有代表性的文章如程秀峰等发表的《基于用户画像的图书馆智慧参考咨询服务模式研究》，曹宁、杨倩发表的《面向智慧图书馆的参考咨询服务发展思路初探》等。此后，智慧图书馆建设背景下对智慧参考咨询服务的研究逐步深入，进入到一个新的阶段。以自然语言处理模型（Generative Pre-trained Transformer，GPT）为代表的大语言模型技术（Large Language Model，LLM）的兴起为图书馆智慧参考咨询服务建设提供了崭新的技术手段，本文对发展至今的大语言模型技术进行梳理，对图书馆参考咨询服务现状及特点进行分析，探究大语言模型技术对建设图书馆智慧参考咨询服务的影响，以期为图书馆智慧参考咨询服务建设提供参考。

1　国内外大语言模型发展现状

自然语言模型发展经历了以下几个阶段：基于规则的语言模型（Rule-based Language Model，RLM）、统计语言模型（Statistical Language Model，SLM）、神经语言模型（Neural Language Model，NLM）、预训练语言模型（Pre-trained Language Model，PLM）、大语言模型（Large Language Model，LLM）[4]。大语言模型是支持人工智能技术由实验室走向应用的核心技术，而大语言模型尚无统一定义，目前学术界较为一致的观点是大语言模型是由数十亿以上参数的神经网络组成，并通过大量文本训练，具有极高的参数量和处理能力的自然语言模型，可以实现自然语言处理领域中的各种任务，如文本生成、机器翻译、语音识别、对话系统等[5]。2017年6月，谷歌公司发布 Transformer 架构，之后的 GPT、BERT（Bidirectional Encoder Representations from Transformers）等语言模型都是基于此架构进行构建，因此产生了两种技术训练路径：一个是预训练微调路径，另一个是预训练提示路径。后者的代表便是 OpenAI 公司旗下的 GPT 模型。2018年1月，谷歌公司推出预训练语言模型 BERT，同年6月，OpenAI 公司发布基于 Transformer 架构构建自然语言处理模型 GPT。从 GPT-1 到 GPT-4 短短6年时间，GPT 模型已经发展到千亿级参数的可商用人工智能（Artificial Intelligence，AI）工具，见图1。GPT 大语言模型具备智能搜索、智能问答、智能推荐、自动摘要与分类以及智能翻译等革新性功能，能够显著提升用户的感知体验、交互体验和知识服务体验，为用户提供智能化、个性化且高效化的服务[6]。GPT 模型的出现改善了先前 AI 研究中信息标注方面的缺陷，推动了基于自然语言的大模型语言处理技术的发展。

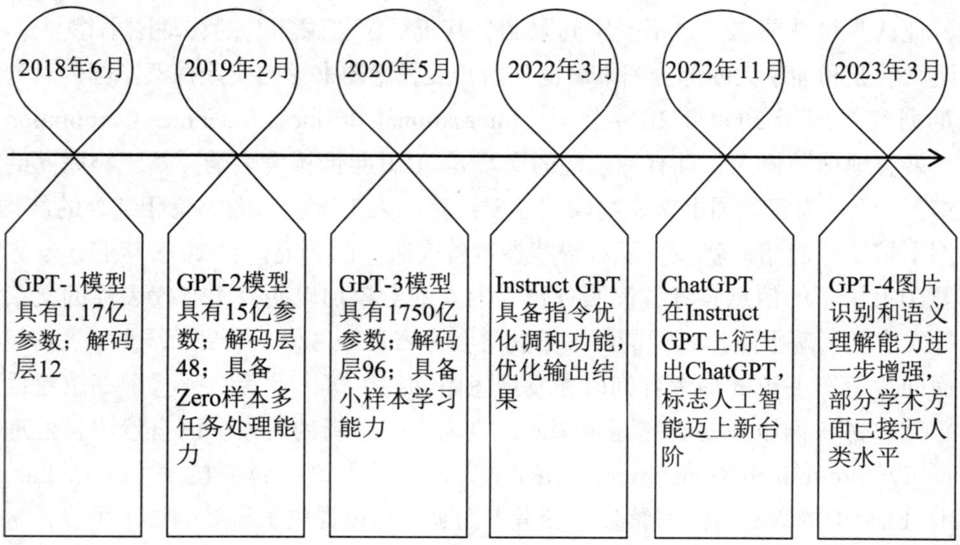

图1　GPT 发展历程

2022年 ChatGPT 面市，各科技巨头公司对大语言模型的研究情况迅速引发公众关注，国内外不同公司、科研机构相继发布自家大模型。本文通过文献调研，列举了当下部分大模型及各自基本特点，见表1。上文已介绍过 GPT 模型，因此表中不再赘述。

表1　国内外主流大模型一览

模型名称	发布方	基本特点
PaLM	谷歌	PalM 包含超过5000亿个参数，具有 Gecko、Otter、Bison 和 Unicorn 四个不同尺寸的模型，具有强大的自然语言处理能力以及适应不同场景和需求的灵活性
Flan-T5	谷歌	针对处理文本任务的 Flan-T5 擅长对冗长文本的关键信息提取、创建简练摘要，具有适应性强、高效、稳定的特点

续表

模型名称	发布方	基本特点
Llama	Meta	Llama 支持如 TensorFlow、PyTorch 和 Scikit-learn 多种机器学习框架，可胜任图像识别、自然语言处理和异常检测等任务，并且具有强大的扩展能力，满足大数据时代的数据处理需求
ChatGLM	智谱 AI	ChatGLM 在中英双语料上进行大规模预训练，使其能够处理多语种环境下的自然语言任务；硬件部署方面要求较低，从而降低使用门槛；2048 的序列长度对处理复杂对话和生成长文本具有优势
文心一言	百度	文心一言可对多模态、多语言的信息输入进行深度理解，依托百度强大的搜索和知识图谱技术，为用户提供高效、便捷的自然语言交互体验，应用领域广泛
盘古	华为	盘古大模型能够融合包括文本、图像、语音、视频等多模态的知识，从而更全面地理解各种信息，在全局上下文理解和深度语义理解方面具有优势

除表 1 中列出的大模型外，还有由卡耐基梅隆大学和 Google 公司联合开发的 XLNet、Facebook 公司推出的 RoBERTa，国内有阿里通义千问、腾讯混元大模型、复旦大学自然语言处理实验室的 MOSS 模型。此外，一些科研类公司也推出了各自的大模型，如爱思唯尔的 Scopus AI，清华同方知网的 CNKI AI 学术研究助手等。

2024 年 2 月 15 日，OpenAI 公司发布人工智能文生视频大模型 Sora，Sora 一经发布便引发全球科技行业的关注。基于 Transformer 架构的 Sora 核心算法采用扩散模型（Diffusion Model）+ 大语言模型（LLM），训练过程调用 DALL.E3 和 GPT 。Sora 可较好地理解输入的文本内容，并转化为视频；可根据文本描述生成连续复杂场景及多个角色，继而打造虚拟世界模拟器；除文生视频，还可实现图生视频，以及对现有视频的编辑和扩展，为其增加新内容。Sora 所展现出的技术特点，让 LLM 成为世界模型成为可能，通用人工智能技术落地时间大大缩短。

2 大语言模型技术赋能智慧参考咨询服务，助力知识服务发展

参考咨询服务是现代图书馆的核心服务之一，是连接图书馆文献资源与用户的重要纽带，是向用户提供知识服务的重要形式。在国内，作为设施最完备、馆藏最丰富、服务最齐全的图书馆，国家图书馆在智慧图书馆建设的理论研究和实践方面，均走在国内各图书馆前列。国家图书馆的参考咨询服务历史悠久、要素齐全，因此，本文以国家图书馆参考咨询服务为研究对象，结合大语言模型技术特点，分析大语言模型技术对建设智慧参考咨询服务的潜在影响。

参考咨询业务工作内容丰富，按咨询问题的典型特征可以将参考咨询业务划分为两级：第一级是对用户提出的一般性、事实性问题的解答，主要包括服务指引类咨询、馆藏文检索辅导、数字资源检索辅导、图书馆其他服务的指导与利用；第二级是对用户提

出的研究性咨询的解答服务，主要包括事实查询、专题检索、文献综述、科技查新、文献提供等服务。结合服务场景，本文对参考咨询服务进行流程梳理，得出咨询流程图，见图 2。

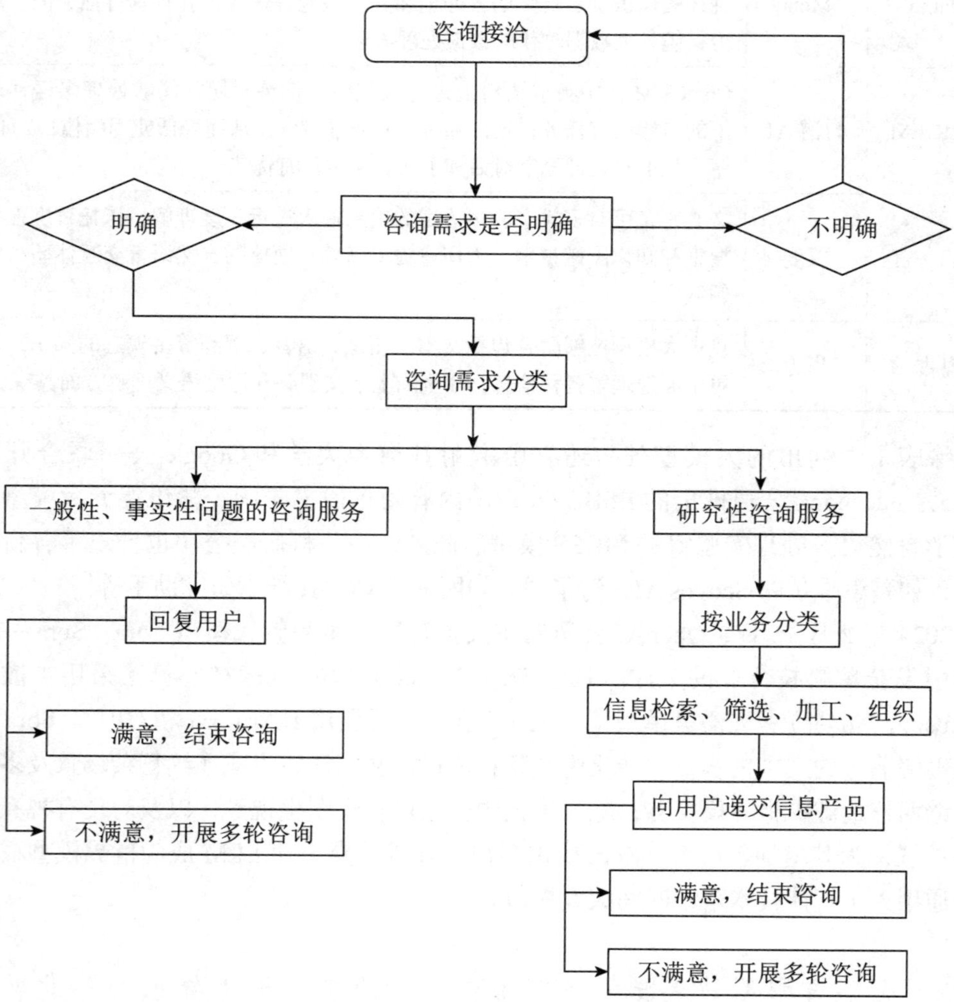

图 2　咨询流程图

2.1　LLM 赋能一般性参考咨询服务，提高基础参考咨询服务质量和效率

结合咨询流程图和对国家图书馆综合咨询馆员的访谈调研可以发现，图书馆一般性、事实性参考咨询服务具有问题重复、简单、繁杂、量大等特点。在日常咨询场景中，很多问题被反复多次提出，咨询馆员疲于应对单一类型问题。同时，提供参考咨询服务的窗口位置及数量难以满足用户高频次、多点位的咨询需求，图书馆各个参考咨询窗口之间的信息时差及内容的不对称会导致同一问题的不同答案，易误导用户。尽管在数字参考咨询时代，图书馆已提供 7×24 小时的呼叫中心服务和网络咨询台服务，但是相对落后的技术，导致系统回复的答案难以让用户满意。相较于互联网检索系统，图书

馆书目检索系统和数字资源检索系统具有一定的专业性和复杂性，同时叠加图书馆各类阅览政策，导致用户更加难以上手。基于 Transformer 结构的大语言模型技术可以很好地解决上述问题，用户可采用自然语言输入，可与模型进行多轮、连续对话，直至获取满意的答案，并且咨询过程完全不受时空限制，用户可随时随地发起咨询；借助大语言模型对多模态信息的处理技术，用户可自助获取图书馆的信息检索方法，并且这种方法是以文字、图片、音频、视频多模态的形式展现的。大语言模型的技术特点可以完美解决图书馆一般性、事实性参考咨询服务的难点，显著提高基础参考咨询服务的质量和效率，并且将参考咨询馆员从烦琐的日常参考咨询服务中解放出来，一线参考咨询馆员将由台前走向幕后，转变为智慧检索馆员，研究系统检索策略，提供更优的检索方案。

2.2 LLM 赋能研究性参考咨询服务，提升知识服务水平和信息产品价值

研究性参考咨询服务是围绕用户特定信息需求，深入挖掘图书馆文献资源，对信息进行筛选、综合、分析、归纳后提交给用户的个性化、定制化服务。国家图书馆开展研究性参考咨询服务由来已久，最早可追溯至 1928 年国家图书馆的前身国立北平图书馆阅览部所设的参考科。时至今日，国家图书馆参考咨询服务已发展为包括社科咨询服务、科技咨询服务、知识产权服务、企业信息服务、文献提供服务的多板块业务，面向社会各界提供专业化、定制化、个性化服务。

数字图书馆时代，图书馆馆藏由以纸本馆藏为主向纸本加数字资源馆藏转变，数字资源馆藏占比迅速增长，用户对数字文献的需求高涨。这一变化要求参考咨询服务要更高效地帮助用户解决信息检索需求，而落后的图书馆检索系统难以满足用户的高要求。知识服务时代，用户对知识内容的获取已不局限于垂直学科内，其对交叉学科知识的获取需求愈加旺盛。图书馆所藏知识的载体主要包括书籍、期刊、报纸等的纸本形式和数字资源形式，这些相互独立的存储形式，其知识难以串联，使得知识发掘工作难度巨大。研究性参考咨询的首要工作是帮助用户将独立于各个储藏载体内的、庞杂割裂的知识检索、提炼出来，按需求组织加工形成知识产品。图书馆的书目检索系统、各个数据库检索系统均有自身特色，用户需要耗费大量的时间成本和学习成本才能熟练运用，并且检索途径分散、过程耗时、信息组织难度大。通过对在国家图书馆从事社科咨询服务和科技咨询服务的参考咨询馆员进行访谈，发现在目前的业务构成中，文献检索、信息筛选等信息初加工产品占比较大，而对知识内容的组织、创造等信息深加工业务占比较少，其中主要原因是参考咨询馆员的学科背景难以满足来源广泛的学科知识服务需求，导致大量深层次的知识服务业务需求无法满足。以 ChatGPT 为代表的、基于 Transformer 结构的大语言模型，通过大规模预训练，在长文本理解、多轮对话、语言组织输出等技术功能已接近人类学术水平。图书馆接入大语言模型，首先，可建立智慧检索系统将分散独立的书目检索系统、数据库检索系统连接起来，实现自然语言输入，即可实现不同知识储存系统内的知识挖掘，将大大缩短知识揭示和知识体系建立所需的时间；其次，接入图书馆优质数据训练后的大语言模型，结合自身的自我纠错、错误判别功能，在文本撰写方面的学术水平将更加接近人类，这对研究性参考咨询服务中的深

层次知识组织、加工、输出大有裨益；再次，围绕大语言模型构建图书馆智慧知识服务平台，提供一站式信息检索、筛选、加工、组织平台。拥有千亿级别规模通用数据集的大语言模型与图书馆内高质量数字资源的结合，将为用户提供高水平的知识服务，精准满足用户需求的信息产品。

3 大语言模型对智慧参考咨询服务的潜在风险及对策

3.1 关注模型自身风险，增强对模型的科学判别能力和人工审核

美国亚利桑那大学语言学教授诺姆·乔姆斯基认为，ChatGPT 本质上是通过获得大量数据，采用统计学方式寻找其中规律，并以自然语言输出的高端“剽窃系统”[7]。这一观点揭示了人工智能技术天然存在的不足。人脑可以“无限地利用有限的手段”（infinite use of finite means），创造出具有普遍影响力的思想和理论，而这是机器天然所不具备的。具体而言，以 ChatGPT 为代表的大语言模型存在以下不足：首先是同义转述。同义改写数据集中的文本，内容意思不变。其次是无意义回复。用看似逻辑严谨，但毫无意义的语言回复用户提问。最后是信息真假难辨。单向自回归的训练模式决定了当出现超出数据训练集范围的问题时，模型会一本正经地回复看似逻辑合理的虚假答案。这对于欠缺学术储备的用户会造成严重的错误引导。因此，建设学术型的智慧参考咨询服务需要大语言模型接入更多的高质量数据集，摒弃低劣、无意义的数据集；在结果输出时，要明确学术引文的出处，做好溯源；引入外部专家评测，对学术类输出结果进行人工审核，保障输出结果的质量。

3.2 关注版权及学术风险，健全版权及学术保护机制

图书馆是传播人类文明的载体，其储藏的知识由全社会所共享。图书馆在向用户提供参考咨询服务过程中，既要保障对所藏文献的合理利用，同时又要维护版权所有者的权益。大语言模型需要接入海量数据集进行训练，ChatGPT 在现阶段接入的是互联网公开数据，法律对于这一部分的数据版权尚无明确定位，但是，图书馆内所藏纸本文献和数字文献均为正规版权出版物，引入大语言模型必须关注版权保护问题。尤其是在内容生成输出阶段，参考咨询馆员要与用户签署版权声明，注明版权利用的合理性，限定版权使用范围，要求用户对通过大语言模型工具生成的内容进行明确标记。ChatGPT 一经发布，教育和学术界便禁止用户利用其撰写论文或学术文章，如需利用，也要将 AI 列为合著者。但是，技术往往不能一禁了之，先进的技术之所以被人们所期待与重视，正是因其带来的便利、高效。因此，合理利用人工智能技术推进知识生产方式的革新，才是正道。除从技术角度检测学术不端行为外，有关单位还需立法规范包含大语言模型在内的人工智能技术的利用。2023 年，欧洲议会通过了全球首个《人工智能法案》草案，同年，中国国家互联网信息办公室发布了《生成式人工智能服务管理办法（征求意见稿）》，明确要求不得侵犯知识产权等内容。

3.3 关注数据安全风险，建立网络技术安全屏障

用户在使用大语言模型工具时，输入的个人信息、敏感数据、商业或机密信息等会被抓取，极易造成数据泄露，轻则暴露个人隐私，重则对国家安全造成风险。2023 年 1 月，包含约 2.35 亿用户信息的推特数据库被黑客破解并公开，对数百万用户构成严重的数据安全风险[8]。同样，大语言模型也承受着网络黑客攻击的风险。因此，有关单位亟需加强对生成式人工智能大语言模型的数据安全监管。除在法律上严格要求科技企业切实做好数据安全防护外，在技术上，图书馆可在局域网条件下，独立运行生成式 AI 大语言模型工具，保证数据泄露风险在可控范围内，此外，图书馆可建立数据定期销毁制度，进一步保障安全的数据环境。

以 ChatGPT 为代表的大语言模型工具，让人工智能技术拥有了从实验室走向通用人工智能技术的契机，其对文字、图像、音频、视频的多模态处理技术成为建设图书馆智慧咨询服务的重要拼图。尽管大语言模型发展时间较短且存在一定不足，但其对知识服务的潜在影响巨大，图书馆行业对其高度关注。国家图书馆已与百度公司合作，依托“文心一言”大模型积极开展智慧参考咨询建设，引领知识服务向智慧、高效、优质、精准的方向发展。

参考文献

[1] ALA TechSource.Smart library newsletter [EB /OL]. [2023-03-12]. http://jaurnals.ala.org/index.php/sln.

[2] AITTOLA M，RYHÄNEN T，OJALA T. SmartLibrary-location-aware mobile library service [C] // CHITTAROL. Human-computer interaction with mobile devices and services.Berlin：Springer，2003：411-416.

[3] 严栋 . 基于物联网的智慧图书馆 [J]. 图书馆学刊，2010（7）：8-10.

[4] 冯志伟，张灯柯 . 语言模型与人工智能 [J]. 外语研究，2024（1）：1-19，112.

[5] Extracting training data from large language models [EB/OL]. [2021-06-15]. https://arxiv.org/abs/2012.07805.

[6] 张宏玲，沈立力，韩春磊，等 . 大语言模型对图书馆数字人文工作的挑战及应对思考 [J]. 图书馆杂志，2023（11）：31-39，61.

[7] 乔姆斯基，罗伯茨，瓦图穆尔，等 . ChatGPT 的虚假承诺 [J]. 长江学术，2023（4）：105-108.

[8] 王晓丽，严驰 . 生成式 AI 大模型的风险问题与规制进路：以 GPT-4 为例 [J]. 北京航空航天大学学报（社会科学版），2025（2）：17-27.

新《中华人民共和国著作权法》对智慧图书馆建设的影响及应对策略

肖慧琛（数字资源部） 李兴芳（研究院）

2020年11月，在《中华人民共和国著作权法》（以下简称《著作权法》）颁布三十年之际，全国人民代表大会常务委员会（以下简称“全国人大常委会”）表决通过关于第三次修改《著作权法》的决定。《著作权法》修正经十年讨论，草案历三次审议，为适应数字和网络等新技术变革与产业发展的需求，修改作品定义与权利归属等的内涵，加大对侵犯著作权行为的惩治力度，填补著作权管理的空白，从而进一步保护广大著作权人的合法权益，完善我国知识产权法律体系。

著作权立法、执法与我国文化繁荣发展密切相关。“图书馆是国家文化发展水平的重要标志，是滋养民族心灵、培育文化自信的重要场所”[1]。2021年，文化和旅游部、国家发展和改革委员会、财政部联合发布《关于推动公共文化服务高质量发展的意见》，明确“加强智慧图书馆体系建设，建立覆盖全国的图书馆智慧服务和管理架构”[2]。《中华人民共和国国民经济和社会发展第十四个五年规划和2035年远景目标纲要》提到，“提供智慧便捷的公共服务”，“积极发展……智慧图书馆等，支持高水平公共服务机构对接基层、边远和欠发达地区，扩大优质公共服务资源辐射覆盖范围”，“提升公共文化服务水平”，“完善公共文化服务体系”，“推进公共图书馆……等公共文化场馆免费开放和数字化发展”[3]。由此可见，全国智慧图书馆体系建设已是当前我国公共图书馆事业发展的重点任务。

在知识产权保护力度愈加强化的环境下，伴随着“十四五”时期图书馆转型，新《著作权法》（以下简称“新法”）对全国智慧图书馆体系建设产生的深远影响，值得深入探讨。关于新法，全国人大常委会法制工作委员会、中央宣传部政策法规研究室与中央宣传部版权管理局共同编写《〈中华人民共和国著作权法〉导读与释义》，阐述《著作权法》修改背景及立法原意[4]。刘承韪[5]、阎晓宏[6]、袁锋[7]、刘睿[8]、郭芯宁[9]、王爱霞[10]等讨论新法在经济社会、新闻出版行业、广播电视行业、编辑工作、图书馆阅读障碍者服务、数字信息资源长期保存等方面的影响，但尚未有关于新法对图书馆行业整体影响的研究。新法总共六十七条，修改决定共四十二条，其中十五项条款与图书馆关联度较高，九条对于图书馆行业发展具有积极影响，六条可能对全国智慧图书馆体系建设产生挑战，需要图书馆行业调整甚至重构现有业务模式。

1　新《著作权法》对智慧图书馆建设的积极影响

在数字图书馆时代，著作权是“影响数字图书馆建设与发展的一个关键因素”[11]。全国智慧图书馆体系的资源建设与服务，具有数字化、知识化、智能化、网络化等特性，对资源确权、授权及管理的要求愈加凸显，需要解决更为复杂的著作权问题。图书馆可依据新法的九条有利条款，充分拓展可利用资源范畴、规避法律风险、维护图书馆权益，进而促进行业良性发展，更好地满足人民群众日益增长的精神需求。

1.1　拓展智慧图书馆资源可利用范畴

新法修改“作品”定义范围、阅读障碍者、公共场所艺术作品相关条款，为智慧图书馆资源建设与利用提供法律制度保障。

1.1.1　修改“作品”定义与范围

新法第三条将“包括以下列形式创作的文学、艺术和自然科学、社会科学、工程技术等作品”修改为“是指文学、艺术和科学领域内具有独创性并能以一定形式表现的智力成果”；同时，将“电影作品和以类似摄制电影的方法创作的作品”修改为“视听作品”；此外，增加兜底性条款“符合作品特征的其他智力成果”①。

作品定义修改与范围拓展对于明晰作品类型具有重要指导意义。在全国智慧图书馆体系建设中，馆藏资源呈现复合型、立体化、多元化、细粒度等发展趋势。图片、音视频、知识组织等随着新技术发展而产生的作品与资源形态，受到图书馆与其服务对象的重视。因技术变革与新媒体发展产生的网络直播、网络视频等新型作品类型被归为“视听作品”，纳入《著作权法》保护范畴。兜底性条款为将来可能出现的新类型作品留出空间。例如，当前学界关于元数据是否属于符合作品特征的其他智力成果有较多讨论，若能够认定元数据是作品，海量元数据将成为图书馆的重要资产。

1.1.2　修补阅读障碍者相关制度

新法第二十四条第一款第十二项将“盲文”修改为“阅读障碍者能够感知的无障碍方式”，将“已发表的作品改成盲文出版”修改为“以阅读障碍者能够感知的无障碍方式向其提供已经发表的作品”。新增第五十条第一款第二项关于技术保护措施例外的规定：“不以营利为目的，以阅读障碍者能够感知的无障碍方式向其提供已经发表的作品而该作品，无法通过正常途径获取。”基于新法实施的法律准备，《关于为盲人、视力障碍者或其他印刷品阅读障碍者获得已出版作品提供便利的马拉喀什条约》于 2022 年 5 月 5 日在我国正式生效，为跨境交换及进口无障碍格式版奠定法律基础。同年 8 月，国家版权局印发《以无障碍方式向阅读障碍者提供作品暂行规定》，明确阅读障碍者“是

① 以下新、旧《著作权法》引文来自：全国人民代表大会常务委员会.全国人民代表大会常务委员会关于修改《中华人民共和国著作权法》的决定（主席令第二十六号）[EB/OL].[2024-03-16].https://www.gov.cn/zhengce/2010-02/26/content_2602241.htm；全国人民代表大会常务委员会.中华人民共和国著作权法[EB/OL].[2024-03-16].http://www.npc.gov.cn/npc//c2/c30834/202011/t20201119_308796. html.

指视力残疾人以及由于视觉缺陷、知觉障碍、肢体残疾等原因无法正常阅读的人”[12]。

上述法律法规的施行，不仅将图书馆无障碍服务的惠及群体由盲人拓展至阅读障碍者，而且扩展了无障碍资源范围。图书馆可依据合理使用条款且在国家版权局登记备案后，制作并向阅读障碍者提供已发表作品的无障碍格式版。例如在原有盲文、文字作品的基础上，新增大字版读物、有声读物、无障碍电影等。此前，我国无障碍格式版的制作与服务受限于版权费用高、法律法规不足等因素，“十三五”期间无障碍格式版出版作品仅“1 万余种”[13]。而包括阅读障碍者在内的残疾人接受文化服务的主要渠道是通过智能化设备网络连接获取知识信息，相关法律的完善未来将极大地促进全国智慧图书馆面向阅读障碍者的资源建设与服务。

1.1.3 修改合理使用公共场所艺术作品的规定

新法第二十四条第一款第十项修改关于“合理使用”公共场所艺术作品的条款，规定在尊重作者精神权利的前提下，可以不经著作权人许可，不向其支付报酬“对设置或者陈列在公共场所的艺术作品进行临摹、绘画、摄影、录像”，删除旧法中的“室外”二字，将法律规定涉及的空间范围拓展至室内。随着图书馆线下智慧空间建设，展陈服务愈加受到图书馆重视，若能够合理使用室内外艺术品，图书将会吸引更多读者到馆。图书馆开展宣传推广工作如制作宣传海报、视频等的可合法将公共场所的艺术作品作为背景，增强视觉沉浸感与趣味性。例如，2023 年底开馆仅数月的北京城市图书馆已成为现象级的网红图书馆，以室内艺术品及空间设计为背景的照片或视频被纷至沓来的群众上传至社交媒体。

新法拓展图书馆可利用的资源范围，为智慧图书馆开展资源建设与创新读者服务留出更多想象与发挥空间。

1.2 规避智慧图书馆资源建设与服务法律风险

新法完善守法和公共利益原则、著作权集体管理组织、合作作品、职务作品、摄影作品的相关条款，为智慧图书馆资源建设与服务规避法律风险。

1.2.1 补充关于守法和公共利益原则以及国家依法监督管理的规定

新法第四条将“著作权人行使著作权”改为“著作权人和与著作权有关的权利人行使权利”。新法不仅规范著作权人的行为，还规范了包括表演者、录音录像制作者等与著作权有关的权利人的行为。在数字图书馆时代，为更好、更迅速地为人民群众提供公共文化服务，图书馆开展资源建设与服务时常“行动在先，法律滞后”，存在不少忽视法律风险的现象，导致近年来司法诉讼频发。随着智慧图书馆对知识产权要求的变化、图书馆人法律素养的提升，新法更有利于图书馆加强行业自律，依法开展相关业务，树立图书馆尊重知识产权的良好形象。

1.2.2 进一步完善著作权集体管理组织制度

新法第八条加强对著作权集体管理组织运作规范的要求，重点新增关于使用费的条款，规定使用费的收费标准、需面向社会公布的内容、“建立权利信息查询系统”等；著作权集体管理组织除可在旧法基础上作为当事人进行诉讼、仲裁活动外，新法还增加了其“调解”权利。我国共有五家著作权集体管理组织，在不同版权领域针对特定类型作品著作权服务于社会，涉及文字作品著作权、音乐作品著作权、录音录像制品 / 音乐类视听作品著作权、电影作品著作权、摄影著作权。目前，国家版权局已启动修订《著作权集体管理条例》(2005 年施行，2013 年修订)。未来，相关配套法规的颁布不仅有利于充分发挥著作权集体管理组织的作用，而且能够促进图书馆与著作权集体管理组织合作，进而规避法律风险。

互联网的广泛应用使人民群众对图书馆线上资源与服务的需求凸显。而在公有领域等不受版权期限保护的资源有限的情况下，著作权人授予图书馆合法使用作品的信息网络传播权、数字化复制权，是图书馆满足线上资源服务的基本条件。版权限制是智慧图书馆发展亟须解决的一项难题，海量且多类型资源的著作权人数量巨大、著作权人难寻、图书馆版权管理岗位人员普遍稀少等客观因素积聚，造成图书馆获取版权授权难的现实困境。与著作权集体管理组织的合作能够解决部分困难。

1.2.3　新增关于合作作品著作权归属和权利行使的规定

新法第十四条纳入《中华人民共和国著作权法实施条例》第九条，并加以完善:“合作作品的著作权由合作作者通过协商一致行使；不能协商一致，又无正当理由的，任何一方不得阻止他方行使除转让、许可他人专有使用、出质以外的其他权利，但是所得收益应当合理分配给所有合作作者。”合作作品在图书馆资源中并不少见。以图书馆数字版权资源征集工作为例，对于年代较远的合作作品，图书馆难以与部分合作作者取得联系；个别合作作者不同意其他作者向图书馆免费授予非专用的信息网络传播权和复制权，导致图书馆数字版权资源征集实践工作推进困难。针对无法取得全部授权或权利人之间对授权存在不同意见的情况，新法提供解决方案，既注意平等保护所有合作作者的合法权利，又兼顾社会公共利益，有利于图书馆在资源建设中处理合作作品的授权问题，合理规避风险。

1.2.4　增加关于职务作品著作权归属的规定

新法第十八条将职务作品的范围扩大，纳入“示意图”，新增“报社、期刊社、通讯社、广播电台、电视台的工作人员创作的职务作品”。明确媒体类职务作品的作者享有署名权，且著作权的其他权利归属于媒体，有利于媒体集中授权时事新闻等职务作品，促进作品传播。随着国家倡导公共文化机构加强社会化合作，新媒体资源快速发展，图书馆与媒体类机构合作力度加深，图书馆接受的职务作品数量激增。以图书馆数字资源捐赠工作为例，按照旧法，图书馆工作人员需根据捐赠方的单位、职务、作品制作设备等综合判断该作品是否属于职务作品，同时需获取职务作品的作者授权。不仅工作难度较大，且易产生法律风险，复杂情况往往令捐赠方望而生畏。新法有利于简化授权操作，减少侵权风险，进而提升馆藏数量与质量。

1.2.5　完善关于展览摄影作品的规定

新法第二十条在旧法美术作品展览权规定的基础上新增:“摄影作品原件的展览权由原件所有人享有”，“作者将未发表的美术、摄影作品的原件所有权转让给他人，受让人展览该原件不构成对作者发表权的侵犯。”这意味着图书馆举办美术、摄影作品的展览时，获取原件所有人的同意即可，无需再寻找原著作权人。以中国战“疫”记忆库项目为例，自2020年初起，国家图书馆联合全国各地公共图书馆开展抗击新型冠状病毒主题资源征集，收到的社会各界捐赠资源中不乏已发表或未发表的美术、摄影作品的原件，各图书馆陆续举办展览。根据新法，图书馆作为美术、摄影作品原件的所有人，有权在展陈服务中展出作品。新法有利于图书馆科学利用涉及重大公共卫生事件等具有重要历史价值的文献，可在短期内迅速在全国智慧图书馆线下空间开展宣传，履行社会服务职责。

新法的上述修改将促进智慧图书馆获取版权清晰资源，合法利用授权资源开展服务，保护图书馆权益，免受法律诉讼困扰。

2 新《著作权法》对智慧图书馆建设的挑战

新法使图书馆部分资源建设与服务模式面临挑战，增加图书馆侵权风险与工作挑战，相关法条主要涉及单纯事实消息、侵权赔偿、数字化复制、摄影作品保护期、录音制作者权利。

2.1 增加侵权风险与侵权成本

新法缩小“新闻”范围、加大侵权惩戒力度，使图书馆面临的侵权风险与成本增加。

2.1.1 新法缩小“新闻”范围

新法第五条第一款第二项将不适用于著作权保护的“时事新闻”修改为“单纯事实消息”。旧法规定“时事新闻”不属于被保护的对象，新法缩小其范围。图书馆通过本馆网站、微博、微信公众号、抖音等平台转载新闻时，需注意甄别时事新闻作品与单纯事实消息，明确新闻摄影类作品的权利归属，取得时事新闻作品著作权人的许可，避免侵权。

2.1.2 新法加大侵权惩戒力度

新法第五十四条加大对侵权行为的惩戒力度，尤其是提高侵权赔偿与侵权成本，这较旧法有较大修改。一是新增权利许可使用费作为赔偿方式之一；二是引入惩罚性赔偿制度，对于情节严重的故意侵权行为，可按实际损失、违法所得或权利使用费的“确定数额的一倍以上五倍以下”给予赔偿；三是完善法定赔偿制度，将赔偿额度上限由50万元提高至500万元；四是减轻著作权人的举证责任；五是增加对侵权制品的销毁处置机制。当前我国处于公共图书馆著作权侵权案件多发期，北大法宝网站上1991年至2021年与图书馆著作权纠纷相关的裁判文书高达1300余篇[14]，最高人民法院的中国裁判文书网上2014年至2020年相关案件文书共有1856份。然而，一些图书馆仅从经济角度考量侵权问题，认为“一个案子赔不了几个钱”，即使坐上“被告席”，仍然“满不在乎”[15]；个别图书馆甚至不重视法庭判决。这种情况与图书馆侵权风险意识薄弱、侵权赔偿金额小密切相关。

新法加大侵权打击力度，加大赔偿金额、惩罚措施、侵权成本，图书馆需要加强员工版权知识培训，使其提升侵权风险认知，在各业务环节谨慎防范法律风险。

2.2 增加工作挑战与服务风险

新法将“数字化”纳入复制权范围、修改摄影作品保护期、增加录音制作者的权利，使图书馆面临新的工作挑战，需调整服务范围。

2.2.1 新法将“数字化”纳入复制权范围

新法第十条第一款第五项在复制权的范围明确新增“数字化”复制方式，旨在适应互联网时代的发展需要，这导致图书馆的数字资源建设与服务工作面临挑战。以馆藏资源数字化为例，对于仍在版权保护期内的作品，图书馆须基于合理使用条款的规定进行开发利用。例如，国家图书馆可基于履行文献保存职能的职责，将本馆图书数字化复制后保存，但若面向读者提供数字资源线上服务，则需要征得著作权人的许可授权。

2.2.2 新法修改摄影作品保护期

新法第二十三条修改摄影作品保护期。旧法保护期“截止于作品首次发表后第五十年的 12 月 31 日”，新法改为“作者死亡后第五十年的 12 月 31 日”，延长摄影作品版权保护期限。同时，依据新法第六十五条新增规定：2021 年 6 月 1 日前按照旧法已经进入公有领域的摄影作品，仍属公有领域范围。新法使图书馆为读者提供公有领域摄影作品的数量缩减。以图书馆馆藏老照片为例，在开展线上服务时，图书馆须根据作者逝世时间进行版权甄别；完成版权甄别后，再对已进入公有领域的照片开展智慧化资源建设，实现多元化、细粒度知识服务。因此，图书馆在摄影作品资源建设与服务中需要调整工作方法，重新筛查在新法实施前未进入公有领域的摄影作品。

2.2.3 新法增加录音制作者的权利

新法第四十五条增加关于录音制作者的权利规定，要求公开传播或播送录音制品“应当向录音制作者支付报酬”。以图书馆音像资源建设与服务为例，由于音像制品普遍尚在保护期内，且往往存在录音制作者不详或难以联系的情况，无法签署授权协议，使图书馆提供音像制品线上服务具有法律风险，只能局限于线下实体借阅。

智慧图书馆数字化、网络化、知识化的特点要求其所提供资源具备清晰权利，这样才能更好地组织并展示资源。针对新法的变化，图书馆应引起重视，进行业务调整，积极寻求应对策略。

3 图书馆面向新《著作权法》的应对策略

在《著作权法》框架下，图书馆面临挑战的根源在于如何处理公共利益与著作权人私权的统一与矛盾。图书馆代表公共利益，《著作权法》保护著作权人权利，二者皆有益于文明传播、促进文化科学繁荣发展。然而，我国法律原则要求，不能因社会公共利益而无限制地破坏私权。因此，图书馆可从制度、资源、技术三个方面积极应对。

3.1 积极获取国家法规政策支持，健全图书馆著作权管理制度

以制度为支撑，推动国家完善适用于公共图书馆的相关著作权法规政策，图书馆加强本馆著作权管理制度。

以公共图书馆联盟的组织方式，向最高人民法院、全国人民代表大会及其常务委员会、中央网络安全和信息化委员会办公室、文化和旅游部、国家版权局等国家机关发出来自图书馆的声音，推动《著作权法实施条例》《信息网络传播权保护条例》《著作权集体管理条例》修改完善。以新法"合理使用"中的"法律、行政法规规定的其他情形"为根据，呼吁并提请有关单位出台支持全国智慧图书馆体系建设的著作权相关行政法规。《中华人民共和国公共图书馆法》规定国家图书馆"承担国家文献信息战略保存"的职能[16]，建议将范围扩大至本馆馆藏文献，基于数字化复制、加工采集保存、限定范围与限定内容的公益性服务共三个方面，提请最高人民法院出台司法解释，使公共图书馆更好地履行文献保存与社会服务职能。

公共图书馆制定或完善本馆著作权管理制度，规范本馆版权管理流程，增强版权风险防范能力。加强版权人才队伍培养，设立版权管理岗位专员，组织图书馆员法律培训，进一步提高版权知识普及程度，全面提升版权保护意识。在公共图书馆分会成立以著作权为重点的知识产权研究专业组，制定图书馆版权信息行业标准，营造全图书馆行业尊重知识产权的良好氛围。

3.2 深入挖掘公有领域资源价值，争取合法版权效用最大化

以资源为基础，深入开发利用公有领域资源，充分运用法律、法规、政策、授权支持的资源开展业务实践，提升智慧图书馆各类资源服务效能。

在全国智慧图书馆建设与服务中，充分开发古籍、近代名家著作、老照片、老戏曲音乐等公有领域作品，以及事实消息、开放获取期刊等可以相对自由使用的资源，开展知识内容重构建设与细粒度服务。针对仍在著作权保护期内的作品，一是根据合理使用、法定许可、法律法规和政策支持来开发使用资源，通过技术措施限制、资源格式更新与数量质量提升，进一步完善面向阅读障碍者、少数民族、受义务教育者等特殊群体的业务实践；二是积极探索多种授权模式征得著作权人许可，通过著作权集体管理组织、出版机构、媒体机构、版权代理机构等获得批量作品授权，加强与版权协会、版权保护中心、版权服务机构合作，组建图书馆行业版权联盟。同时，面向个人获取授权，争取数字化复制权、信息网络传播权、改编权、汇编权等，使智慧图书馆能够最大效用地开发资源。

3.3 充分利用新技术应用，构建全新版权生态产业

以技术为动力，利用区块链、人工智能等新技术实现著作权管理，在 Web 3.0 时代打造公共文化版权生态产业。

基于区块链技术实现清晰的资源确权、授权及管理，打造公共文化全行业强大可信

的联盟链。通过生成式人工智能工具创造符合读者需求的知识内容，实现以著作权信息开放共享为中心的分布式资源管理、著作权溯源保护、数据资产结算、知识内容重构等方面的智慧一体化平台。

构建以著作权人和使用方为中心的新型版权生态产业模式，使图书馆直接参与版权运营环节。同时成为版权生态链条中的参与者和使用者，打破资源获取的版权壁垒，有效实现版权授权、版权流通、开放共享、交易透明化、管理结构扁平化，从而提升智慧图书馆服务效能。进而促进版权产业链条良性循环，在为社会创造更大经济价值的同时使文化科学事业更加繁荣发展。

智慧图书馆是以物联网、大数据、人工智能、区块链等技术为基础，以满足用户需求为最终导向，实现用户与资源无缝链接的智慧空间。面对新《著作权法》的变化，公共图书馆应该用好法律与制度，充分探索有利条款，积极应对挑战，适应新时期发展需要，在全国智慧图书馆体系建设中拓展新资源、新业态、新服务，辐射更加广泛、多元的群体，更好地满足人民群众日益增长的文化需求。

参考文献

［1］习近平给国家图书馆老专家的回信［EB/OL］.［2025-04-27］. https://www.gov.cn/xinwen/2019-09/09/content_5428594.htm.

［2］文化和旅游部 发展改革委 财政部关于推动公共文化服务高质量发展的意见［EB/OL］.［2025-04-27］. https://www.gov.cn/gongbao/content/2021/content_5602033.htm.

［3］中华人民共和国国民经济和社会发展第十四个五年规划和 2035 年远景目标纲要［EB/OL］.［2025-04-27］. https://www.gov.cn/xinwen/2021-03/13/content_5592681.htm.

［4］黄薇，王雷鸣.《中华人民共和国著作权法》导读与释义［M］. 北京：中国民主法制出版社，2021.

［5］刘承韪. 论著作权法的重要修改与积极影响［J］. 电子知识产权，2021（1）：4-13.

［6］阎晓宏，张宏波，熊文聪，等.《著作权法》全新升级，将如何影响广电行业发展［J］. 上海广播电视研究，2021（1）：8-10.

［7］袁锋. 论《著作权法》修改对新闻出版从业者的影响［J］. 中国出版，2021（7）：62-66.

［8］刘睿，欧剑.《著作权法》关于作品定义的修改对编辑工作的影响［J］. 科技与出版，2022（1）：51-55.

［9］郭芯宁. 著作权立法完善与图书馆阅读障碍者服务——以修订的《著作权法》为视角［J］. 图书馆学刊，2021（8）：11-14.

［10］王爱霞，刘淑宝，赵霞. 关于数字信息资源长期保存合理使用制度的反思与建议——对新发布的《著作权法》的再思考［J］. 新世纪图书馆，2022（1）：7-11.

［11］申晓娟，胡洁. 数字图书馆知识产权策略探讨［J］. 图书馆，2012（2）：35-38.

［12］国家版权局关于印发《以无障碍方式向阅读障碍者提供作品暂行规定》的通知［EB/OL］.［2022-10-06］. https://www.ncac.gov.cn/chinacopyright/contents/12228/356853.shtml.

［13］《马拉喀什条约》生效将极大丰富阅读障碍者的精神文化生活［EB/OL］.［2022-10-15］. http://

ent.cnr.cn/dsyyl/20220517/t20220517_525828758.shtml.
[14] 巫慧.三十年来我国图书馆著作权侵权案件分析及应对策略研究［J］.国家图书馆学刊，2021（6）：22-32.
[15] 姚明.被告席上的反思：我国公共图书馆著作权侵权防范研究——基于1856份裁判文书的实证分析［J］.图书馆建设，2021（4）：88-93，105.
[16] 中华人民共和国公共图书馆法［EB/OL］.［2025-04-27］. http://www.npc.gov.cn/zgrdw/npc/xinwen/2017-11/04/content_2031427.htm.

少年儿童馆少儿读者及其陪同人员到馆行为及满意度调查研究

杨　靖（典藏阅览部）

少年儿童是祖国的未来，是民族的希望。作为公共图书馆服务的重点群体之一，少年儿童读者的到馆行为特点、阅读推广活动需求、对图书馆服务的获得感和满意度等都是值得关注的话题。此外，由于少儿群体不具备独立到馆的能力，其到馆行为会直接带动陪伴他们的成人到馆，无形中增加了图书馆的潜在用户，很多家长表示其第一次到图书馆的经历就是陪同孩子参加图书馆举办的活动[1]。因此，将少年儿童馆读者及其陪同人员的图书馆使用行为作为切入点，对这两个群体的图书馆使用行为特点、获得感和满意度开展研究，有助于图书馆优化对“潜在用户”的服务水平，为图书馆未来服务工作的开展和提升提供有益建议。

1　重要研究文献回顾

近年来，我国图书馆界研究人员不断基于国外的研究成果开展与读者的图书馆使用行为相关的本土化满意度研究，其中包括：吴冬曼等[2]修订本土化测量模型，在5家公共图书馆开展用户满意度评价；施国洪等[3]通过相关实证研究构建适用于国内公共图书馆的服务质量评价的模型。在针对少儿群体服务方面，高美云[4]选取广州16所学校的少儿作为样本开展公共图书馆使用及满意度调查，确定图书馆需要改进的内容包括资源设施、便利服务、专业服务等。蔡畯[5]使用问卷调查法分析广州、佛山、中山等地的公共图书馆环境对少儿阅读的影响情况，发现阅读环境和服务环境未能达到少儿读者的预期。颜笑宣[6]开展安徽省公共图书馆少儿有声阅读读者满意度调查，指出目前服务的推广渠道和宣传方式较为单一，服务效能有待提升。

目前为止，基于少儿读者的图书馆使用行为和图书馆服务情况开展的满意度评价成果数量不多，研究深度和广度存在进一步提升的空间。因此，开展少儿读者及其陪同人员的到馆行为研究及满意度评价具有一定的理论和现实意义。

2　调查工具和过程

2.1　调查工具

借鉴国内相关研究成果，结合少年儿童馆具体服务情况编制调查问卷，满意度评价共涉及文献资源、馆员服务、环境与设施、资源获取便利性 4 个维度。

2.2 调查过程

在少年儿童馆咨询台完成本调查问卷的发放和回收，共集中发放调查问卷 130 份，回收有效问卷 111 份，有效回收率为 85.4%。使用 Excel 和 SPSS 完成问卷数据的整理和分析。

2.3 信度检验

信度是经由多次复本测验测量所得结果的一致性或稳定性[7]，本文使用 Cronbach's α 系数对问卷量表的题项部分的信度进行检验。在一般研究中，信度系数值最好在 0.80 以上，0.90 以上更佳[8]。本问卷 α 系数为 0.965，信度甚佳（见表 1）。

表 1　信度检验

项目数量（问卷数量）	21
Cronbach's α 系数	0.965

3　调查结果分析

3.1 年龄变量统计

参与此次问卷调查的少儿读者有效样本数为 111，年龄处于 0—15 岁，主要集中在 0—9 岁，如表 2 所示。

表 2　少儿读者年龄统计

年龄段	样本数 / 人	百分比 /%
0—3 岁	29	26.2
4—6 岁	37	33.3
7—9 岁	28	25.2
10—12 岁	14	12.6
13—15 岁	3	2.7
合计	111	100.0

被调查到馆少儿读者的陪同人员年龄处于 20—71 岁，主要集中在 30—39 岁、60 岁及以上两个年龄段，共占被调查陪同人员总数的 82.9%，具体情况如表 3 所示。

表 3　陪同人员年龄统计

年龄段	样本数 / 人	百分比 /%
20—29 岁	3	2.7
30—39 岁	63	56.8
40—49 岁	7	6.3
50—59 岁	9	8.1
60 岁及以上	29	26.1
合计	111	100.0

3.2　到馆行为统计

3.2.1　少儿读者到馆频次

从表 4 数据可以看出，超过一半的被调查少儿读者保持“每月至少一次”的到馆频次。约有三分之一被调查读者的到馆频次为“每月至少来一次”，由此可见，保持着一定到馆规律的读者约占被调查总数的 90%。“第一次来”和“按需到馆”的样本数量不多，共约占样本总数的十分之一。

表 4　少儿读者到馆频次统计

频次	样本数 / 人	百分比 /%
每周至少 1 次	17	15.3
每月至少 1 次	66	59.5
半年或更久 1 次	17	15.3
第一次来	2	1.8
按需到馆	9	8.1
合计	111	100.0

3.2.2　陪同人员到馆频次

从表 5 数据可见，超过三分之一的少儿读者陪同家长没有单独到馆经历；具有“每周至少 1 次”“每月至少 1 次”等规律到馆行为的陪同家长占比约三分之一。

表 5　陪同人员单独到馆频次统计

频次	样本数 / 人	百分比 /%
每次与孩子一起，没单独来过	41	37.0
每周至少 1 次	15	13.5
每月至少 1 次	22	19.8

续表

频次	样本数 / 人	百分比 /%
半年或更久 1 次	18	16.2
第一次来	9	8.1
按需到馆	6	5.4
合计	111	100.0

3.2.3　到馆频次影响因素

表 6 数据显示，超过一半的被调查样本表示影响和孩子到馆读书的因素是“个人与孩子的时间分配”，占比 62.2%；“与孩子课业时间安排冲突”“到馆交通条件”“预约入馆”也是影响被调查读者到馆的主要因素，分别占 27.9% 和 25.2%；24.3% 的被调查样本认为“预约入馆政策”是影响其到馆频次的重要因素；此外，有 12.6% 被调查样本认为其到馆频次受到“文献阅览需求”的影响；另有 6.3% 被调查样本认为其到馆频次受到了其他因素（从外地来、二层光线暗等）影响。

表 6　少儿读者及陪同人员到馆频次影响因素统计

到馆频次影响因素	响应		普及率 /%（n=111）
	响应次数 / 次	占比 /%	
预约入馆政策	27	15.3	24.3
到馆交通条件	28	15.9	25.2
文献阅览需求	14	8.0	12.6
个人与孩子的时间分配	69	39.2	62.2
与孩子课业时间安排冲突	31	17.6	27.9
其他	7	4.0	6.3
汇总	176	100.0	158.5

从响应次数的统计可以看出，参与调查的 111 位少儿读者共做出 176 个选择，平均每位读者在影响因素中选择了 1.59 项，针对性较强，使得调查更具有效性和指向性。

3.2.4　到馆目的

从表 7 数据可以看出，在被调查的样本中，陪同孩子到馆的目的普及率从高到低依次是“培养孩子阅读习惯”＞“参加活动，参观国图”＞“查阅纸质文献”＞“完成学习任务”＞“随便看看，打发时间”＞“使用电子数据库”＞“其他”。其中，近九成的被调查样本选择“培养孩子阅读习惯”，超过一半的样本选择“参加活动，参观国图”，近两成样本选择“查阅纸质文献”。由此可以看出，感受图书馆氛围并培养孩子阅读习惯、参加活动或参观国图已成为家长陪同少儿读者到馆的主要目的。

表7　陪同人员和少儿读者到馆目的统计

到馆目的	响应		普及率 /%（n=111）
	响应次数 / 次	占比 /%	
查阅纸质文献	17	8.5	15.3
培养孩子阅读习惯	99	49.5	89.2
使用电子数据库	4	2.0	3.6
参加活动，参观国图	60	30.0	54.0
完成学习任务	10	5.0	9.0
随便看看，打发时间	7	3.5	6.3
其他	3	1.5	2.7
汇总	200	100.0	180.1

就响应次数而言，参与调查的111位读者共做出200个选择，平均每位读者在到馆目的中选择了1.80项，由此可以在一定程度上表明，家长陪同少儿读者到馆一般会具有多重目的，存在“感受氛围”“培养阅读习惯”“参加活动”“看书”等多种行为目的的叠加。

3.2.5　活动区域

表8数据表明，在被调查的样本中，陪同人员和孩子的馆内活动区域涉及多个功能空间，除发放问卷的少年儿童馆外，超过三成的陪同人员经常前往北区中文图书阅览外借区借阅图书，近两成被调查样本经常去典籍博物馆参观，超过一成的陪同家长还会经常前往南区综合阅览室阅览基藏本图书。另外，有个别被调查样本经常前往北区中文报纸期刊区、南区外文文献阅览室和数字共享空间，但普及率占比明显低于少年儿童馆。由此可见，绝大多数陪同人员只陪同孩子一起到少年儿童馆，较少涉足其他阅览区域，呈现出一定的单一性；约有三分之一的家长存在少年儿童馆和中文图书阅览外借区活动的叠加。

表8　陪同人员和少儿读者到馆活动区域的统计

活动区域	响应		普及率 /%（n=111）
	响应次数 / 次	占比 /%	
北区中文图书阅览外借区	37	19.5	33.3
北区中文报纸期刊区	5	2.6	4.5
南区综合阅览室	13	6.9	11.7
南区外文文献阅览室	5	2.6	4.5
数字共享空间	5	2.6	4.5

续表

活动区域	响应		普及率 /%（n=111）
	响应次数 / 次	占比 /%	
少年儿童馆	103	54.2	92.8
典籍博物馆	21	11.1	18.9
其他区域	1	0.5	0.9
汇总	190	100.0	171.1

3.3 满意度评价

从表 9 可以看出，4 个维度的简单满意度得分从高至低分别为：馆员服务、环境和设施、馆藏文献资源和资源获取便利性。综合评价均值 4.62，总体满意度为 92.4%。从各维度的标准差可以看出，不同读者对少年儿童馆的馆藏资源、馆员服务、环境和设施、资源获取便利性等 4 个方面的评价存在一定差异。其中馆员服务和综合评价标准差相对较低，读者认可一致性程度较高；馆藏文献资源、文献获取便利性的标准差较高，不同读者间的需求和满意程度存在一定差异。

表 9　各维度满意度评分和标准差

项目	均值	标准差	满意度评价 /%
馆藏文献资源	4.46	0.892	89.2
馆员服务	4.74	0.735	94.8
环境和设施	4.49	0.862	89.7
资源获取便利性	4.43	0.880	88.6
综合评价	4.62	0.775	92.4

在馆藏文献资源维度中，“电子资源需求满足度”评分偏低，标准差较高，可以推测到馆少儿读者和家长对电子资源的需求度和获得感存在较大差异；“活动内容丰富，具有吸引力”评分较高，标准差较低，说明少年儿童馆的活动内容和形式等得到大家一致认可。馆员服务维度各项目的评分较高，标准差普遍较低，说明少儿读者及家长对馆员整体服务质量给予肯定。在环境和设施维度中，“室内温度、通风和光照条件适宜”指标的评分较低，标准差较高，数据离散程度大，说明读者对少年儿童馆室内温度、通风及光照条件在整体上存在一定不满，不同读者间的不满程度存在较大差异；对“国图是孩子阅读学习的好去处”评分最高且标准差偏低，说明读者一致认可少年儿童馆的阅读和文化氛围。资源获取便利性方面，“预约入馆方便快捷”“馆藏书目检索系统操作方便”“电子资源便于利用”满意度得分相对较低且标准差较高，说明读者在预约入馆、检索书目和使用电子资源方面的整体满意度偏低，不同读者间的评价存在一定差异。

4 结论与建议

4.1 陪同人员年龄特征明显，建立多群体服务理念

从研究结果和实际服务工作中可以发现，少儿读者的陪同人员年龄主要集中在30至39岁、60岁及以上两个年龄段，即孩子的父母和（外）祖父母。在到馆阅读或参加活动的少儿读者中，大部分保持着规律的到馆行为和阅读习惯，而超过三分之一的陪同人员没有单独的到馆经历，可以理解为部分陪同人员只陪孩子来少年儿童馆阅读，没有单独的图书馆使用需求。因此，在少年儿童馆的读者服务工作中应建立多群体服务理念，在为少儿读者提供有效的针对性服务的同时，为陪同人员特别是老年陪同人员宣传、普及图书馆使用知识，增强其图书馆使用意识，为他们在未来闲暇时间利用图书馆服务打下基础。

4.2 课业压力对少儿读者到馆行为影响明显，打造多维度服务工作架构

从少儿读者到馆目的的分析中可以看出，孩子的陪同人员普遍认为来馆阅读或参加活动可以有效培养孩子的阅读习惯，对图书馆的学习和文化氛围给予一致肯定。因此，图书馆应构建多维度的服务工作架构，利用各种各样的多媒体服务平台，通过线上、线下多种服务方式为少儿读者提供图书馆服务，满足其图书馆使用需求。

4.3 图书馆综合质量及馆员服务得到一致肯定，须继续提升个性化服务水平

从满意度评价的结果中可以看出，少儿读者和陪同人员对图书馆的整体服务情况给予一致肯定，认为“活动内容丰富，具有吸引力”“馆员态度友善举止得体”“国图是孩子阅读学习的好去处”“文献布局合理，功能分区清晰”。不同少儿读者及陪同人员在“电子资源需求满足度”“室内温度、通风和光照条件”“预约入馆”“书目检索系统操作”等方面的需求存在较大的差异，值得进一步开展调查研究。因此，建议继续提升图书馆个性化服务水平，对不同需求、不同到馆经历的少儿读者及其陪同人员提供个性化的服务，提升服务效能。

参考文献

[1] 张丽 . 公共图书馆低幼儿童服务理论、模式与保障研究［M］. 北京：北京语言大学出版社，2023.

[2] 吴冬曼 . 基于用户需求的图书馆服务质量评价研究［M］. 上海：上海交通大学出版社，2012.

[3] 施国洪，陈洁，沙振江，等 . 基于 LibQUAL+^{TM} 的我国公共图书馆服务质量评价模型构建研究［J］. 图书馆论坛，2014（2）：7-14.

[4] 高美云 . 广州地区公共图书馆少儿读者满意度调查研究［J］. 图书馆学刊，2018（3）：84-88.

[5] 蔡畯 . 公共图书馆环境对少儿阅读的影响研究——基于问卷调查的实证分析［J］. 图书馆学刊，2019（8）：74-78.

[6] 颜笑宣 . 安徽省公共图书馆少儿有声阅读服务质量研究［D］. 合肥：安徽大学，2022.

[7] 吴明隆 . 问卷统计分析实务——SPSS 操作与应用［M］. 重庆：重庆大学出版社，2010：238.

[8] NUNNALLY J C，BERNSTEIN I H. Psychometric theory［M］. 3rd ed.New York：McGraw-Hill，1994：501.

从《议会图书馆指南》（第三版）看议会图书馆服务实践及未来发展路向

崔丹阳（立法和决策服务部）

国际图书馆协会与机构联合会（以下简称“国际图联”）议会图书馆与研究服务专业组（以下简称“议研组”）于2022年7月发布了第三版的《议会图书馆指南》（以下简称《指南》）。《指南》（第三版）旨在响应日益变化的环境，对上一版内容进行了全面更新，反映出议会图书馆和研究服务机构新的工作模式[1]。国际图联2023年发布的趋势报告称：“我们需要将图书馆视为各种政策领域的参与者。这有助于以更广阔的视角思考我们的工作之于整个社会的地位。”议会图书馆无疑是这一领域中最直接的实践者，在为立法与决策提供信息支持方面发挥着至关重要的作用。

自成立以来，议研组紧跟议会图书馆发展，适时推出或更新各类工作指南、研究报告等，这些出版物一直被认为是图书馆决策咨询领域的风向标。相较上一版，新版《指南》不论在其体例还是内容上都作了大量调整，从中也呈现出全球议会图书馆的服务实践、发展动向，以及未来进路。对议研组以及《指南》的关注，有助于深入了解全球业界实践共同面临的问题以及通用的方法、规范，进而基于中国图书馆立法决策服务的实际，思考可供高质量决策咨询服务建设借鉴和参考之处。

1 《议会图书馆指南》（第三版）编制概述

1.1 编制背景

议研组成立于1966年，是国际图联中最活跃的组织之一。其宗旨是为解决立法进程中涌现的新问题提供交流平台，促进政治公开性、透明度并加强民主参与，推动议会图书馆和研究服务的发展，使其成为世界民主立法机构发展的基本组成部分。

议研组的核心工作目标之一便是制定并推广向议会提供信息和知识的标准与最佳实践，《指南》是其重点指导性出版物。《指南》（第一版）诞生于1993年，以1989年柏林墙倒塌为标志的急剧政治变革、“新型民主国家”的出现凸显了议会图书馆信息工作的特殊地位，该版《指南》在一段时期内一直被视为相关领域工作人员的权威指引。16年后，基于互联网等技术变革和议会图书馆与研究领域遇到的新问题，议研组于2009年发布了《指南》（第二版）。

2018年，《指南》（第三版）的修订工作启动。但2020年初暴发的新冠疫情严重影响了工作进展，议会及为其服务的图书馆和研究机构的日常运行受到极大挑战。由此，催生并推动了全球议会服务机构全新和变革性的数字实践。同时，用户和公众对议会图书馆服务的期望值也日益提高。面对这样一个被迫创新和改变的时期,《指南》(第三版）作出了更多调整和修订，以更好地适应和应对新的需求。

1.2 主要内容

《指南》(第三版）全面概述了新环境下议会图书馆和研究服务机构的业务方式和管理规范，分析议员的主要特点和信息需求，内容涵盖以下方面：议会图书馆可提供的核心服务包括馆藏建设、信息、研究服务等；支持议会图书馆运行的行政管理和基础设施；议会图书馆提供的附加服务包括档案管理和公众服务。此外,《指南》(第三版）重点关注了用户沟通、服务推广、伦理审查及绩效评估等服务和运营策略。

2 《议会图书馆指南》(第三版）修订重点及议会图书馆实践

《指南》历经两次全面更新，然而仍保留了适用于不同规模和发展阶段的图书馆的一般性原则和建议。新版本在整体框架不变的情况下，删去冗余、过时的内容，增补了面向议会图书馆顺应时代的新指导性建议。从中或可窥见这十余年来各国议会图书馆和研究机构因应外部变化的实践路径与发展趋势。

2.1 信息通信技术发展引领服务工具与方式变革

《指南》(第二版）发布后的十余年中，议会对信息和通信技术（ICT）和数字工具的应用取得了长足进展。议会图书馆和研究服务成为数字内容的创造者与策划者，开始更多地借由互联网或社交媒体为用户提供信息服务、研究产品和会议文件，并思考如何保存历史数字内容以及如何实现“数字化”议会。

2.1.1 ICT 系统与数字馆藏建设

当前，约有一半的议会图书馆拥有某种形式的电子资源管理工具，如管理馆藏的综合图书馆系统（ILS），数字资源存档系统，用于存储和分析议会记录、添加元数据的知识库，集中式委托管理系统或消息提醒服务等。《指南》对图书馆可配备的管理和获取信息的专业数字系统给出了指导建议，并强调需重视系统中的个人信息数据安全。

基于访问便利性原则，一些图书馆开始采用“数字格式优先”馆藏建设政策。《指南》(第三版）针对数字内容入藏新增了全面系统的指引，包括文件格式、硬件条件和技术水平、版权许可、访问维护与长期保存，以及保持数字内容的真实性和完整性的技术解决方案。

2.1.2 信息甄别

如何选择可靠、权威的信息一直是议会图书馆面临的挑战。如今，带有政治偏见和目的性的报道被信息技术和社交媒体极度放大，错误信息泛滥，学术出版中也不乏伪造的研究成果。议会图书馆和研究服务机构必须深入思考如何在这种信息格局中谋得一席之地。《指南》(第三版）从评估和筛选信息资源的角度提出应对之策，列出权威性、及时性、准确性、客观性和相关性五个判别标准，并详述其实践途径。

2.1.3 工作人员技能拓展

数字化背景下，工作人员也需发展与信息服务环境相适应的专业知识与技能。通过移动设备获取信息，检索在线内容，计算机、设备以及数字通信系统应用列入《指南》（第三版）建议的培训内容；若议会图书馆参与议会中的ICT设施建设与开发，则要求其职员能够创建和管理数字内容、处理议会行政部门的内部关系、管理承包商和项目、了解技术知识和安全政策。

2.2 数字化转型及其面临的挑战

许多研究强调，议会作为民主治理和监督的支柱，在新冠疫情期间保持运行至关重要。《指南》（第三版）认为，面对此类困难和考验的时刻，也正是议会图书馆和研究服务部门可以发挥最大助力之时。

2.2.1 新冠疫情推动数字化和远程访问服务升级

在经历了到馆服务受限之后，人们对“随时随地”获取资料的需求与日俱增，对图书馆数字馆藏、数据库建设与数字平台和服务提出了更高的要求。《指南》（第二版）中的“互联网和局域网服务”如今被拓展为“数字化服务”，将提供或支持使用数字化信息、平台和产品，作为议会图书馆采集和管理馆藏、履行信息和研究职责的一部分。图书馆开始广泛提供网络资源，如显示资源列表和馆藏目录的网站、信息检索指南、在线咨询工具以及数字信息存储库。

2.2.2 后疫情时代灵活办公模式的延续与隐患

新冠疫情期间，由于实体馆舍无法进入，议会图书馆各部门不得不重新审视其研究方法，改进其工具，并重塑其工作规章与流程。议研组在2021年春季的调查显示，四分之三的服务机构正在采用现场和远程相结合的混合办公模式，近一半的服务机构已决定或正在考虑将这种模式常态化。

但《指南》（第三版）也讨论了远程办公模式亟需解决的问题。从团队工作角度来看，长期远程和混合模式办公会导致知识资本的减退和工作指标的模糊，同时，职员的身心健康也成为管理者所要面临的紧迫问题。从用户沟通和服务推广的角度来看，面谈机会减少意味着工作开展难度升级。《指南》（第三版）“用户互动”一章更新的实践方式建议，展示了许多议会图书馆对于“网络加深隔阂”的因应之策。

2.3 公众参与和监督推动服务内容与渠道拓展

2.3.1 开放数据加工

立法机构的问责制和透明度作为联合国《2030年可持续发展议程》的一部分，愈加引发公众关注。各国议会为回应这些关注而将其工作信息作为“开放数据”发布。议会图书馆开始同时作为消费者和生产者来管理信息、整合数据，以便能够快速准确地应对复杂咨询。《指南》（第三版）提出，开放数据的理想平台是一个面向公众的存储库，内含机器可读形式的数据集。对议会数据的自定义描述可用于议会会议资料与政府资料、商业资源之间建立专题链接。

2.3.2 社交媒体的广泛应用

《指南》（第二版）对 Web2.0 的探索主要体现在信息共享和图书馆员工之间的联络，社交媒体的使用还处于试验阶段。如今，即使面临网络环境复杂，篇幅限制致使信息公正性、准确性削减等风险，它也已成为议会图书馆面向议员和公众颇为有效的信息传播和服务手段，以及用户洞察、获取反馈的必备渠道。《指南》列举了议会运用社交媒体的利弊得失，并建议图书馆制定明确的使用政策和协议，包括审查审核流程、用户回复策略等内容。

2.3.3 馆藏与人员配置

议会的“代表性”作用日益被视作核心职能。议会图书馆除了履行其传统职责外，还经常被要求为公众提供定制信息。基于此，配置综合性馆藏、聘请多元化人才、搜集当前政治议题的包容性见解，确保少数及边缘化群体的声音得以显现，是为议会提供公正、平衡和全面的信息，满足其服务于多样性需求的优先事项。

2.3.4 研究服务升级

各国议会的经验表明，议会研究服务可以在促进信息获取、反馈立法和拟议公共政策的影响等方面助力民主的发展，在立法及决策生态系统中的作用日益凸显。更多的议会图书馆在考虑发展或扩大议会研究服务。《指南》（第三版）强调了图书馆在支持深入研究、政策分析和定制分析等方面的服务职能，建议图书馆依据自身能力平衡开展具有前瞻性、易用性和可推广性特点的主动性研究服务，以及定制化、深入化和增进用户沟通的被动性研究服务。

3 从《指南》看议会图书馆发展路向及着力点

在新冠疫情影响仍在、俄乌冲突持续、全球经济不确定性增强以及人工智能等技术快速发展的宏观背景下，当前的议会图书馆面临着众多复杂而具有挑战性的问题，议研组也在筹备《指南》的进一步更新。管理重大不确定性，发现并弥合需求缺口，是议会图书馆制定长期战略时不变的课题。

第一，承担权威、真实信息资源的导航职能。在复杂的信息世界中，议会图书馆迫切需要从信息质量、可靠性和公正性方面彰显自身价值。当前，权威公正的信息正遭遇“信任危机”。一方面，当随时在线获取大量信息成为可能，更多“精通技术”的用户群体习惯于通过搜索引擎等渠道快速获取未经核实来源的信息，并可能错误地相信查询结果的质量，或偏向有助于推进其政治论点的信息。另一方面，全球信息环境进一步恶化，出于意识形态或经济目的、借助技术手段制造的信息泛滥与甚嚣尘上的假新闻，导致多数公众处于“信息茧房”“新闻回避”“新闻沙漠”之中，削弱了人们对机构甚至是对信息领域本身的信任[2]。用户对于真实、公正信息的价值判断的变化，则会对议会图书馆的运行造成重大影响[3]。基于此，议会图书馆应当通过其服务政策和用户指南，积极重申对提供公正、中立服务的承诺，强调权威、准确的信息在民主决策进程中的重要性；审查并制定员工技能培养方案，重点提升信息甄别、循证研究等必要能力；实时监测信息格局和政治环境的变化，制定灵活的政策框架，根据用户信息习惯与优先事项及时调整服务内容并优化馆藏建设；利用面向用户和公众的信息素养教育与营销策略推介其服务的优势和价值。

第二，发挥主动性，深入研究服务的积极作用。《指南》（第三版）提出，近年来，议会研究服务已从被动转向主动。许多建设成熟的议会图书馆依托强大的专家团队和文献分析服务，采用前瞻性的服务开发方法，编制高质量、强及时性和相关性的研究，以回应当今决策者参与立法进程、行使监督职能，制定政策以及应对媒体和突发事件的复杂需求。例如，英国下议院图书馆在 2019 年启动了创建“一站式商店”的方案，提供多主题、多形式的研究型在线信息产品。建设高品质决策咨询服务，应对其他信息提供者的强势竞争，议会图书馆需充分调动资源，配置精通传统文献分析和新兴研究方法、深谙热点议题与用户工作和信息习惯的专业研究团队，长期稳定地跟踪选定主题，开发研究报告等连续性信息产品；定期组织公共政策研究和特定知识领域的专业交流与培训；与智库等研究机构合作，共享资源和专业知识以提升研究能力。

第三，探索新兴、高效技术工具的应用场景。运用新兴技术提升议会图书馆服务效能与决策服务精准度仍存在广泛的探索空间。例如：以人工智能和机器学习算法个性化用户体验，改善用户发现和获取信息的方式；以先进的数据分析和可视化工具赋能图书馆深入洞察复杂问题，支持循证决策，促进议会数据公开和利用；以区块链等技术增效数字保存解决方案，确保其真实性和完整性；以自然语言处理、增强现实和虚拟现实等技术重新定义用户参与。但科技创新或许伴随着挑战：数据隐私与安全风险、算法偏见、数字鸿沟加剧用户不平等，削减议会服务包容性，复杂的版权与知识产权归属，以及供给创新的财政和人力资源等都需要审慎考量。议会图书馆应当在各国或地区的信息技术与数据监管框架下，制定相关策略，确保所采用的技术符合其对公正性、保密性和包容性的承诺，规避版权纠纷；通过适当的用户培训方式，保障不同社会经济地位或技术素养的目标群体均能获得数字服务；寻求多样化的资金来源，依靠用户的正向反馈争得财务话语权，投资于人员培训和基础设施升级，以有效利用已开发的技术，控制成本并保证服务连续性；加强与议会技术部门和外部科技公司交流合作，参与创新服务方案开发。

对比三版《指南》可以发现，议会图书馆脱困于不同时代的复杂不确定性，保持竞争力的关键在于其能够以足够的韧性、专业能力与经验、先进技术抵消负面外部效应的同时秉承自身的核心价值，即提供准确、及时且公正的信息服务。如今，我国不少图书馆开始推进超越传统业务范围的科技或政策咨询服务。尽管制度环境、组织架构、政策灵活度和馆藏保障等方面存在差异，但在宏观时代背景、信息环境、服务对象、工作模式和愿景上它们与议会图书馆高度相似。未来，我国图书馆立法决策服务可以借鉴《指南》所提建议及其反映出的发展趋势，进一步厘清职责定位和服务宗旨，制定科学高效的发展战略与绩效评估体系，提升员工的服务能力和价值认同感；在纷扰的信息环境中，深入调研用户需求，结合资源及技术保障和文献信息甄别的优势与经验，打造基于数据和证据的高质量信息产品；面对强势的信息行业竞争，采用联络馆员、出席研讨会、成立宣传小组等参与式、渗透式的推广方法，提高决策服务的能见度；同时，加强与外部图书馆以及信息行业科研院所的交流合作、信息共享，共同为推动科学决策、民主决策，实现国家治理体系和治理能力现代化作出贡献。

参考文献

[1] Guidelines for parliamentary research services [EB/OL]. [2024-03-20]. https://repository.ifla.org.

[2] Future shocks 2023：anticipating and weathering the next storms [EB/OL]. [2024-03-20]. https://www.europarl.europa.eu.

[3] OLIVER J，REID M，GRAY K. The library of the future：a scenario-based approach [J]. Journal of library administration，2023（1）：27-41.

公共图书馆儿童阅读推广服务的实践与启示

任　通（数字资源部）

儿童阶段是个人阅读习惯和阅读能力形成的关键阶段，在儿童时期建立起对阅读的热爱将影响个人一生。公共图书馆作为全民阅读推广的主力军，有责任和义务开展针对包括儿童在内的阅读推广工作。近年来，公共图书馆不断创新方式方法，开展了一系列卓有成效的儿童阅读推广服务。随着图书馆各项服务的不断提升和完善，如何进一步发挥公共图书馆的作用，提升儿童阅读推广服务成效，是公共图书馆人应予以不断深入研究的课题。

鉴于此，本文对国内六个优秀的儿童阅读服务案例进行调研分析，深入挖掘其共性特性，并从中总结经验，为公共图书馆更好地开展儿童阅读推广服务提供借鉴。

1　国内公共图书馆优秀儿童阅读推广服务案例概况

笔者对国内公共图书馆儿童阅读推广服务进行了调研，特别选取了六个优秀的服务案例，具体情况如表 1 所示：

表 1　儿童阅读推广服务案例概览

<table>
<tr><th>图书馆名</th><th>阅读推广活动</th><th>活动名称 / 活动内容</th><th>面向人群</th><th>开始年份 / 年</th></tr>
<tr><td rowspan="6">辽宁省图书馆</td><td rowspan="6">童阅乌托邦</td><td>四维绘本阅读</td><td rowspan="6">3—12 岁儿童</td><td rowspan="6">2008</td></tr>
<tr><td>指尖创意阅读</td></tr>
<tr><td>儿童戏剧游戏</td></tr>
<tr><td>传统文化体验</td></tr>
<tr><td>儿童文化集市</td></tr>
<tr><td>玩具总动员</td></tr>
</table>

续表

<table>
<tr><th>图书馆名</th><th>阅读推广活动</th><th colspan="2">活动名称 / 活动内容</th><th>面向人群</th><th>开始年份 / 年</th></tr>
<tr><td rowspan="13">苏州图书馆</td><td rowspan="13">悦读宝贝计划</td><td colspan="2">阅读大礼包</td><td>0—3 岁儿童</td><td rowspan="13">2011</td></tr>
<tr><td rowspan="4">品牌活动</td><td>蹒跚起步来看书</td><td>0—6 岁儿童</td></tr>
<tr><td>悦悦姐姐教我念儿歌</td><td>0—3 岁儿童</td></tr>
<tr><td>听故事姐姐讲故事</td><td>4—7 岁儿童</td></tr>
<tr><td>家长沙龙</td><td>家长</td></tr>
<tr><td rowspan="4">比赛活动</td><td>我给孩子讲故事比赛</td><td>幼儿园老师、幼儿家长、苏州高等幼儿师范学校“故事姐姐”</td></tr>
<tr><td>苏州市小学生课本剧表演比赛</td><td>全市各小学校</td></tr>
<tr><td>苏州市幼儿童话剧表演比赛</td><td>全市各幼儿园</td></tr>
<tr><td>红领巾读书征文</td><td>全市中小学学生</td></tr>
<tr><td rowspan="3">志愿活动</td><td>雏鹰志愿者</td><td>6 岁以上儿童</td></tr>
<tr><td>悦读妈妈志愿者</td><td>图书馆馆员、幼儿园教师、家长</td></tr>
<tr><td>故事姐姐志愿者</td><td>苏州职业大学、苏州高等幼儿师范学校学生</td></tr>
<tr></tr>
<tr><td rowspan="11">济南市图书馆</td><td rowspan="11">七彩泉系列</td><td colspan="2">谈书吧</td><td>6—12 岁儿童</td><td rowspan="11">2013</td></tr>
<tr><td colspan="2">国学堂</td><td>5—10 岁儿童</td></tr>
<tr><td colspan="2">放映室</td><td>3—12 岁儿童</td></tr>
<tr><td colspan="2">故事会</td><td>3—8 岁儿童</td></tr>
<tr><td colspan="2">诗词课堂</td><td>8—15 岁儿童</td></tr>
<tr><td colspan="2">图书馆课堂</td><td>4—15 岁儿童</td></tr>
<tr><td colspan="2">创意美工坊</td><td>5—10 岁儿童</td></tr>
<tr><td colspan="2">馆员小助理</td><td>10—16 岁儿童</td></tr>
<tr><td colspan="2">亲子课——小小旅行家</td><td>5—12 岁儿童</td></tr>
<tr><td colspan="2">少儿公益助读项目</td><td>乡村及偏远山区学校</td></tr>
<tr><td rowspan="4">温州市图书馆</td><td rowspan="4">阅读我来秀</td><td colspan="2">童声读经典</td><td rowspan="4">5—12 岁儿童</td><td rowspan="4">2021</td></tr>
<tr><td colspan="2">朗诵轻课堂</td></tr>
<tr><td colspan="2">每周绘本</td></tr>
<tr><td colspan="2">剧目展演</td></tr>
</table>

续表

图书馆名	阅读推广活动	活动名称 / 活动内容	面向人群	开始年份 / 年
呼和浩特市图书馆	阅趣小嘎鲁	绘本分享	5—12 岁儿童	2018
		手工创作		
		舞蹈绘画		
福田区图书馆	绘本工厂	绘 · 讲述	3—12 岁儿童家庭	2014
		绘 · 剧场		
		绘 · 自造		
		绘 · 分享		

六个案例涵盖了省、市、县三级公共图书馆，无一例外都针对儿童的年龄、需求、特点等开展了不同类型的阅读推广活动。从受众群体看，儿童的年龄跨度从 0 岁到 16 岁，并且部分活动针对儿童家庭以及家长开展。从活动内容看，利用馆藏开展绘本阅读是各馆的必备活动，另外也有话剧表演、手工创作等活动，以及面向儿童、家长开展的志愿者服务活动等，种类相当丰富，容易吸引更多儿童阅读。

2 优秀儿童阅读推广活动的共性特征

纵观上述品牌活动的发展历程，挖掘其形式内容，其中涵盖范围、师资力量、场地利用、创新发展等共性特征值得业界关注。

2.1 涵盖范围广泛，贴合儿童年龄特点

儿童阶段是孩子成长的黄金期，其动手能力、语言能力、理解能力、审美能力等在这一阶段迅速发展成型，不论是“童阅乌托邦”“悦读宝贝计划”，还是“七彩泉”系列、“阅读我来秀”等都根据不同年龄的儿童，有针对性地开展一系列的阅读推广活动，有效满足孩子不同年龄段的发展需求。

“童阅乌托邦”重点面向 3—12 岁儿童开展服务活动。四维绘本阅读活动选取经典中英文绘本，通过听绘本、看绘本、读绘本、做绘本等维度让儿童体验阅读的快乐；指尖创意阅读将手工、绘画等艺术形式与阅读相结合，培养儿童的阅读兴趣与创造力；儿童戏剧游戏将儿童带入戏剧游戏活动中，让儿童充当故事的主角，充满趣味性；传统文化体验则是通过动画视频、绘本讲解、动手操作等手段让儿童体验传统文化、阅读中国经典读物。

“悦读宝贝计划”针对不同的年龄段儿童推出不同的服务活动。阅读大礼包每年为 0—3 岁的婴幼儿家庭发放，鼓励家长与孩子共同阅读；蹒跚起步来看书针对学龄前儿童发放，其中不仅有 50 本经典绘本介绍和分级阅读书单，还有阅读记录卡和卡通图章；

听故事姐姐讲故事针对4—7岁儿童开展文学启蒙教育，并围绕故事主题开展亲子手工制作、亲子游戏活动等；雏鹰志愿者活动则邀请一年级以上儿童志愿者为小朋友们开讲缤纷故事会，四年级以上儿童志愿者参与阅览室管理等。

图书馆阅读推广的活动参与往往非常简单，针对不同年龄段儿童特性和需求，将科学性与趣味性完美结合，重点在于激发儿童的学习兴趣、培养动手能力，引导孩子爱上阅读。

2.2 师资力量雄厚，阅读推广人各有千秋

阅读推广人是引导阅读主体发掘阅读价值的桥梁[1]，能让活动起到事半功倍的效果。图书馆不仅与高校合作，邀请专业的高校教师和大学生，还重视吸纳书画艺术家、非遗代表性传承人等社会各界优秀的力量担当阅读推广人，一方面有效补充了图书馆的力量，另一方面扩大了活动的知名度。

苏州图书馆邀请苏州高等幼儿师范学校学前教育专业学生、儿童医院的医生、社保局的健康营养专家等作为故事姐姐、悦读妈妈参与志愿服务团队，通过专业知识和丰富经验为儿童带来更加生动、有趣的阅读活动。福田区图书馆的“绘本工厂”项目邀请图画书作家、童书编辑、美术学科教研队伍等开展系列活动，推动普及多元立体的阅读形式，同时也为孩子和家长提供一个分享阅读、表现自我、展示才华的平台。

此外，馆员也是阅读推广人的重要来源，“阅趣小嘎鲁”“阅读我来秀”“七彩泉”等部分系列活动是由当地图书馆馆员完成，他们负责活动的组织策划，担任阅读主讲人等。总之，儿童阅读推广台前幕后少不了馆员的身影，为活动的持续开展提供了坚实的保障。

2.3 发挥空间优势，打造图书馆专属场地

随着公众对公共文化生活的要求越来越高，对于图书馆活动场地的需求也日益多元。儿童作为一个特殊的群体，对于阅读场馆的要求更加严格，公共图书馆应该根据年龄和功能进行合理分区，为儿童阅读提供良好的专属空间。

辽宁省图书馆、苏州图书馆、呼和浩特市图书馆、福田区图书馆等都打造了专门的儿童阅读区。例如福田区图书馆在其一楼精心打造了“绘本工厂”这个集读、演、制、授为一体的多彩立体阅读空间。呼和浩特市图书馆则在其二楼的亲子阅读区开展“阅趣小嘎鲁”系列活动。

“童阅乌托邦”活动主要场地为辽宁省图书馆开设的少儿天地，空间内包含少儿阅读区、幼儿阅读区、魔幻数字体验区、多媒体阅读区，以及国学坊、少儿阅读主题活动室等，相关活动在不同区域举办，富有特色。辽宁省图书馆2021年底全新升级改造的敏学天地“男孩屋　女孩屋”少儿成长体验阅读空间更加有效地整合阅读资源，挖掘空间资源互动的潜能，为活动的开展创造了更多可能。

“悦读宝贝计划”所涉及的活动范围更加广泛，阅读大礼包的发放涉及全城，家长可以在苏州图书馆各分馆、社区工作站以及投递点领取。具体到馆内活动，苏州图书馆

专门为儿童设计建造了悦读园活动空间，其中卡通桌椅、益智玩具、儿童绘本等琳琅满目，听故事姐姐讲故事、蹒跚起步来看书、家长沙龙等活动都会在这里举办。此外，考虑到儿童参与阅读的最佳地点还是家庭和学校附近，活动积极打破馆内服务的模式，将阅读服务延伸至社区、幼儿园，扩大辐射范围的同时也赢得了社会的广泛关注与支持。

2.4 与时俱进，不断丰富活动形式和内容

上述活动创设时间较早，例如“童阅乌托邦”在2008年就已开启，“悦读宝贝计划”、“七彩泉”系列、“绘本工厂”分别始于2011年、2013年、2014年，“阅读我来秀”相对较晚，起步于2021年。但这些品牌活动并不是一成不变的，而是不断创新活动形式、丰富活动内容。

辽宁省图书馆从2008年起就尝试开展了我爱涂涂画、经典古诗词赏析、辽图亲子阅读等活动，而后逐步发展为四维绘本阅读、指尖创意阅读、传统文化体验等活动，如传统文化体验是在原有经典古诗词赏析基础上，新增中国寓言故事、传统文化作品、古典礼仪等传统文化体验服务项目。不仅如此，辽宁省图书馆还将“童阅乌托邦”作为阅读推广示范项目在全省范围内推广，带动市县级图书馆等惠及更多儿童和家庭。

温州市图书馆“阅读我来秀”的前身是少儿阅秀团，自2021年3月起通过朗读、绘本剧、课本剧等多种舞台表演训练引导少儿深度阅读，逐渐改版升级为童声读经典、朗诵轻课堂、每周绘本等系列活动。另外，暑期还特别甄选优秀剧目，招募热爱表演的小读者，邀请优秀导师排演，在温图小剧场进行展演，深受儿童和家长的欢迎。

“悦读宝贝计划”最初活动相对单一，受限于经费等因素，只是发放1000份阅读大礼包。为扩大活动范围，在政府和社会各界的支持下，2013年实现了全城新生儿都能领取大礼包的目标。此外，随着时间的推移，活动内容也不断丰富，逐步打造成面向不同群体、不同年龄段儿童的品牌活动、比赛活动、志愿活动等系列活动，极大丰富了苏州市儿童参与阅读活动的渠道和类型。

3 公共图书馆儿童阅读推广服务的启示

基于上述优秀儿童阅读推广活动的共性特征，借鉴其成熟经验，结合笔者日常参与阅读推广工作的总结与反思，公共图书馆开展儿童阅读推广服务应着重考虑如下几点。

3.1 了解不同年龄段特色，明确儿童阅读需求

公共图书馆开展儿童阅读推广服务的第一步就是要明确需求，这决定了后续阅读推广服务流程和组织实施，不同年龄段的儿童智力和心理发育程度导致其阅读性质和阅读接受能力不同，教育心理学研究指出，0—3岁是儿童养成阅读兴趣的最佳时期，而3—6岁是培养儿童阅读态度和阅读习惯的关键阶段，小学低年级需要学习阅读能力，而后才需要通过阅读学习新知识。公共图书馆要根据不同的儿童年龄需求定位服务目标，参照专业的分级阅读标准、运用分级阅读理念[2]帮助儿童获得阅读兴趣和阅读能力。值

得注意的是，阅读推广是成本高、小众化的活动，而公共图书馆需要以平等为基础，要体现保障兜底的作用，因此在全民阅读的大背景下，扩大服务范围，尽量保障婴幼儿、留守儿童等特殊群体的阅读服务需求是其责任也是义务。

3.2 培育儿童阅读推广人，提供阅读指导服务

合格、专业的阅读推广人是儿童阅读推广成功的重要因素，儿童阅读推广人的培育也是近年来图书馆界的热点。公共图书馆要拓展渠道吸纳和培育阅读推广人，一方面要吸纳不同行业的优秀人才，如教师等教育人才，音乐、美术、武术等艺术人才，使他们发挥专业优势，提供阅读指导和服务。另一方面公共图书馆自身儿童馆员的培养非常关键，不仅要主动招聘有相关经验、具备专业背景的人才，也应积极挖掘现有馆员的潜力，主动培养专业的阅读推广人。此外，对于家长，尤其是婴幼儿家长的引导也十分重要，家庭教育是婴幼儿教育的起点和基础，因此可以通过活动对家长进行培训，引导家长参与志愿活动，为儿童营造浓厚的家庭阅读氛围。

3.3 加强儿童阅读空间建设，营造多元阅读空间

图书馆作为儿童休闲娱乐、学习的重要空间，其丰富的绘本、安全温馨的阅读环境等越来越受到家长和儿童的喜爱。为更方便地开展儿童阅读推广活动，公共图书馆需要关注儿童安全性、舒适性的生理需求，趣味性、智能性的心理需求，以及交流性、亲子性的社会需求[3]，利用有限的空间进行多层次布局，营造适合分龄儿童的阅读环境。同时，公共图书馆的场地毕竟有限，可以积极开拓馆外场景，与社区、学校合作，借用场地定期举办阅读推广活动，为儿童营造更多元的阅读空间。

特别需要指出的是，公共图书馆之间不是竞争关系，而是共同的队友。相比成人，儿童活动范围更加受限，往往乐于参与家附近图书馆的活动。因此公共图书馆在阅读空间的建设、活动的组织等方面可以相互借鉴与融合，为儿童提供更加优良的阅读环境、更加优质的阅读活动。

3.4 常态化阅读推广活动，打造优秀阅读品牌

相比成人来讲，儿童阅读推广更容易构建稳定的核心读者群，公共图书馆更应将阅读推广设计成日常化、常规化的活动，方便儿童和家长持续参与活动，经年累月、常态化培养儿童的阅读兴趣和阅读能力。同时，优秀的阅读品牌是阅读推广走向成熟的标志之一[4]，公共图书馆可以尝试打造本馆儿童阅读品牌活动，如乌托邦可指代理想的世界，品牌名“童阅乌托邦”寓意儿童阅读的理想世界，不仅读起来朗朗上口、易于传播，也容易激发家长和儿童参与的好奇心和兴趣；而“悦读宝贝计划”甚至设计了品牌LOGO，更具辨识度。此外，常态化的阅读推广同样意味着常态化的评估，公共图书馆要设置相应的评估指标、定期评估阅读推广活动的效果，根据读者反馈和实际情况及时调整，推动阅读推广的可持续发展。

3.5 对接社会发展需求，创新服务内容和方式

社会在变化，公众需要也在发展，所以服务需要创新。公共图书馆开展阅读推广也要主动对接社会需求并和社会同步[5]，适时创新升级活动形式和内容，以满足儿童日益增长的阅读需求。一方面，公共图书馆要根据不同儿童需求的差异，寻找打动家长和儿童参与的兴趣点，在原有活动的基础上创新使用寻宝活动、戏剧游戏、作者见面会、趣味比赛等寓教于乐的方式，增强互动，尝试探索儿童读者荣誉机制[6]的激励方式，引导儿童参与阅读推广活动。另一方面，公共图书馆要注重与电视台、出版社、互联网企业等行业机构的合作，拓展不一样的思路，共同举办阅读主题活动、比赛活动、展览活动等。需要注意的是，公共图书馆要始终以专业性为基础，阅读推广要体现图书馆员和文献服务的专业性，创新属于阅读使命、非使命但仍可为的阅读推广[7]，警惕远离图书馆主业的阅读推广。

儿童阅读是全民阅读的基础，作为重要的社会文化教育机构，公共图书馆应该通过阅读推广等服务提高儿童的文化素养水平，促进儿童健康成长。当前儿童阅读推广的理论尚不完善，尚需图书馆人不断在实践中总结经验，提升相关理论研究，真正通过图书馆服务培养儿童阅读兴趣和阅读能力，提升全民阅读水平。

参考文献

[1] 刘平，郭超 . 近年国内阅读推广人研究综述 [J] . 图书馆，2019（11）：86-92.

[2] 张雅妮 . 分级阅读在少儿阅读中的实现途径 [J] . 图书馆理论与实践，2018（12）：26-29.

[3] 莫丹萍 . 多元化需求下公共图书馆儿童阅读空间功能设计探索 [J]. 图书馆工作与研究，2018（9）：124-128.

[4] 范并思 . 儿童阅读推广的目标、使命与方法 [J] . 新世纪图书馆，2023（2）：14-18.

[5] 肖鹏，肖九 . 李东来访谈：阅读推广之路的回望与展望 [J] . 图书馆杂志，2022（3）：4-10，47.

[6] 胡佳，涂佳琪，杨新涯 . 阅读推广的读者荣誉制度研究与实践 [J] . 图书与情报，2022（3）：91-96.

[7] 范并思 . 图书馆阅读推广的合理性审视 [J] . 图书情报工作，2017（23）：34-39.

图书馆阅读推广在地性构建的实践与思考

黄 静（社会教育部）

《2023年国际图联趋势报告》[1]揭示了12条图书馆正面临的发展趋势，引起业界关切。其中第一条“在不断变化的世界里，图书馆越来越被视为无关紧要的存在”，和第二条“人们正在低估由社区驱动的基础设施和信息发展的价值”是本文关注的内容。国际图联给应对前者的建议是“图书馆应继续作为社区内知识、教育和丰富生活的必要支柱来开展服务，并以此争取认可与支持”，应对后者则是“确保我们充分意识到图书馆在社区中作为知识获取、生成并因此赋能的空间所具备的潜力”。毫无疑问，“社区”（community）是这两条建议中应对不良发展趋势的关键词。而国际图联对“社区”的关注由来已久，在2022年与联合国教科文组织联合发布的新版《公共图书馆宣言》[2]中，“社区”一词出现了17次，远高于1994版的5次；而另一个意义相近的词汇“地方”（local）共出现了15次，它们共同阐释了图书馆之于其所处之“地方”①的多重功能和使命，具体描述包括：

公共图书馆是各地通向知识之门。

为当地企业、社团和利益群体提供必要的信息服务。

公共图书馆是社区的创造者。

公众信任他们的图书馆，作为回报，公共图书馆应把确保社区成员知情明理作为自己努力的目标。

确保所有人都有获取各种社区信息和参与组织社区活动的机会，以彰显图书馆在社会结构中的核心作用。

这些条款向所有图书馆从业者、研究者指明了一个方向：应对图书馆植根于一方水土之上的地方属性加以关注。作为依赖本地资源、服务本地民众而存在的公共文化机构，图书馆既是地方力量支持下的综合产物，也是地方文化有机体的一部分，还是凝聚本地力量、构建地方文化的参与主体；这些角色决定了图书馆能否成为“社会结构中的核心”，在很大程度上取决于它与地方的连接程度，以及服务一方的能力与效果。同时，地方文化所具有的独特性、多元性和创造性，也是图书馆获得持久生命力的丰厚土壤。在全球图书馆行业面临着“越来越被视为无关紧要的存在”的大趋势下，图书馆界应清

① 尽管文中笔者采用了“community”的通用译法“社区”，但鉴于“社区”一词在我国行政管理中有着特定而具体的含义，无法展现“community”一词原本具有的空间、精神或情感维度上“共同体”“社群”等丰富内涵，故后文中将其与“local”等词混称为“地方”。

醒地认识到与所处之地建立良好互动关系的重要性，并将这种意识注入生存、发展、服务战略之中，持续发挥地方文化建设与示范引领的功能。如何构建“在地性”的图书馆，值得学界共同探究。本文借助人文主义地理学的理论视角，围绕国内图书馆阅读推广领域的实践案例，浅论阅读推广“在地性”构建的方向和策略。

1　在地性：一种明确的地方意识

“在地性”① 一词较流行于建筑景观和艺术设计领域中，指的是艺术创作追求与所在之地的地理环境、空间场景、人文历史等地域性特征发生主动关联[3]，而这一理念形成背后，是人们对全球化浪潮中长期存在的中心化、同质化倾向的审视和反思。自20世纪70年代以来，随着人文主义地理学的发展，越来越多的学者观察到了“地方”的独特意义和消融现象。E. 雷尔夫在《地方与无地方》[4]一书中描绘了全球化和现代性将“根植在地方之中的历史与意义连根拔起”，从而提出“无地方”（placelessness）的现象，认为同质化不断威胁着差异化，而地方作为人类“行为和意向的中心”是十分重要的。段义孚在《空间与地方》[5]一书中，从经验的视角区分了构成人类生活世界的两大要素——“空间”（space）和“地方”（place），并从人的生存、心理、文化需求等层面揭示了人与地方互相构建的本质，认为“地方”是被人赋予了“价值”的空间。基于这些研究，人们逐渐意识到地方的多元性、独特性和创造性，以及人与其生活的地方互相塑造的历史关系，对于保存人类文化多样性、谋求可持续发展的重要意义，“在地性”的理念遂在这种背景下应运而生。人们将视野从西方现代性观念塑造的中心、权威、标准中抽拽出来，去观照微观层面上的地方环境和人类生活，“在地性”的“在”字，体现的正是主体对地方的认同和主动融入的态度[6]，追求在行动上与地方产生紧密联系，是一种地方意识的自觉且明确的外显。

当前我国正处在城市化发展快速上升时期，地方的独特性、乡土性正被标准化、模式化的城市生活取代，城市面貌、地域文化、人们的思维及生活方式较之传统社会呈现明显的同质化倾向，地方文化的振兴与发展亟待社会各类主体参与。2018年施行的《中华人民共和国公共图书馆法》明确公共图书馆“应当系统收集地方文献信息，保存和传承地方文化”。在此背景下，图书馆应将在地性构建作为一种发展策略，根据所在地方的实际情况和需求，开展有针对性的文化活动。而阅读推广作为当前图书馆服务的主要内容，相比传统借阅式服务，具备更加积极主动、形式多样、可针对特定人群开展知识整合服务的特点，正是实现图书馆在地性构建的有效途径之一。

2　案例分析：阅读推广在地性构建的目标和策略

图书馆阅读推广的在地性构建目标包括：为所在地方民众提供地方文献信息、地方

① “在地性”对应的英语词汇有：localization，locally，site-specific 等。

知识等文化产品，引导读者在阅读和参与各类活动中关注、关心并加入地方文化建设之中，在上述活动过程中加强对地方的认同、依恋、归属感等。而图书馆则要借助这类活动实现社会价值，成为地方文化中心和社群中心。

在构建在地性阅读推广活动时，图书馆员需做好三点准备：一是了解所在的地方，包括但不限于区域范围、地理环境、物质空间、自然景观、地方历史、文献资源、本地名人、名胜古迹、文化遗产、民俗信仰、节日庆典、特色美食、正在发生的大事件等；二是了解所在地方的用户群体，包括群体年龄、性别、职业、受教育水平、阅读偏好等，并据此有针对性地设计活动形式和内容；三是联动尽可能多的其他社会主体参与地方文化推广，例如，图书馆居于地方社会网络之中，应与学校、出版社、媒体、企业、图书馆行业协会等各类组织建立伙伴关系，合力共建在地性的阅读推广活动。以下通过近年来图书馆阅读推广领域的案例，阐述在地性构建的方向和策略启示。

2.1 结合地方文化，构建内容在地性的阅读推广

我国幅员辽阔、历史悠久，自然环境和历史发展造就了丰富多样的地域文化，为图书馆阅读推广活动的在地性构建提供了丰富素材。图书馆可围绕地方人文历史、山川地理、民俗文化、非物质文化遗产等内容，梳理本地优质文化资源，提炼文化符号，筛选易被公众接受的阅读推广主题，举办讲座、沙龙、读书会等多种形式的地方文化主题活动。

案例1：国家图书馆“老北京非遗趴”系列活动（2017—2019）[7]

简介：该活动选题聚焦“燕京八绝”、“老北京的曲艺”、彩塑京剧脸谱技艺、戏曲盔头制作技艺等老北京特色非遗项目，内容具有鲜明的地方风格；综合运用了传承人访谈、非遗专家解读、非遗技艺展示和展览等多种表现形式，在展现精湛的非遗项目技艺的同时，也揭示了其与地方文化互相影响的过程，使推广的内容更加生动立体；活动现场采用北京曲艺作品为背景音乐，烘托浓郁的地方艺术氛围。借助新媒体直播技术，扩大活动的传播范围。

启示：近年来，文旅市场爆火“出圈”的案例屡见不鲜，西安、哈尔滨、洛阳、开封、天水等纷纷加入“网红城市”的行列。毫无疑问，这些城市能够“走红”与其独特的地方文化尤其是传统文化密不可分。非物质文化遗产作为传统文化的一部分，是民众在长期的生活实践中创造并传承下来的智慧结晶，也是融合了地方自然地理条件、历史文化背景和人的智慧与技能的综合产物。立足地方，对非遗和传统文化开展宣传、展示和本地性解读，是图书馆参与非遗保护与传承工作的重要途径，也是图书馆为地方品牌化发展提供助力的方式。

2.2 以人为本，构建与用户情感相连的阅读推广

提到图书馆，媒体和公众常会将其浪漫化地想象为“天堂的模样”，人们很容易就讲述起他们在图书馆的美好记忆。这种现象的出现，一方面是由于图书馆承载了很多读

者青春和奋斗的记忆，另一方面也反映出图书馆已经脱离了很多公众的日常生活。随着技术革命和阅读环境的持续改变，图书馆与人们生活的交集可能会逐渐降低。前文提到，国际图联对此给出的建议是发挥图书馆在社区（community）中的作用，其深层含义是与用户建立具备情感联结和身份认同的共同体关系。图书馆阅读推广的在地性构建，应贯彻以人为本的基本理念，将服务对象置于策划和决策的前端，深入研究目标群体的特征和行为习惯，构建符合预期的文化活动，在满足不同人群的阅读需求的同时，以真诚包容的状态获取图书馆辐射范围内尽可能多的用户信任。图书馆可使用社交媒体等手段培养黏性用户群体，不论在阅读推广活动的宣传还是举办过程中，注重以亲民、温暖、接地气的风格与用户开展互动，协助用户建立对地方的身份认同和情感归依。

案例 2：宁波图书馆“阿拉宁波人”系列沙龙活动

简介：“阿拉宁波人”系列沙龙是宁波图书馆于 2016 年推出的地方文化阅读推广项目，围绕“甬城元素”，先后策划了“守望乡音”“甬商，1938”“我和我的城”等主题活动，邀请文史学者、作家、艺术家等，展示城市历史、民俗文化富有本地特色的戏曲艺术等。

启示：方言是地方文化元素，“阿拉宁波人”在主题设置上使用方言元素，可快速拉近和本地读者的距离，营造亲切感和群体归属感。现代社会的强流动性改变了人们与地方的传统连接方式，人们在不同的地方之间流动，可能对多个地方产生情感、记忆和归属感，同时也造成了“乡愁”和“新住民”身份认同问题。图书馆阅读推广可朝着与所在地用户开展情感联结的方向开展，构建包容感强的地方文化。此外，借助现代通信技术，本地图书馆构建的阅读推广活动还可传播至外地的用户群体，部分缓解现代社会中的“乡愁”问题。

2.3 联动业界，构建跨区域的地方文化推广

截至目前，我国共有 3300 余家公共图书馆，广泛分布在祖国各地，为图书馆开展业界联动奠定了良好基础。联动业界开展在地性阅读推广活动，不仅可以借助彼此的品牌力量扩大活动宣传效果，也能促进地方文化的跨区域传播。

案例 3：国家图书馆“一本书·一个人·一座城”全国联讲活动[8]

简介：2023 年 4 月 23 日，国家图书馆联合上海图书馆、山西省图书馆、内蒙古图书馆等 12 家图书馆启动了“一本书·一个人·一座城”全国联讲活动。通过邀请知名学者讲述某本书、某个人和某座城三者间的文化关联和历史故事，推广地方经典著作、文化名人和地方文化，策划了如“老舍与北京城——与心灵相粘合的历史与情思”“她的城——张爱玲文学地图”等活动。此外秉承共建、共享原则，在 2024 年世界读书日期间向全国读者发布了全部活动视频。

启示：这类活动的用户群体是全国读者，选题集中在经典著作、历史名人会更容易吸引目标群体对该地地方文化的关注度。紧密围绕书、人、城，展现地方具有

代表性的历史、文化和阅读资源；采用一馆一讲、业界联动、统一包装、全国推广的形式，借助世界读书日的传播效力，让地方文化走向全国，扩大阅读推广的规模效应。

2.4 开放合作，与地区内不同主体共建在地性阅读推广

图书馆是地方社会有机体的一部分，也是社会网络中的一个点。图书馆之于地区内其他主体，如学校、企业、科研机构、政府、媒体等，主要有两重角色：一是服务者的角色，即为他们提供知识、信息或定制化服务，如国家图书馆依靠文津图书奖的阅读资源，为所在地方的部分学区提供定制化青少年“阅读包”服务；另一重角色则是合作者的角色，即和他们合作共建在地性阅读推广活动，如国家图书馆在每年 3 月 23 日前后，与比邻的中国气象局合作举办“世界气象日”专题讲座活动，与同期举办的中国气象局“气象开放日”形成互动，提升特定时期内地方文化活力。

案例 4：厦门市公共图书馆服务联合体建设

简介：厦门市公共图书馆在开展阵地服务的同时，着力与地方上的企业、学校、民间机构等社会力量合作，在街镇、村居、学校、银行、商业网点等地创建小而美的新型阅读空间，如“兴业银行悦读空间”、阅读 + 公园“仙岳书院”、阅读 + 非遗“惠和书院”等，并与民间读书会等机构联合开展各类在地性的阅读推广活动。

启示：通过与不同社会主体开展广泛合作，将图书馆阅读服务散播至基层，融入当地居民的日常生活之中，实现国际图联倡导的融入“社区”，营造无处不在的阅读氛围。

2023 年国际图联趋势报告指出了所有图书馆从业者的困境，也给出了应对策略，在笔者看来，未来图书馆是否重要取决于它与地方、与人群的距离。图书馆的在地性构建是一个复杂的命题，需要政策制定者进行顶层设计和通盘思考，并将植根地方的意识、服务一方的态度和以人为本的理念贯穿至图书馆的建设和发展之中。阅读推广活动作为直面受众的一线服务领域，可以率先迈出这试验的第一步，开启在地化构建的探索。

参考文献

[1] IFLA trend report update 2023 [EB/OL]. [2025-04-21]. https://repository.ifla.org/handle/123456789/3233.

[2] The IFLA-UNESCO public library manifesto 2022 [EB/OL]. [2025-04-21]. https://repository.ifla.org/bitstream/123456789/2081/1/ifla-unesco-public-library-manifesto-2022-zh.pdf.

[3] 张一骢. 文化在地性视角下音乐视听节目的创作转向初探 [J]. 中国电视，2022（6）：34-39.

[4] 雷尔夫. 地方有无地方 [M]. 刘苏，相欣奕，译. 北京：商务印书馆，2021.

[5] 段义孚 . 空间与地方 [M]. 王志标，译 . 北京：中国人民大学出版社，2017.
[6] 易雨潇 . 重新思考空间——Site-Specific Art 与在地艺术 [J]. 上海艺术评论，2018（5）：61-64.
[7] 燕京有八绝——第二届“老北京非遗趴”招募啦 [EB/OL]. [2018-07-18]. https://mp.weixin.qq.com/s/oXLziUE3Hmop9AodKGNFYQ.
[8] 国家图书馆启动“一本书·一个人·一座城”全国联讲活动并推出首场沙龙 [EB/OL]. [2023-04-24]. https://www.mct.gov.cn/preview/whzx/zsdw/zggjtsg/202304/t20230424_943340. html.

国家图书馆书目数据 BIBFRAME 化的挑战和推进策略*

杨恩毅（外文采编部）

进入 21 世纪以来，国际编目界为应对互联网背景下信息组织环境的变化，开展了一系列变革，形成了以国际编目原则声明为最高纲领、国际图联图书馆参考模型（IFLA LRM）为概念模型、资源描述与检索（RDA）为元数据方案、书目框架（BIBFRAME）为数据格式方案的数字时代国际资源编目标准体系[1]。新的编目体系以用户需求为中心，旨在提升图书馆资源在互联网上的可见度，将图书馆书目数据更好地融入互联网体系。

在新的编目体系中，BIBFRAME 是重要的一环，它是书目数据融入互联网的技术路径。美国国会图书馆（Library of Congress，LC）于 2011 年提出 BIBFRAME 的目的就在于取代 MARC 格式，设计一个以网络为中心、随时随地相互关联的全新书目环境[2]。经过十余年的发展，BIBFRAME 展现出了较强的适应性和扩展性，成为国际上诸多重要图书馆的一致选择[3]。可以说，BIBFRAME 是现阶段实现图书馆书目数据开放和关联化较为理想的方案。

在当前我国智慧图书馆建设的浪潮下，书目数据实现开放关联化已成为国内编目界迫切需要解决的问题，基于 BIBFRAME 实现书目数据的关联化，也取得了业界广泛的共识。研究者基于国内书目数据环境对 BIBFRAME 的理论和实践前景进行了卓有成效的研究[4]，一些机构，如上海图书馆，已着手开展针对特藏数据 BIBFRAME 化实践探索[5]。然而，与国外图书馆开展基于 BIBFRAME 的大规模应用的局面不同，国内尚缺乏采用 BIBFRAME 进行日常书目数据组织的实践探索。国家图书馆作为国内业界的引领者，应从推动全国图书馆事业发展、引领图书馆传统业务革新的高度，开展书目数据 BIBFRAME 化的实践。在开始实际工作之前，需要对利用 BIBFRAME 进行国家图书馆书目数据关联化的优势和困难进行分析。为此，本文从 BIBFRAME 的特点入手，分析其作为书目数据关联化方案的优势，梳理国家图书馆书目数据 BIBFRAME 化潜在的挑战和困难，并提出应对策略，以期为国家图书馆开展书目数据的关联工作奠定基础。

* 本文系国家图书馆馆级科研项目“智慧图书馆视域下国家图书馆书目数据开放和关联化方案研究”（项目号：NLC-KY-2023-09）的研究成果之一。

1 BIBFRAME 的优势

BIBFRAME 为实现作为“数据网”的愿景，完全按照关联数据四原则设计[6]。在此基础上，BIBFRAME 始终以描述书目信息为核心使命，构建了一个完整的书目信息描述框架，因此在实现图书馆书目数据的开放关联化方面具有独特的优势。

1.1 完整的书目信息描述架构

从 2012 年 LC 推出 BIBFRAME 1.0 以来，BIBFRAME 已经过多次迭代，模型版本已更新至 2.3 版[7]，类从 1.0 时代的 53 个扩展至 208 个，属性则从 289 个缩减至 148 个[8]。通过增加类的同时减少属性，BIBFRAME 以更易于机器理解的方式[9]，实现了对书目信息近乎无损的记录，因此，BIBFRAME 更能深入、全面地记录书目信息。

这种无损记录首先表现在 BIBFRAME 描述的对象覆盖绝大多数图书馆资源。BIBFRAME 2.3 本体定义了 18 种资源类型[10]，将图书馆资源几乎全部囊括在内。

另外，BIBFRAME 对书目信息进行了细粒度切分。BIBFRAME 采用 RDF 三元组模型构建，每个三元组都可独立存在，相较于 MARC 以“记录”为单元整体存在的模式，BIBFRAME 的数据单元更为细小[11]。同时，BIBFRAME 定义的 208 个类，考虑了描述各类资源涉及的要素，并允许针对一些通用性的描述进行细化。

1.2 语义化、关联化、开放化的数据模型

BIBFRAME 作为关联数据模型，具有关联开放数据的各项特点，突出表现在 BIBFRAME 的语义化、关联化和开放化上。

第一，BIBFRAME 通过富于语义化的标签对信息进行标识，易于人类识别。BIBFRAME 的类和属性直接使用对应的英语单词标记，对于标签不止一个单词的情况则采用“驼峰式命名法”。同时，BIBFRAME 通过第一个单词的首字母大小写的方式对类和属性进行区分：首字母大写的是类，小写的是属性。

这种外显的方式打破了 MARC 将语义隐含于字段和指示符内的局面，不同 MARC 格式之间由于字段定义不同而造成的壁垒将不复存在，中外文编目格式也将因此得到统一。

第二，BIBFRAME 能够充分描述和揭示资源实体间及实体内部间的关联关系[12]，BIBFRAME 2.3 版本形成了“聚合器”（bf：Hub）—“作品”（bf：Work）—“实例”（bf：Instance）—“单件”（bf：Item）四层模型，实现了书目数据的层次化关联。此外，BIBFRAME 2.3 版本还能够通过 URI 相同的方式实现内外部信息的关联，既可以将一个 RDF 三元组关联到内部的其他书目信息，又可以链接到外部数据。

第三，BIBFRAME 满足关联数据的技术规范，能通过互联网访问，因此具有开放性[13]。同时，BIBFRAME 2.0 之后的模型重用了现有的成熟词表，如 RDF、RDFS 等[14]，与其他关联数据模型的兼容性高。

1.3 灵活的定制扩展

BIBFRAME 允许用户以不同级别重用 BIBFRAME 词表，可完全重用、部分重用和生成扩展词表重用[15]，其中生成扩展词表重用既可以通过自定义新的词表，也可以重用其他关联数据本体实现。这种灵活的重用方式，决定了用户能根据自身需求对 BIBFRAME 进行定制化改造。实际上，国际上应用 BIBFRAME 的项目大多都对词表进行了扩展。

BIBFRAME 的灵活性促成了其在国际范围内的广泛实践。除 LC 已开展 BIBFRAME 编目以外，联合编目项目、数据商 Casalini Libri 和 @Cult 联合欧美 16 家大学图书馆开展的 Share-VDE 项目、LD4P 项目、瑞典国家图书馆、芬兰国家图书馆等均开展了基于 BIBFRAME 的关联数据项目，为书目数据的 BIBFRAME 转换提供了大量可供借鉴的经验。

2 国家图书馆实施 BIBFRAME 的挑战

BIBFRAME 的独特优势奠定了其作为图书馆书目数据关联化较优方案的基础。国家图书馆馆藏资源丰富，书目数据总量大，在进行书目数据 BIBFRAME 化的过程中，需面对来自 BIBFRAME 词表、历史数据、技术力量和人员能力等方面的挑战。

2.1 本体及其本地化具有复杂性

要真正应用 BIBFRAME，就必须对其模型和本体进行细致分析，对其 208 个类和 148 个属性进行全面梳理，厘清各元素的本质和关系，这些工作具有一定的复杂性。同时，BIBFRAME 现有本体显然无法完全满足国家图书馆书目数据的所有需求，因此必须依据本地书目数据需求，在 BIBFRAME 模型和本体的基础上开发扩展词表，甚至重新定义模型结构，这更增加了词表的复杂程度。

另一方面，BIBFRAME 一直处在开发之中，成熟但未定型，未来存在变化的可能性。虽然今后不大可能出现 2.0 版本这种颠覆模型构造的情况，且后续版本会兼容旧版本，但日后更新中涉及类和属性的新增和删除，必然会影响现有模型和本体的使用。在构造本地本体、实施 BIBFRAME 之后，本地模型和本体是否追随 BIBFRAME 更新，如何将新元素整合到现有体系之中，都是需要解决的问题。

2.2 数据转换难度较大

要实现书目数据的 BIBFRAME 化，就必须对现有的历史数据进行转换。实现转换的第一步是建立 MARC 与 BIBFRAME 之间的映射关系。MARC 记录作为“平面”结构，不存在作品、内容表达、载体表现和单件的立体分层，与 BIBFRAME 的模型无法形成直接对应。同时，MARC 在设计时以机器可读为目标，设定了诸多用字符位代码来指示不同信息的情况，因而存在相同字段但转换范式不同的情况。因此，在建立映射关系时，需要首先把 MARC 记录立体化，把分属不同层级的字段析出，然后对各个字段进行单独分析，判定内涵信息范畴，从而建立不同的转换范式。目前，LC 发布了 MARC21 至 BIBFRAME 的转换范式[16]，但具体应用还需进行逐一分析。而对于 CNMARC 与 BIBFRAME 的转换，虽然国内学者对其进行了研究，但未有完整的方案，还需进一步探索。

数据转换的难点还在于历史数据的数量。国家图书馆书目数据以千万条计，这些数据制作于不同的历史时期，采用的规则不同，制作标准不同，语义丰富程度不同，这就会对数据转换的效果带来影响。以外文数据为例，国家图书馆外文数据达 400 多万条，既有 2019 年之后依据《国家图书馆外文文献资源 RDA 本地政策声明暨书目记录操作细则》编制的 RDA 记录，也有在这之前相当长的一段时间内按照《英美编目条例》编制的记录，还有直接按照卡片记录转换为 MARC 格式的回溯记录。这些记录在颗粒度、著录细节、标引和检索点选取等方面均存在相当程度的差异。这些数据是否能正确转换，转换结果能否符合关联数据的要求，各元素之间是否能准确、有效地形成链接，还是未知数。

2.3 对技术力量需求大

书目数据的 BIBFRAME 化牵一发而动全身，往往意味着图书馆系统的彻底变革，需要较大的技术力量支持。国家图书馆采用 BIBFRAME 编制书目数据意味着在编目工作中放弃现有的 Aleph 500 系统，转而采用新的关联数据生产系统。而构建这样一个新的系统，需要从技术路线选择、本地词表构建、关联数据储存和发布平台建设、前端编辑器设计、与图书馆其他服务系统衔接等多方面进行技术投入，这就要求参与这项工作的人员不仅充分理解关联数据和语义网技术，也需要对系统平台搭建和服务模块开发有一定的了解。这种高技术需求往往成为图书馆对书目数据进行关联化转换的“拦路虎”。

2.4 对编目人员素质要求高

基于 BIBFRAME 的书目数据组织是对当前编目流程的彻底重构，这对习惯使用 MARC 的编目员提出了更高的要求。

一是信息组织的底层逻辑转变，需要编目员对书目数据有更深刻的理解。当前编目工作围绕信息著录和规范检索点选取展开，思维固化于 MARC 格式之中，对编目思想的理解流于表面，对书目数据的本质、各种元数据方案的特点、书目数据对于满足读者需求的作用了解得并不透彻。BIBFRAME 编目要求编目员以立体的思维看待书目数据，能够区分资源的智力内容和承载智力内容的载体，并在此基础上，了解各项数据元素对支撑用户任务的作用，理解书目数据与书目数据之间、书目数据与外部数据之间关联形成的原理。如果说 MARC 时代编目员的思维更倾向于把控细节，那么 BIBFRAME 时代的编目员则需要有全局意识和用户意识。

二是业务与技术的结合更加紧密，需要编目员对计算机技术有所涉猎。传统的编目业务自成一体，与计算机和网络技术关系并不密切，编目员也无须了解编目系统背后的技术细节。但迈入 BIBFRAME 时代之后，元数据与技术的结合日益紧密，编目员需要对本体的构建、图书馆服务系统、数据存储机制、关联方案的实现等技术细节有所了解，完成从编目员到元数据馆员的转型。

3 国家图书馆推进 BIBFRAME 化的策略

实现书目数据的 BIBFRAME 化绝非一日之功，目前国际上成熟的 BIBFRAME 项目均无一例外经过了多年的发展。国家图书馆应从事业的全局高度梳理推进 BIBFRAME 化工作的策略，尤其是要做好智力支持和系统升级两个方面的工作。

3.1 充分调动各方人员提供智力支持

书目数据的 BIBFRAME 化对业务和技术的要求都很高，绝非某一部门能单独完成的任务。LC 在推进 BIBFRAME 测试和实施工作中，参与人员涉及各个部门，甚至还包括其海外的办事处等[31]。国家图书馆在推动相关工作时，可借鉴 LC 的经验，在项目启动时，成立涵盖编目、信息技术、政策制定等部门人员组成的工作组，在有必要的情况下，引入外部技术力量，从而建立一支能力过硬的队伍。工作组应在充分调研国内外应用 BIBFRAME 项目的基础上，按照国家图书馆自身馆情，制定书目数据 BIBFRAME 化路线图，设计 BIBFRAME 本地模型和本体，确定 BIBFRAME 关联数据命名空间，构建 CNMARC 和 MARC21 与 BIBFRAME 的转换范式，开展现有数据的富语义化工作，设计基于 BIBFRAME 的书目数据编辑器。

BIBFRAME 的落地实施离不开一线编目人员的支持。目前，我国一线编目人员对 BIBFRAME 的认识大多还停留在感性层面，对 BIBFRAME 的模型、词表、实施进展不甚了解。而真正开始用 BIBFRAME 进行编目就标志着编目工作的彻底重构，需要编目人员转变思维模式，积极参与其中。因此，在 BIBFRAME 化项目开始之前，应开展针对编目员的培训，一方面提升编目员对 BIBFRAME 的认知，深化编目员对信息组织工作的认识，另一方面让编目员经受计算机技术的洗礼，具备基本的数据和系统素养。

3.2 以智慧图书馆建设为契机推进系统升级

当前，智慧图书馆建设正在全国范围内铺开，国家图书馆也在加紧建设智慧图书馆体系，涉及对图书馆现有集成系统的重构。国家图书馆可以此为契机，推进 BIBFRAME 化所需的硬软件系统升级。一方面，可将 BIBFRAME 化所需的系统环境纳入智慧图书馆建设中的业务系统建设框架之中，在构建智慧图书馆大体系的同时，打造全新的基于 BIBFRAME 的编目系统；另一方面，新的系统可与智慧图书馆相融合，数据存储与智慧图书馆系统底座打通，实现与其他资源元数据的互操作，支持资源的融合发现。

要实现这一目标，新的编目系统就应以开放和通用为原则，以建设关联数据生产、发布和消费平台为最终目标。第一，新编目系统应支持 BIBFRAME 书目数据的原生生产，实现与内外部相关资源和信息的关联。第二，新系统应具备足够的扩展性，支持后期应逐步拓展至其他类型关联数据的编制，将国家图书馆各类型资源的元数据生产纳入统一的管理体系。第三，新系统应与智慧图书馆中的智能工具形成联动，利用人工智能、大数据分析等技术，提升编目的自动化和智能化程度。

参考文献

[1] 王景侠．数字时代的国际资源编目标准体系论纲［J］．图书馆杂志，2022（9）：31-42

[2] Bibliographic framework as a web of data：linked data model and supporting services［R］．Washington，DC：Library of Congress，2012：42.

[3-4][15][21] 贾君枝，崔西燕．基于 BIBFRAME 模型的书目资源关联数据化［J］．国家图书馆学刊，2022（3）：88-98.

[5] 王兴兰．BIBFRAME 的发展及其在国内外图书馆的应用［J］．图书馆杂志，2022（3）：79-87.

[6] BERNERS-LEE T. Linked data—design issues［EB/OL］．［2023-10-14］．https://www.w3.org/DesignIssues/LinkedData. html.

[7][19] 编目精灵．BIBFRAME 本体 2.3 版发布［EB/OL］．［2023-12-04］．https://catwizard.net/posts/20231202170956. html.

[8] Library of Congress. BIBFRAME 2.0 vocabulary list view（version 2.3）［EB/OL］．［2024-01-21］．https://id.loc.gov/ontologies/bibframe-2-3-0. html.

[9] 胡小菁．文献编目：从数字化到数据化［J］．中国图书馆学报，2019（3）：49-61.

[10] BIBFRAME 2.0 vocabulary list view-work［EB/OL］．［2024-04-07］．https://id.loc.gov/ontologies/bibframe. html#c_Work.

[11-14] 王景侠．书目格式的关联数据化发展及其启示：从 MARC 到 BIBFRAME［J］．图书馆杂志，2016（9）：50-56.

[10] 胡小菁．BIBFRAME 核心类演变分析［J］．中国图书馆学报，2016（3）：20-26.

[11] LC BIBFRAME 2.0 vocabulary extension list view［EB/OL］．［2024-04-04］．https://id.loc.gov/ontologies/bflc. html.

[16] MARC 21 to BIBFRAME 2.0 conversion specifications［EB/OL］．［2024-03-11］．https://www.loc.gov/bibframe/mtbf/.

MR 技术视域下国内智慧图书馆创新建设探究

——基于对美国部分图书馆的分析考察

任思雨（国家图书馆出版社）

伴随着元宇宙的浪潮，人工智能技术的新型元宇宙文化进入大众视野，它的蓬勃发展有效推动了我国教育、文化、旅游、医疗等行业的数字化转型。MR（混合现实）技术或将成为未来最具发展潜力的技术之一。国家最新发布的《中华人民共和国国民经济和社会发展第十四个五年规划和2035年远景目标纲要》强调，“要将AI、虚拟现实等技术充分利用起来，服务于知识领域”；中华人民共和国文化和旅游部在会议中指出，“要用全新的技术赋能文化产业，让优秀的文化活起来”。由此可见，利用MR技术建设全新的智慧图书馆将是一个全新而有发展潜力的领域。

国内图书馆对于MR技术的应用有初步尝试性的探索，但对其认知多数还停留在VR（虚拟现实）/AR（增强现实）技术的结合。笔者通过实践考察以及文献整理发现，美国图书馆对于MR技术的应用较为广泛和成熟。因此，本文将对美国图书馆MR技术的应用进行分析，通过定性分析的方法对国内智慧图书馆的创新建设进行探究，得出适合我国图书馆的MR技术应用策略。

1 MR技术与VR、AR技术的比较

表1 MR/AR/VR 技术特征的比较

VR	AR	MR
● 呈现的均为虚拟对象 ● 交互范围：虚拟世界 ● 有场景限制 ● 设备：计算机、显示屏等	● 现实世界与虚拟世界的三维叠加 ● 交互范围：虚拟世界与现实世界 ● 有场景限制 ● 设备：AR眼镜和手持柄	● 现实世界与虚拟世界的虚实融合 ● 交互范围：虚拟世界与现实世界、可实时交流信息 ● 无场景限制 ● 设备：MR镜

从技术特征上来看（见表1），MR融合了VR、AR的优势，并弥补了二者在空间场景方面的限制，将虚拟世界与现实世界的边界模糊化，用户可以在任意时空传递自身的需求，也可以与其他用户一同进行实时的交流。

表 2 MR/AR/VR 虚拟场景技术结构比较

技术	渲染	光学 +3D 重构	沉浸式交互
VR	√	×	√
AR	×	√	√
MR	√	√	√

从技术结构上来看（见表 2），MR 技术的场景构建是 AR 技术与 VR 技术的融合效果，它不仅具备渲染效果，同时还具备光学 +3D 重构，这也是用户为何在使用 MR 技术时难以区分虚实。

2 MR 技术在图书馆界发展概况

2.1 国内发展概况

中国首次尝试运用 MR 技术建设智慧图书馆是在 2017 年的南京全国科普日活动中，MR 数字图书馆的首次展示取得了颇为不错的成果，这也让国家图书馆注意到 MR 在未来图书馆的建设中扮演的重要的角色。但目前 MR 技术在国内图书馆界的应用并不广泛，正处于探索阶段，因此案例较少，图书馆界 MR 技术的大门亟须被打开。

2.2 国外发展概况

国外图书馆的 MR 技术目前已处于实践应用阶段，多数图书馆会选择与本土科技公司合作，来共同完成 MR 智慧图书馆的建设。例如，丹麦技术大学图书馆利用 MR 技术打造的互动式教学实验室——DTU Media Lab，芬兰赫尔辛基中央图书馆用了数年时间建造了“第三空间”。依赖于全球最领先的科技公司，美国的图书馆的 MR 技术应用更为超前与广泛，大约有 60% 以上的美国大学图书馆运用 MR 技术于实践教学，比如弗吉尼亚理工大学图书馆用 MR 技术实现了用户之间的“虚拟协作”，密西西比州立大学图书馆还打造的 CAVS 混合现实实验室、俄克拉荷马大学图书馆建立了创新中心可视化实验室、德克萨斯州立大学图书馆的沉浸式工作室等。美国的图书馆纷纷看到了 MR 技术对于图书馆教育的重要性且其 MR 技术的应用有着大量丰富且成功的案例。因此，本文将选取美国具有代表性的图书馆作为研究对象，以便为国内图书馆的发展探究可行的创新策略。

3 MR 技术在美国图书馆的建设与应用分析

本文共搜集了 15 个美国图书馆的 MR 应用案例，并从中归纳总结发现（见图 1），大约有 87% 的图书馆提到了将资源数字化是建设 MR 智慧型图书馆的基础，80% 的图书馆认为服务虚拟化将会是 MR 技术赋能图书馆的未来趋势，沉浸式体验教学是 67%

的图书馆认为不可缺少的应用策略，另外，还有大约 47% 的图书馆将 MR 互动交流的特性融入了场景体验以及沉浸式教学中。

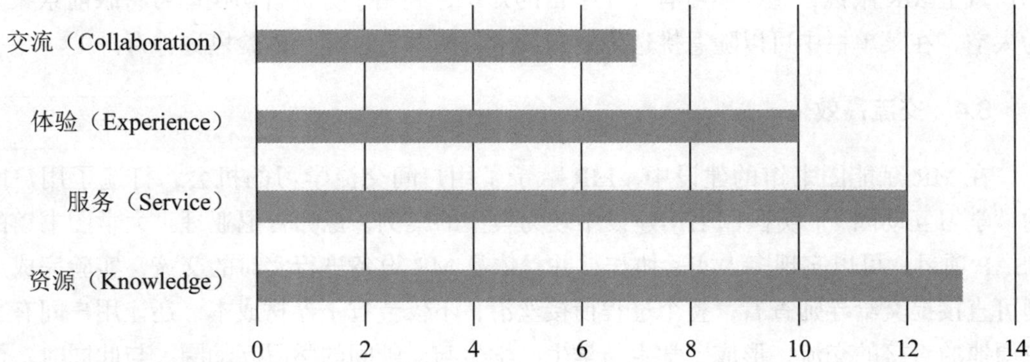

图 1　搜集案例中美国图书馆 MR 建设主要方向

3.1　资源数字化

资源数字化一直是图书馆界近几年关注的焦点，通过数字化整合的形式能够帮助图书馆为用户提供更丰富的资源，包括典藏本和稀有本在内的稀有资源。此外，MR 技术还可以让书中人物与内容真正的“活起来”，实现跨越时空的交流。

美国乔治敦大学图书馆利用 MR 技术为传媒专业的用户建造了名为“杰拉尔丁新媒体中心”的学习室，美国弗吉尼亚海滩公共图书馆，为用户打造了数字化资源——景点的伟大故事，来到弗吉尼亚海滩的游客皆可来到图书馆身临其境感受这里的历史，还可以与历史人物对话互动。除此之外，北卡罗莱纳大学图书馆、宾夕法尼亚大学图书馆也建设了有关于健康科学、地球矿物质科学的数字化资源，将专业书中的内容、领域科学家的手稿数字化，以更生动的形式呈现在用户眼前。

3.2　服务虚拟化

利用 MR 技术实现虚拟化的导览服务是图书馆创新型建设的重要环节，基于多模态、多传感的高精度地图支持，MR 可以帮助用户进行实景路线导航指引图书位置、介绍馆藏布局等，实现比人工更智能化的服务。

美国迈阿密大学图书馆通过使用 ShelvAR 来为用户提供图书借阅与咨询工作，ShelvAR 包含了 AR 与 MR 技术，在 MR 技术环节，ShelvAR 能够通过搜集用户借阅与咨询信息，来不断完善自己的数据库，达到自动更新的效果。据迈阿密大学图书馆统计称，目前图书馆藏书量正逐年增多，这就意味着图书馆员倒书排架的工作不断加重，有些时候甚至会出现人力不足的情况，ShelvAR 的出现有效缓解了图书馆员的工作量。

3.3　体验趣味化

MR 技术最为显著的特征便是让用户难以区分虚拟与现实世界，当 MR 赋能于图书馆时，这将会极大改善用户的阅读与学习体验。美国德克萨斯州立大学图书馆与辛辛那提大学图书馆分别利用 MR 建设了趣味化的学习项目，实现沉浸式体验的效果，例如，用户戴上 MR 眼镜，想要学习有关于宇宙的知识，利用手势进行切换即可将眼前景象变为太空，在菜单栏中可以随意挑选想要阅读学习的章节，整个体验堪称神奇。

3.4 交流高效化

在 MR 赋能图书馆的建设中，MR 赋予了用户间交流学习的机会，打造了用户间的“学习互动圈”。美国图书馆建设中较为典型的案例，像弗吉尼亚理工大学图书馆的 VSAP 项目，可以实现多人实验协作，并且依靠 MR 设备进行实时的交流，实验完成后即可直接提交给导师查看，整个过程衔接丝滑，不仅节省了器材成本，还让用户间有了更便捷的直接的交流，形成了学生与学生、学生与老师间的学习互动圈。与此同时，像华盛顿大学的 UW 实验室以及前面提到的乔治敦大学图书馆的杰拉尔丁新媒体中心也具备相同功能。

在 MR 建设方面，美国图书馆从四个维度较为全方位地为用户打造了创新型的学习环境，这不可否认，但由于 MR 技术还在不断发展，所以仍有着很大可进步的空间。

4 国内图书馆应用 MR 技术的初步探索

国内图书馆关于 MR 的建设，目前还处于初步探索阶段，因此需要结合实际情况，因地制宜，考虑到包括经费、政策、技术、用户等在内的关键因素。笔者结合上述对于美国图书馆的考察分析以及国内图书馆的实际情况，总结出了国内图书馆 MR 建设的五个要点。

4.1 携手科技公司合作共赢

从建设到维护再到进一步提升，MR 图书馆的打造需要投入大量资金以及复杂的技术支持，因此，国内图书馆依靠自身的力量难以实现心中构想。对科技公司而言，技术需要合适的地方创造价值，为产品创造良好口碑。

比如，在 2022 年，华为与博物馆界有过 MR 建设的合作，赢得了非常不错的口碑。这对于国内图书馆界来说将是重大利好，意味着现在不仅有着可以直接应用的技术，还有应用先例。因此，笔者认为国内图书馆 MR 建设的第一步便是要寻求与国内科技公司强有力的合作，为后续的建设奠定稳定基础。

4.2 创建数字化的资源图谱

国内图书馆需要将已有的大量纸质资源数字化，让传统的文字内容“活”起来。目前国内图书馆资源数字化已较为普遍，不少图书馆也已结合 AR 技术，举办过了古籍数字化的展览。笔者认为在已有技术基础上融合 MR 技术，让数字资源能够满足内容活现、信息交流、自动分类等功能，以满足 MR 设备基本需求。

4.3 建立动静结合的导览服务

从用户智慧化服务的角度，国内图书馆可以尝试建立 MR 智慧导航、虚拟图书馆展厅，利用 MR 技术多模态、多传感器的高精度地图的支持，为用户指引图书的具体位置、帮助用户了解馆藏布局等。在指引过程，图书馆可以增添故事性的讲解，将图书以更趣味性的方式呈现，避免由于寻书带来的焦虑感。

其次，建设一个高品质的图书馆展厅也是有必要的，图书馆展厅包含了图书馆的建设历史、发展进程、藏书信息以及未来布局等众多信息，是用户更好了解图书馆的重要手段，MR 技术可以赋予展厅故事性的讲解，以及沉浸式的体验，这是对传统乏味的讲解的巨大改善。

4.4 打造虚实结合的沉浸式体验

首先，针对阅读沉浸式体验，国内图书馆可以运用 MR 技术打造“沉浸式阅读角”，当用户带上 MR 设备，图书中的文字信息可以转换为视觉和听觉信息，生动地演示出书中内容，用户则可以更清晰知道内容的来龙去脉，体验更具有深度的学习模式。

对于实践专业的用户来说，图书馆还可以另外设置分区，打造一个技能实践体验专区，来与理论学习用户区分开来，避免噪声的干扰。该区域可以包含实验实操、拍摄剪辑、手术模拟等模块。需要注意的是，用户在进入学习区时应当保证有自己的用户名用于设备登录，以便保留数据。

最后，针对展览体验，图书馆可以将节日与图书内容结合，不定期进行节点营销展览。还可以尝试将趣味性的环节融入其中，甚至可以将游戏互动加入其中，来达到深度学习的目的。

4.5 构建网络学习互动圈

互联网技术的发展，正在深刻影响着用户的社交互动行为。我国学者何玲调查发现，在数字化时代，用户的学习模式开始倾向于“圈层化”，这意味着传统的学习模式已不再能满足用户的需求。图书馆作为用户学习交流的传统教育体系，可以通过 MR 技术为用户打造学习互动圈层，知识需求相同的用户会自动组成小组，进行实时的探讨交流。

考虑到成本问题，目前全馆覆盖并不现实，国内图书馆可以先尝试搭建馆内的学习体验室，将 MR 设备配备在体验室中，用户通过预约来进行体验学习。待 MR 技术发展足够成熟后，再覆盖更多区域。与此同时，图书馆可以利用用户使用 MR 设备学习情况，勾勒出用户画像，为其制定用户标签，以帮助导览系统更好的服务。在学习圈层中，笔者认为还可以设置批注、协同标画、常见问题探讨等功能，让用户形成良好的自主学习社交圈。

从全球科技公司布局，再到发达国家图书馆对 MR 的应用与实践，MR 技术赋能图书馆建设将是大势所趋。笔者通过对美国部分图书馆的分析考察，并结合国内图书馆目前情况，得出了 MR 赋能国内图书馆初步探索性的建设策略。目前 MR 技术还在不断发展，所带来的基础性的问题仍不能忽视，比如如何规避数据泄露风险、如何满足多元化的用户需求等等。因此，国内图书馆仍需要在 MR 技术上保持高度敏锐性，跟随世界发展的脚步，不断完善 MR 建设。

参考文献

[1] 储节旺，吴田恬，马昕悦，等．混合现实技术及其在图书馆中的应用展望［J］．图书情报工作，2021（10）：23-30.

[2] MARSHALL D H，DUBOSE J，ARCHER P. Mixed Reality Lab at Mississippi State University Libraries［J］. Public services quarterly，2019（1）：51-58.

[3] 黄家新，张晓芳．MR 技术视角下的智慧图书馆应用模式及创新途径［J］．农业图书情报，2024（9）：78-88.

[4] GRAČANIN D，CIAMBRONE A，TASOOJI R，et al. Mixed library — bridging real and virtual libraries［J］. Lecture notes in computer science，2017（8）：31-35.

[5] 国源多媒体：MR 混合现实技术，打造虚拟现实场景体验［EB/OL］．［2025-05-13］．https://news.sohu.com/a/723740976_121061804.

[6] 元宇宙赋能文化创新，推进国家文化数字化高质量发展［EB/OL］．［2025-05-13］．https://www.beijing.gov.cn/renwen/zt/2023bjwhcyds/zx/202311/t20231101_3292702. html.

[7] 全国科普日：戴上眼镜，书里的内容就“动”给你看［EB/OL］．［2025-05-13］．https://www.ourjiangsu.com/a/20170917/1505606931252.shtml.

[8] MR 混合现实技术全解读［EB/OL］．［2025-05-13］．http://www.szzs360.com/topic/technology/28/index.htm.

[9] 中华人民共和国国民经济和社会发展第十四个五年规划和 2035 年远景目标纲要［EB/OL］．［2025-05-13］．http://www.moe.gov.cn/jyb_xwfb/xw_zt/moe_357/2021/2021_zt01/yw/202103/t20210315_519738. html.

[10] YAN W. Research on the construction practice of Smart Library at the Technical University of Denmark［J］. Library and information service，2021，65（8）：122-130.

[11] 中国图书馆行业发展趋势分析与未来前景预测报告（2024—2031 年）［EB/OL］．［2025-05-13］．https://www.chinabaogao.com/baogao/202502/742997. html.

[12] 文化遗产“活”起来　文化旅游“火”起来［EB/OL］．［2025-05-13］．https://www.mct.gov.cn/preview/whzx/qgwhxxlb/fj/202204/t20220422_932618.htm.

公共图书馆老年读者服务体系构建的实践与思考

——以国家图书馆“关爱夕阳”老年课堂为例

王红波（典藏阅览部）

自20世纪末开始，我国的社会发展呈现出更加多元的趋势，在人口老龄化加速、智能技术迅速发展、文化养老需求高涨等背景下，公共图书馆的老年读者服务职责日益凸显，各省（自治区、直辖市）的公共图书馆积极调整自身的角色定位，探索更加科学的老年人服务体系和更加多元的老年人服务模式。

1　老年读者服务体系构建的多元背景

1.1　外在环境的推动

1.1.1　人口老龄化加速

2021年5月11日，第七次全国人口普查结果公布，60岁及以上人口为26402万人，占总人口的18.7%（其中，65岁及以上人口为19064万人，占13.5%）。与2010年相比，60岁及以上人口的比重上升5.44个百分点，预计2025年前这一数字还将突破3亿人，意味着人口老龄化程度将进一步加深。

老龄人口数量的增加直接导致老年人的服务需求变大，同时由于老年人的素质分层比较明显，对于公共文化服务的需求也呈现出更加多元化的特征。在这样的背景下，公共图书馆的服务压力倍增，需要建立更加完善和多元的老年读者服务体系，满足多层次老年人的多元化服务需求。

1.1.2　智能技术发展

进入21世纪以来，大数据、云计算、物联网等智能技术得到了飞速的发展与应用，智能技术的发展一方面为公共图书馆的智慧化转型提供了很多新机遇，公共图书馆的服务模式发生了翻天覆地的变化。另一方面也为公共图书馆提出了新的挑战，因为老年读者群体的信息素养水平相对偏低，与公共图书馆的智慧化程度还存在错位，因此如何帮助老年读者加速融入智慧阅读、消弭代际数字鸿沟、构建更加均等化的老年读者服务体系，成为公共图书馆的重要课题[1]。

1.1.3　文化养老理念的发展

随着我国老年人的文化素质不断提高，“文化养老”的理念应运而生。文化养老是指在保障老年人基本物质需求的前提下，进一步满足老年人的精神文化需求，实现其自身价值，从而提高其晚年生活的幸福感和获得感[2]。

公共图书馆作为最重要的公益文化服务机构，理应担负起社会责任，构建更加完善的老年读者服务体系，从而为老年人提供更加精准化、更加高质量的公共文化服务。

1.2 公共图书馆自身的优势

经过多年的发展，公共图书馆整体的服务体系已经有了初步发展，城市图书馆连接社区，乡镇图书馆辐射村庄，公共图书馆的数量日益增加、服务网络日益完善，这为老年读者服务体系的进一步发展提供了良好的基础。

同时，公共图书馆在公共文化服务中扮演的角色越来越积极，由传统的被动服务者积极地向主动服务者转变，不断地扩大服务范围，深化服务内容，推动资源和服务的共建共享，老年读者服务体系作为公共文化服务体系中的重要一环，其发展和完善也是公共图书馆优化自身服务体系的重要一步[3]。

外部多元环境的发展和内部自身优势的驱动，促使公共图书馆更加积极地探索老年读者服务新模式。近年来，各省（自治区、直辖市）公共图书馆都在老年读者服务体系建立方面进行了积极的探索[4]。其中国家图书馆的“关爱夕阳”老年课堂项目非常具有代表性和典型性，在行业内起到了一定的示范引领作用。

2 “关爱夕阳”老年课堂——老年读者服务体系构建的积极探索

2.1 “关爱夕阳”老年课堂简介

作为重要的公益性文化阵地单位，国家图书馆始终积极响应国家政策，充分发挥自身的服务职能和教育职能，按照平等、开放、共享的要求，积极探索读者服务新形式，丰富读者的服务体验。

自2011年起，国家图书馆就开始探索老年读者服务模式，相继开展了系列老年读者活动，为“关爱夕阳”老年课堂的建立奠定了基础。

2014年，典藏阅览部创建了老年读者培训服务品牌“关爱夕阳”老年课堂，把助力文化养老作为重要的服务内容，相继开展了一系列特色老年读者服务，得到了老年读者的一致好评。

经过将近10年的发展，“关爱夕阳”老年课堂的服务形式和服务内容日渐完善，服务体系也日渐成熟。

2.2 “关爱夕阳”老年课堂的体系构成

“关爱夕阳”老年课堂始终把老年读者的需求作为服务的出发点和落脚点，从需求调研、课程设置、活动安排、课后反馈等多个方面出发，形成“课前调研—课上辅导—课后答疑”的闭环服务体系，同时录制精品课程作为补充，确保老年读者的需求得到最大限度的满足，提高老年读者的服务水平。

2.2.1 需求调研常规化，课程设置有重点

由于老年读者的学习能力和水平处于动态变化中，他们的需求也是不断变化的。为

了及时掌握老年读者的服务需求，“关爱夕阳”老年课堂会定期开展老年读者需求和满意度调研，就老年读者感兴趣的课程内容、课程频率、授课方式、活动方式等进行调研，并将调研结果统计分析，据此调整老年课堂的培训安排，从而保证培训真正符合老年读者的需求。

2.2.2 读者培训人性化，智能需求得满足

通过调研发现，老年读者的学习需求大都集中在新媒体使用上，所以在培训内容的安排上，会侧重新媒体的使用，开设了“玩转手机”“智慧生活”两个主题的课程，多方面帮助老年读者学习智能设备的使用，基本落脚点是让智能技术在老年人的日常生活中得到切实的应用。“关爱夕阳”老年课堂同时兼顾与老年人密切相关的健康、养生、技能提高等方面，开设了“妙指生花”“国图衍艺”“相约健康”等主题课程，帮助老年读者丰富晚年生活。

为了给老年读者提供最大的便利，“关爱夕阳”老年课堂的授课方式采用线下培训和线上培训相结合的方式，线下培训方便给老年读者进行一对一指导，线上培训可减少路途奔波，方便老年读者根据自己的实际情况来选择。另外由于部分老年读者记忆力差、基础比较薄弱，为了帮助老年读者更好地掌握学习内容，“关爱夕阳”老年课堂也招募了大学生志愿者，为老年读者提供一对一的辅导。一系列人性化的措施使老年读者的体验更佳。

2.2.3 读者活动多样性，效果加倍见实效

除了知识培训，“关爱夕阳”老年课堂也举办了一系列生动有趣的读者活动，比如春节时举办的“不一样的中国年”“银龄 e 时代　喜阅中国年”活动，三八国际妇女节时举办的“遇见最美的你”活动，“4·23”世界读书日联合社区、敬老院开展的“春风十里享阅读”活动，全国爱眼日举办的“守护晶彩视界”活动，重阳节举办的“情暖重阳　智慧养老”活动等。

相比读者培训，读者活动更加生动有趣，老年读者的参与度也更高，为老年读者们提供了一个更好的展示与交流的平台，可以让老年读者的退休生活更加丰富多彩。

2.2.4 服务方式多创新，精品课程效果好

近年来，“关爱夕阳”老年课堂开展了精品课程录制项目，邀请各领域的专家学者将读者感兴趣的主题课程录制成系列课程，更方便推广。已经录制的课程包括“普法宣传走进公共图书馆”“做自己的急救医生”“手机也能拍大片”3 个系列 14 讲课程，更多的老年人足不出户就可以了解专业的知识。

2.2.5 读者反馈责任制，良性互动暖人心

“关爱夕阳”老年课堂非常重视倾听老年读者的意见和建议，除了常规的需求调研，还设立党员示范岗，建立读者反馈责任制，将责任落实到个人，确保每位读者的问题都能得到解决，每位读者提出的建议、意见都能得到及时的反馈，与老年读者建立良好的沟通互动机制。

2.3 “关爱夕阳”老年课堂存在的问题

2014 年以来，“关爱夕阳”老年课堂累计服务老年读者 5000 余人次，得到了老年读者的一致好评。但是随着老年读者需求层次的进一步提高以及服务的深入开展，“关爱夕阳”老年课堂也逐渐暴露出一些问题。

2.3.1 老年读者与图书馆有效沟通渠道较少，参与度不高

长期以来，公共图书馆开展服务的出发点始终都是图书馆本位，习惯从自身资源出发设计服务内容，读者与图书馆之间有效的沟通渠道很少，读者真实的需求有时很难被准确呈现，老年读者自身的特长也得不到发挥，只能被动地参与到公共图书馆的服务中来，因此热情和积极性都不高。

2.3.2 缺少专业服务人才和队伍，服务专业化亟需提升

只有了解老年读者的心理和老年读者服务模式，才能为老年读者提供更专业的服务。目前我国专业的老年服务馆员很少，大多数工作人员对老年人心理、老年人服务模式还缺少深入的理解，一定程度上会影响服务的专业水平。

2.3.3 老年课堂服务体系覆盖范围有限，服务半径有待扩大

“关爱夕阳”老年课堂目前主要是线下培训和线上培训相结合的服务方式，但是由于部分老年人年纪较大，无法熟练使用线上平台，因此极大地限制了“关爱夕阳”老年课堂的受众范围和服务效果。

由于没有和地方图书馆、养老机构等合作形成规范化的合作服务体系，因此“关爱夕阳”的品牌影响力还比较小，需要积极转变服务模式，建立更加完善的合作机制。

2.3.4 老年读者的基础差异变大，课程设置协调难度变大

经过几年的发展，部分定期参加培训的老年读者在新媒体使用方面已经具备了良好的基础，而新参加培训的读者基础还比较薄弱，甚至还有很多是零基础，这就导致参加培训的读者之间的基础差距不断扩大，安排课程以更好地满足不同基础的读者的需求，是一个不小的挑战。

3 公共图书馆老年读者服务体系构建的措施

3.1 践行积极老龄化理念，构建开放性的服务平台

公共图书馆应践行“积极老龄化”的理念，构建一个老年读者容易参与的开放性服务平台，密切老年读者与公共图书馆的关系[5]。

开放性的服务平台应该建立在老年读者本位的基础上，以积极主动的态度为老年读者提供服务，及时了解老年读者的服务需求，并且充分利用老年读者自身的专业优势、时间优势，邀请他们参与到图书馆建设中来。

3.2 建立专业的老年读者服务队伍

人才队伍是制约公共图书馆服务能力提升的关键因素。建立完善的老年读者服务体

系，首先需要建立一支专业、高效的服务队伍。

一方面，招聘专业背景人才，服务团队中需要有社会工作专业、养老管理专业、心理专业或其他对口专业的人才，提供老年读者专业课程设置、心理辅导等服务。

另一方面，要重视现有工作人员的培训，定期开展与老年读者服务相关的主题课程培训，提升服务水平与效率。同时也要定期与其他养老机构、公共图书馆开展业务交流与合作，分享老年读者服务的经验与教训，通过实际案例有效提升服务能力。

3.3 加强多方合作，转变服务模式，扩大服务品牌影响力

完善的养老服务体系既需要公共图书馆主导，也需要与地方图书馆、社会养老机构合作，充分发挥各方优势，构建更主动、更积极的服务模式。

3.3.1 变“阵地式”为“移动式”

开设老年读者服务移动课堂，把“阵地式”服务变为“移动式”服务，充分考虑老年读者行动不便的问题，让公共图书馆的服务主动向老年人靠近，减少老年读者不必要的奔波，帮助更多的老年人享受高品质的专业服务。

3.3.2 变“引进来”为“走出去”

公共图书馆现有服务更加侧重邀请老年读者和专家学者走进来，这在一定程度上限制了服务的范围和效果。“移动课堂”更加侧重走出去，加强省际图书馆与养老单位之间的沟通与交流，让养老服务流动起来，也使服务更加兼容、多元。

3.3.3 变“陈述式”为“互动式”

公共图书馆主要服务模式为讲座和授课，老年人是被动的参与者。移动课堂将鼓励老年读者积极参与到活动中来，可以结合退休前的专业和工作，充分发挥余热，丰富晚年生活。同时，积极探索更加生动的服务方式，增强点对点的服务，增强活动的互动性。

3.4 提供个性化服务，设计特色服务课程

面对老年读者日益分化的基础差异，公共图书馆在提供服务的时候应该在保证基础服务的基础上，提供多样化的个性服务。常规老年读者服务应该注重基础，基本的硬件和服务保障到位，课程设计从零基础出发，循序渐进，形成完整的跟学体系。

对于基础比较好的特殊读者，可以通过需求清单来了解其服务需求，并且针对其基础和需求建立服务俱乐部或者开展读者活动，保证每一位读者的需求都被看到并得到满足。广东图书馆的乐龄俱乐部活动模式非常值得借鉴，通过招募会员的方式，了解每一位入会读者的兴趣、特长和需求，积极开展老年读者感兴趣的各种主题活动，也会根据老年读者的特长设计志愿活动，鼓励老年读者发挥余热，真正以主人翁的姿态参与到服务中来。

在老龄化的大背景下，公共图书馆肩负的社会责任越来越大，积极构建完善的老年读者服务体系，不仅要帮助老年读者真正实现“老有所乐、老有所学”，更要积极转变

服务理念，构建开放的服务平台，帮助老年读者实现“老有所为”。

参考文献

[1] 陈丹，岳小楠，张凌 . 智能技术背景下我国图书馆适老化服务研究综述［J］. 图书馆工作与研究，2022（11）：113-120.

[2] 杨敏怡 . 对“文化养老”下公共图书馆老年读者服务的思考［J］. 文化产业，2020（12）：150-151.

[3] 查志强，姚春燕 .“十四五”时期公共图书馆服务体系建设策略研究［J］. 图书馆学刊，2021（10）：45-51.

[4] 熊培松 . 老龄化社会背景下公共图书馆多元化服务模式的创新与发展［J］. 农业图书情报学刊，2018（3）：174-177.

[5] 罗杏芬 .“积极老龄化”理念在公共图书馆老年读者服务中的应用研究［J］. 图书馆研究与工作，2019（5）：39-42.

国家图书馆中文名称规范工作的回顾与展望

韩佳芮　王彦侨（中文采编部）

在图书馆、博物馆、档案馆中，目录是用来描述一个机构所管理的信息内容的结构化数据集[1]。由于名称的多样性（如字号、本名、笔名、外文名、翻译名、详称、简称等），相同的个人、团体、作品等实体在文献中出现的形式可能并不相同，相同的名称也可能是不同的实体。为了实现目录的职能，就有必要对书目中的名称进行规范控制。

国家图书馆中文名称规范工作具有悠久的历史。在普通古籍、善本、舆图、拓片等古文献著录的过程中，需要对题名、责任者等进行人为选取和处理，这属于名称规范的工作内容。20世纪80年代以来，书目控制在中国得到普遍重视，不仅对其理论进行了许多有益的探讨，重要的是在书目工作实践中得到有效的应用[2]，经过40余年的发展，书目规范工作在理论和实践上都取得了长足的进展。本文梳理国家图书馆名称规范工作的历史和现状，并对未来发展进行展望。

1　国家图书馆关于名称规范控制的理论研究

我国古典目录学思想中蕴含的“互著”“别裁”等思想，可以被认为是规范控制思想的萌芽。

20世纪80年代，国内图书馆普遍应用机读目录（MARC），这对目录系统的检索功能有了更高的需求，研究者和实践者开始探索具有现代意义的书目规范控制体系。国家图书馆率先开始了对机读格式和规范款目著录规则的研究。1989年，国家图书馆依据国际图联1987年出版的《UNIMARC/规范格式》（草案本），编写了《中国机读规范格式》（试用本）。1990年完成讨论稿。1995年又依据1991年出版的《UNIMARC/规范格式》作了修订。1991年，依据1984年出版的《规范款目和参照指南》编写了适合中文图书规范工作的《中国机读规范格式》（草案本），并在实践中不断完善。

1996年，《中国文献编目规则》出版。该规则在中国编目规则体系中首次纳入标目法的内容，旨在解决标目规范和统一的问题，实现书目规范的有效控制。2005年，国家图书馆牵头《中国文献编目规则》（第二版）的修订工作，对标目法的内容、章节以及整体结构进行大幅度的调整，对规范控制实践成果进行了总结、概述，并将其纳入标目法的条例中。通过细化和完善编目规则，初步建立了具有中国文献特色的规范控制规则体系[3]。中国当前的文献标目法在很大程度上吸取了国际规范控制的研究成果，并在多个核心理念（例如惯用、规范、简明原则）上与国际通行做法保持了一致性。同时，该方法也充分考虑了中文文献的独特性，无论是在作者名称的构成、团体名称的简化、题名的表现方式，还是主题词与关键词之间的关系等方面，都力图展示其独特的内容和体例。

21 世纪前十年，国家图书馆组织翻译了一系列与名称规范工作相关的书目模型和规则，包括《规范数据的功能需求——概念模型》（FRAD）、《UNIMARC 手册：规范格式》（第三版）、《资源描述与检索》（RDA）、《IFLA 图书馆参考模型——书目信息的概念模型》（IFLA-LRM）等。几经周折，2022 年《中国图书馆机读规范数据格式》国家标准立项，目前已经提交报批稿。

尽管我国在书目规范控制研究方面已经取得了一些成绩，但在标准规范的制定与更新、发布方式等方面比较滞后，构建一个科学而严谨的中文书目规范控制理论体系仍是一项艰巨的任务。

2 国家图书馆中文名称规范工作的实践

2.1 名称标目的选取与卡片制作

在卡片目录时期，一般通过书名、著者、主题和分类四种途径排列卡片，供读者检索。标目是图书检索的主要依据。对于编目工作而言，需要尽量集中同一著者不同形式的论著，也需要区分同名的不同著者的论著，这就涉及名称标目的选取。例如，鲁迅的著作有的署名“鲁迅”，有的署名“周树人”，编目中使用“鲁迅”作规范标目。对于姓名相同的不同著者，需要通过生卒年、学科 / 专业、职业等进行区分。

在卡片目录时期，国家图书馆就开始制作名称标目卡片，为名称标目的选取提供依据。个人著者名称卡片一般包含标准名称、生卒年、本名、籍贯、职业、别名 / 笔名、来源、编目员等信息。编目时需要查一下名称标目卡片，并选择规定形式的名称作标目。从 1986 年开始，国家图书馆开始整理古代著者名称卡片。截至 2000 年，一共采集与整理了 4 万条古籍著者资料。

2.2 中文名称规范数据库的初建

1995 年，国家图书馆成立中文名称规范组，启动了中文名称规范数据库的建设工作，并在组织结构上确保了中文名称规范工作的连贯性和系统性。在这个阶段，主要依据名称标目卡片、百科全书、专家辞典、各学科人名录、机构名录以及书目数据的作者小传[4]等编制名称规范数据，为中文名称规范库的建设奠定了稳固的基础。1998 年底，基本完成了初始建库任务，名称规范数据累计 22 万余条。1999 年开始，进入正常的数据补充和维护阶段。鉴于所有的信息均来源于权威的参考书籍，这一时期的名称规范数据具有很高的质量。截至 2003 年初，名称规范数据累计 35 万余条。由于当时的编目软件存在局限，未能实现规范数据库与书目数据库之间的连接，书目记录的名称和标目并未达到规范控制的标准。

2.3 中文图书实时规范控制的实现

2003年，国家图书馆的计算机集成系统更换为ALEPH，并对部分科组的业务进行了重组和优化调整。2003年2月，中文名称规范组解散，相关业务和人员转至中文图书书目数据组。经过3个月的深入研究、系统调整和员工培训，中文名称规范控制正式纳入中文图书编目的流程中，实现了中文书目实时的控制。ALEPH系统的启用，彻底改变了书目数据库和规范数据库各自独立建库的现状，实现了书目规范控制工作的历史性突破。国家图书馆的规范控制任务已经进入了一个新的发展时期。

这一时期，名称规范数据的数量迅速增长。从2003年到2006年，短短的4年内，规范数据的数量由原来的40余万条增加至70余万条。至2011年底，数量突破100万条。至2021年底，数量突破200万条。中文资料、学位论文等文献类型也逐步实现与名称规范数据的关联。近几年，名称规范数据的增长量逐渐放缓，这也是名称规范工作发展到一定阶段的必然结果。新建数量的减少，并不意味着规范工作量的减少。规范数据的辨识、合并、维护、删除的工作量在加重，与书目数据关联的工作量在加重，这些工作比规范数据的新建需要耗费更多的时间和精力。

2.4 中文名称规范数据的共享

随着MARC的普遍应用和联合编目的广泛开展，名称规范控制在图书馆界越来越受重视。

2006年，全国图书馆联合编目中心（简称“全国联编中心”）的原UACN系统完成定制软件的开发，实现了国家图书馆自建名称规范数据在全国联编中心内的共享服务。2009年1月至6月，累计下载名称规范数据3514条。该数字只是实际下载数量，并不包含浏览统计。一些图书馆浏览名称规范数据为标目的选取提供依据，这也是规范数据发挥作用的体现。2010年，新一代联合编目系统启用，用户可直接浏览、检索和挂接国家图书馆的名称规范数据。2014年底，国家图书馆与上海图书馆开展名称规范方面的合作。起初，合作模式是将全国联编中心的名称规范数据装入上海文献联合编目中心（简称“上海联编中心”）相应的数据库。2017年，尝试将全国联编中心与上海联编中心的书目数据进行匹配，以实现书目数据与名称规范数据的批量挂接，真正发挥名称规范控制的作用。

2003年，国家图书馆、中国高等教育文献保障系统（CALIS）管理中心、香港地区大学图书馆协作咨询委员会（JULAC）联合发起成立“中文名称规范联合协调委员会”。2004年，台湾汉学研究中心加入；2016年，澳门地区图书馆（澳门大学、澳门科技大学、澳门特区政府文化局公共图书馆管理厅）加入。委员会成立初期，主要对名称规范有关规则问题进行学术探讨，围绕各自的名称规范工作进行交流，尝试不同规则之间的协调。2007年，由CALIS开始负责开发一站式检索平台软件，2010年平台正式启用。各成员单位积极向平台上传名称规范数据，并不断更新。截至2023年10月底，数据总量已超过232万条，其中国家图书馆上传完整形式的规范数据74万余条。

3 关于国家图书馆中文名称规范工作的未来展望

3.1 构建完善的标准规范体系

目前，中国图书馆业界在名称规范数据的制作方面还缺乏统一权威的标准规范。《中国文献编目规则》（第二版）的出版已近20年，《中国图书馆机读规范数据格式》国家标准仍未正式发布。国家图书馆和CALIS主要依据内部文件从事名称规范工作，标目选取具有较大差异。从国际上来看，编目规则和格式已经通过在线版形式发布，并及时进行更新。此外，国外很多图书馆加入了虚拟国际规范文档（VIAF）项目或将规范数据发布为关联数据，尝试基于标识符的身份管理，而不是将名称字符串作为规范控制的基础[5]。

国家图书馆在标准规范的制定和执行方面负有不容推卸的责任，虽然做了诸多努力，但还不够。随着用户对信息组织、知识组织需求的提高，我们迫切需要制定一套全面的、反映中国文献特色的、适合我国图书馆发展状况的、既科学又高效的书目管理规范体系。为了适应国际编目领域的最新发展趋势，改善中文书目规范控制的现状，我们需要深入研究书目规范控制理论，修订和完善现有的编目规则和数据格式，制定统一的规范控制工作细则，为名称规范控制工作提供明确的依据和指导。同时，还要注意借鉴国外的先进经验，吸收其精华，从而更好地服务于我国图书馆的信息组织工作乃至图书馆事业。

3.2 加强名称规范数据建设

规范数据是图书馆重要的数据基础设施，是当前条件下推动书目数据走向关联数据的重要保障。目前，国家图书馆是国内唯一一家面向中国内地出版全品类图书、面向港澳台地区出版精品中文图书，并向海外地区出版精品中文图书，拥有制作、控制、维护等全流程的名称规范数据建设的机构。目前，国家图书馆的名称规范数据建设主要依靠人工，从2020年开始引入业务外包模式。外包公司主要依据图书编制，维护规范数据，实现与书目数据的关联；在此基础上，国家图书馆的馆员通过互联网、期刊论文数据库等途径继续补充完善规范数据。一方面，由于国家总书库和国家书目中心建设的需要，中文名称规范控制的工作量一直很大。与此相对，国家图书馆一大批成熟的编目人员已经或即将退休，一直面临人员少、人员新、时间紧、任务重的尴尬局面。另一方面，其他图书馆、档案馆、博物馆、数据公司等建设的专家库、资源库中虽然包含名称规范信息，却未在更广泛的层面实现共享和应用。

因人力有限，国家图书馆目前主要针对当年出版的中文图书编制规范数据，历史书目数据名称标目回溯进展比较缓慢。在未来，我们需要借助技术的力量、外部的力量，进一步加强规范数据的建设及关联。一方面，加大对中国特色、地方特色文献的搜集、整理力度，建设相关的中文名称规范数据，提高馆藏资源建设质量和服务能力。另一方面，充分利用计算机技术来整合、关联全国图书馆的书目数据、文献知识库、数字化资源中的相关信息等，加强名称规范数据建设及应用。

3.3 改进规范控制系统功能

国家图书馆 ALEPH 系统的规范控制功能需要改进。第一，增加名称规范库的检索途径。目前，编目员只能通过人名、机构名、题名等各类名称以及系统号等浏览名称规范记录，而无法通过规范记录中的工作单位、籍贯、出生地等信息来检索。希望系统进一步增加检索途径，将重要字段、子字段均设为检索点，提高规范数据的查询效率。第二，书目数据与规范数据连接方式的探讨。ALEPH 系统采取标目控制的方式，即规范数据与书目数据相关字段形式一致即实现关联。在中文书目未实现全面规范控制的前提下，无法启用名称标目的自动更新功能。建议探讨书目数据和规范数据的其他关联形式（如系统号的关联），为现有系统的改进及智慧图书馆环境下的名称规范控制作准备。

针对名称规范控制的开展，笔者调研了 32 家省级分中心，认为系统功能影响规范控制开展的占 75%。目前，国内使用的大多数图书馆应用系统并不具备名称规范控制的功能。若能直接查询和应用联编的名称规范数据，尤其是异构系统之间的查询，用户的系统也需要作出相应的改进。这种改进可以是维护原有的系统，也可以切换至下一代图书馆系统（国内一些软件系统规范控制功能已基本实现或处于研发过程中）。

3.4 拓展规范数据应用场景

在过去，名称规范数据主要应用于传统的纸质文献的检索，以提高书目记录的查全率和查准率。在数字环境下，名称规范数据越来越受到重视，其应用场景包括优化检索、辅助资源建设、版权筛查、知识库建设、资源整合和关联等方面。随着 21 世纪文献知识组织理论的发展，《书目记录的功能需求》（FRBR）、《资源描述与检索》、《IFLA 图书馆参考模型——书目信息的概念模型》等模型和标准相继建立，书目数据逐步从平面化的 MARC 数据向基于实体—关系模型的关联数据转化。

从整体角度看，标准化的管理和控制将成为图书馆信息资源组织未来的中心任务。这不仅将成为图书馆书目检索系统的新引擎和加速器，而且是确保图书馆在未来信息化社会中始终保持领先地位的关键环节。我们应深入地认识到信息资源规范控制的巨大价值和历史使命，并力争在规范控制的理论探索和实际应用上取得明显的成果。

参考文献

[1] 国际图联规范记录的功能需求与编号（FRANAR）工作组 . 规范数据的功能需求概念模型［EB/OL］.［2024-03-29］. https://repository.ifla.org/handle/123456789/767.

[2] 黄俊贵 . 书目控制简说［J］. 图书馆学通讯，1989（3）：35-37.

[3-4] 富平，刘小玲 . 中文书目规范控制的理论与实践［M］. 北京：北京图书馆出版社，2007：72.

[5] 陈辰，刘雁 . 国内外名称规范控制向身份管理转型的研究进展［J］. 大学图书馆学报，2023（4）：98-110.

古籍书目数据库智慧化知识服务实践

——以“《国家珍贵古籍名录》知识库”为例

孙　慧（国家古籍保护中心办公室）

随着智慧型社会的发展和人工智能、5G 网络、大数据等技术的兴起，出版机构、互联网平台运营商等第三方主体竞相进入知识服务领域，面对这一挑战，在智慧化转型的过程中图书馆需要以更加开放的姿态主动参与构建知识服务新生态[1]。实施国家文化数字化战略是党中央和国务院的重要决策部署，已被写入党的二十大报告和《数字中国建设整体布局规划》，且在中共中央办公厅、国务院办公厅印发的《关于推进实施国家文化数字化战略的意见》中进行了全面部署。积极发展智慧图书馆建设是助力国家文化数字化战略实施的关键任务举措，其中一个方面是要加强对古籍资源数据的深度挖掘与增值开发[2]。

书籍作为文化的载体，展现人类文明成果的同时也反映了文明的进步。中华文明绵延数千年，形成的典籍不可胜数，这些中华智慧的结晶是提高国家文化软实力的源泉，古籍的保护、传承与发展对赓续中华文脉、弘扬民族精神、增强国家文化软实力具有重要意义，古籍目录是开展古籍保护工作的基础。国家古籍保护中心的工作内容与古籍书目数据密切相关，包括：在文化行政部门领导下，负责全国古籍普查登记工作，同时负责汇总古籍普查成果，建立中华古籍综合信息数据库，形成全国统一的中华古籍目录；协助全国古籍保护工作部际联席会议办公室建立《国家珍贵古籍名录》（以下简称《名录》）；有步骤地开展海外古籍调查等，随着工作开展已经建设了一系列古籍书目数据库。同时，数字人文在文化、旅游、教育、娱乐、社会治理等领域的广泛应用为古籍书目数据库建设带来了新的启发。国家古籍保护中心立足古籍事业新的发展机遇，在智慧图书馆背景下积极探索构建知识型古籍书目数据库。本文以 2023 年国家古籍保护中心发布的“《国家珍贵古籍名录》知识库”①（以下简称“知识库”）展开论述。

1　知识库建设背景

2007 年启动的“中华古籍保护计划”任务之一是实现古籍分级保护，建立《名录》，加强对珍贵古籍的重点保护，并以此带动古籍保护工作的有序开展，这是确保珍贵古籍安全、推动古籍保护工作、促进优秀传统文化传承和弘扬的重要举措。经过十余

① 知识库网址为 http://gjml.nlc.cn。

年持续推进实施，国家级珍贵古籍保护状况得到显著改善，在《名录》评审过程中，一些珍贵古籍的新品种、新版本、新价值被陆续发现。自2007年以来，经国务院批准已经先后公布了六批《名录》，全国485家机构/个人收藏的13026部古籍入选，入选收藏单位包括文旅、教育、民委、党校、档案等不同系统，地域分布33个省级行政区，收录文献类型丰富，涉及文种多样，积累了支撑知识服务的数据基础。

2018年国家古籍保护中心上线“《国家珍贵古籍名录》数据库”，首次以数据库的形式公开发布《名录》收录的古籍信息。数据库为《名录》的查阅和利用提供了便利，有利于古籍分级管理和保护，提高全社会的古籍保护意识，应该重点建设、充分展示[3]。

2 围绕《名录》进行智慧化知识服务实践探索

随着智慧图书馆建设的逐步开展，国家古籍保护中心加快古籍资源转化利用，积极探索数字化服务转型升级的有效途径，改造提升传统动能，更加注重古籍书目数据库检索效率和信息的深化扩展，依托自身优势和业务方向，推动《名录》成果创造性转化和创新性发展，探索建设具有特色的专业化古籍书目信息知识服务平台，提升用户获取知识的效率，实现知识的创新和增量[4]。

知识库为“中华古籍保护计划”成果之一，于2023年2月8日上线，由国家古籍保护中心与北京大学数字人文研究中心联合设计开发，综合运用了交互式可视化、关联语义等多项技术，将入选《名录》的书目数据重构为知识库，经过量化统计与可视化研究，以统计图表、多维度知识图谱等形式揭示《名录》中书与书、书与人、人与人之间的复杂关系，实现对《名录》收录古籍的多维度查询与探索。知识库由“名录介绍”“名录浏览”“名录分析”三个功能板块组成，通过对《国家珍贵古籍名录图录》的有机整合，进一步挖掘《名录》的知识价值，为传承中华优秀传统文化探索新的可能，更好满足社会公众与专业人士的应用需求。

2.1 提升古籍保护宣传推广软实力

在数字技术不断发展的背景下，加强力度、创新古籍保护宣传方式显得愈加重要，因此除了坚持做好线下推广和多媒体运营外，在建设数据库时，也需要重视面向社会公众的普适性和易用性，提升知识服务软实力，扩大服务覆盖面，推动服务普惠应用，兼顾数据库提供专业服务和宣传服务的使用效能，多维度加大宣传推广力度，立体化做好古籍大众化传播。

在知识库的视觉效果方面，通过对界面布局、背景图片、导航方式等细节的精心设计，可以实现更多积极的宣传效果，如增强用户对古籍的认知度、丰富用户体验和引导用户等。知识库界面设计古典雅致，古人常以“黄本”“黄卷”“黄妳”等代指书籍，界面背景色采用了古籍用纸中常见的黄色。“名录介绍”首页及“名录浏览”板块的背景图片为两部国家图书馆藏所藏入选《名录》的古籍，分别是元岳氏荆溪家塾刻本《春秋经传集解三十卷》(卷十九至二十配明刻本，名录号00286)及宋淳熙十三年(1186)内府写本《洪范政鉴十二卷》(名录号00694)，二者均写刻精美，具有观赏价值，所选书影中展示了牌记、书耳、鱼尾、藏书印以及两种不同形式的边框等，在展示古籍之美的同时激发用户探索更多古籍知识的兴趣。知识库首页左侧设有“今日古籍”一栏，每日随机展示一部入选古籍的名录号、名称、缩略图，通过该栏目引导用户浏览古籍详情，无需进行检索，操作方便；页面中间展示了传统中国古籍装具形式之一的函套，题签“国家珍贵古籍名录”字样，除了滑动鼠标滚轮等常规方式进行浏览外，还可以点击与函套相连的别子进入到“名录介绍”部分，通过在平面上简单模拟函套的使用方法，感受打开函套展示藏品的过程，以交互式设计增强体验感，让用户在接触到这一装具形式的同时也对函套的主要部分和使用方法有初步了解。

“名录介绍”板块对入选古籍进行概括并分批次介绍，通过文献类型、版本朝代、版本类型、文种的统计数据和图表，以及朝代分布的可视化数据，以直观的视觉效果向大众展示《名录》，方便信息的获取，从不同角度全面展示了入选古籍的分布情况和数量特征，在文字介绍和统计图表下方随机展示六部入选古籍的缩略图，点击缩略图也可浏览详情。

2.2 数字化存储与高效检索

计算机网络的发展打破了实体纸张的固有局限，为古籍书目带来了从纸本向电子转化的变革[5]。数字存储技术不仅能更好地保存大量数据，还能打破时间和空间的限制，让中华传统文化更广泛、便利地传播，在数字世界焕发新活力，在保存人类文化遗产方面显示出极大优势。知识库利用数字化技术，实现《名录》数据的快速检索和查询，检索功能便利、结果更加全面。

知识库发布已批准公布的六批《名录》信息并收录《国家珍贵古籍名录图录》中的相关内容，包括名录号、文献类型、文种、分类、题名、版本、数量、装帧形式、开本尺寸、板框尺寸、版式、牌记、收藏省份、收藏单位、索书号、其他说明文字内容及书影等，尽可能地将《名录》数据的内容全方位展现，在此基础上还进一步增加了责任者简介，包括生卒年、字号、籍贯、履历、著述等。知识库默认繁简通检，用户可以在“名录浏览”板块进行全字段检索，也可以从名录批次、名录号、题名、版本、版本朝代、文献类型、文种、收藏省份、收藏单位、责任行为、责任者名称、责任者朝代、责任者身份等字段中最多同时选择四项进行多字段检索，筛选所需文献，帮助用户逐步探索《名录》收录古籍之丰富内涵。分别在名录批次、收藏单位、收藏省份、文献类型四项输入“3”“大学”“江苏”“汉文古籍”，以这四项进行多字段检索即可查看如图1所示的江苏省高校图书馆入选第三批《名录》的34部汉文古籍。

检索结果可以选择按照名录批次、名录号、题名、版本、版本朝代、文献类型、文种、收藏省份、收藏单位进行排序。同时，在检索结果左侧附有对检索结果按照文献类型、文种、版本朝代、版本类型四种不同分类进行数量统计后形成的条形统计图，能够直观呈现不同分类变量的统计结果，便于进行数据的对比分析，用户还可以通过统计图进一步筛选，例如在得到前例的检索结果后，版本朝代图表中显示结果明代 29 条、清代 5 条，版本类型图表中抄本 4 条、刻本 29 条、稿本 1 条，点击版本朝代图表中的“明”可将检索结果筛选至其中的 29 部明本，如不取消此选项并另外点击版本类型图表中的“抄本”，会如图 2 所示将检索结果精确到江苏省高校图书馆入选第三批《名录》的 3 部明代抄本，实现精细化检索。

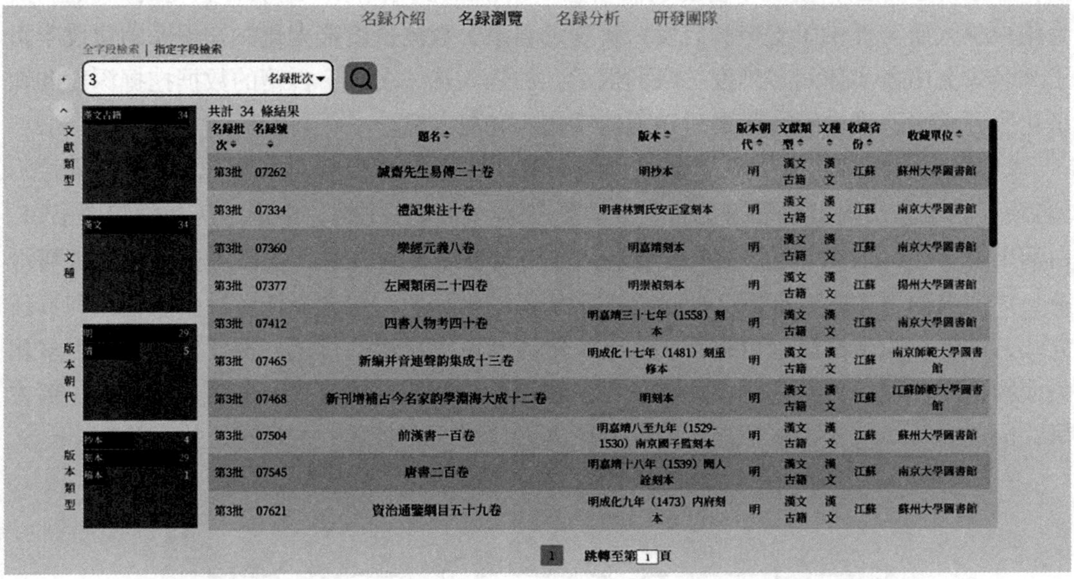

图 1　以“3”“大学”“江苏”“汉文古籍”进行多字段检索的结果页面

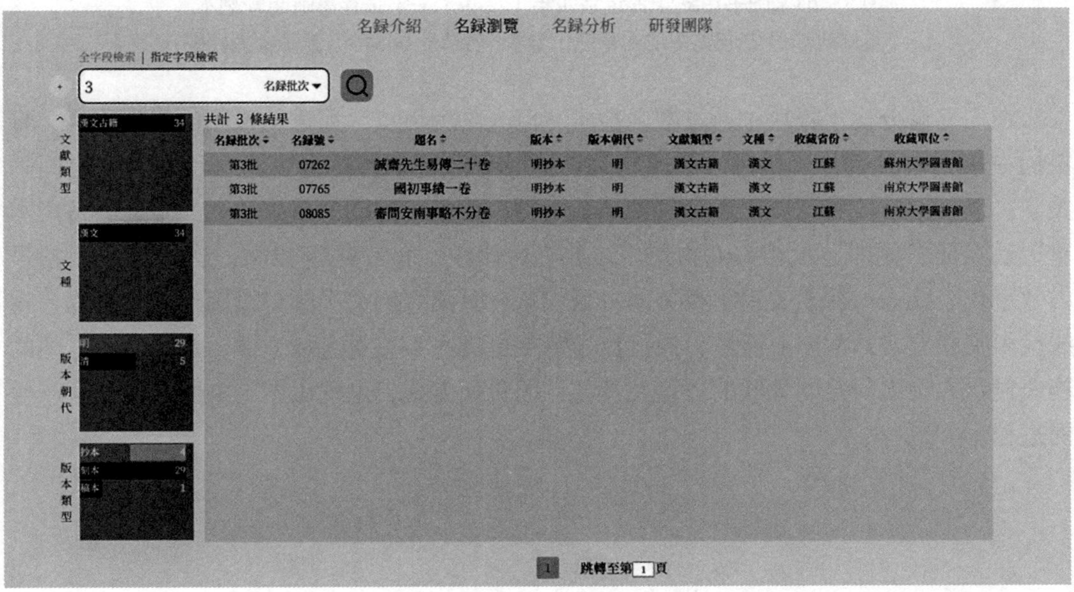

图 2　通过条形统计图对检索结果进行筛选

2.3 数字人文赋能知识服务

知识库利用数字人文的多项技术对储存的《名录》数据进行加工，挖掘出其中蕴含的“显性知识”和“隐性知识”，将《名录》中繁杂的人物关系构建成以“人”为核心的知识图谱，揭示《名录》中隐含的多种人物与书目间关联关系，通过知识组织和链接，形成知识体系，呈现丰富的数据信息，以多种形式向用户提供智慧化的知识服务，为用户深入研究提供了支持和启发，实现《名录》数据价值最大化。知识库的建设丰富了《名录》中各实体间多维度关联的揭示，加强入选《名录》古籍的数据挖掘深度和知识化服务水平，推进了古籍书目知识体系化研究与实践。

以关键词“本草”为例，“名录介绍”板块中全字段检索“本草”，搜索结果显示《名录》收录涉及国家图书馆、北京大学图书馆、上海图书馆、中国中医科学院图书馆、白河书斋等不同收藏单位的47条结果，选择检索结果列表中的条目可查看相应古籍详情，详情页面下方附有如图3所示相关责任者的坐标图，包含责任者姓名、朝代和责任方式，选中相应坐标区域可查看《名录》中涉及该责任者的目录、责任者简介及更多相关人物，用户可以另行查看相关责任目录和相关人物的具体信息，进而关联到另一部古籍，由“书”切入，再以“人”为点发散出去，挖掘《名录》古籍间的关联关系。

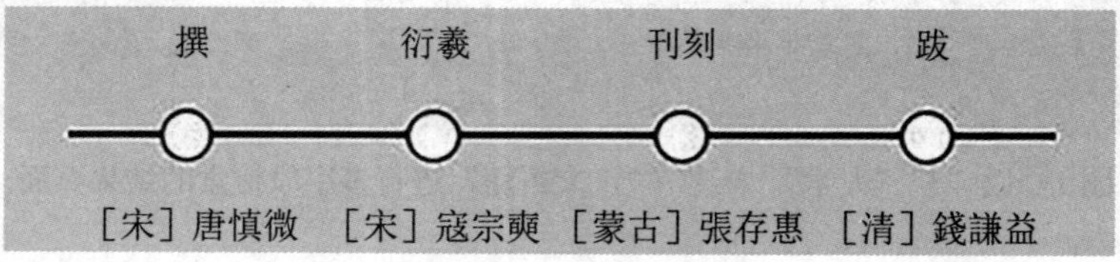

图3　国家图书馆藏蒙古定宗四年（1249）平阳张存惠晦明轩刻本《重修政和经史证类备用本草三十卷》（名录号00640）责任者坐标图

在“名录分析”板块中通过题名检索，以人物为节点，通过关系图的表现方式，将对同一本书有过创作、出版、收藏行为的人物串联起来，挖掘古籍书目和人物之间的关联。以《重修政和经史证类备用本草》为例，检索关键词“重修政和经史证类备用本草”后页面右侧即显示相关人物列表，共有唐慎微、寇宗奭等12人，人物姓名后括号内数字代表此人与检索关键字相关的古籍数量，页面左侧关系图中以圆点代表人物、直线代表关联方式，如图4所示，通过点击节点可进一步查看人物详情，点击节点之间的连线显示人物之间共同关联的古籍及其各自的责任方式，呈现出图5中所示的关联产生的过程。

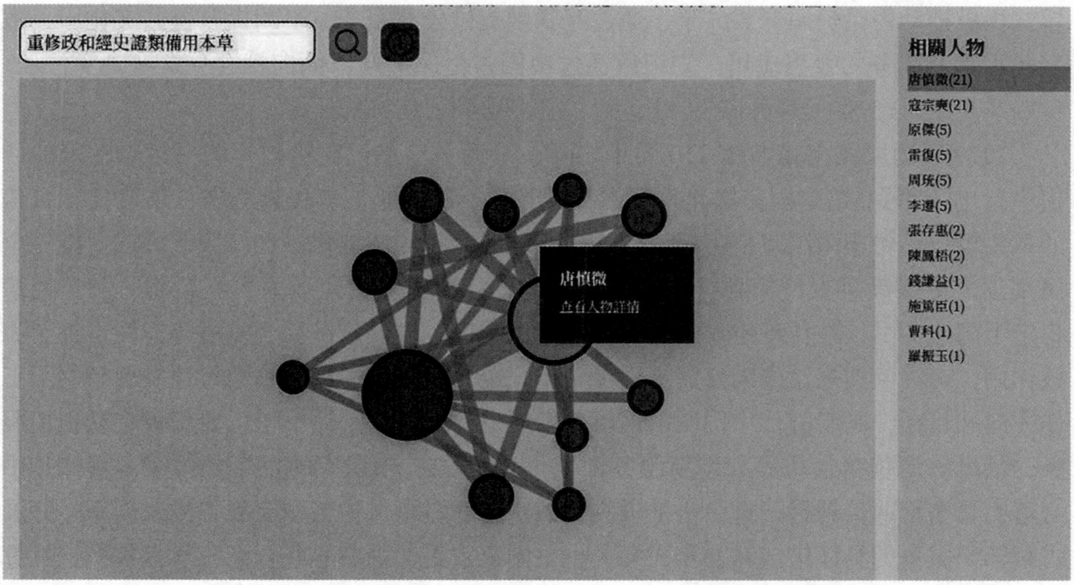

图 4 《重修政和经史证类备用本草》人物关联图谱节点

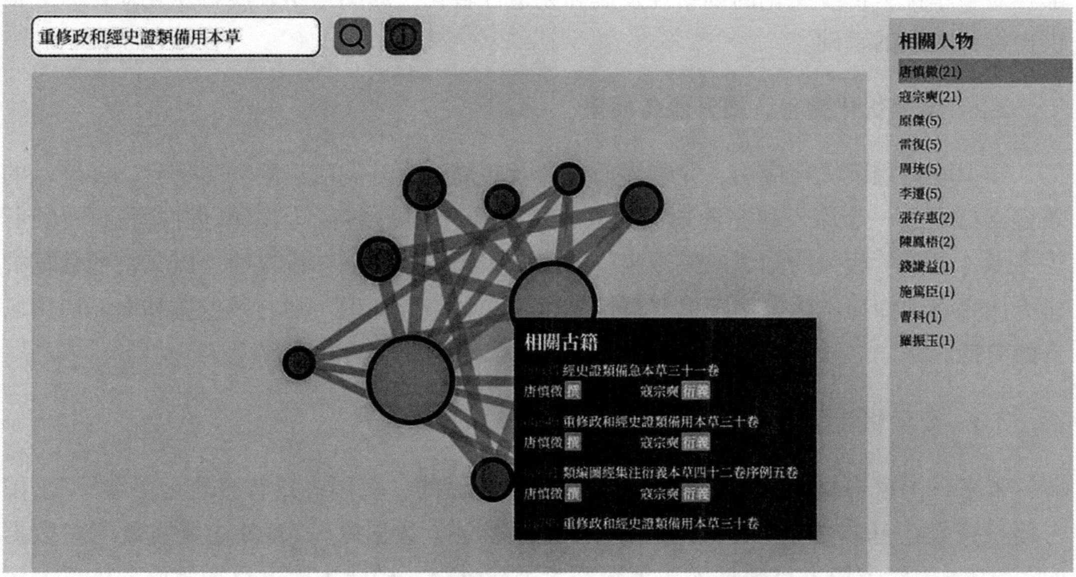

图 5 《重修政和经史证类备用本草》人物关联图谱节点关联信息

3 建设知识库的价值与展望

3.1 弘扬优秀传统文化，创新服务方式

互联网已经深入融合到社会生活的各个方面，极大提升了人类认识和改造世界的能力，国家古籍保护中心顺应时代发展，秉承“保护古籍，传承文明，服务社会”的宗

旨，积极推动古籍资源开放共享，通过互联网提供公益服务，不断提升公共文化服务数字化水平和服务的普惠应用。知识库通过中国古籍保护网①面向社会公众实现免注册、免登录使用，经过一段时间的上线运行，已经得到了良好的反馈。

2019年国家图书馆建馆110周年之际，习近平总书记在给国家图书馆老专家的回信中指出，“图书馆是国家文化发展水平的重要标志，是滋养民族心灵、培育文化自信的重要场所。希望国图坚持正确政治方向，弘扬优秀传统文化，创新服务方式，推动全民阅读，更好满足人民精神文化需求，为建设社会主义文化强国再立新功”[6]。回信肯定了国家图书馆在传承中华文明、提高国民素质、推动经济社会发展等方面发挥了积极作用，对国家图书馆未来发展提出了希望，也为新时代中国图书馆事业发展指明了工作方向和目标，是新时代中国图书馆事业发展的行动指南。图书馆人要积极主动创新服务，借助资源优势，拓展和创新服务领域与方式[7]。知识库的发布是国家古籍保护中心落实总书记回信精神，进一步推进古籍数字化和古籍保护工作下服务方式创新、开展古籍知识服务的具体措施和初步成果，也是国家古籍保护中心联合高校学术机构，发挥各自优势，集中力量开展的一次新尝试和突破。知识库构建了一个集浏览、查询、研究、欣赏《名录》及其所收录古籍于一体的全新平台，促进了古籍知识的共享和传承，加强对中华优秀传统文化的创新性发展和创造性转化，为图书馆开展智慧化知识服务提供探索和实践的基础。

3.2 继续优化完善，提升服务质量

知识库将继续优化应用，完善界面设计及布局，提升响应速度和多平台、多终端的兼容支持，进一步深入和完善知识抽取、知识组织。可以将《国家珍贵古籍题跋丛刊》等更多《名录》相关的知识成果逐步整合到知识库中，增加知识供给，以丰富的数据构建更加完善的知识本体，实现对“显性知识”和“隐性知识”的有效挖掘和多元应用场景的支持。

3.3 智慧化转型中古籍书目数据库的展望

未来，国家古籍保护中心可以适时将已经建设的“全国古籍普查登记平台”“全国古籍普查登记基本数据库”“《国家珍贵古籍名录》数据库”“海外中华古籍书目数据库”“中华历代古籍书目数据库”等数据库进行整合，构建古籍书目智慧服务体系，揭示历史时空中古籍在古今中外的分布情况和流衍过程，展现中华文明延绵不绝的文化传承。古籍智慧化服务是全国智慧图书馆体系建设的突破口[8]，搭建提供智慧化知识服务的古籍书目数据库并形成知识体系能够助力全国智慧图书馆体系建设，同时还可以探索将古籍书目数据库与“中华古籍保护计划”下的其他古籍数字化重要成果（如“中华古籍资源库”）进行互联互通、共享利用，加强古籍智慧化整理和服务水平，实现古籍资源的深度挖掘和智慧共享，推动新时代古籍工作高质量发展，在守正创新中更好守

① 中国古籍保护网网址为http://www.nlc.cn/pcab。

护、赓续历史文脉。

参考文献

［1］饶权．全国智慧图书馆体系：开启图书馆智慧化转型新篇章［J］．中国图书馆学报，2021（1）：4-14.

［2］熊远明．围绕国家文化数字化战略　积极推进全国智慧图书馆体系建设［J］．中国图书馆学报，2022（4）：5-9.

［3］包菊香．国家古籍保护中心古籍书目数据库建设实践与思考［J］．古籍保护研究，2021（1）：14-23.

［4］周敬治，邹润生，周晓光．构建知识服务型数字图书馆的回顾与展望［J］．情报科学，2005（12）：1903-1907.

［5］童正伦．古籍书目数据库析评［J］．图书馆理论与实践，2015（12）：100-106.

［6］习近平给国家图书馆老专家的回信［EB/OL］．［2024-04-06］. https://www.gov.cn/xinwen/2019-09/09/content_5428594.htm.

［7］杜希林，王宇．新时代图书馆肩负的新使命——学习贯彻习近平总书记给国家图书馆专家回信精神［J］．图书馆学刊，2019（11）：1-6，17.

［8］文化和旅游部、北京大学、抖音集团共建全国智慧图书馆体系［EB/OL］．［2024-04-06］. https://www.mct.gov.cn/preview/whzx/whyw/202306/t20230612_944424.htm.

基于 FOLIO 的图书馆编目业务变革分析

吴蓓蓓（外文采编部）

图书馆管理系统是图书馆平稳运行的“大脑中枢”，是实现图书馆服务效能的基础。图书馆管理系统 20 世纪 50 年代起步后，已经历了三次大的变革。第一代图书馆系统的功能集中于馆内纸质资源的采购、编目和流通管理。随着科技的发展，功能单一的系统无法满足图书馆实际业务需求，图书馆界开始探索第二代图书馆集成管理系统，即 Integrated Library System（ILS），实现了流通、编目、采访、期刊、OPAC 等功能，基本涵盖了图书馆常规业务，实现了图书馆业务集成化、自动化管理[1]。随着人工智能、大数据等技术的引入，图书馆过去主要面向资源和业务的封闭式集成系统模式已无法适应互联网环境，第三代图书馆管理系统应运而生。

Marshall Breeding 在 2012 年首次提出新一代图书馆服务平台[2]（Library Services Platform，LSP）的概念，由此 LSP 取代了 ILS 成为第三代图书馆管理系统的名称。相较于传统的图书馆管理系统，LSP 采用全新的技术架构，具有高度的集成性，业务模式更为智能，能解决文献资源管理一体化、用户服务一体化等诸多困扰图书馆已久的问题。在 LSP 概念的推动下，多家机构已尝试推出了多个下一代图书馆服务平台，如 OCLC 的 WorldShare Management Services、ExLibris 的 Alma、Innovative Interfaces 的 Sierra、Serials Solutions 的 Intota 等，但其中最具代表性的还是诞生于 2016 的 FOLIO 开源项目。

FOLIO 是“The Future of Library is Open”的缩写，其名称充分表明了项目的宗旨就是促进图书馆的开放。该项目由开放图书馆基金会（Open Library Foundation）主办，目标是建立由图书馆员、开发者、设计者、服务供应商以及商业公司共同组成的开源图书馆服务平台，影响力已遍及全球众多国家，其理念和框架可以说引领着 LSP 的发展方向。

信息组织是图书馆最核心的基础业务，采编工作是图书馆区别于其他信息机构的本质，对图书馆各类数据的组织管理是新一代图书馆平台建设的重中之重。FOLIO 作为 LSP 的代表，对图书馆信息组织工作有着许多独特的开创性建设思路，为智慧图书馆时代编目工作的变革和转型注入了强劲的动力。本文以阐述 FOLIO 的业务特点为切入点，深入剖析 FOLIO 在图书馆数据生产和管理方面创新理念，以及对未来编目工作可能带来的深远影响，进而探讨新时代编目员为应对 LSP 的挑战所应采取的策略。

1 FOLIO可影响编目业务的特点

1.1 开源社区模式赋予的平台建设灵活性

图书馆管理系统的智能化升级是图书馆整体智慧化转型的关键因素，而管理系统的智能化升级绝不仅仅只是一个平台或系统的选择，需要革新图书馆技术生态，根本性改变图书馆系统底层逻辑和建设模式，即由过去主要面向资源和业务的封闭式集成系统模式，转变为面向服务的基于互联网的开放平台模式，这就要求新一代图书馆服务平台面向网络环境满足图书馆个性化需求，突破开发组织边界，与所有利益相关者共同完成平台的建设。FOLIO的开源社区模式契合新一代图书馆系统建设需求，它由图书馆、开发商、服务商共同参与建设，图书馆从一个被动的管理系统产品消费者转型成为产品设计者，编目员也从一个被动的系统使用者转变为平台编目模块的设计者。FOLIO允许图书馆本身运行开源系统或为其提供托管服务和系统支持，这种工作流的架构不仅能够很好地支撑现有的业务，还能灵活地支持图书馆未来或将发生的新业务。图书馆自身技术实力无法满足需求时，可依托开源代码进行本地化开发或者购买托管服务，在平台建设上有了更多的可选择方案。

1.2 微服务架构带来的应用可拓展性

FOLIO采用微服务架构，可以随着技术的进步、需求的改变，轻松地开发或替换组件，不同的应用程序之间可平滑互通，各模块单独运行、集中管理，且互相之间协同配合来实现整体功能，具有服务粒度小、松耦合和支持个性化选择等特征[3]。每个服务即是一个模块，专注于执行特定的业务功能，可独立地进行开发、测试、部署和维护，使得系统更加灵活和可扩展，允许用户根据需求选择和定制不同的功能组件。如果需要增加新的功能，可以通过开发新的模块并与现有模块进行交互，而不必修改整个系统。其模块化结构支持不间断业务的系统迭代、根据本地需求创建或定制程序、多租户的业务托管模式等，不同开发商在统一技术架构、数据模型的基础上，可利用各自领域的丰富经验，快速构建图书馆相关应用，有利于图书馆解决数据孤岛和应用孤岛，满足编目业务个性化应用需求。

1.3 分域思想所支持的元数据兼容性

依照图书馆的业务需求，FOLIO分为知识库域、馆藏域、采购域、典藏域、流通域、Codex域，除Codex域外，每个域有自己独立的模块，各司其职，互不干涉，只与Codex域相关联。Codex域是一个标准化、虚拟化表示层[4]，通过抽象的数据模型集成来自不同业务域的元数据，作为FOLIO平台资源管理和服务的中枢，了解FOLIO中的所有其他资源管理域，Codex外的其他业务域只需要与Codex进行交互即可，而不用与其他业务域产生依赖关系[5]。此外，FOLIO根据不同的功能需求和数据详略程度将所有数据记录分成3个层级：正式记录层（Formal Records）、业务记录层（Working Records）和统一记录层（Unifying Records）[6]。正式记录层包括各类资源最原始的元数据记录，是三个数据层级中最详尽的数据，支持多种数据格式，统一记录层即 Codex 域，是 FOLIO 资源管理与服务的中枢，以全局视角管理各来源元数据。在 FOLIO 中，编目员可通过各种渠道下载并导入完整的书目数据到编目域，也可将外部编目工具引入平台，在映射器的作用下，导入正式记录层的书目数据最终均可映射转换为 Codex 记录。Codex 所提供的元数据模型具有轻量、灵活、通用等特点，可与 MARC、BIBFRAME 等多种书目格式建立映射，使得元数据的管理趋于规范化和虚拟化。

2 FOLIO 下编目工作的革新

2.1 信息源更加广泛，机械性工作减少

商业编目力量的介入和智能化编目工具的引入虽对传统编目业务产生了一定的影响，但目前国内图书馆编目工作流程仍然较为机械化。编目员每天以工作量为目标，熟练却又机械地在编目系统中描述资源的题名、出版信息等，所掌握的编目技能往往仅限于对 MACR 字段的死记硬背。FOLIO 的编目区别于传统编目，书目数据大多迁移自外部系统，处理外部现有非原生书目数据，将其映射到 Codex 对应层次以发挥其效用是 FOLIO 所关注的。未来的编目工作将集中于批量导入外部数据并对其进行清洗，添加 FOLIO 必要字段等。对于编目工作的评价也不再以字段数量、前置符使用是否正确等作为标准，而是更注重数据的科学性以及揭示关系的深度。Codex 元数据方案的设计遵循 DC（Dublin Core）最小化原则，筛除或扩展 DC 的 15 个内容元素，形成一套通用轻量的元数据元素集[7]。这些元素集支持各类资源的描述，将书目信息要素拆解为更为精确、颗粒度极小的数据单元，易于计算机识别和处理，为各类元数据模型进行语义互操作提供了可能。为实现 Codex 元数据方案所构想的关系揭示功能，编目员必须细化书目信息描述的粒度，对馆藏资源进行知识组织，分析揭示知识的内容特征，将知识间的关系构成语义网络，进而形成一个完整的知识体系。

2.2 摆脱集成系统束缚，个性化编目需求得以满足

集成化系统的优点在于涵盖图书馆业务的所有功能，便于部署与后期维护，但它的服务功能和管理接口基于模块，比较封闭，不能灵活地按需定制和扩展新的功能。FOLIO 的微服务架构给予每个业务领域依据自身需求选择模块的自由。FOLIO 的开源社区模式和微服务架构为国内图书馆行业软件带来了新的机遇，传统软件开发商、新兴开发商、硬件开发商或小型开发商都出现在 FOLIO 应用供应商名单中，他们借助 FOLIO 蓬勃发展的东风各展所长，在 FOLIO 原生应用基础上提供本地化应用，逐步涵盖国内图书馆传统业务、新兴业务、系统运维等常见业务领域，即使不具备开发集成系统的实力，只针对单一业务领域深度开发也可找到目标受众。不同的厂商提供同一类业务的应用，图书馆可从中选择符合自己个性化需求的模块，在完全不影响其他业务领域和整体平台运转的情况下完成部署，这使得从前在集成化系统中积压的个性化业务需求得到极大满足，新的需求又将促成开发商及时的产品升级，编目及其他业务都将进入高

速发展的轨道。

2.3 标准规范兼容，中外文编目可能走向统一

目前，我国中文文献编目工作基本遵循《中国文献编目规则》(第二版)，国家图书馆和全国各大联编中心、各个机构在此基础上又制定了各自的编目细则。2021年3月，国家标准GB/T 3792—2021《信息与文献 资源描述》发布，统一了各类型资源著录标准[8]，各个机构正积极推动针对这一国标的编目细则修订。外文编目方面，国家图书馆、CALIS等先后宣布采用RDA规则。在格式方面，中文编目采用的是CNMARC，而外文编目主要采用MARC21。编目标准以及格式的差异为中外文元数据融合带来了巨大障碍，FOLIO极大的包容性和拓展性有望推动中外文编目走向统一。

Codex受到BIBFRAME2.0的启发，注重表达实体关系和实现关联数据功能，拥有自己的概念模型来描述资源。在BIBFRAME2分层模型和DC元素定义基础上，Codex定义了一个轻量级作品—实例—单件/馆藏的3层数据模型[9]，框架中不同的应用程序按照各自的业务需求设计不同的数据模型和元数据元素，而异构资源统一管理的工作由顶层的Codex实现。通过标准化的数据内部结构，FOLIO打破了MARC格式的封闭性，支持各种元数据标准，为图书馆创造了开放的元数据环境，使得面向对象的实体编目以及跨领域知识融合成为可能。

2.4 共享成本降低，书目记录共建共享可实施性增强

鉴于各机构所使用的编目系统、规则和格式不尽相同，编目人员的业务水平也存在差距，对编目规则的理解因人而异，相同资源的著录结果可能会存在很大差异，在构建联合目录的过程中需要一定人力介入来筛选、去重数据，小范围的书目记录共享尚可操作，海量级的大范围的书目记录共享难以实现。而FOLIO的分域思想和Codex域设计，正是分散编目、一体化服务的最佳实现路径。编目本身是否执行同一标准并不重要，FOLIO将各类资源的可用元数据作为来源记录纳入平台系统中的正式记录层。通过平台系统自定义的转换机制，三个记录层之间的数据映射与关联可实现自动化作业。正式记录的编制和导入只需遵循转换机制所定义的若干元数据格式之一即可，大大降低了书目记录共享过程中的人力成本。统一记录层Codex作为FOLIO资源管理与服务的中枢，以全局视角管理各来源元数据，注重实体揭示和利用，可跨越资源储存的位置，与馆外资源实现互动，推动书目记录共建共享。

2.5 突破行业壁垒，跨领域共建元数据成为可能

随着新兴技术的发展，信息资源利用方已不满足于局限在馆藏目录和联合目录中的检索与利用，知识服务需求日趋增长。想要为用户提供泛在的、智慧的服务，需要内容高质、结构丰富、数量庞大的资源以及规范化、结构化、细粒度的描述性元数据作为基础，图书馆必须突破行业壁垒，积极寻求与其他行业在元数据共建上的合作。正如上文所提到的，Codex元数据方案的设计遵循DC最小化原则，将书目信息要素拆解为极

小的数据单元，易于计算机识别和处理，这给予编目员与信息领域专家深度合作的可能性。在机器可理解的资源描述框架下，编目员可以整合、控制数据资源，深化信息资源的主题分析，将相关的作品、内容表达、载体表现进行语义网环境下的知识组织，构建学科及文献知识图谱，实现智能化检索，满足用户精准知识服务需求。书目数据将突破图书馆围栏，走向开放的互联网环境，接受图书馆用户之外的所有网络用户对于书目数据质量的审视，这无疑需要编目员以更高的标准做好编目业务。

2.6 编目员职业边界拓宽，复合型人才需求量增大

FOLIO 将为传统编目业务带来巨大变革，也将改变编目员的工作内容。编目员的职能将涵盖元数据整个生命周期的管理，不仅包括元数据生产制作，还涉及跨系统元数据同步，元数据标准制定、元数据应用程序和工具的评估等。编目员还可借助 FOLIO 平台中的数据分析工具，了解用户需求，深入文献内部，搜集、整理、组织有用信息，为用户提供差异化知识产品。还可以探索如何利用元数据知识本体和关联数据技术将内容相关而资源类型无关的知识组织起来，实现跨领域的知识融通，满足智能检索新要求，支持泛在知识服务。此外，FOLIO 社区中存在多个兴趣小组 SIG（Special Interest Groups），由图书馆领域专家、产品经理、技术人员等组成。元数据管理小组（Metadata Management SIG）主要负责书目管理功能相关的内容。基于 FOLIO 的开源理念，不论功能需求方还是技术提供方都能够在其中创造和实现自身价值，编目员可加入元数据管理小组，与各方共同探讨平台的建设。在 FOLIO 落地过程中所面临的业务流程如何本土化，数据迁移过程中可能出现的问题，操作界面怎样才能更好地服务编目员等问题也有赖于未来的编目员去思考。在软件使用的过程中，也需要编目员及时发现问题，将漏洞反馈给技术人员，保证平台的平稳运行。目前各个图书馆中从事编目工作的馆员在高等教育阶段所学的专业并非图书情报学，一些馆员在进入图书馆后才开始接受编目知识的培训，而又在日复一日的机械性工作中丢失了自己从前的专长。随着图书馆服务平台中编目员职业边界的拓宽，一专多能的复合型人才缺口较大，给了编目员更大的空间去寻找将自己专业背景与编目经验结合的途径，也可以根据个人兴趣，学习其他领域的知识，完成职业拓展。

3 编目人员的应对之策

面对第三代图书馆服务平台的发展，一些编目员感觉无所适从，不愿意接受新技术带给编目业务的新变化，将自己困于工作惯性的藩篱中，面临被淘汰的窘境。与其墨守成规、杞人忧天，不如主动出击，把握第三代图书馆服务平台搭建这一有利时机，积极提高个人能力以适应新的工作要求。

首先，编目员要快速转型，实现编目思维的转变。未来的编目员将不再整日埋没于书海中依据死记硬背的字段、指示符等来编制书目记录，节省出来的精力应放在编目理念和思维模式的转换，即从以往的平面思维转变为立体网状思维。具体而言，编目员应

从众多细致繁复的编目规则中跳脱出来，横向上加强对书目数据与外部相关信息关联度的关注，纵向上加强对文献描述颗粒度的关注，将书目信息描述从载体表现的文献层逐步深化到元素描述的知识层。其次，编目员要一专多能，成为业务的多面手。多源异构数据的统一揭示在 FOLIO 中成为可能，这就意味着原先束缚编目员的不同编目规则和元数据方案不复存在，不同语种、不同资料类型、不同载体形态的资源都可以进行统一编目。这就要求编目员必须突破原有的工作模式，扩大编目范围，承担多元化的编目任务。再次，开放的图书馆服务平台必然为图书馆加强业界联合，开展共建共享体系建设提供有力的技术支撑。因此，编目员除了需要具备信息组织的技能之外，还需要逐步学习和掌握共建共享体系的管理和组织，如制定统一的标准规范和建立有效的质量控制机制等。最后，编目员需要加强技术赋能的能力，克服信息技术短板，完善知识结构，寻找信息技术与编目业务新的融合点，以技术赋能推动编目工作的跃迁，促进新技术精准作用于编目业务。

综上所述，编目员要想应对新时代的挑战，就必须改变只具备单一技能的现状，从多角度拓展，逐步成为复合型人才，而开放包容的心态和持之以恒的学习是始终跟上时代发展的必要前提。

参考文献

[1] 周斌 . 新一代图书馆服务平台 FOLIO 理念初探 [J]. 图书馆学刊，2019（10）：109-113.

[2] 卢凤玲，周兰羽 . 国内智慧图书馆服务平台比较研究——以维普、超星和云瀚为例 [J]. 图书馆理论与实践，2024（1）：107-114.

[3] 杨亚非 . 新一代图书馆服务平台驱动智慧图书馆发展研究——以 FOLIO 为例 [J]. 传播与版权，2023（24）：70-74.

[4] 华苏永 . 基于 FOLIO 平台的图书馆编目工作思考 [J]. 图书馆杂志，2023（3）：52-58，82.

[5] 许磊，夏翠娟 . 第三代图书馆服务平台的元数据管理——以 FOLIO 的 Codex 方案为例 [J]. 中国图书馆学报，2020（1）：99-113.

[6] [9] 许磊 . 图书馆系统演变及其元数据管理 [J]. 图书馆论坛，2021（10）：118-126.

[7] 宋琳琳，蔡思妍 .FOLIO 的元数据管理和编目业务 [J]. 图书馆论坛，2023（10）：96-107.

[8] 白雪 . 新版 RDA 对智慧图书馆描述性元数据建设的实现 [J]. 图书馆学刊，2023（6）：44-48.

西藏自治区图书馆智慧图书馆体系规划的策略研究

赵金柱（信息技术部）

在财政部、文化和旅游部指导下，国家图书馆组织实施了全国智慧图书馆体系建设项目，并提出了全国智慧图书馆体系建设方案。在建设过程中，与各级图书馆一起共同推进基础设施、系统平台、知识资源等建设工作。与此同时，地方层面，以江苏省为代表，也启动了智慧图书馆体系建设项目。然而受新冠疫情等客观情况影响，图书馆间沟通交流受限，外加新技术冲击，智慧图书馆建设出现了各种问题。在此形势下，本文以西藏自治区图书馆为例，结合新兴技术发展和最新需求，以开展智慧图书馆体系规划为突破点，对智慧图书馆体系架构和内容进行规划，以帮助各级图书馆找准自身定位。

1　智慧图书馆体系建设现状

1.1　图书馆智慧化转型方兴未艾

透过国际图联第 88 届世界图书馆和信息大会“数字技术与可持续发展”分主题会议，大语言模型等技术工具应用以及相关人工智能伦理、数据隐私和安全等挑战引发与会嘉宾的热烈探讨。从 2023 年国家社会科学基金立项情况来看，与智慧图书馆理论研究相关的关键词包括元宇宙、信息安全、水印、人工智能生成内容等，这些都是当前社会热点。在 2024 年文化和旅游部部级社科研究项目选题中包含全国智慧图书馆体系建设研究，说明全国智慧图书馆体系建设的内涵和外延要进一步扩展和丰富。在项目合作方面，文化和旅游部、北京大学、抖音集团共同签订《共建全国智慧图书馆体系框架协议》，三方将以古籍智慧化服务为突破口共建全国智慧图书馆体系。国家图书馆“《古籍寻游记》VR 展览”等项目被文化和旅游部评选为“2023 年文化和旅游数字化创新示范案例”。另外国内部分图书馆联合众多企业，成立了智慧图书馆技术应用联盟（又称云瀚联盟），致力于打造下一代智慧图书馆平台技术及应用。可见，智慧化已成为国内外图书馆发展共识，其理论和实践仍在不断发展。

1.2　全国智慧图书馆体系成果丰硕

按照全国智慧图书馆体系建设方案，在基础设施方面，建设方已初步完成私有云建设，顺利实施全网知识内容集中仓储系统（一期）项目。在知识资源建设方面，推进《智慧图书馆知识资源数据建设指南》的落地和实施。实施“中国战‘疫’记忆库”“公开课知识能力提升”“民国时期文献知识化加工”“政府信息知识服务”“党建资源特色专题库”“‘山海经’知识库建设”等试验性知识资源建设项目，开展对纸本文献、音视频资源、网络信息资源、商购数据库等多种类型、多种来源的文献资源进行细粒度著录，关联数据、知识图谱建设。在系统平台方面，开展“中华古籍智慧化服务平台”、“影音视听资源知识服务系统平台”、“审读平台”、基于大语言模型的“智能问答系统”建设。在线下智慧空间建设方面，开展数字图书馆体验区智慧化改造，包括体验区现有机器人升级、沉浸式阅读体验项目资源更新、多平台虚拟馆员上线等内容。在保障体系建设方面，推进《智慧图书馆知识资源数据建设指南》、统一用户管理系统技术规范等标准研究。组织全国智慧图书馆建设联席会议、制定全国智慧图书馆体系馆员培训中长期规划、开展智慧图书馆建设与服务培训班等研究及人才培养工作。在智慧图书馆评价体系建设范畴内，组织完成全国范围内300余个项目的综合评价。在推广方面，启动全国智慧图书馆体系建设项目图标、视觉形象等设计，组织开展智慧图书馆建设过程中各类数据的统计工作以及智慧图书馆建设成果案例展示等。在联建方面，国家图书馆与省级公共图书馆试点单位开展知识资源数字建设、系统平台开发等方面合作。与北京大学等高校，抖音、百度等行业领先企业开展新兴技术落地应用合作。

1.3 智慧图书馆建设任重道远

在全面推进全国智慧图书馆体系建设过程中，也暴露出一些问题。局限于客观条件，在全国智慧图书馆体系项目建设过程中，存在与传统业务结合不好、对智慧图书馆认识不深、项目进展缓慢、项目建设效果不突出等问题，总体表现为缺乏整体规划。在新兴技术的冲击下，智慧图书馆理念也在加速更新。面对冲击全国智慧图书馆体系需不断调整，各地也要立足自身实际，制定并不断完善好自身的智慧图书馆体系规划。

2 西藏自治区图书馆智慧图书馆体系规划

本文以西藏自治区图书馆智慧图书馆体系规划为研究对象，为各级图书馆制定智慧图书馆体系相关规划提供参考。

2.1 基本情况

西藏自治区图书馆于1996年建成并投入使用。经过参与国家数字图书馆工程、全国文化信息资源共享工程等建设后，其在基础设施、系统平台、数字资源建设等方面取得了长足进步。未来，借助智慧图书馆体系建设，在现有基础上，进一步补齐短板，完成智慧化转型，实现图书馆高质量发展。

2.2 新兴技术发展

为顺应图书馆行业发展潮流，智慧图书馆体系规划要体现新兴技术发展趋势。

2.2.1 理论调研

以“智慧图书馆”“图书馆+技术”等为主题词，在中国知网等平台检索2021年以来文章，检索结果中会出现“Sora”“ChatGPT”“AIGC”“生成式人工智能”“通用人工智能”等关键字。此外通过短视频平台、主流科技网站、热门微信公众号等线上途径检索，以及对互联网 IT 从业人员、图书馆技术人员等进行线下调研的方式，总结可能与图书馆产生联系的技术热词包括“大语言模型”“智能运维”“人工智能 +”“人形机器人”“脑机接口”“人脸识别”“语音控制”等。这些技术、模型等将在未来图书馆智慧化转型过程中扮演重要角色。

2.2.2 实践调研

人工智能大语言模型是当前研究热点，以 ChatGPT、Sora 为代表的产品引发了全球人工智能热潮，国内对标产品有百度的文心一言、科大讯飞的星火大模型等。而在图书馆行业，清华大学图书馆推出“清小图”，其可提供常见问题咨询和信息查询等功能。中国科学院文献情报中心推出的 SciAIEngine，可以提供语步识别、科技文献分类、关键词识别、命名实体识别、概念定义句识别、文本标题生成、审稿人推荐、投稿期刊推荐等服务。在沉浸式阅读方面，国家图书馆推出“《古籍寻游记》VR 展览”“《永乐大典》高清影像数据库”“5G 全景 VR《永乐大典》”和“中华传统文化百部经典 VR 作品”。北京城市图书馆推出元宇宙体验馆，配备智能立体书库等智能设施。近些年来智能运维也取得飞速发展，其可以提供异常检测、预测、自我修复和资源配置等功能或服务，助力公共文化服务智慧化运营。

2.3 总体需求

2.3.1 政策需求

文化和旅游部下发全国智慧图书馆体系建设项目的通知，其中关于全国智慧图书馆体系建设项目资金支持建设内容的说明中，详细列出过去 3 年智慧图书馆体系共建过程中的核心内容。西藏自治区在落实国家战略，推动自身文化建设方面，将投入资金安全，推动智慧图书馆体系建设。

2.3.2 自身需求

西藏自治区图书馆在数字图书馆建设过程中打造了良好的基础。在基础设施方面，建成不间断电源（Uninterruptible Power Supply，UPS）机房、监控平台、存储、网络、安全设备、服务器、虚拟云等设施。系统平台方面，完成公共文化云、数字文化网、古籍藏文文献数据库、西藏地方文献服务平台等。在数字资源方面，截至 2021 年末，数字资源存储容量 193 TB，本馆镜像量 25 TB，对外服务量 164 TB。在服务建设方面，设立盲人阅览室、少儿阅览室、电子阅览室、政府信息查询专区、VR 体验区等。完成公共文化云大数据采集与服务推广、公共文化云 APP、微信公众平台应用及小程序的建设运营。在服务推广方面，在村、农牧区、寺庙、偏远乡镇、学校、工地、军营、便民警务站、监狱等建立分馆和服务点。然而，西藏自治区图书馆在智慧图书馆发展方面仍存在诸多瓶颈，例如对智慧图书馆概念认识不足、相关资源建设缓慢、信息技术滞后、智慧空间建设短板、智慧馆员队伍缺乏等[1]。在智慧图书馆体系规划中要做好补短板、强弱项，利用智慧图书馆建设机遇期，实现跨越式发展。

2.4 智慧图书馆体系架构及内容

智慧图书馆体系架构可以概括为“1+1+3+N+M”，与全国智慧图书馆体系保持一致。两个“1”分别是云基础设施层、知识资源层，“3”表示系统服务层，“N”表示线下实体层，“M”表示保障体系，具体如图 1 所示。

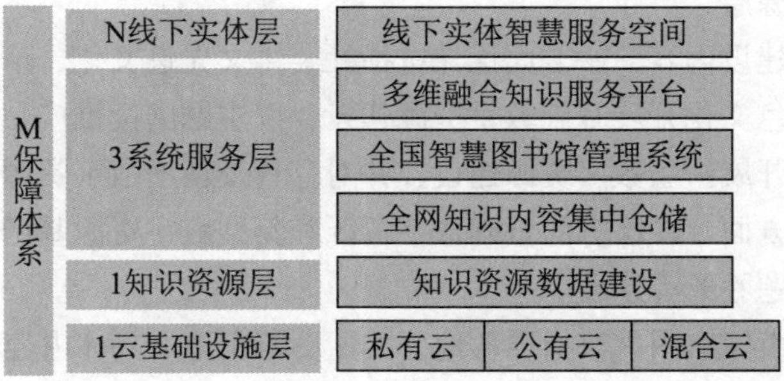

图 1　西藏自治区图书馆智慧图书馆体系框架图

从分工角度讲，国家图书馆统筹推进云基础设施、全国智慧图书馆管理系统、多维融合知识服务平台的搭建，形成中央层面的全国智慧图书馆体系基础。西藏自治区图书馆在国家图书馆统筹协调下，参与私有云、知识资源数据建设、全网知识内容集中仓储、多维融合知识服务平台的共建，负责本地智慧图书馆管理系统的微服务定制开发、线上服务联动、本地场馆空间及线下设备智慧化升级与改造、智慧图书馆服务空间运营。此外还提供内容提供方、平台和渠道运营方接入。

2.4.1　云基础设施层

云基础设施层包含私有云、公有云和混合云，具体如图 2 所示。

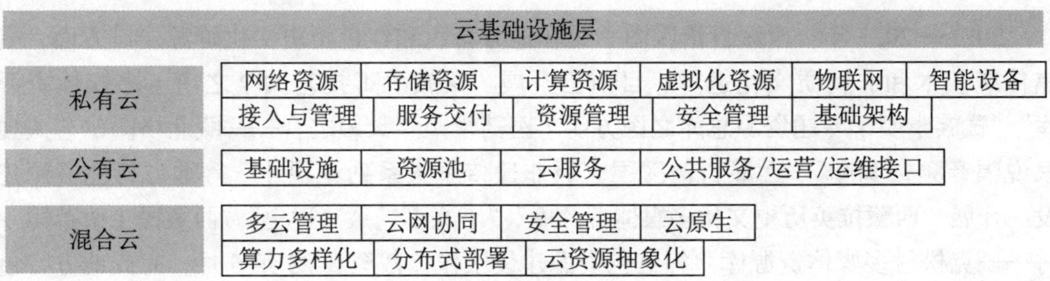

图 2　云基础设施层

云基础设施由国家图书馆牵头，有条件的图书馆参与共建。私有云主要为政府部门及重要特殊项目与机构提供服务。提供用户接入与管理、服务交付、资源管理、安全管理等服务。国家图书馆私有云建设已取得显著进展。按照国产化要求，采取“边建设、边服务”原则，现已完成服务器、交换机及软件的安装、部署、调试、评测、试运行，为多部门的多个应用完成云主机分配。公有云依托市场上成熟云服务供应商的产品来进行服务，例如华为云、腾讯云等。图书馆使用公有云为科研机构和社会公众提供公益性服务。混合云则综合私有云、公有云各自优势。

西藏自治区图书馆先前已经搭建华为虚拟云平台并部署大量应用。在智慧图书馆体系云基础设施建设过程中，按照利旧原则，在华为虚拟云平台基础上进行升级改造工作并开展区域范围内图书馆将传统线下服务向云平台的迁移，实现集中统一管理，降低各图书馆单独组网负担。

2.4.2 知识资源层

知识资源数字建设内容，一方面优先选择社会主义先进文化、革命文化、中华优秀传统文化、地方特色文化开展基础数字资源建设，以主题阅读推广、文化遗产数字化保护与传承等为主题开展新型数字资源建设，并对存量及新增数字资源进行创造性转化和创新性发展。另一方面，在已有的基础数字资源和新型数字资源基础上，开展精细化标引、知识组织与专题服务等建设。

知识资源建设由国家图书馆指导各地公共图书馆实施。具体内容如图 3 所示。

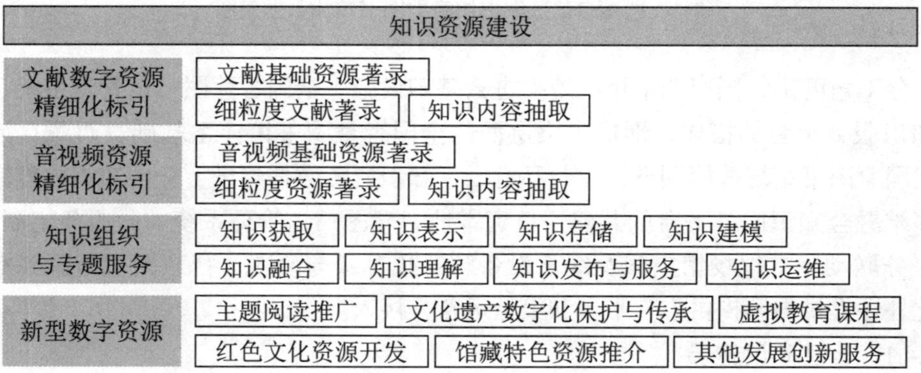

图 3　知识资源数据建设

2021—2023 年，西藏自治区图书馆在地方特色和红色历史文化资源建设方面，聚焦传统艺术和非物质文化遗产。目前已开展“藏族手工技艺大全之唐卡多媒体资源库”“藏族十明学专题资源总库之医方明（医药学）”“天籁之音——藏北格萨尔艺人独家说唱音频资源库”“西藏自治区国家级非遗传承人系列专题片”等地方特色资源建设。开展“西藏抗英历史文化多媒体资源库”“十八军进藏口述史”“西藏民主改革第一村——克松村多媒体资源库”等红色资源建设工作。截至 2023 年 6 月，完成地方特色资源和红色文化资源 9.33 TB，完成少数民族译制 4169 小时。

2.4.3 系统服务层

2.4.3.1 全网知识内容集中仓储

全网知识内容集中仓储，由国家图书馆联合相关省级图书馆开展建设。其目标是打造跨图书馆行业的“知识生产中心”，为图书馆、出版社等在数字资源采集、加工、交易等方面提供全流程服务，建立标准统一、数据共享、监管有效的知识内容集中管理平台。在此基础上对知识内容结构及资源体系重建，形成知识图谱。具体如图 4 所示。

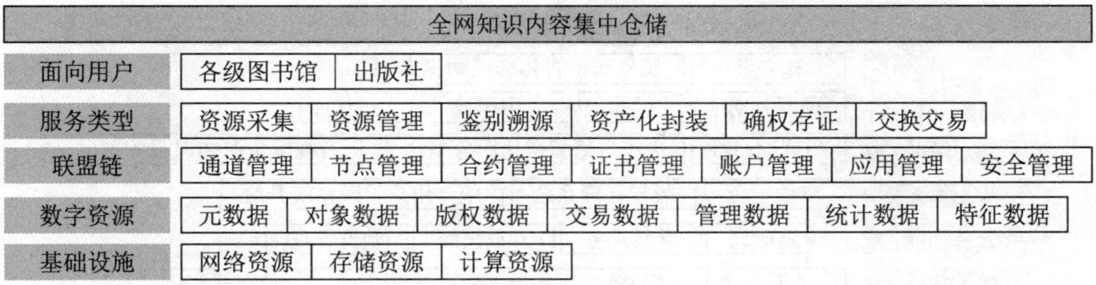

图 4　全网知识内容集中仓储

2021—2023 年，国家图书馆通过 5G、SD-WAN 等技术实现与 15 家省级图书馆分节点专网连通，实现数字资源高速、稳定的相互传输。在项目一期建设过程中，通过组建全国公共图书馆数字资源管理联盟链，实现对数字资源资产化封装，强化数字资产监控管理和溯源，实现知识数据内容集中管理。

2.4.3.2　全国智慧图书馆管理系统

全国智慧图书馆管理系统架构图如图 5 所示。

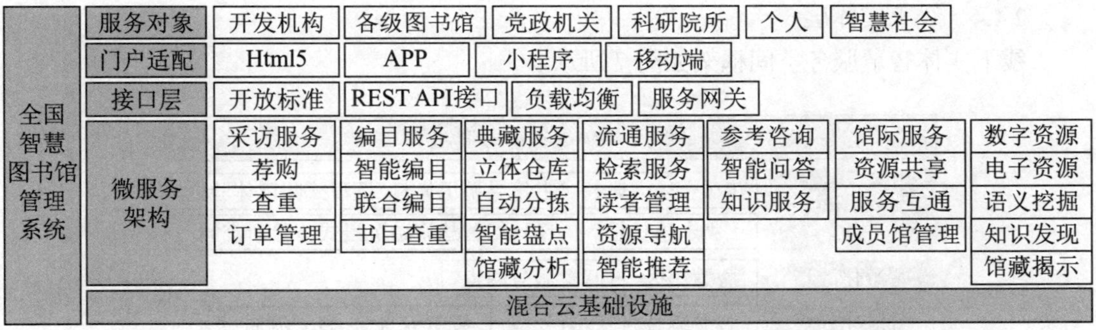

图 5　全国智慧图书馆管理系统

它由国家图书馆统筹建设，其作为下一代智慧图书管理系统，将实现线上、线下业务的全流程智慧化管理。它将采用微服务系统架构，通过标准的开放接口，为各级组织和个人提供特色服务。实现馆藏知识内容开放共享，提升深度挖掘与整合利用效能。实现各类终端设备智慧互联，提供网页、移动、各类终端的适配。它将实现对采访、编目、检索、流通等传统图书馆业务的智能化升级，并与全网知识内容集中仓储、多维融合知识服务平台进行互联，实现全国图书馆文献资源业务协作并深度融入“智慧社会”。

2.4.3.3　多维融合知识服务平台

多维融合知识服务平台框架如图 6 所示。

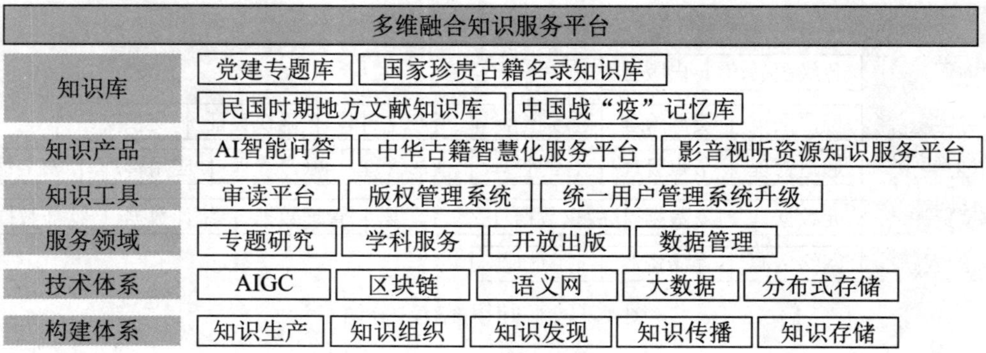

图 6 多维融合知识服务平台

由国家图书馆统筹建设，通过与国内主要互联网平台商合作来进行研发，并集成已有知识服务系统，实现为社会公众、机构组织、第三方平台和生态提供各类公益性和增值型知识服务。成果类别包括知识库、知识产品、知识工具。代表性项目有《国家珍贵古籍名录》知识库、智能问答系统、中华古籍智慧化服务平台、影音视听资源知识服务平台等。

2.4.4 线下实体层

线下实体智慧服务空间框架如图 7 所示。

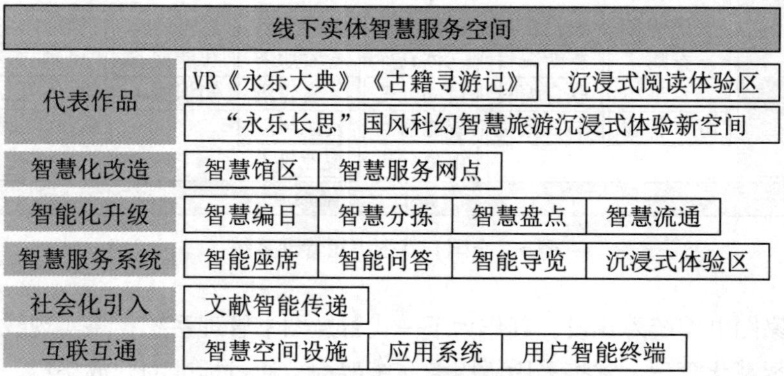

图 7 线下实体智慧服务空间

打造线下实体智慧服务空间主要通过智慧化改造、智能化升级、智慧服务系统建设、社会化引入、互联互通等方式来实现。具体来讲，对馆区、城市书房等进行智慧化改造，对传统图书馆编目、阅览等进行服务智能化升级，开展智能问答、智能导览等进行系统建设，引入快递服务提供文献智能传递服务，实现智慧空间设施、应用系统、用户智能终端的互联互通。

国家图书馆在智慧服务空间方面，开发 5G 全景 VR《永乐大典》，举办《古籍寻游记》VR 展览，受到社会大众好评。“永乐长思”国风科幻智慧旅游沉浸式体验新空间入选三部委第一批全国智慧旅游沉浸式体验新空间培育试点项目名单。西藏自治区图书馆也可在国家图书馆统筹协调下，负责本地场馆空间及线下设备智慧化升级与改造，完成城市书房、沉浸式阅读体验空间等建设。

2.4.5　智慧图书馆保障体系

全国智慧图书馆体系在保障方面包括评价体系、标准体系、研究和人才培养体系。西藏自治区智慧图书馆体系此基础上增加安全体系、运维体系、运营体系、机制创新体系，如图 8 所示。

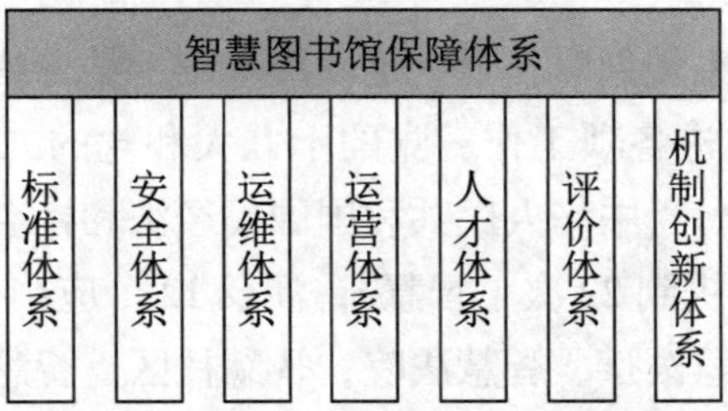

图 8　智慧图书馆保障体系

智慧图书馆评价体系是对线下实体智慧服务空间、全网知识内容集中仓储系统中的资源、多维融合知识服务平台中的知识服务等建设、利用情况进行动态监测，对各馆智慧化运行效率及服务效能等进行科学立体评价，为全国智慧图书馆体系建设调整及财政资金投入优化配置提供决策支撑。

标准体系包括基础标准、技术标准、资源标准、服务标准、管理标准、相关业务规范等内容。

研究和人才培养体系建设至关重要。通过建立全国智慧图书馆发展研究中心，围绕关键技术、标准规范、服务应用等开展跟踪研究，以前沿研究成果引领全国智慧图书馆体系项目建设工作。人才培养覆盖图书情报、信息技术等领域，满足智慧图书馆全方位人才需求。

安全体系建设既要覆盖消防、人身财产、保卫等内容，又要包括网络信息安全、数据安全等。特别是后者，西藏自治区图书馆智慧图书馆体系在打造系统平台和开展资源建设项目过程中，将网络信息安全和数据安全视为重要环节。“三分靠技术，七分靠管理”，通过技术手段和规章制度的设立，建立覆盖应用系统、数据领域的全流程全生命周期的安全体系。

运维体系建设同样不可或缺。从发展角度来看，运维已经从人工运维迈入到自动化运维、智能运维阶段。西藏自治区图书馆智慧图书馆体系可借助运维体系升级契机，解决运维理念和工具相对落后、专业人才短缺、过度外包等问题。

运营体系在延续数字化时代传统阅读推广活动的同时，在智慧时代，要吸引更多跨行业、跨领域的参与者加入。

机制创新体系是一个新课题。图书馆的智慧化，不仅是技术问题，更是整个行业运作方式的变革。如何打破传统体制机制，建立与智慧图书馆体系相匹配的机制，是机制创新体系需要完成的工作。这既需要理论的发展带动实践的发展，也需要实践的发展倒逼理论创新，最终实现从传统“以资源为中心”向“以用户为中心”转变。

3 智慧图书馆体系规划建议

经过3年试点工作，全国智慧图书馆体系建设积累了丰富的经验。各地在编制智慧图书馆体系规划时，可以从以下方面多进行考虑。

3.1 立足自身实际，借鉴智慧化经验

各级图书馆在开展体系规划时，要立足发展基础，结合资金、人才实际，找准各项工作结合点，科学统筹推进各项工作。党的十九大和党的二十大报告，分别提出“智慧社会”“智慧城市”概念。《中华人民共和国国民经济和社会发展第十四个五年规划和2035年远景目标纲要》中提到22次“智慧”，涉及12个应用行业，分别是智慧图书馆、智慧物流、智慧能源、智慧医疗、智慧法院、智慧社区、智慧税务、智慧农业、智慧广电、智慧旅游、智慧景区、智慧养老[2]。智慧化发展在技术赋能、理念创新等方面有共通之处。借鉴已开展项目的成功经验，对照目标和要求，有选择地进行落地可极大节省试错成本，高效推动各项工作。

3.2 加强统筹协调，做好顶层设计

全国智慧图书馆体系项目是由财政部、文化和旅游部支持指导，国家图书馆组织实施的创新项目。为支持各级公共图书馆共同参与，中央财政在中央支持地方公共文化服务体系建设补助资金中也做了安排，用于开展智慧图书馆基础数字资源及支撑平台建设。各级图书馆在国家图书馆统筹协调下，可参与私有云基础设施、知识资源数据建设、全网知识内容集中仓储建设、多维融合知识服务平台的共建以及本地智慧图书馆管理系统的微服务定制开发、线下智慧化空间建设等内容。同理，各地公共图书馆在编制本地区智慧图书馆体系规划时，统筹指导下一级公共图书馆建设工作，统一协调、统一部署、统一标准。从上到下，按照分工，科学高效利用财政资金开展建设，防止出现重复建设、乱建设等现象。

3.3 坚持政策导向，合理规划建设内容

文化和旅游部为落实《中华人民共和国国民经济和社会发展第十四个五年规划和2035年远景目标纲要》中关于智慧图书馆建设任务，对全国智慧图书馆体系建设进行了整体部署。在地方层面，省级文化和旅游部门统筹本地项目建设和资金分配。地方各级公共图书馆要领悟和落实好中央和当地政府关于智慧图书馆建设的文件精神，结合自身实际需要，科学合理确定本级智慧图书馆体系规划内容和重点。

3.4 做好承上启下，推进数字图书馆向智慧图书馆转型

数字图书馆建设时期，国家数字图书馆工程、数字图书馆推广工程等项目建设在基础设施、平台建设、数字资源、人员培训、标准制定等方面取得了丰硕成果，并带动了高校图书馆、专业图书馆的数字化发展。数字图书馆建设时期的经验仍具有重要参考价

值，如国家层面统筹、标准化建设、先进技术应用、开放合作共识[3]。迈入智慧化时代后，在新技术应用、资源加工组织与服务方式、知识服务生态构建、馆舍空间价值提升等方面与以往相比，改革难度更大、技术变革更快、开放合作范围更大、人才队伍要求更高，可谓历史机遇与时代挑战共存。

3.5 勇于主动出击，争取经费和政策支持

在智慧图书馆体系建设项目实施过程中，经费来源包括中央本级、中央转移地方支持费用和社会资本。在确保合法合规前提下，支持、引导各级图书馆积极拓展社会合作空间，稳妥有序吸纳社会资本。各级图书馆要勇于主动出击，在利用地方财政、中央支持地方公共文化服务体系建设补助资金开展项目建设同时，注重拓展社会合作空间，积极策划新项目，多渠道争取资金支持。

智慧图书馆体系建设是贯穿"十四五"时期的一项长期系统化工程。开展智慧图书馆体系规划需要统筹协调，坚持政策导向，做好前后承接，保持战略定力，高效推进各项工作。

参考文献

[1] 尼玛格桑.高质量发展视域下西藏图书馆智慧化发展路径探析[J].西藏科技，2023(9)：28-32.

[2] 中华人民共和国国民经济和社会发展第十四个五年规划和2035年远景目标纲要[EB/OL].[2025-04-28].https://www.gov.cn/xinwen/2021-03/13/content_5592681.htm.

[3] 魏大威，谢强.国家数字图书馆的建设与展望[J].国家图书馆学刊，2019(5)：7-12.

公共图书馆红色经典阅读推广策略研究

——以国家图书馆北区中文图书区为例

王　蕊（典藏阅览部）

《现代汉语词典（第7版）》中的"红色"具有两层含义，第一层是指物体本身所呈现的红色，另一层是带有一定的政治色彩，象征革命或政治觉悟高的。当前，读者经常提及的"红色文学""红色作品""红色书籍"等均属于"红色经典"范畴[1]。"红色经典"之所以能够成为经典，是自20世纪初开始几代人不断地努力、奉献的结果。红色经典具有时空上的超越性，经典作品在认识结构、知识水平、世界观、价值观上影响了一代又一代人，因此红色经典作品不会随着时间变迁而褪色，不应该被遗忘。"红色经典"承担着将社会主义革命精神经典化的重要作用，充分展示中华民族不屈的奋斗精神[2]。目前，大多数的公共图书馆都有一定数量的红色文献资源，但是对红色经典的阅读推广还处于起步阶段，推广形式比较单一，推广效果也不尽如人意。为此，公共图书馆应当通过丰富红色馆藏资源、创新推广形式、打造红色品牌等措施，扩大红色资源推广的深度与广度，发挥好公共图书馆的社会教育功能。

1　活动案例

1.1　奋进新征程　建功新时代——党的二十大专题图书展示架

国家图书馆总馆北区（以下简称"北区"）中文图书区作为读者服务的重要阵地，始终密切关注党的二十大会议进程，积极学习会议内容，在会议报告出版发行后的第一时间整理相关文献，以确保学习贯彻党的二十大精神的时效性，发挥阅览区主阵地作用。此次专架集中展示了党的二十大报告单行本、《中国共产党章程》、《党的二十大报告辅导读本》、《党的二十大学习辅导百问》、《二十大党章修正案学习问答》5种40余册书籍。图书一经上架读者立刻被专架吸引，纷纷驻足翻阅学习。有的读者表示没想到阅览区内不仅设置专架如此迅速，而且有了辅导读本，这样就能更加方便快捷地领会党的二十大精神了。

1.2　全国党员教育培训教材展示架

北区中文图书区在二层常设了全国党员教育培训教材展示架，全国党员教育培训教材展示交流活动已举办六届。此次交流活动由中央组织部党员教育中心、国家图书馆联合举办，深入学习贯彻习近平新时代中国特色社会主义思想和党的二十大精神，认真落实《中国共产党党员教育管理工作条例》和《2019—2023 年全国党员教育培训工作规划》要求，向中央和国家机关部委等 138 家单位选送了 696 种 1000 册图书。经主办方组织专家评审、基层评价、复核把关等程序后，最终评选出 21 种精品通用教材、16 种精品特色教材，并结合教材评审，为基层党组织和广大党员推荐了 92 种党员教育培训优秀读物。全国党员教育培训教材展示架集中展示了各地区、各部门、各单位党员教育培训教材建设的优秀成果，在阅览区内扩大了优秀教材的知晓率和学习覆盖面，对加强新时代党员教育工作具有重要作用。

1.3 “习近平新时代中国特色社会主义思想”主题教育阅读专区

北区中文图书区利用二层北区政治类图书存放架的地理优势，开辟出了“习近平新时代中国特色社会主义思想”学习专区，并紧跟时事热点于 2023 年增设了“习近平新时代中国特色社会主义思想主题教育”学习材料专架。专架集中展示了《论党的自我革命》《习近平新时代中国特色社会主义思想专题摘编》《习近平新时代中国特色社会主义思想的世界观和方法论专题摘编》《习近平著作选读》等学习材料，同时增补了《习近平新时代中国特色社会主义思想学习纲要（2023 年版）》《中国共产党章程》《党的二十大报告学习辅导百问》以及党的二十大报告等。读者通过此可以学习到习近平总书记的最新重要讲话和文章，读原文、悟原理，做到重点学习、高效阅读。专架的设立充分发挥了图书馆公共文化服务阵地优势，为馆员和读者提供了良好的阅读平台。

2 经验总结

自党的十九大以来，北区中文图书区一直紧跟时事热点，陆续建设了很多红色经典专架，除上述案例外，还有红船初心建党百年、红色家国记忆等专题展示架供读者阅读。通过举办专题阅览服务，北区中文图书区一直在不断地探索、延展主题，创新展出形式，完善策划流程，以便更好地传承发扬红色经典文化，发挥公共图书馆的重要作用。

综合来看，现已推出的红色经典展示架有以下几个特点。第一，主题明确，定位准确。每次推出的红色经典展示架能够围绕拟定的主题，深度挖掘馆藏资源，以弘扬红色经典文化为目标，正确把握意识形态，为读者提供良好的阅读平台。第二，力求创新、突破。从开始的单一书架展示，已经逐渐发展成为阅读专区，通过环境的布置，开辟出了具有氛围感的沉浸式阅读角，带给读者的不再是冰冷的图书，而是可以让读者身临其境地去感受书中的温度。第三，针对目标受众精准传播，保证图书品质。北区中文图书区在策划经典展示架时，除了关注时效性、政治性等，更多的是从读者的角度出发，在能够造福大众的前提下，再取长补短，深度挖掘资源，以保证每次推出的图书品质高、受众覆盖面大，此外，在图书上架后相关工作人员也会进行积极总结，避免无效传播。

3 存在问题

设置图书专架是北区中文图书区开馆以来一直为读者提供的传统服务内容，红色经典文化专架更是近年服务工作的重中之重，自推出以来得到许多读者的欢迎与肯定，不过结合北区中文图书区围绕“红色经典”开展的活动案例来看，还是存在着一些比较明显的问题。

3.1 红色经典展示架主题不够系统

北区中文图书区目前拥有超过40万册的可外借图书资源，所以在红色经典展示上可选择的资源种类繁多。但是由于阅览室仅保存最近两年的新书这一现实，造成了红色经典文化活动中展示的书籍难以涵盖完整的系列，很多所需图书由于成书年代较早，不分属此阅览室，因而不能在此阅览室为读者提供，需要读者到其他阅览室预约借阅，这就造成了阅读的不便利，读者所需内容往往不能追本溯源，因而难以对读者形成持续的吸引力。

此外，由于现阶段的经典阅读推广的形式还是以专架展示为主，所以主要停留在线下服务的阶段，特别是过去三年受到新冠疫情的影响，阅览室不能长期系统开展此项服务，打断了读者的阅读热情，造成了阅读的不连贯性，这也不利于馆员对此类专题文献的系统整理、揭示，因而很难开展相关的学术研究。

3.2 红色经典阅读推广活动覆盖读者不够全面，深度有待提高

目前所设置的红色经典展示架由于上文提到的主题不够系统的问题，间接使得该服务不能面向所有读者，例如“红船初心建党百年”主要关注的人群还是中老年，因为所选书籍缺少一定的内在逻辑，不能完全覆盖所有年龄层的读者，对青少年读者而言吸引力不够。而建党百年知识问答活动的形式又主要面向年轻读者，很多老人不愿意参与，不能持续推出可以全面满足所有年龄层读者阅读需求的阅读推广活动。

现有服务主要还停留在我负责组织、你负责参与的层面，一个活动结束后不能及时做出总结，没有建立有效的反馈机制，这就导致读者的实际需求、反馈意见等不能及时传达给馆员，馆员在整个活动策划中对读者的反馈意见重视程度也不够，服务的深度也有待提高。

3.3 专业人才储备不足

红色经典阅读推广活动虽然是阅览室内围绕文献所开展的一项读者服务，但它在内容和形式上是多样的。一个推广活动案例的成功取决于设计、整体氛围、文献质量、读者参与度等多种因素。因此它需要从业人员具备比较高的专业素质。现在很多公共图书馆的老员工的技能比较单一，往往不会使用作图软件，不能及时了解互联网的最新消息，所以在策划专题阅览服务时往往更侧重于挖掘固有的文献和资源优势，对新形势、新需求的把握和回应不够敏锐、及时。在具体的展出活动中，大到活动理念的把握、想

法的提出，小到写作宣传文案、编辑微信公众号文章、现场摄影、布置，图片绘制等都需要技能过硬的专业人员。这也是目前传统图书馆工作中遇到的人才瓶颈问题。

4 未来方向

4.1 丰富红色馆藏资源，打造主题阅读空间

红色经典阅读推广活动的基础依托于丰富的馆藏资源，因此公共图书馆应当加强红色资源的建设，拓宽红色经典的渠道。公共图书馆应坚持内容至上的原则，严格把控每次筛选文献的质量，对于新入馆的红色资源要严格把关，与此同时不能忽略红色资源特有的地方性和时代性特征。在红色文献的筛选上也要遵从与时俱进的原则，做到与党并行，例如在建党百年的重要时间节点上，北区中文图书区就以此契机推出了“红船初心建党百年”的红色资源专题展示架，同时还有“习近平新时代中国特色社会主义思想”学习专区，专门存放习近平总书记的著作并实时更新。此外，还曾设置过“共和国勋章”获得者的重要著作专架、廉洁文化专架等。在资源类型的选择上，公共图书馆应以红色文献、红色创作和红色研究为主，提升红色经典阅读资源的多样性，建立红色资源知识体系，形成红色阅读资源库[3]。在红色资源的获取上，除了坚持国家图书馆现实行的呈缴本制度以外应该主动收集，例如，主动加强与政府组织或革命区图书馆的合作，实现红色资源的共建共享，这样不仅可以在一定程度上降低资源成本还可以拓宽资源的获取渠道。在资源的检索方面可以实行一站式检索，不仅检索本馆资源，还提供其他馆的资源链接，方便读者实现一站式检索。

与此同时，可以在现有的学习专区专题展示架的基础上打造沉浸式红色主题空间，通过一些带有革命年代特征的装饰品布置将读者带回那个年代，增加特色打卡机、定制印章，让读者实现沉浸式阅读，以满足不同年龄读者的需求。

4.2 创新推广形式，完善服务功能

在信息飞速发展的时代，传统的图书馆推广形式已经不能满足新时代的读者需求。公共图书馆的核心价值包括传承文明、服务社会。图书馆的传统服务也应当不断推陈出新，打造属于自己的红色资源，从而满足不同读者的多样化需求。

现今社会上很多读者都在阅读红色经典，其中就包含少年儿童，他们是未来社会发展的重要力量，少年儿童可以通过阅读红色书籍来了解革命文化，了解中华民族的崛起之路，从而增强文化自信和历史使命感。因此，公共图书馆可以购置一些新的基础设施用来辅助红色文化阅读专区，让红色经典文献能够以更加立体、鲜活的形式呈现在读者面前，引导读者树立正确的价值观。

在当下新媒体时代，阅读推广的形式也应该是更加多样化的。例如国家图书馆的视听服务空间在建党百年时就为读者集中展示了红色经典 CD/DVD 等，读者通过阅览区的视听设备观影，可以更加直观地感受红色文化。图书馆的老年课堂还可以组织书法比赛、摄影比赛等，让老年读者回忆革命年代的点滴，以吸引更多不同年龄层的读者。同

时，公共图书馆可利用 VR 技术为读者阅读红色经典提供新渠道，使他们能够通过 VR 设备体验高度逼真的红色场景，并与环境进行互动，更加真切地感受红色精神[4]。

4.3 推进通力合作，形成阅读推广链

红色经典阅读推广需要长期、系统地开展，并不能一蹴而就。如果只依靠单个图书馆自身的力量可能很难实现可持续性发展，由于红色文献的时代性、地域性的特点更需要多方的共同努力才能实现推广活动的发展。因此，公共图书馆可以主动与红色文化建设有关主体联合，例如高校、出版社等，以实现资源的收集、整合、开发、宣传，共同构建红色文化传播团队，共同传承红色经典文化。团队中的各主体可以实现资源互补，相辅相成，形成阅读推广链，这将是未来公共图书馆推广全民阅读的一种新的形式。

4.4 深度开发资源，打造红色品牌

任何形式的阅读推广都必须要有高品质的文献作为支撑，只有高品质的文献才能保证推广活动的品质。公共图书馆在推广红色经典文化时，首先要深度开发红色资源，保证红色资源的质量，通过对内容的二次开发和利用，更好地发挥其价值。其次在红色资源的开发过程中，要全面系统地收集文献、视频、音频等，形成红色资源体系，为读者提供多元化的阅览形式。同时，公共图书馆还需要培养专业的红色资源推广人员，提升馆员的红色素养，为推广活动提供有力的保障。最后，应当建立属于图书馆自己的红色文化品牌。品牌是图书馆教育价值的一种体现，有了品牌才可以围绕品牌策划开展一系列推广活动，同时品牌效应还可以有效增强读者的认知度，这对红色经典阅读推广有着重要意义。

红色经典展示的是鲜明的时代精神公共图书馆作为文化推广的重要阵地，对于推广红色经典有着不可推卸的责任。当然，推广不是一蹴而就的，对于这项长期系统的推广工作，图书馆应当在充分认识红色经典阅读推广的重要价值后，通过创新推广形式，丰富馆藏资源建设，打造红色品牌等举措，推出更多、更丰富的红色阅读推广活动，更好地发挥公共图书馆的红色教育使命。

参考文献

[1] 龚蛟腾，陈建辉，洪芳林．高校图书馆阅读推广空间建设案例分析与启示［J］．图书馆学研究，2023（3）：83-92.

[2] 邓玉祥．基层公共图书馆红色连环画阅读推广策略研究［J］．晋图学刊，2023（1）：50-54.

[3] 唐春妮．基于 5W 模式的公共图书馆红色文化阅读推广研究［J］．图书馆学刊，2022（2）：5-9.

[4] 朱启捷，周永红．江西省公共图书馆红色文化阅读推广现状调查与分析［J］．图书馆研究，2021（5）：63-69.

日本公共图书馆学研究立项课题及内容焦点述评

——基于日本 KAKEN 数据库分析

赵诗迪（古籍馆）

日本是重视图书馆事业发展的国家之一，早在1950年就颁布了《图书馆法》，还成立了各类图书馆协会，并将振兴图书馆事业作为一项长期战略，大力普及图书馆事业、发展图书馆相关学科及人才培养，尤其日本科学研究费助成事业（以下简称“科研费”）① 支持下的立项课题，对学科进步有重要指导意义。

本文将应用日本KAKEN数据库②，对日本有关公共图书馆的立项课题进行多维度解析，以期为我国图书馆学界提供他者视阈下的基础性研究资料。

1 日本公共图书馆相关立项课题统计与分析

1.1 研究方法

本文以 KAKEN 数据库为信息源，在详细检索模式中，输入课题为“公共図書館”，截至2024年3月10日可检索到相关立项课题59件。全文涉及的数据均以此检索结果为基础，笔者主要从文献计量学角度对课题立项趋势、研究类别与科研经费、研究机构与学者群体4个方面进行考察，从翻译学角度对立项课题的研究热点与方向进行综合述评。

1.2 课题立项趋势

20世纪70年代开始，日本经济的高速增长给图书馆事业的蓬勃发展带来了希望，也是那个时期诞生了最早关于公共图书馆的立项课题。之后从1975年到2000年的26年年间立项课题有8项，从2001年到2023年几乎每年都有1个及以上立项课题，呈现波动中增长态势（见图1）。

---

① 日本科学研究费助成事业（科研费），亦称学术研究助成基金或科学研究费补助金，通过同行评审监督，对具有独创性、先驱性的研究进行资金资助的国家竞争性基金。课题研究范围横跨人文、社会科学到自然科学的所有领域，所有项目的立项和成果等信息收录在日本 KAKEN 数据库。

② 日本KAKEN数据库可以检索到自1964年以来科研费资助的各个领域的立项课题概况，包括最初立项课题名称、研究类别、科研经费种类与金额、研究领域、研究机构、研究人员、研究成果的概要（研究实施状况报告书、研究实绩报告书、研究成果报告书概要）、研究成果报告书及自我评价报告书等内容。

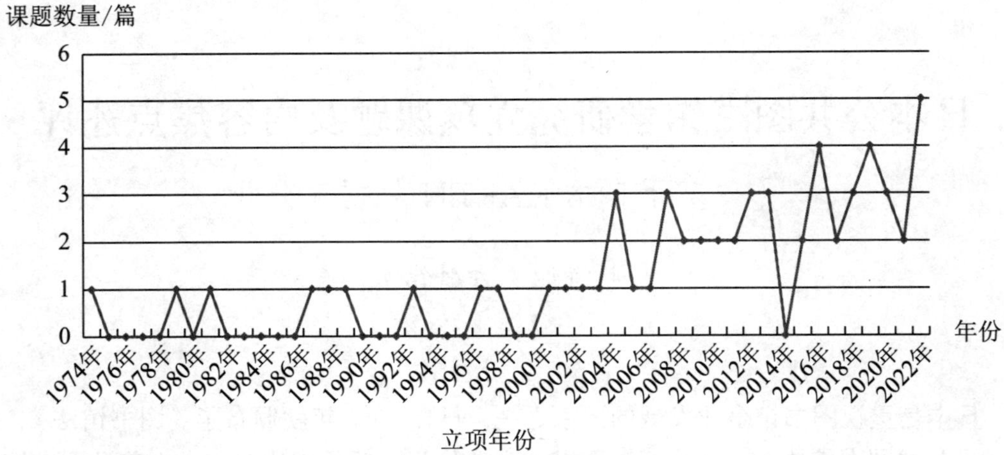

图 1　日本公共图书馆课题立项趋势

1.3　研究类别与科研经费

2024 年日本学术振兴协会明确科研费立项课题的研究类别为特别推进研究、新学术领域研究、学术变革领域研究、基础研究 S 类、基础研究 A 类、基础研究 B 类、基础研究 C 类、青年研究 B 类、青年研究、奖励研究、特别研究员奖励费、一般研究 C 类、一般研究 D 类、萌芽研究、研究启动支援等[1]。

撷取 1974 年到 2023 年间涉及的 10 种研究类别及其对应的课题数量与科研经费总额做如下数据分析（见图 2）。通过分析得知，立项数量和科研经费基本集中在基础研究 C 类、基础研究 B 类及青年研究 B 类这三大类研究类型，基础研究和青年研究也是科研费中其他立项课题的主要研究类型。

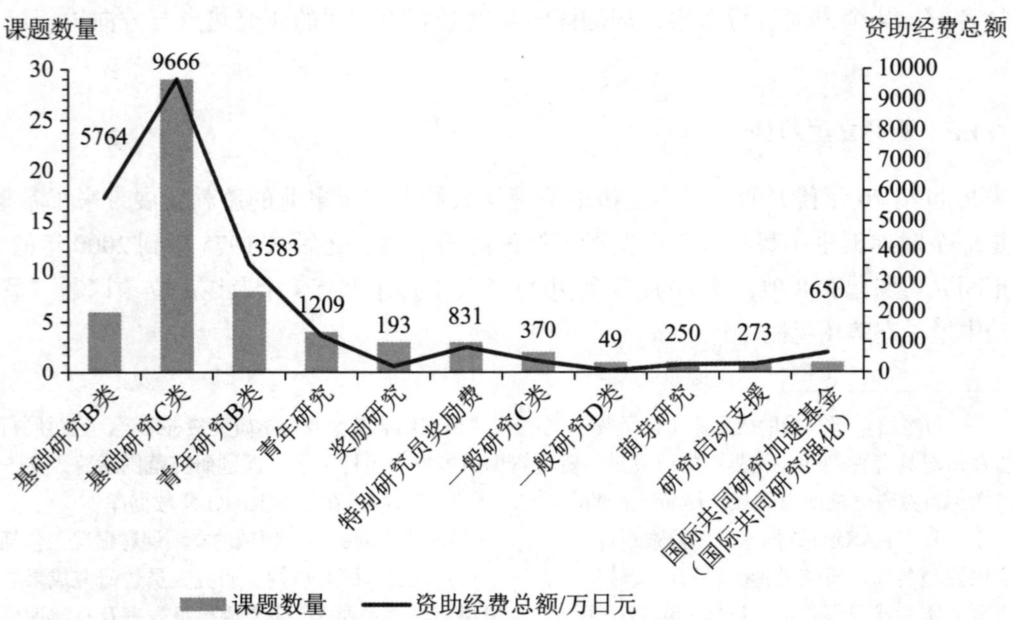

图 2　研究类型与课题数量及科研经费对应关系图表

1.4 研究机构与学者群体

整理样本数据发现，以公共图书馆为立项课题的研究机构有20家，以本科为主，还有几所专科学校。对立项课题为2项以上的机构进行排名（见表1）。其中筑波大学以21项课题居首位，其次是庆应义塾大学（6项）和骏河台大学（5项），东北大学、岐阜大学、专修大学等8所研究机构均有2项。

表1 日本公共图书馆课题立项机构概况

排名	研究机关	立项课题数量
1	筑波大学	21
2	庆应义塾大学	6
3	骏河台大学	5
4	东北大学	2
4	岐阜大学	2
4	专修大学	2
4	东洋大学	2
4	京都橘大学	2
4	同志社大学	2
4	丰田工业高等专门学校	2
4	有明工业高等专门学校	2

梳理排名前三名机构的学科分类发现，它们普遍设置涵盖图书馆学情报管理学、媒体学等相关专业的学科。筑波大学在日本图书学和情报学领域较有名气，其在学科介绍中提到“在信息化社会中，培养支撑情报学科基础的优秀人才是技术立国的重要课题”[2]。庆应义塾大学不仅向图书馆学界输送了大量优秀学者，同时培养了善于运用情报学思考人类与社会各种问题的优秀人才[3]。选择骏河台大学的情报·图书馆学科，既可以在本科课程考核里获得图书管理员资格，还可以学习图书馆情报学和记录整理情报学[4]。

在筑波大学的立项课题里，立项最多的是吉田右子教授，其研究领域主要是图书馆政策与图书馆史学，其研究不仅限于日本图书馆，对美国及北欧诸国的公共图书馆政策理论等方面也有深入研究[5]。庆应义塾大学教授田村俊作的主要研究方向为图书馆情报服务、医疗健康信息服务方面。须贺千绘现为实践女子大学文学部的讲师，擅长英国公共图书馆政策相关研究。通过梳理这些课题负责人的科研历程及学术成果，笔者发现，很多学者不仅在图书馆情报学领域有研究，还会探究其他学科，从多个维度深入挖掘与公共图书馆相关的科研课题。同时这些课题负责人也会作为其他项目的参与者，学习交流各自擅长的研究领域，这促使日本科研费中的课题项目均有大量高质量学术成果产出。

2　日本公共图书馆学立项课题内容焦点述评

科研费中有关公共图书馆立项课题的研究热点主要体现在以下四个方面：公共图书馆经营与管理、公共图书馆的影响力评估、公共图书馆服务体系建设和公共图书馆政策制度与馆史。本部分对立项课题内容进行翻译及分析，以期为我国学者提供公共图书馆研究课题的新思路。

2.1　公共图书馆经营与管理

在全球可持续发展的背景下，公共图书馆同样需要向可持续经营管理模式转变，这也是近几年图书馆学界的研究热点。2016 年日本学者将研究视角聚焦在北欧发达国家的公共图书馆经营模式上。北欧国家受新公共经营理念的影响，创建了政府部门与民间机构混合经营管理模式，该模式被称作直营经营的“北欧模式”。相关的立项课题《公共图书馆直营模式与混合运营的国际比较研究（国际联合研究强化）》则以日本和北欧的公共图书馆为对象进行案例分析，尝试构建混合经营模式，同时揭示了北欧公共图书馆的经营理念、生态系统、经营方法和经营现状，对日本公共图书馆经营模式转型研究具有重要学术意义[6]。

基于以上研究基础，日本学者开始对本国的公共图书馆经营模式转型开展深入研究，概览 2017 年的《以公共图书馆运营相关的居民意见的形成过程作为根基的图书馆协议会研究》和 2023 年的《以“公”和“民”合作视角探索公共图书馆可持续经营管理的基础研究》及同年的《公共图书馆中居民参与协作的情况、典型案例类型及其背景研究》课题，均以地方居民参与公共图书馆经营决策这一服务机制为研究焦点，尝试探究单一“政府管理”模式向多种参与者参与“治理”的多元互补的公共服务模式转变，确保兼备图书馆“利用者”和图书馆运营“主体”双重身份的居民能够公平地参与公共图书馆的经营决策，建立可持续满足居民需求的服务机制[7]。

2.2　公共图书馆的影响力评估

一直以来图书馆的传统服务价值是显而易见的，但随着互联网的高速发展，人们免费获取信息的方式增多，对图书馆的利用方式已经发生了重大改变，图书馆对社会存在的意义及它的影响也在发生变化，如何规范地评估图书馆的影响力成了亟待解决的重点问题。2014 年国际标准化组织发布了 ISO 16439：2014Information and documentation—Methods and procedures for assessing the impact of libraries（《信息与文献—图书馆影响力评估的方法和流程》），提出了一个新的角度来评估图书馆的社会价值、经济价值，并将“影响力”定义为图书馆及其服务对个人和（或）社会产生的影响[8]。

在公共图书馆的影响力评估方面，建立公共图书馆的社会价值、经济价值的评估体系等方面内容也是近些年日本图书馆学界研究的热点之一。其实，日本早在 2009 年就已经出现了有关评估公共图书馆经济价值的立项课题，即由筑波大学池内淳教授发起的《构建评估公共图书馆的经济价值方法的实证研究》。该课题指出在信息环境的巨大变革中，社会开始关注以公共图书馆为研究对象的“成本效益分析”和“投资回报率”的相关研究，探索公共图书馆的评价体系。论证公共图书馆在现阶段的存在意义及其对地方社会的贡献度成为日本当下图书馆学界的研究热点。

2019 年的《公共图书馆成本效益分析的综合研究》课题通过分析公共图书馆提供的服务和设施给当地带来哪些具体的变化，评估它们所带来的经济价值和社会价值，从而求证公共图书馆是不是对社会有益的设施，同时还可以为公共图书馆的设计规划提供基础研究数据[9]。同年立项的《开发评估公共图书馆各种活动的综合指标》则以全国公共图书馆作为研究对象，展开质量数量并重的大规模调查活动，并依据调查结果为日本公共图书馆的各类功能与服务确立基准标准，同时根据图书馆规模、地区经济等实际情况明确相应的基础指标，进而研发出适用于所有公共图书馆的评价体系[10]。2021 年的《确认公共图书馆对人们行为的影响及测量方法》课题以近年来新建图书馆或有大幅度改造的地方城市为研究对象，通过访谈和地区数据分析等方法，建立公共图书馆影响力评价基础模型[11]。

近年来，地方将公共图书馆作为社区的核心设施，也将其作为振兴地方经济、激活城市等城市建设中的重要一环，但公共图书馆究竟能给地方社会带来怎样的价值和影响，还没有标准的测量方法。筑波大学教授池内淳于 2022 年发起了《关于衡量社区公共图书馆的社会价值的实证研究》课题，通过检测城市的社会经济统计数据与公共图书馆之间的相关性，验证其是否存在因果关系，明确图书馆所在地区的地价和人口动态情况，并在全国实施网络问卷调查，以使用图书馆和不使用的人员为调研对象，考量他们在公共图书馆中汲取的价值，构建测量公共图书馆对地方社会的价值和影响的评估体系，并做实证分析[12]。

2.3 公共图书馆服务体系建设

公共图书馆如何不断地提升服务水平，更好地为社会群体服务，也是日本图书馆学界一直在探索的课题。相关的课题主要集中在认知障碍人群的服务建设、公共图书馆的资源利用与开发、公共图书馆使用者的情报检索行为分析这三个方面。

2.3.1 面向智力障碍与认知障碍人群的服务

2016 年《关于消除以身体残障为由歧视的法律》(简称《残障人士歧视消除法》)在日本颁布实施，提出包括图书馆在内的行政机关有义务为身体障碍人士提供合理的服务。然而智力障碍人士可利用的馆藏资料及为其提供的阅读服务非常匮乏，导致这种现状的主要原因是智力障碍群体很难将需求准确传达给对方，导致图书馆方不知道如何提供服务[13]。对此，大和大学保健医疗学部教授藤泽和子在 2016 年发起课题《关于公共图书馆为智力障碍人士提供合理服务的研究》，通过对当事人及其家庭的调查，揭示智力障碍人士使用公共图书馆的实际情况和需求，并提出合理的服务模式与解决方案[14]。2021 年《开发针对认知障碍人士的“公共图书馆环境评价指南”》课题指出，在公共图书馆里几乎找不到能让认知障碍人士方便使用的设施，也没有发现阻碍认知障碍人士使用的环境，该研究旨在制定公共图书馆环境评估指南，帮助打造认知障碍人士能够轻松使用的服务环境[15]。2023年课题《对患有认识障碍及痴呆症老年人在公共图书馆查找资料的认识行为特点提供理解与支援》则是以患有认知障碍的老年人为研究对象，明确其查找资料的特点及引起困难的原因，并探讨解决这些困难的通用服务模式，帮助这些老人能够轻松使用公共图书馆资料来学习[16]。

2.3.2 公共图书馆的资源利用与开发

梳理关于公共图书馆资源利用与开发方面的课题，笔者发现，日本学者的研究热点主要集中在调研城市与地方的公共图书馆资源利用情况和公共图书馆情报资源的整合开发。2018年的《城市和地方的公共图书馆资源差距及其发展趋势研究》课题指出，现在的公共图书馆除了阅览与借阅等传统业务，还被期待承担多元文化信息的传播与“第三空间”功能等新的使命。为了探讨城市与地方公共图书馆在新功能方面的差异，该研究有针对地做了问卷调查，研究发现如今的公共图书馆正在加速开展新功能、新角色的建设，但公共图书馆资源的利用情况可能因与其使用者的身份和到馆目的不同而产生差异[17]。2022年《关于公共图书馆“资源”与“利用”的区域差异的实证研究》，该课题则以日本国民为调研对象，查明公共图书馆“资源”与“利用”区域差异的真实情况，探讨公共图书馆资源的区域阶层差距[18]。除了以上研究，还有课题涉及公众对公共图书馆电子书服务的潜在需求、经济价值的衡量、公共图书馆地方情报资源整合传承以及帮助护士利用网络情报资源获取学术信息知识，利用公共图书馆服务提升护士学术素养等方面的研究课题。

2.3.3 公共图书馆使用者的情报检索行为分析

日本学者发现有关公共图书馆使用者的情报检索及利用情况的相关研究较为匮乏，为了明确这些用户是如何利用图书馆提供的各种服务和检索来获取自己所需信息的，2005年到2014年间共有4项相关课题被发起:《公共图书馆利用者的情报检索行为》（2005年）、《利用信息定位系统对公共图书馆利用者的情报检索行为进行质的分析》（2008年）、《利用信息定位系统对公共图书馆利用者的情报检索行为的倾向与起因进行分析》（2011年）及《对公共图书馆里有检索习惯用户的馆内行为做数据收集与分析方法探究》（2014年），其中不乏利用信息定位系统对用户情报检索行为的调查，包括用户移动路径、在每个场所的停留时间、检索不同类型不同主题内容需要的时间等用户行为，进而明确该研究手段的特点及在图书馆普遍适用的可能性。

2.4 公共图书馆政策制度与馆史

日本学者非常重视对西方先进国家尤其美国、英国及北欧国家的公共图书馆的研究，尤其偏向对图书馆发展史、公共图书馆理念与政策制度、经营管理变革等方面进行探索，从先进国家公共图书馆的改革中汲取能够应用于日本图书馆发展的成功经验，以期应对时代变革的需求。梳理与之相关的课题有《从参与者之间的关系看英国公共图书馆政策的制定与执行过程》（2006年）、《福利国家重组时期英国的公共图书馆政策》

（2010 年）、《英国公共图书馆政策的结构性变化：以利益团体及参与者为中心》（2013 年）、《以社会公正为核心的公共图书馆理论体系重构》（2017 年）、《重新确立作为文化保障的公共图书馆制度》（2020 年）、《战后西德公共图书馆“非纳粹化、民主化”的真相，其制度、理念与实践的比较分析》（2023 年）。

本文以日本科研费 KAKEN 数据库中的立项课题为基础，对公共图书馆相关立项课题的整体情况及研究热点方向进行系统的探讨分析。研究表明，2001 年以后基本每年都有 1 个以上的立项课题且课题数量呈现稳步增长态势，立项数量最多的是基础研究类型，其科研费用的投入比例最高。相关课题主要集中在以筑波大学、庆应义塾大学、骏河台大学三所研究机构为主的科研学术圈，有些课题负责人不仅在图书馆情报学相关领域有研究，还会联合其他领域的学者探究不同的学科，从多个维度深入挖掘与公共图书馆相关的课题，共同促使日本科研费大量高质量学术成果产出，课题热点主要集中于“公共图书馆经营与管理”“公共图书馆的影响力评估”“公共图书馆服务体系建设”“公共图书馆政策制度与馆史”这四个研究方向。在数智时代冲击下，我国学者为图书馆事业健康发展也做了诸多研究，通过梳理 2010—2021 年图书馆、情报与文献学类国家社科基金项目的热点发现“数字环境导向下的图书馆研究”“图书馆服务模式的精进研究”“公共图书馆与高校图书馆的分类别研究”“图书馆治理及效果评估研究”“农村地区的图书馆研究”是近年来图书馆领域的研究热点[19]。而日本学者更加关注西方先进国家的图书馆业界动态，譬如政策制度的变革、最新的科研成果、先进图书馆理论思想等。同时他们在整个社会可持续发展理念的影响下，力求探索当下及未来图书馆的存在意义及经营发展模式，其相关学术成果在国际上也具备一定影响力，引领了世界图书馆标准化及未来发展的趋势。通过研究日本在公共图书馆方面的立项课题，可以为我国图书馆学领域提供前沿的科研视角及他者视阈下的研究性资料，对我国图书馆业务发展与改革研究具有重大意义。

参考文献

［1］研究种目概要［EB/OL］.［2024-03-22］. https://www.jsps.go.jp/j-grantsinaid/01_seido/01_shumoku/index. html.

［2］筑波大学情报学群［EB/OL］.［2024-03-22］. https://www.tsukuba.ac.jp/education/organization-ug-list-0160.

［3］文学部について. 文学部案内［EB/OL］.［2024-03-22］. https://www.flet.keio.ac.jp/guide/bungakubuannai_2023.pdf.

［4］メディア情報学部コース紹介［EB/OL］.［2024-03-22］. https://www.surugadai.ac.jp/faculty/media/course. html#course-03.

［5］図書館情報メディア系. 教員紹介［EB/OL］.［2024-03-22］. https://www.slis.tsukuba.ac.jp/grad/research/staff_j.

［6］公共図書館の直営経営とハイブリディゼーションの国際比較研究（国際共同研究強化）［EB/

OL］.［2024-04-03］. https://kaken.nii.ac.jp/ja/grant/KAKENHI-PROJECT-16KK0072.
［7］公と民の協働による持続可能な公共図書館経営の基礎的研究［EB/OL］.［2024-03-30］. https://kaken.nii.ac.jp/ja/grant/KAKENHI-PROJECT-23K17163.
［8］Information and documentation-Methods and procedures for assessing the impact of libraries：ISO 16439：2014［S/OL］.［2024-03-30］. http://www.zbgb.org/74/StandardDetail2490044.htm.
［9］公共図書館における費用便益分析の総合的研究［EB/OL］.［2024-04-02］. https://kaken.nii.ac.jp/ja/grant/KAKENHI-PROJECT-19K12696.
［10］公共図書館の多様な活動を評価する統合的指標の開発［EB/OL］.［2024-04-02］. https://kaken.nii.ac.jp/ja/grant/KAKENHI-PROJECT-19H04428.
［11］公共図書館が人々の行動に与える影響の特定とその測定手法の確立［EB/OL］.［2024-04-02］. https://kaken.nii.ac.jp/ja/grant/KAKENHI-PROJECT-21K12599.
［12］コミュニティにおける公共図書館の社会的価値の測定に関する実証的研究［EB/OL］.［2024-04-02］. https://kaken.nii.ac.jp/ja/grant/KAKENHI-PROJECT-22K12731.
［13］藤澤和子. 公共図書館でできる知的障害者への合理的配慮［M］. 東京：樹村房株式会社，2009：31.
［14］2018 年度研究成果報告書［EB/OL］.［2024-04-03］. https://kaken.nii.ac.jp/ja/file/KAKENHI-PROJECT-16K00453/16K00453seika.pdf.
［15］認知症者の利用を想定した「公共図書館の環境評価指針」の開発［EB/OL］.［2024-04-03］. https://kaken.nii.ac.jp/ja/grant/KAKENHI-PROJECT-21K01961.
［16］認知障害・認知症高齢者の公共図書館での資料探索における認知行動特性の理解と支援［EB/OL］.［2024-04-03］. https://kaken.nii.ac.jp/ja/grant/KAKENHI-PROJECT-23K17162.
［17］「都市」と「地方」における公共図書館の資源格差とその推移に関する研究［EB/OL］.［2024-04-03］. https://kaken.nii.ac.jp/ja/grant/KAKENHI-PROJECT-18K02412.
［18］公共図書館の「資源」と「利用」をめぐる地域間格差に関する実証的研究［EB/OL］.［2024-04-03］. https://kaken.nii.ac.jp/ja/grant/KAKENHI-PROJECT-22K02363.
［19］贾文龙. 我国图书馆领域的热点议题及趋势前瞻研究——基于 2010—2021 年国家社会科学基金项目的统计分析［J］. 西南民族大学学报（人文社会科学版），2023（3）：233-240.

公共图书馆提升公共文化服务质量的路径分析

——基于公共文化服务体系国家级政策文本的研究

王　雅（典藏阅览部）

我国经济社会发展已经跨入新的历史阶段。随着物质生活水平的不断提升，社会公众对精神文化生活也产生了更高层次的需求。为推动相关公共文化服务机构的协同发展和服务质量的提升，党中央将公共文化服务体系建设列为文化领域的重点工作内容。作为重要的公共文化服务机构，公共图书馆需要进一步提升服务质量，为公共文化服务体系建设贡献力量。

1　公共文化服务体系政策沿革

2005 年 10 月，党的十六届五中全会首次提出“公共文化服务体系”这一表述[1]。此后的 15 年间，国家相继出台多项政策（见表 1），为构建公共文化服务体系指明了方向。自此，公共文化服务体系的内涵不断深化，思路逐步明确。

表 1　构建公共文化服务体系相关政策

政策名称	发布机构	发布年份 / 年
关于加强公共文化服务体系建设的若干意见	中共中央办公厅、国务院办公厅	2007
文化部“十二五”时期公共文化服务体系建设实施纲要	文化部	2013
关于加快构建现代公共文化服务体系的意见	中共中央办公厅、国务院办公厅	2015
中华人民共和国公共文化服务保障法	中华人民共和国主席令	2016
“十四五”公共文化服务体系建设规划	文化和旅游部	2021

2007 年 8 月，中央发布了旨在筹建公共文化服务体系的第一份正式文件。文件明确了公共文化服务体系建设的指导思想和目标任务，并就重点工程、运行机制和组织领导等方面做出详细阐述。2016 年 12 月通过的《中华人民共和国公共文化服务保障法》对公共文化服务的内涵和权利义务关系做出了明确界定。在上述政策推动下，我国公共文化服务体系不断丰富和完善，进而人民群众的文化权益也得到了根本性保障[2]。

2 公共图书馆参与公共文化服务体系的政策调研

在政策调研过程中，笔者尝试对2005—2023年来国家级政策文件中提及公共图书馆的相关表述进行整理归纳，以期为公共图书馆提高公共文化服务质量提供参考和指引。

2.1 政策概述

政策调研使用的检索工具为国家图书馆馆藏北大法宝数据库[3]。作为综合性政策类数据库，“北大法宝”收录广泛，内容齐全，更新速度快，资源涵盖法律法规、中央规定、部门团体规章等多种政策类型，可以保证政策收录的全面和及时。调研采用“公共图书馆”“国家图书馆”“国家数字图书馆”等关键词进行全文检索，检索范围限定在“中央法规”，时间范围为2005年至2023年。筛选政策时剔除公告类、活动通知类和已经失效的政策；经过多次修正的法律只保留最新版本。除政策数据库外，笔者还利用标准数据库[4]和文旅部官方网站[5]等资源进行补充和查漏，以期完整呈现相关政策。

经过查重和筛选，共收录政策文件161份，包括法律9份、行政法规41份、部门规章54份、党内法规制度40份、团体规定12份、标准5份。

2.2 政策特征

下面对政策的年份、发布者和类型等特征进行数据分析。

2.2.1 政策的年份特征

从历年变化趋势来看，政策数量呈现波动式增长（见图1）。笔者认为，这和我国五年规划的制定有关。在五年规划的开局之年，政府出台的专项政策较多，致使政策数量呈现突发式增长，之后每年出台政策的数量会逐步下降。按照此规律，基本每隔5年会出现一次波峰。如2012年，《文化部“十二五”时期文化改革发展规划》和《国家基本公共服务体系“十二五”规划》出台；2016年，《中华人民共和国公共文化服务保障法》《“十三五”加快残疾人小康进程规划纲要》等多项政策密集出台。

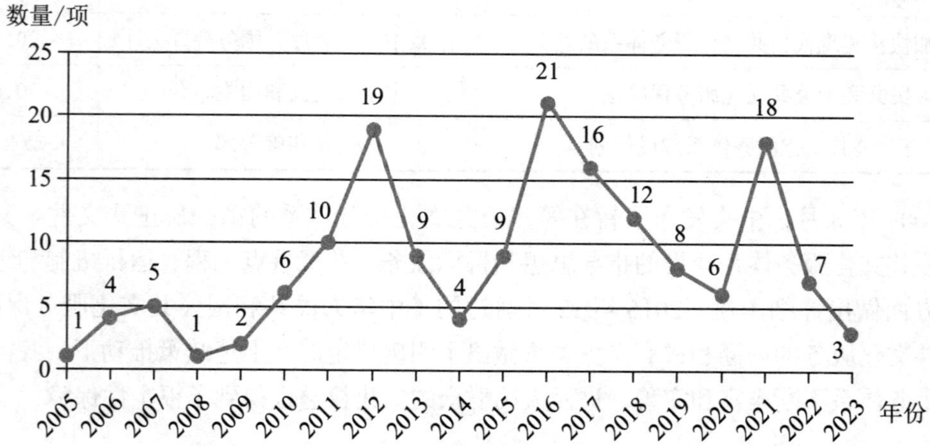

图1 政策数量的年份分布

2.2.2 政策的发布者特征

从政策发布者的数量来看（见图 2），发布者为单一部门的政策数量为 95 份，占比约为 59%；两部门的政策为 40 份，占比约为 24.85%；三个及以上部门的政策为 26 份，占比 16.15%。这表明，在政策制定过程中，政府各级机关的联动性还有待加强。未来公共图书馆提升服务质量，需要更多相关部门的支持和配合，以强化资源利用和整合力度。

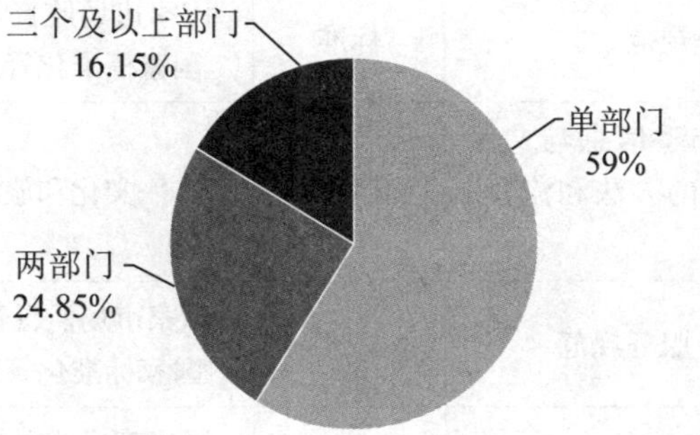

图 2 政策发布的部门数统计

2.2.3 政策的类型特征

从政策的类型来看，针对公共图书馆领域的专项政策共 17 份，占比仅 1 成左右；而不是针对公共图书馆领域的专项政策，仅在政策条文中提到公共图书馆的政策共 144 份，占比近 9 成。这表明，就公共图书馆而言，如何进一步做好公共文化服务尚缺乏政策的明确指引。政府需要加强专项政策的制定和落实，从而为公共图书馆提供更好的制度保障。

3 公共图书馆参与公共文化服务体系的政策内容述评

由于相关政策所涉及的内容较多，限于篇幅，本文仅选取一些能够指引公共图书馆服务高质量发展的政策，择其要点进行概括，略去诸如场馆建设、基础设施配备、免费开放等基础性服务内容。

3.1 明确公共文化服务标准

明确服务标准是公共图书馆提供高质量服务的前提。为此，国家曾下发多项政策文件，对公共服务的标准进行细化和规范（见表 2）。

表 2 公共图书馆服务标准相关文件

政策标题	政策级别	发布部门	发布年份 / 年
文化部关于做好《公共图书馆服务规范》宣传贯彻工作的通知	部门规章	文化部	2012

续表

政策标题	政策级别	发布部门	发布年份 / 年
国务院办公厅关于印发国家标准化体系建设发展规划（2016—2020年）的通知	行政法规	国务院	2015
图书馆视障人士服务规范	标准	国家市场监督管理总局、国家标准化管理委员会	2018
公共图书馆少年儿童服务规范	标准	国家市场监督管理总局、国家标准化管理委员会	2018
文化和旅游部关于发布《信息与文献 公共图书馆影响力评估的方法和流程》等7项行业标准的公告	部门规章	文化和旅游部	2019
公共图书馆读写障碍人士服务规范	标准	国家市场监督管理总局、国家标准化管理委员会	2020
公共图书馆听障人士服务规范	标准	国家市场监督管理总局、国家标准化管理委员会	2021
文化和旅游部公共服务司关于贯彻落实《国家基本公共服务标准（2021年版）》的通知	部门规章	文化和旅游部公共服务司	2021
公共图书馆服务规范	标准	国家市场监督管理总局、国家标准化管理委员会	2023

为提升服务效能，《公共图书馆服务规范》从文献加工时间、服务响应时间等方面对公共图书馆各项服务规范予以细化[6]。2018年以来，国家针对特定人群，如少年儿童、残障人士相继制定了相应的服务规范，以保障基本公共服务均等化。

3.2 关照特殊群体需求

在本次政策梳理过程中，笔者发现有近3成的政策都强调公共图书馆应关照到残疾人、老年人和少年儿童读者的特殊需求。

3.2.1 残疾人读者服务

政策显示，为照顾残疾人的特殊需要，公共图书馆需要在设立专属阅读空间、提供无障碍和差异化服务等方面优化服务内容。《无障碍环境建设条例》（2012年）等政策强调公共图书馆应对残疾人免费开放，开设残疾人阅览室，并提供适宜盲人阅读的读物和视听设备等[7]。《残疾人文化体育工作“十三五”实施方案》（2016年）提出，公共图书馆需要面向残疾人提供无障碍服务[8]；《“十四五”提升残疾人文化服务能力实施方案》（2021年）进一步提出，要针对残疾读者群体开展形式多样的个性化和差异化服务[9]。

3.2.2 老年读者服务

近年来，国家要求公共图书馆加大对老年人阅读的书籍等文献资料的保障力度。《关于制定和实施老年人照顾服务项目的意见》（2017 年）强调，公共图书馆应开设老年读者阅读服务专区，并提供大字阅读设备和触屏阅读系统[10]。2020 年，为帮助老年人克服使用智能技术时的困难，文化和旅游部办公厅、国家文物局办公室下发通知，规定公共图书馆应保留传统的人工窗口和电话专线，以方便老年人进行现场预约和电话预约[11]。

3.2.3 少年儿童读者服务

从建设儿童图书馆、拓展儿童阅读空间，到少儿文献馆藏资源的优化和阅读推广活动的丰富，政策的沿革表明，政府对公共图书馆少年儿童服务的标准也是逐步细化和完善的。2010 年，文化部下发专项工作意见，指导各地公共图书馆做好少年儿童图书馆的筹建和规划[12]。随后，《关于利用文化和旅游资源、文物资源提升青少年精神素养的通知》（2022 年）等文件进一步要求，公共图书馆需要做好少年儿童馆藏的优化开发，通过教育文化专架展示和阅读推广活动等方式，为少年儿童读者提供丰富的精神养料[13]。

3.3 拓展公共文化服务功能

除了提供基本的文献保障和阅读服务外，公共图书馆还需要承担古籍修复保护、社会教育、信息服务保障等更多的责任和使命。这也可以从笔者梳理政策的结果中得到印证。

3.3.1 古籍保护和整理服务

2007 年发布的《关于进一步加强古籍保护工作的意见》对公共图书馆如何做好古籍保护工作进行了部署，并由此启动了中华古籍保护计划[14]。2011 年发布的《关于进一步加强古籍保护工作的通知》要求全面推进古籍普查登记工作[15]。2017 年发布的《“十三五”时期全国公共图书馆事业发展规划》提出，“公共图书馆应充分利用馆藏资源，推进传统文献典籍的整理利用以及文化创意产品的开发。”[16] 2021 年发布的《“十四五”公共文化服务体系建设规划》进一步提出，“加强古籍保护数字化建设，促进古籍数字资源便捷使用和开放共享和古籍保护成果整理出版，加强古籍再生性保护和揭示利用”[17]。

3.3.2 社会教育服务

公共图书馆服务能力的提升还表现在公众的社会教育服务方面，包括青少年思想道德教育、科普教育、主题教育等。《中华人民共和国公共文化服务保障法》提出要充分发挥公共文化服务的社会教育功能，以提升青少年的思想道德和科学文化素质[18]。《文化部关于在公共文化机构深入开展学雷锋活动的通知》提出，公共图书馆应充分利用馆藏图书，通过设立雷锋图书专架、举办专题讲座等形式，面向青少年开展雷锋精神教育辅导活动[19]。

3.3.3 信息咨询服务

为深化公共图书馆的信息服务能力，国家相继出台旨在提升参考咨询、立法决策咨询服务的若干专项政策。《全国公共图书馆事业发展“十二五”规划》（2013 年）提出，“要积极开展决策咨询服务，从整体上提高各级图书馆为立法决策服务的水平”[20]。《“十三五”时期全国公共图书馆事业发展规划》（2017 年）要求公共图书馆以文献检索查证、课题研究和信息报送等方式，为政府决策、科学研究和大众创业创新提供信息咨询服务[21]。

3.4 提升数字文化服务效能

为提升公共图书馆的数字文化服务效能，自 2006 年以来，国家相关政策密集出台。《国家“十一五”时期文化发展规划纲要》（2006 年）提出，要在国家数字图书馆带领下，通过大容量数字化文化资源库建设，实现大中城市公共图书馆联网[22]。2007 年，《关于进一步推进全国文化信息资源共享工程的实施意见》《关于加强公共文化服务体系建设的若干意见》等政策文件，均提出加快推进全国文化信息资源共享工程，以实现文化信息资源的共享[23-24]。

为进一步推动数字文化建设，《关于实施“数字图书馆推广工程”的通知》（2011 年）和《文化部关于加快实施数字图书馆推广工程的意见》（2012 年）决定于“十二五”期间在全国实施数字图书馆推广工程，从而进一步加强资源共享，全面提升各级公共图书馆的信息服务能力[25-26]。《“公共电子阅览室建设计划”实施方案》（2012 年）决定于“十二五”期间在全国实施“公共电子阅览室建设计划”，为广大人民群众特别是未成年人提供公益性上网场所[27]。《文化部“十二五”时期文化改革发展规划》提出以技术手段整合国家数字图书馆与全国各级公共图书馆数字资源，搭建满足不同需求的全媒体数字图书馆服务平台[28]。

近年来，随着数字和网络技术的迅猛发展，数字文化服务水平有待进一步加强。为此，《“十四五”文化和旅游发展规划》（2021 年）提出，要统筹推进智慧图书馆、公共文化云服务体系建设，推动公共文化服务走上“云端”、进入“指尖”[29]。《关于推进实施国家文化数字化战略的意见》（2022 年）提出，要统筹推进国家文化大数据体系，增强公共文化数字内容的供给能力，提升公共文化服务数字化水平[30]。

3.5 推动文化志愿服务创新发展

在公共图书馆领域，国家相继出台多项政策以推动文化志愿服务创新发展。《文化志愿服务管理办法》（2016 年）将“在公共图书馆开展公益性文化服务”列入文化志愿服务的范围[31]，其中，文化志愿者是文化志愿服务的骨干力量。《关于广泛开展基层文化志愿服务活动的意见》（2012 年）等多项文件要求公共图书馆带领文化志愿者做好馆藏文献的日常借阅管理和文献咨询导读工作[32]。此外，社会组织也可以在文化志愿服务创新发展过程中发挥重要价值，考虑到这一点，《“十四五”文化和旅游发展规划》的通知（2021 年）提出，要培育出具有较高服务水平的文化类社会组织，以提升社会力量参与提供公共文化服务的水平[33]。

3.6 统筹城乡区域公共文化服务资源

近年来，为统筹公共文化服务资源均衡发展，总分馆制建设在各级图书馆逐步铺开。《关于推进县级文化馆图书馆总分馆制建设的指导意见》（2016 年）正式提出，要把总分馆制建设纳入现代公共文化服务体系[34]。随后，《关于支持河北雄安新区全面深化改革和扩大开放的指导意见》（2019 年）、《“十四五”文化和旅游发展规划》（2021 年）、《“十四五”文化发展规划》（2022 年）等文件均将加强公共图书馆总分馆制建设作为统筹城乡区域公共文化服务资源的政策重点[35-37]。

4 公共图书馆提升公共文化服务质量的路径

政策的沿革表明，随着国家经济社会发展进入新的历史阶段，公共图书馆需要在公共文化服务体系框架下对服务内容进行深化和拓展，以进一步提升服务质量。为此，可尝试从以下方面进行探索。

4.1 加快构建服务标准体系建设

随着公共文化服务体系的深化落实，从场馆建设、消除阅读门槛，到针对特殊群体设计不同服务规程，公共图书馆正不断走向规范化和标准化。未来公共图书馆需要继续深化探索加强流动文化设施、数字文化设施和公共数字文化服务网络设施的标准制定，以满足公众对更高层次公共阅读服务的需要。

4.2 推动公共图书馆向“以人为中心”转型

近年来，随着“以人为本”发展理念的贯彻，国家要求公共图书馆精准对接读者需求，提升公众服务体验。《“十四五”公共文化服务体系建设规划》（2021 年）提出，要推动公共图书馆向“以人为中心”转型[38]。有学者表示，建设“以人为中心的图书馆”，应植根人民需求，提供多样化、专业化的服务，并以培养具有自主阅读能力的人为最终目标[39]。

一方面，公共图书馆应继续探索和尝试构建针对社会各界不同群体的服务对策，进一步降低门槛和减少限制，提升资源的可获取性。另一方面，通过深入挖掘馆藏内容、有针对性地开展多层次、多维度的定制化信息服务，为不同人群搭建个性化阅读平台。

4.3 提升服务专业化水平，促进服务转型升级

公共图书馆需要在保证基本服务质量的基础上，以智慧图书馆发展为契机，突破业务瓶颈，创新服务方式，进一步提升服务的专业化水平。一是深化拓展全民阅读服务，充分利用新媒体和社会力量，挖掘各类社会公众的阅读需求并分析其阅读习惯。二是充分发挥公共图书馆的社会教育功能，开展主题教育，通过主题书架展示、特藏文献和专

藏文献的整理和揭示等形式丰富教育内容。三是深耕专业化服务品牌，如学者论坛、古籍保护成果展示、数字参考咨询服务等。四是利用现代数字信息技术整合文献资源，优化服务链条。

4.4 加强与社会各界的协作，推动资源利用和共享

社会力量不仅是近现代图书馆事业发展的原动力[40]，也是当代构建公共图书馆服务体系的重要推动力量。为拓展公共图书馆的服务网络，近年来各地都在进行总分馆服务探索。2023 年，新版《公共图书馆规范》从城市、省级、市级和县级公共图书馆四个层面，对公共图书馆总分馆服务模式做出明确界定[41]。公共图书馆应发挥好引领作用，积极汲取各地在建设分馆方面的成功经验，促进各区域各级分馆的协同服务，拓展公共图书馆业务合作网络。

除拓展分馆服务网络之外，公共图书馆还可在以下方面做出尝试：一是开展馆际合作，整合各类资源，对接不同地区图书馆需求，推动馆藏资源的共建共享和文献通借通还；二是深化与学界、出版界合作，加强古籍等珍贵文献的整理保护；三是发挥青年志愿者的优势，促进文化志愿服务创新发展。

参考文献

[1] 申晓娟. 面向公共图书馆服务体系建设的图书馆事业政策研究［D］. 武汉：武汉大学，2013.

[2] 赵军义，李少惠. 从公共文化服务到公共文化治理［J］. 图书馆杂志，2022（9）：4-11.

[3] 国家图书馆北大法宝数据库［EB/OL］.［2023-06-15］. https://www.pkulaw.com/.

[4] 全国标准信息公共服务平台［EB/OL］.［2023-08-30］. https://std.samr.gov.cn/.

[5] 中华人民共和国文化和旅游部网站［EB/OL］.［2023-09-01］. https://www.mct.gov.cn/.

[6] 公共图书馆服务规范［EB/OL］.［2023-08-30］. https://openstd.samr.gov.cn/bzgk/gb/newGbInfo?hcno=17FAE54755356FAB55CFB32BDD07C3AD.

[7] 无障碍环境建设条例［EB/OL］.［2023-08-30］. https://flk.npc.gov.cn/detail2. html?ZmY4MDgwODE2ZjNjYmIzYzAxNmY0MTExNGY2MzE0ZTg.

[8] 中国残联、文化部、国家新闻出版广电总局、国家体育总局关于印发残疾人文化体育工作“十三五”实施方案的通知［EB/OL］.［2023-08-30］. https://www.yueyang.gov.cn/yycl/59162/59170/content_1676215. html.

[9] 关于印发《“十四五”提升残疾人文化服务能力实施方案》的通知［EB/OL］.［2023-08-30］. https://www.cdpf.org.cn/zwgk/zcwj/a2742491d03d4edbbf0493799661be61.htm.

[10] 国务院办公厅关于制定和实施老年人照顾服务项目的意见［EB/OL］.［2023-08-30］. https://www.gov.cn/zhengce/zhengceku/2017-06/16/content_5203088.htm.

[11] 文化和旅游部办公厅、国家文物局办公室关于落实《关于切实解决老年人运用智能技术困难的实施方案》的通知［EB/OL］.［2023-08-30］. https://zwgk.mct.gov.cn/zfxxgkml/ggfw/202012/t20201223_920079. html.

[12] 文化部关于进一步加强少年儿童图书馆建设工作的意见［EB/OL］.［2023-08-30］. https://zwgk.mct.gov.cn/zfxxgkml/zcfg/gfxwj/202012/t20201204_906181. html.

[13] 文化和旅游部办公厅教育部办公厅国家文物局办公室关于利用文化和旅游资源、文物资源提升青少年精神素养的通知［EB/OL］.［2023-08-30］. https://zwgk.mct.gov.cn/zfxxgkml/ggfw/202202/t20220221_931127. html.pdf.

[14-15] 国务院办公厅关于进一步加强古籍保护工作的意见［EB/OL］.［2023-08-30］. https://www.gov.cn/gongbao/content/2007/content_549033.htm.

[16][21] 文化部关于印发《"十三五"时期全国公共图书馆事业发展规划》的通知［EB/OL］.［2023-08-30］. https://zwgk.mct.gov.cn/zfxxgkml/ghjh/202012/t20201204_906375. html.

[17][38] 文化和旅游部关于印发《"十四五"公共文化服务体系建设规划》的通知［EB/OL］.［2023-08-30］. https://zwgk.mct.gov.cn/zfxxgkml/ggfw/202106/t20210623_925879. html.

[18] 中华人民共和国公共文化服务保障法［EB/OL］.［2023-08-30］. http://www.npc.gov.cn/npc/c2/c12435/201905/t20190521_274710. html.

[19] 文化部关于在公共文化机构深入开展学雷锋活动的通知［EB/OL］.［2023-09-01］. https://zwgk.mct.gov.cn/zfxxgkml/ggfw/202012/t20201205_916554. html.

[20] 文化部关于印发《全国公共图书馆事业发展"十二五"规划》的通知［EB/OL］.［2023-09-01］. https://zwgk.mct.gov.cn/zfxxgkml/ghjh/202012/t20201204_906369. html.

[22] 国家"十一五"时期文化发展规划纲要［EB/OL］.［2023-09-01］. https://www.gov.cn/jrzg/2006-09/13/content_388046.htm.

[23] 文化部、财政部关于进一步推进全国文化信息资源共享工程的实施意见［EB/OL］.［2023-09-01］. https://zwgk.mct.gov.cn/zfxxgkml/zcfg/gfxwj/202012/t20201204_906111. html.

[24] 中共中央办公厅、国务院办公厅关于加强公共文化服务体系建设的若干意见［EB/OL］.［2023-09-01］. https://www.dxzc.gov.cn/jc_dxq/365/385/content_48941. html.

[25] 文化部、财政部关于实施"数字图书馆推广工程"的通知［EB/OL］.［2023-09-01］. http://www.fzlj.gov.cn/xjwz/ztzl/tsfw/zwgk_29367/ghjh_29369/201703/t20170316_1112903.htm.

[26] 文化部关于加快实施数字图书馆推广工程的意见［EB/OL］.［2023-09-01］. http://www.lzlib.com.cn/gongxianggongcheng/shuzitushuguantuiguanggongcheng/zhengcefagui/lzlib_567. html.

[27] 文化部、财政部关于印发《"公共电子阅览室建设计划"实施方案》的通知［EB/OL］.［2023-09-01］. https://zwgk.mct.gov.cn/zfxxgkml/ggfw/202012/t20201205_916550. html.

[28] 文化部"十二五"时期文化改革发展规划［EB/OL］.［2023-09-01］. https://www.chinanews.com.cn/cul/2012/05-10/3879721.shtml.

[29][33][36] 文化和旅游部关于印发《"十四五"文化和旅游发展规划》的通知［EB/OL］.［2023-09-01］. https://zwgk.mct.gov.cn/zfxxgkml/ghjh/202106/t20210602_924956. html.

[30] 中共中央办公厅、国务院办公厅印发《关于推进实施国家文化数字化战略的意见》［EB/OL］.［2023-09-01］. https://www.gov.cn/zhengce/2022-05/22/content_5691759.htm.

[31] 文化部关于印发《文化志愿服务管理办法》的通知［EB/OL］.［2023-09-01］. https://zwgk.mct.gov.cn/zfxxgkml/zcfg/gfxwj/202012/t20201204_906303. html.

[32] 文化部、中央文明办关于广泛开展基层文化志愿服务活动的意见［EB/OL］.［2023-09-01］. https://zwgk.mct.gov.cn/zfxxgkml/ggfw/202012/t20201206_918834. html.

[34] 文化部、新闻出版广电总局、体育总局、发展改革委、财政部关于印发《关于推进县级文化馆图书馆总分馆制建设的指导意见》的通知［EB/OL］.［2023-09-01］. https://zwgk.mct.gov.cn/

zfxxgkml/zcfg/gfxwj/202012/t20201204_906310. html.
[35] 中共中央、国务院关于支持河北雄安新区全面深化改革和扩大开放的指导意见 [EB/OL]. [2023-09-01]. https://www.gov.cn/zhengce/202203/content_3635366.htm.
[37] 中共中央办公厅、国务院办公厅印发《"十四五"文化发展规划》[EB/OL]. [2023-09-01]. https://www.gov.cn/gongbao/content/2022/content_5707278.htm.
[39] 方家忠. 建设"以人为中心"的图书馆——读者任梦与深圳"图书馆之城"双向奔赴故事的启示 [J]. 图书馆论坛，2022（12）：14-16.
[40] 王子舟. 社会力量是近现代图书馆事业发展的原动力 [J]. 图书馆论坛，2009（6）：42-46，57.
[41] 张文彦，许宏轩.2011 年与 2023 年版《公共图书馆服务规范》比较分析 [J]. 图书馆理论与实践，2024（3）：20-25.

金敏甫的图书馆生涯、著述与贡献论略

杨　志（典藏阅览部）

金敏甫（1907—1968），原名为金善培，字敏甫[1]，因学术研究经常用字作为署名，而常被后人以“金敏甫”这一字号称呼，他的本名“金善培”却常被看成字。他出生于江苏省青浦县（今属上海市），是民国时期重要的图书馆学学者。

1　金敏甫的图书馆生涯

1.1　上海国民大学求学生涯

1925年8月22日，上海国民大学（简称“国大”）成立之初，即设立图书馆学系[2]。金敏甫从江苏省省立第二师范学校毕业后[3]，便投考国大图书馆学系。当时，国大的创办发起人之一杜定友[4]出任该校图书馆学系系主任[5]，国大文科国学系主任胡朴安[6]担任图书馆学系教授[7]，孙心磐、陈伯逵二人担任助教[8]。此外，国大图书馆学系还会聘请校外知名的图书馆学专家沈祖荣、刘衡如、李小缘、洪有丰等人来校授课或演讲[9]。该校图书馆学系课程设置也是相当丰富，开放有图书馆学概论、图书馆学原理[10]、图书分类法、图书编目法[11]、图书馆实习、图书目录学等课程[12]。虽然由于经费原因，国大图书馆仅有不到两千册藏书[13]，但图书馆学[14]、图书馆行政学、图书馆管理学[15]、图书馆建筑与设备、特殊图书馆等图书馆学相关文献的馆藏数量相当可观[16]，其中还有金敏甫寄存的《图书馆学》、《图书馆学讲义》[17]和《儿童图书馆之研究》[18]。金敏甫在这良好的求学环境下，学习和吸收大量图书馆学理论相关知识，获得了实际经验，这些也激发了他研究的欲望。在校期间，他参加了《民国十四年时报索引》[19]与《国民大学图书馆图书目录》的编印、编目工作[20]。1926年，金敏甫开始翻译《美国国会图书馆概况》，并在《时事新报》的副刊《学灯》发表[21]。

1.2　图书馆工作经历

1926至1927学年的春季学期，国大图书馆学系停办，金敏甫也结束了在这里的学习生涯，图书馆学季刊和暨南周刊中有他国大图书馆学系肄业的记载[22-23]。1927年，金敏甫进入上海暨南大学洪年图书馆工作，开始担任图书课课员[24]，后任图书馆编目股主任。这一时期，他完成了《中国现代图书馆概况》一书的编写工作，并在1929年5月出版该书。1930年，他被调至浙江大学图书馆，不久之后再次被调动至南京铁道部图书馆，担任副馆长一职[25]。抗日战争爆发后，金敏甫出任广东省中山图书馆辅导部主任[26]。1948 年至 1955 年，他先后到上海铁路局和上海崇贤小学、杭州铁路小学和广州铁路局下属幼儿园工作[27]。1956 年 11 月，他被调至广东省中山图书馆，直到 1968 年 11 月 20 日因病去世。金敏甫毕生致力于图书馆事业与图书编目学研究，亦曾在多家图书馆工作，其职业经历可谓丰富。

2 金敏甫主要著述及特点

2.1 金敏甫的主要著述

根据笔者统计，金敏甫在图书馆学领域共发表文章、学术论文和著作等 40 篇（部），具体情况如表 1 所示。通过观察其作品发表年份，可发现在 1926 至 1930 年间，金敏甫的著述活动最为频繁。从内容看，1930 年之后多数文章、著作与图书编目相关，应为其在铁道图书馆等工作期间从事图书编目工作之故。

表 1 金敏甫主要著述一览表

序号	题名	登载刊名（出版者）	发表时间 / 年	著作方式
1	上海国民大学图书馆学系概况	图书馆学季刊	1926	著
2	图书馆学图书目录	国大周刊	1926	著
3	美国国会图书馆概况	时事新报学灯	1926	译
4	暨大图书馆之过去现在及将来	暨南半月刊	1927	著
5	中国图书馆学术史	国立中山大学图书馆周刊	1928	著
6	中国现代图书馆教育述略	国立中山大学图书馆周刊	1928	著
7	图书馆事业之发展	国立中山大学图书馆周刊	1928	著
8	中国现代图书馆事业概况	国立中山大学图书馆周刊	1928	著
9	西文图书馆字体及其书法	国立中山大学图书馆周刊	1928	著
10	图书馆字体及其书法	国立中山大学图书馆周刊	1928	著
11	洪年图书馆编目概况	暨南周刊	1928	著
12	评王云五的中外图书统一分类法	图书馆学季刊	1929	著
13	中国现代图书馆概况	广州图书馆协会	1929	专著
14	标题目录概述	上海图书馆协会会报	1929	著
15	中西文编目连贯论	上海图书馆协会会报	1930	著
16	图书馆及其利用法	学生	1930	著
17	论万有文库之分类与编目	图书馆学季刊	1930	著
18	图书类分条例	图书馆学季刊	1931	译

续表

序号	题名	登载刊名（出版者）	发表时间 / 年	著作方式
19	目录卡排列问题	民众教育	1931	著
20	编目部之组织	图书馆学季刊	1931	译
21	目录设计法及印刷目录卡之使用	图书馆学季刊	1932	译
22	图书馆编目史略	图书馆学季刊	1932	译
23	主题标选	图书馆学季刊	1932	译
24	图书馆员的生活	中华图书馆协会会报	1932	著
25	编目方法	图书馆学季刊	1932	译
26	印刷目录卡述略	图书馆学季刊	1933	著
27	铁道部图书室之显明记录制	图书馆学季刊	1935	著
28	现代图书馆编目法	商务印书馆	1937	译述
29	图书馆编目原理	图书馆展望	1937	著
30	铁道学主题标题表	学觚	1937	著
31	《图书编目学》自序	图书馆学季刊	1937	著
32	抗战时期之政府机关图书馆	中华图书馆协会会报	1939	著
33	抗战建国时期一个政府机关图书馆的实例：交通部图书馆概述	中华图书馆协会会报	1940	著
34	图书编目学	正中书局	1946	专著
35	我国图书编目问题的研究	图书馆学通讯	1957	著
36	广东省中山图书馆组织正规业务学习	图书馆学通讯	1957	著
37	广东图书馆界向科学进军消息	图书馆学通讯	1957	著
38	书型种次排架法的研究	图书馆学通讯	1958	著
39	图书馆工作四十年－老专家杜定友的专业精神	光明日报	1957	著
40	试验主题目录	图书馆	1962	著

2.2 金敏甫的著述特点

2.2.1 注重翻译与介绍国外图书馆学论著

从著作方式来分析，金敏甫发表图书馆学领域的学术论文当中，有 8 篇属于翻译作品，时间最早可以追溯到国大图书馆学系求学时期，余下的多数翻译作品则主要集中在 1930 年以后于南京铁道部图书馆从事编目工作期间。金敏甫在 1937 年出版的《现代图书馆编目法》一书指出“我国图书馆事业，尚在幼稚时期，编目之学，尚鲜专书，我党同人深以为苦”[28]。1931 年，他开始翻译美国图书馆专家威廉·华纳·俾沙普氏（William Warner Bishop）博士的著作《现代图书馆编目法》，并将翻译的成果陆续发表于《图书馆学季刊》。显然，金敏甫的著述特点之一，是着重翻译和引进国外图书馆学的著作，填补国内图书馆事业与欧美图书馆事业之差距。该译作于 1937 年出版，刘国钧评此书“可谓切于时要矣”[29]。杜定友则评“详述无遗，足供图书馆界之参考”[30]。该书的出版极大地提升了我国图书馆从业者对国外图书馆事业发展的认知。

2.2.2　注重推动我图书馆事业发展

金敏甫曾深感“图书馆之需要及其经营方法，论者多矣，而关于吾国图书馆事业之状况，竟尚无系统之记述，足供研究，实为憾事”[31]。此后，他相继撰写并发表《中国图书馆学术史》《中国现代图书馆教育述略》和《图书馆事业之发展》等学术论文，并收录进 1929 年出版的《中国现代图书馆概况》一书。他说，“因就管见所及，先撰中国现代图书馆概况一文，以为编辑中国图书馆史之第一步工作”[32]。可见，金敏甫的著述特点之二，便是注重推动我国图书馆事业的发展。该书分为 17 章，涉及图书馆学诸多领域，其中最具特色者即是关于图书馆学术史的深入剖析与阐释，这也是作者金敏甫在中国近代图书馆学术史研究领域所做的重要贡献之一。

2.2.3　注重研究符合我国实际的图书编目法

金敏甫深感不能一味借鉴国外的方法来指导中国的图书编目，认为国外的方法不一定完全适合本国图书编目情况，还需发展符合中国特色的图书编目学理论和方法。他指出“中国图书馆界，近来最感得困难的是图书分类没有适当的方法。外国的方法好的很多，但对于中国书籍，是不适用的”[33]可见，金敏甫的著述特点之三，是坚持发展中国特色、符合中国国情的图书编目学新方向。故此，金敏甫将其职业实践与国内实际情况相结合，积极构建适合当下中国图书编目的方法，并发表多篇图书编目领域的学术论文。1946 年，他出版专著《图书编目学》，上卷阐述理论与管理，下卷明示编目规则。他认为当下我国缺乏全面详尽的图书编目专著，既有作品多片面不详细，而国外的编目方法也并不能完全适用于我国图书馆[34]。杜定友在该书序言评价：“其体例得当，内容详尽，无待赘述：允推现行编目法中最完善之本。书中所述编目方法，均系多年实地经验之结晶，适合于我国图书馆之应用，与移译欧西成规者，不可同日而语。”[35]由此可见，金敏甫在撰写和翻译文章上，不是仅停留在理论层面的讨论上，而是着重将理论与国内图书编目的现状结合起来，深入研究实际问题，写作成果既具有针对性也富有实际应用价值。

3　金敏甫对图书馆事业的贡献

3.1　勤奋努力、严谨踏实，在平凡的图书馆岗位上绽放光彩

金敏甫自 1927 年从国大肄业后进入暨南大学洪年图书馆工作，直至 1968 年逝世，

为中国图书馆事业奉献了一生。在洪年图书馆任编目股主任期间，他投身于图书资料的分类整理，对新书实施编目，亦对库内的陈旧藏书重新整理编目。据《暨南周刊》记载，“目下中文方面，已经编就者，约二千册，许卡片约二千余张；未编者，约有一万册，旧目录之尚待改编者，约二千册，西文方面，新到书籍，均已编就，计约一千册，共编卡片约二千张，而旧书目录亦正在改编，计已改者约二百册，未改者八百册”[36]。他在南京铁道部图书馆和广东省中山图书馆工作期间同样如此，由于南京铁道部图书馆室藏文献的学科具有一定特殊性，金敏甫便发表多篇相关学术论文，包括《铁道部图书室之显明记录制》《铁道学主题标题表》，进一步推进了该馆室藏文献资源建设。金敏甫调入广东省立中山图书馆后，便负责该馆图书馆学文献的入藏分编工作，不久之后该馆的图书馆学资料逐步充实，这得益于他的辛勤劳动与付出。金敏甫不论身处哪个岗位，总是恪尽职守、孜孜不倦地深入研究，展现了他对工作精益求精的态度以及对图书馆行业的热情与敬业精神。

3.2 笔耕不辍、履践致远，图书馆学领域研究成果丰硕

金敏甫勤于学术耕耘，在图书馆学术史和编目学方面的研究硕果累累。他早年对图书馆史研究尤为用心，不遗余力地推介图书馆的重要性及其资源与服务功能，在国大求学期间便开始翻译介绍国外图书馆概况。他是中国近代图书馆学领域率先对图书馆学术史进行系统研究的学者之一。他的学术研究体现出了“学以致用”的特征，将理论与实际操作融合，既能准确洞察整体趋势，又能深入挖掘细节，展现出他从细处着眼、见微知著的学术追求。他对中外图书编目史简明扼要地进行梳理，为人们进一步研究该领域提供了借鉴。他早期翻译国外先进论著，填补我国当时“编目学空白”，后发表多篇适合我国图书的编目学学术论文、专著，为当时我国图书馆界图书编目提供了理论依据和方法指导。

3.3 不忘初心，抗战时期仍推动图书馆事业发展

抗日战争时期，图书馆界参与抗战是全面抗战的组成部分，也是社会各界非军事抗战中不可或缺的一部分。抗战爆发后，金敏甫随南京铁道部图书馆迁入重庆，在那里他大力推动了当地图书馆的发展，并提倡以文化对抗侵略的力量。他强调图书馆在这一段历史时期是“被需要”的。他建议各政府机关的图书馆应该在这个特殊时期组成联合图书馆，以便各部门能够共享资源，实现用较少开销达到最高效能[37-38]。

金敏甫早年在国大图书馆学系肄业，没有完整、系统地完成专业学习，但他却在国内多所图书馆从事编目和管理工作，积累了大量图书馆学理论知识和实践经验。他主要从事图书馆学术史、图书编目学研究，著述涉及中外图书馆事业、图书分类编目、中国图书馆学术史等诸多领域。本文旨在通过对金敏甫的职业生涯、著述和贡献的初步探索，了解其在图书馆领域的足迹，同时通过此种研究，对民国时期图书馆学者的研究范畴进行拓展。

参考文献

［1］宋景祁 . 中国图书馆界人名录［M］. 上海：上海图书馆协会，1930：46.

［2］［8］金敏甫 . 上海国民大学图书馆学系概况［J］. 图书馆学季刊，1926（1）：141-148.

［3］［22］［24］教职员一览表［J］. 暨南周刊，1928（改组特刊）：1.

［4］国民大学之新组织［N］. 时报，1925-08-25（5）.

［5-6］国民大学职员一览［J］. 国大周刊，1925（1）：11-12.

［7］［9］金敏甫 . 中国现代图书馆概况［M］. 广州：广州图书馆协会，1929：49.

［10］国民大学各科各系选课表［J］. 国大周刊，1925（1）：18-19.

［11］本校十五年上学期各系学程一览［J］. 国大周刊，1926（16）：7-10.

［12］通告三［J］. 国大周刊，1926（18）：2.

［13］图书馆消息［J］. 国大周刊，1926（21）：5.

［14］［17］［20］国民大学图书馆图书目录［J］. 国大周刊，1926（21）：7-8.

［15］国民大学图书馆图书目录［J］. 国大周刊，1926（22）：8.

［16］［18］国民大学图书馆图书目录［J］. 国大周刊，1926（23）：7-8.

［19］计划中之图书馆学系［J］. 国大周刊，1925（7）：1-2.

［21］金敏甫 . 中国现代图书馆概况［M］. 广州：广州图书馆协会，1929：97.

［23］本期著者略历［J］. 图书馆学季刊，1929（3）：472.

［25］命令：部令：铁道部令：第九〇七号（中华民国二十一年十月十四日）：令一等科员金敏甫：着代理图书室主任［N］. 铁道公报，1932-10-14（6）.

［26］辛秀琴 . 广东图书馆界的抗战后援工作研究［J］. 图书馆论坛，2021（12）：64-76.

［27］高炳礼 . 回忆金敏甫先生从事我国图书馆事业的一生［J］. 江苏图书馆学报，1986（4）：58-61.

［28］俾沙普 . 现代图书馆编目法［M］. 金敏甫，译 . 上海：商务印书馆，1937：译者序 1-3.

［29］俾沙普 . 现代图书馆编目法［M］. 金敏甫，译 . 上海：商务印书馆，1937：刘序 1-2.

［30］俾沙普 . 现代图书馆编目法［M］. 金敏甫，译 . 上海：商务印书馆，1937：杜序 1.

［31-32］金敏甫 . 中国现代图书馆概况［M］. 广州：广州图书馆协会，1929：5.

［33］金敏甫 . 评王云五的中外图书统一分类法［J］. 图书馆学季刊，1929（1/2）：279-284.

［34］金敏甫 . 图书编目学［M］. 南京：正中书局，1946：自序 .

［35］金敏甫 . 图书编目学［M］. 南京：正中书局，1946：杜序 .

［36］金敏甫 . 洪年图书馆编目概况［J］. 暨南周刊，1928（11）：56-60.

［37］金敏甫 . 抗战建国时期一个政府机关图书馆的实例：交通部图书馆概述［J］. 中华图书馆协会会报，1940（4）：8-10.

［38］金敏甫 . 抗战时期之政府机关图书馆［J］. 中华图书馆协会会报，1939（5）：3-4.

出版物印刷用纸对图书保存保护的影响

——以轻型纸的使用为例

李　茵（典藏阅览部）

1　出版物常见印刷用纸类型

常见的印刷纸张类型可分为：胶版纸、纯质纸、铜版纸、轻型纸和特种纸。

胶版纸，旧称道林纸，一般使用漂白针叶木化学浆和适量的竹浆，掺胶制成，柔韧度、挺括度上乘，有很好的抗水性和稳定性，规格很多，适用于制作各种普通印刷物。

纯质纸，通常指以原生木浆为主要原料制成的纸张，纤维长且均匀，韧性好，光泽度优，纸的表面比较平滑，有质感，易保存不易变色，适用于做精装书籍。

铜版纸，又称印刷涂布纸，是在原纸表面涂一层白色涂料，经超级压光加工而成。铜版纸分单面、双面两种，纸面又分光面和布面。铜版纸表面光滑，光泽度高，适合印刷彩色图片，通常用于画册或时尚杂志印刷。

轻型纸，全称轻型胶版纸，也叫蒙肯纸，由原生木材纤维全配比抄造制成，具有较高的松厚度、挺度，广泛用于印刷图书、期刊、课本等文献。

特种纸，是用于特殊需求的一类纸，其中有适合印刷的白纸，也有用来做封面装帧、环衬或者包装等不适宜印刷只适合做工艺的自带颜色的一类纸。特种纸可分为涂布类和非涂布类。特种纸通常自带各种肌理和纹路，突出美感。

2　轻型纸的特性

2.1　轻型纸的定义

轻型纸，原名“Munken Offset Paper”，直译是蒙肯胶版纸，发源自林业资源丰富、造纸工业发达的瑞典，由创办于1871年的百年纸厂蒙肯代尔（Munkedals）在20世纪70年代研发生产，1997年被引入我国，由中国印刷物资总公司经销。这种纸非常松厚，和普通胶版纸相比，厚度相同时重量上轻上许多，被看作是一种“新型”的胶版印刷纸，也被称为“蒙肯轻型胶版纸”。在随后一段时间里，其名并不规范，有人叫它蒙肯纸，有人叫它轻型纸，还有人称其为轻质纸，同时也衍生出瑞典轻型、北欧蒙肯这样的称呼。2004年前后，国内的晨鸣、岳阳等大型纸厂也纷纷研发自己的轻型纸。2004年6月23—24日，国家新闻出版总署、全国造纸工业标准化技术委员会在大连召开了“低定量印刷纸（轻型纸）标准研讨会”，2011年轻型印刷纸的国家标准颁布，正式将这种纸命名为“轻型印刷纸”，简称轻型纸。

2.2 轻型纸的特性

2.2.1 纸张轻厚，成本可控

轻型纸最大的特点是纸质轻而厚，低定量高厚度。定量是纸张最重要的计量单位，指每平方米纸的质量，单位为克 / 平方米（g/m^2），简写就是 g，又称克重，正常情况下定量越大，纸越厚。松厚度与纸张的疏密程度相关，是指一定质量的纸的体积，单位为立方厘米 / 克（cm^3/g）。普通胶版纸松厚度大约 $1.2cm^3/g$，而轻型纸松厚度在 1.3—$2.15cm^3/g$ 之间。纸张的结算单位一般是质量，当今轻型纸单位质量的价格与胶版纸基本持平，因此，同样版面的书籍，轻型纸用料质量更小，实际上可有效降低用纸成本，据核算，降幅可达 25%[1]。还有许多研究者认为纸张质量减轻同样会降低仓储、运输成本等。轻型纸在我国的生产增长点是 2008 年国际金融危机前后。2007 年，我国造纸工业产能开始富余，跨过供需拐点，书写纸、胶版纸、铜版纸等达到供需饱和，金融危机余波迟迟未散又使文化纸市场雪上加霜，因此降低成本成为刚需，轻型纸生产也成为造纸工业新的增长极。

2.2.2 颜色自然，低碳环保

轻型纸纸张颜色自然，多为原色调或浅黄色，色泽柔和，观感舒适，不易造成视觉疲劳。过白的纸张并不适于长时间阅读，会对视力造成损伤。一张普通的打印纸白度约为 100，国内常用的铜版纸是白度是 90，胶版高白纸的白度在 85 度上下，但不伤眼的纸张白度一般应在 86 度以下。根据国家标准建议，轻型纸的白度应该在 68—80 度区间。北欧的轻型纸是没有经过化学漂白的纸，纸张白度为 75 度，颜色略显微黄，为纯木浆原色，在阅读中对视力起到极大的保护作用。其生产加工一般包括无氯漂白，不重漂白，不重施胶甚至不施胶，对林业资源的利用效率极大提高，纸张方便回收，符合环保政策的要求。轻型纸降低了对白度的追求，不添加荧光增白剂等，可减少其他有害物质的排放，有利于造纸企业向环保节能方向发展。

2.2.3 纸面触感自然

轻型纸纸面有天然的植物纤维，木纹纹理，纸张表面肌理略微粗糙，古朴有质感，手感更柔软、舒适。有些读者偏爱轻型纸的自然触感，认为有古书和自然风貌之感，也更加有人文气息。

2.2.4 轻型纸出版物能提升阅读兴趣

轻型纸书籍质量轻，便于读者阅读与外出携带。沉重的书籍会加重读者阅读负担，可能致使读者面对大部头图书敬而远之，不利于个人阅读习惯和社会阅读氛围的形成。而书籍变轻可减轻读者的负担，激发读者阅读的乐趣。与轻型纸书籍质量轻相对应的，是轻型纸书籍厚度增加，诚然书籍厚度的增加会加大阅读及携带的难度，对于阅读体验产生负面影响，但由之而来的一种反向心理学效应，即看似厚重的书与轻便的手感构成形象与体验间的冲突，反而增强了图书的质感与读者的满足感，有利于提升读者的阅读兴趣。

3 轻型纸出版物存在的问题

3.1 轻型纸出版物易出现纸张发黄、发臭等问题

轻型纸出版物较使用其他纸张的出版物而言更不易保存，多出现以下问题，即纸张变黄、出现黄斑或霉斑，纸张松软，书体变形，书体切口毛糙不平整，异味感强等。

一方面，是由于出版物选用轻型纸质量参差不齐。国内市场上常用的轻型纸，主要是瑞典轻型纸和国产轻型纸。瑞典轻型纸的成分是纯木浆，它在制作的过程中没有加化学材料。国产的轻型纸，如太阳纸、岳阳纸等主要成分是进口的纸浆，加上一些国内速生林的木浆。进口纸浆比例会影响纸的品质。受纸浆原料和生产工艺影响，对比进口轻型纸，国产纸表面较粗糙、纸张厚度不均，易老化返黄。此外，还有一类劣质的轻型纸，主要是用回收纸打成浆后制成的再生纸。这种纸颜色发黄，纸质粗糙，甚至掉渣，纸张味道难闻。劣质的轻型纸价格非常低，多为盗版图书所用。

另一方面，是受轻型纸的特性影响。由于轻型纸使用了大量化学机械浆，木质素含量较高，含有大量活跃的酚羟基、甲氧基结构，因此易发生氧化变色，造成纸质返黄，破坏书籍品相。同时，木质素被氧化后也会使纸质脆化，柔韧性变差，不利于长时间保存。由于轻型纸松厚度高，它对水的吸附力比较高，容易受潮，尤其是南方大部分地区天气潮湿，轻型纸书体受潮后容易变形，甚至发霉。至于纸张的气味，据出版行业解释，轻型纸散发的是木浆本身的味道，属于木材中天然产物的味道即淡淡的松香，读者所反映的臭味，可能是劣质油墨的味道[2]。

3.2 轻型纸出版物增加图书存藏空间压力

轻型纸纸张松厚度高，相较于胶版纸图书，轻型纸图书更厚，所占的存藏空间也更多。有书友抽取了 9 本胶版纸图书和 6 本轻型纸图书作对比，用游标卡尺测量了 300 页纸的厚度（不足 300 页或超出 300 页的同比例折算），结果显示，9 本胶版纸图书的平均厚度为 1.41cm 每 300 页，6 本轻型纸的平均厚度为 1.97cm 每 300 页，同等页数的书籍，使用轻型纸印刷比胶版纸至少厚 40%[3]，这就意味着同样的空间存藏轻型纸图书要比胶版纸图书减少约 30% 的存藏量。当下图书馆普遍存在存储空间不足的问题，这对于轻型纸出版物的发展显然是雪上加霜。

3.3 “轻型纸 + 精装”的出版模式引发争议

由于轻型纸出版物易出现纸张发黄、发臭等问题，对于图书爱好者来说，轻型纸图书并不是具有收藏价值的最佳选择。轻型纸有轻便易携带的优点，适宜以平装书的形式出版文库本、通俗小说这类不会长时间收藏、“阅后即抛”的图书。而精装书搭配胶版纸或其他能够长时间不变色的纸张则适合大部头的经典文学书、学术书等有收藏价值的图书。但当下众多知名出版品牌如理想国、果麦文化、读库等，普遍使用“精装 + 轻型纸”的搭配，出版经典文学图书、哲学历史等社科图书，甚至各类学术书籍，严重降低了图书的收藏价值。

过去的“精装＋胶版纸”的搭配方式更换为“精装十轻型纸”后，图书纸质变差，收藏价值降低，但定价却不见下调，甚至上升，这必然引起图书爱好者的不满。在购书者对轻型纸自发抵制后，出版机构又隐去书籍的纸张信息，或采用其他具有迷惑性的替代名称称呼如“轻型胶版纸”。某些图书的商品页面标注胶版纸，购买者收到书后却发现是轻型纸，还有某些书籍初版使用胶版纸，再版后使用轻型纸，但未进行标注或通知购买者。此等问题反映出轻型纸出版物存在市场定位偏差，纸张信息不够公开透明等问题。

4 对出版物印刷用纸及图书保存保护的一些思考

4.1 出台出版物印刷用纸使用标准

推动图书出版行业使用耐久文献用纸。民国时期文献酸化是图书保护行业面临的突出问题。现代文献存储中纸张酸化、老化的问题同样存在。经抽样测试，近 30 年出版的现代文献，已出现了不同程度的纸张酸化、老化问题，说明现代出版业印刷用纸达不到耐久性的要求。2009 年，国家出台 GB/T 24423—2009《信息与文献　文献用纸　耐久性要求》，引导图书生产行业使用达到国家标准要求的纸张，但并未得到文献制作者的有效响应，收效甚微。图书出版如使用耐久文献用纸，可从根本上避免纸张酸化等问题的出现，为未来的图书保护工作节省大量人力、物力。图书馆作为文献保藏机构应大力呼吁推广使用无酸永久纸，推动相关政策的实施，推动文献出版界提高文献载体的质量，为当代文献的长久保存打下基础。

4.2 出版机构与图书馆建立沟通机制

出版机构应做好市场调研，充分了解市场现状、消费者需求及行业动态，做好图书产品的品类细分工作，通过分化价值、分化人群、分化场景、分化使用方式、分化渠道等，生产不同的图书产品以满足对应群体的需求。比如 2022 年人民文学出版社红研所校注本《红楼梦》四十周年纪念版，出版机构根据人群细分，为红学爱好者提供了毛边本，为特装书爱好者提供了喷绘编号本，为《红楼梦》爱好者提供了光边本，充分发挥产品价值。

出版机构可参考国外模式，推出双线出版模式，即类似“快消品”的平装本，纸张、装订、设计和阅读体验稍差，但价格低廉；具有收藏价值的精装本，纸张和装帧设计十分讲究，价格较高。图书馆可根据自身存藏需要和经费情况，选择订购合适的图书版本，需纳入永久保存的图书可订购精装本，用于流通的临时馆藏可订购平装本，实现购书经费、存藏空间的合理配置。

4.3 开展现当代文献保护研究

4.3.1 改善文献存藏环境

图书馆文献存藏环境是文献保护的基础。适宜的温湿度、充分的避光条件能够有效延缓纸张老化。出版物纸张的保存时间，会受到外界温湿度的影响。当存藏环境的温度与湿度偏高时，出版物纸张内部易发生化学反应，同时，高温与高湿环境也会导致图书发霉或生虫。存藏环境温度过低会影响纸张的柔软度，缩短图书寿命。长时间、高强度的光照也会减少图书寿命。

合理控制温度、湿度和光照是文献存藏环境的基本要求。适宜图书存藏的环境要求温度保持在16—22℃，相对湿度保持在45%—60%之间。图书馆应发挥现代设备优势，科学安装空调、加湿器和除湿器等设备，合理控制存藏空间的温度和湿度，延长纸质图书的保存时间。同时，安装具有一定避阳遮阳效果的窗帘或窗户膜来阻挡阳光直射，使用UV过滤器以减少紫外线辐射。

4.3.2 开展现当代文献保护研究

建立现当代文献纸张标本库。抽取不同年代、不同纸张、不同装帧形式、不同类型的文献，通过纸张无损检测，对不同纸张的理化特性、纸张的耐久性、老化速度和剩余寿命等开展实验性研究，同时定期跟踪记录文献状态，为制定普遍性与特殊性兼顾的纸张老化治理与修复加固方案奠定基础。

开展现当代文献修复工作。培养现当代文献修复人才，建立文献修复人才队伍，通过日常文献修复积累现当代文献修复经验，探索现当代文献修复工艺流程，形成规范的现当代文献保护和修复体系。

从全球视野来看，轻型纸能在全球图书市场占有一席之地，确有其独特之处。轻型纸虽已被引进国内近三十年，在出版物的用纸上也占据一定市场份额，但由于其自身特性和出版市场定位问题，近几年来时常受到质疑。轻型纸纸质容易老化与图书长久保存之间的矛盾，轻型纸出版物体积占比大与图书收藏机构存藏空间紧张的矛盾，都对图书馆今后的文献保存和保护提出了挑战。因此需要图书馆与出版机构进行沟通，图书馆业界群策群力，建立有效的文献存藏和文献保护机制。

参考文献

[1] 沙磊．轻型纸的成本考量［J］．今日印刷，2014（7）：29-31.

[2] 硬核科普：轻型纸，行还是不行［EB/OL］．［2024-04-07］．https://mp.weixin.qq.com/s/1KMgYpNJP1mS0MNQp3c2xA.

[3]【痛批轻型纸之一：厚】轻型纸厚度与胶版纸厚度对比［EB/OL］．［2024-04-07］．https://m.douban.com/group/topic/191571733/?_i=12538885e335dd9&dt_dapp=1&dt_platform=com.douban.activity.wechat_friends.

“博与专”：公共图书馆捐赠手稿的建设发展路径思考

刘小鲁（数字资源部）

手稿作为零次文献，是指作家亲手书写在纸张、布帛或者竹简之上的原稿，它能巧妙地展现作者灵感和心迹的原始之美，散发出独特的人文风情，具有独特的艺术价值。与正式出版的作品相比，手稿因存在“创作痕迹”，其本身被赋予了多重价值，是作者创作过程中的思维成果，具有独特的增值性开发意义。近些年，手稿因其稀缺性而备受公众瞩目，公共文化机构和收藏交易市场，一度跃升为手稿收藏的两大热门归宿地。令人欣喜的是，在手稿市场价格日益走高、手稿资源越来越稀缺抢手的今天，仍然有名人或其子女，愿意无偿把手稿捐赠给图书馆，这给公共图书馆手稿资源建设工作带来了全新机遇。如何更好地保护及利用捐赠的手稿资源，回馈社会，沾溉后人，这是一个长期的、有待开发的系统工程。因此，适时开展捐赠手稿的高质量建设将对推动手稿资源的保护传承与发展具有深远意义。

笔者通过对国内多家图书馆调研，发现捐赠手稿现阶段仍多以馆藏展品的形式对外开放，缺乏更深层次的开发利用。即便一些公共图书馆开始逐步尝试开展手稿特色资源建设，但多数公共图书馆仍停留在将其进行数字化转化后留存入藏的阶段，尚未实现从数据到知识的转变。其次，捐赠手稿的内容范围广，形式、领域多样，特别是名家手稿，同一作者的代表作多，手稿体裁多样，不仅涵盖创作原稿、修改稿、笔记摘抄、研究报告等，还多有书信、日记、家书等各种形式，存藏的情况较为复杂。此外，手稿因手写字的字号大小不一、字体形态各异等特点，OCR 错误率高，专题化研究难度较大。因此，公共图书馆想要突破捐赠手稿资源建设发展的诸多瓶颈仍需不断地探索实践，找准自身定位，探寻出适合的发展路径，以便深层次、多维度地释放捐赠手稿的内在文化价值，激活文化遗产活力，填补手稿知识领域空白，更好地服务读者大众。

1 公共图书馆捐赠手稿建设服务特点

1.1 国家图书馆捐赠手稿建设服务特点

手稿是国家图书馆特色馆藏，1954 年，国家图书馆正式创设手稿文库。随着闻一多、郭沫若、梁启超、徐志摩、郑振铎、启功、傅雷等众多名家的重要著作手稿陆续被征集、捐赠入藏，至今国家图书馆已收藏 500 多位近现代名家的 5000 多部手稿[1]。因此，众多名家和名家后代将国家图书馆看作捐赠手稿的首选之地，受赠入藏的方式进一步丰富了国家图书馆手稿文库，也反映出社会各界对国家图书馆手稿收藏和保护工作的充分肯定。国家图书馆手稿文库专藏具有如下显著特点：一是名家及其代表作多，设有部分手稿专藏；二是史料价值高，是文献研究、文学研究、校勘学研究等方面的重要素材；三是受赠频次多，笔者统计，国家图书馆近年公开受赠及入藏了程希孟、彭道真、吴秋辉、刘季平、雁翼等十多位名家的手稿 800 余种 4500 余册叶；四是推广传播效果佳，通过做主题展览、整理出版等方式面向社会公众服务，如“十年饮冰难凉热血　百年手教已新华邦——国家图书馆藏梁启超先生手稿展”“幽兰香远——国家图书馆建馆 110 周年艺术名家手稿展”等主题展览均获得了广泛的赞誉，《鲁迅手稿全集》的整理出版和向延安鲁艺捐赠等项目均在社会上引发了热烈反响。

1.2　上海图书馆捐赠手稿建设服务特点

上海图书馆具有手稿收藏的传统，不仅手稿数量众多，而且类型多样。其中，上海图书馆中国文化名人手稿馆的手稿收藏，全部来源于海内外私人的捐赠[2]。2022 年 9 月，随着上海图书馆（东馆）的正式开馆，位于其 4 层的手稿主题馆也面向公众提供特色服务，在手稿馆举办捐赠仪式，让手稿收藏工作更有能见度，促进作者与读者产生交集，激发读者研究兴趣；根据展览主题，定制个性化空间设计方案，譬如为“纪念王羲之兰亭修禊 1670 周年”主题特别策划的名为“曲水流觞”的阅览桌、名为“羲之鹅”的大白鹅玩偶“读者”等，将创新与实用结合，吸引众多读者纷纷去“打卡”；开展读写互动、讲座沙龙、美育体验等捐赠手稿阅读推广活动，鼓励全民阅读；依托来自阿姆斯特丹国际社会史研究所馆藏的马克思与恩格斯的珍稀手稿，结合上海图书馆近现代特色馆藏手稿资源，打造独特的沪上红色文化地标。对手稿的有效挖掘与揭示便是对捐赠者最好的纪念和感谢。

1.3　辽宁省图书馆捐赠手稿建设服务特点

20 世纪 50 年代，随着辽宁省图书馆“镇馆之宝”——《聊斋志异》半部手稿的入藏，辽宁省图书馆开始逐步尝试针对辽宁籍 20 世纪 30 年代作家的手稿、签名本、老照片等的征集工作[3]，《辽宁省图书馆地方文献采选条例》中将手稿的征集范围界定为辽宁地方作者的作品及手稿[4]。在此基础上，由专人开展手稿特色资源建设。据调研，自 2013 年至今，辽宁省图书馆捐赠手稿资源多为当代辽沈地区知名作家，如胡世宗、彭定安、杨大群、刘兆林、初国卿等，具有独特的地域文化影响力。辽宁省图书馆将捐赠的部分当代作家手稿进行公开展览，当地读者能够直观立体地一睹故乡作家的手稿真迹，引发情感共鸣，体会文字的力量。在热门展览“继往开来　国韵书香——辽宁省图书馆古籍保护与传承特展”中的《聊斋志异》手稿展区，现场以投影的形式还原了蒲松龄留恋茶坊书肆，收集奇闻异说作为创作素材的场景，通俗有趣，令人耳目一新。此外，辽宁省图书馆还通过举行手稿特展暨捐赠仪式来宣传手稿的捐赠工作，彰显辽宁地区特有的历史文化底蕴，从而吸引更多手稿资源捐赠入藏。

2 博与专：公共图书馆捐赠手稿的建设发展路径思考

2.1 广博的宣传与合作

2.1.1 广博的宣传有利于公共图书馆捐赠手稿的持续入藏

公共图书馆手稿捐赠工作对促进馆藏手稿资源建设与服务发挥着重要作用，是社会力量参与共建图书馆的重要途径。不论是捐赠方，还是受赠方，都希望能够最大程度地发挥捐赠手稿的资源价值，被更多的读者所利用。现阶段公共图书馆多以举办捐赠仪式，为捐赠者颁发捐赠证书、发布相关新闻等方式对捐赠手稿活动进行宣传，且仅对少数名家的捐赠手稿进行专题展览，宣传方式较为单一。因此，公共图书馆可以通过加大宣传报道力度，丰富对捐赠者的回馈方式等，拓宽宣传渠道，强化宣传效果。例如对捐赠者进行公开采访，使公众能够全面了解捐赠手稿背后的种种故事，丰富宣传内容；保持与捐赠者的长期互动，邀请捐赠者到图书馆内举办手稿作品分享会，提升宣传效果；在抖音、小红书、快手等平台上开通具有在线直播功能的新媒体账号，建立起读者、捐赠者、公共图书馆之间沟通交流的桥梁，科普手稿知识，聆听读者心声，扩大宣传范围，从而吸引更多的潜在捐赠者。

2.1.2 广博的合作有利于推动公共图书馆捐赠手稿的共建共享

随着数字化和信息化时代的到来，手稿研究成为现代文学研究的新热点，国内多所高校先后成立了手稿研究中心，手稿也引起了学界的广泛关注。公共图书馆在捐赠手稿资源的共建共享、合作共赢等方面进行了诸多尝试：如国家图书馆积极整合馆内馆外手稿资源，联合多家收藏机构共同影印出版《鲁迅手稿全集》，这部成果在手稿学研究、鲁迅研究和出版史上都具有标志性意义；与社会各界通力合作，推出具有创新意义的联合展览、文创作品等，充分展示了作为国家级公共图书馆的能力和实力。上海图书馆则打开手稿数据“宝库”，邀请社会力量共同“开发”馆藏 24 万余种手稿及档案的元数据，探索手稿潜在价值；与大英图书馆深入合作，联合办展，分享手稿研究的知识和经验。因此，公共图书馆借势开展广博的合作将有利于推动捐赠手稿的共建共享，使捐赠手稿资源在数字时代能够得到妥善的保存、准确的揭示、有效的利用，成为开放共享的优质馆藏资源。

2.2 专深的研究与实践

2.2.1 捐赠手稿的专门保藏

捐赠手稿的保护性研究，体现在手稿入藏后的实践工作中。手稿的纸张、墨迹、装帧形式不同，纸张的老化程度也不同，对保存的标准与要求也不尽相同[5]。公共图书馆应从捐赠手稿的保护与典藏研究入手，针对捐赠手稿纸张易酸化老化、墨迹易褪色等保存难点，因地制宜，制定出科学的存藏环境标准，进行专库典藏。国家图书馆对手稿的保藏不断开展各项专深的研究与实践，如通过实验分析，将保存手稿用的硫酸纸袋更换为安全性能更强的无酸纸袋，对库房环境、装具材质、冷冻杀虫对纸张的影响等方面均进行专深研究[6]。上海图书馆历史文献中心自行开发了“防蠹纸”，有效减少蠹虫对手稿的蛀蚀危害。印度的阿里格尔穆斯林大学图书馆依据当地气候特点，采用在手稿存储区域大面积安装烟雾报警器、电气火灾自动报警系统、隔热防火玻璃等设备的消防预警举措[7]。对捐赠手稿的保藏进行专深的研究与实践将为后续专业整理工作筑基。

2.2.2 捐赠手稿的专业整理

捐赠手稿资源入藏后，公共图书馆会对其进行及时清点，工作人员会基于捐赠手稿的客观事实确定著录信息，梳理文献类型、题名、捐赠人、捐赠数量、捐赠时间等信息，然后将这些信息移交编目。在实际整理过程中往往会遇到很多复杂的情况：一是捐赠手稿的初始状态各异，纸张多有粘连掉页、卷边破损、字迹模糊等情况；二是捐赠手稿的装帧形式不同，既有经折装、卷轴装、毛装、线装，又有整份与散页并存等情况；三是版本多样，如铅印本、刻本、油印本、抄本、稿本等；四是人员专业性不足，在编目过程中较难深入研究手稿作者的思想与主张，不易发现手稿之间的有机关联等。因此，专业详尽的整理是推进捐赠手稿专题建设的有效保障，一方面增强了手稿的可查可用性，另一方面能实现对手稿文献的准确研判、归类与整理。实践中发现，国家图书馆在捐赠手稿的整理工作中做到了充分的揭示，特别是针对元数据中 3-- 附注块字段进行了详尽的著录。四川省图书馆则在手稿整理工作中额外增加了对副标题、纸张名称、纸张类型、纸张尺寸、书写工具、笔墨色泽、修订情况、页数、存储位置、捐赠人介绍等方面的详尽著录[8]。因此，公共图书馆应对捐赠手稿资源进行专业整理，深入挖掘其内容信息并详尽著录。针对整理人员进行岗前培训，发挥“师带徒”“传帮带”作用。提前对捐赠者进行充分调研与访谈，全面了解捐赠手稿作者的创作或藏书历程，实现对手稿文献的准确揭示、归类和整理，为后续捐赠手稿的专题建设提供坚实的后盾。

2.2.3 捐赠手稿的专题建设

（1）展陈建设

展览是公共图书馆手稿资源最常见的利用方式，以最真实、最直观的独特魅力为读者带来沉浸式的观展体验。公共图书馆可以从捐赠手稿的展陈布置上进行有益尝试，例如根据展览主题布置空间陈设，打造沉浸式的观展体验氛围；打破常规的展线设置，创新导览方式，为读者提供更加丰富有趣的展示路线；推广“展读融合”新模式，激发读者兴趣；开展读者问卷调查，依据反馈意见进行服务调整等。多角度、多层次地探索捐赠手稿展陈建设路径，更好地满足读者需求。

（2）数字化建设

捐赠手稿的数字化建设是其知识库建设的基础，是现阶段大多数公共图书馆首要选择的数字资源建设方式。数字化建设具有多种优势：一是利于捐赠手稿的原生性保护，减少因反复翻阅导致手稿原件的不可逆损坏；二是还原度高，真实地反映手稿原貌；三是投入和保存成本较低，利于公共图书馆的开源节流；四是便于开展研究，能打破时空和地域限制；五是提高资源的利用率，推动捐赠手稿资源“走出去”；六是利于公共图书馆的科学管理和维护。因此，捐赠手稿的数字化建设有助于形成公共图书馆的特藏资源优势，为后续开展手稿知识库建设创造条件。

（3）知识库建设

面对图书馆文化传承与高质量发展的新需求，仅停留在捐赠手稿资源的数字化建设是远远不够的，应对手稿内容进行深度挖掘，推动捐赠手稿的知识库建设。手稿的知识库建设是一项复杂度很高的工作，实践中发现，因手稿文字手写体形态差异大、连体字多等特点，在知识化加工中较易出现文字识别错误率高、内容著录难度大、抽查覆盖面不足等多方面复杂问题，这些问题在一定程度上制约了捐赠手稿的知识库建设进程。针对知识化加工中较易出现的难点问题，笔者认为可以从以下三点进行改善：一是提高OCR遴选门槛，公共图书馆可以有选择地更新现有软件，提高OCR的正确率；二是加强对有关人员的专业技能与素质培训，提前创建手稿异体字术语表，加强常见手稿内容的深度学习，减少由此带来的著录错误；三是增加抽查比例，总结易错点，完善质量控制方案，避免相同的错误反复出现。

（4）出版建设

近年来，高校与学术界掀起了手稿研究的热潮，如上海交通大学、东北师范大学建立了手稿文献研究中心，国内学术界举办了“中国现代作家手稿及文献国际学术研讨会”“2020中国手稿学国际学术研讨会”等学术会议，手稿研究渐热[9]。由此，掀起了高校和出版社联合进行手稿出版的热潮，如复旦大学出版社刊行的《陈望道手稿集》等，推动了手稿研究领域的创新发展，让手稿不再是“冷门绝学”。因此，公共图书馆可以利用整理出版的方式加强手稿内容的推广传播。如国家图书馆联合多家收藏机构共同影印出版《鲁迅手稿全集》，该成果在鲁迅研究史、手稿学研究史和出版史上都达到了新的高度。公共图书馆可以从捐赠手稿中优先选择利用率高、可公开、独具特色的资源进行出版，以点及面，稳步推进，逐步实现馆藏捐赠手稿资源从“多而散”到“少而精”的成果转变。

在手稿难寻、拍卖盛行的当代，我们仍能看到捐赠手稿资源不断入藏公共图书馆，这对促进图书馆资源建设和服务、加强与社会联系发挥着重要的作用。让手稿中的精神走得更远是捐赠者和保管者的心愿，也是社会文明发展的需要[10]。因此，公共图书馆应正视捐赠手稿资源的内在价值，创新服务模式，通过广博的宣传与合作，弘扬捐赠手稿的文化底蕴，发挥其社会教育作用；通过专门保藏、专业整理和专题建设，提升捐赠手稿的数字化、知识化建设水平，推动其内容的出版传播，更好地发挥其学术价值。博专结合，以博促专，在推动知识经济发展的同时，回馈社会，沾溉后人。

参考文献

[1][6][10] 陈红彦.国家图书馆近现代名家手稿的收藏、保护与利用[J].国家图书馆学刊，2019（5）：20-25.

[2] 洪伟成.手稿背后　岁月悠悠[N/OL].中国文化报，2019-11-14（8）[2023-03-22].http://culture.people.com.cn/n1/2019/1114/c1013-31454352. html.

[3] 李德戈.辽宁籍三十年代著名作家资料馆隆重开馆[J].图书馆学刊，1997（2）：3.

［4］［5］孙超．辽宁省图书馆手稿特色资源建设的实践与思考［J］．图书馆学刊，2023（1）：32-36.
［7］韩春霞．高校图书馆手稿特藏资源建设研究——以印度阿里格尔大学图书馆为例［J］．河北科技图苑，2022（4）：13-18，7.
［8］何光伦．名人手稿的典藏、保护与利用刍议——以四川省图书馆馆藏刘咸炘手稿为例［J］．图书馆杂志，2018（12）：69-73.
［9］张鹏禹．手稿研究亮点纷呈［N/OL］．人民日报海外版，2021-12-01（7）［2024-03-22］．http://paper.people.com.cn/rmrbhwb/html/2021-12/01/content_25891493.htm.

短视频平台视域下少年儿童图书馆推广家庭阅读的探索研究

王三珊（参考咨询部）

2023 年 12 月北京师范大学出版集团发布《中国儿童青少年阅读现状与需求调研报告》，报告显示近七成孩子在 6 岁前开始阅读，94.1% 的孩子主要的阅读场所是家，对孩子阅读影响最大的是父母；有 89.1% 的家长在为孩子选书方面存在困难，31.1% 的家长不太了解或完全不了解孩子的阅读水平，67.2% 的家长称自己在指导孩子阅读方面存在困难[1]。显然，在推广家庭阅读工作中，家长是不可或缺的一环，而家长同样需要获得专业的阅读指导和帮助。

公共图书馆作为公共文化服务体系的一部分，肩负推广家庭阅读的社会责任。2022 年 1 月实施的《中华人民共和国家庭教育促进法》明确规定："图书馆、博物馆、文化馆、纪念馆、美术馆、科技馆、体育场馆、青少年宫、儿童活动中心等公共文化服务机构和爱国主义教育基地每年应当定期开展公益性家庭教育宣传、家庭教育指导服务和实践活动，开发家庭教育类公共文化服务产品。"这为公共图书馆指导家庭阅读提供了法律保障，图书馆应利用自身的资源优势，设计家庭阅读推广策略，帮助家长掌握科学的阅读指导方法，积极探索推进家庭阅读推广工作。

1 家长选书行为习惯

基于艾登钱伯斯的"阅读循环圈理论"，在"选书—阅读—回应—再选书—再阅读"这一循环过程中，家长承担着重要的工作任务。家长选择儿童感兴趣的图书，通过阅读引导其互动讨论，再推动儿童进一步阅读。由于儿童在家庭生活时间较长，阅读也需要成人的帮助，所以在儿童阅读习惯养成中，家长处于主导地位，家长的选择会直接影响儿童阅读的内容和质量。家长需要充分考虑儿童的年龄、兴趣、阅读能力，选书的质量和品位会影响儿童的认知能力，"选好书"是家长的重要课题。

笔者调研走访了 20 个家庭，针对家长"选书"的信息来源做了调查研究，结果如下。

1.1 互联网是家长获取图书信息的主要来源

有 73.33% 的家长将互联网信息排在选书信息来源第 1 名。如今，随着信息媒介多元化，图书馆推荐资源丰富且便于获取。根据京东发布的《2020 年中国图书市场研究报告》，用户线上选书口碑主要来自网络（43.4%）、亲友（33.9%）、老师（32.7%）推荐[2]。同样印证了此次问卷调查的结果，互联网弥补了一大块生活中的信息缺口。然而在信息洪流中，如何去芜存菁地选书也成为困扰家长的问题之一。

1.2　社交平台是家长最常使用的互联网信息来源

家长对图书馆的利用比较少，家庭购书更依赖于各类社交平台或者购书平台的推荐信息。分析其原因，这些商业平台本身用户群体广泛，内容更新速度较快，最新的出版物和热门书籍可能还没来得及在图书馆上架，就已经被各个平台大力推荐了。而且商业平台有着高度的互动性，加上平台的用户评价机制和反馈机制都能贴合家长的消费习惯，方便家长一边浏览一边购买，这种便捷性吸引了大量的家长群体。

1.3　短视频平台是家长关注较多的社交平台

有 41.67% 的家长将小红书排在第 1 名，54.55% 的家长将抖音排在第 1 名。小红书、抖音等新的平台已成主流，它们凭借短视频内容形式吸引了大量用户，其中小红书以分享生活方式和购物心得为主，深受年轻女性群体的欢迎，而这一群体恰好与学龄前儿童的母亲群体重合。

1.4　在短视频平台中图书馆账号不及育儿博主等商业类账号受欢迎

在各类短视频平台中图书馆的官方账号影响力不及育儿博主。首先，内容方面，图书馆官方账户更注重于传播图书馆信息和服务，相对缺乏趣味性。而个人账号博主更能从实际生活出发，分享育儿经验、推荐阅读资源，也更容易引起共鸣和关注。另外，育儿博主更擅长使用各类营销手段，往往通过广告投放、合作推广各类活动吸引更多粉丝，而图书馆在推广营销方面相对保守和受限。

1.5　家长获取阅读信息仍然需要图书馆的帮助

42.86% 的家长想获取图书馆提供的阅读信息，但是获取信息渠道不方便；35.71% 的家长使用过图书馆提供的阅读书目信息，但是图书馆提供的信息不能满足日常需求。可以看出，图书馆是家长信赖的阅读信息获取来源，但是由于图书馆的线上平台不够友好或者更新不够及时，满足不了家长的信息需求。总体来说，图书馆在家庭获取阅读资源和信息中发挥的作用还不够大，但是家长对图书馆更好地发挥相关功能还是抱有期待的。

2　少年儿童图书馆在短视频平台推广阅读现状

在全媒体时代，短视频平台以其特有的传播方式和广泛的受众群体，受到越来越多家长的关注，也逐渐成为图书馆创新服务的新阵地。而直接服务于少儿阅读的各地少年儿童图书馆（以下简称“少儿馆”）更应该率先行动，积极探索在短视频平台上的阅读推广服务，为儿童和家长提供阅读资源和服务的支持。

根据2023年12月第七次全国县级以上公共图书馆评估定级结果，笔者选取14家一级少儿馆，分析我国一级少儿馆在主流短视频平台上的表现，数据采集时间为2024年4月9日。

2.1 小红书平台上少儿馆运营情况

经过调研发现，虽然小红书平台是家长首选的选书信息渠道，但是在14家少儿馆中，仅有上海少儿馆和重庆市少儿馆开通了小红书平台账号，其表现与其他少儿阅读类商业账号或个人账号差距巨大，例如“安森妈妈”粉丝43.1万，获赞169.4万；“中信童书”粉丝14.3万，获赞87万，而上海少儿馆仅有粉丝1294个，获赞数为672个。

2.2 抖音平台上少儿馆运营情况

调研发现，抖音平台是图书馆开设账号最多的短视频平台。在抖音平台中，14家一级少儿馆中有8家开通了抖音账号，其作品数、粉丝数、获赞数情况如表1所示。

表1 14家一级少儿馆在抖音平台外部特征情况

序号	图书馆	作品数 / 个	粉丝数 / 人	获赞数 / 个
1	天津图书馆（天津市少年儿童图书馆）	167	1980	21000
2	大连市少年儿童图书馆	43	1205	89
3	上海少年儿童图书馆	114	380	248
4	贵阳市少年儿童图书馆	31	304	607
5	合肥市少年儿童图书馆	161	189	421
6	深圳少年儿童图书馆	45	189	309
7	厦门市少年儿童图书馆	28	46	55
8	重庆市少年儿童图书馆	0	14	0
9	福建省少年儿童图书馆	未开通		
10	湖南省少年儿童图书馆	未开通		
11	广州少年儿童图书馆	未开通		
12	沈阳市少年儿童图书馆	未开通		
13	吉林省少年儿童图书馆	未开通		
14	昆明少年儿童图书馆	未开通		

从账号外部特征方面看，少儿馆在短视频平台的阅读推广工作还处于起步阶段，作品数和粉丝数都较少，在短视频平台的影响力非常有限。“天津市少年儿童图书馆”与“天津图书馆”为同一账号，虽然粉丝数和获赞数较多，但与其他少年儿童图书馆账号

没有可比性。其他账号中，粉丝数最多的是大连市少儿馆，作品数最多的是合肥市少儿馆，获赞数最多的是贵阳市少儿馆。但是相比商业账号，少儿馆账号的表现仍然差距巨大。

从内容方面来看，天津图书馆账号推出过“2023 年度少儿成长书单”，从自然、历史人文、思维启蒙、科学新知等主题推荐少儿图书，但是该书单对适读年龄并没有做划分，而且该账号少儿阅读内容与其他的图书馆活动内容混杂在一起，消息容易被覆盖，家长也难以集中获取少儿阅读相关信息。上海少儿馆的短视频作品较多，内容形式多样，视频制作精良。其账号推出过“少图 100 问”系列短视频，解答关于上海少儿馆的各种问题；针对“书中的中华宝贝”活动制定“中华传统文化双语书单”；与国家图书馆联合推出了“四季童读”秋季书单。合肥市少儿馆账号作品数最多，主要为线下活动的短视频剪辑内容，主要内容有“童眼看世界”科普类活动和“童趣艺术坊”系列美育活动，并且不定期发布“馆员妈妈讲绘本”的短视频回放，但是在其短视频平台账号中并没有看到推荐书单的集合。贵阳市少儿馆作品数量不多，主要有“七色花悦读童言”“七色花好书荐读”以及其他活动视频，视频作品制作用心，生动有趣，儿童参与度高，各个视频获赞数相对较多。

3 图书馆运营短视频平台账户面临的困境

短视频平台上似乎打造了可以“人人荐书”的盛况，但是部分个人账号过分追求流量而导致其账号内容真实性存疑或者出现大量同质化内容，无法真正满足家长的家庭阅读需求。相对来说，图书馆账号输出的优质内容则是鲜为人知的宝藏，但是由于其在短视频平台的存在感不够强，使得图书馆在推广家庭阅读工作中障碍重重。

3.1 关注度少，难以形成规模效应

短视频平台内账号竞争激烈，用户获取信息的渠道多元，图书馆账号难以脱颖而出。可能大众对于图书馆服务的认知有局限性，对图书馆服务的发展了解不足，所以图书馆账号在短视频平台上受到的关注少，导致图书馆的优质阅读推广内容无法触达目标受众，难以形成规模效应。最终，对阅读推广信息有需求的家长难以获得优质资源，影响阅读推广的效果。

3.2 内容质量与更新频率的平衡

图书馆的短视频平台账号作为机构性质媒体账号，对于内容质量的把关和监管显然比个人账号要严谨很多。例如国家图书馆的“四季童读”项目，以季度为单位，邀请各行业专家学者评审书目，提供分级分类的推荐书目供读者参考。该系列书单的专业性与权威性毋庸置疑，但是输出频率相比个人账号要低很多，这一点不利于机构账号维持热度。而个人账号发布的内容主要是个人观点输出，更新频率高，可能博主有了一个想法就会及时与大众分享，虽然具有很强的个性化和主观性，但是内容灵活生动，互动及

时，容易与用户建立紧密联系。

3.3 互联网平台的不确定性

互联网中各个平台的兴衰变化较快，例如原来各平台流行的图文形式，很快就被短视频形式取代。原本受欢迎的平台影响力逐渐减弱，新的社交平台又不断涌现。正是这种快速变化，使得图书馆官方账号的运营面临巨大困难，品牌账号需要投入大量人力和时间去运营维护，保证优质内容输出，与用户互动等。然而在一个平台刚刚建立起稳定用户基础时，大众注意力可能又投向另一个新兴平台。

4 对图书馆在短视频平台推广阅读的可行性建议

4.1 形成战略合作，精准定位受众

很多互联网账号可能没有足够的资源和经验来进行有效的互联网营销和宣传，导致优质内容无法准确触达受众。但是图书馆作为优质图书资源的拥有者，可以主动与平台达成战略协议，通过平台的专业运营团队，进行数据分析，制定精准的运营策略，对有家庭阅读需求的家长提供内容推送服务。

4.2 多方融合引流，加强宣传推广

为了提升图书馆账号在社交平台上的关注度，可以借用“名人效应”进行引流，例如可以邀请知名专家和学者进行线上互动，合作宣传阅读活动。图书馆的线下活动较为成熟，设计线上线下联动活动，将线下的流量转移到线上，现在很多账号仅将线下活动视频片段放到短视频平台上，但是这些视频受关注度远不及线下活动的热烈程度。在多个平台开设账号的图书馆可以将多个媒体平台的流量进行融合，在优化过程中针对各个短视频平台的不同特点，进一步加工制作，以便作品能在各个平台上得到更多关注优化效果，实现媒体账号一体化发展。

4.3 优化内容风格，增强情感连接

内容是吸引用户的核心因素，图书馆发布的内容可能过于注重信息的传递和知识的普及，忽略了与用户的情感连接。过于正式、严肃，缺乏趣味性和创新性的视频，难以引起用户的共鸣和兴趣。短视频的背景音乐选取也起到关键作用，在短视频平台上每隔一段时间就会出现一些爆火的背景音乐，结合音乐拍摄特定的内容，比如与之搭配的手势舞、文案或者剧情都更容易渲染情境，容易取得更好的流量。图书馆账号可以利用时事热点或节日庆典，策划多样化的内容指导家庭阅读，用生动有趣的方式推荐书籍，充分利用社交平台的互动功能，例如设置在线问答、话题讨论等互动环节，鼓励家长分享自己的亲子阅读体验，使得账号成为大家交流、分享的平台。

短视频飞速发展的时代，为用户提供了全新的信息获取手段，也深刻影响着用户的阅读行为，甚至改变了用户的阅读习惯[3]。图书馆作为文化传播的重要阵地，应该顺

势而为，创新阅读推广模式，在引导家庭阅读工作中起到带头作用。图书馆拥有优质的图书资源和专业的人才队伍，应该将短视频平台这一新兴媒体作为有力工具，扩大阅读推广的受众面，满足广大家庭阅读需求。

参考文献

[1]《中国儿童青少年阅读现状与需求调研报告》发布[J].国家图书馆学刊，2024(1)：43.

[2] 2020年中国图书市场研究报告[EB/OL].[2024-04-09].https://baijiahao.baidu.com/s?id=1697444664884717531&wfr=spider&for=pc.

[3] 探索视频推广　领航数字阅读——广东省立中山图书馆抖音号建设实践[J].图书馆论坛，2023(12)：102-104.

智慧图书馆时代文献资源建设工作优化发展策略探究

——基于国家图书馆读者荐购数据的分析

陈　激（外文采编部）

以人为本是智慧图书馆的核心理念，图书馆以满足用户需求、提升用户体验为目标促进各项事业发展，引导用户参与建设过程，实现智慧图书馆与用户之间的良好互动与互利共赢。读者荐购作为文献资源建设的组成部分，是用户需求的直观展现，高质量的读者荐购能够完善馆藏结构、提高资源质量与利用率、提升读者满意度等。日新月异的社会环境和不断更迭的科学技术，促使用户在使用图书馆资源和服务时产生全新的需求，研究读者荐购情况，了解用户对文献资源的使用体验和追求，发现蕴藏在荐购数据背后的文献资源建设工作问题与不足，对图书馆着力提升文献资源建设水平，以丰富全面的馆藏资源满足用户的个性化需求具有重要意义。

1　读者荐购与文献资源建设的关系探讨

1.1　读者荐购是文献资源建设的重要信息收集形式

方向明等研究者从读者荐购的选购流程、类型、方式、主体等方面出发，对其进行概念解析，明确读者荐购是以纸质图书为主，考虑图书馆当前或长久需要进行的流程较长的图书选购服务，其所购图书多具有普遍性和代表性[1]。而文献资源建设是文献信息服务机构依据服务任务、服务对象以及整个社会的文献情报需求，系统地规划、选择、收集、组织、管理文献资源，建立具有特定功能的藏书体系的全过程。读者荐购是文献资源的收集形式，采访人员收集读者的资源使用需求，遵循采访政策、馆藏规划等进行馆藏补充，以此弥补现采、预订、纲目购书等方式的疏漏之处，有效促进文献资源建设整体水平的提升。

1.2　读者荐购是优化与提升文献资源建设工作的重要手段

荐购数据所蕴含的信息能够提示文献资源建设工作存在的问题与优化方向。王春艳通过分析高校图书馆读者荐购数据，阐述了荐购服务的现状与不足，提出挖掘荐购数据潜在价值、优化荐购服务流程等策略，以期从馆藏结构、文献补充与复本调整方面为文献资源建设提供更准确的参考依据[2]；张红萍则基于扎根理论，对读者荐购数据进行深度分析，构建用户需求对图书馆文献资源建设、管理与服务的促进机制模型，帮助采访人员弥补专业局限、反映读者潜在需求，提高资源建设、管理与服务的整体水平[3]。

随着大数据、人工智能、机器学习等技术的发展，读者荐购也由传统模式实现科技引领，有关荐购系统和平台的研究与日俱增，赵英以翔实的调研数据为基础，梳理我国图书馆荐购系统研究现状，分析系统产生与发展的驱动因素、类型及其实现关键，指出未来图书馆应重视荐购系统本土化、管理专业化及其对传统采编流程的影响等问题，以推动读者荐购以精确、智能、高效的形态服务于文献资源建设[4]。

笔者收集国家图书馆近十年西文图书读者荐购数据，旨在从荐购效能、用户身份与需求等方面出发分析文献资源建设工作的潜在问题并得出由其带来的启示，探索文献资源建设工作的优化发展策略。

2 国家图书馆近十年西文图书荐购情况分析

国家图书馆西文图书荐购采取读者现场填写缺藏文献推荐单或邮箱发送荐购信息的传统模式，采访人员查询馆藏并反馈读者，对予以购买的图书执行后续入藏流程，此次研究筛选 2014 至 2023 十年间具有参考意义的文献推荐单和邮件作为样本，分析总结文献资源建设工作的问题进而提出优化策略。

2.1 概览

国家图书馆 2014 年至 2023 年十年间有效西文图书荐购信息总计 545 条，合计荐购图书 985 种，荐购具体数据如表 1 所示。填写表单、发送邮件等传统荐购形式一定程度上具有局限性且依赖社会环境变化，早年读者荐购途径较少，传统的荐购形式普遍受到大众认可，突发公共卫生事件影响下读者难以进行现场荐购，图书采购工作进度缓慢，影响读者荐购热情；随着信息科技迅猛发展，读者获取资源的途径和方式增多，后疫情时代读者对网络和在线工具使用意愿升高，而传统荐购形式遭遇瓶颈。除此之外，受读者主观因素影响，也会出现如表 1 中 2016 年、2017 年和 2018 年所示短时间、大批量集中荐购的情况发生。

表 1　十年间西文图书荐购数据统计表

年份 / 年	2014	2015	2016	2017	2018	2019	2020	2021	2022	2023
荐购收集总数 / 条	49	65	98	81	89	23	32	53	17	38
荐购图书数量 / 种	49	67	247	195	237	25	42	64	21	38

2.2 荐购未满足成因折射文献资源建设工作不足

国家图书馆对入藏的西文图书具有较高要求，且西文图书单价偏高，采访人员往往需要花费大量的时间和精力处理荐购信息，筛选符合馆藏要求且可供应的图书进行购买。通常需要借阅西文图书的读者其荐购的书籍具有较高的研究价值和学术水平，入藏这些书籍较能符合图书馆秉持的“外文求精”馆藏政策，近十年满足上述要求的读者荐购西文图书总计 720 种，荐购成功率较为可观。

未获得满足的读者荐购图书总计 265 种，针对其成因进行汇总，得到如图 1 所示统计结果，荐购图书不符合馆藏政策、已有馆藏（查找困难、无法借阅）是造成读者荐购需求未获得满足的两大重要原因，图书本身已绝版、供应商无法供货等不可抗力因素也不容忽视，除此之外荐购图书已进入常规采购流程、信息缺失等也会影响荐购的有效性，由此折射出文献资源建设工作的几点问题：第一，荐购图书不符合馆藏政策、信息缺失体现出读者对于图书馆文献入藏的规章制度尚未明晰，有些图书馆并未提供入藏规则、遴选标准以及荐购指南等，读者无法对荐购图书的内容质量进行把关，也无法按要求提供完整的图书信息；第二，荐购图书已进入常规采购流程反映出图书入藏存在采购、到书、编目、上架整体流程较为缓慢的问题，尤其是海外图书，读者需要经历漫长等待才能获取，资源时效性大打折扣；第三，已有馆藏却难以检索、无法借阅等问题，反映了文献资源存在组织与揭示上的管理问题，同时资源检索、资源使用等服务也需要进一步优化；第四，图书馆缺少专门针对读者荐购及其关键节点与读者进行沟通、获取反馈的渠道和平台，读者无法掌握荐书动态，荐购工作也得不到恰当的推广与宣传，长此以往容易打击读者的荐购热情、降低读者参与资源建设的效率和质量。

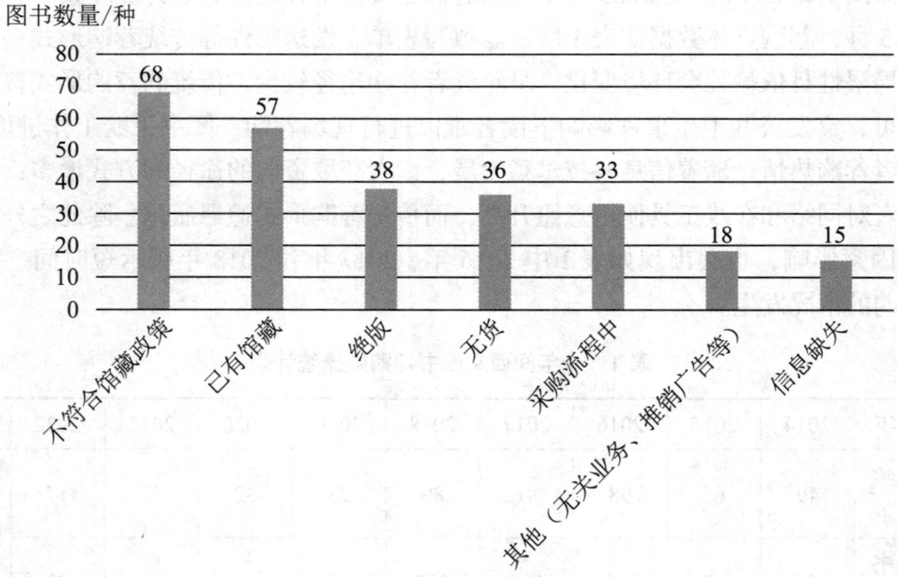

图 1 荐购未满足成因统计图

2.3 用户需求指导文献资源建设能力提升

分析读者荐购效能可以反映荐购业务和资源建设的优点与不足，而解读用户身份及其阅读需求的关联则是图书馆探索以用户需求为中心推进资源建设能力和业务水平提升的新通路。

2.3.1　构建用户画像，制定个性化资源建设方案

对完整提供院校、机构、企业等信息的用户进行统计，数据显示其分别来自 57 家高校、25 家企事业单位以及 16 家科研机构等总计 98 家单位。来自高等院校的用户是读者荐购的主力军，对于荐购图书的用途和质量需求明晰，侧面反映读者荐购在高校有着较为坚实的发展基础；企事业单位的荐购用户不乏来自医疗、法律、科技、教育等领域，与科研机构相同，其工作性质常常需要洞察国际前沿领域的发展态势，借鉴专业、权威的海外图书资料，因此企事业单位与科研机构的用户共同构成参与荐购的中坚力量。依托海量数据构建用户画像，完善采访和服务政策，尝试为不同用户群体设置专属的图书馆使用方案，开发专题书库、分类荐购窗口、推荐主题资源等，能够帮助图书馆优化馆藏布局，构建多元、合理、专业的馆藏结构，提高资源利用率，并为用户提供精确化和个性化的阅读服务。

2.3.2　解析读者需求，提升资源建设、管理、服务水平

读者通过荐购提出阅读与使用图书馆服务的需求，为图书馆优化提升业务水平提供了翔实的数据和参考依据，表 2 是从荐购记录中选摘的具有代表性的读者推荐理由（含个人建议）和处理结果。

表 2　读者荐购推荐理由和处理结果选摘

序号	推荐理由	处理结果
1	此书反映美国南方文学研究最新趋势，本人主持这方面国家社科项目，迫切需要	予以订购
2	此书名可以检索，但馆藏为 0 不可借阅	馆藏有缩微版本可供查阅
3	广大残疾人、老年人的功能恢复、生活幸福类图书	国内该领域资源稀缺且具有一定社会价值，予以订购
4	馆藏 1980 年版本过于老旧，建议购买新版	已购买新版
5	馆藏显示在架上，但实际未找到	已告知读者索书号
6	外文新书上架慢，为何不设专门书架？记到处理和到书周期均不知道	已进行相关问题解答
7	希望及时采购一些外文书，如澳大利亚每年的最高文学奖获奖作品	将加大对国外知名文学奖作品的采选力度
8	不知道向国图荐书有什么渠道，遂通过网站“意见建议”栏目进行荐书	予以订购

对所有收集的荐购信息中读者填写的推荐理由进行总结可以形成如图 2 所示的图书馆用户需求解析图，用户需求具体分布于资源建设、资源管理和资源服务等诸多方面。读者荐购的西文图书通常具备前沿性与权威性，是具有重要研究意义的高质量图书，也有读者明确指出特定领域资源稀缺、馆藏需要补充卷次和更新版本等，这些建议能够促

进馆员提高查找、分类、整理文献资源的能力，对优化采访政策、提高馆藏质量、完善资源结构起着举足轻重的作用；用户需求图书已有馆藏却难以查找、不便借阅，体现出数据记录维护、书目正确归架、复本查重等工作的重要性，馆员可在日常工作中借助数据技术、智能设备等，以灵活、高效的组织和整合手段对馆藏进行有效揭示，以完备的资源管理为资源服务保驾护航；读者荐购是用户主观需求的表达，包括兴趣爱好、学习参考等，也是促进信息传播，进行文化交流、宣传和推广的手段之一，图书馆应以此为契机创新服务模式、健全服务机制、提高服务质量，在满足读者个人需求的同时推动文化资源共建共享。只有多角度、全方位提升资源建设、资源管理和资源服务水平，才能实现文献资源结构与配置的合理化，培养图书馆满足用户需求和期望的能力。

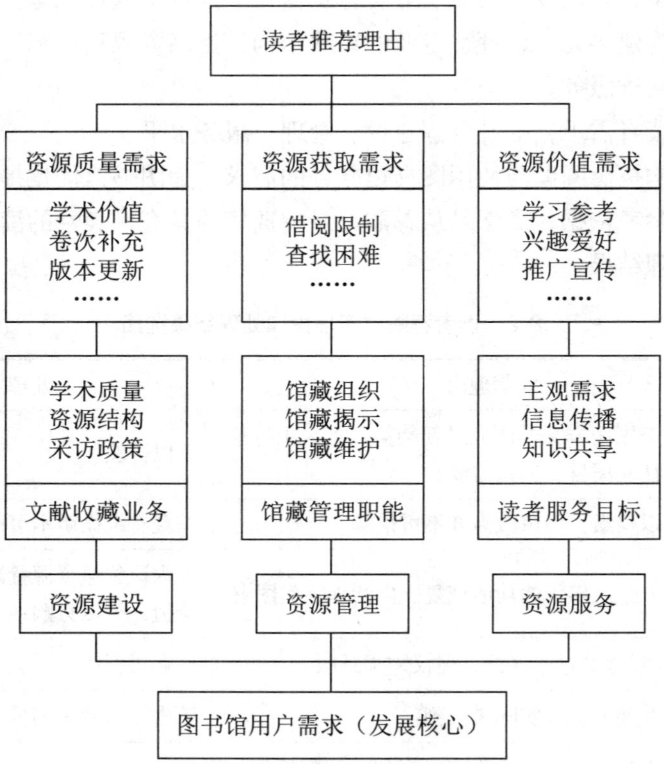

图 2　图书馆用户需求解析图

3　智慧图书馆时代文献资源建设工作的优化发展策略

读者荐购反映文献资源建设的发展水平，提示该工作尚存不足之处并暗示其优化方向，图书馆应把握时代脉络，以文献资源为基石、以用户需求为导向，以数字能力和高新技术为推手，探索文献资源建设工作的优化路径，通过深挖馆藏资源、强化资源管理、升级常规业务、构建智能系统、培育馆员能力等办法，为文献资源建设工作适应智慧图书馆发展开辟崭新通路。

3.1 重视馆藏资源的挖掘、整理、评估与保护

文献资源建设是图书馆各项工作开展的基础，图书馆应充分调查、分析和研究现有文献资源情况，建立一套基于本馆发展实际的文献资源建设评估体系，定期进行文献资源建设评估活动，分析馆藏建设重点、评价资源使用效率、调整资源配置方案，为确定图书馆发展目标、制定文献资源建设规划提供参考或建议。同时，文献资源管理为资源建设发挥作用提供保障，图书馆要采用灵活的组织与分类方法对资源进行有效的管理与揭示，注重核心馆藏、特色馆藏的开发与数字化建设，完善馆藏布局，开辟分类馆藏专区，提高服务效率。针对读者提到的文献破旧、资源难查等问题，图书馆不仅要做好图书日常维护，更要重视文献资源的长期保存，着力提升资源数字化能力，保障用户的资源使用需求。

3.2 探索用户需求驱动的业务升级

智慧图书馆建设以用户为中心，探索用户需求驱动的业务升级是文献资源建设工作的重要转型策略。以读者荐购为例，作为采访工作的关键补充手段，读者荐购是用户参与资源建设的有效途径，高效、便捷的荐购服务能够提升读者荐书积极性，帮助图书馆完善采购决策，助力文献资源配置平衡发展。传统荐书模式流程长、反馈慢、时效差，严重影响读者荐书热情和资源使用感受，不利于馆藏结构的优化，也制约资源使用与流通效率。图书馆可利用智慧图书馆技术将荐书窗口嵌入门户网站，或开发荐购软件、微信小程序[5]等，同时也可在馆区安放多媒体终端，让读者能够实时进行资源推荐，并设置方便采访人员与读者进行信息沟通的交流平台，及时为读者推送荐书结果、采购情况、到书提醒等，解决读者获取信息延时从而导致荐书积极性下降的问题。图书馆亦可全面收集读者检索和借阅数据，利用机器分析用户行为，建立用户画像数据库，将读者个性化需求与图书馆多元化资源进行精准匹配，制定专属服务方案，从而提高读者满意度。

3.3 开展智能化工作平台与系统建设

智慧图书馆时代智能操作系统和服务平台层出不穷，有基于图书馆检索系统的智慧发现系统[6]，有基于供应商数据库开发的在线荐书平台[7]，也有提高借阅效率的智能借书设备、回答读者问题的咨询机器人等[8]。

文献资源建设工作包含业务繁多，为推动其转型，图书馆应打通数据流和信息流，尝试构建集采访、编目、荐购、存储、管理等功能于一体的智能书目数据处理平台：采访人员依托大数据、人工智能等模块收集并分析用户阅读习惯和资源需求，改善采访策略，增强采访工作的针对性；编目人员可以轻松实现采访数据的查找、分类、编辑等功能，提高编目工作效率和准确性；荐购处理人员实时获取读者上传的荐购信息，结合馆藏数据库进行采购决断，并将荐购结果反馈给读者，同时进行后续发订流程，加快荐购服务整体运转速度；书目维护人员可以对读者提出的资源使用问题进行高效整合、分

类，设置修改模板对数据进行批量处理；分析专员则能快速搜集检索数据、荐购数据、使用数据等，方便进行全年纵向对比和历年横向对比，为文献资源建设的研究与决策提供分析报告和参考依据。

3.4 着眼图书馆馆员智慧能力培养

科技赋能是推动文献资源建设工作优化发展的重要动力，而图书馆员的专业素养和个人能力则是引领科技发挥作用的核心保障，浩如烟海的文献资源、纷繁复杂的信息知识、层出不穷的科技手段、迥然不同的用户需求皆指引图书馆如何进一步做好人才队伍建设，敦促图书馆培养馆员智慧能力。

馆员应保持敏锐的洞察力，追踪业界最新动态、趋势和发展方向，及时调整工作策略，不断提升文献感知能力和信息技术能力，掌握各类管理软件、检索工具、智能系统的使用方法，运用智慧技术提高工作效率和质量。同时，馆员应保持开放的心态和思维方式，秉持以用户为中心的工作理念，探索尝试新的工作方法和技术，注重日常工作的经验积累和自我反思，定期对个人工作进行评估，针对问题和不足制定改进措施。图书馆也要从领导者和组织者的层面出发，将工作任务与馆员个人特点相结合研究多渠道培养模式，为馆员智慧能力培养提供良好环境，使馆员在文献资源建设工作乃至智慧图书馆建设整体进程中充分发挥其个人智慧。

参考文献

[1] 方向明，沈玲. 图书馆读者荐购研究综述［J］. 图书情报工作，2018（9）：143-150.

[2] 王春艳. 基于荐购数据分析的文献资源建设优化策略及启示［J］. 河南图书馆学刊，2023（9）：84-87.

[3] 张红萍. 用户需求对图书馆文献资源建设、管理与服务促进机制——基于扎根理论的研究［J］. 农业图书情报学报，2022（9）：95-103.

[4] 赵英. 图书馆荐购系统研究现状、趋势与启示［J］. 大学图书情报学刊，2021（2）：82-87.

[5] 陈晨，王晓冰. 微信小程序在图书馆读者荐购中的应用探析［J］. 图书馆研究与工作，2020（9）：59-63.

[6] 李慧芳，孟祥保. 近十年国内外图书馆资源发现系统研究与实践进展述评［J］. 图书情报工作，2020（6）：120-129.

[7] 张畅. 基于"芸台购"服务平台的读者荐购策略研究［J］. 图书馆学研究，2020（8）：40-43.

[8] 蒋逸颖，蒋逸婷. "双一流"高校图书馆智慧服务现状研究［J］. 图书馆研究与工作，2023（8）：77-81，96.

试论提升信息与文献标准化工作实践性的路径

郭　菲　张楚彬（外文采编部）

《孟子》曰："不以规矩，不能成方圆。"[1]古人的"规矩"在现代社会上升成了各行各业的"规范性文件"，标准就是其中最常见的形式之一。标准是指农业、工业、服务业以及社会事业等领域需要统一的技术要求[2]。在高质量发展的新形势下，标准对事业保驾护航的作用日益凸显，由此围绕标准展开的一系列工作就逐渐固化为一种工作模式，形成一定的体系，即标准化工作。标准化工作的主要任务是制定标准、组织实施标准以及对标准的制定、实施进行监督[3]。《国家标准化发展纲要》明确指出，标准化工作是各项经济社会活动的重要技术支撑，是国家基础性制度的重要方面，标准化在推进国家治理体系和治理能力现代化中发挥着基础性、引领性作用[4]。

标准化工作在信息与文献领域的重要意义也不例外。所谓信息与文献的标准化工作，就是以标准等标准性文件的形式，对信息与文献工作的整体脉络进行统一规范和监督，可具体分为对图书馆、文献和信息中心、出版、档案和文件管理、博物馆文献、索引和文摘服务以及信息科学有关实践的标准化工作。我国开展信息与文献标准化工作的专业机构是全国信息与文献标准化技术委员会（以下简称"文标会"）。文标会成立于1979年，经过四十余年的不断耕耘，在国家标准制修订、标准推广实施、标准化成果应用以及参与国际标准化事务等方面取得了长足进步，促进形成了一系列有效的管理机制，为我国文献信息事业的发展做出了重要贡献。

然而在实际工作中，相较于信息组织从业者在日常工作中触手可及的各种本地化规则和应用指南，国家标准在很大程度上处于"隐身"状态，直接应用的有限，甚至常常被忽略，从而在一定程度上影响了标准效能的发挥。本文试从阐述我国信息与文献标准体系的建设特点入手，通过问卷调查数据的分析，明晰信息与文献国家标准在业界的认知和利用情况，并对如何提升信息与文献国家标准的实践性提出具体工作思路。

1　信息与文献标准化工作的特点

1.1　标准体系具有较好的完整性

标准体系是系统工程在标准化工作中的运用，是某领域国家标准建设的框架结构，对国家标准的制订具有很强的指导和支撑作用。我国信息与文献标准体系采用与国际标准化组织信息与文献标准化技术委员会（ISO/TC46）标准体系相似的划分原则，横向上覆盖图书馆、博物馆、档案馆、出版社等主体机构，纵向上涵盖信息资源生命周期的各阶段，全方位、多维度地对标准体系进行架构，体现了系统性和完整性。

具体而言，信息与文献国家标准体系目前由 173 个标准构成，按基础标准和业务标准两个维度进行划分。基础标准包括信息与文献领域的术语、书面文字转写标准和国家地区名称代码，这些标准是适用于信息与文献各领域的通用标准，共计 27 个。业务标准包括信息标准、主体标准和技术标准，其中信息标准 103 个，包含信息创建、信息加工、信息组织、信息识别、信息服务、信息保存和管理应用几个领域；主体标准 19 个，面向图书馆、档案馆和博物馆等信息资源管理机构；技术类有 24 个技术互操作标准，可实现数据交换和应用。

1.2 标准制订具有较强的实践性

标准需要指导实践，从而有效地促进信息文献事业的发展。信息与文献国家标准紧贴数字环境下图书馆、文献和信息中心、出版、档案和文件管理、博物馆文献等领域业务和管理发展需求。例如，《信息与文献　资源描述》（GB/T 3792—2021）标准主要遵循 ISBD 统一版，并参考 RDA 物理表现层的规则，同时兼顾我国原文献著录规则各分册的著录规定[5]。

标准的实践性具有我国信息与文献事业的鲜明特色。我国标准的制订，既可以完全采用或修改采用国际标准，也可以非等效对应相关国际标准，还可以直接制定我国需要的标准。信息与文献领域的国家标准也是如此。例如《文献主题标引规则》（GB/T 3860—2009）与国际标准《文献工作——文献审读、主题分析与选定标引词的方法》（ISO 5963：1985）即是非等效对应的关系。与后者相比，前者增加了适合机检系统的若干规则，也可供计算机辅助主题标引参考[6]；增加了若干汉语术语、细化了标引流程中各个环节的规范，能更加全面地指导我国编目领域工作实践。同时，为满足国内信息与文献工作的实际需要，我国制定了数个没有参照国际标准的国家标准。

1.3 标准修订具有较快的时新性

标准体系作为一个不断生长的有机体，需要一个强有力的维护更新机制，以确保标准始终与时代发展相契合。标准有自我发展的生命周期。国际标准的生命周期大致分为 9 个阶段，每个阶段用一个数字表示：预阶段（00）、立项阶段（10）、起草阶段（20）、委员会征求意见阶段（30）、审查阶段（40）、批准阶段（50）、发布阶段（60）、复审阶段（90）、废止阶段（95）。每一个阶段还会细分出若干阶段，如立项阶段还细分为注册新项目建议（10.00）、对新项目进行投票（10.20）、投票结束（10.60）、将提案返回提交者修改（10.92）、否决新项目（10.98）和通过新项目（10.99）[7]。通过这些阶段的数字代码就可清晰地了解标准制订的进展。国家标准的生命周期与国际标准基本相同。其中，体现标准时新性的阶段就是标准的复审阶段。ISO 和我国的标准化工作均采用系统评审方式（SR），即通过机器进行复审，每个标准 5 年复审一次。经过复审环节确定国家标准是继续有效、申请修订还是废止。标准是否需要启动修订，取决于两方面的因素，一是国家标准所采标的国际标准是否已经重新修订，二是现有国家标准是否符合业界的需要。例如，《索引编制规则（总则）》（GB/T 22466—2023）是一个非等效对应 ISO 的国家标准，尽管国际标准 1996 版目前仍然有效，但是国家标准根据我国实际需要在 2023 年推出了新版本。

2 信息与文献标准化工作实践性的思考

如前所述，我国信息与文献标准化工作已经形成了良好的工作模式，具有较完整的体系，对标准的实践性也有一定程度的重视。但是，上述分析均从标准制定的角度出发，而标准化工作的落脚点应是标准为行业发展提供服务的能力，即标准的实践性。

为了更好地了解我国信息与文献标准化工作实践性的现状，笔者于 2024 年 2 月以网络问卷调查的形式开展了相关调研。调查问卷共包含 20 道问题，涉及信息与文献领域国家标准的宣传普及、参与度和利用率等方面。问卷通过“问卷星”平台进行线上发放，实际填写 153 份，收回有效问卷 153 份。在调查对象中，图书馆员为 138 人，占比达到 90.2%，其中从事信息组织工作的为 72 人，占比为 52.17%。通过数据分析可以看出，尽管我国信息与文献领域标准的制定充分考虑标准受众的需求，但是在实践性方面仍有三方面“有待提升”。

2.1 标准化工作的认知度有待提升

有 80 人（52.29%）表示“不太了解”和“完全不了解”我国的标准化工作（如图 1）；有 75 人（49.02%）表示“不太了解”和“完全不了解”信息与文献领域的标准化工作（如图 2）。对我国国家标准体系的建设模式、国家标准与 ISO 国际标准之间的关系、国家标准的制定周期等问题，选择“不太了解”和“完全不了解”的人数分别达到 104 人（67.97%）、110 人（71.89%）、110 人（71.89%）（如图 3、图 4、图 5）。

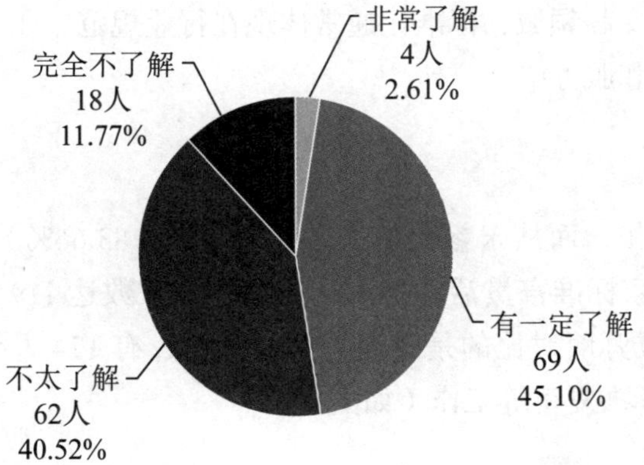

图 1 对我国的标准化工作的了解程度

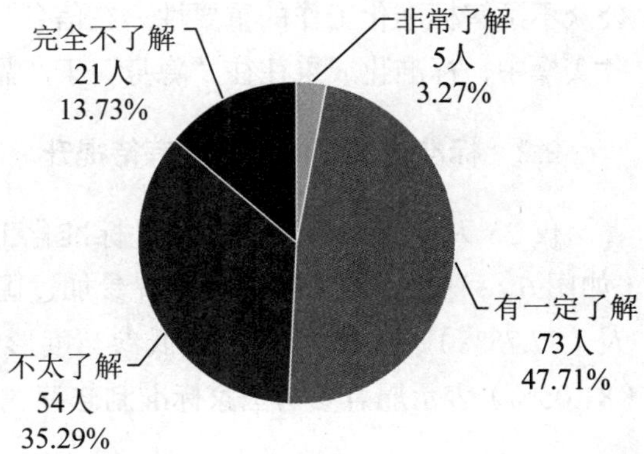

图 2 对信息与文献标准化工作的了解程度

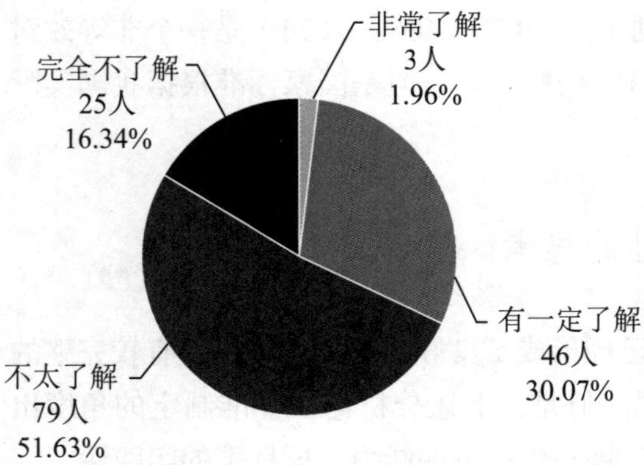

图 3　对我国国家标准体系建设模式的了解程度

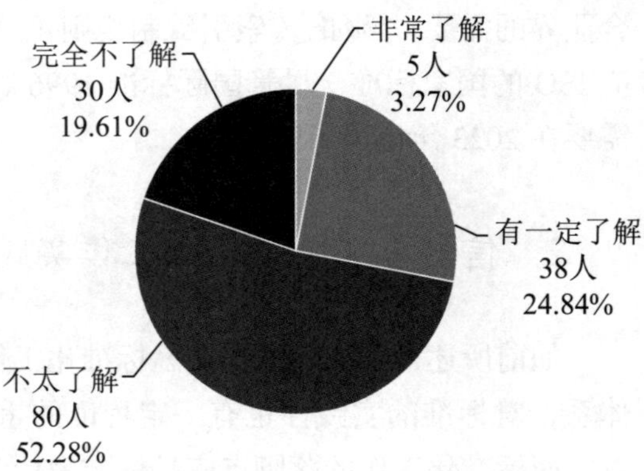

图 4　对国家标准与 ISO 国际标准之间关系的了解程度

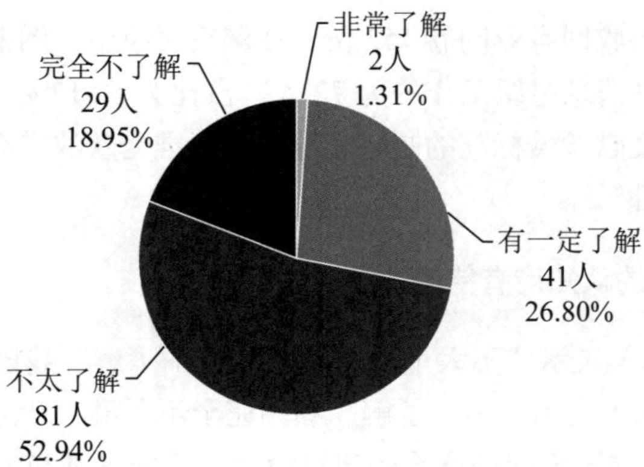

图 5　对国家标准的制定周期的了解程度

与发达国家相比，我国的标准化工作起步较晚，加之缺乏足够的宣传和普及活动，公众不了解标准化工作的重要性。在信息与文献领域，标准化通常体现在行业规范、业务实操中，标准化成果往往“隐身”于产品和服务中。

2.2　标准化工作的参与度有待提升

仅 25 人（16.34%）曾参加过标准化工作，而从未参加的人数达 128 人（83.66%）（如图 6）；仅 34 人（22.22%）曾参加过国家标准宣贯活动，而从未参加的人数达 119 人（77.78%）（如图 7）。与较低参与度形成鲜明对比的是较高的参与意愿，有 124 人（81.05%）表示愿意参与国家标准制修订、标准复审等工作（如图 8）。

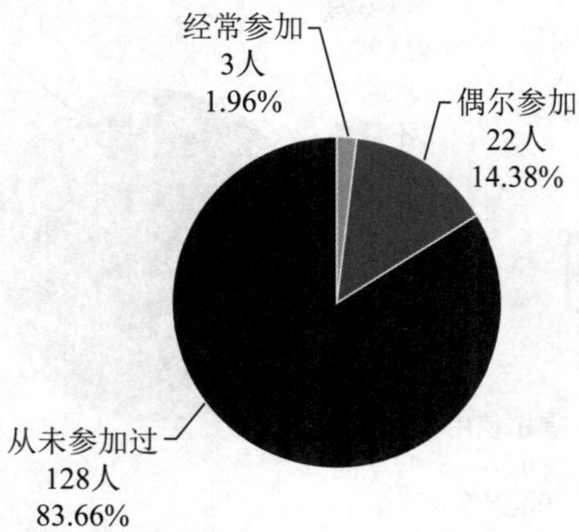

图 6　参加标准化工作的情况

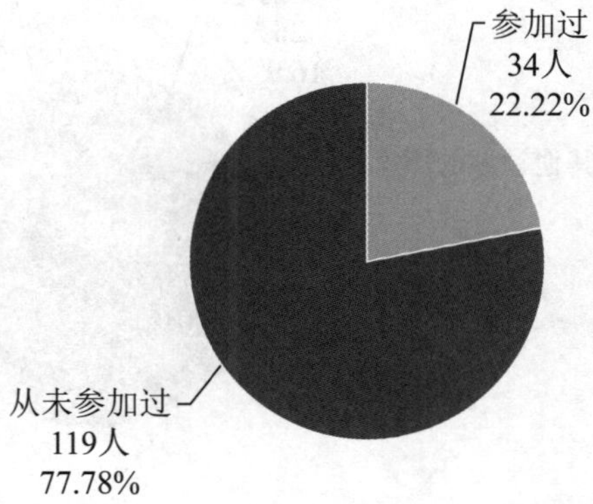

图 7　参加国家标准的宣贯活动的情况

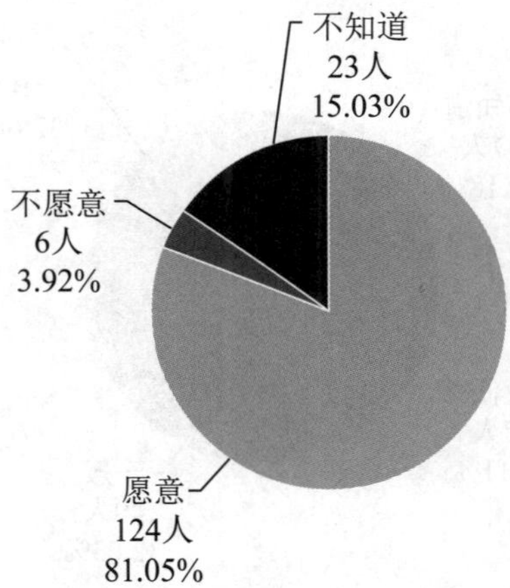

图 8　参加国家标准制修订、标准复审等工作的意愿

较低参与度的背后有多方面的原因。一是，标准化工作需要复杂的跨学科专业技术知识，从业人员普遍缺乏相关的技术知识。二是，由于缺少有效的激励机制和支持体系，从业人员缺乏参与动力，此外，即便有意愿参与，他们也常常缺乏参与渠道或相关指导。三是，标准制定需要跨领域的协同合作，但由于缺乏有效的交流与合作平台，从业人员难以找到合作伙伴共同推进标准化工作。

2.3　标准化工作的贡献度有待提升

仅有 31 人（20.26%）表示在工作中经常使用信息与文献领域相关国家标准（如图 9）。尽管有 94 家机构（61.44%）参照相关国家标准制定了信息组织规则，但仍有 12 家机构（7.84%）未参照相关国家标准制定信息组织规则，甚至有 47 家机构（30.72%）不清楚信息组织规则的制定是否参照相关国家标准（如图 10）。仅有 50 人（32.68%）认为信息与文献国家标准在所从事的工作中利用率很高（如图 11）。由此可见，信息与文献领域的国家标准对具体工作的贡献程度尚不理想。

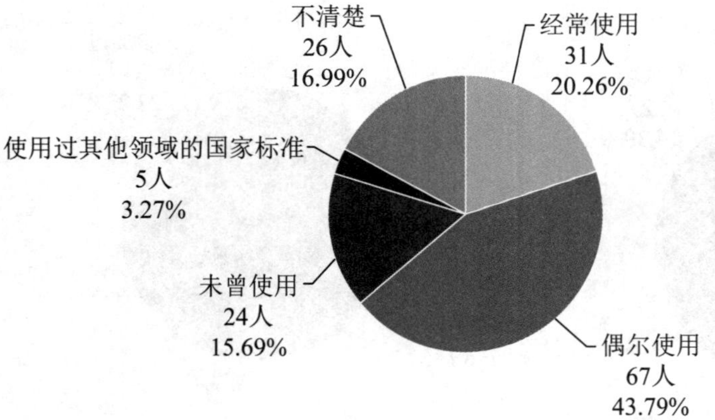

图 9　工作中使用信息与文献领域相关国家标准的情况

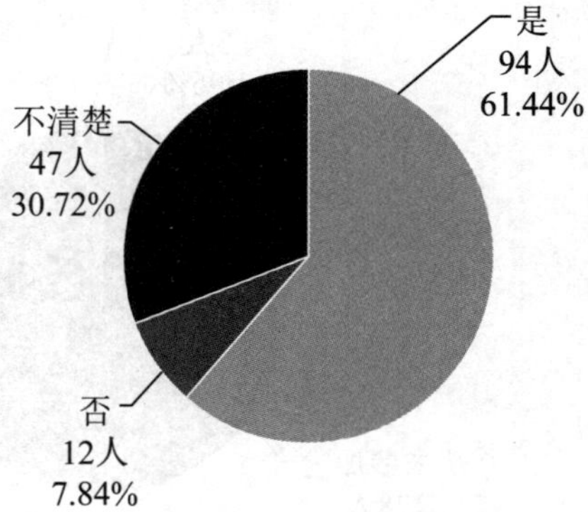

图 10　所在机构的信息组织规则制定对国家标准的参照情况

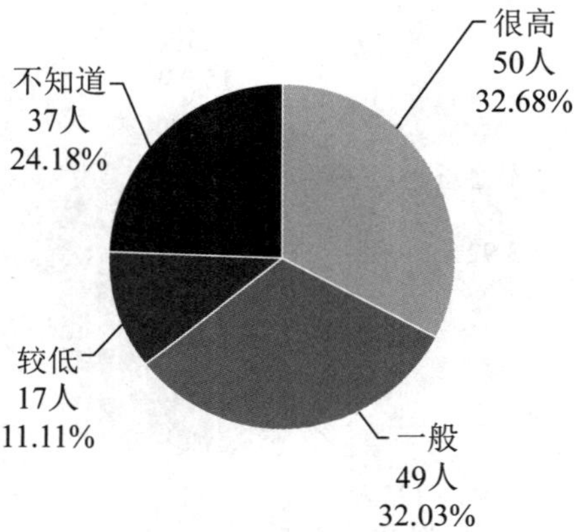

图 11　信息与文献国家标准在工作中利用率

究其原因：一是部分现有的国家标准未能参照国际最新标准及时进行更新，与工作实践严重脱节；二是随着用户对信息检索、处理与共享的需求日益增加，现有标准不能完全满足用户的现实需求，由于缺乏追踪与反馈机制，也无法了解用户的实际需求；三是标准化工作往往需要投入大量的时间、财力和人力资源，如果标准实施单位无法提供必要的支持和资源，那么从业人员将难以参与标准化工作，进而难以对该领域做出显著的贡献。

3　信息与文献标准化工作实践性提升策略

从以上分析可以看出，我国信息与文献标准化工作的实践性从认知度、参与度和贡献度方面都有待进一步提升。信息与文献标准化工作的实践性水平不仅直接关系到信息检索效率和精度，还影响到信息资源的共享与协作、知识传播与学术交流，还将进一步加剧智慧化转型所面临的严峻挑战，已成为制约我国标准化工作高质量发展的一个关键因素。因此，在信息和文献领域内提升标准化工作的实践性，对于推动知识的高效管理和应用，以及提升我国科研水平与国际竞争力，具有极其重要的现实意义。

3.1 加强标准宣贯力度，创新宣贯服务模式

加强信息与文献标准化工作推广的关键在于整合各种资源，创新宣贯服务模式，提升公众标准化意识。首先，可以利用社交媒体和在线平台发布标准化信息，加强对标准化重要性的宣传，提高公众和相关从业人员的标准化意识，以形成一个全社会都关注和支持标准化工作的积极氛围，如国家标准起草人录制的宣贯视频需要畅通发布渠道，加大推送力度。其次，可以策划向标准利益方进行宣贯，通过举办各种专题研讨会、培训班和线上课程，普及标准化知识和行业的最新动态。最后，可以通过“标准化工作进校园”等形式，在高校和职业学校中普及标准化工作的意义和内容，提升学生对国家标准和标准化工作的认知程度。

3.2 拓宽从业者参与渠道，建设标准化人才队伍

针对从业者参与程度低但参与意愿高的情况，应积极拓宽从业者参与渠道，同时加强标准化人才队伍建设。为此，应采取多元化策略来吸引和培养更多具有专业知识与实践经验的人才投身标准化工作。首先，应从源头上强化标准化人才培养，按照《国家标准化发展纲要》的要求，将标准化相关理论和实践纳入普通高等教育、职业教育和继续教育课程体系，鼓励学生参与标准研究和制定，为搭建标准化工作人才梯队奠定基础。其次，涉及标准化工作的机构应设立激励机制和支持体系，激励优秀人才参与标准化工作，提升他们的工作积极性和参与度。最后，建立开放透明的标准制订流程和机制，让更多的从业者有机会参与标准的起草、审议和修订，这不仅能壮大标准化工作的人才队伍，同时也能提升标准的质量和适用性。

3.3 建立健全工作机制，推进标准实施应用

提高标准的贡献度，关键在于匹配标准化工作方向与实际业务需求，只有符合实际工作需求的标准才能有效地应用于实践。首先，要以需求为导向，通过梳理国家发展战略、分析评估信息与文献领域的工作需求，确保所制订的标准和信息与文献领域的前沿技术紧密契合；同时，建立高效的需求追踪和监督评估机制，通过基层调研、对标准使用者访谈以及与标准使用机构沟通，全方位掌握标准的应用状况和需求变化，为标准的制修订提供坚实的基础。其次，拓展信息与文献标准化服务范围，提供标准技术咨询和社会咨询服务，及时处理国家标准实施反馈意见，切实为标准的落地实施排忧解难，提升标准的社会效益。最后，紧密追踪国际标准动态，明确其发展方向和重点领域，并有针对性地制修订相关标准，推动国际标准的本地转化；同时，积极投身国际标准化活动，参与国际投票，发出中国声音，提升中国在国际标准化工作中的话语权。

我国信息与文献标准化工作虽然目前正处于稳步发展之中，仍有很大的提升空间。

本文通过分析信息与文献标准化工作当前的实践现状，总结梳理其中存在的不足，并针对性地提出具体的改进策略，旨在探索提升信息与文献标准化工作实践性的有效路径。面对快速变化的信息时代，持续推动标准化工作的深入实施，不仅有助于规范行业内部管理，提高服务质量和效率，也可为信息与文献领域的高质量发展奠定坚实的基础。

参考文献

[1] 阮元. 十三经注疏［M］. 北京：中华书局，1980：2717.

[2] 中华人民共和国标准化法［EB/OL］.［2024-03-22］. https://www.gov.cn/xinwen/2017-11/05/content_5237328.htm.

[3] 洪淼. 标准化工作使用手册［M］. 南京：河海大学出版社，2021：13.

[4] 中共中央　国务院印发《国家标准化发展纲要》［EB/OL］.［2024-04-01］. https://www.gov.cn/gongbao/content/2021/content_5647347.htm.

[5] 宋文，朱学军.《资源描述》国家标准及对我国信息资源描述标准体系的思考［J］. 数字图书馆论坛，2016，(12)：21-27.

[6] 全国信息与文献标准化技术委员会. 文献主题标引规则：GB/T 3860—2009［S］. 北京：中国标准出版社，2010：3.

[7] International harmonized stage codes［EB/OL］.［2024-03-26］. https://www.iso.org/stage-codes.html.

国家图书馆少数民族文字文献馆藏探析

吴杨方舟（典藏阅览部）

我国是一个多民族国家，许多民族拥有独特的文字，这些文字也是中华文化的重要组成部分。少数民族文字文献①（以下简称"民文文献"）是使用各少数民族文字书写产生的文献资料，其种类丰富、形式各异。民文文献作为展现国家和民族特色、传承中华优秀传统文化的重要资源，为少数民族地区的可持续发展提供了重要支持，对加强民族团结、促进多元文化的交流与融合具有长远意义。国家图书馆（以下简称"国图"）作为综合性研究图书馆，担负着完整、系统地搜集和保管本国文献的重要职责[1]。本文旨在通过调研国图民文文献入藏及服务现状，了解馆藏结构、分析读者需求，为图书馆民文文献建设提供数据参考。

1　国图民文文献馆藏概况

国图民文文献建设始于1909年京师图书馆（国图前身）筹建时期，1929年北平北海图书馆与北平图书馆（国图时称）合组为国立北平图书馆，资源得以整合。新中国成立后，民文文献建设得到党和政府高度重视，购书经费的逐年增加以及民族文字出版物呈缴制度的实行，使得民文文献建设稳步发展。

近年来，国图依据"中文求全，外文求精；国内出版物求全，国外出版物求精；多品种，少复本"的文献采选总原则，结合文献资源建设经费、文献资源结构与利用、库房空间等实际情况，通过多种途径获取、收藏和管理民文文献资源。民文文献入藏范围包括呈缴、购买、捐赠、竞拍的正式出版物以及价值较高的非正式出版物，如古籍、会议文献、研究报告、民间诗文、资料汇编等，文献采集与管理遵循的现行相关法规主要包括《中华人民共和国公共图书馆法》《国图文献采选条例》《国图特殊文献购买管理办法》《国图文献竞拍工作管理办法》《国图捐赠文献接受管理办法》等。设立中国少数民族语文文献阅览室，民文文献专室专藏，提供近现代民文文献的相关读者服务。

目前，国图民文文献资源涵盖中国历代绝大部分少数民族的文字文种，包括已消亡的文字、继续使用并不断改进的通行文字以及在研究实践中创制的新文字。经统计，馆藏包括蒙古族、藏族、维吾尔族、哈萨克族、朝鲜族、锡伯族、达斡尔族、柯尔克孜族、壮族、彝族、傣族等少数民族的共48种民族文字（含古籍），其中1949年后出版

① 古籍文献时间划定以辛亥革命为界限，少数民族文字古籍时限下延至1949年，本文所述少数民族文字文献为非古籍文献。

的民文文献（民文新书）文种数量为 34 种。入藏文献学科覆盖《中国图书馆分类法》（以下简称《中图法》）22 个分类，包括图书、期刊、报纸 3 种主要类型，出版年份自 1913 年至今。截至 2023 年底，国图馆藏实体民文文献总量达 9.5 万余种、21.6 万余册（件）（可借阅单册 12 万余册），馆藏图书平均副本量为 2.263 册。

2 国图民文文献馆藏分析

馆藏是开展文献资源建设的物质基础。笔者借助 Aleph 流通系统、OPAC（联机公共目录查询系统）检索平台获取馆藏数据，结合民族文字使用及文献出版情况，对国图馆藏数量、结构、分布与揭示情况进行分析研究，以期明晰馆藏现状、优化馆藏结构，为各类读者提供高质量服务。

2.1 馆藏民文文献数量分析

馆藏数量是馆藏质量及图书馆实力的直接表现，新书增长率体现文献时效性。综合分析文献历年入藏数量及增长率，可帮助评估图书馆馆藏建设的效果和趋势，为提升馆藏质量和服务水平提供参考依据。2010—2020 年每年均有新增的民文文献，可见民文文献建设一直稳步推进，但增长率波动大（见表 1）。

表 1 国家图书馆 2010—2020 年民文文献入藏及增长率明细表（正式馆藏）

年份	2010	2011	2012	2013	2014	2015	2016	2017	2018	2019	2020
种数 / 种	2357	1650	7104	5194	2470	4351	8221	6465	5125	5827	3756
件数 / 册（件）	4271	2892	12667	9186	4715	8875	14898	10203	9286	9797	7130
增长率 /%	126.7	−32.29	338.00	−27.48	−48.67	88.23	67.86	−31.51	−8.99	5.50	−27.22

对比《中国新闻出版统计资料汇编》与《国家图书馆年鉴》2010—2020 年公开数据（见图 1），可见民文文献入藏比例波动较大，且入藏数量明显低于民文文献出版数量。这说明民文文献资源建设受馆藏策略影响较大，在馆藏更新方面可能存在滞后或不足。

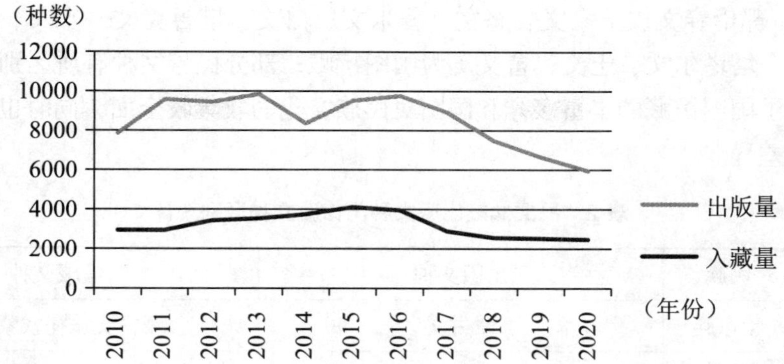

图 1　民文文献出版量与国图入藏量对比图

2.2　馆藏民文文献结构分析

馆藏结构体现馆藏各部分之间的关系和构成状态，其合理与否直接影响馆藏体系整体功能的发挥[2]。馆藏结构主要包括馆藏的文种、学科、类型、时间结构等方面。

2.2.1　文种结构分析

文种结构是指馆藏中各文种出版物的结构状况[3]。一般来说，馆藏涉及的文种越多，其完备程度越强。分析馆藏文种结构，有助于更好地了解馆藏特点和优势，从而指导馆藏建设和管理。国图民文文献（新书）馆藏涵盖了各个少数民族共 34 个文种（见图 2）。

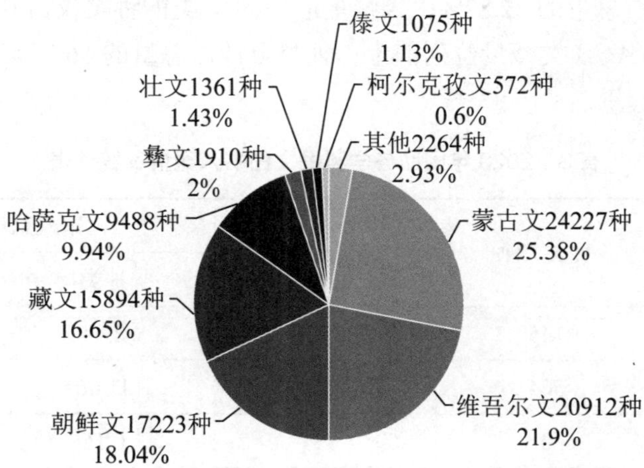

图 2　国图民文文献馆藏文种分布图

将国图馆藏情况与近年出版文献的 22 个少数民族的 24 个文种①进行对比，16 个文种（布依文、朝鲜文、侗文、哈尼文、景颇文、载佤文、柯尔克孜文、拉祜文、傈僳文、满文、纳西文、佤文、维吾尔文、锡伯文、藏文、壮文）完全一致；14 个文种

① 依据国家新闻出版署《2020—2022 中国新闻出版统计资料汇编》综合整理。

（达斡尔文、鄂伦春文、土家文、怒文、普米文、白文、塔吉克文、水文、撒拉文、黎文、独龙文、塔塔尔文、土文、畲文）为国图特藏；部分民族文种有所区别（见表 2）。该数据展示了国图馆藏的丰富多样和国图对民族文化的收集较全面，同时也反映了不同文种的馆藏差异。

表 2　民文文献出版文种与馆藏文种区别统计

序号	民族	出版文种	馆藏文种
1	蒙古族	蒙古文	蒙古文、托忒蒙古文
2	哈萨克族	哈萨克文	哈萨克文、新哈萨克文
3	彝族	规范彝文	彝文
4	傣族	傣文、德宏傣文、西双版纳文	傣文、德宏傣文、西双版纳傣文
5	苗族	苗文	苗文、川黔滇苗文
6	瑶族	瑶文	瑶文、勉方言瑶文、门方言瑶文

2.2.2　学科结构分析

学科结构是指各学科门类文献的比例结构。学科是馆藏结构一个最基本的构成面[4]。分析馆藏学科结构，有助于更好地了解馆藏的学科覆盖情况和发展趋势。以 2023 年入藏的民文图书为例，按《中图法》一级类目对其进行统计①（见表 3），结果显示：

①民文图书涵盖 22 大类，学科覆盖率达到 100%。②学科间差异较大，入藏量最高的学科 I 类的种类占总量的 32.82%；入藏量最小的 V 类的种类仅占 0.1%。③ I、G、B、D、K、H、R、S、A、J 类藏量位列前十，种类合计占总量的 86.74%。④ I、G、B 3 个类别藏量超过 10%。

表 3　2023 年国图各学科民文图书入藏情况统计表

分类	种类 / 种	册数 / 册	占馆藏总量百分比 /%	
			种类	册数
A	145	172	2.84	1.79
B	564	1059	11.06	11.02
C	8	13	0.16	0.13
D	445	697	8.72	7.25
E	7	9	0.14	0.09
F	71	115	1.39	1.20
G	805	1290	15.78	13.43

① 部分20世纪80年代以前民文新书尚未完成数据回溯，无法查证，未获取数据部分不在统计范畴之内。

续表

分类	种类 / 种	册数 / 册	占馆藏总量百分比 /%	
			种类	册数
H	221	498	4.33	5.18
I	1674	3405	32.82	35.44
J	137	269	2.69	2.80
K	341	631	6.68	6.57
N	58	83	1.14	0.86
O	34	64	0.67	0.67
P	57	116	1.12	1.21
Q	38	87	0.74	0.91
R	166	387	3.25	4.03
S	148	325	2.9	3.38
T	56	102	1.1	1.06
U	10	16	0.2	0.17
V	5	8	0.1	0.08
X	17	41	0.33	0.43
Z	94	221	1.84	2.30
总计	5101	9608	100	100

2.2.3　类型结构分析

类型结构是指馆藏体系中各种不同出版形式、不同载体的文献结构状况，主要考虑图书与期刊比例、纸质文献与数字资源比例[5]。国图现存非古籍民文文献类型主要为图书、期刊、报纸，这些目前均无数字资源。蒙古文、藏文等连续出版物的部分数据尚未回溯，故当前馆藏量仅基于可流通文献统计（表 4）。可知，其中图书占绝对主导地位，期刊入藏相对完整，报纸入藏情况有待深入调研。

表 4　国图民文文献类型统计表

文献类型	图书	期刊	报纸
馆藏文种及种数 / 种	其中蒙古（24227）、藏（15894）、维吾尔（20912）、哈萨克（9488）、壮（1361）、彝（1910）、傣（1075），其余 27 个文种（9966）	蒙古（52）、藏（34）、维吾尔（72）、哈萨克（37）、朝鲜（23）、柯尔克孜（3）、壮（1）、彝（1）、傣（1）、景颇（1）	维吾尔（1）、哈萨克（2）
馆藏种数 / 种	84833	225	3

2.2.4 时间结构分析

时间结构是指按文献出版时间划分的层次结构[6]，反映了文献的历史渊源和质量。分析馆藏时间结构，可了解各时期文献资源的分布情况和特点，为馆藏资源的更新、整合和发展提供重要参考。根据 Aleph 数据统计国图民文文献馆藏最早的图书是 1913 年的藏文专著，期刊、报纸馆藏范围从新中国成立至今。馆藏报刊状态多为“未到”或“记到处理中”，故仅统计图书情况。因新中国成立前出版文献入藏极少，故以 1949 年为时间节点，将之前出版文献一并加以统计；之后文献以每 10 年为一个时段，对各年份出版文献种数进行统计（见表 5），可见馆藏图书年代久远，具有系统性和完整性，入藏种数在新中国成立初期和数字化转型阶段（2010 年左右）有显著增长。

表 5　国图民文文献时间结构表

时段 / 年	—1949	1950—1959	1960—1969	1970—1979	1980—1989	1990—1999	2000—2009	2010—2019	2020—2023
种数 / 种	49	5342	4810	5077	8588	5697	12729	32652	8391
占比 /%	0.059	6.410	5.772	6.092	10.305	6.836	15.275	39.183	10.069

2.3 馆藏民文文献分布与揭示情况

国图通过多种渠道和形式，向广大读者提供民文文献资源的相关服务。除展览培训讲座、馆际互借、民族地区合作外，面向到馆读者主要提供参考咨询、文献检索、借阅、复制等服务内容。依据文献保存分级制度及读者群体类型，馆藏分布、文献状态及服务方式各有不同（见表 6）。

表 6　国图民文图书馆藏分布及文献状态

子库	书刊保存本库	中文基藏库	中国少数民族文献	少年儿童馆
文献馆藏量 / 种	95459	73511	41342	5948
文献状态	文献搬迁	闭架	开架	开架
文献范围	1913 年至今入藏的全部文献种类，涵盖馆藏全部 34 个文种	依据复本情况，文献种类略少于保存本，涵盖馆藏全部 34 个文种	近二十年来出版的少数民族语文图书、近两年的少数民族语文期刊及当年省级少数民族语文报纸，涵盖馆藏全部 34 个文种	近二十年来出版的少数民族文字童书，涵盖蒙古文、藏文、维吾尔文、朝鲜文、壮文等 21 个文种
提供地点	暂时无法提供	综合阅览室，馆际互借出纳台	中国少数民族语文文献阅览室	少年儿童馆

续表

子库	书刊保存本库	中文基藏库	中国少数民族文献	少年儿童馆
读者群体	—	年满16周岁并持有国图读者卡的读者	年满16周岁并持有效身份证件的读者	15周岁及以下少年儿童读者

在文献信息揭示方面，国图提供开放式检索，读者可通过OPAC检索平台的多库检索，选择中文及特藏数据库中“民语文献”进行文献检索。目前检索可勾选文种共19种，对比我国现存少数民族文字使用情况（表7）可发现，广泛使用的文种均在可选项内，一般使用的傣文、傈僳文、布依文、侗文、苗文、载佤文未包含在内，已经基本无人使用的文种占据文种揭示总量（即揭示的基本无人使用文种与总文种揭示总量的比值）的1/3以上。从OPAC检索平台的可选少数民族文字项的数量和覆盖范围可知，相较于馆藏34个文种，国图在少数民族文献信息揭示方面存在明显不足。

表7　少数民族文字使用情况[①]与国图馆藏文种馆藏及揭示情况

使用情况	民族	馆藏文种	OPAC可选文种
广泛	蒙古族	蒙古文	√
	藏族	藏文	√
	维吾尔族	维吾尔文	√
	哈萨克族	哈萨克文	√
	朝鲜族	朝鲜文	√
一般	柯尔克孜族	柯尔克孜文	√
	壮族	壮文	√
	彝族	彝文	√
	傣族	傣文	—
	傈僳族	傈僳文	—
	佤族	佤文	√
	布依族	布依文	—
	侗族	侗文	—
	哈尼族	哈尼文	√
	苗族	苗文	—
	景颇族	景颇文	√
		载佤文	—
	纳西族	纳西文	√

续表

使用情况	民族	馆藏文种	OPAC 可选文种
基本无人使用	满族	满文	√
	锡伯族	锡伯文	√
	拉祜族	拉祜文	√
	土家族	土家文	√
	白族	白文	√
	瑶族	瑶文	√
	达斡尔族	达斡尔文	√
	其他		—

① 依据黄行《少数民族语言文字使用情况调查述要》和邓秋菊《改革开放以来我国少数民族文字图书出版概览与走向》等综合整理。

3 结论

对国图民文文献馆藏的分析显示，其文献资源总量大且资源建设处在稳步推进中，符合“中文求全，外文求精；国内出版物求全，国外出版物求精；多品种，少复本”的文献采选总原则，体现了“保护文献，传承文明”的服务规范。具体表现在：①馆藏数量庞大、学科覆盖面全、时间跨度广泛；在文献类型、文种结构等方面呈现出多元化趋势，藏书体系完整；②设有中国少数民族语文文献阅览室，民文文献专室专藏，文献提供方式多样，可借、可阅、可复制，满足多元需求；③文种结构相对符合读者民族文字使用情况，文献数量足以支撑不同类型民族文字读者的研究与阅读需求。

国图在馆藏建设上仍有改进空间，文献利用方面存在部分问题：①文献入藏量与出版量相较仍存一定差距；②部分文种或学科馆藏种类单薄，采选难度较大；③馆藏揭示与民文使用现状有差距，缺乏大众阅读推广；④民文文献目录、摘要的整理与内容数字化工作尚未全面展开。

4 建议

建设特色馆藏是世界各国国家图书馆文献信息资源建设的重要内容[7]。国图在制定系统科学的民文文献建设规划，构建丰富多样馆藏体系方面一直在不断努力。如何进一步发挥国图特藏专藏优势，使其成为体现我国民文文献服务水准的重要文化场所，笔者建议如下：

一是加强民文文献资源的收集和开发，加强出版物样本缴送管理，提高入藏完整率，与各级图书馆、文化研究机构、出版社等单位建立合作关系，完善文献补藏规划与渠道。

二是采用“馆藏揭示 + 阅读推广”相结合的方式。建立民文文献目录定期披露制度，公开收藏现状；同时剖析民文文献特点和读者需求，制定针对性阅读推广计划，增进社会认知和支持，共同推进民族文化传承和学术发展。

三是加强少数民族语言文字人才建设。在翻译、整理、编目工作等方面有针对性地培养拥有专业语言文字知识技能的工作人员，促进人才交流合作，组建专业团队，解决人才短缺问题。

四是推行实体信息资源的数字化保护。解决民文文献版权问题，完善技术标准、规范数据格式，提高资源可及性、保护性和利用率，鼓励以特色民文文献数据库为主的模式共建，为展示中华民族多元文化打造窗口。

五是优先升级编目系统，实现民族文字原文著录。当前仅朝鲜文支持原文著录，多数文种（如蒙古文、藏文）仍采用拉丁转写，导致语义偏差且违背 UNIMARC 规范。原文著录可保障文化保真性、提升母语检索效率，对构建中华民族共同体意识具有战略意义。

文献馆藏分析是动态的，文献资源建设具有长期性。定期对馆藏数量、结构、分布及揭示情况进行梳理和分析，并在此基础上及时调整文献馆藏建设策略，有助于确保馆藏的更新与完善，提高文献资源的质量和多样性，充分满足读者需求。本文通过对国图民文文献的馆藏情况进行统计分析、对比研究，以期构建科学合理的民文文献资源体系，推动民文文献资源的全面发展，进一步履行国图传承文明、服务社会的历史责任，促进民族团结和民族文化的传承与创新，为铸牢中华民族共同体意识提供强有力的文化支撑。

参考文献

[1] 张惠君，李娟 . 基于 OPAC 的馆藏评价方法探究［J］. 图书与情报，2010（4）：87-90.

[2] 尹秀波 . 基于馆藏结构分析和文献利用统计的馆藏文献资源质量评价研究［J］. 情报科学，2011（4）：588-591.

[3-6] 唐文惠，潘彤声 . 高校图书馆文献资源建设与评价［M］. 武汉：武汉大学出版社，2009：94-95.

[7] 黄如花，温芳芳 . 国外主要国家图书馆信息资源建设的特点与启示［J］. 图书与情报，2018（4）：80-88.

我国公共图书馆老年读者服务模式研究

——基于111个图书馆的数据分析*

刘会媛（典藏阅览部）

目前，中国已成为世界上老年人口最多的国家，也是人口老龄化发展最快的国家之一。到2050年前后，中国60岁以上老年人口预计将达4.87亿，约占总人口的1/3[1]。随着物质水平的提高，对老年人的帮扶不仅要体现在物质层面，更要体现在精神层面。公共图书馆作为公益性的文化服务机构，在推动文化传播和丰富人民精神文化生活方面发挥着重要角色。关注老年人文化需求，引导老年人精神健康发展，缓解社会养老压力是公共图书馆义不容辞的责任和义务。进入老龄化社会以来，我国图书馆界在推进老年人文化服务建设方面做了大量工作，开展了各种形式的老年人活动和服务项目。

为进一步了解我国各地公共图书馆老年读者服务情况，笔者对我国部分省、自治区、直辖市公共图书馆老年读者服务现状和案例进行梳理，以揭示我国公共图书馆老年读者服务的基本情况，进一步延伸老年读者服务模式的深度和广度。

1　我国公共图书馆老年服务模式调研

1.1　研究方法与样本选择

为了解我国公共图书馆老年读者服务的开展情况，笔者调研了我国111家公共图书馆，包含31个省级（含5个自治区和4个直辖市）图书馆（见图1），并在23个省（自治区、直辖市）中随机选取2—3个市级图书馆进行调研。调研以网站调查法和文献调查法相结合，以查询图书馆官网、微信、微博信息为主，以相关文献研究为辅，梳理各图书馆的老年读者服务情况，并进行总结分析。

* 本文系国家图书馆科研课题“公共图书馆面向老年读者的服务模式研究”（项目号：NLC-KY-2019-12）的研究成果之一。

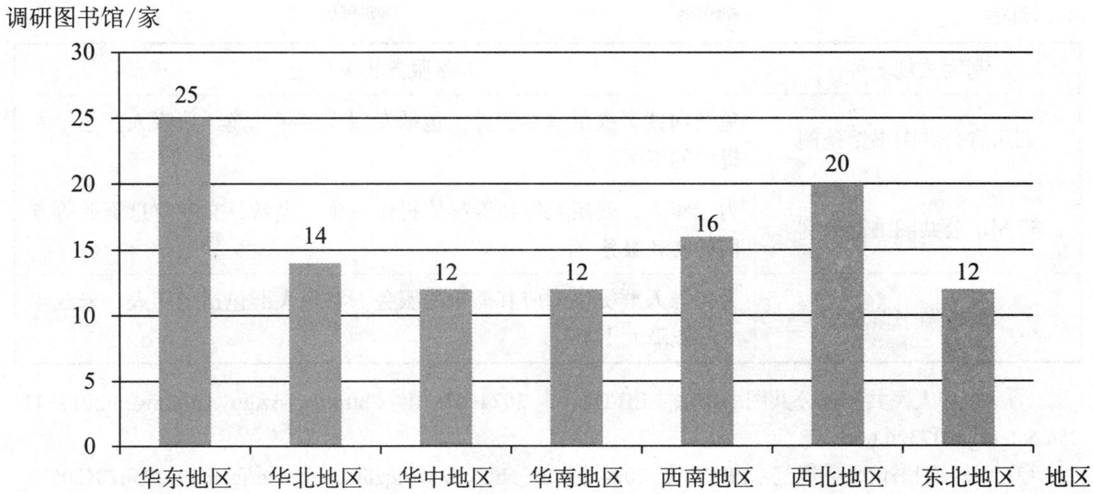

图1　调研图书馆的地区分布

1.2　我国公共图书馆现有老年服务模式

通过调研可知我国公共图书馆老年读者服务模式主要体现在8个方面：规章制度、老年读者优惠服务政策、老年阅览室、无障碍服务、馆内老年读者活动、馆外延伸服务、与社会力量合作、老年人力资源开发。

1.2.1　规章制度

随着老龄化的发展和图书馆业务的不断成熟，国家和地方积极制定老年服务相关政策，表1为部分制度法规及其老年服务规定。此外，安徽省图书馆制定了地方标准《公共图书馆老年读者服务规范》（DB34/T 4154—2022），规定了公共图书馆提供老年读者服务的要求，并给出了老年读者服务的对象和服务评价与改进说明，该标准值得其他地区借鉴[2]。

表1　我国公共图书馆老年服务制度（部分）

制度法规名称	老年服务相关规定
中华人民共和国公共图书馆法	考虑老年人、残疾人等群体的特点，积极创造条件，提供适合其需要的文献信息、无障碍设施设备和服务等①
公共图书馆服务规范	努力满足残疾人、老年人、进城务工者、农村和偏远地区公众等的特殊需求②
河南省公共图书馆管理办法	优先照顾未成年人、老年人和残疾人③
湖北省公共图书馆条例	为老年人设置阅览专区或者专座，畅通电话预约、人工预约等渠道，提供人工帮扶服务④
北京市图书馆条例	为读者利用文献信息资源创造便利条件，为老年人、残疾人提供方便⑤

续表

制度法规名称	老年服务相关规定
四川省公共图书馆条例	免费向读者提供基本服务，包括专门为少年儿童、残疾人、老年人提供的借阅服务⑥
广州市公共图书馆条例	为老年人、残疾人等特殊群体提供设施、设备、文献信息资源等方面的便利服务⑦
泉州市图书馆章程	为特殊人群提供适应其需求的服务。特殊人群包括老年人、未成年人和残障人士等⑧

① 中华人民共和国公共图书馆法［EB/OL］.［2024-03-01］. http://www.gov.cn/xinwen/2017-11/05/content_5237326.htm.

② 公共图书馆服务规范［EB/OL］.［2024-03-01］. http://www.qzlib.com.cn/zt/fgwj/201205/t20120517_204550.htm.

③ 河南省公共图书馆管理办法［EB/OL］.［2024-03-01］. https://www.henan.gov.cn/2021/11-16/2348204. html.

④ 湖北省公共图书馆条例［EB/OL］.［2024-03-01］. http://www.124.gov.cn/xfyf/202210/t4508265.shtml.

⑤ 北京市图书馆条例［EB/OL］.［2024-03-01］. https://www.beijing.gov.cn/zhengce/zhengcefagui/201905/t20190522_56537. html.

⑥ 四川省公共图书馆条例［EB/OL］.［2024-03-01］. http://wlt.sc.gov.cn/scwlt/c100255/2020/3/4/e0aedea57d4147e6829a0e5f6677fbd1.shtml.

⑦ 广州市公共图书馆条例［EB/OL］.［2024-03-01］. http://www.gd.gov.cn/zwgk/wjk/zcfgk/content/post_2531782. html.

⑧ 泉州市图书馆章程［EB/OL］.［2024-03-01］. http://www.qzlib.com.cn/zt/gzdt/201708/t20170806_208063.htm.

1.2.2 老年读者优惠服务政策

目前我国公共图书馆针对老年读者的优惠政策主要为减免押金、延长借书时间、优先借阅、免收逾期费等。在 111 家图书馆中，有 47 家图书馆对老年人有减免押金政策，主要通过以下三种方式实施：以支付宝芝麻信用积分减免、社保卡减免、直接减免。其中支付宝芝麻信用积分减免押金政策，需要芝麻积分达到一定分值，老年人因受限于智能手机操作，使用这种方式较少。东莞图书馆、新疆维吾尔自治区图书馆、西藏图书馆等规定可凭本地区的社保卡减免押金。安徽省图书馆对 60 岁以上的老年人办理老年借阅证，将借阅期限延长至60天。四川省图书馆对年满60周岁的老年人免收逾期使用费。

1.2.3 老年阅览室

老年阅览室不仅可以提供报刊、图书和老年特色读物等资源，还可以为老年人提供适宜的阅读环境和交流空间。经调研发现，青岛市图书馆、唐山市图书馆、铜川图书馆、海北藏族自治州图书馆等 15 家图书馆设立了老年阅览室、借阅室，且大都将其设置在一层或二层，极大地方便了老年读者。南京图书馆、秦皇岛市图书馆、重庆市图书馆、敦煌市图书馆、宁夏回族自治区图书馆等设有老年阅览区或老年阅读空间。一些图书馆还在各阅览区设置老年读者专座、敬老专座、老年人爱心座椅。广东省立中山图书馆的融·爱空间、包头市图书馆的残障读者服务中心、辽宁省图书馆的特殊群体服务中心同时服务于老年读者和视障读者。

1.2.4 无障碍服务

我国公共图书馆积极推进无障碍图书馆改造，为老年人使用图书馆营造良好的环境。官网设置方面，湖南图书馆、湘潭市图书馆、黑龙江省图书馆等 6 家图书馆设置了老年服务专栏；甘肃省图书馆、绵阳市图书馆、郑州市图书馆等 13 家图书馆的网站有“无障碍”阅读模式；青海省图书馆与相关企业合作，定制满足老年人需求和符合其习惯的阅读工具或线上阅读平台，推动报纸杂志阅读的移动化。基础设施方面，各图书馆配有老花镜、放大镜、大字读物、大字阅读设备、听书机等，洛阳市图书馆、湖北省图书馆、衡阳市图书馆配有拐杖、轮椅、简单医疗设备等助老用品。各图书馆积极开设老年专用通道，改善指示牌、灯光等设施，设置无障碍卫生间、电梯、停车位等。

1.2.5 馆内老年读者活动

经调研可知，我国公共图书馆的馆内老年读者活动包括展览、讲座、培训、座谈会、读书会、俱乐部、竞赛等。开展馆内老年展览、讲座、培训的图书馆占调研图书馆总数的 3/4 左右，开展读书会、俱乐部活动的图书馆较少。活动的主题分布见表 2。

表 2　我国公共图书馆馆内老年读者活动主题分布

活动形式	主题内容
展览	书画摄影、集邮手工、抗战历史、老艺术家事迹、养生健身、主题图书、反诈助老、老照片、独居老人影像记忆等
讲座	健康管理、传统文化、法律科普、财务管理、历史文学、网络指南、艺术、晚年生活探讨、心理疏导等
培训	计算机、智能手机、书画、摄影、声乐、剪纸、楹联、茶艺、陶艺、外语、隔代教育等
座谈会	养生保健与社会担当座谈会、夕阳红公益培训学员座谈会、图书馆服务改进座谈会、文献采编意见会等
读书会、俱乐部	诵读俱乐部、英语沙龙、摄影俱乐部、爱心电脑俱乐部、咱爸咱妈老友俱乐部等
竞赛	智能手机、老少同台演讲、老年书画、诗歌创作、征文、中老年朗诵、摄影、重阳节知识等
其他	文艺汇演、影视欣赏、插花、诗歌朗诵音乐会、义诊、发放听书机、赠书、阅读推广、趣味运动会、猜灯谜、“为您读报”等

1.2.6 馆外延伸服务

受身体机能下降、与图书馆距离较远等因素的影响，老年人特别是高龄老人参与图书馆服务受到了一定限制，馆外延伸服务则能有效地解决这一难题。为满足广大老年读者的精神文化需求，我国公共图书馆积极推广馆外延伸服务，主要形式有送书上门、流动服务、建设分馆等，极大地扩展了图书馆的服务范围，提高了图书馆的影响力，满足了广大老年读者看书学习的需要。多家公共图书馆为本地区读者提供了送书上门服务。近百个图书馆开展流动图书馆服务，通过流动图书车、图书大篷车、图书漂流、农家书屋等形式将资源送到社区、村、养老机构等老年聚集地或偏远地区。3/4的图书馆推行了总分馆制，向社区、街道等基层扩展服务范围。山东省图书馆、福建省图书馆、成都市图书馆等在老年大学、老干部活动中心、养老中心、老年公寓建立了分馆或流动点。

1.2.7　与社会力量合作

图书馆与社会力量合作成为推动“适老化”服务的有益探索，在积极发展老龄化事业中发挥着巨大的作用。我国公共图书馆老年读者服务合作的对象包括养老院、医院、大学、景区、邮政、出版社、企业、公益组织等。如杭州市图书馆联合“中国大学MOOC”平台，推出了面向全社会中老年人的免费课程[3]；苏州市图书馆与苏州市戏剧团合作，开展主要针对老年读者的戏曲欣赏活动。福建省图书馆较早开展公共图书馆的志愿者服务，随后上海、佛山、深圳等地的图书馆也纷纷招募志愿者[4]。志愿者队伍也已成为老年读者服务中的一股重要力量。

1.2.8　老年人力资源开发

开发利用具有巨大潜力的老年劳动力资源，可把我国老龄人口压力转化为创造社会财富的人力资源动力。老年读者参与图书馆工作，不仅可以丰富公共图书馆的老年服务模式，也可为老年人贡献社会、发挥余热搭建桥梁。老年志愿者参与我国公共图书馆工作的形式是多种多样的。安徽省图书馆“追梦者”老年志愿服务队与小学师生共度六一，激发孩子们爱国、向上的人生梦想[5]；宁波市老年大学的老年志愿者们可通过宁波市图书馆志愿者服务基地参与该馆相关工作；桂林市图书馆邀请老年书画协会会员担任少儿书法培训班老师。

2　我国公共图书馆老年读者服务模式的现存问题

《中华人民共和国公共图书馆法》的颁布进一步推动了老年读者服务的发展。我国公共图书馆充分发挥自身优势，加强与社区、公益组织、企业等机构的合作，开展丰富多样的老年服务。经过几年的发展，图书馆老年服务得以迅速完善，如基础设施进一步完善，设备、空间、环境的无障碍建设取得一定成果；线下服务和空间服务互相配合，成效显著；特色服务和品牌服务在一些图书馆大力开展。但我国公共图书馆老年服务总体上呈现出地区差异大、发展不均衡的特点，老年读者服务也存在不足。

① 老年读者服务制度设计上存在不足。我国虽有《中华人民共和国公共图书馆法》《公共图书馆建设标准》《公共图书馆服务规范》及一些地方规章，但其关于老年读者的规定都较为笼统，对图书馆老年读者服务的开展缺乏明确、细致的指导。各馆关于老年读者的规定多集中在减免押金、延长借期、优先借阅、免收逾期费等方面，涉及面较窄且实施的图书馆比例并不高。

② 老年读者服务存在着服务目标游移、形式化严重、持续性弱等问题，削弱了实际的服务效果。很多老年活动集中在元旦、春节、世界读书日、重阳节、国庆节等节假

日，存在短期性、形式化、应景式问题。老年读者服务的同质化严重，特别是高龄读者的服务内容和方式较为单一。如讲座多集中在健康、传统文化和法律等常规主题，缺乏多样性。服务同质化、活动形式单一也反映了图书馆对老年人群细分不够深入，精细化服务还不到位。

③ 对老年人力资源的重视和开发力度不够，未能深入发掘老年读者的潜能。老年人是宝贵的知识财富，对文化传承有着举足轻重的作用。很多老年人希望发挥余热，为社会贡献自己的力量。但我国开发老年人力资源的图书馆较少。一些图书馆虽开展了老年志愿活动和老年人力资源开发项目，但有许多年龄限制，降低了老年人参与的积极性。

④ 社会力量参与老年服务的领域和方式不够广泛。社会力量参与公共图书馆老年读者服务的领域多集中在图书馆传统业务方面，还包括技术合作及共办活动、讲座等方面。一些社会力量把参与图书馆视服务为“做好事”，功利性目的强，并不完全符合老年读者的需求，因此服务效果不显著。由于社会力量自身资源有限且存在理念差异，使得参与水平也参差不齐。中小型图书馆志愿者服务工作尚处于探索尝试阶段，仍需要在工作中继续摸索符合各馆实际的志愿者管理模式和服务模式。

⑤ 网站的适老化建设进度较慢或未受关注。如官网设有无障碍阅读模式的图书馆较少；仅有 9 家图书馆的官网有老年读者服务模块，但内容较少、缺乏更新，对老年读者的指导性不大；部分图书馆的官网设“站内搜索”功能，但检索结果缺乏有效的展示，有的因信息是图片而无法显示，给老年用户快速获取信息带来不便。此外，我国缺乏统一的老年服务网站和老年数字素养学习网站。

3 公共图书馆老年读者服务模式发展建议

3.1 健全图书馆老年服务法规和个馆制度

在老龄化加速发展的背景下，老年读者正成为公共图书馆的主要用户群。国家层面需制定详细的法律法规，以便从宏观层面保障图书馆的建设及老年人的文化权益。中国图书馆学会等社会组织应积极发挥导向作用，推动图书馆老年读者服务规范和指南的制定，并引导各地公共图书馆结合本馆、本地实际，明确老年读者的服务细节和管理方式，制定本地区或本馆的老年读者服务制度和服务细则。图书馆还可设立老年读者服务部门专门负责老年读者事务，促进老年服务管理的专门化。

3.2 细分老年群体，提供个性化、精准化服务

由于医疗水平提高与老龄化的影响，老年人平均寿命在进一步延长，老年人口数量在进一步增加。这对公共图书馆老年读者服务的政策、方式、内容等都提出了更高的要求。公共图书馆应加深对老年群体的了解，借鉴国外图书馆细分用户的思想，在获得老年人同质性特征的基础上，结合本馆或本地区老年群体具体情况，把握老年人的异质性，针对老年人信息需求开展个性化服务和精准服务。

3.3 开发老年人力资源，实现老有所为、人尽其用

开发老年人力资源，有利于老年人实现自我价值，也有利于促进我国社会经济的可持续发展。公共图书馆应制订有利于开发老年人力资源的政策，促进老年人参与志愿活动。公共图书馆可以建立“老年读者人才库”，充分了解老年读者的专业、兴趣、特长等信息，一方面可以为其提供更加贴心的服务，一方面可以有针对性地发展老年志愿者，为老年读者提供贡献社会的机会。

3.4 政府主导与社会参与相结合，完善各项参与机制

社会力量参与公共图书馆老年服务，在丰富老年读者服务形式及知识载体供给、优化图书馆资源配置、促进公共图书馆改进服务和转型、激发老年读者活力等方面，都有十分重要的理论和实践意义。为了保证社会力量高效参与图书馆老年读者服务，必须建立社会力量参与的各项机制，加强社会力量参与的理念宣传与引导。图书馆在引入社会力量后应注重提升自身竞争力，凭借自身优势加强与各类社会力量的融合，将老年服务和活动推广至社会的各个角落，树立、打造和宣传自己的服务品牌。

3.5 整合社会公共文化资源体系，加强老年服务项目合作

在竞争激烈的“互联网+”时代，公共图书馆间要形成区域性、行业性乃至全国性的图书馆联盟，这样才能形成老年读者服务的资源优势、信息优势和服务优势。增强全国各地区图书馆的老年读者服务交流与合作，进一步扩大资源共享的广度与深度。加强与文化教育机构、信息机构、出版机构在老年服务方面的交流与合作，推动老年信息资源共建共享。加强与各老年机构、老年服务部门等合作，建设统一性的老年服务网站，供老年人交流学习。

参考文献

[1] 到2050年老年人将占我国总人口约三分之一[EB/OL].[2024-03-01].http://www.xinhuanet.com//health/2018-07/20/c_1123151851.htm.

[2] 公共图书馆老年读者服务规范[EB/OL].[2024-03-01].https://ct.ah.gov.cn/ztzl/ahwhhlydfbzk/whdfbz/8773629. html.

[3] 不会计算机也能网络公开课，杭图的MOOC项目很适合老年人[EB/OL].[2024-03-01].https://www.hzlib.net/%20htzcgjj/266.htm.

[4] 沈艺红.谈公共图书馆志愿服务——以广州图书馆为例[J].四川图书馆学报，2011(2)：20-23.

[5] 省图书馆“追梦者”老年志愿服务队与泰康希望小学师生欢度“六一”国际儿童节[EB/OL].[2024-03-01].https://zyz.ahlib.com/volunteerLearningDetails?id=1365.

关于法律图书标引常见问题的探讨

朱云秦（中文采编部）

近些年，我国制定了大量的法律法规和部门规章，诸多法律工作者也出版了诸多类型的法律图书，在编目工作中，如何做好对法律图书的准确标引工作，是值得编目员思考的问题。本文对编目实践工作中出现的法律图书标引常见问题加以归纳分析，并举例说明，同时提出了三个相关的可行性措施，以期进一步提高法律图书标引的严谨性。

1 法律图书标引常见的问题

1.1 关于法律专业名词概念的混淆

编目实践工作中，经常会遇到相似的法律专业名词，由于法律专业名词专业性很强，有些名词单从字面上看意思十分接近，不细致区分很容易把相似的法律名词搞混淆。

例：2001#$a 现代法治的语言之维，本书的题名是“法治”，因此，对应 606 的主题标引应为：6060# $a 法治 $x 研究 $y 中国。

2001# $a 中国法制现代化的理论与实践，本书的题名是“法制”，因此，对应的 606 的主题标引应为：6060# $a 法制 $x 研究 $y 中国。

在实际编目中，“法制”和“法治”两词很容易被混淆。但事实上，在法律领域中，“法治”和“法制”这是两个不同的法律专业名词，这二者不是一个概念。“法制”是法律和制度的总称，强调的是形式意义方面的内容，一个社会有无法律制度，有无成文法，与民主没有必要联系，法制作为一种国家统治工具，是静态的法的一系列规矩和准则。而“法治”中的“治”是指严格依照法律管理国家的一种治国方式，更多的是指实质意义上的依法治国，是动态的法律运行，体现了法律对公权力的制约和对人权的保障，表现在法律的整个运行过程要以制定的良法为准绳，遵从法律的至高权威性、普遍性、公开性和平等性。因此，“法治”是与民主和自由密不可分的。

1.2 关于法律抽象词范围界定的不明

编目工作中，编目员不仅要熟知法律名词的准确含义，还要把握住《中国分类主题词表》(以下简称“主题词表”)中法律主题词涵盖的范畴，因为主题词表中个别法律主题词并不是与法律专业名词术语完全逐一对应的，主题词表的个别法律主题词涵盖了一组法律概念。

例：2001# $a 法的理论逻辑与实践考察 $f 唐芬著

330## $a 本书以中国背景下的司法实践和法治理论为基础，将法律社会实践活动与法学理念、法学思维、法学文化等紧密联系、有效整合，最后达致对法理精神与规范分析、社会分析、价值分析的全面理性的思维考察。

对应 606 的主题标引应为：6060# $a 法的理论 $x 研究

2001# $a 系统理论下刑法与社会关系研究 $f 刘涛著

330##$a 本书以刑法与社会关系的性质、呈现方式与变化过程为研究对象，以系统理论为主要研究工具，具有交叉学科的研究特点，在本体论以及认识论上界定刑事法运作与现代社会结构在系统理论下的基本形态。

对应的 606 主题标引应为：6060# $a 刑法 $x 法学 $x 社会关系 $x 研究 $y 中国，而非 $a 刑法 $x 法的理论 $x 社会关系 $x 研究 $y 中国。

“法的理论”这一个主题词从法律学科书中是找不到确切含义的，但根据主题词表中“法的理论”的列表，该主题词包含了法的本质、法的起源、法的渊源等几个方面的概念。“法学”是指法律学，法学是以法律现象及其规律为研究对象的科学体系。“法学”的含义比“法的理论”含义要大、范围要广。因此，在编目实践工作中，对法律图书进行标引时，如果遇到抽象法律术语，如何把握抽象法律术语涵盖的范围，是编目员实际工作中需要严谨对待的。

1.3 关于法律法规图书和法律学术著作主题标引的混乱

法律法规图书是指全国人大、国务院等机构公布的法律法规，由出版社按照出版物规范出版发行的法律法规单行本、合订本[1]。法律学术著作是指法律工作者针对具体领域而开展的法学研究成果，或对某一特定法学问题进行系统研究并以图书的形式阐释。编目实践中，经常会出现法律法规书籍和专家学者的法律学术著作主题标引混乱的问题。

例：2001# $a 中华人民共和国刑法

330## $a 本书收录了中华人民共和国刑法的相关内容，并含有刑法修正案（十一）最新修正。

本书是中华人民共和国刑法典，是法律法规图书，606 主题标引应为：

6060# $a 中华人民共和国刑法，而非 6060# $a 刑法 $x 研究 $y 中国。

2001# $a 刑法学 $b 专著 $f 刘宪权主编

330## $a 本书分为“绪论”“犯罪论”“刑罚概论”“罪刑各论”四编，涵盖刑法概述、犯罪构成、犯罪客体要件、犯罪主观要件、罪数形态、刑事责任等内容。

本书是法律工作者对刑法这一领域展开研究而撰写的图书，因此属于法律学术著作，对应的 606 主题标引应为：6060# $a 刑法 $x 研究 $y 中国，而非 6060# $a 中华人民共和国刑法。

1.4 关于第五版《中国图书馆分类法》法律类目变化的问题

近些年，我国制定、颁布了大量的法律法规，法律图书被大规模出版，为满足法治国家建设的需要，新的法律应运而生，而旧的法律也因时代变迁而不断更迭。为了更好地适应当今法律学科的快速发展，第五版《中国图书馆分类法》对第四版《中国图书馆分类法》存在的陈旧滞后的法律主题类目进行了修改，有效解决了编目工作中法律图书标引的准确性不佳的问题。然而在编目工作实践中，由于编目员未掌握第五版《中国图书馆分类法》法律标引的更新情况，仍然跟从书目数据库里的历史数据，从而影响了法律图书检索的准确性和专业性。

1.4.1 变更有关法律类目的归属关系

第五版《中国图书馆分类法》对个别法律类目的归属关系进行了变更，从而使得法律图书标引更加严谨准确。

例如房地产法，在第四版《中国图书馆分类法》中被归入“公用事业管理法”，归属于行政法类，入“D922.181”，而在第五版《中国图书馆分类法》中则改入“房地产法”，归属于土地法、房地产法类，入“D922.38”。例：2001# $a 实践中的中国房地产法，对应的 606 主题标引应为：6060# $a 房地产法 $x 研究 $y 中国；690 分类号应给 D922.384，而非 D922.181.4。

例如产品质量法，在第四版《中国图书馆分类法》中被归入“民事其他法权”，归属于民法类，入“D923.8”，而在第五版《中国图书馆分类法》中则改入“市场管理法”，归属于经济法类，入“D922.294”。例：2001# $a 法律专家教您如何打产品质量官司，对应的 606 主题标引应为：6060# $a 产品质量法 $x 基本知识 $y 中国；690 分类号应给 D922.294.4，而非 D923.84。

1.4.2 新增设有关法律类目

第五版《中国图书馆分类法》对法律类的新概念、新法增设类目，增加新主题词，编目员应掌握新增的主题词，从而对法律图书进行准确的主题标引和分类标引。

例如人权法，第五版《中国图书馆分类法》中新增设有“人权法”类，未成年人保护法、青少年法、老年人权益保护法、妇女权益保护法、残疾人保护法等入此[2]。而在第四版《中国图书馆分类法》中，未成年人保护法、青少年法被归入“青少年法”，入“D922.183”（第五版《中国图书馆分类法》已停用此类号）；老年人和妇女权益保护法被归入“民事其他法权”，入“D923.8”；残疾人保护法被归入“社会保障法令”，入“D922.182.3”；由此可见，第五版《中国图书馆分类法》将第四版中分属于不同法律部门的各类人群的权益保护法统统归入新增设的“人权法”类目，因此，在编目实践中，要注意相关人群应统一入人权法。例：2001# $a 未成年人保护必知法律常识，对应的 606 主题标引应为：6060# $a 未成年人保护法 $x 基本知识 $y 中国；690 分类号应给 D922.74，而非 D922.183.4。例：2001# $a 残疾人权利保障法律制度研究，对应的 606 主题标引应为：6060# $a 残疾人保障法 $x 研究 $y 中国；690 分类号应给 D922.74，而非 D922.182.34。

1.4.3　补充有关法律类目的下位类

例如环境保护法，第四版《中国图书馆分类法》并未设下位类，凡是跟环境保护相关的问题笼统归入环境保护法类，入“D922.68”，而第五版《中国图书馆分类法》新增补了三个下位类，分别为“野生生物资源保护法”入“D922.681”，类目注释为：野生动植物资源保护法入此；“特定区域环境保护法”入“D922.682”，类目注释为：自然保护区、风景名胜区、国家公园等保护法入此；“环境污染防治法”入“D922.683”，类目注释为：大气、水、海洋、噪声、有毒有害物质污染等入此。因此，在编目工作实践中，要具体区分相关类目。例：2001# $a 中华人民共和国噪声污染防治法，对应的 606 主题标引应为：6060# $a 环境噪声 $x 环境保护法 $y 中国；690 分类号应给 D922.683，而非 D922.68。例：2001# $a 中华人民共和国湿地保护法，对应的 606 主题标引应为：6060# $a 沼泽化地 $x 环境保护法 $y 中国；690 分类号应给 D922.682，而非 D922.68。例：2001# $a 中华人民共和国野生动物保护法，对应的 606 主题标引应为：6060# $a 野生动物 $x 动物保护 $x 环境保护法 $y 中国；690 分类号应给 D922.681，而非 D922.68。

1.5　关于主题词表法律主题词更新不及时的问题

由于法律学科的快速发展，我国颁布了大量法律法规，随之出版了诸多法律专题性图书，出现了一些新的法律名称，尽管 2017 年 4 月主题词表 Web 2.1 版本再次进行了更新，但是其中法律类目仍然存在法律主题词陈旧、不合理的问题，给法律图书标引工作带来了不便，未能给法律图书进行专指标引，影响读者的准确专指检索。

例：2001# $a 中华人民共和国公共图书馆法，目前给的 606 主题仍然是通过组配主题词进行标引

6060# $a 公共图书馆 $x 图书馆法 $y 中国

事实上，《中华人民共和国公共图书馆法》已在第十二届全国人民代表大会常务委员会第三十次会议审议通过，自 2018 年 1 月 1 日起施行[3]。主题词表还未更新“中华人民共和国公共图书馆法”这一主题词，仍然用旧的主题词进行组配标引，缺乏对《中华人民共和国公共图书馆法》的专指标引，影响了读者的专指检索。《中国分类主题词表》应收录“中华人民共和国公共图书馆法”，对新增法律法规进行主题词更新，606 主题标引应为：6060# $a 中华人民共和国公共图书馆法。

例：2001# $a 新时代中国特色社会主义法治建设理论与实践研究，对应的 606 主题标引为：6060# $a 社会主义法制 $x 研究 $y 中国；2001# $a 中国特色社会主义法制通论，对应的 606 主题标引仍为：6060# $a 社会主义法制 $x 研究 $y 中国。“社会主义法治”和“社会主义法制”这两个法律概念应分别有各自的主题词，不应混淆而都用“社会主义法制”进行标引，主题词表应新增“社会主义法治”这个法律主题词。因此，2001# $a 新时代中国特色社会主义法治建设理论与实践研究，对应的 606 主题标引应为：6060# $a 社会主义法治 $x 研究 $y 中国。

2 提高法律图书标引准确性的措施

2.1 对数据进行统一更正

现代是信息爆炸的年代，我们其实并不苦恼没有数据，如何辨别、甄别出正确的数据才是尤为关键的，编目工作中，编目员经常会发现数据库中数据的不统一之处。在实际工作中，很可能就跟随库中旧数据进行错误标引。笔者建议可以加强对数据一致性的持续性和回溯性维护，对明显错误的数据进行更正。通过对法律图书标引数据的统一更正，可以增强法律图书在实际检索中的效能，有助于提高法律图书的权威性和专业性。

2.2 加强业务培训

为了进一步做好法律图书标引工作，提升编目员掌握主题词表和第五版《中国图书馆分类法》中法律类目变化情况的能力，笔者建议编目相关业务科组开展业务培训，针对主题词表更新的主题词和第五版《中国图书馆分类法》中法律类目的修订内容进行详细讲解，以便编目员更好地掌握具体规则，提升业务能力。

2.3 提升编目员自身素养

编目员自身知识素养水平的高低很大程度上决定了编目质量的好坏，编目员在编目工作中，经常会遇到各种领域的图书，在对不同学科图书进行标引时，了解不同学科的背景知识，从而对图书进行准确揭示，对于做好编目标引工作来说是很重要的。法律学科知识庞杂晦涩，编目员对于法律背景了解不足，难以准确深刻地理解法律类目，从而导致了编目标引的不准确。在实践工作中，编目员也易盲目跟从库中已有的旧数据，缺乏独立思考的能力，怠于思考，从而导致仍沿用旧版《中国图书馆分类法》进行错误的编目标引。鉴于此，笔者认为，编目员在平时工作中，要积极学习，勤于思考，在做好基础编目工作外，应加强对D大类法律类目体系、各专门法的了解，对法律知识体系进行系统梳理与了解。

本文对法律图书标引中常见的问题进行了归纳和总结，通过举例对问题进行了逐一详细阐明，可以看出，法律学科知识庞杂、种类繁多、细致严谨，法律图书需要科学、专业的标引从而适应法律图书的特点。编目员需要持续性学习，不断提升自身的编目专业素养，认真做好对法律图书的深度揭示工作，准确严谨地对法律图书进行标引，从而更好地为读者提供服务。

参考文献

[1] 洪玲．全面依法治国视域下法律图书出版态势分析［J］．新闻研究导刊，2022（21）：206-208.

[2] 国家图书馆《中国图书馆分类法》编辑委员会．《中国图书馆分类法》（第五版）［M］．北京：国家图书馆出版社，2010：51.

[3] 申晓娟．《中华人民共和国公共图书馆法》实施五周年专题序言［J］．图书馆建设，2023（6）：13.

试论国家标准《信息与文献　资源描述》的RDA要素

赵　娜（外文采编部）

《资源描述与检索》（Resource Description and Access，以下简称RDA）是一部致力于满足数字环境下资源描述与检索新要求的国际编目规则，自2010年问世以来，历过十几年的时间，RDA在世界编目领域取得了长足的发展并产生了深远影响，许多国家直接采用RDA或者制订了相应的本地实施政策。在我国很多图书馆或书目机构在外文文献资源编目方面直接或部分采用了RDA，中文编目方面也持续加大对RDA的研究，探讨其实施的可能性。RDA对我国编目界的影响还体现在国家标准的制订上。作为我国文献编目领域重要的国家标准，《信息与文献　资源描述》（GB/T 3792—2021）明确表示参考RDA进行研制。

1　RDA与GB/T 3792—2021的概述

RDA是以FR家族三个概念模型作为规则构建的基础，旨在提供一套涵盖所有内容类型和媒介类型的综合性规则和说明[1]。2010年RDA以工具套件（RDA Toolkit）的形式发布。服务于数字世界的同时，其本身也是网络资源正是RDA区别于传统纸本编目规则的创新之举。作为网络资源，RDA更容易被更新和维护，在保持时新性的同时使其更具活力。近几年，RDA最大规模的更新发生在2017年4月，当时RDA的重构和再设计项目（RDA Toolkit Restructure and Redesign，以下简称3R）启动。2020年12月15日RDA工具套件由测试版切换为官方正式版，标志着新RDA（New RDA）开始生效。新RDA从外观到内容都焕然一新，不仅引入了新模型的诸多概念，还面向关联数据环境进行改造，引发了国际编目界的广泛关注，很多美国以及欧洲国家已经开始研究并发布新RDA的本地政策声明。

GB/T 3792—2021于2021年3月9日正式发布，并于2021年10月1日起正式实施，是目前我国文献编目领域重要的国家标准，该标准是为了“面向数字时代，以图书馆收藏或提供服务的所有资源为对象，制定统一和一致的描述规则，以便用一个统一的著录规则描述各种类型的资源，达到各种资源的集成组织与服务，与国际主流发展趋势保持一致”而制定。为了实现上述目标，在修订过程中该标准积极采用或参考借鉴国内外先进的编目规则与有关标准，正如其引言所说，国标GB/T 3792—2021“在修改原来标准的基础上，遵循ISBD统一版，同时参考RDA进行研制”[2]，因此，RDA对GB/T 3792—2021的修订起到了至关重要的作用。在2016年全国信息与文献标准化技术委员会（以下简称“文标会”）启动新国家标准 GB/T 3792—2021 的修订时，就明确表示参考 RDA 的载体描述部分规则，以便与通行的国际标准保持一致[3]。但是，所谓的参考不是照搬照套，由于长久以来文化背景的不同赋予了我国编目特殊性，GB/T 3792—2021 的修订依然是秉承以往国家标准修订的总原则，结合我国编目领域实际情况有选择性地参考 RDA 的规则，在坚守民族性的同时，更好地融入国际编目大环境中，制定出符合我国国情的文献描述国家标准。

2 国家标准《信息与文献 资源描述》的 RDA 要素

国家标准《信息与文献 资源描述》参考的主要是 RDA 的载体描述部分的规则，RDA 要素主要体现在主旨思想、资源的分类、首选信息源的选取、“如实转录”的应用以及内容形式和媒介类型几个方面。

2.1 主旨思想

随着云计算、人工智能技术的发展及其在新一代图书馆系统中的应用，以传统编目为核心的知识组织活动面临着诸多挑战。传统编目主要针对的是印刷型资源、电子资源、音像资源和集成性资源等相对有形的资源，数据只在图书馆系统内部流动，而现在的资源描述是对在互联网中可访问的所有信息或知识进行组织。编目环境和编目对象的变化使传统编目向元数据管理转变。为了应对转变，RDA 被命名为《资源描述与检索》，致力于成为数字世界通用的资源描述与检索的新标准。在图书馆术语中“Description”过去被翻译为“著录”，即“在编制文献目录时，按照一定规则，对文献的形式特征和内容特征进行分析、选择和记录的过程”[4]。现在“Description”被翻译为“描述”，其目的是让编目摆脱文献资源类型的束缚，能够对世界上的万事万物进行描述；走出图书馆世界，融入数字世界。受 RDA 的启发，GB/T 3792—2021 的全称为《信息与文献 资源描述》，它所替代的 GB/T 3792 系列标准的名称基本上都冠以“文献著录”。新的标准名称中包含“资源描述”，将过去名称中“文献著录”去掉，目的是将各种类型资源描述规则集中在一个标准中，成为一个数字时代面向各种书目机构适用于各种类型资源的通用资源描述标准，更好地满足未来语义网环境下资源描述和组织的需要，促使文献编目向元数据管理方向迈进。

2.2 资源的分类

随着新型资源类型的不断出现，某些资源既包含内容类型也包含载体类型的特征，这使得传统以图书、期刊为主的文献类型划分方法已经不能适应当前不断出现的各种类型文献的著录需求。因此，RDA 在开篇就将书目描述对象按发行方式分为四种类型，即作为独立单元发行的资源、多部分专著、连续出版物以及集成性资源[5]。以往 GB/T 3792 系列标准并没有详细地划分资源类型，但是，识别资源类型在编目环节中处于非常重要的位置。因此，GB/T 3792—2021 在总则就参照 RDA 将书目描述对象按出版方式分为三种类型：单部分单行资源、多部分单行资源、连续性资源，其中连续性资源包括连续出版物和集成性资源两种类型[6]。逐一对比两个标准对资源类型的定义可以看出很多相同或相似之处，虽然，二者在资源类型的叫法上略有不同，但是，按出版方式定义资源类型的做法是RDA特有的，GB/T 3792—2021在很大程度上参考了RDA的相关规则。

2.3 首选信息源的选取

信息源是资源描述的依据，信息源的选取在资源描述工作中处于重要的地位。RDA用"首选信息源"代替了《英美编目条例（第二版）》（AACR2）中的"主要信息源"，该术语的变化反映了RDA对信息源的扩大。RDA根据资源呈现的格式为不同格式的资源详细规定了首选信息源的选取规则[7]。为了与国际标准保持一致，GB/T 3792—2021采纳了RDA"首选信息源"的概念，将原有的"主要信息源"更改为"首选信息源"，并且也根据资源呈现的格式为不同格式的资源详细规定了首选信息源的选取规则。但与RDA的做法不同，GB/T 3792—2021的第一类是印刷资源，第二类是地图资源和静态资源，第三类是多媒体和音视频资源，第四类是电子资源。RDA中的第一类资源包含了GB/T 3792—2021中的印刷资源、地图资源和静态资源，GB/T 3792—2021的做法主要是基于我国文献资源类型的特异性以及对历次文献标准规则的沿袭（GB/T 3792—2021的4.3.2节）[8]。

2.4 "如实转录"的应用

《国际编目原则声明》（Statement of International Cataloguing Principles，以下简称ICP）提出了制定编目规则的九大纲领性原则，其中包含用户的便利性、通用性、表达性、准确性等。RDA采用了ICP的多条原则，尤其是"表达性原则"，即所见即所得和如实转录，也就是"著录以及名称的受控形式应按实体描述其本身的方式来确定"[9]。作为我国文献编目领域的国家标准，GB/T 3792—2021也将ICP作为纲领性的指导原则，参考和借鉴RDA"如实转录"的部分做法。二者在"如实转录"方面主要体现在差错、缩写、符号等的转录以及题名与责任说明项和版本项的著录。例如，在著录题名与责任说明项时，RDA的2.4.1.4节和GB/T 3792—2021的6.5.6.1.1节都规定按信息源上出现的形式转录题名和责任说明。例如资源上的责任说明形式为"主编贾益民"，则不需人为修改为"贾益民主编"等。

2.5 内容形式和媒介类型

为满足数字环境下文献类型区分的需要，《国际标准书目著录》（*International Standard Bibliographic Description*，以下简称ISBD）ISBD统一版取消了"一般资料标识"，增设了内容形式和媒介类型项（第0项）。为了保持一致，RDA和GB/T 3792—2021也同样做出了相应的修改。内容形式在RDA中被命名为内容类型并按照先组定组方式，根据RDA/ONIX资源类别框架和RDA中的内容与载体术语定义了25个内容类型，使用者直接选用相应的术语即可，例如：Text（文本）。与 RDA 略有不同，GB/T 3792—2021 在很大程度上参照了 ISBD 的做法，没有固定的内容类型，而是由内容形式（Content Form）与若干内容限定（Content Qualification）组成，采用的是后组散组方式，即在使用时直接取用相应的属性值，以一定的标点符号连接，形成灵活的内容类型，例如：文字资源（视觉）。与 RDA 相比，GB/T 3792—2021 的做法更加灵活，术语覆盖的范围更广。媒介类型在 RDA 中有 9 个术语[10]。GB/T 3792—2021 的媒介类型有 10 个术语[11]。对比二者的媒介类型术语，除了 RDA 没有“多媒介”这一复合类型外，基本是一一对应的，只是在某些用词上有所差异，其中差异最大的是“电子”和“计算机”。这两个术语都代表电子资源，但随着越来越多小型可携带设备的出现，RDA 中的术语“计算机”似乎不如“电子”更适合[12]。

3　对我国资源描述工作的思考

国际文献资源描述工作正处在不断变化发展的过程中，随着云计算、人工智能技术的发展及其在图书馆系统中的应用，以传统编目为核心的信息组织工作面临着诸多挑战，我国的资源描述工作也同样面临着从传统编目向基于语义网开放的资源描述转变的巨大挑战。面对挑战笔者认为可以从以下两方面入手。

3.1　顺应时代变化，逐步向元数据管理转变

GB/T 3792—2021 的制订是为了顺应国际编目规则的更新发展。但是，编目环境仍处于不断变化发展中，随着 IFLA LRM、3R、BIBFRMAE、人工智能、智慧图书馆等新鲜事物的出现，编目环境、资源及用户检索需求也一再发生变化。在语义网大数据环境下，未来的图书馆不再是信息孤岛，未来的资源描述不再局限于简单的属性描述，而是元数据管理，面对挑战，我们唯有顺应变化，紧跟国际编目规则发展步伐[13]。此外，我国的文献著录国家标准参照的 ISBD 一直处在持续修订中。2024 年初，IFLA 官方网站发布了在线版 ISBDM[14]。从 ISBD 到 ISBDM 的转变，也进一步反映了国际编目领域发展的风向，也就是传统的资源描述工作正在向元数据管理转变。面对这种不可逆转的变化，我国资源描述工作应紧跟国际发展步伐，积极参与研究逐步向元数据管理转变。

3.2　坚守民族特色，向世界展现中国文化的魅力

长久以来的文化背景赋予了我国资源描述工作的特殊性，因此无论是我国文献著录国家标准的修订还是文献编目规则的发展，都应该是在坚守我国编目特色的前提下进行。GB/T 3792—2021 在很多细则方面依然保留了我国传统编目习惯和文化特色，比如，在 4.4 描述用语言和文字中规定：我国少数民族文字和外文文字拓片应依原文字描述，无法依原文字描述的可用汉字描述，并在附注项说明。再如，6.2.5.2 节中规定对于冗长的古籍文献正题名应如实照录，并在附注项记录简要题名。以上几点都体现了我国文献

描述工作在融入国际编目的大环境过程中，始终坚守民族性特色，向世界展现中国文化的魅力，走出一条和而不同的发展道路。

参考文献

[1] 罗翀 . RDA 全视角解读［M］. 北京：国家图书馆出版社，2015：1.

[2] 全国信息与文献标准化技术委员会 . 信息与文献　资源描述：GB/T 3792—2021［S］. 北京：中国标准出版社，2021：vi.

[3] 宋文 . 资源描述标准的国际最新进展及对我国资源描述工作的影响［J］. 数字图书馆论坛，2021（11）：2-12.

[4] 全国信息与文献标准化技术委员会 . 文献著录：第 1 部分　总则：GB/T 3792.1—2009［S］. 北京：中国标准出版社，2009 ：5.

[5] RDA 发展联合指导委员会 . 资源描述与检索（RDA）［M］. RDA 翻译工作组，译 . 北京：国家图书馆出版社，2014：17.

[6] 全国信息与文献标准化技术委员会 . GB/T 3792—2021《信息与文献　资源描述》［S］. 北京：中国标准出版社，2021：5.

[7] RDA 发展联合指导委员会 . 资源描述与检索（RDA）［M］. RDA 翻译工作组，译 . 北京：国家图书馆出版社，2014：34-35.

[8] 全国信息与文献标准化技术委员会 . 信息与文献　资源描述：GB/T 3792—2021［S］. 北京：中国标准出版社，2021：21.

[9] 国际编目原则声明［EB/OL］.［2024-08-27］. https://cdn.ifla.org/wp-content/uploads/2019/05/assets/cataloguing/icp/icp_2009-zh.pdf.

[10] RDA 发展联合指导委员会 . 资源描述与检索（RDA）［M］. RDA 翻译工作组，译 . 北京：国家图书馆出版社，2014：159-160.

[11] 全国信息与文献标准化技术委员会 . 信息与文献　资源描述：GB/T 3792—2021［S］. 北京：中国标准出版社，2021：30.

[12] 胡晓菁 . 内容和媒介类型：RDA 与 ISBD 对比分析［J］. 中国图书馆学报，2012（4）：55-62.

[13] 贾君枝 . 从编目到元数据管理：图书馆知识组织的发展路径［J］. 中国图书馆学报，2023（2）：121-131.

[14] ISBD for manifestation［EB/OL］.［2024-08-22］. https://www.iflastandards.info/ISBDM/.

2013—2023 年我国未成年人阅读推广研究综述

李亮波（典藏阅览部）

未成年人阅读推广是多年来广受研究人员关注的领域，在政策变动、社会发展等因素的影响下，该领域的研究情况也在发生变化。对 2013—2023 年来我国未成年人阅读推广研究文献进行筛选、整理与研读，有助于掌握该领域最新动向，并为未来相关领域的发展提供思路和方向。

1 研究设计

本文采用系统性文献综述的方法，明确研究问题，展开全面的文献检索并进行合理筛选，对纳入文献进行整理与综述。

本文以中国知网为数据来源，结合前期调研经验与专业团队讨论，以“主题:（幼儿或青少或小学生或中学生或低幼或少年儿童）和阅读推广”为检索式，以 2013—2023 年为检索时间范围，得到 727 篇文献。随后，结合检索情况进一步进行筛选，去除重复或无效文献，重点选择 SCI 来源期刊与北大核心期刊进行内容分析。

2 文献分析

2.1 阅读推广现状与策略分析

针对我国当前阅读推广的现状与存在的问题，有研究者基于某一视角加以剖析，并提出解决策略与完善路径。

2.1.1 基于相关政策背景

2021 年《关于进一步减轻义务教育阶段学生作业负担和校外培训负担的意见》一经出台，便受到教育界等各领域的广泛关注，该政策标志着中小学学业负担减轻工作进入历史新阶段，可以说与每个儿童的成长发展息息相关。在这一政策背景之下，吴可嘉对公共图书馆开展馆校合作阅读推广进行研究，发现中小学生阅读推广总体向好，但存在阅读推广服务无差别化、形式单一等问题[1]；朱芸等人则关注了家庭阅读推广活动，发现该类活动在取得促进家庭和谐与社会稳定等成效的同时，也存在未形成长效机制、专业人才不足等问题[2]。姚桃则提出公共图书馆应响应政策调整服务导向，创新面向未成年人的活动品牌，从而缓解父母及学生的教育焦虑[3]。

另外，在文旅融合大力发展的背景之下，周雪芹指出公共图书馆少儿阅读推广可以文旅融合为契机，在组织研学游、举办系列活动等方面实现创新[4]。而随着《全民阅读“十三五”时期发展规划》的印发，吴玥发现当前面向中小学生的阅读推广存在阅读资源获取缺乏便利性、阅读活动影响缺乏深远性等问题，提出了以环境为依托营造浓郁阅读氛围、以活动为抓手丰富阅读的内涵与外延等策略[5]。

2.1.2 基于儿童身心发展规律

儿童在不同年龄阶段呈现出不同的身心发展特点及规律，基于儿童身心发展的相关理论，研究者为更好地开展阅读推广活动提供了一些策略。

针对学龄前儿童，刘小琳指出这一年龄段是儿童语言发展的关键和最佳时期，提出公共图书馆应打造绘本阅读体验中心，从整体上满足儿童语言发展的空间需求等建议[6]。徐玉兰从儿童的记忆力、注意力等特征出发，提出实行阅读能力的阶梯式培养、引入游戏元素等策略[7]。黄燕等则对儿童敏感期进行分析，建议图书馆策划开展“看绘本、讲故事”“与大自然亲密接触”等针对不同敏感期儿童的绘本阅读推广活动[8]。

针对青少年学生，徐艳红认为学生的阅读兴趣、阅读方式、阅读动机都是影响阅读推广的重要因素，应结合学生的身心发展特点，为其提供优质的阅读资源，营造良好的阅读环境，从而激发其阅读兴趣，使其养成良好的阅读习惯[9]。

2.1.3 基于数字化发展趋势

随着信息技术的发展与数字化阅读环境的逐渐完善，数字阅读推广的重要性愈发凸显，有研究者将目光聚焦于这一环境趋势，为新时期数字化阅读推广提出策略。

从信息素养视角出发，江蓝和徐水琴指出在“信息爆炸”冲击愈发低龄化的趋势之下，图书馆阅读推广应做到活动形式兼顾思维与能力、内容制订兼顾分龄与普适等[10]。在新媒体平台方面，万宇和周晓舟以江浙地区多家少儿图书馆的微信公众平台为例，从传播内容、传播受众等角度分析阅读推广效果，并提出基于儿童读者需求、注重规律性和特色性等建议[11]。

除此之外，王春晓等通过对早期亲子阅读现状进行调查，构建了线上线下融合的早期亲子阅读推广模式[12]；张纳新、顾运婕也分别梳理了未成年人数字阅读推广中存在的难点与障碍，并从资源建设、合作机制等方面提出改善建议[13-14]。

2.2 公共图书馆阅读推广特色案例研究

2.2.1 依据本馆情况，打造特色品牌

为更好地满足广大少年儿童参与阅读推广活动的需求，一些公共图书馆结合本馆在馆藏资源、跨界合作等方面的情况，着力打造具有本馆特色的品牌活动，并围绕品牌开展系列阅读推广活动，取得了一定的社会效益，并积累了丰富的活动经验。

在创新阅读推广模式方面，林微微以瑞安市图书馆“小蜜蜂采书蜜”品牌项目为例，探索出“四三二”阅读推广新模式，这一模式可以助力整合多方资源、形成良性闭环等方面[15]。潘芳以温州市少年儿童图书馆“英为绘爱”英语阅读推广为例，该馆创造性地开展英文绘本阅读、西方节日主题沙龙等系列阅读推广活动，并带领团队走进县市区图书馆、社区和学校，在当地广受好评[16]。

在跨界合作方面，徐水琴以武汉市少年儿童图书馆“楚童杯”读书汇活动为例，该活动一方面将资源送往盲童学校、偏远贫困地区学校等地，另一方面将家庭阅读推广活动纳入范围，邀请专家普及正确的阅读理念与技巧[17]。黄英等人聚焦图书馆与幼儿园合作，介绍了四川省图书馆“TTBOOK 小书虫”活动[18]。陶丽珍则关注图书馆与学校的合作，探讨了广州少年儿童图书馆“魅力亚洲”活动的特色与经验[19]。

2.2.2 借助文旅融合，发挥自身优势

在各地加强文旅融合宣传力度的背景之下，一些图书馆借助当地颇具人气的旅游文化资源，开展特色阅读推广活动，不仅吸引了更多青少年阅读好书，更有利于传承传统文化、宣传地方特色。

扬州市少年儿童图书馆设计“传承千年韵 情系大运河”传统文化阅读推广系列活动，通过打造沉浸式阅读等形式，充分挖掘传统文化地域属性[20]。北海市少年儿童图书馆创新“海丝智慧棋”等新型文化阅读推广形式，加深了少儿对海丝文化的认同感[21]。洛阳肩负着传承黄河文化的重要责任，因此吴婧等以黄河文化主题绘本为例，为中华传统文化融入洛阳少儿阅读推广提出了相关策略[22]。

2.3 国内外阅读推广比较研究

2.3.1 以大型阅读推广活动为抓手

一些国家开展阅读推广方面具有起步早、影响范围广、持续时间长等特点，而这些活动在开展过程中呈现出的特点与新意，则对我国进行阅读推广具有一定借鉴意义。

英国很早便发起了“阅读起跑线计划”少儿阅读推广活动，为不同年龄阶段的儿童发放具有个性化的分级阅读材料包，并吸引全球各地多家图书馆加入计划。基于此，杨文泓、施衍如等对英国多家公共图书馆开展该项目的特点进行分析，并总结出一定经验[23-24]。德国是 20 世纪末就加入该项目的国家，寻海燕对多家德国活动成员馆的阅读推广情况进行了实证分析，发现其在营造数字化阅读推广服务场景、注重人文关怀等方面颇具特色，这为我国图书馆增强阅读推广效能具有启发[25]。

除此之外，祝玲分析了英国“暑期阅读挑战”活动，该项目以自我阅读挑战的方式呈现，联合阅读社、学校等多元主体，提供线上免费资源，为我国图书馆开展少儿挑战式活动提供了一定思路[26]。刘青研究了德国多家图书馆共同发起的“起点阅读——阅读的三个里程碑”活动[27]，该项目在倡导阶梯式的阅读书目推荐、为社会弱势家庭儿童提供人性化服务等方面，同样具有借鉴意义。

2.3.2 关注协会组织的重要作用

各国图书馆协会等组织在推荐书目、举办活动等方面发挥了重要作用。其中，美国图书馆协会是世界上历史最久、规模最大的图书馆协会，长期开展儿童图书馆服务领域创新项目等业务。针对这一机构，王小平、赵丽霞等对其“一城一书”“阅读从出生开始”等代表性项目进行整理，从中获得规范标准程序、组建专业团队等启发[28-29]。

日本也是在阅读推广领域走在前列的国家之一，国内形成了一些较有代表性的机构组织。勾学海介绍了日本儿童图书馆研究会、日本儿童图书出版协会等机构的运行情况、功能职责等内容，并从组织形式、完善程度等方面与我国相关机构进行了对比[30]。

2.3.3　对比借鉴先进阅读推广经验

为更直观清晰地掌握不同国家的阅读推广情况，有研究者采用了对比分析的手法展开探讨。例如，美国的公共图书馆阅读推广活动具有较强的科学性与系统性，王丹、陈雅等从推广对象、活动特点等维度，选取两国较有代表性的公共图书馆开展的活动进行数据分析[31-32]。

周茜对比研究了美国、英国和日本等国的公共图书馆在动漫阅读推广方面的情况，这三国的公共图书馆不但举办动漫展览、比赛、讲座等，还会针对某个动漫主题开展个性化服务[33]。我国国产动漫发展迅猛，很多图书馆也开设了动漫主题的专架及活动，不妨借鉴其中有益经验。

2.4　其他相关研究

2.4.1　儿童阅读推广趋势的整体把握

为把握近年来儿童阅读推广领域的整体发展情况，有研究者通过量化分析等方法，从宏观上进行热点与趋势分析。

程雅倩等运用计量学软件对2012—2021年我国儿童阅读推广的相关文献进行了关键词共现分析和突变词分析，发现阅读指导、国内儿童阅读现状等成为近十年的研究热点[34]。陆晓红采用内容分析法，指出现有研究尽管在儿童阅读的现状调查、中外儿童阅读推广比较研究等方面取得了一定成果，但仍存在理论研究不足、未能基于系统的视角分析等问题，为后期研究提供了思路[35]。

2.4.2　儿童阅读推广的政策文本研究

进入21世纪以来，我国文化、教育等机构和部门相继颁布了关于未成年人阅读推广的政策文件，对推动相关事业的发展极具指导价值与引领作用。有研究者将目光聚焦到该领域政策文件，通过对内容文本进行分析，提出思考与建议。

在国家层面上，李梦竹等对1980—2020年间我国未成年人阅读推广政策的发展历程进行了梳理与阶段划分，归纳出其中存在的权威性、规范性等特征，并提出加强主体协同合作、建立政策评估体系等对策建议[36]。在地方层面上，黄百川从政策法规体系建设、法规规章的制订等方面，比较了广州、深圳、东莞和佛山阅读政策法规，提出增强刚性条款、强化地方特色等建议[37]。

3　总结与评述

综合上述对文献的整理与分析，可以发现近年来图书馆学界和业界对未成年人阅读推广的关注度持续上升，其中既有宏观角度的整体研究，也有微观角度的案例分析；既有对国外先进经验的学习，也有对国内现有情况的总结；既有采用分析软件进行的量化分析，也有基于文本内容的质性分析。然而与此同时，仍然存在着一些需要完善的地方，例如，研究视角有限，广度有待扩展；相对聚焦于表面现状，深度有待加强；定量分析有限，尚需进一步补充相关数据；兼具整体性与全面性的梳理有限，有待开展范围更广的实地调研等。这对我国未来公共图书馆未成年人服务发展与展望提供了有益的思路与方向。

参考文献

[1] 吴可嘉．“双减”政策下公共图书馆开展馆校合作阅读推广研究［J］．图书馆，2023（5）：41-49.

[2] 朱芸，吴爱武，向君．“双减”政策背景下公共图书馆开展家庭阅读推广活动的研究［J］．图书馆理论与实践，2023（1）：131-136.

[3] 姚桃．“双减”背景下公共图书馆未成年人服务的创新发展［J］．图书馆，2022（9）：74-78.

[4] 周雪芹．文旅融合下公共图书馆开展少儿阅读推广的创新路径研究［J］．河南图书馆学刊，2020（11）：26-28.

[5] 吴玥．全民阅读视域下中小学阅读推广研究［J］，图书馆工作与研究，2018（2）：123-128.

[6] 刘小琳．基于0—6岁儿童语言发展特点的公共图书馆绘本阅读推广服务探析［J］．图书馆研究与工作，2022（9）：44-49.

[7] 徐玉兰．基于学龄前儿童心理特征的精准阅读推广策略研究［J］．图书馆工作与研究，2019（8）：124-128.

[8] 黄燕，李花，廖大蓉．基于儿童“敏感期”的图书馆绘本阅读推广活动策划探析［J］．图书馆工作与研究，2018（1）：111-113.

[9] 徐艳红．中学生阅读心理与中学图书馆阅读推广工作研究［J］．采写编，2020（6）：191-192.

[10] 江蓝，徐水琴．信息素养视角下少儿图书馆阅读推广活动策略探析［J］．图书馆，2021（10）：34-40.

[11] 万宇，周晓舟．少年儿童图书馆微信公众平台阅读推广传播效果研究——以江浙地区国家一级少年儿童图书馆为例［J］．图书馆工作与研究，2017（10）：110-117.

[12] 王春晓，刘浩．线上线下融合的早期亲子阅读推广模式构建与应用研究［J］．教育观察，2020（20）：95-97.

[13] 张纳新．少年儿童图书馆数字阅读推广研究［J］．图书馆工作与研究，2020（5）：118-121.

[14] 顾运婕．数字移动环境下公共图书馆少儿数字阅读推广探析［J］．大学图书情报学刊，2021（1）：64-68.

[15] 林微微．公共图书馆儿童阅读推广创新模式和路径探索——以瑞安市图书馆“小蜜蜂采书蜜”品牌项目为例［J］．图书馆杂志，2022（3）：111-117.

[16] 潘芳．公共图书馆英文绘本阅读推广活动初探——以温州市少年儿童图书馆“英为绘爱”英语阅读推广为例［J］．图书馆研究与工作，2016（4）：37-39，45.

[17] 徐水琴．公共图书馆大型儿童阅读推广活动实证研究——以武汉市少年儿童图书馆“楚童杯”读书汇活动为例［J］．图书馆工作与研究，2020（S1）：107-111.

[18] 黄英，王晓琪，杨珂．面向幼儿的公共图书馆利用教育——以四川省图书馆“TTBOOK小书虫”活动为例［J］．四川图书馆学报，2022（1）：67-70.

[19] 陶丽珍．“一带一路”倡议下馆校合作模式探索——以广州少年儿童图书馆“魅力亚洲”活动项目为例［J］．图书馆界，2021（1）：80-84.

[20] 陈罗 . 未成年人传统文化阅读推广探究——以扬州市少儿图书馆大运河文化阅读推广为例［J］. 新世纪图书馆，2023（6）：19-23，97.
[21] 姚小玲 . 探索海丝文化阅读推广新模式——以北海市少年儿童图书馆为例［J］. 图书馆界，2022（3）：90-94.
[22] 吴婧，刘宁 . 中华传统文化融入洛阳少儿阅读推广的策略研究——以黄河文化主题绘本为例［J］. 文化创新比较研究，2023（19）：82-86.
[23] 杨文泓 . 英国公共图书馆少儿分级阅读推广服务研究——以 10 家英国阅读起跑线计划成员馆为例［J］. 图书馆工作与研究，2020（11）：103-109.
[24] 施衍如，文杰 . 大英图书馆学前儿童阅读推广实践与启示［J］. 图书馆工作与研究，2021（6）：49-54.
[25] 寻海燕 . 德国公共图书馆少儿阅读推广服务研究——基于"阅读起跑线"计划的实证［J］. 出版广角，2019（10）：55-57.
[26] 祝玲 . 英国公共图书馆少儿阅读推广实践研究——以夏季阅读挑战（SRC）为例［J］. 山东图书馆学刊，2020（4）：93-97，104.
[27] 刘青 . 德国公共图书馆少儿书目推荐服务实践与启示——基于对德国 10 家"起点阅读——阅读的三个里程碑"活动成员图书馆的调查［J］. 图书馆工作与研究，2021（4）：46-51.
[28] 王小平 . 美国图书馆协会阅读推广项目及启示［J］. 新世纪图书馆，2017（9）：62-66.
[29] 赵丽霞，胡姝 . 美国图书馆协会青少年儿童阅读推荐研究［J］. 图书馆建设，2021（5）：70-78，86.
[30] 勾学海 . 中日儿童图书馆相关组织比较研究［J］. 图书馆建设，2014（1）：86-90.
[31] 王丹 . 中美公共图书馆阅读推广活动调查与比较研究——基于活动数据的内容分析［J］. 图书馆工作与研究，2019（11）：112-120.
[32] 陈雅，陆红如 . 中美公共图书馆阅读推广活动比较与分析［J］. 国家图书馆学刊，2017（1）：77-85.
[33] 周茜 . 美英日公共图书馆动漫阅读推广的经验与启示［J］. 图书馆研究，2015（5）：61-64.
[34] 程雅倩，金晓祥 . 我国儿童阅读推广研究热点与趋势分析（2012—2021）［J］. 湖北师范大学学报（哲学社会科学版），2023（6）：144-150.
[35] 陆晓红 . 我国儿童阅读推广研究综述［J］. 图书馆工作与研究，2013（9）：112-116.
[36] 李梦竹，张莉，任姝萍，等 . 我国未成年人阅读推广政策研究（1980—2020）——基于国家层面相关政策文本分析［J］. 图书馆理论与实践，2021（4）：92-101，136.
[37] 黄百川 . 广州、深圳、东莞和佛山阅读政策法规比较［J］. 图书馆论坛，2021（7）：133-140.

图书馆视野中的女性阅读推广

——从国图讲坛“女性文学”系列讲座的选题说起

李　静（社会教育部）

随着社会经济的快速发展，我国女性在思想文化层面的需求与男性相比已不遑多让。早在2005年，《中国六城市图书零售市场读者调查报告》就指出，女性阅读率在2005年首次超越男性3.8个百分点，男女阅读率总体比率达到12∶13[1]。至2022年，这种趋势仍在加强，根据浙江全省102家公共图书馆的统计数据，女性外借读者占比已高达61.7%，尤其在“90后”这一年轻群体中，女性读者的数量更是男性的2.3倍[2]。同年，四川省图书馆新增注册读者中，女性读者较男性多出1.9万人，占比超出70%[3]。女性已成为当今社会中重要的阅读群体，她们以独特的女性视角和需求引领着阅读潮流，展现出举足轻重的影响力。

但社会和学术界对于女性阅读的关注与研究并未同步增长，对于女性精神世界和文化权利的重视明显不足。马丁·里昂指出阅读史也是一部性别史[4]，揭示了阅读行为与性别角色、社会地位、文化认同之间错综复杂的关系，因此，作为致力于保障公民基本文化权益、传承人类文明的公共服务机构，图书馆需要主动关注女性阅读现状，响应女性阅读需求，科学指引女性阅读方向，尤其是在当前信息爆炸的时代背景下，更要帮助大众有效筛选信息，消除性别歧视，共同构建两性之间和谐美好的生态环境。本文从国图讲坛“女性文学”系列讲座的选题构思出发，剖析当代图书馆如何为女性阅读推广发挥更积极、更多维的推动作用。

1　女性阅读的特征与重要性

伴随社会文明的进步、教育普惠性的增强、出版物数量的激增及公共图书馆服务体系的建立和完善，女性阅读的焦点已由最初的争取阅读权利、增加阅读机会向着追求阅读的深度与广度演变，这一发展趋势清晰地标志着“她阅读”时代的到来。

1.1　女性阅读的特征

第一，多样化。女性阅读的内容多样，范围不再局限于传统的情感、家庭、教育等题材，而是拓展到了科技、经济、法律、心理等多个学科领域。阅读的方式也愈发多样，不仅包括纸质书籍，也涵盖电子书、音频书等数字化阅读形态。

第二，个性化。女性基于不同的社会角色、年龄阶段、职业背景等，会表现出特定的阅读诉求，如已婚女性一般更关注医药卫生、生活技能、子女教育方面的图书，未婚女性则更关注自我修养、工作学习、实用技能方面的图书[5]。

第三，深刻化。越来越多刻画女性生存现状、揭露女性现实困境的图书开始走入公众视野，如《房思琪的初恋乐园》《82年生的金智英》等；一些以性别研究为主题的经典著作如《第二性》等也被频繁提及与讨论，说明阅读已成为女性认知自我和独立思考的重要途径。

第四，从众化。女性更易受社交媒体的影响，追捧热门或者话题性强的书籍，形成集体阅读热潮。比如21世纪初兴起的"宫斗小说"风潮，这些作品一面世，就在女性读者群中迅速扩散、传播，20多年来被反复解读与改编，至今仍在女性读者群体中发挥其影响力。

1.2 女性阅读的重要性

从经济角度看，女性阅读不仅可以帮助女性提高个人素质，习得专业的知识技能，增强职业竞争力和创新力，为社会发展提供强劲的人力资源支持。从政治角度看，女性读者群体的日益扩大，能让女性的声音和观点更多地进入公共舆论空间，对社会政策的制定和公共事务的决策产生重要影响。从文化角度看，女性阅读能为文化创新提供源源不断的灵感和素材，增强公众包容度，推动构建两性平等的社会氛围。

2 女性阅读与女性文学

在女性阅读的众多载体中，女性文学的地位表现得尤为突出。根据钱彦对浙江省女性读者的调研，女性文学作品满足了女性超70%的阅读需求[6]。文学是人学[7]，优秀的女性文学通过描绘女性个体故事，传达出爱、孤独、成长、自由等全人类共有的情感，其作品再现的职业选择与家庭矛盾、母性角色等现实问题，让女性读者在阅读过程中更易找到共鸣。因此，解析和推广女性阅读，不妨从女性文学出发。

女性文学是从女性视角出发，以女性为言说主体，反映女性主体意识和生存状态并对女性身份、女性经验和女性议题进行独特观照和深度挖掘的作品，这类作品颠覆了以男性为主导的叙事结构，实现了对男性秩序的批判。尽管女性文学在过去几年成为中国文学界的显学，但大众对其仍存在不少误解，其中最显著的两个误区就是将女性文学理解为由女性作者创作或表现女性的文学。

性别固然是女性文学创作的基础，但并非绝对的限定条件。换句话说，一位女性作家创作的文学并不必然就归属于女性文学范畴。在"父权制"思想长达数千年的规训下，女性从被动、依赖的"他者"演变为发现自我、表达自我的"大写的人"的过程，往往伴随着深刻的心灵觉醒和艰辛的思想解放，并非每位女性的个体成长都能有女性自我意识的觉醒，因此也并非每一位女性作家创作的作品都能归为女性文学。一些女性作家所创作的迎合市场口味而未展现女性独立人格的作品就无法称之为女性文学。

其次，那些男性创作的、在文学史上赫赫有名的女性形象，如繁漪、祥林嫂、安娜·卡列尼娜等，虽表现出女性绝望、痛苦的生存体验与心理状态，但女性读者在阅读过程中，读到的只是部分被“代言”的异化者，而非完整真实的自己。正如普兰·德·拉巴尔所言“但凡男人写女人的东西都是值得怀疑的，因为男人既是法官又是当事人”[8]，因此，对男性作家笔下的女性叙事，我们需审慎辨析其与女性文学所承载的真实经验和主体性表达之间的关系。

对这些认识误区进行辨析与澄清，有助于我们全面准确地把握女性文学的核心，进而有效地指导和推动面向女性群体的阅读推广活动。

3 国图讲坛“女性文学”系列讲座的选题分析

国图讲坛是国家图书馆为建设学习型社会、倡导全民阅读而推出的公益性文化活动。自 2019 年以来，国图讲坛开设了专注女性文学研究的系列讲座，目前已成功举办十多场，主讲嘉宾均来自国内重点高校，他们具有深厚的学术造诣和广泛的影响力。

3.1 讲座选题策划

3.1.1 主题鲜明性

国图讲坛推出的“女性文学”系列讲座分为两大主题篇章:“回声中的心灵——经典女性作品谈”系列和“镜子的另一面——女性文学研究”系列。

“回声中的心灵——经典女性作品谈”更多谈作品，名字源于英国著名女作家乔治·艾略特的名言“心灵总是活在绵延不断的回声中”[9]。策划者期望通过对不同历史时期、不同文化背景下女性文学作品的解读与传播，唤起女性的主体意识，引导女性读者深入领悟这些作品的艺术精髓。

“镜子的另一面——女性文学研究”更多讲作者自身，通过对女性作家的生平事迹、创作生涯与思想轨迹的探析，揭示隐藏在主流男权文化镜像背后的女性声音和文化景观，以深化读者对女性文学深层内涵的理解，传承与弘扬优秀的女性文化。

3.1.2 视角多元化

国图讲坛“女性文学”系列讲座既包含了对经典作品的深度挖掘，又兼顾了时代前沿与小众珍品的推介。

第一，在经典性方面，为了勾勒出女性文学的宽广轮廓与深厚底蕴，策划者选取了文学史上众多具有里程碑意义的女性作家及其作品，如丁玲、萧红、张爱玲等人，生动地再现了女性作家是如何在彼时性别不平等的境遇下，以文字为武器，在男性主宰的文学世界中开辟出一片女性特有的文学版图。

第二，在新颖性方面，因全球范围内女性议题热度的持续攀升，近年来涌现出大量优秀的女性文学作品，“女性文学”系列讲座以敏锐的嗅觉引入了一系列走在时代前沿的女性文学佳作。以“那不勒斯四部曲：庶民与女性史诗”为主题的讲座，探讨了女性友谊、教育与婚姻等问题，展现了女性观点在时代变迁中的演进，赋予了女性文学新的活力与内涵。

第三，在小众性方面，系列讲座还不忘挖掘部分鲜为人知，但内容引人深思的遗珠之作，如“无处安放的自我：19 世纪美国女性文学形象”这场讲座以《黄色墙纸》与《一小时的故事》为切入点，探讨了女性在不平等的婚姻关系之中遭受的精神折磨，引发读者对女性生存状态的省思。

3.1.3　注重争议回避

策划者在筹划“女性文学”系列讲座的选题时，始终应当保持敏锐的学术洞察力和强烈的社会责任感，确保选题的科学性、公众性和包容性，既要展现女性文学丰富的内涵，又要避免不必要的争议与误解。

第一，在选取女性作家及其作品时，应尽量弱化性别标签，以防读者误以为女性文学就是某些特定主体的情感表达，从而加剧性别刻板印象的固化。

第二，对争议较大、评价褒贬不一的女性作家，或是涉及伦理道德边缘化的作品，策划者应秉持客观、中立的原则，既不盲目回避又不过度推崇，在严谨的学术评判基础上，全面审视作品的价值，审慎决定其是否作为讲座研讨、推广的对象。

第三，在讨论女性作家及其作品时，务必重视时代语境的还原与分析。以萧红为例，她在情感与亲子问题上的处理方式曾引发诸多争议，甚至一度影响到公众对她文学成就的公正评价。策划者在讲座开始前，应通过恰当的论述引导读者理解萧红在当时社会环境下所面临的复杂现实，从而使读者更切实地体悟到其作品的现实意义与启示作用。

3.2　“女性文学”系列讲座对女性阅读推广的作用和启示

3.2.1　数据统计与读者反馈分析

国图讲坛“女性文学”系列讲座自推出以后，在线上、线下均获得热烈的社会反响。表 1 为每场讲座的公众关注度与参与度情况的统计，数据来源于线下读者签到系统以及相关社交媒体平台等，标“—”表示暂无确切数据来源提供。

表 1　国图讲坛“女性文学”系列讲座公众关注度与参与度情况分析

序号	讲座名称	线下到场人数统计			线上关注度	
		男性 / 人	女性 / 人	总计 / 人	微信公众号	微博
1	丁玲与女性主义的原点问题	54	91	145	7469	19000
2	只余古木记宣华——花蕊夫人宫词与唐五代艺术	65	107	172	7469	18000
3	漂流与重构：变迁中的婚姻、性别与家庭	79	227	306	5361	21000
4	冰心创作中的母性之爱	57	62	119	—	28000

续表

序号	讲座名称	线下到场人数统计			线上关注度	
		男性 / 人	女性 / 人	总计 / 人	微信公众号	微博
5	斯托夫人的“红与黑”：评《汤姆叔叔的小屋》	80	92	172	3335	23000
6	古希腊文学中的女性	55	99	154	3335	16000
7	女性的记忆与明天——从《飘》与《宠儿》谈起	—	—	—	—	—
8	刹那即永远——萧红和她的文学世界	—	—	—	—	—
9	静听草叶生长——乔治·艾略特小说中的悲剧、抉择与同情	56	78	134	9329	18000
10	无处安放的自我：19 世纪美国女性文学形象	48	79	127	4455	—
11	那不勒斯四部曲：庶民与女性史诗	71	341	412	5070	14000
12	《到灯塔去》中的聚会、绘画与小说叙事	36	101	137	4617	30000
13	娜拉走前怎样？——张爱玲作品中的女性世界	34	102	136	4420	16000

从线下到场读者的数量来看，尽管每场讲座的到场人数不同，但总体维持在百人以上，表现出该系列讲座具有稳定的社会参与度。其中，到场人数最多的两场讲座分别是“那不勒斯四部曲：庶民与女性史诗”和“漂流与重构：变迁中的婚姻、性别与家庭”。“那不勒斯四部曲”系列作品由意大利女作家埃莱娜·费兰特创作，一经问世便风靡全球，畅销千万册。“漂流与重构：变迁中的婚姻、性别与家庭”的主讲嘉宾是北京大学中文系教授戴锦华，戴锦华在网络上广受网友的认可与喜爱，拥有广泛的影响力。这两场讲座的超高人气说明在进行讲座选题时，内容、主讲人的公众接受度均有关键作用。

从线下读者画像的分析结果来看，每场讲座的女性读者到场率均高于男性，尤其在“那不勒斯四部曲：庶民与女性史诗”“娜拉走前怎样？——张爱玲作品中的女性世界”“《到灯塔去》中的聚会、绘画与小说叙事”这三场讲座中，女性占比达到高峰，说明女性读者对流行的或者蕴含女性主体意识的作品更为钟爱。尽管男性读者在整个受众群体中占比相对较低，但在特定的讲座主题下，如“冰心创作中的母性之爱”“斯托夫人的‘红与黑’：评《汤姆叔叔的小屋》”等，男性到场率几近 50%，说明当涉及大众熟知且喜爱的作家或是具有广泛社会影响力的经典名著时，男性读者也会表现出浓厚的兴趣。这些数据有助于我们理解不同的女性文学主题对于不同性别读者产生的差异化影响。

从传播路径来看，线上、线下不同的传播渠道在讲座推广中呈现出截然不同的宣传效果和受众特征。一方面，线上平台凭借强大的覆盖面和迅捷的传播效率，为每场讲座积累起成千上万的关注度。微博作为开放性、互动性强的社交媒体，能够帮助每场讲座吸引数万人次的围观。而微信平台因其较强的用户黏性，在实际的读者动员和参与转化上更具优势。另一方面，线上线下用户对不同的讲座选题表现出不同的偏好。以“那不勒斯四部曲：庶民与女性史诗”和“《到灯塔去》中的聚会、绘画与小说叙事”两场讲座为例，前者的线下参与度极高，后者在网络上收获了更多的关注，这表明线上用户对文化底蕴深厚的经典文学作品更加热衷，线上平台高效地推动这些具有持久价值的话题的讨论。线下讲座因其“面对面”的特点，更能吸引到对当下流行的热门话题感兴趣的读者群体，让他们更多地参与讨论，获取思想启发。

3.2.2　对图书馆继续深化女性阅读推广工作的建议

第一，创新服务模式，持续优化女性阅读资源结构。图书馆应当定期评估和调整馆内女性阅读资源结构，既关注经典女性文学作品，同时注意挖掘和展示前沿性或边缘化群体女性作家的创作，保持资源库的活力与多样性，满足读者不同层次的阅读需求。

第二，紧跟数字化发展趋势，构建线上线下一体化女性阅读服务平台。图书馆应顺应数字化时代潮流，利用大数据、移动互联网等先进的信息技术手段，创新服务形态，打造线上线下相融合、功能齐全、内容丰富的数字化女性阅读推广平台，提供在线讲座、文献数据库等多种数字资源，让公众能轻松进入女性文学的浩瀚宝库。

第三，深化多方合作，共同推进女性阅读事业的繁荣发展。图书馆应积极寻求与高校、出版社、文化研究机构及各类女性社会组织的合作，通过举办专题展览、论坛、读书俱乐部等活动，拓宽女性阅读的多元渠道，构筑一个为女性发声、关注女性权益的阅读推广平台，为全社会营造尊重女性、崇尚知识、共享文化的良好氛围。

参考文献

[1] 韩阳．我国女性阅读率首次超过男性［J］．出版参考，2006（4）：11.

[2] 浙江省公共图书馆 2022 年度阅读报告［EB/OL］．［2024-04-21］．http://122.224.135.173：18081/zj-library-report-2022/index. html.

[3] 四川省图书馆暨全省公共图书馆 2022 年阅读报告［EB/OL］．［2024-04-21］．https://www.sclib.cn/v2/sub/23d30a5c86642c3cb5b9231983c81ad1.

[4] 王余光，许欢．西方阅读史研究述评与中国阅读史研究的新进展［J］．高校图书馆工作，2005（2）：1-6.

[5-6] 钱彦．全民阅读背景下公共图书馆女性阅读研究［J］．图书馆研究与工作，2017（8）：77-82.

[7] 钱谷融．《论“文学是人学”》一文的自我批判提纲［J］．文艺研究，1980（3）：7-13.

[8] 波伏瓦．第二性［M］．郑克鲁，译．上海：上海译文出版社，2015：1.

[9] 戈登．破局者：改变世界的五位女作家［M］．胡笑然，肖一之，许小凡，译．上海：上海文艺出版社，2021：1.

探究性思维下博物馆成人教育活动的创新与启示

——以国家典籍博物馆“永乐长思”沉浸式剧目展演为例

余木子（展览部）

随着文化知识的普及、国民素质的提升和精神文化需求的增长，博物馆教育经历了从小众走向大众再到分众的过程。博物馆通过开展个性化、特色化定制服务，来满足不同年龄、职业、教育、兴趣社会公众的多样化需求，以此更为精准、高效地实现文化服务推送。然而，在进行分众化实践时，博物馆常常会陷入困局，其所提供的文化服务看似丰富，却无法满足所有观众的需求。特别是成人观众因诉求差异程度大等，针对博物馆教育活动的观点往往莫衷一是，导致活动效果在一定程度上难以达到预期。目前，我国博物馆成人教育存在理论研究薄弱、实践投入比例偏低、形式和内容有待优化等问题[1]，尚有较大的改良和提升空间。因此，博物馆需要在成人的多元需求和自身的有限资源间找到一个平衡，从各自特点出发找到两者之间的最大公约数，通过探究性思维调动成人学习的主观能动性，让成人深度参与并主导教育活动的走向，充分满足他们的兴趣和需求，将博物馆成人教育活动化“众口难调”为“各得其乐”，以此切实提高面向成人的文化服务水平和效率。

1　探究性思维在博物馆教育中的表达

探究性思维，即学生在进行科学探究过程中运用的思维和行为模式。美国国家研究理事会于2000年将探究性学习的特征概括为“问题、证据、解释、评价、发表”，即学生通过动手做、做中学，主动地发现问题、搜集证据、处理信息、构建关联、阐述交流[2]，强调了探究性学习的自主性、探索性和创新性。

探究性思维不仅是针对学校的，还包括博物馆在内的全社会科学教育。博物馆教育活动的本质即为探究性学习，这源于其教育资源的直观性和教育空间的开放性。展览是博物馆连接大众的最主要的教育资源，构成展览的藏品是博物馆教学信息的重要载体。藏品所承载的信息存在于材质、造型、工艺、状态等“现象”之下，博物馆研究人员通过观察藏品的“现象”而获得科学发现，这一过程即为科学探究实践[3]。与此同时，博物馆的教育空间多由展厅构成，展览单元的设置、展柜的陈列、展品的排布通过内在的逻辑相连，从而形成流动的展线，构成了博物馆引人入胜的故事氛围和开放自由的空间环境，让观众在古今对话中情感共鸣、产生新的感悟。正是由于教育资源均为真实的“一手资料”，让博物馆更天然地比其他社会教育机构更适合以“基于实物的体验式学习，基于实践的探究式学习”的方式开展“像科学家探究科学一样学习科学”的教育[4]。博物馆通过设计教育活动，可以将“科学家们以科研为目的的科学探究实践”转化为“观众以学习为目的的科学探究实践”[5]，让观众像研究人员一样基于“现象”的观察和探索，获得新的发现和认知。

2 博物馆成人教育活动的特点

美国教育学家诺尔斯于1967年提出“成人教育学”理论，该理论缘起于以杜威为代表的学者所倡导的进步主义哲学。杜威将教育的内涵概括为：教育即生活、教育即生长、教育即经验的改造[6]。进步主义倡导以学习者为本位，强调教育活动要适应学习者的心理、兴趣和需要进行规划，在“做中学”的过程中发现问题、解决问题、改进经验、学习知识，通过学以致用完成自我改造和社会改造[7]。诺尔斯将进步主义思想融合在了“成人教育学”理论中，他认为成人学习者具有四个突出特征：第一，独立的自我指导型人格；第二，经验是丰富的学习资源；第三，学习意愿与社会职责密切关联；第四，即刻运用知识的观念[8]。由此可知，成人教育的核心在于自我导向、自主学习和社会适应等。

结合成人学习者特点，博物馆成人教育活动呈现多样性、体验性和拓展性等特征，具体体现在以下三点。一是活动策划呈现多样性，以成人需求为导向，提供精细化服务内容。博物馆文物类型丰富、展览主题多元，这使得教育活动可以涉猎历史、文学、艺术、科学等众多门类，为满足成人的差异化需求提供更多选择。二是活动实施注重体验感，以自主学习为手段，勾勒开放式教学路径。博物馆教育活动不拘泥于固定的形式和地点，多变的手段营造出多维度观展体验，观众观展动线的变化带来灵活自由的施展空间，极大地延展了成人参与活动的深度与广度。三是活动效果注重拓展性，以经验提升为目的，学习效果立足社会实践。博物馆是人类文明的集散地，对学校和社会教育起到了重要的补充和延伸作用。博物馆通过教育活动来丰富成人的知识储备，为其挖掘和利用经验提供更多可能，并延续到生活中更好地指导现实社会实践。见表1。

表1 博物馆成人教育活动特点

阶段	特征	方式	目的
活动策划	多样性	需求导向	满足差异性选择
		精细服务	
活动实施	体验性	自主学习	增加体验维度
		开放环境	
活动效果	拓展性	知识补充	指导社会实践
		经验提升	

3　探究性思维与博物馆成人教育活动的结合方式：“永乐长思”沉浸式剧目展演案例分析

基于前文分析，探究性思维方式和博物馆成人教育模式有着充分的相似之处，两者均强调发挥参与者的主观能动性。值得注意的是，面向成人的文化输出已超过知识的通识性普及，因而运用探究性思维策划成人教育活动时，要更加注重将个体的兴趣和诉求纳入考量范畴，赋予活动更多的现实意义。同时，由于成人的自主探究能力更高，故而应鼓励成人主导学习活动的开展和结果的生成，充分发挥成人自主学习和经验学习的特征优势，以便更有针对性地提供特色文化服务。

“永乐长思”是国家典籍博物馆开发的以古籍保护为主题的沉浸式剧目展演活动，是以典籍“活化”方式创新成人教育活动的有益尝试。全剧以《永乐大典》为核心主题，从血脉相传的文物保护家族与文物的命运交织切入，以生动的戏剧化表演形式，为观众讲述国宝《永乐大典》的颠沛流离和辗转传承的命运，通过再现《永乐大典》的历史过往，揭示其深厚的文化内涵，让观众亲身体会中华优秀传统文化的独特魅力。为了给成人提供更为优质、精品的文化服务，国家典籍博物馆将探究性学习思维和成人学习者特点有机结合，依托“问题—证据—解释—评价—发表”这一探究性学习流程，对“永乐长思”进行策划与开发，并在各个环节体现出成人学习注重多样、体验、自主、经验和实践等特征，以期最大程度地发挥成人学习优势、满足成人兴趣需求。见表2。

表2 “永乐长思”与探究性思维结合路径

研究性思维流程		问题	证据	解释	评价	发表
成人教育特点		多样性	体验性	自主性	经验性	实践性
活动结合方式	情节设置	展柜中的《永乐大典》的存世情况和重要价值	演员在4个历史时空和7个场景空间中进行对话、舞蹈、武术等表演，配合虚拟现实、全息投影等多媒体技术，创造出光影、声画交织的立体场景	设置6条不同的观剧线路和多个结局模式，由参与者自主选择跟随相应的主角前往不同的空间场景，并将线索串联为“证据链”给出最终的答案	故事剧情依托史实而创作，服化道等细节处理注重严谨性与准确性，真实再现《永乐大典》的编纂和流传过程，高度还原明清时代风貌，普及文物保护知识	充分渲染抒情环节，通过一段故人鲜活的回忆过往，揭开《永乐大典》背后的传奇故事，体现文物保护工作的艰辛和文化传承的不易

续表

	作用及效果	引导成人提出问题： 正本为何消失不见？副本为何散落飘零？《永乐大典》如何流传至今？ …… 让成人带着各种问题走进剧情，开启探索之旅	引导成人搜集证据： 通过虚实结合、层次分明的多感官融合体验，让成人在模拟真实的环境中发现线索、找寻答案，增加体验的互动性和沉浸感	引导成人处理信息： 交织成网状的叙事结构让每条线路呈现出不同的“打开方式”，突出成人的自我选择对故事结局的重要性	引导成人构建关联： 以寓教于乐的方式让成人对《永乐大典》的认知由“一知半解”到“融会贯通”，通过调动成人的经验数据库，建立更为丰富全面的知识体系	引导成人升华情感： 通过鉴古知今，让古籍中的有益成分滋养当代、激荡未来，号召成人继承前人志，担负起新时代守护、传承中华文脉的重要责任

通过分析“永乐长思”的开发路径，可以得出博物馆在运用探究性思维策划成人教育活动时，应立足于以下四个方面。

3.1 根植需求

成人参加博物馆教育活动往往带有强烈的现实愿望，如滋养兴趣爱好、提升文化修养、休闲打卡等。因而，挖掘社会热点、运用时尚潮流等形式为文化内容赋能，是吸引成人观众走进博物馆的重要一步。“永乐长思”在策划阶段便从当下大众特别是年轻人的喜好出发，以“沉浸式戏剧”“密室逃脱”等热门形式为切入点，将文化热度极高的《永乐大典》作为重要元素，通过渲染国宝的消失来制造重重谜团，丰富剧情的故事性与神秘感，以寻宝探险思路引领观众发现真相、探秘国宝，为活动贴上了“文艺＋悬疑”的标签，打造出富有仪式感的文化氛围，满足了成人文化深造与休闲娱乐的双重目的。

3.2 多元融合

博物馆通过多元叠加和跨界融合等方式，可以极大丰富活动的表现形式，有效吸引成人驻足体验。“永乐长思”在剧情设置上以古籍保护为主线，将文物拟人化处理，引入脑机接口技术、平行宇宙科幻概念等，以古今对话的方式推动剧情发展；在剧目呈现上以对话、舞蹈、武术等多种方式进行演绎，同时融合观众实景解谜搜证，以此丰富艺术表现形式；在场景布置上还原明清时期装饰风格，以密室为空间划分历史朝代，利用全息投影、虚拟现实等技术打破时空边界。“永乐长思”集文物保护、科技、展演、解谜于一体，呈现出一场复合业态的文化盛宴。通过跨界元素的多元融合，为成人营造出了富有感染力的观展体验，创造了“零距离接触”的沉浸式观演模式，以活化文物的方式，加深成人与剧情的互动成人和对主旨的理解。

3.3 自我演绎

成人作为独立个体，具有较强的自我意识，在学习过程中渴望被平等、尊重对待，并掌握一定的话语权和主导权。因而，博物馆在开发成人教育活动时，应鼓励成人参与制订计划、策划内容和选择方法，为成人自主意识的发挥预留充足空间。“永乐长思”共设置了6条不同的观剧线路，每条线路会导向不同的结局。与大多数戏剧不同的是，“永乐长思”将线路的选择权交予观众，因而成人的自我选择变得至关重要。成人带着各自的疑问走进不同的剧情，在与主演互动的过程中搜寻答案，最终演绎出属于自己的结局。“永乐长思”以开放式的结局为导向，赋予了成人充分的自主权和选择权，以“千人不同面”的方式增加故事的戏剧性，提升成人的参与感与获得感，激发其产生更多的学习兴趣。

3.4 经验重塑

成人与青少年的最大区别在于拥有丰富的社会经历和实践经验。因而在学习过程中，成人会下意识地提取和运用经验资源，将其与当下的知识相关联，以此形成新的理论来指导实践，以经验改造促进自我发展。因此，博物馆成人教育活动应采用有利于挖掘和利用成人经验的方法和策略[9]。随着《典籍里的中国》等文化知识类节目相继推出，《永乐大典》等传奇瑰宝以更接地气的方式“飞入寻常百姓家”。伴随文化浪潮的兴起，大众的文化知识储备虽有所提升，但大多认知还停留在浅层，对于国宝背后的故事、深层的精神内涵，以及其承载的历史意义和社会价值还不甚了解。因而，“永乐长思”跳脱于知识的浅表性普及，围绕《永乐大典》的守护与传承谋划立意，让观众追随先辈的回忆深入体会大国匠心，管窥中华文脉传承的不易和文物保护事业的筚路蓝缕，实现文化知识与理想情怀有机结合，让成人在这一过程中完成经验重塑和情感升华，提升认知的高度、深度与广度，以此激发民族自信、家国情怀和文化传承意识。

4 探究性思维赋予博物馆成人教育的现实意义

4.1 学术意义：健全博物馆成人教育研发体系

充分的理论研究是有效实践的基础。当下，我国博物馆教育存在侧重青少年而忽略成人群体的现象，特别是博物馆成人教育相关理论研究十分匮乏，导致成人教育项目研发未成体系，活动质量参差不齐且类型趋向同质化，效果呈现令人不甚满意。成人是博物馆观众的主力军，因而加大面向成人的教育活动理论研究投入尤为必要，这也是博物馆急需应对的时代课题。探究性思维作为一种被广泛应用的学习方法，无论是理论基础还是实践基础都较为完备，不仅适用于青少年在校教育，对于全社会科学教育均有可借鉴之处，或可为博物馆开发成人教育活动“抛砖引玉”，提供探索的思路、目标和方向。运用探究性思维可以帮助博物馆更准确地锚定成人学习需求，让活动的方法和策略更好地适应成人学习习惯，以便采取更有针对性的手段为成人提供文化服务，形成系统、科学、高效的开发模式，弥补相关理论研究的空白，以此降低成人教育活动开发成本，健全博物馆成人教育研发体系。

4.2 实践意义：提升博物馆成人教育品质效益

运用探究性思维加速文物的创造性转化，提升成人的观展体验，从而实现品质和口碑的双赢，透过国家典籍博物馆“永乐长思”案例可见一斑。其一，探究性思维拥有科学规范的方法和流程，通过对知识点进行合理有序地组织和排布，可以让活动单元设置更具逻辑性与严谨性，知识网络构建呈现的更加立体、饱满、生动，为博物馆深耕内容筑牢基础，以“内容为王”增加观众黏性。其二，探究性思维注重营造开放式的学习氛围，为打破学科间的壁垒、促进跨界融合创造了无限条件，通过创新文物阐释和推广方式，在丰富成人活动表现形式的基础上，为博物馆行业实现“文化 +”的融合发展提供新的思路，以“创新为要”扩大品牌效应。其三，探究性思维强调参与者自主意识的发挥，让成人萌生“被平等对待”的舒适感，成人通过自由发挥经验优势，可为博物馆教育活动带来更多灵感，在接受教育的过程中反哺教育，由此搭建起博物馆与成人受众间的良好关系，以“双向奔赴”促进高质量发展。

4.3 社会意义：扩大博物馆成人教育辐射效应

成人是博物馆最广泛的受众群体之一，也是促进社会发展的中坚力量。成人通过接受博物馆文化教育、汲取精神营养，可实现自我发展，并有效发挥以点带面的辐射作用，促进社会和人的全面发展。一方面，博物馆可借助探究性思维持续丰富教育活动内容，通过源源不断地输出优质产品，为成人创造更多自我进修和终身学习的机会，帮助他们快速提升知识储备和自身修养，以此更好地赋能社会角色，为国家和社会发展发挥更大作用。另一方面，博物馆可借力探究性思维优化文化服务供给方式，通过开展丰富多彩的教育活动，吸引更多成人走进博物馆“一探究竟”，让他们身体力行发挥“传帮带”的作用，为青少年子女带来博物馆教育的熏陶，促进全年龄段公众树立终身学习的意识，加大中华传统文化的影响力和渗透力，以文化自觉培育文化自信。

习近平总书记指出：“要把博物馆事业搞好。博物馆建设要更完善、更成体系，同时发挥好博物馆的教育功能。”[10] 运用探究性思维助力博物馆成人教育研究，不仅是满足人民精神文化需求、适应时代发展的应有之义，同时也是加强和完善社会公共教育体系的重要一环。作为成人回归教育的重要阵地，博物馆要积极推进在先进理论指导下开展教育活动，同时还要秉持与时俱进的原则，借助大数据为观众画像、细分需求，探索运用众策方式为成人提供博物馆实践机会，让更多成人以参与者和策划者的双重身份参与博物馆的知识呈现过程，以博物馆为窗口、以成人观众为纽带，让传统文化中的有益成分更好地服务全民终身学习，通过以文化人、以文育人培育人民生活新风尚，切实发挥好博物馆作为“社会大课堂”的重要作用。

参考文献

［1］郑莉．我国博物馆成人教育若干问题的探讨［J］．文博学刊，2020（4）：57-64.

［2］“科学探究性学习的理论与实验研究”课题组．探究式学习：含义、特征及核心要素［J］．教育研究，2001（12）：52-56.

［3］朱幼文．教育学、传播学视角下的展览研究与设计——兼论科技博物馆展览设计创新的方向与思路［J］．博物院，2017（6）：70-80.

［4］朱幼文．基于科学与工程实践的跨学科探究式学习——科技馆 STEM 教育相关重要概念的探讨［J］．自然科学博物馆研究，2017（1）：5-14.

［5］朱幼文．理念与思路的突破：从“馆校结合”到各类教育项目——“科普场馆科学教育项目展评 / 培育”带来的启示［J］．自然科学博物馆研究，2021（1）：42-52，95.

［6］吴式颖，李明德，单中惠．外国教育史教程［M］．北京：人民教育出版社，1999：507-513

［7］［9］赵红亚．试论诺尔斯的成人教育思想［J］．河北师范大学学报（教育科学版），2004（2）：38-44.

［8］马尔科姆．现代成人教育实践［M］．蔺延梓，译．北京：人民教育出版社，1989：42.

［10］求是网评论员：要把博物馆事业搞好［EB/OL］．［2025-05-13］．http://www.qstheory.cn/wp/2024-05/18/c_1130147769.htm.

新时代国家图书馆博硕士学位论文收藏情况与版本严肃性研究

王永富（中文采编部）

博硕士学位论文是十分重要的灰色文献资源，其篇幅宏大，代表了学位申请人在攻读学位期间所取得的研究成果。虽然每家学位授予单位都对学位授予程序、学位论文内容和格式规范、学位论文提交流程做了一定的规定，但在实践中由于每个学位申请人及其导师、学位授予单位相关工作人员的工作（写作）态度、能力与对规范的把握标准不一，博硕士学位论文在同一学位授予单位内也很难完全做到规范化、标准化，造成学位论文的版本存在诸多问题，甚至同一学位授予单位内博硕士学位论文很难完全做到规范化、标准化，造成学位论文的版本存在诸多问题，这些问题可以总结为三类问题，一是论文写作不规范问题，二是论文的书目信息不规范问题，三是论文提交版本严肃性不强的问题。所谓严肃性，是指学位授予单位向国家图书馆提交学位论文应当是一项非常严肃的工作，应确保交存的学位论文是授予学位时的终稿论文，论文内容完整，形式要件齐全，带有亲笔签名，无明显的印刷瑕疵，纸电稿件一致，并且提交后的版本不得随意替换。否则，学位教育的最后一步将缺失严肃的保障机制，学位论文的抽检也将不再严肃。

本文重点讨论第三个问题。维护博硕士学位论文版本的严肃性是国家图书馆作为全国文献保障基地的职责与使命所在，也是新时代对国家图书馆学位论文收藏工作提出的新要求。

1 我国博硕士学位论文交存相关规定

国务院、教育部相关主管部门先后出台若干规定，建立了我国博硕士学位论文收藏制度，确保这一重要的学术资源由具有权威性的国家机构收藏。

1.1 博硕士学位论文交存原始文件规定

1981 年 5 月国务院批准通过的《中华人民共和国学位条例暂行实施办法》第二十三条规定[1]："已经通过的硕士学位和博士学位的论文，应当交存学位授予单位图书馆一份；已经通过的博士学位论文，还应当交存北京图书馆和有关的专业图书馆各一份。"

1.2 新时代博硕士学位论文交存工作最新文件精神

2014 年 3 月《国务院学位委员会 教育部关于印发〈博士硕士学位论文抽检办法〉的通知》（学位〔2014〕5 号）发布，该通知第三条确定“抽检范围为上一学年度授予博士、硕士学位的论文”，第四条则明确指出，“博士学位论文抽检从国家图书馆直接调取学位论文”[2]。

国务院教育督导委员会办公室在《关于做好博士学位论文抽检工作的通知》中强调，各学位授予单位要按照《中华人民共和国学位条例暂时实施办法》有关规定和国家图书馆的有关要求，在授予博士学位后及时提交有关学位论文，确保抽检工作正常进行。

2024 年 4 月，第十四届全国人民代表大会常务委员会第九次会议通过《中华人民共和国学位法》（以下简称《学位法》），第三十条规定：“学位授予单位应当保存学位申请人的申请材料和学位论文、实践成果等档案资料；博士学位论文应当同时交存国家图书馆和有关专业图书馆。”[3]

《学位法》明确国家图书馆是博士学位论文的法定收藏机构。根据《学位法》相关内容，笔者认为学位论文应当是一种档案资料，其版本应该具有严肃性。

新时代相关文件的颁布，既是有关部门对国家图书馆博士学位论文收藏工作的高度认可，又对国家图书馆收藏学位论文的时效性、主动性、严肃性提出了更高的要求。

2 国家图书馆博硕士学位论文收藏简况

国家图书馆 40 余年来一直按照相关规定，积极主动地全面收藏博士学位论文，并本着学位授予单位自愿的原则，重点收藏具有博士、硕士双重学位授予权的学位授予单位交存的硕士学位论文。

目前，国家图书馆全面收藏约 440 家学位授予单位的博士学位论文；收藏约 140 家学位授予单位的硕士学位论文，其中约 130 家是博士、硕士学位双重学位授予单位。

截至 2024 年 3 月，国家图书馆已正式入藏（指已上架可提供读者服务）博士学位论文 92 万余种，硕士学位论文 229 万余种。加上处于限制公开以及采编业务流程中的学位论文，博士学位论文收藏量已突破 110 万种，硕士学位论文收藏量已突破 240 万种。

国家图书馆对正式入藏的学位论文采取闭架阅览的方式，向读者提供纸本文献的到馆阅览服务，并向读者提供文献的部分复制、馆际互借、原文传递服务。

国家图书馆每年按照学位报表信息收藏博士学位论文，进入中国特色社会主义新时代以来，每个学年度（每年 9 月 1 日至次年 8 月 31 日为一个学年度）博士学位论文收藏率无限趋近甚至有些学年度已经达到 100%。2022—2023 学年度博士学位论文总数已经突破 9 万种。硕士学位论文采访量每年稳定在 15 万余种左右。

表 1 中的数据是国家图书馆博硕士学位论文采访实际到馆情况，可以清楚看到，国家图书馆博士学位论文每年采访量随博士扩招而快速增加，硕士学位论文总量保持稳

定。其中2022年采访量下降、2023年采访量猛增或与疫情有关，2023年下半年采访量已恢复正常。

表1 新时代以来国家图书馆纸本博硕士学位论文采访量情况（单位：种）

年份	博士学位论文/种	硕士学位论文/种	小计/种
2013	49925	156435	206360
2014	50128	157536	207664
2015	52886	158700	211586
2016	53950	159800	213750
2017	53998	159810	213808
2018	59192	163195	222387
2019	63162	163215	226377
2020	65204	144986	210190
2021	78011	153097	231108
2022	60835	130781	191616
2023	106867	173959	280826
合计	694158	1721514	2415672

表1的数据表明，新时代以来，国家图书馆采访到馆博士学位论文69万余种，硕士学位172万余种，新时代以来博硕士学位论文到馆241万余种，占《学位条例暂时实施办法》颁布40余年以来所有到馆的博硕士学位论文（350余万种）的近七成。

2021年国家图书馆启动“学位论文及博士后报告交存管理系统”项目。该项目为国家图书馆智慧图书馆建设——知识服务能力提升项目，即将上线试运行并开始正式采集电子学位论文。

3 国家图书馆博硕士学位论文版本确认机制

国家图书馆特别注重学位论文版本的严肃性、权威性，将学位论文版本的审查作为一项重要的工作来安排。

《中华人民共和国学位条例暂行实施办法》中对于提交学位论文的要求是“已经通过的硕士学位和博士学位的论文”和“已经通过的博士学位论文”。笔者认为应当是通过答辩，并参考答辩委员会意见，在规定时间内完成修改，在申请学位时提交的最终版学位论文。国家图书馆在日常的采访工作中反复要求学位授予单位按照此规定提交博硕士学位论文。

然而在业务实践中仍然有不少问题存在，主要表现为六方面：一是提交论文非最终版；二是提交的学位论文版本有内容缺失或格式错乱等重大失误；三是提交的实为博士毕业论文（学位申请人当时未获得学位）；四是提交多版本的多本学位论文；五是电子版学位论文与纸本学位论文版本不一致的问题；六是个别单位和个人希望替换学位论文。

3.1 学位论文版本确认流程

针对前四个问题，学位论文从到馆到上架的若干步骤，都会有工作人员严格检查来确保论文版本的合规性，每步都需要检查论文的完整性、版本重复、限制公开状态等情况。此外论文上架后，读者、论文管理人员发现问题后也会及时反馈给采编部门。

针对第五个问题，一是以纸本学位论文版本为准，二是只有电子版而缺纸本时，博士学位论文应补交纸本论文，硕士电子论文单独整理。

针对第六个问题，国家图书馆按照教育部相关要求处理，确保博硕士学位论文严格按照标准收藏。

3.2 问题版本学位论文的处理

3.2.1 学位论文重新提交

对于纸本论文，针对问题一所述提交论文非最终版、问题二所述提交版本有内容缺失或错乱等重大失误，国家图书馆及时通报学位授予单位相关情况，要求及时重新提交新的学位论文。这类问题主要是学位申请人、相关工作人员的不认真、不细致造成的。

判断学位论文属于问题一非最终版的情况是因为发现论文为有修改符号版本、评阅人评阅版本、附件不完整的版本等，问题六的替换论文情况不能简单划归到“非最终版本”一列。

3.2.2 学位论文的版本剔除

目前国家图书馆每位学位申请人只收藏一册合规的纸本学位论文，对多余的复本进行剔除销毁，对不合规的电子学位论文也进行剔除。

- 针对 3.2.1 所述问题一、问题二情况，国家图书馆主动要求学位授予单位重新提交纸本学位论文，收到新论文后原版本直接被剔除。
- 针对问题三中提交论文为毕业论文而非学位论文的情况进行定期排查，对这些论文直接剔除或暂时单独保存；待学位申请人获得学位后，收藏新本学位论文或将此版本入藏。
- 针对问题四中提交多版本纸本学位论文的情况，如重复本学位论文版本相同，剔除任意一本；如版本不同，需通过综合考察其签字时间、附件完整性、到馆时间等各种相关情况来确定版本留存。
- 剔除电子学位论文中有修改符号、内容不完整等非最终版的论文。

3.2.3 学位论文的替换

由于越来越多的学位授予单位认识到国家抽检博士学位论文的重要性，向国家图书馆提交论文后又进行自查自纠并进行整改，会有成批替换博士学位论文的需求，除非学位授予单位出具相关证明后向国家图书馆申请，并根据教育部相关规定进行处置，否则不予替换。

3.3 博硕士学位论文复本剔除的实例

2023年在工作流程中发现2250册重本博硕士学位论文，来自91家学位授予单位，约占国家图书馆所有博硕士学位论文来源单位的五分之一。

其中1758册为相同版本的重本博硕士学位论文，确认无误后直接剔除；其中492册确认为是不同版本的重本博硕士学位论文，不同版本的重本博硕士学位论文占全部重本博硕士学位论文的比例高达21.9%。

492册不同版本的重本博硕士学位论文来自66家学位授予单位，占国家图书馆所有博硕士学位论文来源单位的15%，说明重本现象并不是一个特殊的偶发现象。具体情况分析见表2。

对492册不同版本的重本博硕士学位论文进行核查，发现55册重本属于一人多重本情况，437册属于一人一重本的情况。437种重本博硕士学位论文中，111种应当被确认为最终版替换原馆藏，占比达到25.4%。还有3种硕士学位论文较为特殊：其中两种是艺术类硕士学位论文附带的作品，应与馆藏正文合并收藏；1种为因授予单位安排统一打印造成缺陷，装订时将张三的封面和李四的内容置于同一论文中，与馆藏中另外一本情况正好相反。

表2 各学位授予单位提交重本博硕士学位论文的数量情况

工作失误的严重程度	全部2250册重本论文		492册不同版本重本论文	
	涉及单位/个	数量/册	涉及单位/个	数量/册
个别情况	69	1—20	48	1—5
应该关注	12	21—50	8	6—10
应该重视	4	51—100	6	11—20
应该特别重视	4	101—300	3	21—100
需要整改	2	300以上	1	100以上
合计	91	—	66	—

4 对国家图书馆博硕士学位论文收藏工作的建议

4.1 对国家图书馆博硕士学位论文收藏政策的建议

4.1.1 争取建设更加权威的全国博硕士学位论文收藏中心

国家图书馆已然是最具权威的全国博士学位论文收藏中心，然而我国目前尚无机构全面入藏硕士学位论文并提供公益性借阅服务。国家图书馆虽然每年有十余万种硕士学位论文入藏，但主要是依靠国家图书馆的影响力和长久保存的吸引力，以及源自各单位的自主存藏意识或参照博士学位论文交存惯例，是各单位自愿性行为。国家图书馆作为全国总书库，有责任对硕士学位论文进行全面系统的收藏、整理和利用，进而充分体现国家图书馆的法律地位，履行国家总书库的职能并成为我国学位论文的最终保障基地，实现硕士学位论文的全面收藏、保存和服务。

国家图书馆还应积极与港澳台地区合作，推动国内博硕士学位论文资源共建共享，建立更加完整全面的博硕士学位论文收藏体系。

4.1.2 推动全国博硕士学位论文实体馆藏高效揭示

国家图书馆应充分利用其联合编目优势，带头与相关专业图书馆、各授予单位图书馆建立博硕士学位论文的联合编目机制，实现全国博硕士学位论文实体馆藏的高效揭示，读者可以在任何一家法定收藏机构查询到博硕士学位论文的实体馆藏，盘活分散保存在各学位授予单位图书馆内的博硕士学位论文资源。

4.1.3 推动构建更加开放、高效、环保的博硕士学位论文开发利用与收藏体系

国家图书馆“学位论文及博士后报告交存管理系统”即将上线，以期在不久的将来同时收藏纸本与电子版的博士学位论文、电子版的硕士学位论文。国家图书馆应以此为契机，一是主动向有关部门建言争取全面收藏电子版硕士学位论文政策，二是与各学位授予单位、数据库公司共同推动建立博硕士学位论文开发利用体系。

国家图书馆的专长在于收藏，可以由国家图书馆统一采集，数据库公司与学位授予单位签订开发协议，并委托国家图书馆向数据库公司提供部分学位论文数据。实现一源多用，避免学位论文重复提交带来的人力浪费和版本不一致问题，避免纸张浪费，构建更加开放、高效、环保的博硕士学位论文开发利用与收藏体系。

4.2 对国家图书馆博硕士学位论文版本维护工作的建议

4.2.1 加强博硕士学位论文版本严肃性宣传

对学位授予单位进行相关培训，并建议其对学位申请人和导师进行博硕士学位论文版本严肃性教育与培训，并通过国家图书馆现有的线上线下的宣传展示渠道向社会各界宣传维护博硕士学位论文版本严肃性的重要意义。

4.2.2 发挥社会监督在博硕士学位论文版本严肃性维护中的作用

一是利用现有的国家图书馆读者服务系统，使读者反馈机制在博硕士学位论文版本问题上更加高效便捷；二是建立渠道，在读者或其他相关人员在任何途径发现问题论文后，能够自觉与国家图书馆馆藏版本做对比，进一步加强国家图书馆博硕士学位论文资源在学术界的影响力。

4.2.3 制定相关措施从根源上减少问题版本博硕士学位论文

个别单位和个人替换博硕士学位论文的情况，给国家图书馆的正常工作带来严重的干扰，不利于维护严肃的学术风气。国家图书馆应该列出清单，建议国家抽查相关个人或单位有替换需求或版本不完善的学位论文，增加处罚机制，倒逼学位授予单位采取措施理顺版本问题。

4.2.4 推动电子版与纸本博硕士学位论文版本的一致性

国家图书馆应利用即将上线“学位论文及博士后报告交存管理系统”的契机，借鉴部分学位授予单位好的方法经验，制定措施促进提升电子版与纸版博硕士学位论文的版本一致性。

参考文献

[1] 中华人民共和国学位条例暂行实施办法[EB/OL].[2024-08-27]. http://www.moe.gov.cn/jyb_sjzl/sjzl_zcfg/zcfg_jyxzfg/202204/t20220422_620528. html.

[2] 国务院学位委员会　教育部关于印发《博士硕士学位论文抽检办法》的通知：学位〔2014〕5号[EB/OL].[2024-08-27]. http://www.moe.gov.cn/srcsite/A22/s7065/201402/t20140212_165556.html.

[3] 中华人民共和国学位法[EB/OL].[2024-08-27]. https://www.gov.cn/yaowen/liebiao/202404/content_6947841.htm.

新 RDA 的内容更新及动因分析

袁　雪（外文采编部）

资源描述与检索（Resource Description and Access，RDA）自发布以来始终保持着常态化的修订和更新。随着 2017 年 RDA 及其工具套件的重构和再设计项目的推出，新 RDA 应运而生。新 RDA 的更新大体延续了过去的机制，但也呈现出更新频率更快、反馈渠道更广、意见交换更频繁的新变化。在对新 RDA 13 次内容更新进行归纳总结的基础上，本文分析了其更新的动因，即满足新 RDA 的国际化需求、贯彻实施 IFLA LRM 模型以及适应关联数据的发展。

1　RDA 更新维护机制的演进

RDA 自 2010 年发布以来不断进行着自我革新，十余年间，RDA 的概念模型从 FR 三家族（FRBR、FRAD 和 FRSAD）统一为 IFLA LRM，治理结构由局限于编制国扩展为在世界范围内广设代表席位；伴随着以上巨变，RDA 的内容也在持续更新。这种常态化的更新机制，不断为 RDA 注入新活力，使其在信息组织领域永葆旺盛的生命力。

相较之前的编目规则，RDA 开创了以工具套件（RDA Toolkit）来发布内容的模式，在线的形式有利于 RDA 进行规律修订并及时呈现最新版本。RDA 治理结构的重要成员之一——RDA 发展联合指导委员会（Joint Steering Committee for Development of RDA，JSC）负责 RDA 内容的编写及更新。RDA 通过修改（release）和更新（update）两种方式来处理小改动和大变化。小改动一年数次，快速灵活，包括修改小错误和快速通道变化（Fast track changes），如印刷错误、增加或删除例子、为词汇表增添术语等方面。大更新每年一次，严谨慎重，必须在 JSC 的主持下经过特定流程才能得以实现。RDA 从 2012—2017 年间共有 6 次大更新，均记录在更新历史（Update History）中，主要包括更新概要（Update Summary）和条款档案（Instruction Archive）两部分内容，但快速通道变化无法在更新历史追踪查询[1]。2017 年 4 月 RDA 指导委员会（RDA Steering Committee，RSC）启动了 RDA 及其工具套件的重构和再设计（RDA Restructure and Redesign，3R）项目，RDA 也随之进入冻结期，暂时不再更新。

2019 年 4 月 30 日，3R 项目接近尾声，新 RDA 的英文稳定版本正式发布，同年 9 月，新 RDA 在工具套件发布了第一个修订说明（Release Notes），标志着其开始恢复更新[2]。新 RDA 的更新大体延续了过去的机制，但与原始 RDA 相比，也存在以下几个变化。

1.1 更新频率更快

原始 RDA 每年更新一次，而新 RDA 则每季度更新一次。究其原因，主要有三个方面。其一，RDA 的更新频率取决于编制机构的会议频次，过去 JSC 每年 11 月召集成员开会一周，讨论各方提出的修订建议，批准的建议体现在下一年的更新中；RDA 治理机构改革后，RSC 调整为每季度召开一次会议，故新 RDA 的更新也与之同步[3]。其二，新 RDA 取消了条款编号，引入引文编号功能，在对条款进行增删或者调整时不会出现牵一发而动全身的情况，无形中节约了时间成本，提高了更新效率。其三，新 RDA 对更新流程进行了优化，原始 RDA 的更新分为“接受各界修订建议—接受各界对修订建议的回应—开会讨论批准”三个步骤，新 RDA 则分为“讨论文件和提案的开发、提交以及进度安排—非正式和正式的讨论—RSC 批准—实施”四个步骤[4]。与过去相比，新流程一方面准备回应需要更少的时间和努力，另一方面留出足够的时间来做出决定，避免因为问题复杂而出现拖延的情况。

1.2 反馈渠道更广

2015 年起，RDA 开始推进治理结构的国际化变革，全新的两大治理实体 RDA 理事会（RDA Board）和 RSC 分别增设了国家机构代表和地理区域代表，以扩大代表权的方式邀请全球有志于参与 RDA 治理的社区加入。决策结构的优化有助于 RDA 在更新时广开言路，新 RDA 的修订建议可来自 RSC 成员、RDA 用户以及地理区域代表，对于亚洲、非洲等暂未设立区域代表机构的地区，则可通过更广泛的社区联络官来提交修订提案，更广泛社区联络官也是治理结构改革后 RSC 的新成员之一[5]。原始 RDA 的更新受制于改革前的治理结构，接受各方修订建议的渠道较为单一；如中国国家图书馆在原始 RDA 中译本的翻译过程中发现，多处 RDA 英文原文的错误或逻辑不清的地方，但作为 RDA 的非编制国，只能通过 JSC 主席来提交建议。

1.3 意见交换更频繁

新 RDA 接受各方修订意见时，对于来自 RSC 之外的讨论文件或提案，要求应根据修订内容先咨询相应的 RSC 成员（如地理区域代表、样例编辑、翻译组联络官等），以获得有关范围、内容和框架的建议。此外，地理区域代表在与其社区合作制定讨论文件和提案时也将发挥把关作用，若修订建议在范围上不具有国际性的变化、存在超出基本模型的字符串编码方案（String Encoding Schemes，SES）、属于对封闭词汇表的添加以及出现与 IFLA LRM 相矛盾的情况，应及时对修订建议作出调整[6]。RSC 也尽可能促进成员之间的更多合作，如由多个成员共同制订讨论文件或提案。原始 RDA 修订的意见交换则主要集中在接受各界对修订建议的回应环节。

2 新 RDA 更新的主要内容

2.1 概述

自英文稳定版本推出至 2023 年 12 月，新 RDA 共发布了 13 次修订说明，全部记录在工具套件资源选项卡下的修订历史（Revision History）中，主要包括修订说明（Release Notes）和条款档案两部分内容[7]。修订说明除简要的文字说明外，还以表格的形式列出所修订元素或页面的标题、修订的性质，并在适用的情况下提供了指向元素或页面的新旧 PDF 链接，可将 PDF 上传至 Diffchecker 等软件对比查看具体的更新之处[8]。修订说明只保存三年，之后文件将被重新移动到条款档案；目前的条款档案中保存了从 2017 年 4 月 RDA 冻结时起及后续每一次修订版本的 RDA 条款文档[9]。

纵观新 RDA 的 13 次更新，涉及 544 项元素或页面，其中 2021 年 7 月和 2023 年 9 月的两次更新没有影响 RDA 编目实践的修改，故表 1 中仅列出有实际意义的 11 次更新情况。更新整体呈减少趋势，只有 2022 年 3 月的更新特别多，共 255 项，占总更新内容数量的近一半。本次更新涉及 150 个页面（包括元素、条款和选项）的增加，58 个元素的弃用以及其他更新[10]。这是 RDA 由测试版切换为官方版后的一次重大更新，之后新 RDA 日臻完善，更新变少，以 2022 年 6 月的更新为例，几乎完全是编辑性的，如纠正拼写错误和其他小更正等[11]。

新 RDA 的更新方式主要包括增加（added）、删除（deleted）、修订（revised）、修正（amended）、弃用（deprecated）和其他，其他涉及重订格式（reformatting）、移除（removed）、移动（moved）、重新定位（relocated）、新的（new）、标签变更（label change）、转换（shifted）、调整（adjusted）、改变（change）等类型。增加的更新方式最多，其次为其他，删除为最少（见表 1）。有些一个元素或页面的修订包括多种更新方式，如 2020 年 9 月的修订中，“个人：职级，荣誉或职务的术语”的修订说明为“新的基本集、关系以及添加了上下文示例的视图”，因此在表中的增加和其他项各增加 1 条记录。

表 1 新 RDA 更新方式涉及页面数

时间	增加 / 个	删除 / 个	修订 / 个	修正 / 个	弃用 / 个	其他 / 个	合计 / 个
2019 年 9 月	40	2	25		8	30	105
2020 年 4 月	2		2	46		7	57
2020 年 9 月	3		16			24	43
2020 年 12 月					2	29	31
2021 年 4 月						14	14
2022 年 3 月	150				58	47	255
2022 年 6 月	3					2	5
2022 年 9 月	6	4				2	12

续表

时间	增加 / 个	删除 / 个	修订 / 个	修正 / 个	弃用 / 个	其他 / 个	合计 / 个
2022 年 12 月	10					5	15
2023 年 3 月				1			1
2023 年 7 月			4			2	6
合计	214	6	47	47	68	162	544

新 RDA 的更新主要集中于 13 个实体要素，这 13 个要素的更新占更新总数量的比重达 95% 以上，指南和资源涉及更新较少（见表 2）。实体中作品（Work）、内容表达（Expression）、载体表现（Manifestation）和单件（Item）的更新内容较多，WEMI 实体是原始 RDA 概念模型 FRBR 中的高层实体，对于识别属性和关系最为重要。虽然新 RDA 的概念模型 IFLA LRM 认为所有实体同等重要，但实体结构却是立体有层级的，Res 实体位于顶层，WEMI 实体则处于第二层，有着举足轻重的作用，故更新时涉及的页面和元素也更多。实体中地点（Place）、命名（Nomen）和 RDA 实体（RDA Entity）的更新较少，地点（Place）和命名（Nomen）虽然分别是 FRBR 和 FRSAD 中已有的实体，但定义发生了变化，也被视为 IFLA LRM 的新实体，故新 RDA 中这两个实体所涉及的内容均为新编制，需要更新的少；而 RDA 实体是其他 12 个实体的一般化，属于概述性质，故修订内容也少。

表 2　新 RDA 更新各要素涉及页面数

要素	实体	增加 / 个	删除 / 个	修订 / 个	修正 / 个	弃用 / 个	其他 / 个	合计 / 个
实体	RDA 实体	4			3			7
	作品	44	1	7	7	22	37	118
	内容表达	70		6	9	12	21	118
	载体表现	28	4	15	3		48	98
	单件	11			3	18	2	34
	行为者	6		1	3	3	8	21
	个人	8		2	3	3	6	22
	集体行为者	6		1	3	3	3	16
	团体	6		4	3	3	8	24
	家族	8		1	3	3	4	19
	命名	1		1			10	12
	地点	7		1	3		1	12
	时间段	4		5	3	2	5	19
指南		8	1	3	1		7	20

续表

要素	实体	增加 / 个	删除 / 个	修订 / 个	修正 / 个	弃用 / 个	其他 / 个	合计 / 个
资源		2					2	4
合计		213	6	47	47	69	162	544

2.2 新 RDA 内容更新的主要类型

2.2.1 修订和修正

2023 年 3 月发布的 RDA 工具套件将"管辖地"(Jurisdiction)定义为"受法律、法规、宪法、法院规则或政府团体颁布的其他立法管辖的地点，将'政府'(Government)定义为"对管辖地行使权力的行政、立法和司法团体的总和"[12]。为澄清管辖地和政府之间的区别，RSC 地点工作组(Places Working Group)建议修订 RDA 中的相关元素和条款。于是，在 2023 年 7 月发布的 RDA 版本中，将"团体：终止日期"(Corporate Body：date of termination)"团体：团体的首选题名"(Corporate Body：preferred name of corporate body)和"团体：成立日期"(Corporate Body：date of establishment)条款表述中的管辖权(jurisdiction)修订为治理(governance)[13]。

在 2020 年 4 月的更新中，有 46 个页面都是为字符串编码方案项目而进行的修正[14]，占本次更新页面的 80% 以上(见表 1)，涉及除命名实体外其他 12 个实体相关的检索点、规范检索点和变异检索点元素。

2.2.2 弃用

弃用包括弃用元素和伪元素(Pseudo-Elements)两种。2020 年 12 月的更新弃用了时间段(Timespan)实体的两个元素，分别是"时间段：……的持续时间"(Timespan：duration of)和"时间段：……的代表性内容表达的持续时间"(Timespan：duration of representative expression of)；前者是不再使用，后者从时间段的元素变成了作品的元素[15]。2019 年 9 月的更新弃用了 9 个伪元素，涉及法律、音乐、官方通信和宗教作品等特定类型文献的题名以及检索点[16]。

2.2.3 增加以及新的元素和指南

虽然 RSC 承诺新 RDA 不影响编目实践，但在全新的编目模型 IFLA LRM 指导下，其依然引入了许多新概念，包括新元素和新指南。

2020 年 4 月的更新不仅发布了新的"指南：RDA 的实施场景"(Guidance：RDA implementation scenarios)，还为集合作品增加了代表性内容表达部分的内容、为作品的检索点增加了涉及历时作品的内容[17]。2020 年 9 月发布的版本，除增加实体边界(Guidance：Entity boundaries)和格式良好的 RDA(Guidance：well-formed RDA)2 个新的指南外，还引入了三个新元素，即"时间段：……的开始"(Timespan：beginning of)"时间段：……的结束"(Timespan：ending of)和"载体表现：……的参考源"(Manifestation：reference source of)[18]，这三个元素都与已有的关系元素互逆，即"时间段：开始"(Timespan：beginning)"时间段：结束"(Timespan：ending)和"命名：

参考源”（Nomen：referencesource）。在 RDA 工具套件从测试版切换为正式版时，新 RDA 又发布了 9 个新元素，集中在命名实体[19]。

2.2.4 其他集中的更新

2020 年 4 月的更新中，可访问内容（Manifestation：accessibility content）、说明性内容（Manifestation：illustrative content）、色彩内容（Manifestation：colour content）、声音内容（Manifestation：sound content）和补充内容（Manifestation：supplementary content）这 5 个元素均从内容表达移动到了载体表现[20]。2020 年 12 月的更新，有 20 个元素进行了标签变更，均删除了元素名称中的“body”一词[21]。2021 年 4 月的更新，14 个元素及页面重新回到社区资源选项卡之下[22]。

3 新 RDA 内容更新的动因

依托于 3R 项目，以全新概念模型 IFLA LRM 为思想基础的新 RDA 发生了巨变，并且确立了面向国际社区、文化遗产社区和关联数据社区的发展战略。这一战略思想的指引，成为推动新 RDA 内容更新的不竭动力。

3.1 满足新 RDA 国际化的需求

2019 年 9 月的更新弃用伪元素，2020 年 4 月的更新为字符串编码方案进行修正，2020 年 9 月新 RDA 工具套件新增了“社区资源”以及 2021 年 4 月在“社区资源”中增加“社区细化”，这些更新都是为了满足新 RDA 国际化的需求。

“社区资源”是新 RDA 实现国际化目标的重要举措之一，把一些与特定语言文化、国家地区相关的内容从 RDA 正文中独立出来，交由各社区自行维护，以体现其去英美化的决心。“伪元素”顾名思义，不是真的元素。新 RDA 中每个元素都有独立的页面，但某些元素（包括作品的规范检索点、用于内容表达的规范检索点、首选作品题名以及相关作品行为者）由于内容繁杂、页面冗余，影响可读性和用户体验，故将其中涉及特定类型文献（包括法律、音乐、宗教和官方通信）的部分单独设置页面[23]。事实上，弃用伪元素和在“社区资源”中增加“社区细化”这两种更新方式是相互关联的，弃用伪元素正是为了将其作为“基本 RDA 条款的基于社区的细化”移至社区资源，这些都是新 RDA 国际化的体现。

字符串编码方案是“一组字符串值和一组描述该字符串集与元素值之间映射的相关规则”，在新 RDA 中主要应用于规范检索点和变异检索点元素，在构建特定检索说明的上下文中，对应于原始 RDA 中作品（RDA 6.27）、音乐作品（RDA6.28）、法律作品（RDA6.29）、宗教作品（RDA6.30）和官方通信（RDA 6.31）构建检索点的具体说明[24]。字符串编码方案由各编目社区自行决定，为了更好地维护它们，充分尊重不同语言文化背景编目社区的差异，将其内容从元素页面移动到政策声明是明智之举。基于此，2020 年 4 月发布的更新中，很多元素和页面的条款都进行了修正。

3.2 保持与 IFLA LRM 模型的一致性

代表性内容表达的属性是 IFLA LRM 中的新概念，属于作品的属性，其值取自作品有代表性的或经典的内容表达，新 RDA 的许多更新都与此相关。2020 年 12 月的更新中弃用了时间段的一个元素，即“……的代表性内容表达的持续时间”，将其归类为作品的元素。正是因为 IFLA LRM 模型将代表性内容表达的属性划归到作品层，认为其虽涉及的是内容表达的特征而非作品的特征，但这些特征是作品本身所固有或与作品相关的，并对描述和识别作品具有重要意义，故将该元素转移给作品并用于作品的识别。新 RDA 还专门对集合作品的代表性内容表达规则予以规定，集合作品的内容表达有且仅有一个，即集合内容表达。集合内容表达不能用作代表性内容表达，因为集合内容表达不是被集合的内容表达的内容。相反，集合作品的“代表性”内容表达是被集合的内容[25]，故 2020 年 4 月的更新为集合作品增加了代表性内容表达部分的内容。

时间段为 IFLA LRM 的新增实体，指“存在开始、结束和持续时间的时间范围”，即使再短的时间段也存在可测量的持续时间[26]，故而新 RDA 引入了与其相关的开始和结束两个元素。IFLA LRM 为连续出版物建模，由此产生了“历时作品”（Diachronic Work）的新概念，同样在新 RDA 的更新中也有体现，如前所述在 2020 年 4 月进行更新时，为作品的检索点增加了涉及历时作品的内容。

IFLA LRM 中的地点实体与原有 FRBR 中的定义完全不同，故将其视为一个新实体。新 RDA 也将 IFLA LRM 中的集体行为者实体进一步细分为团体和家族两个下位类实体。据此，新 RDA 中明确了“政府”和“管辖地”分属团体实体与地点实体，故在 2023 年 7 月发布的更新中对相应条款进行了修改以示区分。

3.3 适应关联数据的发展

RDA 的实施场景（Implementation Scenarios）共有四种，分别为场景 A 关联开放数据、场景 B 关系或面向对象数据库结构、场景 C 书目和规范数据与场景 D 扁平文件数据。RDA 的实施场景用来说明 RDA 数据的潜在配置范围，并反映出其用于图书馆和文化遗产社区元数据结构的不同。RDA 可以实现不同场景之间数据的共享和互操作，任何场景的数据都可以在枚举序列后面的场景中重用，但会导致丢失细节。例如，场景 A 可以“折叠”成场景 D 实现，而场景 B 可以“粗化”成场景 C[27]。新 RDA 增加这一指南，反映出其对数据重用和互操作的重视。

2020 年 9 月的修订说明中指出“一些元素在元素参考（Element Reference）部分包含了到 IFLA LRM 的映射；这是一项正在进行的工作，将在适当的时候完成”[28]，这一更新不仅体现出新 RDA 对 IFLA LRM 的贯彻实施，也表明了其顺应关联数据发展的决心。元素参考提供了国际化资源标识符（Internationalized Resource Identifier，IRI），可直接链接到 RDA 注册（RDA Registry）。RDA 注册是 RDA 拥抱关联数据的重要部分，其将所有 RDA 元素及其定义和相关范围注释，所有取值词表术语及定义以资源描述框架关联数据格式存储在开放元数据注册系统中。

尽管编目领域的新思想层出不穷、新成果不断涌现，但 RDA 借助常态化的规律更新，理论体系日臻完善、治理结构愈加科学，逐步发展成为适应数字环境的国际通用编目规则。作为一名编目从业人员，我们也应始终保持对新事物学习和探索的热情，才能推动和促进我国编目事业的发展与进步。

参考文献

[1] Original RDA Toolkit [EB/OL]. [2024-03-01]. https://original.rdatoolkit.org/.

[2][7] Revision history [EB/OL]. [2024-03-01]. https://access.rdatoolkit.org/Resource/Index?externalId=en-US_topic_zlq_p2z_x3b.

[3-6] RSC/Operations/4 — policies and procedures for updating RDA content [EB/OL]. [2024-03-01]. http://rda-rsc.org/sites/all/files/RSC-Operations-4_0.pdf.

[8][16] Notes on the September 5，2019 RDA Toolkit release [EB/OL]. [2024-03-01]. https://access.rdatoolkit.org/Resource/Index?externalId=en-US_topic_lzh_zbk_x3b.

[9] RDA Toolkit instruction archive [EB/OL]. [2024-03-01]. https://access.rdatoolkit.org/Resource/Index?externalId=en-US_topic_rnm_qth_z3b.

[10] Notes on the March 23，2022 RDA Toolkit release [EB/OL]. [2024-03-01]. https://access.rdatoolkit.org/Resource/Index?externalId=en-US_topic_03232022_RN.

[11] Notes on the June 22，2022 RDA Toolkit release [EB/OL]. [2024-03-01]. https://access.rdatoolkit.org/Resource/Index?externalId=en-US_topic_06222022_RN.

[12] Jurisdictions，Governments，and Courts in RDA [EB/OL]. [2024-03-01]. http://www.rda-rsc.org/sites/all/files/RSC-PlacesWG-2023-1.pdf.

[13] Notes on the July 26，2023 RDA Toolkit release [EB/OL]. [2024-03-05]. https://access.rdatoolkit.org/Resource/Index?externalId=en-US_topic_07262023_RN.

[14][17][20] Notes on the April 29，2020 RDA Toolkit release [EB/OL]. [2024-03-08]. https://access.rdatoolkit.org/Resource/Index?externalId=en-US_topic_p_bdh_rps_lkb.

[15][19][21] Notes on the December 15，2020 RDA Toolkit release [EB/OL]. [2024-03-08]. https://access.rdatoolkit.org/Resource/Index?externalId=en-US_topic_12152020_RN.

[18][28] Notes on the September 16，2020 RDA Toolkit release [EB/OL]. [2024-03-10]. https://access.rdatoolkit.org/Resource/Index?externalId=en-US_topic_09162020_RN.

[22] Notes on the April 6，2021 RDA Toolkit release [EB/OL]. [2024-03-11]. https://access.rdatoolkit.org/Resource/Index?externalId=en-US_topic_04062021_RN.

[23] 胡小菁. 新 RDA 中的伪元素及处理 [EB/OL]. [2024-03-15]. https://catwizard.net/posts/20210421103253. html.

[24] RDA 元数据指导文档（MGD）：作品、内容表达（命名、新旧变化）[EB/OL]. [2024-03-16]. https://catwizard.net/posts/20230211180016. html.

[25] 蔡丹. 新版 RDA“合集”编目理论与实践探析 [J]. 国家图书馆学刊，2021（4）：76-85.

[26] 杨恩毅. 试论 IFLA-LRM 与 FR 家族三模型的区别与联系 [J]. 图书馆杂志，2018（4）：27-33.

[27] RDA implementation scenarios [EB/OL]. [2024-04-01]. https://access.rdatoolkit.org/Guidance/Index?externalId=en-US_topic_hfh_gkp_sjb.

美国国会图书馆东南亚信息资源建设情况及其启示

张　薇（外文采编部）

东南亚地区是我国“21 世纪海上丝绸之路”倡议的重要合作伙伴。随着“一带一路”倡议的深入推进，全面了解共建国家政治概况、社会风俗、经贸环境等信息，对于我国进行外交决策、区域研究、文化交流、经贸合作均有重要意义。中国国家图书馆以“中文求全，外文求精”为方针，历经几代人的努力，在东南亚信息资源建设方面已初具规模。不仅是我国，国外图书馆出于历史、政治等多重原因，对收集、整理东南亚信息资源也十分重视，并对此投入了资源与政策支持。

1　外国图书馆东南亚资料收藏发展历程

外国图书馆收藏东南亚资料历史由来已久。大航海时代开拓了人类的地理视野，也加速了文化的传播与交流。随着 16 世纪西方对东南亚各国殖民统治的加深，不少手稿、文件等由商人、学者、传教士、政府人员等带到境外，流落至世界各地的图书馆、博物馆和收藏家的私人收藏中。随着殖民统治的深入，殖民者们也加强了对亚洲地区社会、经济、文化、历史等方面的研究，例如法国国家东方语言和文化协会、英国皇家亚洲学会等先后于 18—19 世纪成立[1]，极大促进了早期西方图书馆对于东南亚资料的存储、整理、开发与使用。

现代东南亚资料收藏主要集中于二战后。历史上，东南亚与中国、印度及伊斯兰世界有着密切的文化、经济、政治和宗教联系；16 世纪后，西方殖民者到来，东南亚各国纷纷沦为殖民地；二战后，东南亚既是民族独立运动的主战场，也是东西方对峙冷战中的重要战场[2]。西方国家开始重视亚洲研究，相关项目获得了资金支持，对于东南亚各文种资料需求增大。欧美国家的图书馆开始有计划地收集东南亚资料，截至 2023 年，已有众多国家的图书馆开展了东南亚相关资料的收集与整理工作。美国国会图书馆因收藏数量多、品种丰富，对东南亚资料开发、利用较为深入，是国外图书馆中东南亚资源建设的典范。

2　美国国会图书馆的东南亚信息资源建设

2.1　历史与现状

美国国会图书馆的东南亚资料收藏始于 1866 年。二战后，美国政府出于对该地区共产主义崛起的担忧，加强了对东南亚的探索力度。1963 年，美国国会图书馆在印度尼西亚雅加达开设了地区办事处，随后逐步在马来西亚、菲律宾、泰国及缅甸开设了分支机构，进一步扩大了对该地区信息资源收集的范围，历经多年，逐步形成了一系列颇具特色的馆藏。

根据美国国会图书馆东南亚馆藏指南显示，东南亚馆藏隶属于美国国会图书馆亚洲分部，共有 100 多种语言的 370000 余种资料，囊括了来自或关于该地区 11 个国家的书籍、报纸、期刊、古籍善本、数字资源、电子资源和网络档案，主题包含民族学、文学、宗教、社会、语言、人类、环境等，其中以历史、经济领域的收藏尤其丰富[3]。

2.2 资源类型及特色馆藏

美国国会图书馆东南亚藏品历史悠久、数量丰富、类型多元，主要存于亚洲阅览室。藏品中占比最大的是图书类，包括除法律著作以外的各主题东南亚语言书籍。截至 2020 年，有较多馆藏量的书籍的语言为：印尼语（121606 种）、泰语（41006 种）、越南语（33406 种）、马来语（13244 种）和缅甸语（12943 种）。除此以外还有加禄语、老挝语、爪哇语、南岛语、高棉语、巽他语、巴塔克语、米南卡保语、伊班语、孟高棉语、克钦族语、掸族语、达雅克语、宿布语、布吉斯语、伊洛科语等小语种文献。除实体书籍外，还有电子书或通过开放获取（Open-Access，OA）方式获得的书籍 3000 余种[4]。

美国国会图书馆拥有众多东南亚报纸和期刊藏品，藏品最早可追溯到 19 世纪东南亚媒体起源时期，包括缅甸语、印尼语、高棉语、老挝语、马来语、泰语、越南语等语种。其中 630 多种出版物经缩微化储存，载体超过 14000 卷缩微胶片，另藏有众多报纸合订本及在美国境内以各种东南亚语言发行的报纸[5]。

东南亚馆藏中古籍善本收藏共约 1500 件，包括 300 多份来自东南亚地区的上座部佛教手稿、500 多份来自巴厘岛的棕榈叶手稿（Balinese lontar）、马来语和布吉斯语手稿以及早期印刷书籍、殖民资料、二战记录、冷战文件和该地区多种语言的基督教传教作品。大部分藏品来源于捐赠，巴德和格雷琴·威尔德（Bud and Gretchen Velde）捐赠的棕榈叶手稿是东南亚古籍善本收藏中最大的一组，其内容包罗万象，从传统食谱、文学到占星术均有涉及，生动再现了巴厘岛地区的历史与风土人情[6]。大量古籍已经数字化处理，可于线上直接浏览。

网络档案一直是美国国会图书馆的特色馆藏。自 2009 年以来，驻雅加达办事处一直在创建东南亚地区网络档案，并特别关注选举相关的网络报道，其创建的档案中也涵盖了一些重大社会事件，如东帝汶的建立、泰国君主普密蓬·阿杜德国王的去世、新冠病毒在当地的传播等[7]。网络档案有效保护了因网站页面更迭而流失的信息，敏锐地捕捉并记录了该地区的重大政治事件、社会新闻与舆论风向，是传统馆藏的有益补充。

2.3 获取渠道

美国国会图书馆的东南亚资料主要由其海外办事处经手，通过购买、交换和接受捐赠等多种途径获取。

东南亚地区共十一国，其多元化的语言、历史、民族与文化构成也提高了资料搜集和管理的难度。雅加达办事处作为国会图书馆东南亚区域的组织核心，每年为国会图书馆采购超过3700种期刊和5300种专著，主要收集范围包括专著、地图、非印刷材料、录音、录像、小册子、杂志、报纸、公报和电子资源。该办事处21世纪以来进一步扩大收藏范围，开始收集灰色文献，如公民社会的发展记录、老挝和印度尼西亚少数民族语言的当地音乐、有关北大年府苏丹国时期的作品、非正式出版的东南亚华人作品等[8]。

雅加达办事处除为美国国会图书馆服务外，还同步负责管理东南亚合作采购计划（CAP-SEA）。在参与CAP-SEA的机构预存一定数额的款项后，雅加达办事处会根据他们预先确定的主题、语言、偏好和其他需求，提供采购服务并定期汇报资金使用情况。

雅加达办事处与印度尼西亚、马来西亚、新加坡、越南、泰国和菲律宾的政府机构、大学和图书馆也保持密切关系。该办事处通过美国图书馆托存计划向当地图书馆提供美国政府文件，用于交换包括当地政府报告、科学研究报告在内的非商业性出版物。

对于劣质出版物（如以油印、复印等不稳定技术发行的出版物）、不便运输的出版物、需集合整理的出版物、古籍等，雅加达办事处的工作人员会将其制成缩微文献，以便于保存和使用。

基于庞大的馆藏资源，雅加达办事处还直接为美国国会提供参考咨询和信息服务。

2.4 共建共享情况

20世纪中期美国国会颁布《国防教育法》，在全美高校系统内建立亚非拉地区研究中心[9]，并强调了收集世界各语种最新学术性图书资料的重要性。美国国会图书馆据此制订了各高校图书馆对东南亚资料采集的分工计划，通过馆际互借等方式在各图书馆间传递与共享资料，以便更好整合全美东南亚信息资源建设工作。在国会图书馆的统一协调下，美国众多高校图书馆积极担负起各项东南亚文献的收集与整理工作，形成了坚实的信息资源与服务合作共享联盟。以夏威夷大学东南亚图书馆为例：按参加美国国会图书馆采集计划中各图书馆的分工，夏威夷大学东南亚图书馆主要收藏东印尼的伊里安查亚、努沙登加拉（含巴厘岛和东帝汶）以及马鲁古群岛的地方资料[10]。所有资料均由雅加达办事处统一采购，并初步整理和编目。

2.5 缺点与不足

美国国会图书馆在创建和获取东南亚资源信息渠道方面极具优势，也擅于统一协调与集成化管理，但仍存在一定的缺点与不足。

美国国会图书馆为方便以英文作为工作语言的图书馆员获取、描述和维护东南亚资料，要求根据ALA-LC① 罗马化表对书名、作者和其他关键信息的非拉丁字母进行罗马

① 美国图书馆协会与美国国会图书馆并称ALA-LC，两机构共同研发了非拉丁字符罗马化表。

化处理。但由于部分东南亚语言结构复杂，罗马化时会存在分歧，例如泰语存在部分字母不发音的特殊情况，罗马化结果不唯一，不利于读者发现与检索。目前美国国会图书馆常用的泰文罗马化工具是ALA-LC及泰国国立法政大学开发的“Plaengsan”软件系统[11]，但转换后仍需人工修正，这要求馆员能够熟练掌握拼写及发音规则，不利于信息资源的利用。

另外，美国国会图书馆东南亚资源收藏视角不可避免地强调以美国为中心的价值体系，并不能全面客观地反映该地区的真实情况。

3　美国国会图书馆东南亚信息资源建设经验对我国国家图书馆的启示

中国国家图书馆东南亚语言资料收藏书集起步于新中国成立后，现有馆藏主要包括越南文、泰文、印尼文、马来文文献共计4万余种，另有少量柬埔寨文、缅甸文、老挝文等语种文献。中国国家图书馆的小语种馆藏政策随国家政治、外交政策的变化而调整。馆藏东南亚资料为我国政治决策、科研支撑和社会服务都提供了信息资源保障。

借鉴美国国会图书馆东南亚信息资源建设经验，有助于中国国家图书馆进一步优化馆藏结构，完善信息保障体系建设。可采取的具体措施如下。

3.1　增加信息来源，拓展资源类型

目前中国国家图书馆东南亚资料馆藏以纸质图书为主，另有少量报纸杂志。截至2024年初，入藏较多的语种文献分别为越南文（17901种）、泰文（13506种）、印尼文（7747种）和马来文（2969种）。相较于美国国会图书馆，中国国家图书馆的东南亚馆藏资源类型还比较单一。多元化现有资源类型是完善资源建设，满足不同类型读者需求的重要手段。中国国家图书馆除了可采用增加资金投入，定向采购、补藏电子书及数据库的方式丰富藏品类型外，更应加大力度探索面向读者服务的网络资源与开放获取的数据建设。网络资源及开放数据具有免费性、即时性、多样性、易获得性的特点，在经费不足、渠道受限等客观条件下，可优先重点投入资源开发建设。中国国家图书馆可效仿美国国会图书馆建立地区网络档案，按不同主题将该地区的重大事件及相关信息进行记录、存档与加工，既丰富了馆藏，也保障了信息资源的全面性与客观性。此外，随着开放获取的发展，越来越多开放获取的期刊，学科OA仓储、机构OA仓储都提供了免费的全文资源获取渠道，营造出更为宽松且丰富的研究环境，开放的书刊、会议材料、国家法规制度能通过网络便捷查找，政府的统计调查数据，机构报告，公司企业的资料产品数据，科研院所的科研、实验观测等数据也都通过网络发布[12]，这些资源虽缺乏连续性，但仍可作为传统资源的有益补充。

对于不便运输、保存的重点采选、补藏对象，中国国家图书馆可参照雅加达办事处的处理方式，建立统一管理和采购标准，要求书商提供缩微化或数字化形式的产品。

3.2 聚力数字化建设，助力资源集成展示

中国国家图书馆早期馆藏东南亚文献因时间久远、破损严重等问题尚未对读者开放，后续可对破损的重要文献进行数字化、影像化处理，使其重新与读者见面。对于早期文献数字化工作量较大与版权的问题，可采用分批次、拣重点章节处理的方式解决，另可优先整理早期文献的目录，根据读者需求，定向数字化处理。

中国国家图书馆东南亚馆藏资源较为分散，难以集中进行展示推介，不便于读者对东南亚资源检索与发现，资料使用频率较低。中国国家图书馆可效仿美国国会图书馆的解决方案，在官网配备东南亚馆藏指南以对资源集中整合展示，指南内容可包括整体情况介绍、资源分类介绍及专题作品推荐等，另附使用方法及相关学科馆员的联系方式，以便于供读者查阅。同时中国国家图书馆还需加强学科馆员建设，提供专业化馆员课程培训，全面提升服务质量与效率。

3.3 加强业界合作，促进共建共享

广西、广东和云南三省区（以下简称“三省区”）与东南亚国家毗邻。由于人口的迁徙、文化的传播以及政治、经济往来，自古以来三省区之间、三省区与东南亚之间都有着割不断的关系，并留下了大量珍贵的历史、文化资料[13]。中国国家图书馆以及广东、广西、福建、云南等地的公共图书馆、开展相关语言教育的院校图书馆及科研机构等都保有大量东南亚信息资源，但缺乏统一协调管理。

中国国家图书馆可探索牵头建立东南亚信息资源共建共享联盟，通过整体规划、协调共建的方式构建统一采购、共享书单、联合编目、互惠服务的整体流程，提高图书馆业信息组织与知识服务的能力。在中国国家图书馆倡导的“新时代图书馆文献信息资源共建共享体系建设”框架下，健全管理机制、完善合作方案、优化资源服务，推动图书馆间分工协作、优势互补。

美国国会图书馆在介绍海外办事处时毫不避讳地提到，收藏外文资源是“为美国外交政策决策和学术研究的未来投资”[14]。在目前纷乱复杂的国际局势下，随着我国国际话语权的增强，健全小语种信息资源保障体系更具有战略意义和现实价值。中国国家图书馆作为国家总书库，应进一步强化国内外图书文献收藏和保护职责，做好面向党政机关和科研院所的智库支撑工作。

参考文献

［1］［9］张颖 . 外国图书馆东盟信息资源概况及启示［C］// 广西图书馆学会 . 广西图书馆学会 2014 年年会暨第 32 次科学讨论会论文集 . 钦州：广西卫生职业技术学院图书馆，2014：7.

［2］［10］郑力人，杨玉蓉，柳瀛等 . 北美的东南亚图书馆［C］.// 第二届中美高校图书馆合作发展论坛论文集 .2013：1-8.

［3］美国国会图书馆东南亚馆藏指南［EB/OL］.［2024-03-20］. https://guides.loc.gov/southeast-asian-

collection/introduction.
[4] 美国国会图书馆东南亚馆藏指南图书类馆藏情况介绍 [EB/OL]. [2024-03-20]. https://guides.loc.gov/southeast-asian-collection/books.
[5] 美国国会图书馆东南亚馆藏指南报刊类馆藏情况介绍 [EB/OL]. [2024-03-20]. https://guides.loc.gov/southeast-asian-collection/newspapers-periodicals.
[6] 美国国会图书馆东南亚馆藏指南古籍善本类馆藏情况介绍 [EB/OL]. [2024-03-20]. https://guides.loc.gov/southeast-asian-collection/rare.
[7] 美国国会图书馆东南亚馆藏指南网络档案类馆藏情况介绍 [EB/OL]. [2024-03-20]. https://guides.loc.gov/southeast-asian-collection/web-archives.
[8] 美国国会图书馆印度尼西亚雅加达办事处简介 [EB/OL]. [2024-03-20]. https://www.loc.gov/acq/ovop/jakarta/.
[11] WHITE H，CHOEMPRAYONG S.Thai Collections in Libraries outside of Thailand [J].Library resources & technical services，2021（4）：142-153.
[12] 陆志琼.面向智库服务的高校图书馆东盟信息资源建设研究 [D].南宁：广西民族大学，2022.
[13] 张晓文，褚兆麟，赵晋凯.东南亚研究文献收藏现状及地域共享思路研究——以广西、广东和云南三省区图书馆为例 [J].河南图书馆学刊，2014（4）：89-90，103.
[14] 美国国会图书馆海外办事处简介 [EB/OL]. [2024-03-20]. https://www.loc.gov/acq/ovop/.

文化软实力视域下国家图书馆法律馆文献信息资源保障体系研究

薛　雪（立法和决策服务部）

文献信息资源保障体系（以下简称“保障体系”）是集文献收集、贮存、组织、传递及利用等诸多功能为一体的社会系统。文献信息资源保障体系较之文献信息资源建设，更具系统性、前瞻性与统筹性，资源建设是保障体系建设的起点，决定着保障体系的科学性与有效性，而保障体系的建设则更能够体现文献资源建设的整体面貌与趋势方向。近年来，随着我国文献资源保障体系不断优化完善、资源主体交流不断增多、资源保障理论研究不断深化，关于专业型、领域型图书馆的文献资源保障研究路径呼之欲出。不同于我国高校图书馆的建设目标与建设需求，公共图书馆法律图书馆的建设与运营充满挑战和不确定性，文献资源的切割与整体保障、文献资源服务的多层次与点对点融合式需求满足更是与普通高校文献资源建设有所不同。在此背景之下，有关公共图书馆学科型文献资源建设的理论研究与实践探索成为新兴趋势。

1　基于“战略—学科—用户”的新时代文献信息资源保障体系

1.1　“战略—学科—用户”的研究进路科学性分析

“战略—学科—用户”研究进路，是指宏观层面响应、落实国家战略需要，中观层面以学科资源建设为抓手依托，微观层面服务各类型用户的文献资源保障体系建设进路。“战略—学科—用户”的建设进路客观上符合文献资源保障体系作为“储备体系”与“服务体系”的双重性质，并从服务保障协同性、服务机制创新性和服务内容智慧性等角度全面开展，与当前重构文献信息资源保障体系、提倡保障体系的系统观与前瞻性趋势相合。

“战略—学科—用户”研究进路作为脱胎于公共图书馆中学科文献资源建设的全新研究方法，具备一定的科学性与可行性。

1.1.1　战略研究的系统性思维，强调文献资源信息保障基础方向和科学平衡

党的二十大报告提出“推进文化自信自强”“坚守中华文化立场，提炼展示中华文明的精神标识和文化精髓，加快构建中国话语和中国叙事体系”，并指出“加快建设法治社会”“弘扬社会主义法治精神，传承中华优秀传统法律文化”，在此指引下，国家图书馆法律馆文献资源保障体系建设应以响应国家号召为要义，在资源组织、资源服务等方面突出文化站位、法治阵地，从宏观层面促进文献资源保障体系全面发展。

1.1.2　学科研究的专业型思考，突出文化资源信息保障严谨全面与不断优化

学科建设是文献资源建设的抓手和依托，以法学学科为切入点，加强与政府机关、高校、科研机构、律所等社会机构文献资源的联结，丰富文献资源建设主体，充分发挥公共图书馆的平台与联结作用，从中观层面保证文献资源保障体系扎实有效。

1.1.3　用户服务的基础性目标，始终以人民为要义、突出人民群众的主体性地位

法治宣传等环节体现全过程人民民主重要目标，以满足人民群众的需求作为资源建设方向，切实呼应群众对于法治文化建设之需，打通文献资源获取和利用的“最后一公里”，从而在微观层面强化法律资源文献保障体系建设的人民主体性、服务可获得性以及建设可评估性。

1.2　国家图书馆法律文献信息资源保障体系现存问题

1.2.1　法律文献信息资源保障体系覆盖不够全面

从供给侧角度看，国家图书馆中文法律文献资源以缴存、购买、捐赠等渠道为主要收藏途径，外文文献同理，主要实体文献为图书、期刊、报纸、学位论文等，以外文文献为例，文献采选主要以出版商提供的当季书单为基础，馆员按照出版社权威性、著者知名度等因素进行主观采选，以出版社为主导的采买方式依然占据较为主要的地位；数字资源建设中，将开放文献作为重要的学术研究文献资源关注力度不够，开放资源获取会链接尚未整理并公开发布于国家图书馆官方数字资源平台中。

1.2.2　文献收藏与服务地点较为分散

在国家图书馆法律馆建成并投入使用之前，国家图书馆法律文献资源呈现出中外文馆藏地不同、基藏文献与在室文献获取地差异等服务不足之处，尤其于国家图书馆北区新馆建成并投入使用后，法律文献往往需要在北区南区两个馆区间分散获取，不仅不利于读者服务的充分实现，对于馆藏建设和资源整合也存在一定的阻碍。

1.2.3　资源共建共享较为困难，资源利用效率有待提升，业内沟通交流不足

虽然存在诸如中国高等教育文献保障系统（China Academic Library & Information System，CALIS）和北京市法学会法律图书馆与法律信息研究会等机构组织，但作为能够沟通政府机关、高校、研究机构、律所等的各类法律文献资源主体的机构和平台依然较少，业内沟通渠道有待增加，沟通效率和沟通频率也都有待提升。与此同时，需求侧不断提出的综合性、交叉性需求任务日益增多，文旅系统各类学术型智库不断涌现并呈现点状散布态势，法律文献资源保障体系建设需要能够提供互通、互商与互促的高级别性平台。

1.3　基于“战略—学科—用户”研究进路的法律文献信息资源保障体系建设框架设计

在法律文献信息资源保障体系框架搭建方面，笔者认为，应当以战略要素、学科要素、用户要素为基础，结合图书馆文献资源建设指标，综合实施、系统管理。

2 基于“战略—学科—用户”路径的法律文献信息资源保障体系建设实施路径

2.1 巩固“主体化”的法律文献物理建构

通过馆藏法律文献资源汇集，国家图书馆法律馆（以下简称“法律馆”）在“战略”与“学科”层面打造了科学到馆阅览服务体系。在此过程中，法律馆特别强调了“主体化”的文献建构理念，突出国家图书馆文献采编部门、法律馆自身与用户的联动主体地位，通过三者共同提升法律馆文献收藏的全面性。

2.1.1 法律馆室藏文献组织

图书方面，将国家图书馆中文基藏2017—2022年中文图书全部提取至法律馆，并将该批图书在ALEPH系统内数据状态修改为“法律馆在馆阅读”，但出于保护该批图书物理安全及回库完整需要，该批图书在流通系统中状态并未修改为“可流通”状态，而是针对性的要求只能够在馆开架阅览，这样既能够满足用户查阅2017年至2025年图书需求，又可在图书有序退库工作中能够保证图书完整、安全回库，从而在不损害国家图书馆综合馆藏的基础上保证法律馆科学运营和常态化读者服务。法律馆保留了原法律参考阅览室室藏2021年以来编目D9类外文法律图书。期刊方面，按照2022年中文采编部为法律参考阅览室采购25种中文期刊目录，将2021年（含）以来中文期刊移至法律馆提供服务；按照2022年外文采编部为法律参考阅览室采购188种西文期刊、24种俄文期刊、21种日文期刊目录，将2021年（含）以来外文期刊移至法律馆提供服务。

2.1.2 单侧状态处理

在ALEPH流通系统了增加了“25”“26”两种后台处理状态，分别命名为“法律基藏阅览”“法律基藏借阅”，单册状态“25”的权限为Y N C Y YY N NN 00，其配置参考原单册状态“10”；单册状态“26”的权限为Y Y C Y YY N NN 00，其配置参考原单册状态“12”[①]。

法律馆文献状态修改。将“法律参考阅览室”子库中文名称修改为“法律馆”，代码“FLWX”不变。中文D9类基藏图书做提取处理、中文D9类法律参考阅览室图书做调拨处理、外文D9类法律参考阅览室图书做退库处理、中文D9类法律参考阅览室期刊做销毁处理、外文D9类法律参考阅览室期刊做退库处理。对80种基藏库无副本图书交由中文采编部加工后做入库处理，其他图书由中文采编部进行调拨并做单册处理状态由“为空”变为“DS”的数据批处理，原法律参考阅览室2021年以前编目为D9室藏退至基藏库，并就单册记录、馆藏记录与单侧状态分别处理，部分中文期刊做销毁处理、部分外文期刊单册状态改为“装订中”后送典藏阅览部做装订入库处理。

2.1.3 文献集中出口

经过调整后，所有馆藏“D9”类法律文献都将由法律馆统一出口对外服务，读者可以通过到馆阅读、文献预约等方式遍览国家图书馆法律文献。持有普通读者卡的读者

① 单侧状态处理部分内容为立法和决策服务部内务司法组组员第五鹏瑶设计。

可以通过网上预约阅览法律馆室藏外的中文基藏图书（缩微文献、学位论文文献，台港澳阅览室、海外中国问题研究中心及国际组织与外国政府出版物中涉及的“D9”类图书除外），持有国家图书馆员工个人卡的员工可以自国家图书馆南区四层馆际互借出纳台借阅法律馆室藏外的D9类图书，法律馆室藏图书则可通过“党政军文献图书借阅单”的方式提取借阅。通过调整，彻底解决了读者在南北区之间来回奔波获取法律资源文献的问题，将“D9”法律类文献集中于法律馆进行服务，优化调整了馆际互借、馆内借阅流程与渠道，为读者获取法律文献资源提供便捷途径，在公共图书馆按照《中国图书馆分类法》进行图书分类的机制下，以“学科”思考为背景，“用户”服务为落脚点，实现了法律文献资源保障体系创新聚合。

2.2 重置“平台化”的法律文献数字建构

2.2.1 法律数字资源集合显示

网站将国家图书馆自建与外购数据库中有关法律文献资源部分集中展示，将北大法宝、知网、万方、皮书、人大复印资料等25个数字资源集中页面显示，方便读者集中查找使用；将Academic Search Complete（ASC）（EBSCO host）、HeinOnline法学数据库、KluwerLaw Online法律在线资源库、Lexis Advance法律数据库等20个外文数据库集中突出展示，从而将隐藏和分散的法律数据库资源集中于法律馆网站，读者查找快捷、清晰、明了。

2.2.2 开放资源获取

法律馆网站在建设过程中充分考虑了开放资源的可用性及广泛性，将中外文共计78个开放获取资源链接集中于此，包括但不限于法律法规、学位论文、期刊等，通过定期检查维护并判别意识形态风险等谨慎处理方式，法律馆开放资源获取为读者提供了相对安全、可靠、全面的法律文献资源获得途径，并在一定程度上对开放资源的利用宣传推广起到了推动和促进作用。在建设过程中，法律馆网站也充分考虑到合法合理性，通过研究过往有关开放资源获取的图书馆与建设方资源纠纷案例，通过审慎排除“服务器缓存大量开放资源数据”的建设风险，最终确定数字资源建设的安全性。

2.3 聚焦“交叉化”的法律文献人才建构

2.3.1 深化供给

法律馆服务团队包括立法和决策服务部内务司法组全体员工与法律馆外包服务人员，共计12人。人员分工明确、相互配合，结合图书专架推荐、定期展览、定题咨询等多种服务深化人才智慧供给，做好法律馆各项文献资源服务。

2.3.2 健全机制

通过法律馆文献借阅单、文献流通单、新书到馆分类登记、值班人员流通日志、法律馆值班人员服务规范等各类统计与约束规范，法律馆形成了严谨、安全、可靠的服务闭环，人员无论身份性质、学历背景、知识水平差异如何，均可在标准化的前提下为读者提供差异化、针对性的文献资源服务。

2.3.3 创新专业

通过基于实体和数字馆藏的每月新书推荐、外国立法动态等资源创新服务项目，法律馆提供各类创新专业文献资源服务，从而将文献资源保障推向智慧化跨学科服务阶段。

3 启示与展望

3.1 加强自主型文献信息资源建设，扩展文献信息资源合作主体

法律馆可通过主体文献资源建设的方式，以馆为核心，通过思考符合于国家图书馆馆藏架构框架的特色馆藏，包括但不限于研究报告、会议记录或学者研究手稿等重要灰色文献，并加强法律馆文献推荐与读者文献推荐力度，在广泛性基础上适度突出特色。同时可以通过成立法律馆全国性组织的形式，构建各地沟通政府机构、高校、科研院所及社会企业文献资源的重要平台。文献资源建设主体在实践中发挥着不同的作用，协调不同系统、不同行业的文献资源保障主体，加强资源共享和流通，充分发挥各方活力、调动积极性，为法律文献资源保障体系提供富有中国特色、文化特色、实践特色的公共图书馆建设经验。

3.2 依托数字馆藏的图书馆服务创新

在法律馆网站基础上，依托文献资源进行深度开发，注重加强版权控制与隐私保护研究，将文献资源变为智力资源，将 AI 大模型等先进技术融于数字馆藏建设，并尝试打造元宇宙空间馆藏展览和读者虚拟阅览服务，从而将法律馆数字资源建设由简单重复提升至创新开拓局面，对法律文献资源进行深度挖掘和充分利用。在这个过程中，应将 ChatGPT 等 AICG 应用于图书馆、元宇宙时代图书馆切入的场景构建与法律风险研究等方向作为新的关注点和风险研判领域。在这一过程中，法律馆馆员应当充分调研了解地方应用实践和具体数据，梳理总结地方政策文件，在回应社会需求的基础上打造体现图书馆文化软实力、助力法治社会建设的法律文献资源数字馆藏。

3.3 推进面向智慧服务的文献信息资源保障体系

无论是资源采集、获取、加工、提供、反馈、评估，抑或是资源体系联动、完善、丰富、重构，人员要素的关注都是体系建设的重要“人理”要素。建设具有积极主动性、专业性，充满活力与创新性的从业人员队伍，保证文献资源保障体系的正常运行和不断优化，是推进面向智慧服务的文献信息资源保障体系的重要内容。数智化时代下，公共图书馆文献资源保障体系建设不仅要考虑“量”，更要考虑“质”，在“战略—学科—用户”中，用户服务是文献资源保障体系的出发点和落脚点，而面向智慧服务的保障体系也应当突出服务对象的重要性，挖掘、分析用户需求始终是用户服务的内容和方向，随着 AI 大模型等最新检索工具的出现，学科馆员需要不断学习新型知识并反复思考个人作用，从智慧服务、制度建设等方面进行深度思考并不断实践，以期为文献信息

资源保障体系建设提供助益。

参考文献

［1］叶继元．聚焦学科核心领域　重构文献信息资源保障体系［J］．图书与情报，2020（5）：1.

［2］卢文辉，叶继元．国内文献信息资源保障体系研究现状分析与展望［J］．图书馆杂志，2022（4）：11.

［3］胡宇喆．新时代国家文化软实力的三重向度［J］．湖南社会科学，2024（2）：154-158.

［4］卢文辉，叶继元．国内文献信息资源保障体系研究现状分析与展望［J］．图书馆杂志，2022（4）：13-14.

［5］夏立新，陈欢，夏彦彦．基于物理—事理—人理系统方法论的我国文献信息资源保障体系建设：内容框架与实施路径［J］．情报科学，2022（2）：4-9.

基于新型分布式 NewSQL 数据库结构的图书管理系统可能性探讨

袁　皓（典藏阅览部）

2021 年《“十四五”公共文化服务体系建设规划》中提出了推动实施智慧图书馆统一平台建设要求，国家图书馆“全国智慧图书馆体系”建设构想与该政策紧密贴合[1]。在该体系项目建设框架中，全国智慧图书馆管理系统是重要的组成部分，是下一代图书管理系统的发展目标。本文将从技术特点、应用需求等方面探讨下一代图书管理系统选用新型分布式 NewSQL 数据库的可行性。

1　研究背景

1.1　数据库技术的迭代

过去二十年里，计算机在软硬件领域经历了革命性的变化，运算速度和效率大幅提高，云计算和大数据技术使计算机的处理能力和数据分析能力变得空前强大。人工智能、机器学习的技术突破，使计算机能够处理更为复杂的任务。

数据库技术也在发生深刻的变革。早期的关系数据库主要是单点单表形态。随着互联网技术的普及和大数据时代的到来，单机数据库架构难以应对海量数据的存储、管理和实时分析需求。分布式数据库通过水平扩展和分区技术，解决了大规模数据处理的问题。进入 21 世纪后，更是涌现出了诸如 NoSQL、NewSQL 等新型数据库系统，以适应更加多样化和复杂的应用场景。

1.2　图书馆管理系统研发思路的迭代

目前读者对于资源的获取方式、挖掘深度较以往提出了更高的要求，希望能以一站式方式访问馆内外各种类型的资源。不仅包括纸质文献、电子资源、多媒体资源，也包括数据库内部的资源及互联网上公开共享的资源，以及使用更便利的馆际互借和文献传递平台。

为积极应对这一挑战，美国国会图书馆联合 Zepheira 公司于 2011 年共同发起书目描述框架（Bibliographic Framework Initiative，BIBFRAME）。BIBFRAME 突破了传统 MARC 格式的束缚，以更灵活的方式描述图书馆各种资源的内容和结构，使资源描述不仅限于图书馆内部，也与互联网上的其他资源相连接，增强了资源的可发现性和可访问性[2]。

现行 MARC 格式的设计理念受限于当时的计算机技术，使用门槛较高，扩展性也不够强。未来的图书管理系统应该以用户为中心，采取支持更多样化、更丰富的元数据描述方式，以及更高效、更智能化的资源管理模式，在继承和发展 MARC 格式的基础上，提高元数据的准确性和信息的丰富度，简化元数据的创建和维护流程，同时兼容 BIBFRAME，以利于国家间图书馆数据交换与资源共享。

1.3 图书馆业务需求的变化

国家图书馆目前使用的 ALEPH500 系统（简称“ALEPH 系统”）是于 2003 年启用的基于 Oracle 数据库的系统。ALEPH 系统将当时图书馆业务的所有功能整合于一体，完全支持 Unicode 编码，解决了因使用多个小型计算机系统管理不同类型、不同文种的文献或同一种文献的不同工序而出现的各种问题[3]。

在使用 ALEPH 系统的 20 余年间，国家图书馆的资源总量在迅速增长。该系统逐渐不能适应各项工作需要，如检索效率不高、对检索词的容错性较低、中文分词能力不够强、不能处理一些常用符号，部分业务环节、业务逻辑不能按需定制，各种配置参数越来越复杂，维护门槛也日益提高。因业务发展出现的很多需求需要通过其他业务系统来满足，如数字资源管理系统、文献传递系统、RFID 系统等。设备更新带来的兼容性问题更是不容忽视。

2012 年底国家图书馆上线了基于 NoSQL 分布式数据库的资源发现系统——文津搜索系统[4]。文津搜索系统高效整合了实体资源与通过自建、购买、征集、采集等方式所获取的各种数字资源的元数据，构建出元数据的集中索引库，实现了高效的元数据一站式检索，很大程度上缓解 ALEPH 系统服务器承受的压力。但文津搜索系统中可用检索点偏少，对馆藏文献筛选能力不够强，且其元数据采用批量灌装的方式导入，无法支持实时在线修改[5]。

ALEPH 系统所承担的众多业务工作并非仅发现系统就可完成，国家图书馆仍需要考虑将其业务系统进行整体升级。

1.4 数据库国产化需要

回顾我国信息化发展历程，展望未来智慧图书馆平台的建设需要，作为国家总书库、国家书目中心、全国图书馆信息网络中心的国家图书馆，自主研制并应用国产图书管理系统，不仅顺应当前软件国产化、打破对 IOE① 技术体系依赖的大趋势，符合《“十四五”软件和信息技术服务业发展规划》指导精神，更可体现国家图书馆作为国家级机构的战略引领与示范作用。

近期，Redis 数据库宣布不再开源，进一步暴露了依赖外部技术的潜在风险。国产化图书管理系统研发的核心环节之一是数据库的选型，这不仅关系到系统架构设计的合理性与灵活性，也对数据迁移的复杂性，系统的安全性、兼容性与运维管理等有深远的

---

① IOE 即 IBM、Oracle 和 EMC，他们是信息技术、企业软件和数据库存储等领域的知名公司。

影响。

2 图书管理系统数据库需求分析

目前国内较大城市的公共图书馆和大学图书馆使用的图书管理系统多为图书馆集成系统（ILS）[6-7]，根据文献调研与网络调研分析结果，这些系统所使用的数据库多为商用数据库 Oracle 的早期版本或开源数据库 PostgreSQL，个别图书馆的图书管理系统使用 LDBMS、Informix、Sybase 等数据库，这些全部为传统关系型数据库[8-10]。

中国高等教育文献保障系统和上海图书馆等机构相继选择在 EBSCO 公司支持建设的 FOLIO 平台上构建图书馆服务。FOLIO 支持的数据库仍是 PostgreSQL（书目数据支持使用 MongoDB）[11]。借助 FOLIO 能够快速实现系统功能的定制化部署，减少了完全自主研发可能带来的潜在。然而真正意义上全国范围、全行业使用的自主可控图书管理系统，仍然需要国家图书馆这样的单位来主持建设。

考虑到国家图书馆实际业务需求，在挑选图书管理系统（以下简称“系统”）的数据库时，应注重如下几个关键方面的需求。

2.1 业务可靠支持与高效处理

理想的图书馆管理系统不仅能实现对海量数据的高效检索，而且需要构建灵活的数据存储架构，以便整合来自不同业务源的数据，满足从实时事务处理到复杂报表生成、大数据挖掘等各种分析需求。

系统架构应严格遵循 ACID 原则，即原子性（Atomicity）、一致性（Consistency）、隔离性（Isolation）、持久性（Durability）。原子性规定单个事务是不可再分割的，事务中的操作或者全部发生，或者全不发生。一致性保证每项事务执行后，相关数据状态的一致性得到严格维护。隔离性要求并发的多个事务互相不影响，避免出现脏读、幻读等问题。持久性确保一旦事务成功提交，对数据库所做的更改将永久保存。

图书馆业务涉及联机事务处理（On-Line Transaction Processing，OLTP）和联机分析处理（Online Analytical Processing，OLAP）两种关键应用场景。OLTP 对应图书馆在处理文献借阅、归还、续借等实时操作及读者账户管理、馆藏资源更新等高频次、低延迟的事务性任务时，具备高度稳定性和快速响应能力。OLAP 对应图书馆的深层业务分析与决策支持，如通过对历史借阅数据的多维度分析揭示读者阅读习惯、热门图书趋势、馆藏利用效率等复杂信息，以帮助图书馆优化馆藏结构，精准化推荐书籍，提升服务质量。

2.2 稳定性

系统应采用经过历史检验的成熟技术，以确保系统的长期稳定运行。各相关技术应已有多年应用实践。同时系统应具备高可用性，通过负载均衡、自动切换、自动恢复等机制，确保服务不间断，满足图书馆 7 天 24 小时的服务需求。

2.3 安全性与合规

系统应确保数据存储安全，优先将数据存放在本地，以符合国家对数据主权的内在要求[12]。同时应具备完善的数据加密、访问控制、审计追踪等安全措施，防止数据泄露、篡改或非法访问。系统应达到网络安全等级保护体系中第三级的相关标准认证。

2.4 兼容性与可迁移性

系统应具备良好的向上、向下兼容性，能够无缝对接各类硬件、软件平台，特别是要支持国产芯片、操作系统等。对于既有的 Oracle 数据库中的数据，应提供便捷的数据导入功能，以确保历史数据的完整迁移。此外，系统应支持通用的数据交换格式，如 JSON、XML，为后续兼容 BIBFRAME、RDF 等描述标准提供便利，对未来数据格式实现良好适应。

2.5 本地化与可扩展性

系统应能充分适应国内图书馆的实际工作流程和满足管理规范要求，如 ALEPH 系统曾进行过的大量本地化定制[13]。还应具备灵活的配置与扩展能力，如未来引入自动分类与主题标引、智能化规范控制、语义搜索、用户行为分析、馆藏评估等多方向的技术应用。借助模块化设计和微服务架构等，确保新系统能够随着技术发展和业务需求进行平滑升级和扩展。

新系统还应考虑具备托管国内其他图书馆的能力，根据各地区、各类型图书馆的具体业务需求进行个性化调整与功能扩展。

3 NewSQL 数据库与图书管理系统需求的适配

3.1 新型分布式数据库 NewSQL 概览

传统的关系型数据库管理系统（Relational Database Management System，RDBMS）通常将所有数据存储在中心节点，通过网络为远程用户提供服务。尽管在保持数据一致性、事务处理和结构化查询方面表现优秀，但其扩展性、响应速度、容错能力等局限性逐渐凸显。

后继发展的非关系型数据库（NoSQL）放弃了传统 RDBMS 的表格结构，支持更灵活的数据模型，如键值、文档、列族、图形等，能够更好地应对大规模半结构化或非结构化数据的存储和访问需求。不过通常牺牲部分 ACID 原则的保证，不能满足对一致性有严格要求的场景，查询能力和标准化程度也较低。

NewSQL 数据库是既保留关系型数据库对事务的 ACID 原则保证和对 SQL 查询语言的支持，也能够像 NoSQL 一样对 OLTP 读写请求具备横向扩展能力的新型关系型数据库[14]。通过特殊的一致性算法，在大规模分布式部署中也能保证事务的全局一致性，实现跨数据中心弹性扩展和高可用性。目前国产 NewSQL 数据库中比较领先的产品有 TiDB、OceanBase、Hubble、GaussDB 等。其中 TiDB、Hubble、GaussDB（for MySQL）等通过了中国信息通信研究院的混合事务分析处理（Hybrid Transaction Analytical Processing，HTAP）数据库基础能力专项评测；OceanBase 在基准程序 TPC-C 和 TPC-H 中取得了领先的成绩。以下主要以 TiDB 和 OceanBase 在稳定性、安全性、兼容性、扩展性等方面的情况进行举例介绍。

3.2 稳定性

NewSQL 数据库在设计时就考虑了高可用性和容错性，采用多副本、故障转移、时间点恢复（Point in Time Restore，PiTR）等机制，支持跨地域、跨中心部署，能够满足金融级容灾标准要求。

TiDB 采用多副本和 Raft 协议将数据分配至不同的服务器，当部分机器出现故障时系统可自动进行切换，确保系统恢复时间目标（Recovery Time Objective，RTO）小于 30 秒。OceanBase 采用 Paxos 分布式一致性协议，确保数据在多个副本间实时同步，即使部分副本失效，剩余副本也能通过共识机制达成一致。

3.3 安全性

新型分布式 NewSQL 数据库 TiDB、OceanBase 等均充分考虑企业单位的安全需求及各种安全标准，具备身份鉴别、访问控制、安全审计、入侵防范等能力，支持安全套接层（Secure Socket Layer，SSL）、数据透明加密、IP 白名单等功能，能够通过等级保护三级标准测试。

3.4 兼容性

硬件方面，TiDB 和 OceanBase 在其介绍说明中均提及了对麒麟软件 Kylin OS、统信软件 UOS 等国产操作系统，飞腾 Phytium、海光 Hygon、鲲鹏等国产芯片，华为、中科曙光、浪潮、长城等国产服务器的兼容。

软件方面，基于对 SQL 查询语言的支持，NewSQL 数据库普遍对 MySQL、Oracle、PostgreSQL 等数据库中的语法和函数有很好的支持，如 TiDB 支持 Oracle 官方迁移工具，也支持自研或第三方导入导出程序；OceanBase 数据库支持 MySQL5.6 版本全部语法，支持绝大部分的 Oracle 语法，并且可以做到大部分 Oracle 业务在少量修改后的自动迁移。TiDB 和 OceanBase 均提供 JSON 格式的良好支持。

3.5 扩展性

传统 RDBMS 虽然也可以通过分布式扩展改造或加入中间件，实现跨越多个物理节点分散存储和并行处理数据[15]。然而由于其并非原生分布式系统，在处理规模较大、复杂性较高的需求时，可能面临复杂的数据同步问题、性能衰减和查询优化复杂度的增加。

NewSQL 数据库通过采用计算、存储分离的架构，可灵活对计算、存储分别进行扩容。目前 TiDB 最大支持 512 节点，每个节点最大支持 1000 并发，集群容量最大支持 PB 级别；OceanBase 支持超过 1500 节点，最大单集群数据容量超过 3PB，单表数量可以达到万亿行级别的超大规模集群。

本文从建设“全国智慧图书馆体系”目标出发，从技术发展、业务需求变化、系统开发理念的迭代等层面，探讨了未来图书馆管理系统升级过程中在基础数据库选型上应该着重考虑的若干问题，并探讨了构建基于新型分布式 NewSQL 数据库的图书管理系统基础数据库的可能性。目前国产 NewSQL 数据库技术已经趋于成熟，其强大的水平扩展能力、低延迟的事务处理能力和对 ACID 原则的严格遵循等优势，使其完全有能力适配未来的图书管理系统。

随着 AI 技术的突飞猛进，未来的图书馆信息化建设将不再是信息技术部门一枝独秀，而是需要全馆各部门的广泛协作与积极参与，共同培养复合型人才，打破技术壁垒，让 AI 赋能图书馆的各项业务服务，让图书馆工作人员共同肩负起构筑“全国智慧图书馆体系”的时代重任。

参考文献

[1] 饶权 . 全国智慧图书馆体系：开启图书馆智慧化转型新篇章 [J]. 中国图书馆学报，2021（1）：4-14.

[2] 杨静，杨峥，蒋蓓蓓 .BIBFRAME2.0 的模型特点及其未来应用场景展望 [J]. 图书馆研究与工作，2022（8）：41-46.

[3][13] 曹宁 . 国家图书馆集成管理系统实施工作的回顾与反思 [J]. 国家图书馆学刊，2004（3）：3-8.

[4] 杨东波，邢军 . 国家图书馆“文津搜索”的设计与实现 [J]. 国家图书馆学刊，2014（3）：93-98.

[5] 张红 . 基于大数据技术的资源发现平台构建——以国家图书馆“文津搜索”系统为例 [J]. 数字图书馆论坛，2016（1）：61-67.

[6] 周纲，孙宇 . 开创性的下一代图书馆服务平台解决方案——FOLIO [J]. 中国图书馆学报，2020（1）：79-91.

[7] 董京祥，屈红军 . 下一代图书馆服务平台的选择与思考 [J]. 数字图书馆论坛，2021（3）：51-57.

[8] 余小萍 . 国内外图书馆集成管理系统比较分析 [J]. 科技情报开发与经济，2011（10）：10-13.

[9] 葛廷霞 .Unicorn 图书馆集成管理系统在人大图书馆的应用 [J]. 现代图书情报技术，2003（S2）：46-48.

[10] 薛崧，徐建刚 . 三大图书馆集成管理系统考察与比较 [J]. 图书馆杂志，2008（10）：54-58，62.

[11] 肖铮，林俊伟，陈丽娟 . 下一代图书馆开放服务平台 FOLIO 初探 [J]. 图书馆学研究，2018（15）：34-38，63.

[12] 冉从敬，刘妍 . 数据主权的国际博弈与我国进路 [J]. 图书馆论坛，2023（9）：4-11.

[14] PAVLO A, ASLETT M. What's really new with NewSQL?[J].ACM SIGMOD record，2016，45（2）：45-55.

[15] 黄纯悦，彭起，张拂晓，等 . 多副本分布式事务处理关键技术及典型数据库系统综述［ J ］. 软件学报，2024（1）：455-480.

日本图书馆协会《基本主题词表》的评介及启示

殷琦琦（外文采编部）

我国信息组织工作具有一定的特殊性，很多图书馆的编目实践都是按中文文献和外文文献采用分立式目录的建设模式，即中外文文献的编目遵循不同的标准体系，各自独立建立数据库[1]。以中国国家图书馆为例，中外文文献的主题标引工作也实行分立的建设模式。从 1985 年起，《汉语主题词表》（以下简称《汉表》）被中国国家图书馆用于图书编目，中文文献的主题标引工作比较成熟。西文文献主题标引的依据是《美国国会图书馆主题标题表》（*Library of Congress Subject Headings*），并引进了该规范数据库辅助编目实践。日文、俄文等文献虽具有国家级书目记录的套录资源，但其主题规范控制没有实行本地化标引。还有一些完全不具备母语主题规范控制文档的小语种文献，主题标引工作开展较为缓慢。根据中国国家图书馆的实际情况，要实现中文、外文等跨语种文献的主题检索，需建立一个能覆盖多语种规范控制的统一平台[2]。而建设这个平台首先需要书目层面各语种的编目均启用主题标引，并对主题标题进行规范控制；其次在规范记录层面，要求各语种拥有主题规范数据[3]。

《基本主题词表》（*Basic Subject Headings*，BSH）是日本图书馆协会（Japan Library Association，JLA）主持制定并持续维护的主题规范文档。开展对《基本主题词表》的专题研究，对制定本地化标引策略，乃至建设多语种主题规范控制平台都具有重大意义。但国内目前还没有关于《基本主题词表》的先行研究。本文以《基本主题词表》为研究对象，着重分析最新版《基本主题词表第 4 版》的建立与补充机制，尝试探讨对国家图书馆开展中外文献主题规范控制工作的借鉴意义。

1 《基本主题词表》的发展现状及作用

《基本主题词表》历经了四个版本的迭代。初版于 1952 年 2 月发行，是日本图书馆在吸收借鉴《日本主题词表》（加藤宗厚编，1930 年间宫商店出版）的基础上完成。《基本主题词表改订版》于 1971 年 10 月在协会主题词委员会的主持下刊行。随后，协会主题词委员会成为常设委员会，将《基本主题词表》的更新与维持作为工作任务，并于 1983 年 9 月产出了成果——《基本主题词表第 3 版》。协会主题词常设委员会继续进行扩充，在 1999 年 7 月发布了《基本主题词表第 4 版》。

《基本主题词表第 4 版》由日语五十音顺序词表（主表）、日本十进分类号顺序词表、层级结构词表三部分构成。其中，后两个表是继《基本主题词表第 3 版》后的最新补充，在附册中一并出版。

（1）日本十进分类号顺序词表是分类主题一体化之情报检索语言发展趋势下的一大尝试。它极大方便了图书馆对文献资源同时进行赋分类号与主题词的两项工作，而且按照分类号顺序浏览能够将主题词赋予得更加精准，体现专业性。但是主题词与分类号并没有完全一一对应的关系，所以有时需要回到主表中确认。

（2）层级结构词表则只收录有上下位词的主题词，每个层级按照日语五十音排序。表中还用“·”的点数来区分层级，用“<>”来标注代表主题词群的词条。

（3）《基本主题词表第 4 版》共收录主题词 7847 条、参照语 2873 条、附注参照语 93 条、复分 169 条，合计 10982 条，都在主表中按照五十音顺序排列。①参照语是主题词的同义词或者同类词，可以直接参考，在主表中用明朝字体区分，被参照的主题词用哥特字体表示；②附注参照语在附注中说明如何给一般主题或出版形式使用主题词，在主表中用“《 》”标注；③复分是用来在主题词下对地域、时代、形式等进行复分，在主表中用“[ ]”标注。主表中每个主题词用片假名标注读音，注明日本十进制分类法第 8 版、第 9 版中的分类号，如果有同义词、近义词则提示参照语，如果有语义层级则提示上下位语。下面以“雑誌”（杂志）为例说明《基本主题词表第 4 版》的主题词词条信息，具体如表 1 所示。

表 1 《基本主题词表第 4 版》主题词示例：雑誌（杂志）

<table>
<tr><th colspan="3">示例</th><th>说明</th></tr>
<tr><td rowspan="8">ザッシ</td><td>雑誌</td><td>⑧ 014.75：050
⑨ 014.75：050</td><td>杂志在《日本十进分类法》第 8、9 版中的分类号</td></tr>
<tr><td colspan="2">SN：この件名標用は、雑誌に関する著作および総合雑誌にあたえる</td><td>杂志作为主题词使用的情境
（本主题词条适用于杂志相关著作以及综合杂志）</td></tr>
<tr><td colspan="2">UF：紀要</td><td>杂志的参照语
（纪要）</td></tr>
<tr><td colspan="2">TT：図書館資料 184. マスコミュニケーション 224</td><td>杂志所属主题词族首词及编号
（图书馆资料 . 大众传媒）</td></tr>
<tr><td colspan="2">BT：逐刊刊行物 . マスコミュニケーション</td><td>杂志的上位主题词
（连续出版物 . 大众传媒）</td></tr>
<tr><td colspan="2">NT：コミック誌 . 週刊誌 . タウン誌</td><td>杂志的下位主题词
（漫画杂志 . 周刊 . 城市杂志）</td></tr>
<tr><td colspan="2">RT：ジャーナリズム</td><td>杂志的相关主题词
（新闻）</td></tr>
<tr><td colspan="2">SA：各主題、分野のもどの細目一雑誌をも見よ。（例：映画一雑誌）</td><td>杂志作为主题词使用的备注
（不同主题、领域下的情境参见杂志作为复分）</td></tr>
</table>

续表

示例		说明
キヨウ	紀要→雑誌	参照语，上用 UF 表示 （纪要是杂志的参照语）
ザッシ	《雑誌》 雑誌および雑誌に関する著作には、次の件名標目をあたえる （略）	杂志作为附注参照语使用的情境 （对于杂志以及杂志相关著作，赋予以下主题词，略）
ザッシ	[雑誌]〈一般細目〉 特定主題に関する雑誌·紀要に対して、その主題を表す件名標目のもとに、一般細目として用いる	杂志作为复分使用的情境 （对于特定主题的杂志和纪要，在其主题的主题词下作为复分使用）

1.1 以公共服务为基点，以图书为中心的建设方针

相对于《日本国立国会图书馆主题词表》（*National Diet Library Subject Headings*，NDLSH），《基本主题词表第 4 版》《基本主题词表》都是以制定适用于大多数图书馆的共通标准为出发点而建立的，是针对公共图书馆、收集通识教育相关资料的大学图书馆、高中图书馆的一般主题词表。在参考了日本国立国会图书馆与流通中心采录的主题词，并考虑到广泛收纳资料的图书馆、与所有使用全国目录情报服务的图书馆之后，《基本主题词表第4版》的服务范围达到了历来最大。尽管如此，《基本主题词表第4版》不能完全满足所有图书馆进行主题规范控制的需求，尤其对于收集专业教育相关资料的大学图书馆、专业图书馆。

由于《基本主题词表第 4 版》的来源以现有出版图书为对象，在不同领域间主题词采选上有不平衡之疑。专有名词包括人名、团体名、地名、书名等主题词除了一部分例外，原则上也予以省略。针对于此，《基本主题词表第 4 版》分别列出了 36 个示例主题词群、20 个专有名词主题词群。各个图书馆可以根据自己需求，参照同类主题词的表现形式，进行补充采用。这给予了各个图书馆发挥主观能动性的极大空间，可对特色信息资源进行深入挖掘，有效组织。《基本主题词表第 4 版》应用对象也限定为图书，不包括手册、杂志论文、新闻报道等资料。对于较为单一的图书，分类类目即可完成主题的呈现。而对于包含复合主题要素的图书，《基本主题词表第 4 版》采用事前组配的复分，能够提高主题标引的准确性与恰当性。丰田邦雄就谈到，在杂志新闻等包含多个主题要素的情况，能否准确赋予主题词，事前组配的复分方式是否适用等方面都存在疑问[4]。“主题词表取之于书，用之于书”，呈现正向的循环。而在面对图书主体资源之外的多样载体时，《基本主题词表》的局限性由此凸显。

1.2 主题词表概念与关系双重的增补机制

自《基本主题词表第4版》发布后，日本图书馆协会主题词委员会持续对词表内容进行增补，并且将相关工作成果按照机读格式整理成为电子文档，通过其官方网站发布。2022年6月，日本图书馆协会主题词委员会集合了三次补充，确定了追加目录，发布为《基本主题词表第4版（补录）》。

主题词条增补的方法，一是调查《日本图书馆协会选定图书总目录》、JAPAN/MARC、图书馆流通中心 TRC MARC 采用的主题词，二是参考《日本国立国会图书馆主题词表》的格式，三是接受国内公共图书馆采用的主题词资料等多方情报源的提供等。增补的同时对主题词条的原机读目录格式一般也予以保留。另外，日本图书馆协会主题词委员会还在《基本主题词表第4版》中发布了《层级结构词表》，包括上下位语、广义、狭义、近义，将主题词的参照关系，层级关系都揭示出来。特别是还在官网上还发布了《族首词一览》作为补充。通过主题词族的方式切入信息组织，优化用户的族性检索需求，大大提高检索的准确性，为推动日本文献主题检索网络的建立发挥了相当大的作用。可见，《基本主题词表》的补充工作不单只有主题词条的数量增加，还有使用适用现代编目模型的规则补充。

1.3 与计算机技术不断融合的利用方式

计算机技术在图书馆界的导入引发了一系列的变革，基于机读目录格式、联机公共目录查询系统下的主题检索的重要性凸显。《基本主题词表第4版》的刊行体现了日本图书馆界对此趋势的积极应对。它采用的格式以 UNIMARC/Authorities 为基准，主要也是考虑到与日本国立国会图书馆（National Diet Library，NDL）著者名出典的格式互换性。日本图书馆协会主题词委员会1999年在发布《基本主题词表第4版》的时候，也将其制作成了计算机可读取的格式。但《基本主题词表第4版》也还是作为工具手册出版了纸质版，后续的《基本主题词表第4版（补录）》则是以电子文档的形式在线上发布。

因在实际应用中并不便利，一些大学机构将主题词表的内容完全互联网在线化，例如基本主题词表导图[5]和《基本主题词表第4版》关键词检索[6]。前者是京都大学地域研究综合情报中心等根据《基本主题词表第4版》及补充词表生成的主题地图网站，共收录主题词8038条、参照语2892条、附注参照语93条、复分169条，合计11192条。它既可以根据英语26个字母、日语五十音的词首进行分类浏览，又支持全站快速检索主题词。后者是与日本大阪市立大学图书馆联机公共目录查询系统（Online Public Access Catalog，OPAC）集合检索的网站，提供主题词检索与相关上下位词、近义词等的概念图展示。《基本主题词表第4版》的利用方式因新技术的融合进行了一些改变，服务范围也得到了一定的拓展。但是面对信息时代的需求，《基本主题词表》缺乏革新性的优化受到了指摘[7-8]。

2 对中国图书馆实行主题规范控制的参考借鉴

《基本主题词表》由日本国家级、联合型的主持机构负责，其多版本的迭代需要长期、大量的人力与物力的投入，后期维护上也保持了一致性。《汉表》1980年初版由中国科学技术信息研究所和北京图书馆主持，自问世后逐渐成为最大型、最权威的中文主题词表，在我国情报检索语言发展历程中发挥了应有作用[9]。2009年以来，《汉表》逐步进行重新编制工作，包括工程技术卷、自然科学卷、生命科学卷、社会科学卷四大部分，其中《汉语主题词表（工程技术卷）》于2014年出版，收词系统、完整，语义关系丰富、严谨，每条词汇都有相应的学科分类号以表现其专业属性，并与同义英文术语对应[10]。英文概念网络的加入可以视为一个非常好的开端，有助于进行外文主题词表的映射，从而提供用户跨语种的主题检索服务。

而目前在中国国家图书馆在中文文献主题标引工作实际中，更多使用的是《中国分类主题词表》(以下简称《中分表》)。由《中国图书馆分类法》(以下简称《中图法》)编委会主持并维护，以《中图法》和《汉表》为基础编制，于1994年出版，2005年出版第二版和电子版，2017年出版第三版。其作用等同于《基本主题词表第4版》中的日本十进分类号顺序词表，兼容互换了分类检索语言和主题检索语言。同样用分类表式样的范畴索引取代了传统字顺索引，完整揭示了主题词的层级关系，极大提高了词表的聚词能力。相比《基本主题词表》,《中分表》对于等同关系、相关关系则主要通过入口词的方式进行参照。综上所述，《基本主题词表》与《汉表》以及《中分表》建设路径极为相似。下面针对二者差异提出一些思考。

2.1 编目上加强对中文主题词表的补充与对日文主题词表的理解

中国国家图书馆虽然启用了非控主题词对中文文献进行标引，对于特色资源，还可以参考《基本主题词表》根据自身需求建立单馆主题词表。成体系的主题词表拓充更有利于对文献内容的深度揭示，对书目信息进行全面呈现。依托于呈缴制度，中国国家图书馆对每年度中文出版物实际情况有所把握，也可以参考《基本主题词表》将现有出版物的书目信息作为主题词表增补的重要来源。

中国国家图书馆已经启动外文文献的主题规范控制工作。对于日文文献，中国国家图书馆执行基于日本主题词表的本地化主题标引规则。这对编目员不论是在理论学习还是实际操作层面都提出了更高的要求。从实际操作来看，对于套录过来的主题词需要确认是否与主题词表内的完全一致，而对于无主题字段的情况则需要自主添加。规范化标引工具与日文编目人才的缺失一直是日文图书主题标引两大难点。穆晓婷等发现编目员手中并没有《基本主题词表》等日文主题词表，通过多种办法查询主题词是目前主题标引最有效的手段[11]。这是地方图书馆受限于日文编目人才的常见之举。

2.2 技术上侧重主题词表应用与用户检索服务的关联性

就主题词表的特性而言，它一定程度上打破了传统分类与排架，而与新技术的结合则令其与分类体系在检索层面上实现了互为补充。《基本主题词表》在利用条件上，提供了有限的方式来使用主题规范文档。相比之下，国内在这方面的相关工作做得更为延展与精细。中国科学技术信息研究所在 2018 年中国国际大数据产业博览会上发布了汉语主题词表服务系统[12]。一是提供在线概念检索和辅助标引服务，通过可视化技术展示各类概念关系；二是超越发布电子版的基础操作，让主题词表在文本大数据治理中的价值得到有效释放。《中分表》发布了电子版并上线了网络版，为文献信息资源标引和检索系统提供了公共应用接口，更好地成为知识检索的电子工具。

但值得注意的是中日图书馆主题标引工作成果在用户层面的呈现略有差异。在日本国立情报学研究所检索网站 CiNiiResearch 和日本国立国会图书馆检索网站 NDLSearch 上通过点击某条书目记录上的主题词，都即可直接跳转到相同主题词的书目列表。这一方面要求落实全面的主题规范控制工作，另一方面要求建立完整的主题词表链接数据。主题节点具有描述性的同时带有了分析性，还能以主题词族性集聚了相似信息资源进行推介。目前该功能在中国国家图书馆的 OPAC 界面上还无法实现。

《基本主题词表》作为标准主题词表，不论是从制订方针，还是应用对象上来讲都具有普遍意义。从 50 世纪 50 年代发布以来，《基本主题词表》的词表内容不断得到扩充，服务范围也不断得到拓展，利用方式也实现了更新。依托于《基本主题词表第 4 版》，主题标引与分类标引在主题概念的精准转化上实现了互补，提高了日本图书馆界信息组织与检索水平。

《基本主题词表》与《汉表》以及《中分表》建设路径极为相似，各自构建了本国的信息资源主题规范控制规则。中国国家图书馆在基于外文主题词表的外文文献主题标引上进行了积极的实践。下一步可以考虑通过链接数据等技术将中外文主题规范控制的编目成果在 OPAC 界面展示出来，进一步提升用户检索体验。

参考文献

[1] 蔡丹，罗翀．国家图书馆跨语言主题标引策略研究［J］．山东图书馆学刊，2014（3）：71-74.

[2] 罗翀．国家图书馆外文书目规范控制的实践探索［J］．图书馆学研究：应用版，2011（8）：30-34.

[3] 白雪．俄罗斯国家图书馆主题标引及其启示［J］．图书馆学刊，2021（3）：100-105.

[4] 豊田邦雄．書評 BSH4［J］．図書館界，1999（5）：371.

[5] 基本件名標目表（BSH：Basic Subject Headings）トピックマップ［EB/OL］．［2024-01-25］．http://www.topicmaps-space.jp/bsh1.

[6] BSH Suggest（BSH4 キーワード検索）［EB/OL］．［2024-01-25］．https://kuroyuri.media.osaka-cu.ac.jp/~ueda/ajax_bsh_v2.

[7] 植田喜久次．コンピュータ時代における件名目録等の維持体制を考える：『基本件名標目表第 4 版』刊行に寄せて［J］．図書館界，2000（1）：2-11.

[8] 柴田正美．『基本件名標目表』の成立過程と第 4 版以後の状況について［J］．メタデータ評論，

2022（10）：1-12.
［9］曾建勋，吴雯娜，常春，等.《汉语主题词表》构建研究［M］.北京：科学技术文献出版社，2020：1.
［10］《汉语主题词表》［J］.数字图书馆论坛，2022（8）：49.
［11］穆晓婷，宋晓丹，殷占禄.数据源中日文图书缺失主题字段主题标引工作解析［J］.图书馆工作与研究，2017（1）：74-76.
［12］汉语主题词表服务系统［EB/OL］.［2024-01-25］.https://ct.istic.ac.cn/site/organize/index.

DBnet+TrOCR 在民国时期文献数字化工作中的应用实践*

马大为（数字资源部）

文字检测与识别是民国时期文献数字化的核心和基础。通过 OCR（Optical Character Recognition，光学字符识别）技术，可以方便地获取民国时期文献数字图像的文字信息，实现更深层次的信息处理。然而，由于民国时期文献文字量大、异形字多、版面复杂，文字检测与识别任务更具挑战性。

民国时期文献的特点包括排版复杂、尺度多样、垂直文字排版、繁体字和手写体等。传统方法在处理这类文献时表现不佳，需要进行大量人工调整，影响工作效率。相比之下，深度学习模型在文字检测和识别上具有更高的准确率、召回率和效率。

本文通过构建基于深度学习的文字检测和识别方法，对民国时期文献进行实验，验证其在文献数字化工作中的有效性，旨在建立一套高效、准确的民国时期文献数字化生产流程，提升文献数字化的技术能力。

1　基于文字检测和识别的相关研究概述

1.1　深度学习文字检测概述

在文献数字化处理方面，传统方法通常需要人工提取图像中的特征：边缘、纹理、形状等，这些特征都需要相关领域的专家通过设计较为复杂的图像处理技术进行分析，比如，使用 SIFT（Scale-Invariant Feature Transform，尺度不变特征变换）或 HOG（Histogram of Oriented Gradient，方向梯度直方图）来获取文本特征信息。这种传统方法依赖专家的知识与经验。

相比之下，深度学习提供了一种端到端的解决方案，能够直接从原始图像中检测和识别文字。

1.1.1　文字检测方法概述

近年来，深度学习在场景文字检测领域取得了显著进展，主要发展出以下几种方法。

①基于区域建议的方法：这类方法使用卷积神经网络（Convolutional Neural

* 本文系馆际科研课题“基于深度学习文字检测与识别的研究与实现”（项目号：NLC-KY-2022-14）的研究成果之一。

Network，CNN）生成文献图像中的文本候选区域，再根据特征进行筛选；

②基于语义分割的方法：这类方法利用多尺度特征图，逐个像素判断是否为文本，并通过直接边框回归得到文本框信息；

基于分类的语义分割方法：这类方法在语义分割的基础上，通过分类任务直接预测文本框，提高了效率。

1.1.2　文字识别方法概述

深度学习在文字识别方面也有显著进展，发展出主要方法如下。

①基于卷积神经网络的方法：这类方法通过卷积神经网络获取文本图像的全局特征，并将不同编码方式的文字识别模型与其相结合，来进行文字识别；

②基于时序特征进行分类的方法：这类方法采用卷积神经网络[1]、循环神经网络（Recurrent Neural Network，RNN[2]）、连接时序分类（Connetionist Temporal Classification，CTC[3]）等方法，将图像依次转变为图像特征序列、字符预测概率的序列、选取最优解的概率预测结果；

③基于编码解码的方法：这类方法采用编码器和解码器，解决了时序特征算法的序列对齐问题，替代了传统的 CTC 对齐方法。这类方法通常使用注意力机制来处理输入输出的上下文关系，提高预测的准确率。代表模型有 TrOCR，它具有变长文本预测、跨模态对齐和联合优化等优势，尤其在对多语言和多种字体的识别任务中表现出色。

1.2　面临的挑战

1.2.1　在民国时期文献项目实践的挑战

1.2.1.1　文本布局上的挑战

民国时期文献相较于普通现代文献，在布局上并不是传统意义上的从左至右的横排文字，而是从右到左、从上到下的竖排文字；另外，由于民国时期文献的排版并不规范，尤其是在表格结构化或非结构化排版的情况下，语义比较难以抓取，如果使用较为固定的检测策略，很难抓取全部内容，还有可能丢失信息。

1.2.1.2　文字识别上的挑战

在字体字形上，民国时期文献在文字的字体、字形上差异较大；在文字表述上，民国时期文献夹杂着文言文和现代文，字与字的上下文关系较难抓取。文言文和现代文两种文体的差异上来说，它们的表达方式、词汇使用、句式结构上就存在着差异，如果使用较为固定的中间层算法来感知文字特征，那么很容易出现识别不准确的情况。

1.2.2　技术实现上的挑战

在技术层面，深度学习的实现需积累人工智能知识，配备相应的专业设备，理解模型原理与代码逻辑，进行模型复现或开源代码部署验证。同时，需根据民国时期文献需求选择合适模型，并构建针对性的检测与识别训练数据集。由于涉及大量图文内容的积累、筛选、汇总与检查工作，技术实现阶段任务内容较为繁重。

1.3 DBnet 在民国时期文献数字化工作中的优势

基于分类的语义分割方法（Differentiable Binarization Network，DBnet）[4]，可以进行不同形状的文字检测，也可以保证不同方向文字的检测，同时检测的准确率和效率也较高。具体如图 1 所示。

民国时期文献的数字化图像中存在着前景、背景差异较大的问题，在进行文本和背景判断时很难用一个预设的阈值来判断，而 DBnet 通过可微二值化解决了该问题，使得前景、背景判断适应性更强，更适合民国时期文献数字化工作中的文字检测任务。

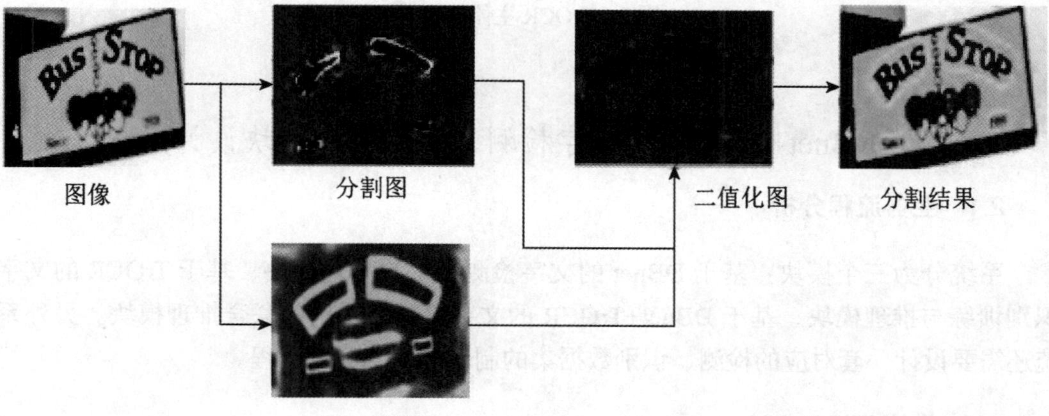

图 1 DBnet 优化语义分割图

民国时期文献的数字化图像存在着成图质量不高，清晰度较差等问题，DBnet 采用特征金字塔网络（Feature Pyramid Network，FPN）[5]结构并使用可变卷积，获取不同尺寸和感受野的特征图，可以最大化获取图像特征。其所生成的结果图像素损失小，有助于进行后续文字识别操作。

1.4 TrOCR 在民国时期文献数字化工作中的优势

民国时期文献的数字化图像不仅成图质量不高，还存在着文本模糊、文本为手写体、异体字等诸多问题，传统的基于印刷文本的识别方法识别准确度较低。TrOCR[6]模型直接通过 transformers 模型进行编码和解码，克服了 CNN 的模糊图像提取特征效果差的短板，以及 RNN 在理解长文本和上下文方面的预测文字准确率下降的问题。具体模型结构如图 2 所示。

民国时期文献存在手写字体，文字的差异性更大，文字识别任务的挑战性更强。TrOCR[7]则根据其特性较好地解决了这些问题，尤其在对弯曲文本、模糊文本、手写字体的识别上可以表现得更好，所以 TrOCR 更适合民国时期文献文字识别的任务。

除此之外，TrOCR[8]还具有简单、高效、易维护，以及高可扩展性的优势，通过增加解码器的预训练模型就可以扩展为多字体、多语种模型。

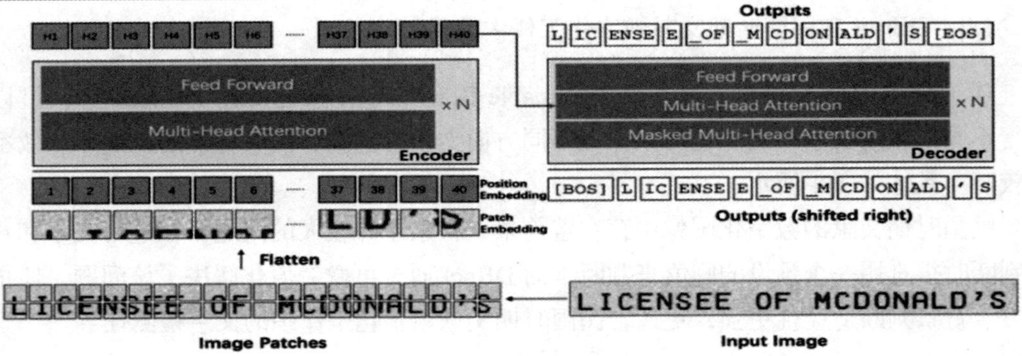

图 2 TrOCR 主体架构图

2 基于 DBnet+TrOCR 的文字检测、识别程序模块设计

2.1 业务流程分析

系统分为三个模块：基于 DBnet 的文字检测训练与推理模块、基于 TrOCR 的文字识别训练与推理模块、基于 DBnet+TrOCR 的文字检测与识别的联合推理模块。另外系统还需要设计一套对应的检测、识别数据集的制作和训练测试流程。

2.2 模块分析与设计

在 DBnet 文字检测训练和推理模块中，主要分成训练和推理两个模块，训练模块的输入数据是待训练数据集，输出结果为评估训练结果和训练后参数权重，推理模块输入数据为待推理民国时期文献图像，输出数据为模型预测结果，包含二值化图和含有检测结果的图像。整体流程为：导入训练后的参数权重→输入待推理图像→模型推理→产出二值化图和结果图像。

TrOCR 文字识别训练和推理模块也分为训练和推理模块，整体流程与 DBnet 大致相似，不再赘述。区别在于不同模块训练数据集的差异以及 TrOCR 的训练模块的输出和推理模块输入输出。具体区别如表 1 所示。

表 1 模块化设计思路

DBnet+TrOCR 的文字检测、识别程序模块设计		
子模块	输入 / 产出	流程
DBnet 文字检测训练模块	待训练数据集 / 评估训练结果和训练后参数权重	输入检测训练数据集或识别训练数据集到网络→模型进行评估→得出结果与训练集的标签进行计算 loss 损失→进行反向求导更新模型参数→保存参数权重
TrOCR 文字识别训练模块		

续表

子模块	输入 / 产出	流程
DBnet 文字检测推理模块	待推理图像 / 二值化图和包含检测结果的图像	导入训练后的参数权重→输入待推理图像→模型推理→产出二值化图和结果图像（DBnet）/ 产出文本文字序列
TrOCR 文字识别推理模块	待推理文字序列图像 / 文字字符序列	
DBnet+TrOCR 联合推理模块	待推理图像 / 二值化图、检测结果图、文字序列内容	导入训练后的参数权重→输入待推理图像→模型推理→产出结果

DBnet+TrOCR 联合推理模块则进行联合推理，具体流程参照图 3 所示：

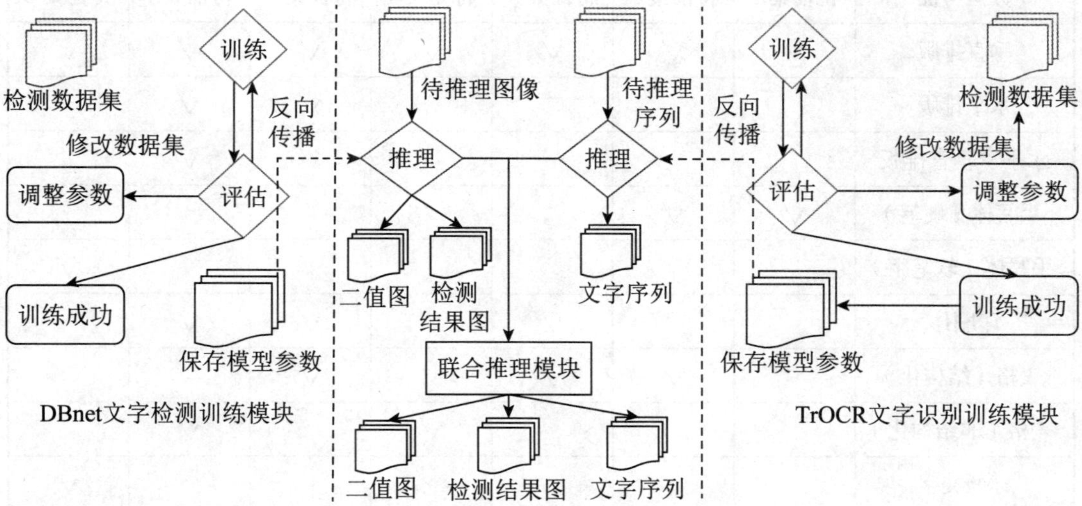

图 3　模块设计流程图

2.3　联合模块的协同机制

目前，针对民国时期文献大部分是垂直排版文本的特点，通过 DBnet 检测的图像结果需要根据结果所得文本框坐标对原图像进行裁切，再将裁切后的逐条文字序列图像进行必要的图像变换，依次传入 TrOCR 的推理模块。在这里，图像变化可以根据图像的文字排版方向进行必要的调整，目前在默认情况下是逆时针旋转 90 度，再传入文字识别模块。

3　模型的训练与测试实验

在实验过程中，我们选用了 DBnet-pytorch 和 TrOCR-chinese 两个开源模型，并结合其他技术手段构建数据集。数据集分为训练集、验证集和测试集三个部分：训练集用于模型学习，使模型通过样本学习特征和规律；验证集用于模型参数调整和结构优化，以防过拟合，并通过交叉验证进行模型评估；测试集则用于评估模型性能，包括准确率、召回率和 F1 分数等关键指标。这一过程涉及模型参数和结构的动态调整。

3.1 基于民国时期文献的文字检测和识别数据集制作

数据集制作围绕目前已有的民国时期地方志和报纸等特色资源展开，并通过网络获取了一些开源资源。这些资源包括民国时期地方志 20 种数据，报纸 10 种，开源资源等网络资源若干，其中文字检测数据集共计数据 5600 多条，文字识别数据集 5 万多条。数据集特征描述和对应比例参照表 2 及表 3。

表 2 文字检测数据集特征描述

数据特征	特征集 1	特征集 2	特征集 3	特征集 4	特征集 6	特征集 7	特征集 8
垂直排版	√	√	√	√	√	√	√
水平排版					√	√	
水平 + 垂直排版					√	√	
手写体（硬笔）	√	√					
手写体（软笔字）							√
印刷体			√	√	√	√	
表格（结构化）		√	√		√		
表格（非结构化）				√		√	
标题文字							√
字体大小不统一							
大小字体间隔					√		
序列紧凑	√		√			√	
序列稀疏		√		√			√
包含干扰		√				√	
不包含干扰	√		√	√	√		√
插图（包括文字）	√						
数据占比	12.70%	15.90%	11.80%	11.40%	3.10%	26.50%	18.60%

表 3 文字识别数据集特征描述

数据特征	特征集 1	特征集 2	特征集 3	特征集 4	特征集 5	特征集 6
垂直排版	√	√	√	√	√	

续表

数据特征	特征集 1	特征集 2	特征集 3	特征集 4	特征集 5	特征集 6
水平排版						√
手写体（硬笔）	√	√				
手写体（软笔字）					√	
印刷体			√	√		
包含干扰		√		√		
不包含干扰	√		√		√	√
序列长	√		√			
序列短	√	√	√	√	√	√
单字	√	√	√	√	√	
数据占比	14.30%	18.60%	12.70%	26.50%	7.90%	20.00%

在文字检测方面，我们选择数据源时，重点关注文字的排版方向、简繁体字、异体字、字体大小差异、排版规范性、结构化与非结构化表格，以及包含文字的插图。使用 labelme 或 labelimg 工具进行文本标注，生成坐标和文本文件，构建检测数据集，并将其分为训练集、验证集和测试集，以便在模型训练的不同阶段使用，具体流程见图 4。

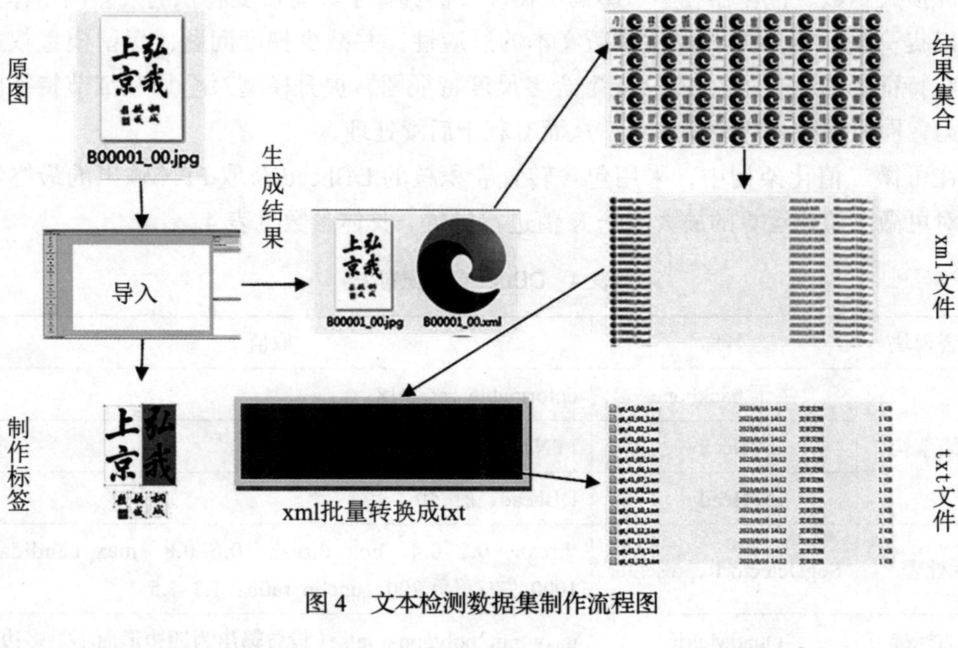

图 4　文本检测数据集制作流程图

在文字识别方面，我们主要选择民国时期地方志项目中识别准确率低的文献、手写字体、书法文献，并进行数据增强。使用 Photoshop 等软件手工制作特异性文本的数据集，而印刷体文本则通过 Color_OCR_image_generator-master 工具批量生成，详细流程见图 5。

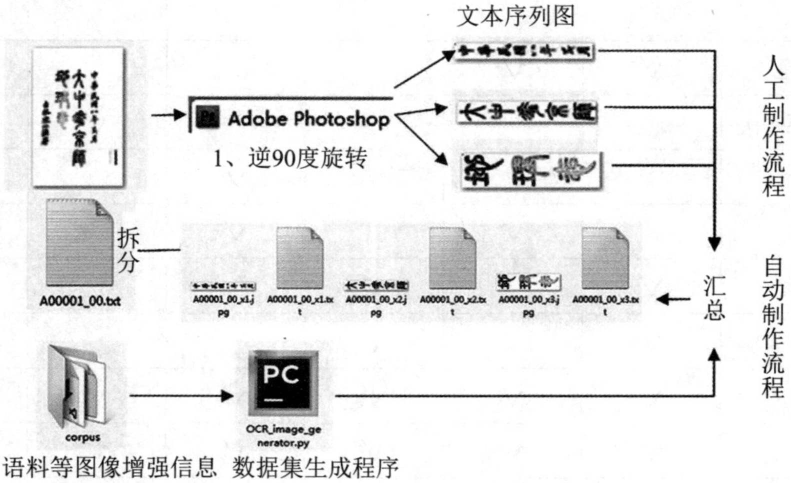

图 5　文字识别数据集制作流程图

3.2　训练实验相关设置

3.2.1　DBnet 的参数配置

DBnet 采用卷积神经网络进行特征提取，其关键参数包括网络架构、后处理、评估标准、损失函数、优化器和学习率调度器。我们选择了具有可变卷积的残差网络作为主干，以提高模型对形变和灵活排版文本的适应性，并减少梯度问题，保留模型权重信息。在特征提取后，通过 FPN 层融合多尺度特征图，提升模型对全局和细节特征的捕捉能力，同时保持高分辨率输出，从而有利于后续处理。

在可微二值化架构中，采用包含转置卷积核的 DBhead 获取 FPN 输出的最终特征图，对可微二值化运算的放大因子 K 值进行设置。具体参数见表 4。

表 4　DBnet 参数配置表

设置模块	名称	取值
网络架构	主干 backbone	deformable_resnet18
	Neck	FPN、inner_channels：256
	Head	DBhead、k：50
后处理	SegDetectorRepresenter	thresh：0.2~0.4、box_thresh：0.6~0.8、max_candidates：1000 左右正负 200、unclip_ratio：1.3~1.5
评估标准	QuadMetric	is_output_polygon：false（设置输出为四边形而不是多边形）
损失函数	DBloss	alpha：1、beta：10、ohem_ratio：3（固定不变）

续表

设置模块	名称	取值
优化器	Adam	lr：0.001~0.00001（根据预训练权重和数据集调整）
学习率调度器	WarmupPolyLR	warmup_epoch：3（前三轮快速学习，后期学习率衰减逐步获取并学习细节。）

3.2.2 TrOCR 的参数配置

TrOCR 是一个视觉编解码模型，所以在整体架构定义上使用 VisionEncoderDecoderMo-del，具体参数见表 5。

表 5 TrOCR 参数配置表

框架			使用视觉编解码模型		
解码器			编码器		
激活函数	activation_function	Relu	隐层激活函数	hidden_act	gelu
交叉注意力机制	add_cross_attention	true	交叉注意力机制	add_cross_attention	False
交叉注意力机制隐层维度	cross_attention_hidden_size	384	交叉注意力机制隐层维度	cross_attention_hidden_size	None
嵌入向量的维度	d_model	256	隐层维度	hidden_size	384
注意力头数量	decoder_attention_heads	8	注意力头的数量	num_attention_heads	6
解码器层数	decoder_layers	6	输入通道数	num_channels	3
前馈层维度	decoder_ffn_dim	1024	隐藏层数量	num_hidden_layers	12
丢弃概率	Dropout	0.1	丢弃概率	hd_dropout_prob	0.0
最大生成长度	Max_length	20	最大生成长度	Max_length	20
最大的位置编码数	max_position_embeddings	512	最小生成长度	min_length	0
最小生成长度	min_length	0	最小生成长度	min_length	0
n-gram 重复次数	no_repeat_ngram_size	0	n-gram 重复次数	no_repeat_ngram_size	0
束搜索组数量	num_beam_groups	1	束搜索组数量	num_beam_groups	1
束数量 / 组	num_beams	1	束数量 / 组	num_beams	1

续表

<table>
<tr><td colspan="3">框架</td><td colspan="3">使用视觉编解码模型</td></tr>
<tr><td colspan="3">解码器</td><td colspan="3">编码器</td></tr>
<tr><td>返回序列数量</td><td>num_return_ sequences</td><td>1</td><td>返回序列数量</td><td>num_return_ sequences</td><td>1</td></tr>
</table>

3.3 测试实验结果与评价

3.3.1 DBnet 训练与评价

DBnet 模型训练共进行了 12—15 个迭代周期（epoch），批大小（batch_size）设为 1，数据被打乱处理，同时设置了 6 个后台进程以加速训练。在验证阶段，对验证集中的图片进行短边压缩，压缩尺寸默认为 736 像素。

在训练过程中，每个批次的结果会与之前的最佳结果进行对比，记录损失值、训练时间和学习率。评估指标包括召回率、精确率和 F1 分数，这些指标通过 TensorBoard 进行跟踪。模型更新策略基于验证集上的 F1 分数和训练损失值，如果验证集上的 F1 分数高于当前最佳模型，或者训练损失值低于最佳模型，系统就会更新模型参数，并保存最新的模型参数。在训练过程中，研究人员可以监控这些指标，并在必要时提取和保存表现最佳的参数集。

在自建的民国时期文献数据集上，模型的最终评估指标数据为：召回率 0.878、准确率 0.947、F1 分数 0.911。将最佳参数应用于 DBnet 的推理模块，并使用测试集进行模型推理，推理结果以文件形式保存。

测试结果表明，训练后的模型具有了民国时期文献的文字检测能力，并能快速获取文献所展示的文字信息所在的图的位置。

3.3.2 TrOCR 训练与评价

TrOCR 的训练是将自建的文本识别数据集与自动生成数据集结合使用，参与模型训练，流程与 DBnet 大致类似，训练 5 × 2 个 epoch，训练批大小（train_ba ch_size）设置为 32、评估批大小（eval_Batch_size）设置为 8、最大长度（max_length）设置为 128、评估步长设置为 1000、保存步长设置为 1000、随机化数据顺序（shuffled data）、n 元语法（n-gram）设置为 3、生成长度惩罚因子设置为 2.0、束搜索宽度（beam_size）设置为 4、初始学习率设置为 3×10^{-4}（0.0003）。

TrOCR 的训练评价指标采用文字识别准确率、召回率、调和平均数 F1 进行总体评估，并打印训练损失（loss）的下降情况，由于训练分成 5 × 2 个 epoch 进行并在第二个 epoch 追加了数据，训练过程 loss 趋势参照图 6 所示：

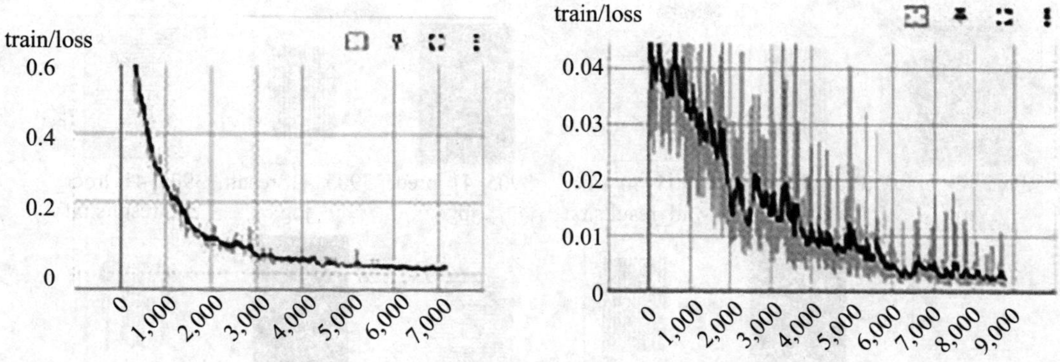

图 6 TrOCR 训练 loss 变化趋势图

测试结果表明，TrOCR 能够同时满足含有垂直文本、繁体字、手写体等特征的民国时期文献的识别任务，准确率在 90% 左右，召回率在 83% 左右。图 7 展示了具有代表性的样本识别预测结果。

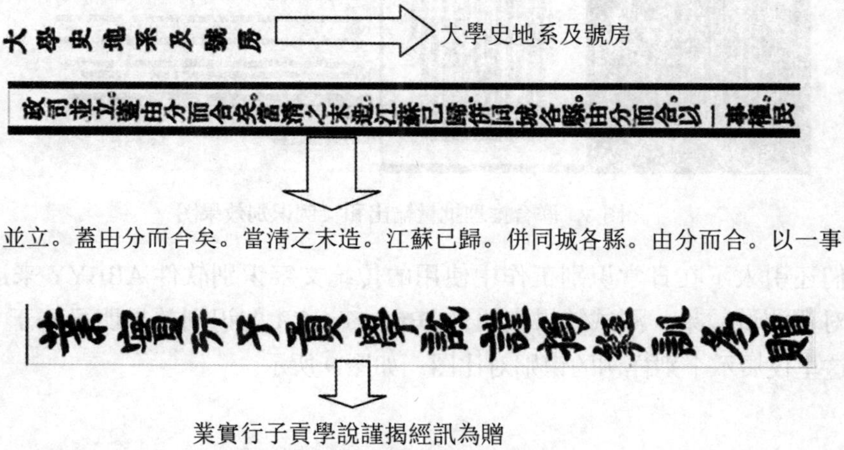

图 7 TrOCR 测试效果图

3.3.3 联合推理模块构建与测试

联合推理模块的关键步骤包括双模型初始化、权重加载、旋转文本检测和联合推理。双模型初始化负责导入模型框架和权重，为后续推理做准备；权重加载旨在导入经过训练和评估的优秀模型权重，以提升测试性能；旋转文本检测结果是 DBnet 和 TrOCR 之间的桥梁，将垂直文本转换为水平文本，以便 TrOCR 识别。联合推理模块则负责模型引入、推理调度、图像预处理和结果保存，最终将识别文本、检测结果等保存于同一文件夹中。

测试选取了 300 张民国时期文献图像，评估了批处理能力、数据类型完整性、检测和识别准确度。结果显示，联合推理模块表现良好，文字检测准确率约 90%，召回率约 78%，F1 分数约 83%；文字识别准确率约 93%，召回率约 95%，F1 分数约 91%。图 8 分别展示了一些样例，分别为：图像检测最终结果、二值图、和文字识别结果。

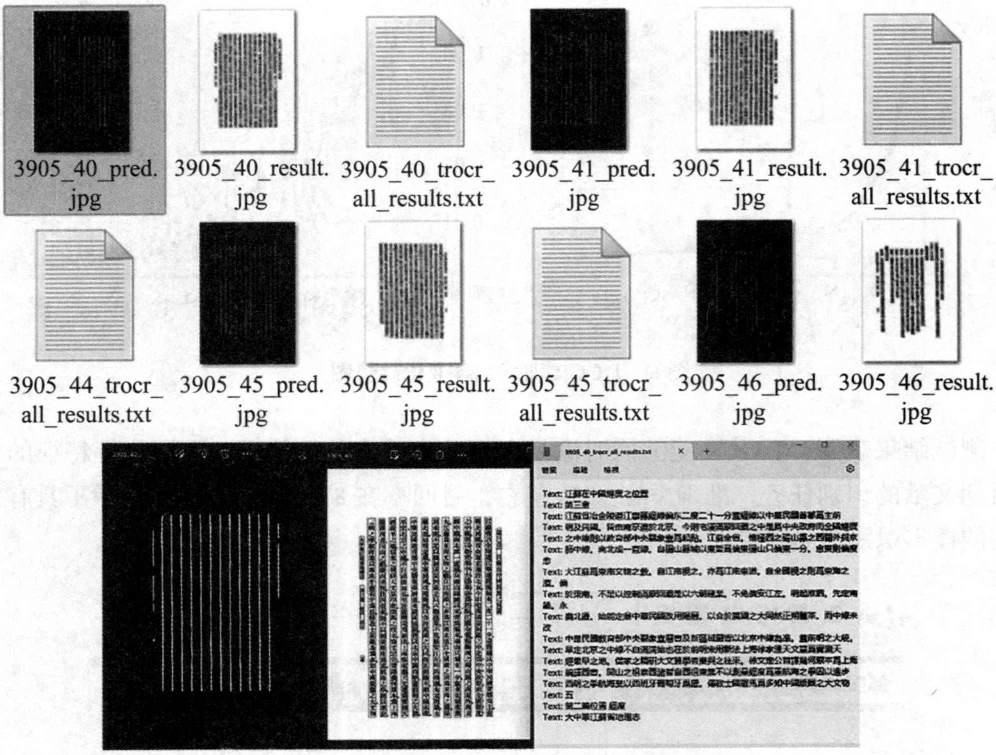

图 8　联合推理批量输出和实例识别效果图

我们还引入了在日常识别工作中使用的传统文字识别软件 ABBYY 来进行同一任务，并对比测试效果。测试结果表明，DBnet+TrOCR 的识别效果明显好于 ABBYY 的结果，这里仅展示个别样例的识别对比图，如图 9 所示。

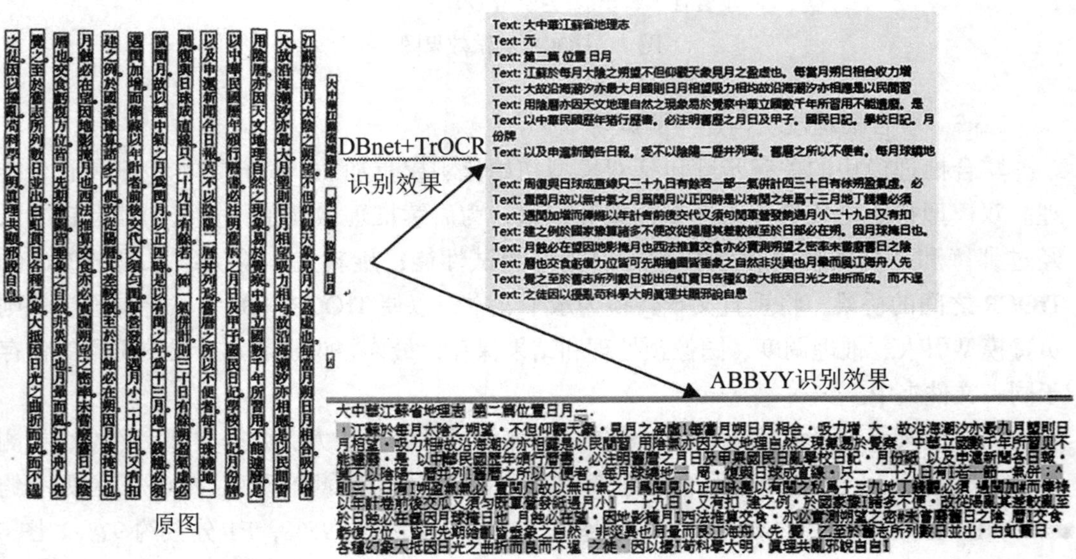

图 9　深度学习检测识别与传统算法的工程软件预测效果示例图

3.3.4 实验比较与不足

深度学习模型 DBnet+TrOCR 与传统 OCR 算法（如 ABBYY）相比，在民国时期文献识别的精确度上表现更优。传统 OCR 受限于固定规则，错误率较高，且难以通过工程手段优化。尽管增加人工干预可以改善结果，但过程烦琐。相比之下，深度学习模型不仅能提供更准确的预测结果，还能通过持续的数据集扩充和参数调整来进一步提升性能。目前，深度学习的应用主要集中在模型训练和推理领域，而人工干预模块和前后端工程的设计仍在开发中，未来可以逐步迭代完善，构建适合深度学习算法的工程软件。

实验表明，DBnet+TrOCR 模型能够满足民国时期文献的文字检测和识别需求，并且可以通过数据集扩展和参数调整优化性能。与传统方法相比，深度学习方法准确性更高，更易于定制化操作，且能显著减少后处理工作量，提高效率。

然而，目前的系统在功能性和推理性能上仍有不足，如结果形式单一、嵌入性不足，以及在复杂排版中可能出现的序列排序困难问题。未来，研究者可以通过增加工程架构和功能来优化系统的可操作性和功能性，例如引入文字区域检测或聚类分析算法来解决排版复杂性带来的问题。

4 结论与未来工作

4.1 结论

本文证实了 DBnet 结合 TrOCR 在民国时期文献的文字检测与识别任务中的有效性，相较于传统 OCR 软件，DBnet+TrOCR 模型识别效果有显著提升。说明深度学习模型在处理繁体字和垂直排版的民国时期文献时，不仅技术实现更为便捷、可定制性强，而且在性能上也超越了传统 OCR 方法。本文的研究不仅为民国时期文献的数字化提供了理论和实践基础，也是深度学习技术在 OCR 领域的一次创新应用。此外，该模型的鲁棒性使其能够适应多种文献类型，包括现代中文图书、学位论文、杂志、报纸和古籍等，通过定制数据集和预训练模型，可以实现对特定文献类型的高效 OCR 处理。

4.2 未来工作

未来的研究将致力于完善模型的功能模块，优化前端用户界面和后端功能，以更好地配合人工校对工作。计划收集更多类型文献的图像和文字数据，以扩展 DBnet+TrOCR 模型的训练范围，增强其在多样化文献的文字检测与识别过程中的适应性和应用范围。此外，未来研究还将探索区域分割模型的训练，以区分文本和插图等区域，通过与文字检测识别模型的联合推理，提高数字化结果的排版质量和符合生产标准的数据输出效率。

参考文献

［1］KRIZHEVSKY A，SUTSKEVER I，HINTON G．ImageNet classification with deep convolutional neural networks［J］.Communications of the ACM，2017（6）：84-90.

[2] LIPTON Z C，BERKOWITZ J，ELKAN C. A critical review of recurrent neural networks for sequence learning [J] .Computer science，2015：1-38.

[3] GRAVES A，FERNANDEZ S，GOMEZ FJ，et al. Connectionist temporal classification：labelling unsegmented sequence data with recurrent neural networks [J] .Proc. Int. Conf. on Machine Learning，2006：369-376.

[4] LIAO M，WAN Z，YAO C，et al. Real-time scene text detection with differentiable binarization [C] // The Thirty-Fourth AAAI Conference on Artificial Intelligence.Washington：AAAI，2020：11474-11481.

[5] LIN T Y，DOLLAR P，GIRSHICK R，et al. Feature pyramid networks for object detection [J] .IEEE Computer Society，2017：936-944.

[6-8] LI M，LV T，CUI L，et al. TrOCR：Transformer-based optical character recognition with pre-trained models [EB/OL] . [2025-04-22] .https：//arXiv.org/abs/2109.10282.

智慧图书馆环境下图书馆文化资源智能服务模式探究

王婵婵（信息技术部）

随着新媒体的兴起，文化传播的路径发生了颠覆性的变化，公共数字文化日益成为公共文化传播的重要载体。过去的十五年间，我国先后统筹实施了全国文化信息资源共享工程、数字图书馆推广工程、公共电子阅览室建设计划等公共数字文化惠民工程。经过多年建设，公共数字文化建设工作框架基本建立，覆盖全国的服务网络基本成型，资源库群初具规模，政策标准逐步完善，为进一步构建智慧化现代公共文化服务体系奠定了坚实基础。但取得成绩的同时也尚有不足[1]，如数字资源“孤岛化”现象仍然存在，大量文化资源未能进入流通领域发挥数据价值，用户差异性大导致图书馆无法满足个性化需求，文化服务均等化不够、公共文化资源建设活力不足、共享模式不完备的问题仍然存在，还有资源共建共享和管理智能化程度较低等问题。因此，需要建立一套适用于公共文化机构的文化资源共建共享智能服务方案以解决上述问题[2]。

笔者参与的国家重点研发计划“公共文化资源智能共建共享与管理平台关键技术研究”项目，以公共文化资源的智能共建共享与管理为研究对象，针对管理平台构建相关的科学问题和共性关键技术展开系统研究，实现公共文化资源智能共建共享与管理，为典型应用示范提供基础。提出了一套全国公共文化资源系统解决方案，构建大数据共建共享与分析平台。本文基于上述解决方案提出了适用于智慧图书馆环境下的文化资源智能服务模式。

1　公共文化资源智能共建共享服务模式

借助文化资源智能加工、区块链确权、用户画像及个性化推荐、服务效能评估优化等技术支持，从资源供给、技术支撑、应用服务等层面对改进公共文化资源智能共建共享服务模式进行研究分析，构建不同的服务模式，实现公共文化共建共享。面对新模式下公共文化建设存在的问题，公共文化机构可以建立一种多元参与的公共文化资源智能共建共享和智能管理的服务新模式，完成公共文化资源智能共建共享与管理平台构建解决方案。在资源供给端实现资源的多渠道、按需和整合供给，在资源服务端实现资源权属归属识别匹配、个性化及群体服务、反馈服务等，以此拓展优化公共文化资源共建共享服务机制[3]。公共文化资源智能共建共享服务模式可具体分解为以下四个子模式。

（1）多渠道供给子模式。多渠道供给子模式可以将各个开放的资源库群的公共文化资源和总站之间建立链接，然后对链接后混乱的资源进行整理、记录，以及对整理后的资源进行归档，形成统一化目录管理，最终呈现给用户。利用资源库群自动化构建技术，在资源库群之间建立管道接口，对多渠道资源进行加工和标注，形成统一的目录，用来实现资源的智能化调用，还可以在源库群之间进行资源互联互通，进而提高资源利用率。

（2）公共文化数字资源全生命周期智能汇聚和共享管理子模式。在资源处理的全生命周期（上传、共享、服务效能评估等），利用区块链技术保证公共文化资源智能共建共享平台中存储的数字资源不被篡改，保障确权数据的真实性和原始性。而且将共享信息和资源的服务效能评估结果进行上链确权，以实现对用户的激励机制。在传播过程对所有文化资源标记时间戳和区块进行标记，对传播过程进行实时交易记账，依据电子签名、P2P 网络技术、加密算法保证数据资源传播的不可篡改与可追溯性。

（3）个性化推荐、群体文化推送及智能分发子模式。个性化推荐技术需要构建基于公共文化知识的基础知识图谱，根据用户画像、知识图谱、用户社交等信息从多角度综合预测用户需求，实现用户和资源的双向精准推荐。群体文化推送服务对不同群体用户进行画像，提供群体用户的文化精准推荐服务，实现根据地域的不同推送不同的资源的服务。智能分发通过对机构用户进行需求分析和画像，将资源进行精准分类，提供对于机构用户的文化资源精准分发服务，从而实现对不同性质的文化机构推荐不同的内容。

（4）公共文化平台评估激励子模式。公共文化平台使用主体主要包括文化机构、机构用户以及个人用户。公共文化平台主要包括针对公共文化机构的服务效能评估和产出的公共文化作品分析评估，以及针对公共文化机构用户及个人用户文化作品的评估。

2 公共文化资源智能共建共享服务模式的应用

针对资源共建共享和管理智能化程度较低的问题，不同的公共文化服务机构可以研发基于云平台集成各课题研究成果的系统解决方案，设计系统平台的构建框架及内部应用模块模型，以及内部数据和业务的流程逻辑，设计存储资源元数据、用户数据、服务数据和平台数据等的数据存储模型，制定平台子系统间的交互接口及协议，构建具有统一用户接口的公共文化资源智能共建共享和管理平台方案。

2.1 文化和旅游部全国公共文化发展中心应用示范方案

文化和旅游部全国公共文化发展中心基于国家公共文化云平台进行集成应用示范，与现有公共数字文化惠民工程进行实验性对接，应用示范点通过公共文化云平台向用户提供统筹的文化资源服务。同时，利用资源库群自动化构建管理技术实现各类公共文化资源的汇聚。面向多源异构的文化资源库群构建服务使资源库之间可以共享数据，实现对各种类型资源的聚合。运用标签智能加工技术实现资源的自动标注，以方便资源汇聚后的自动化管理。将公共文化资源全生命周期管理模式与语义规则技术和区块链技术相结合，建立区块链智能确权系统完成公共文化数字资源的确权服务。将个性化推荐、群体文化推送及智能分发模式与知识图谱关联关系和智能精准推荐技术相结合，建立知识图谱关联关系系统与智能精准推荐系统，为用户进行文化资源推荐。构建的知识图谱通过公共文化云平台可以建立应用示范点间的数字文化资源关联关系，使得各个应用示范点之间的数字文化资源方便快捷地被呈现给用户。

2.2 秦始皇帝陵博物院应用示范方案

秦始皇帝陵博物院在精准推荐技术应用示范过程中，针对用户对旅游景点的文化背景、文化历史、文化内涵等文化资源获取需求，基于项目的用户画像和精准推荐技术研究成果，研发文旅融合智能客服及文化资源推荐系统，可以快速、便捷地自动回答用户关于秦始皇帝陵博物院的咨询问题。此外，将文化资源融入该智能问答系统中后，在解决用户咨询的同时可以为用户推荐相关文化资源，以大力弘扬中华优秀传统文化和社会主义先进文化，促进文化资源传播和文旅融合，对公共数字文化资源数据进行数据采集和预处理，基于主题相关性和用户点击的行为数据，采用项目研发的精准推荐模型，利用智能客服给在线咨询的用户主动推送与该公共文化服务机构相关的文化资讯。用户将咨询问题输入兵马俑智能客服系统，系统对用户问题进行理解并将合适答案返回给用户，为用户答疑解惑。当用户点击文化资源后，能捕捉到用户的文化需求（具体体现为用户点击过资源的类型），将用户资源访问历史记录送入公共文化资源智能推荐系统，智能推荐系统对该文化需求进行解析并在国家公共文化云、陕西省图书馆等资源库中进行检索，最终将符合用户需求的资源以链接的形式反馈给用户，用户访问该资源链接即可得到用户想 要的文化资源。

3 智慧图书馆环境下图书馆文化资源智能服务模式

作为公共文化传播主阵地之一的图书馆，正在成为一个更加智慧、更为多元的公共文化综合服务体，图书馆在提供书籍阅读的同时也提供展览、社会教育、研学、文化创意等多样化的文化服务，使得受众群体更为广泛和丰富，而读者对图书馆的需求与期望也不断增加，无论是读者来到图书馆还是在互联网上访问，他们所期待的是比以往更加智慧和立体的服务。举一个简单的例子，当读者发出“帮我找到红楼梦相关资料”的需求时，图书馆不仅将所有涉及主题词“红楼梦”的图书分门别类地推送到读者面前，甚至可以使所有在此刻发出相同需求的用户可以共享互通彼此的结果，并进行交流。未来，在智慧图书馆环境下，图书馆文化资源也应建立完善的共建共享模式，为用户提供智能化的服务。

（1）坚持多渠道供给。坚持多渠道供给既包括过图书馆内部不同部门所管辖的各类文化资源，也包括从社会收集的不同资源。需要完成从社会中不同的数据库收集资源，整理这些不同类型、不同分类方式的资源，传统人力分类不仅缓慢，而且有出错的可能，所以需要智能加工技术，提高分类效率，降低出错率。随后将收集到的资源按加工好的标注，进行智能分类，形成统一的目录，方便整理、分发。最后运用智能管理系统，将资源呈现在用户面前，并收集用户反馈，以备后续对作品以及机构服务效能进行评估。在资源供给端要将不同来源的公共文化资源收集到一起，并将收集到的资源上链，进行区块链确权，保障资源发布者的权益。随后将来源众多、规则不一且没有标识的资源进行整合供给，使用智能加工标注，能够准确提炼出资源的关键字，并对资源进行识别、解释和说明，保证描述的准确性与统一性。

（2）强化效能评估。目前公共图书馆普遍缺乏服务效能评估和重点资源数据分析手段，利用服务效能评估大数据智能分析可以对图书馆进行服务效能评估和对重点资源数据进行分析。在数据满足分析条件的基础上，图书馆利用场馆、软硬件数量、人员、活动等综合数据，结合效能评估指标体系，对现有的公共文化资源服务建立科学有效的效能评估模型，进而进行评估打分。此外，通过获取用户对各类图书资源的使用情况、利用率等信息，主要围绕图书的热度、借阅率等指标建立主题评估模型，综合评定公共文化服务的受欢迎程度。

（3）精准推荐。图书馆作为核心的公共文化服务机构，依托海量的图书资源与庞大的读者群体，构建起舒适的阅读空间，持续开展多元文化活动，通过线上线下融合的服务模式，为读者提供便捷获取图书资源的渠道，全方位满足读者个性化阅读需求；作为公共文化领域精准推荐应用示范点，可以积极开展关键技术实践，深入探索公共文化资源精准供给的创新技术与服务模式。通过搭建基于读者的阅读习惯、借阅记录智能推荐系统，可以精准推送契合兴趣的优质图书，并对借阅数据进行深度分析，形成系统性的数据报告，为图书馆优化馆藏结构、规划文化活动、制定发展战略提供数据支撑。

未来，图书馆应该继续从资源供给、技术支撑、应用服务等层面对图书馆文化资源智能共建共享服务模式进行研究分析，借助文化资源智能加工、区块链确权、用户画像及个性化推荐、服务效能评估优化等技术支持，构建不同的服务模式，实现公共文化共建共享。打通数据、整合资源，面向不同层级、不同平台的机构和用户，实现资源采集、智能标注、版权管理、精准推荐、效能评估的公共文化资源智能共建共享集成应用。面对新模式下公共文化建设存在的问题，各类公共文化服务机构应当以开放共享、版权可追溯、内容精准推荐、效能量化评估为途径共建共享智能服务新模式，从而实现图书馆文化资源智能共建共享与管理平台构建。用多元主体参与资源建设与分享的资源供给方案和实现路径，打破了封闭式供给的现状；不断探索以智能标签与版权管理为关键要素的公共文化资源全生命周期智能管理策略，为开放环境下资源的有效管理提供技术保障；集成了语义分析、用户画像、知识图谱的智能推荐方法和效能评估模型，提升了资源服务的精准性与优质内容的传播力，构建不同的服务模式，最终实现公共文化的共享共建。

参考文献

［1］韦楠华，吴高．公共数字文化资源共建共享现状、障碍及对策研究［J］．图书馆建设，2018（9）：18-26.

［2］戚建庄．政府应加强建设公共数字文化服务体系［J］．人大建设，2014（3）：14-16.

［3］只莹莹．新时代公共文化服务共建共享推进策略探析［J］．图书馆，2021（2）：8-14.

民国时期敦煌学的发展及其价值浅析

高　航（典藏阅览部）

敦煌，位于甘肃省西北部的河西走廊，是古代丝绸之路上的重要驿站，也是中原文化与西域文化交流的桥梁。敦煌最著名的文化遗产，当属鸣沙山东麓的莫高窟，这里保存了从 4 世纪到 14 世纪的壁画、彩塑、文献等艺术珍品，堪称人类文化的瑰宝。在这些艺术珍品中，最引人注目的是藏经洞出土的大量文献，它们涵盖了文学、历史、法律、宗教、医药、天文、数学、音乐、绘画等各个领域，是研究中国古代社会的重要资料。为了系统地整理、研究这些文献，形成了一门专门的学科，即敦煌学。敦煌学的概念最早由日本学者石滨纯太郎于 1925 年提出[1]，1930 年陈寅恪在《敦煌劫余录序》中正式使用了这一词汇[2]，并将其定义为"以敦煌为名，而实包罗万象，不仅限于敦煌之地，亦不仅限于佛教之教"的学问。敦煌学的研究对象主要是敦煌藏经洞出土的文献和文物，以及敦煌地区的历史、文化、艺术、宗教等方面的内容。敦煌学的研究目的是揭示敦煌的历史变迁，探索敦煌的文化特色，评价敦煌的艺术价值，促进敦煌的文化传承，为中华文明的发展和世界文化的交流做出贡献。

民国时期（1912—1949 年）敦煌学的发展经历了从萌芽到发展再到衰落的过程，产生了常书鸿、王国维、陈寅恪、向达、姜亮夫、王重民等一批杰出的敦煌学学者，他们在敦煌文献的整理、翻译、注释、鉴定、分类、出版等方面做出了重要的贡献。这一时期的敦煌学研究具有重要的历史意义和学术价值。本文旨在通过对民国时期文献中相关内容的研究，探讨敦煌学在民国时期的发展历程、主要成就和学术影响，以此希望对敦煌学的历史发展和现状有一个全面的了解，为敦煌学的进一步发展提供参考和启示。

1　敦煌学的起源和萌芽

1.1　敦煌学的概念和特征

敦煌学是一门以敦煌为名的跨学科研究领域，涉及宗教、文学、语言、艺术、考古、科技、建筑等多方面的内容，以敦煌藏经洞出土的文献和文物为主要研究对象。敦煌学的特征有以下几点：首先，敦煌学是一门综合性的学问，它不仅涵盖了各个学科的知识，还需要运用各种方法和技术，形成了一种独特的学术风格和研究范式；其次，敦煌学是一门开放性的学问，它不仅关注敦煌本地的文化和历史，还涉及中原、西域、中亚、南亚、东亚等地区的文化和历史，展现了敦煌作为丝绸之路上的重要节点的地位和作用，促进了中外文化的交流和融合；最后，敦煌学是一门创新性的学问，它不仅依赖于敦煌藏经洞的文献和文物，而且还不断发现和利用其他的资料和信息，如敦煌石窟、敦煌壁画、敦煌遗址、敦煌古城、敦煌民俗、敦煌地理、敦煌气候等，拓宽了敦煌学的研究视野和领域，丰富了敦煌学的研究内容和成果。

1.2 敦煌藏经洞的发现和流散

敦煌藏经洞是敦煌学研究资料的重要来源和基础，它位于敦煌莫高窟的第 17 窟[3]，是一个长方形的密封石室，内部堆放着数以万计的经卷、文书、绘画、雕塑等，是世界上最大的文化宝库之一。敦煌藏经洞的发现和资料流散经历了以下几个阶段：

发现阶段（1900 年）。1900 年 6 月，敦煌莫高窟的道士王圆箓在清理洞窟流沙时，偶然发现了藏经洞的入口，打开后惊见里面珍藏着大量的文献和文物，立即上报当地官府，引起了轰动。

散失阶段。根据记载，敦煌几任县令对藏经洞并未重视保护，反而将道士王圆箓从藏经洞取出的文物私自收藏。1902 年 4 月，汪宗翰接任敦煌县令，不仅接受了王道士和地方官绅的多次馈赠，还在检点藏经洞文物时肆意拿取[4]。1905 年，俄国地质学家奥勃鲁切夫来到敦煌，成为第一个将藏经洞宝藏劫往国外的人。1907 年，英国探险家斯坦因率领考察队来到敦煌，利用金钱和欺骗的手段，从王圆箓那里取得了大量的文物，并运往西方。1908 年，法国探险家伯希和离开敦煌时，带走了 6000 余卷藏经洞文物。1911 年 10 月，日本大谷光瑞考察队从敦煌掠夺走了 600 份经卷和两尊精美的塑像。1914 年和 1930 年，斯坦因又两次来到敦煌，低价从王道士手中买走了大批文物[5]。

保护阶段。1909 年，罗振玉出版了《敦煌石室遗书》[6]，揭露了藏经洞的存在和西方探险家的掠夺行为，引起国内外的关注。随着越来越多的文献被发掘，越来越多的学者来到敦煌。1941 年 4 月和 1942 年 5 月，张大千两次来到敦煌，共计临摹壁画 276 幅[7]。1942 年，于右任考察了敦煌千佛洞。1943 年，董希文、张琳英、苏莹辉、周绍淼等人追随常书鸿来到敦煌，开展了敦煌文物的整理工作[8]。1944 年，常书鸿担任国立敦煌艺术研究所所长，全心投入敦煌文物的研究和保护工作中。1949 年，中华人民共和国成立，敦煌藏经洞的文物得到了有效的保护和管理。

2 敦煌学的衰落和挑战

2.1 敦煌学衰落的内部因素和外部因素

在民国时期，敦煌学的衰落既受内部因素影响，亦受外部因素影响。内部因素主要包括学术体系的不完善，缺乏统一的理论和方法，以及学科间交流与协作的匮乏，导致研究成果的零散、重复和矛盾，难以形成系统的知识体系。同时，学术传承不畅也是一个重要因素，许多敦煌学的先驱者未能培养足够的后继者，导致学术血脉断裂，难以延续和发展。此外，学术品质不高，一些敦煌学学者缺乏严谨的学风，滥用想象和臆断，甚至造假和抄袭，损害了学术声誉和权威性。

外部因素方面，敦煌学的文献和文物流失与破坏对其发展也产生了重大影响。敦煌藏经洞的发现和开放引起国内外的关注和争夺，导致许多珍贵的文献和文物被外国探险家和学者带走，分散到世界各地的图书馆和博物馆，使得研究对象大幅缩减，同时也造成了文化的断裂和流失。敦煌莫高窟也遭受多次破坏和盗窃，如1921年的火灾、1924年的洪水、1938年的日军劫掠等，严重损害了艺术资料的原貌和完整性。另外，民国时期中国社会经历了多次战争和革命，政局混乱，民生困顿，敦煌所在的甘肃省更是战乱频仍，导致研究条件极为恶劣，学者的生活和工作受到严重影响。学术环境的封闭和落后也是外部因素之一，教育和科研事业落后，学术机构和刊物匮乏，研究资料和设备缺乏，国际接轨困难，学术交流和合作有限，视野和观念狭隘，研究创新和突破缓慢。

2.2 敦煌学面临的困境和危机

在民国时期，敦煌学陷入了困境和危机，主要体现在以下几个方面：

首先，敦煌学研究对象的丧失和散失问题日益突出。敦煌藏经洞的文献和文物流散到世界各地，导致敦煌学的研究对象大幅减少，敦煌文化的连贯性和完整性受到严重影响。这一现象使得敦煌学的研究难度和复杂度增加，研究成果的真实性和可靠性也大幅降低，其研究价值和意义受到严重削弱。

其次，敦煌学研究主体缺乏和衰落。随着敦煌学的先驱者和奠基者相继离世，研究主体急剧减少，学术传承中断，导致研究力量和水平显著下降，研究活力和潜力也大受影响。

最后，敦煌学研究环境恶化和封闭。社会动荡和恶化使得敦煌学的研究环境恶化，社会支持和关注减少，研究条件和保障大幅减少，研究风险和困难增加。

2.3 敦煌学研究的反思和自我批判

在民国时期，敦煌学领域的衰落引发了该领域内部学者的深刻反思和自我批评，主要体现在以下几个方面：

首先，敦煌学学者开始审视敦煌学的学术传承和培养问题。部分学者意识到敦煌学在学术传承和培养方面存在不足，这影响了该领域的研究力量和水平。为此，一些学者着手加强和改善敦煌学的学术传承和培养机制。第一任敦煌研究院院长常书鸿，培养了一批杰出的学生和助手，如董希文、范文藻、段文杰、窦占彪、范华等，为敦煌学的后续发展奠定了人才基础。

其次，敦煌学学者开始重视敦煌学的学术性研究。据《民国期刊资料分类汇编·敦煌学研究》一书，民国时期刊载敦煌学文章的刊物有70余种，文章220余篇[9]。敦煌学的发展源于敦煌文书的发现，学术期刊的兴起则让敦煌文化的研究不仅停留在文字摘抄和图画的临摹。如《国立北平图书馆馆刊》的编委会成员向达、王重民、贺昌群、许国霖等人利用地利之便对馆藏敦煌文书进行了最早的研究。陈寅恪、胡适等学者具有开阔的学术视野，拓宽了敦煌学研究的范围和思路[10]。

最后，敦煌学学者开始关注敦煌文献和文物的保护和回归问题。一些学者认识到敦煌文献和文物的保护和回归至关重要，这直接关系到敦煌学的研究对象和文化遗产。因此，他们积极参与敦煌文献的保护和回归工作。1934 年 8 月，向达、王重民被派往英国、法国，系统调查英国图书馆和法国国立图书馆藏敦煌文献。向达写了《伦敦所藏敦煌卷子经眼目录》和《记伦敦所藏的敦煌俗文学》。王重民先后出版了《巴黎敦煌残卷叙录》《敦煌曲子词集》《敦煌古籍叙录》等。这些都是他们出访欧洲的重要成果[11]。

这些反思和努力表明了民国时期敦煌学者对于该领域的发展和传承的高度责任感和使命感，为敦煌学的复兴奠定了坚实的基础。

3 敦煌学的影响和价值

3.1 敦煌学对民国时期文化的影响

民国时期学者对敦煌出土文献内容的研究，为继承中华传统文化做出了重要的贡献。罗振玉继《敦煌石室书目及发见之原始》一文之后，又撰《石室秘宝》、《佚籍丛残初编》、《鸣沙石室佚书》、《鸣沙石室佚书续编》、《鸣沙石室古籍丛残》、《敦煌零拾》、《敦煌石室遗书三种》、《敦煌石室碎金》、《贞松堂西陲秘籍丛残》、《敦煌石室遗书》、《雪堂校刊群书叙录》二卷、《补唐书张义潮传》、《瓜沙曹氏年表》等多部敦煌学论著[12]。这些论著涵盖了对敦煌出土文献内容的研究，深刻影响了当时学术界对中国历史文化的理解和认识。

敦煌学丰富了中华文化的内涵与外延，其对敦煌文化深刻挖掘和阐释的多元性与包容性，展现了中华文明在长期交流融汇中的独特表达形态。作为中国传统文化不可分割的组成部分，敦煌文化为中华文化的传承与发展提供了丰富的资源和借鉴，同时揭示了其开放性与创新性，为后世学者提供了广阔的研究领域。敦煌学的重要意义在于促进了中西文化的交流与融合，敦煌文化是东西方文化交汇的重要节点，是丝绸之路上的文化明珠。其研究吸引了国内外学者和探险家的关注，推动了中西方学术交流与合作，深化了文化理解与友谊，为世界文化的多样性与和谐性贡献力量。敦煌学不仅在学术领域有所贡献，也增强了民族的自信与自尊。敦煌文化作为中华民族优秀历史文化的杰出代表，承载着人类文明的宝贵财富。敦煌学的研究展示了其独特魅力与历史价值，激发了民族的文化自豪感与自信心，为民族的复兴与崛起提供了精神动力与文化支撑。

3.2 敦煌学对民国时期宗教的影响

敦煌学对民国时期的宗教产生了重要影响。文献资料显示，民国时期的敦煌学研究涉及了佛教、景教、袄教、摩尼教、犹太教等宗教内容。具体而言，敦煌学研究涉及了各种语言文字所写的文献，包括原始资料展示的宗教、艺术、历史、地理、经济、法律、语言等方面。在民国时期，诸如陈寅恪、周祖谟等学者的著作中，涵盖了敦煌学研究的宗教内容，例如有关《大乘稻芊经随听疏跋》《维摩诘经问疾品演义书后》等敦煌学研究论文。通过对这些研究著作的分析和评述，可以更清晰地了解民国时期敦煌学对宗教领域产生的具体影响。敦煌学的兴起在民国时期为佛教与道教的复兴与发展注入了新的活力。敦煌文化作为佛教与道教文化的重要载体与表现形式，其所藏经典与文献的出土为宗教研究与传播提供了宝贵的资料基础。这一时期的敦煌学研究，对于促进民国时期佛教与道教的复兴与发展起到了积极的推动作用，为后世学术研究留下了深远的影响。

3.3 敦煌学对民国时期艺术的影响

敦煌学的兴起在民国时期为艺术领域注入了新的活力与创新。敦煌文化作为中华传统艺术与外来艺术相互融合的产物，展现了印度、西域、中原等艺术风格的交融，写实、写意、写心等绘画手法的多样运用，以及音乐中的五声、七声、十二律等音阶的变化等。敦煌学的研究激发了民国时期艺术家的创造力与创新力，诸如张大千、林风眠、齐白石、徐悲鸿等画家受到了敦煌文化的启发与影响后，创作出了许多具有独具敦煌特色与个人风格的作品，为民国时期绘画的发展做出了重要贡献。同时，敦煌学也促进了民国时期艺术的传播与普及。一些艺术家与学者利用敦煌文化的内容与形式，积极开展艺术传播与普及工作。例如，敦煌研究院院长常书鸿在 1948 年 8 月在南京和上海分别举办了“敦煌艺术展”，为民国时期社会的艺术教育与艺术欣赏提供了重要机会与平台。这些努力不仅丰富了民国时期艺术的内涵，也为后世的艺术发展提供了宝贵的经验与启示。

敦煌学在民国时期的发展与影响，是中国近现代学术史上一段令人瞩目的篇章。通过对敦煌学在民国时期的演进和影响的全面审视，我们不仅可以看到其在学术领域的重要地位，也能洞察到其对当时社会文化的深刻影响。敦煌学在民国时期既是中国学术发展的重要组成部分，也是中国文化传承与创新的重要力量。其丰硕的研究成果和深远的学术影响，为我们深入理解中国古代文化和探索中国传统智慧提供了宝贵的资源和启示。期望未来，我们能够继承和发扬敦煌学研究的优良传统，推动中国学术的进步与发展，为人类文明的繁荣与进步做出更大的贡献。

参考文献

[1] 王冀青 . 论“敦煌学”一词的词源 [J]. 敦煌学辑刊，2000（2）：110-132.

[2] 蔡迎春 . 民国时期敦煌学著作及其整理研究 [J]. 图书馆杂志，2017（3）：95-102.

[3] 张涌泉，罗慕君，朱若溪 . 敦煌藏经洞之谜发覆 [J]. 中国社会科学，2021（3）：180-203，208.

[4] 陈双印 . 汪宗翰与敦煌藏经洞文物的早期流散 [J]. 敦煌学辑刊，2023（3）：166-178.

[5] 刘伟 . 敦煌藏经洞遭劫记 [J]. 文史天地，2016（5）：43-48.

[6] 张秀萍，刘全波 . 罗振玉所刊敦煌遗书的重印与再版 [J]. 图书与情报，2022（1）：2，139-144，145.

[7] 管小平 . 张大千临摹敦煌壁画系年录 [J]. 敦煌研究，2021（2）：150-158.

[8] 叶文玲 . 此生只为守敦煌 [M]. 杭州：浙江人民出版社，2020.

[9-10] 赵小明 . 民国学术期刊与敦煌学的发展 [J]. 出版广角，2016（3）：50-52.

[11] 濮仲远 . 中国早期敦煌学与晚清民国学术 [J]. 河西学院学报，2009（3）：41-45.

[12] 任光宇 . 敦煌学术史所涉早期人物整理与评议——兼论敦煌遗书发现人暨敦煌学的起始 [J]. 唐都学刊，2021（4）：5-22.

新时代背景下缩微胶片数字化工作的发展

郭　琳（缩微文献部）

缩微胶片数字化技术是将传统拍摄所得胶片中的模拟信息通过缩微胶片扫描仪转换为计算机可识别的数字图像，加之后续对图像进行整理、标引并发布的技术，它可使古旧文献以数字图像的形式服务于社会，提高文献的利用效率。目前，国家图书馆利用该技术已建成"数字古籍""民国时期文献"等数字资源库，这些资源库可通过国家图书馆网站在线阅览。

缩微胶片数字化工作的对象是缺少数字资源的缩微胶片模拟信息，即传统缩微拍摄技术所得缩微胶片。将传统拍摄所得缩微胶片中的模拟信息通过缩微胶片扫描仪转换为数字图像信息，这种技术可以保证文献能以缩微胶片为载体进行长期保存保护，并为文献提供高质量数字图像备份。另外，将缩微胶片中的模拟信息转换为数字信息，基于数字资源的互联性、便捷性、易获得性等特点，实现古旧文献的开放共享，对文明的传承具有极大的促进作用。

1　缩微胶片数字化技术发展现状及存在问题

1.1　基本情况

缩微技术的保存保护对象文献包括善本古籍、民国时期文献等。缩微胶片数字化工作的任务是将传统拍摄所得缩微胶片中的模拟信息转换为计算机可识别的数字信息，并对数字图像进行后续处理、标引，以有序统一的形式在网上发布。

全国缩微文献复制中心于2000年开始缩微胶片数字化工作，目前已经形成以扫描、图像接收、图像整理、后期处理、标引、质量检查、数据验收等成熟规范的工作流程。缩微胶片数字化工作质量检查的原则主要包括图像的清晰度、文献内容表达的真实性、文献内容的有序完整性等，需要注意各个工作环节的工作质量，以保证整体的工作效率。

1.2　色彩还原模式

目前，黑白、灰度缩微胶片数字化技术开展广泛，涉及文献类型包括古籍善本、民国时期文献等，已经形成了较为成熟的工作流程。全球有众多设备厂商在研发和生产相关扫描设备和配套图像处理软件，扫描技术稳定。但是，黑白、灰度的色彩还原模式对于一些带有彩色信息的文献，比如带有古画、舆图、印章、朱批等的文献资源，色彩还原模式会影响文献信息呈现的完整性和真实性。

彩色缩微技术使得缩微胶片中的模拟信息可以更加真实反映文献原貌，具备更高的细节表现力，能够呈现原件更加丰富的信息，有效弥补了黑白胶片还原文献信息方面的不足，成为缩微技术领域重要组成部分，是今后缩微技术的发展方向。

1.3 社会服务方式

当下，缩微文献数字化图像的社会服务方式主要限于提供图像的形式，这种服务方式在今天快速发展的社会背景下，会影响文献内容的社会服务效率。由于缩微文献的年代久远，其受众多为专业领域学者，读者范围较窄。对于广大受众，仅提供数字图像的服务方式，会加大读者获取信息的难度，使得缩微文献中所蕴含的优秀传统文化得不到普及利用。

深度挖掘文献内容，使得缩微文献以多元化、多方式、多维度的方式服务于读者，可增加文献的普及程度，成为提高缩微文献社会价值的重要途径。例如，利用微信公众号、短视频、数字展、动画、游戏、文创等多途径、多形式开展社会服务，并且开发全文检索、数字化检索、数字化解读、知识再生等功能，可以拓宽缩微文献的社会服务方式。

2 彩色缩微胶片数字化技术

2.1 发展概况

目前，缩微胶片数字化技术的扫描主要包含黑白和灰度两种模式，对于彩色缩微胶片的数字化工作开展较少。彩色缩微胶片数字化技术包括两种技术路线：第一，通过彩色缩微胶片扫描仪扫描以传统方式拍摄的彩色缩微胶片，得到彩色文献的数字图像；第二，在缩微文献黑白胶片的基础上，借助人工智能技术，还原其色彩效果，实现黑白文献图像的色彩赋予。

2.2 传统拍摄彩色缩微胶片数字化扫描

在彩色缩微胶片传统拍摄方面，2009 年国家图书馆通过改造彩色拍摄机 PS2002 实现了彩色缩微拍摄的量产，成品具备色彩的稳定性和还原性。

彩色缩微胶片数字化技术相比黑白、灰度缩微胶片数字化技术发展较为缓慢。首先，涉及彩色缩微胶片的机构和设备厂商较少，并且扫描速度较慢，不同设备扫描效果参差不齐。目前，国外研发和生产彩色缩微胶片扫描设备的公司主要包括 Zeutschel、Konica Minolta、e-imageData、Indus International、ST Imaging 等。国内在彩色缩微技术开展方面，国家图书馆在从事彩色缩微胶片的生产和相关技术的研究，国家档案局科学技术研究所也做过彩色缩微数字存档工作方面的研究。

国家图书馆在调研国内外彩色缩微胶片扫描仪具体参数和性能基础上，选择使用 SL1000 作为彩色缩微胶片数字化扫描设备，实现彩色缩微胶片数字化工作的量产。

SL1000 适合单卷的缩微胶卷扫描工作，其采用矩阵型 CCD 彩色图像传感器（1422 万像素），通过设置焦距、分辨率、对比度、亮度、锐化度等参数，调整扫描图像质量，使图像最大限度接近原缩微胶片中的模拟影像。

2.3 黑白缩微胶片数字化图像赋色

2.3.1 意义

缩微技术保存时间长，在文献保存的安全性、内容的保真性和稳定性等方面，相比于纸质文献的信息保存方式具有一定优势。缩微胶片数字化工作的原文献对象是古旧文献，这些文献普遍保存情况不容乐观。再者，基于数字资源存储的不安全性、数据内容不稳定性，采用数字图像形式对古旧文献进行长期保存保护并不稳妥。利用缩微技术将古旧文献进行保存保护、异质备份可有效延长古旧文献的存世时间、提高其保存质量，对中华文明的传承和发展意义重大。

缩微胶片数字化工作通过扫描技术将缩微胶片中的模拟信息转换为数字信息，实现了古旧文献的线上阅览和服务，提高了古旧文献的获取效率。对古旧文献的黑白图像信息进行处理，可使其具备原纸质文献的色彩效果，进一步提高缩微文献的社会价值。

对文献黑白数字图像进行上色，相比于通过扫描传统缩微拍摄所得彩色缩微胶片而得到文献的彩色数字图像的方法，在时间和经济成本上具有显著优势。这项技术随着不断发展，可以在缺失数字图像、原纸质文献的情况下，实现通过黑白缩微胶片还原古旧文献数字图像原貌的目的。将缩微技术与人工智能上色技术结合可在缩微技术长期稳定安全保存前提下，根据实时需求完成古旧文献的赋色，以保护古旧文献内容的完整性和真实性。

2.3.2 技术背景

随着人工智能的发展，通过机器深度学习完成灰度图像转彩色图像在计算机视觉、图像处理等方面研究热度较高，在电影、医学、航空、卫星遥感、黑白照片上色、漫画等领域均有广阔应用前景。

深度学习是计算机模拟人脑工作的一种方法[1]，以人工神经网络为基础，深度学习技术具有多种神经网络学习模型，可以完成数据量大且复杂的工作。

应用人工智能技术对灰度图像进行彩色化的技术原理是利用机器深度学习，以人工神经网络为基础，借助大量训练数据集，通过着色还原算法，构建训练模型，完成灰度图像到彩色图像的映射，实现目标图像的色彩预测。

深度学习神经网络主要有卷积神经网络、生成对抗网络等。卷积神经网络是基于“卷积”数学运算，对网格状形式的数据进行处理，具体方法是通过对数据集的训练，建立目标图像与参考图像的连接，匹配不同语义特征色彩值和灰度值之间的关系，并通过损失函数最小化输出图像与真实图像的差异。生成对抗网络由生成器和判别器组成，目的是使得输出图像与参考图像达到纳什均衡，即判别器无法判别二者之间的差异。AI 上色的步骤主要包括，训练数据集的选取、神经网络模型的搭建、模型的训练和结果分析等。

2.3.3 黑白电影上色

传统黑白电影上色是应用后期处理软件对电影进行人工手动逐帧上色，对工作者有较高要求，工作量巨大，时间成本高。随着深度学习和神经网络的发展，应用机器学习进行黑白电影上色可极大提高上色的速度和统一性。

目前，电影的修复和上色工作采用人工指导和机器学习结合的方式完成。具体步骤为：①对胶片进行物理修复[2]；②通过人工智能技术和人工手动的方法对扫描后的数字图像进行画面修复，消除划痕、脏点等损伤：③分场景收集针对待上色图像的训练数据集，通过计算机学习 AI 算法完成批量自动预上色；④将经过人工精细上色的图像作为参考帧进行 AI 纠正上色；⑤人工完成上色图像的优化和调整[3-4]。在电影胶片上色工作中，连续帧之间的上色差异可能导致闪烁的问题，因此，相比于图像上色，视频上色工作复杂度更高。

国内外在此领域进行了较为深入的研究，推出了各具特色的影片修复产品。比如，国家中影数字制作基地研发的“中影·神思”人工智能图像处理系统，是专门用于高品质视觉内容生成、图像增强、自动修复、老电影黑白上色、自动立体转制等辐射影视全产业链的全新技术。

2.3.4 缩微文献图像赋色

在缩微胶片数字化技术中，基于缩微胶片与电影胶片材质和规格方面的相似性，可借鉴黑白电影胶片上色技术应用于缩微胶片数字图像的处理工作。应用人工智能技术对黑白缩微胶片数字化图像进行上色，实现黑白缩微胶片与彩色数字图像之间的转换。

对于缩微文献数字化图像上色工作，其与黑白电影胶片上色工作的不同之处在于待上色对象的不同。首先，在训练数据集方面，存在较大差异，电影胶片中的待上色对象多为人物、景观等，这些数据的来源比较广泛，数据量较大，缩微文献数字化图像多为古旧文献，在这一方面的资源来源较窄。在实践中，需要结合日常业务工作，不断扩充训练数据集中的数据量。另外，由于待上色对象的不同，需要对现有图像着色算法进行改进，训练专项模型，研究适合缩微文献数字图像赋色工作的训练模型，以提高灰度文献图像的赋色效果。

目前，缩微文献图像赋色工作尚处于实验阶段，随着训练数据集的不断完善和 AI 算法的持续改进，在未来黑白缩微胶片图像赋色效果将更趋于原文献的色彩，更有利于彩色古旧文献的再生性保存保护工作。

3 丰富社会服务方式

随着时代的不断发展，数字化、信息化、智慧化成了时代的发展方向，大众对于数字资源的利用需求也在发生变化。缩微胶片作为珍贵资料的长期存储介质，单纯地提供数字化图像的社会服务方式不足以应对读者的需求变化。增强数字化缩微文献图像的可使用性，对文献资源进行深度挖掘和知识发现研究工作，将数字与人文有机结合，可以有效提高缩微文献的社会价值。

在这一方面，国家图书馆缩微中心已经开展了专题汇编的工作，这是一项对某一专题领域文献的汇编和整理出版工作。通过结合专家的知识经验，对缩微文献数字图像进行开发和利用。目前，所开展的专题汇编工作对象涉及古籍和民国时期文献等，工作成果有中国建筑史料汇编、史记文献选辑、民国时期社会救济资料汇编等。

随着智慧图书馆建设工作的开展，图书馆可借助现代信息技术，对文献进行细颗粒度的提取，以拓展业务范围、提高缩微资源的社会服务质量。例如，国家图书馆上线的"《国家珍贵古籍名录》知识库"，这个知识库利用交互式可视化技术与关联语义技术可以实现对《国家珍贵古籍名录》中所收录古籍的多维度查询与探索。另外，吉林大学的研究团队依托《八旗满洲氏族通谱》，通过知识抽取和语义关联，以知识图谱的形式进行成果的可视化展示，实现了家谱档案信息的深度挖掘和知识发现研究。这种文献信息的呈现方式，相比于仅提供文献数字图像的社会服务方式，为读者提供了更加系统、丰富的知识内容。

在未来，对缩微文献数字化图像内容进行深度挖掘和知识发现，实现数字资源的数据级管理和知识级再生将是文献开发利用的发展方向。

缩微胶片数字化技术是缩微技术与数字技术融合发展的有效途径，在新时代大背景下，借助新兴技术，改进缩微胶片数字化技术的发展模式，创新新技术和新应用，可拓展缩微胶片数字化技术的应用能力和业务范围，以有效提升缩微文献的社会服务效能，为中华文明的传承和发展做出更多贡献。

参考文献

[1] 赵绍良 . 基于生成对抗网络的图像彩色化算法 [D] . 大连：大连理工大学，2019.

[2] 蔡岩 . 关于胶片电影修复技术的探讨 [J] . 现代电影技术，2022（4）：56-61.

[3] 胡晓彬，孙帆，黎涛 . 黑白老电影上色标准化流程研究 [J] . 现代电影技术，2022（1）：43-48.

[4] 王峥 . 人工指导与机器学习相结合的黑白影像上色方法研究 [J] . 现代电影技术，2021（8）：26-30.

浅议博物馆展陈设计的“美学与趣味性”

——以国家图书馆“甲骨文记忆”展为例

王　玉（参考咨询部）

国家图书馆的宗旨是“传承文明 服务社会”，国家典籍博物馆通过发掘国家图书馆馆藏策划开展展览等实现教育和文化传播的功能。博物馆展陈设计是博物馆展览的重要组成部分，展陈设计的好坏关系到整个展览的效果。近些年，随着展陈形式的不断丰富，展览设计也愈发受到关注。本文从展览的“美学与趣味性”出发，以国家图书馆“甲骨文记忆”展为例，深入分析展览展陈设计中平面设计与立体空间设计中的美学与趣味性，探讨其在博物馆展陈设计中的手段和作用。

习近平总书记在《加强文化遗产保护传承　弘扬中华优秀传统文化》中提出，“让收藏在禁宫里的文物、陈列在广阔大地上的遗产、书写在古籍里的文字都活起来”[1]，为博物馆展陈设计提出了新的要求。截至 2023 年 12 月 31 日，国家图书馆馆藏文献超过 4423 万册（件）并以每年百万册（件）的速度增长。馆藏文献品类齐全且汇集古今中外，集精撷萃。国家图书馆馆藏继承了南宋以来历代皇家藏书以及明清以来众多名家私藏，最早的馆藏可远溯到 3000 多年前的殷墟甲骨[2]。国家图书馆不仅承担着传承文明的义务，更有服务社会的责任。如何更好地让馆藏服务大众是每个国图人的使命。

为了更好地使大众都能直观学习甲骨文的专业知识，领略殷墟甲骨的风采。针对珍贵的殷墟甲骨馆藏，国家图书馆特别策划了“甲骨文记忆”展作为常设展进行展览展示。国家图书馆的“四大专藏”国家典籍博物馆也曾策划开展过“敦煌遗书”、“赵城金藏”、《永乐大典》、文津阁《四库全书》等专题展览。国家图书馆以“传承文明　服务社会”为宗旨，利用典籍博物馆的特色展览竭力为公众展示国家图书馆宏富馆藏中的瑰宝，让典籍中的文化、智慧启迪更多的民众。

1　展陈设计是展览内容展示的媒介

国家典籍博物馆作为国家图书馆的组成部分，通过发掘国家图书馆馆藏展览实现教育和文化传播的功能。自 2014 年 9 月正式开馆以来，国家典籍博物馆策划展出了多场优质展览，包括“甲骨文记忆”“珠还合浦　历劫重光——《永乐大典》的回归和再造”“中华传统文化典籍保护传承大展”等。本文以“甲骨文记忆”展为例，深入分析展览展陈设计中平面设计与立体空间设计中的美学与趣味性，探讨美学与趣味性在博物馆展陈设计中的手段和作用。

博物馆展陈设计是博物馆展览的重要组成部分，展陈设计是展览内容展示的媒介。展陈设计包括展览的平面设计、立体空间设计、灯光设计等方面。展陈设计的好坏关系到整个展览的效果，近些年，随着展陈形式的不断丰富，展览设计也愈发受到关注，2022 年 1 月 6 日，全国文化与旅游厅局长会议提出了全面提升博物馆展陈水平，组织开展“中国特色世界一流”博物馆创建[3]。

国家典籍博物馆展览通过优秀的展陈设计手段使传统的文物展示与展陈设计紧密结合，通过更具专业性、个性化的丰富展览形式使展览的空间更生动、平面更美观，观众的观展体验也更完整。

展览主题是一个审美复合体。随着公众对展览参观的需求日益增长，公众对博物馆展陈的要求也不断提升，展览的受众不断扩大，传统的展陈形式不再适合所有人的需要。展览的受众群体从专业性到普通大众，从成年人到青少年。党的十八大以来，习近平总书记高度重视文物保护和传承，他强调“要系统梳理传统文化资源，让收藏在禁宫里的文物、陈列在广阔大地上的遗产、书写在古籍里的文字都活起来”[4]。

2　展陈设计中的美学与趣味性

宗白华先生在为《艺苑趣谈录》一书写的序中提出：美学的内容，不一定在于哲学的分析，逻辑的考察，也可以在于人物的趣谈、风度和行动，可以在于艺术家的实践所启示的美的体会与体验。真正理想的美学著作，所应追求的恰恰应该是学术性和趣味性的统一[5]。

宗白华先生的观点运用于博物馆展览设计中也是极为贴切的，展览不应只是一个被动接受教育的场所，而应让观众在美的享受中自然而然地获得知识，美的视觉体验应该是首位的。在此基础上，无论是成年人还是儿童，如果能在参观的过程中感受到趣味性和参与感，那整个展览无疑就是成功的甚至可以说是精彩纷呈的。

传统博物馆展陈设计以文物为核心，强调文物的保护和展示。然而，一直以来，传统的博物馆展陈设计手段相对单一，展陈风格相对固定。受展览展品的品类限制，展览形式缺少变化，展览互动性较少。这使得许多人对博物馆的印象停留在晦涩和枯燥上。因此，有必要对展陈设计进行改进，以提升观众的参观体验。展陈设计的提升不仅要增强美感，还要增强展览的趣味性。趣味性和美观性的双重提升，可以让参观者能够更深入地了解展览内容，感受到其中蕴含的深厚文化内涵。

3　“甲骨文记忆”展中的展陈设计

国家图书馆“甲骨文记忆”展是以甲骨文为主题的展览，展览展陈设计精美，设计语言丰富又富于变化。整体色调在灰度保持一致的同时增加颜色的变化，丰富空间的美学感受。在确保甲骨文物安全的前提下通过设置多个互动体验区和趣味性的互动装置，深度挖掘甲骨文的知识点，增加展览的趣味性，拓宽展览受众群体。不同区域的互动体验大大提升了观众的主动性，观众在阅读展板知识的同时完成古今的对比，置身于展览的历史长河中，与殷墟甲骨隔空对话，产生精神的共鸣，深入参与到展览之中，沉浸式体验由被动的接受变为主动的理解和学习，展览甚至为一些少年儿童打开学习甲骨文的大门。

3.1 “甲骨文记忆”展平面设计

“甲骨文记忆”展，海报设计如图 1 和图 2 所示。海报以古老的龟甲为背景，采用隶书和黑体的现代字体相结合的方式，使设计语言更丰富，使观众产生古老与现代相对话的体验。海报颜色以按黄色为基调，配合展厅柜内展板，设计元素丰富而不突兀，兼具设计感和美观性。

图 1 “甲骨文记忆”展室外主视觉设计图

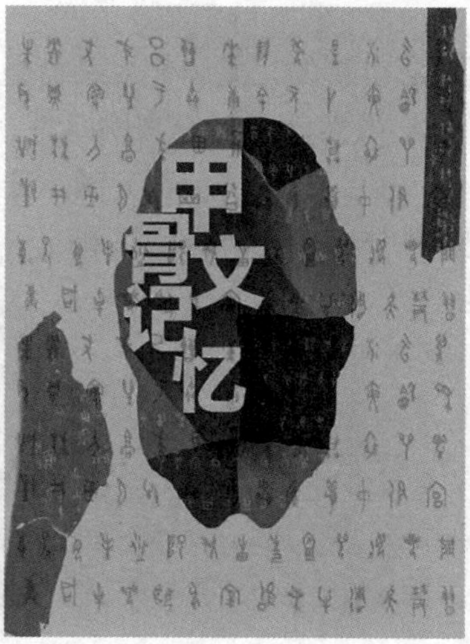

图 2 “甲骨文记忆”展海报

展板的设计元素采用真实的甲骨文的骨片影像与和其材质相呼应的动物剪影形象相结合，两者相得益彰，使画面极富层次感与艺术张力，如图 3 所示。为了贴合甲骨文的主题，甲骨的图像使用真实的甲骨照片进行艺术化处理，和与其呼应的动物剪影虚实结合，使平面的展板画面产生空间感。

图 3 “甲骨文记忆”展图形对照展板

甲骨文文字对照展板提取一些有代表性和装饰感的甲骨文进行组合设计，画面丰富有趣、富于变化。在甲骨文的旁边注释现代文字的解释，给观众答疑释义，如图 4 所示。

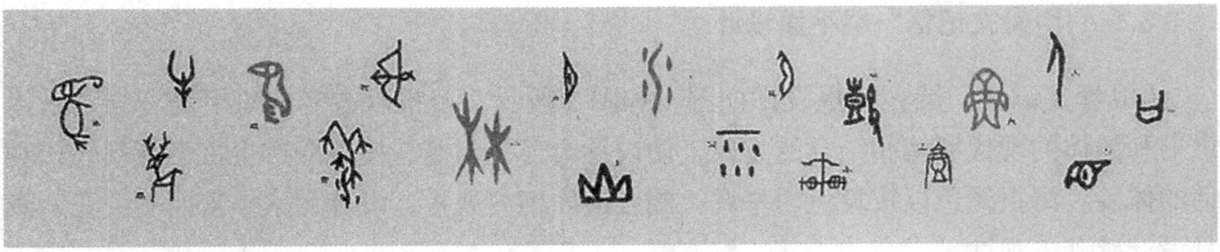

图 4 “甲骨文记忆”展甲骨文文字对照展板

色彩丰富的儿童画作无疑给整个展览空间增添一抹亮丽的色彩，使空间瞬间活泼起来，色彩虽然丰富，极富跳跃性，但充满艺术的张力，儿童略显稚嫩的笔触勾画出的鸟、兽、鱼、山、河流都充满童趣。画作的内容紧密贴合甲骨文的主题，使观展的儿童在趣味性体验中充满认同感和获得感，如图 5 所示。

图 5 “甲骨文记忆”展儿童画元素展板

3.2 “甲骨文记忆”展空间设计

图 6 所示的甲骨缀合装置设计极其巧妙地利用空间的层次展现了一副完整的甲骨，与整个展览视觉语言相呼应的同时，丰富了展览的设计语言和空间动线。时而摇晃的缀合骨片使整个静止的展览空间瞬间灵动起来。儿童参与其中就会有一种游戏的体验。

图 6 甲骨缀合装置

展厅巨形的黄色屏风中放置一个甲骨为背景的占卜台，如图 7 所示，为观众营造一个用甲骨占卜的互动体验空间。观众通过简单的握拳手势即可选择不同的类别进行占卜，声光电的共同回应加上大屏幕的情景再现，仿佛使人置身于商代的占卜现场。甲骨占卜互动体验区采用艺术化的手法，综合运用空间、光影、声音、触感等手段，不同的手段激发了人们对立体空间的感知，使观众产生绝妙的观展体验。立体空间中声光电的互动效果增加了展览空间的节奏感和层次感，占卜体验的过程使观众在观展中收获趣味性的体验，同时使观众展开丰富的想象力。不仅是成年观众，展览激发了青少年群体在体验过程中的兴趣和求知欲。

图 7　甲骨占卜互动体验区

在展览中置入声音元素是本展览的又一亮点。

为了使观众更直观地感受商代的音乐，展览设置了“聆听殷墟的声音”互动体验区。声音可以丰富观众的观展体验，观众在与装置的互动中部分休眠感官被唤醒，在享受音乐的同时增加对时空的想象力，在此过程中体验展览带来的乐趣。商代音乐文化的发展衍生出多种类的乐器。商代人信奉鬼神，宗教、占卜、祭祀等活动都与音乐产生了紧密的联系。随着乐器水平的提高，不同种类的乐器也有出土，殷墟即出土过铙、埙、磬、鼓四大类别乐器。通过录制这些乐器的声音，同时增加相应的按钮，使观众通过简单的按键就可聆听到来自殷墟的美妙声音。聆听殷墟的声音互动装置操作简单易懂，按键设置直观，普适性高。

姓氏文化和生肖文化在我国历史悠久，其中生肖文化更是拥有独特的文化内涵。“甲骨文记忆”展挖掘甲骨文中的姓氏文化和生肖文化，设计了姓氏对照表等展板进行直观解答。很多生肖的甲骨文更是生动、可爱、富有乐趣。研究发现，今天人们的姓氏几乎都可以推溯出它们的源起和演变。姓氏是与大众息息相关的元素，在展览中很受观众，属相也是每个人都有的共同特性。“甲骨文记忆”展设置“姓属林”区域。“姓属林”，顾名思义就是把姓氏和属相置身于此，“姓属林”的设置可以瞬间使观众产生查找自身姓氏和属相的兴趣。“姓属林”互动区中悬挂着的塑料片，如图 8 所示，宛如一片生机盎然的树林，上面所镌刻的不同姓氏和属相，如同众多姓氏、属相生灵在树林中共同栖息，彼此交融，共同构成了一个“姓属林”大家庭。在这片由绿色和黄色塑料片组成的艺术空间里，姓氏虽异，但血脉相连。姓氏林中设置了传拓台，传拓台设计了金属材质的甲骨文姓氏文字和属相对照图案。观众可以用纸笔拓印自己的姓氏和属相，在找寻和拓印的过程中体验甲骨文的魅力。

图8　姓属林

干支是中国古代用来记时和表示方位的系统。天干共有十个，分别为甲、乙、丙、丁、戊、己、庚、辛、壬、癸；地支则有十二个，即子、丑、寅、卯、辰、巳、午、未、申、酉、戌、亥[6]。这两者相互结合，构成了六十年一个周期的纪年体系，被誉为“时间的密码”“历史的轨迹”。天干地支不仅用于纪年，更深入到中华文化的多个领域，如风水、命理、医学等。

商代的干支纪日法互动体验区内，黄色的立体灯箱围成一个圈，灯箱结合光束的投影共同展现了一个完整的天干地支系统，整个装置在展览中是一个很大的亮点，既有美学性又有趣味性，如图9所示。

图9　干支纪日法互动体验区

2014 年 5 月 30 日，习近平在北京市海淀区民族小学看望少年儿童时说："中国字是中国文化传承的标志。殷墟甲骨文距离现在 3000 多年，3000 多年来，汉字结构没有变，这种传承是真正的中华基因。"[7]

国家图书馆"甲骨文记忆"展以丰富的展陈设计手段讲述甲骨文的故事，还原甲骨时代，在平面设计美观的前提下探索有趣的展览空间互动体验，通过美学与趣味性的双重提升，让参观者能够更投入地了解展览内容，感受到其中蕴含的深厚文化内涵。

参考文献

［1］［4］习近平：建设社会主义文化强国　着力提高国家文化软实力［EB/OL］.［2024-03-06］. https://www.gov.cn/ldhd/2013-12/31/concent_2558147.htm.

［2］国图概况［EB/OL］.［2024-03-06］. https://www.nlc.cn/web/ dsb_footer/gygt/lsyg/index_2.shtml.

［3］2022 年全国文化与旅游厅局长会议［EB/OL］.［2024-03-06］. https://www.gov.cn/xinwen/2022-01/07/content_5666847. htm.

［5］龙协涛 . 艺苑趣谈录［M］. 北京：北京大学出版社，1984：序 .

［6］林世田，张立朝 . 让书写在古籍里的文字活起来——以"甲骨文记忆展"为例讲述典籍类展览的陈展理念［C］// 中国图书馆学会 2017 年会论文集 . 北京：国家图书馆出版社，2017：181-185.

［7］汉字与中华文明传承［EB/OL］.［2024-03-06］. htt://www.qstheory.cn/dukan/qs/2024-02/01/c_1130069316.htm.

点亮知识之光：探索乡村儿童阅读推广的有效途径

李征征（典藏阅览部）

乡村振兴背景下的乡村儿童阅读问题是一个值得关注的社会现象。随着国家乡村振兴战略的推进，乡村地区的经济、社会、文化等方面都得到了显著改善，但《2022年乡村小学阅读状况调查报告》显示，乡村儿童在阅读数量和阅读质量以及阅读渠道上与城市儿童之间存在着显著差异。

1 乡村儿童阅读推广的意义

2022年11月29日，南网知行教育发展基金、中国新闻出版研究院联合发布《2022年乡村小学阅读状况调查报告》，报告显示，2022年，乡村小学生课外纸质图书阅读率为93.5%，较全国小学生纸质书阅读率低5.6个百分点；乡村小学生数字化阅读方式接触率为72.1%，较全国小学生数字化阅读方式接触率低4.3个百分点；更喜欢看电视或玩游戏、不喜欢看书、没人教看书、没有课外书可读、课业负担重是乡村小学生不阅读的主要原因；59.1%的家长不经常读书或基本不读书[1]。

乡村儿童阅读问题是乡村振兴战略中的关键组成部分。但乡村儿童由于生活地区地理位置偏远、教育资源有限等原因，往往面临着阅读困难的问题。这不仅影响了他们的学习成绩，还可能限制他们的个人发展和未来职业选择。

国内外众多研究成果证实，童年时期是培养阅读习惯的关键阶段。在此阶段，个体展现出较强的信息吸收能力和强烈的好奇心，这为阅读习惯的养成提供了有利条件。早期阅读经验不仅能够激发儿童对知识的追求，还对其语言能力、认知发展及情感成熟具有关键性的影响。不仅如此，童年阅读习惯与日后学术成就之间也是紧密相关的。例如，美国国家教育进展评估（NAEP）的研究结果表明，频繁阅读的学生在阅读理解测试中的表现显著优于不常阅读者[2]。类似的，中国的相关研究亦指出，早期阅读习惯与学生语文成绩及综合素质正相关[3]。此外，早期阅读对儿童社会适应能力和心理健康同样具有积极作用。阅读活动有助于培养儿童的同理心，增进他们对不同文化和观点的理解，在多元文化社会背景下，培养儿童这方面的能力具有重要意义。同时，阅读作为一种有效的压力缓解机制，能够帮助儿童应对成长过程中的挑战，维护其心理平衡。所以培养良好的阅读习惯要趁早。

乡村儿童作为乡村振兴的后备力量，如何满足其日渐增长的精神文化需求是需要我们积极应对的，所以关注乡村儿童阅读对于推动乡村振兴具有重要意义。关注乡村儿童阅读可以促进城乡教育资源的均衡分配。政策支持和社会力量的参与，可以为乡村学校引进更多优质的图书资源，提高乡村教师的阅读教学水平，从而缩小城乡教育差距，推动教育公平。此外，关注乡村儿童阅读还有助于培养他们的文化自信和文化传承意识。阅读不仅可以使他们了解到文化和历史，还可以增强他们对传统文化的认同感和自豪感，从而为乡村文化的传承和发展作出贡献。

2 乡村儿童阅读推广现状

2.1 图书资源短缺，阅读空间环境不佳

图书资源方面，乡村学校的图书馆书籍不足，且种类较为单一，无法满足学生日益增长的阅读需求。很多乡村学校的图书馆藏书量远远低于国家标准，且书籍更新换代慢，难以吸引学生阅读。现有图书资源往往以教学类书籍为主，缺少文学、科普、历史等适合儿童年龄特点和兴趣的图书。不仅如此，由于缺乏维护，损坏的图书往往不能得到及时的更替，进一步减少了可供选择的有效图书资源。由于客观条件限制，乡村学校缺乏现代化的阅读工具，如电脑、平板电脑和电子书，减少了儿童接触电子书籍和在线资源的机会。

阅览空间方面，乡村学校的阅览空间狭小，设施陈旧。乡村学校可能没有专门的阅览室或图书室，即便有，面积也相对较小，容纳学生的数量有限。阅览空间内的桌椅、书架等设施老旧破损，缺乏舒适的座椅和适宜的照明，影响阅读体验。

2.2 师资力量薄弱，家庭阅读支持不足

教师层面，教师数量不足，专业素养有限。由于乡村地区人口流失严重，学校往往面临师资短缺的问题，尤其是专业的阅读教师。不仅如此，部分乡村教师可能未接受过系统的阅读教学培训，缺乏有效指导学生阅读的专业知识和技能，难以激发学生的阅读热情。由于客观条件的限制，乡村教师接触新的教育理念和教学方法的机会较少，持续教育机会有限，难以跟上教育改革的步伐。而且针对乡村教师的激励机制不健全，其职业发展空间和激励机制可能不如城市，这也影响了他们的工作积极性和教学质量。

家庭层面，许多家长自己的教育水平有限，可能没有养成良好的阅读习惯，并且常常需要从事农业劳动或外出打工，工作繁忙使得他们很难抽出时间陪孩子阅读。经济条件较差的家庭可能无力购买书籍，也难以提供一个安静舒适的阅读环境。一些家长在认知上存在偏差，认为阅读不是孩子成长中的重要环节，或者认为其他活动（家务、农活等）更为紧迫和重要。因此难以对孩子进行有效的阅读指导，并且不能发挥榜样带动作用。

2.3 时间分配冲突，阅读习惯未养成

乡村儿童较城市儿童生活实践压力大。许多乡村家庭依赖农业收入，而农业生产受气候变化和市场波动影响大，导致家庭经济状况不稳定。这种不稳定性给乡村儿童带来

了额外的生活压力。他们需要承担家务劳动或者农活，这些活动不仅占用了他们的课余时间，也可能影响他们的学习和休息，进一步减少了他们可用于自主阅读的时间，影响阅读习惯的养成。最终，影响其终身学习能力的发展。

3　乡村儿童阅读推广应对策略

乡村儿童阅读推广是一项系统工程，旨在提高农村地区儿童阅读兴趣和能力，是重要教育活动，涉及图书资源的均衡分配、阅读环境的建设、教师专业能力的提升以及家庭和社区的支持等多个方面。乡村儿童阅读推广还应遵循严谨的教育原则和方法，以确保该计划能够激发乡村儿童的阅读兴趣，进而提升其阅读技能。

3.1　重视图书资源的均衡分配

建立一个长久的阅读推广机制首先需要关注的是图书资源的配备问题。这包括图书的数量、种类以及更新频率，确保乡村儿童能够接触到多样化和时效性强的阅读材料。政府有关部门可以对现有乡村图书资源进行全面评估，识别图书类别的缺口，制订相应的补充计划，并建立乡村学校图书室或流动图书馆来提供丰富的图书资源。这些图书室或流动图书馆要配有适合不同年龄段儿童的各类书籍，包括故事书、科普书籍、传统文化读物等，确保内容的多样性和适龄性，并定期更新书目。确保所选书目既能满足教育标准，又能激发儿童的阅读兴趣。例如，满天星公益发起的“童书乐捐计划”，以“分享童书，分享爱”为主题，面向城市为欠发达地区乡村小学开展童书回收和新书善款募集的大型公益活动，将家庭闲置的优质阅读资源通过捐赠的方式流通到乡村学校，让阅读资源价值最大化[4]。

3.2　重视阅读环境的营造

营造阅读环境要充分考虑不同年龄段儿童的特点。改善乡村学校图书馆或阅览室的基础设施，不仅要考虑物理空间布局，如图书的摆放、座位安排等细节，还要考虑阅读区域的舒适度，如照明、温度等，力求创造一个环境安静、光线充足、座位舒适的阅读空间。例如扬州市图书馆的“草垛子书房”，它以乡村儿童熟悉的茅草屋顶为造型，环境舒适温馨，儿童书籍区域划分鲜明，不仅便于乡村儿童查找图书，还提升了服务效率[5]。

3.3　重视教师的专业能力

教师的专业培训也是提升乡村儿童阅读能力的关键因素。首先，应针对乡村教师开展专门的阅读教学法培训，教授他们如何运用有效的教学策略去激发学生的阅读兴趣和提高参与度。同时，教师自身也应该成为阅读的榜样，通过共读、推荐书目等方式，影响和培养学生的阅读习惯。目前，不少乡村地区开展了教师阅读推广培训，如河北省邢台市邢台县在2020年撤县设区之前曾连续多年开展教师阅读活动，成立了教师读书组织“青吟读书会”，获得朱永新等专家学者的关注和支持。李一慢认为，学龄儿童阅读推广工作要以教材及《教育部基础教育课程教材发展中心中小学生阅读指导目录（2020年版）》为主轴展开[6]。其次，教师培训内容应涵盖儿童发展心理学，帮助教师理解不同年龄阶段儿童的阅读能力特点及其发展需求。再次，教师需要掌握评估学生阅读水平的方法，以便进行个性化教学和及时干预。此外，还应建立相应的激励机制，完善乡村教师的薪酬福利体系，提供职业晋升和继续教育的机会，激发他们的工作热情。

3.4 重视阅读活动策划

阅读活动的目的是提高乡村儿童的阅读兴趣、阅读习惯和阅读能力。根据儿童不同年龄段特点，选择适合他们阅读水平和兴趣的书籍和材料，可以结合当地文化和语言特色，选取具有教育意义且易于理解的内容。设计不同形式的阅读活动，如读书节、故事会、角色扮演等，活动应具有互动性，鼓励儿童主动参与和分享。定期开展讲座，邀请作家、志愿者和教育专家进入乡村学校，与孩子们分享阅读的乐趣，激发他们的阅读兴趣。还可以充分利用和整合现有资源，利用数字媒体和互联网资源，扩大阅读活动的影响力。如“蒲公英梦想书屋”项目打破以往活动单一的服务模式，依托各级公共图书馆，通过与社会机构的联动合作，开展了“线上线下领取梦想公益活动”“流动亲情聊天室”“E 路共享数字阅读平台”“相伴成长巡回讲堂”等特色活动，逐步形成线上与线下互动、以点带面、覆盖全市乡村儿童的公共文化服务网络[7]。

3.5 重视家庭和社区的支持

乡村儿童阅读推广工作离不开家庭和社区的积极参与。家庭层面，父母是孩子最早的老师，家长的态度和行为会直接影响孩子的阅读行为。可以通过家长会、家庭教育讲座等形式，提高家长的阅读意识，让家长认识到阅读的重要性，并教会他们如何在家中创造一个有利于孩子阅读的环境。家长自己也要成为阅读榜样，要与孩子共同阅读，分享阅读的乐趣。社区层面，可以动员志愿者、当地企业和社会组织参与阅读推广，建立合作伙伴关系，共同扩大乡村儿童阅读推广活动的影响力，形成全社会支持乡村儿童阅读的良好氛围，如中国扶贫基金会在贵州、四川等省份发起了留守儿童关爱项目“童伴计划”。该计划资助每村每年 5 万元，项目执行周期 3 年，经费的 90% 直接用于项目实施，10% 用于项目管理，其中最关键的环节为每村发放补贴，聘请一位全职儿童守护专员——童伴妈妈，以负责全村儿童的福利、安全和健康[8]。

3.6 重视数字技术的应用

利用数字技术也是推广乡村儿童阅读的一个有效途径。可以开发适合乡村儿童使用的电子书、有声读物以及在线阅读平台，利用互联网资源弥补实体书籍不足的弊端，尤其是在图书资源稀缺的偏远地区，要让乡村儿童接触到更广泛的阅读资源。同时，通过平板电脑、智能手机等移动设备，让乡村儿童在任何时间、任何地点都能方便地接触到阅读材料。

总之，乡村儿童阅读推广需要多方面的努力，包括增加阅读资源、举办阅读活动、加强教师培训、提高家长参与度以及有效利用数字技术等，从而在乡村地区建立起阅读生态，为乡村儿童创造良好的阅读环境，培养他们的阅读兴趣和习惯，提高他们的阅读能力和综合素质，为他们打造一个丰富多彩的阅读世界。

参考文献

[1] 国家图书馆研究院.《2022 年乡村小学阅读状况调查报告》发布[J]. 国家图书馆学刊，2023(1)：106.

[2] 家长要做数字时代的“领读人”[EB/OL].[2021-04-22]. http://www.jyb.cn/rmt2cg/xwy/wzxw/202104/t20210422_538268. html.

[3] 苏令.《中国语言教育发展报告(2020)》显示学生语言成绩与阅读频次正相关[N]. 中国教育报，2020-11-24(3).

[4] 童书乐捐计划[EB/OL].[2024-03-24]. https://www.starscn.org/Home/Project/detail/id/39.

[5] 陈罗，徐晟. 乡村振兴背景下公共图书馆服务乡村儿童的现状与提升策略研究——以扬州市为例[J]. 新世纪图书馆，2022(11)：56-60.

[6] 张文彦，周长珏. 乡村儿童阅读的现状、问题与发展策略[J]. 科技与出版，2022(5)：20-28.

[7] 覃仕莲，徐军华. 基于实地调研的农村留守儿童阅读推广探究[J]. 图书馆建设，2017(8)：54-61.

[8] 童伴妈妈项目[EB/OL].[2024-03-24]. http://www.cfpa.org.cn/project/GNProjectDetail.aspx?id=46.

基于网络存档的知识服务研究

——以中国政府公开信息整合服务平台为例

张学青（数字资源部）

1 研究背景

1.1 国内互联网的发展

2008 年 6 月底，中国网民数量达到 2.53 亿人，网民规模跃居世界第一，其中手机网民规模达到 7305 万人，中国互联网开始迈出快速前进的步伐。然而，互联网普及率只有 19.1%，低于当时全球平均水平 21.1%，网民主体仍旧是 30 岁及以下的年轻群体，网络主要集中在个人计算机端，移动网络刚开始兴起，电子商务也处于初创阶段，远未成熟[1]。15 年之后，到了 2023 年 6 月，我国网民规模达到 10.79 亿，互联网普及率达 76.4%，随着国家基础建设及经济水平的发展，城乡上网差距缩小，农村网民规模达 3.01 亿人，移动通信更是发展迅速，手机网民的比例达 99.8%。即时通信、网络视频、短视频等个人社交自媒体继续快速发展，用户使用率分别为 97.1%、96.8%、95.2%[2]。

现在的网络和 20 年前的网络几乎是完全不同的两个概念，无论从规模上，还是对人们日常生活的影响上都发生了翻天覆地的变化，网络资源的丰富、复杂程度也已今非昔比。

1.2 智慧图书馆建设进入实践阶段

2021 年 3 月，《中华人民共和国国民经济和社会发展第十四个五年规划和 2035 年远景目标纲要》提出了发展智慧图书馆的战略，将图书馆的智慧化转型与数字中国的国家战略结合在了一起[3]。同年 9 月，国家图书馆正式发布《国家图书馆“十四五”发展规划》，提出了图书馆智慧转型的任务和建设全国智慧图书馆体系的构想，以满足智慧化的新诉求，推动我国图书馆事业由数字化向智慧化发展[4]。当下，智慧图书馆建设由理论研究逐渐进入实施阶段，很多图书馆都根据自身的资源特点推出了相关的智慧化产品，提升了服务质量。

日新月异的网络现状以及图书馆智慧化建设的趋势，给网络存档相关项目提出了新的要求，也带来新的机遇。

2　政府信息整合服务发展现状

2.1　统一的整合平台的建设

20 世纪 90 年代开始，发达国家的一些互联网从业者认识到网络信息蕴含巨大价值但又有易逝性，于是着手开展了网络存档的相关工作。国内较早开始这方面尝试的机构有北京大学和国家图书馆等。国家图书馆从 2003 年开始相关研究，于 2009 年成立了中国互联网信息保存保护中心，致力于中国互联网信息资源采集与长期保存方面的工作，政府公开信息整合服务平台是国家图书馆开展的网络存档相关项目之一[5]。

2007 年 4 月，国务院颁发《中华人民共和国政府信息公开条例》，条例自 2008 年 5 月实施。该条例规定“各级人民政府应当在国家档案馆、公共图书馆设置政府信息查阅场所”[6]，此项规定将公共图书馆正式纳入政府信息服务体系。为履行公共图书馆政府信息公开中的职能，国家图书馆于 2009 年 4 月推出政府信息平台，正式开始了政府公开信息的采集与保存等相关工作，随后很多地方图书馆也参与其中。在国家图书馆的带领与推广下，到 2019 年底，参与政府公开信息资源建设的各级地方图书馆超过 380 个，建设分站接近 300 个，总联建数据超过 2000 万条。政府信息平台建立了较为完整的政府公开信息服务体系，实现了对各级政府公开信息的收集、整理、保存、开发与利用，在促进全国公共图书馆政府信息服务式方面取得了良好的成效。

政府信息平台已成为全国各地图书馆开展网络政府信息建设与服务的主要阵地，为社会公众一站式获取全国政府公开信息提供了便捷渠道，充分发挥了图书馆作为政府信息查询窗口的作用。

2.2　政府信息整合发展中遇到的问题

与其他同类项目一样，政府信息平台的发展也遇到了一些问题，尤其在资源建设与服务方面表现得较为明显。

很长一段时间内，网络政府信息的研究主要集中在采集、保存、元数据建设方面，在对外服务上采取了比较传统的方式，仅是原有内容的简单直接展示。包括政府公开信息在内，网络存档所保存的资源是一种信息密度较低的数字资源，单一并且直接的资源展示方式导致这部分信息的利用率不够高，利用的程度不够深入，大量的资源仅停留在保存的状态。

出现这些问题的原因，一是由于当时的设计基于十几年前的网络形势，国内网络的飞速发展使旧的标准难以适应新的形势；二是近几年来大数据、云计算、人工智能等新兴技术的涌现使人们的信息获取方式有了更多的选择与可能，传统的资源提供方式都受到了不同程度的冲击，图书馆界的资源建设、服务方式等也必须重新规划方能跟上时代的步伐。

3　开展知识服务的思路与实践

鉴于以上情况，国家图书馆在对政府信息平台升级的同时开展了知识服务的研究以提升数据利用率和数据知识化的能力，并推动政府公开信息整合服务平台逐步向知识化、智慧化服务平台发展。

3.1 根据项目实际，从现有资源中提取知识

智慧图书馆的信息组织对象是以知识资源为核心的数据馆藏，需要对各类馆藏资源做数据化的知识元加工处理，通过对知识元的揭示，重新构建出一个多维度互联的知识系统。用户可以直接从这个系统中获取知识，从而获得真正的知识服务、智慧服务[7]。网络存档资源服务能力的关键在于资源建设，知识化是智慧化的基础[8]，智慧化的资源是智慧化服务的前提。同理，细粒度、知识化的政府公开信息是整个项目智慧化的基石。

从目前政府公开信息整合服务平台采集保存的网络政府信息来看，政府公开信息来源广泛，类型多样，多元异构的现象很突出，大量的信息隐藏在结构化、非结构化数据中，给机器的自动处理及后续利用带来了困难。考虑到项目的实际情况，从部分类型数据和部分资源内容开始，然后向一般资源逐渐过渡是一个切实可行的办法。

政府公开信息整合服务平台收集到网络政府信息后，经过信息过滤、自动抽取、归类并加以一定程度的人工审核，会把这些信息存入不同的数据库中。比如每个分站都建有“政府公开信息”“政府公报”“政府机构”“特色资源”等数据库。随着项目的发展，网络政府信息也建立了一套较为完善的元数据编目规范，这套规范在制定之初就考虑到了用户需求、通用性、互操作性等原则[9]。该规范规定政府公开信息元数据有 12 个字段，每个字段都有不同的语义信息，可以对每条网络政府信息做到详尽的描述（见表 1），并且设计了一套详细的分类方式，从不同角度对资源进行揭示[10]。

表 1 政府公开信息元数据标准简表

主要字段	字段简要说明
资源名称	政府信息的题名
文号	文件编号
发文机构	公文发布机构的全称
日期	与政府信息生命周期中某一事件相关的日期
时空范围	描述政府信息内容的时间、空间特征
关键词	描述政府信息内容的词汇
分类	政府信息的类别，包括主体分类和题材分类
原文	政府信息的全文，包括原文附件与地址
信息来源	政府信息从何处获取
出处	指单条公报信息来源于哪一期公报
唯一标识符	一条记录在数据库的唯一标识
文档格式	机器自动生成的网页读取格式

依据这些规范生成的数据，在很多方面是结构良好的，这些特点给机器自动处理带来便利，并且跟人工智能、大数据等新兴技术结合也较为容易，在知识提取的初期应优先处理这些“结构化”的资源。

3.2 提高资源揭示能力，丰富服务方式

从结构化数据开始，通过知识提取技术提取其中的知识要素，并对知识要素进行表示，便于进一步利用，这一步完成了由数据到知识的转变，普通的数据集合变成关于政府公开信息的知识库[11]。

但这样形成的知识库实用性还是有限，下一步要做的就是知识融合，包括消除知识歧义、分析知识关联等知识加工及语义计算步骤，最终形成知识关联的网络、建立知识图谱，完成知识呈现。根据以上流程，政府公开信息整合服务平台目前完成了初步的资源知识化以及一系列知识图谱的构建，推出了政策主题、政策对比、政策扩散、机构关联 4 种知识图谱[12]，如图 1 和图 2 所示。

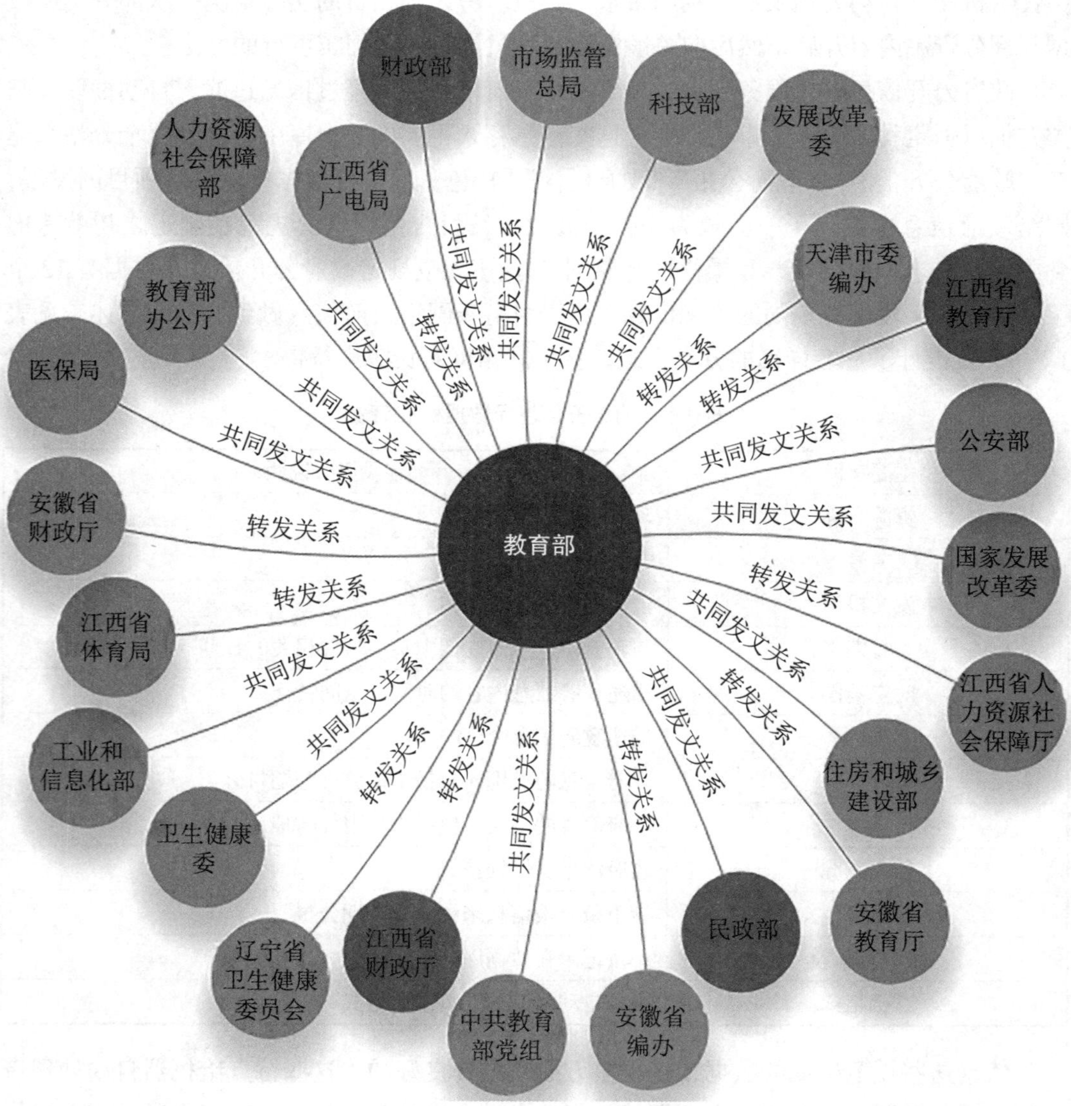

图 1　教育部和其他机构的发文关系

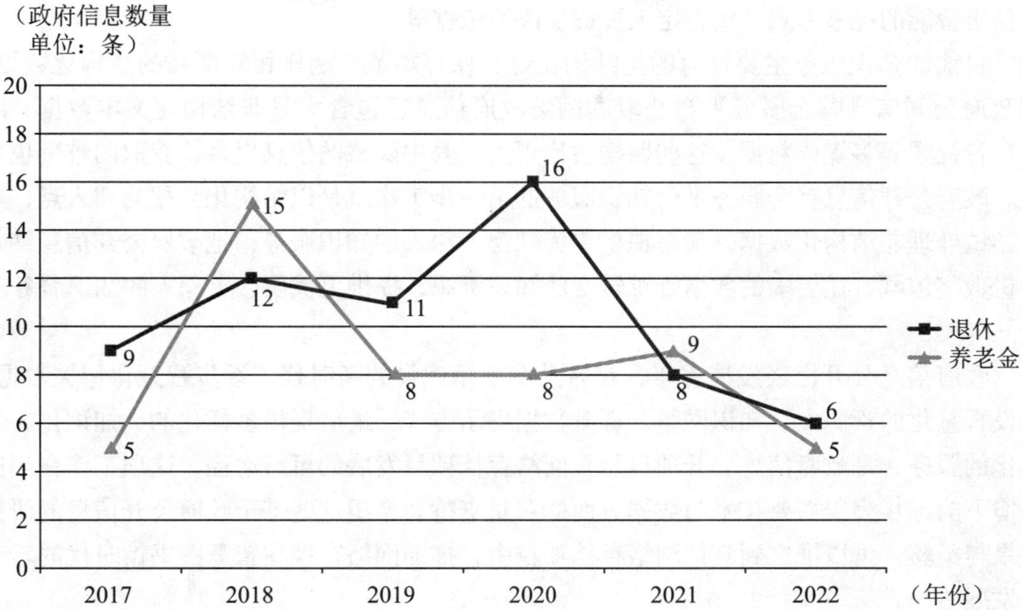

图 2 “退休”和“养老金”的政策对比图谱

从图 1 的机构文件关系图谱可以看出教育部同多个机构之间存在频繁的文件转发关系。从图 2 的政策对比图谱可以看出，在 2017—2022 年“退休”和“养老金”两项政策热点有着基本相同的趋势，说明这两项政策是紧密相关的。类似这些信息隐藏在数以千万计的文件中间，传统的揭示方式很难获取，借助于知识化的资源可以比较容易发现并且能以人类更易于理解的方式展示出来。

这些初步的展示成果说明知识化资源建设在挖掘隐藏信息，深度开发资源方面取得了有效的成果。但也要看到，受客观条件所限，目前的工作还有许多局限性，由于数据缺失等原因，一些知识计算等步骤的结果不够理想，比如很多政策扩散图谱没有呈现较有价值的结果。更多的知识运算结果、更丰富的展示方式需要更多的智慧化数据和更完善的算法支持。随着政府公开信息数据的不断积累和算法的不断完善，未来会挖掘出更深层次的知识并提供更丰富的展示方式与服务类型。

3.3 资源知识化的系统架构与未来展望

政府公开信息整合服务平台的知识化资源建设最终要建立知识化资源的系统性框架，将以往的经验固定下来，把资源建设流程化、自动化，减少人工干预，为更多资源、更广泛的知识化做准备。

建立运行良好的系统框架，可以从政府公开信息整合服务平台采集到的最原始数据出发（包括结构化与非结构化数据），采用一系列自动或有部分人工干预的技术手段，抽取原始数据中的各类知识，经过语义计算、知识融合建立知识库。以知识库为基础进行知识计算、知识推理可以获取数据存在的隐含知识，并获取隐含关系，这种隐含知识可产生大量的智能应用，极大地丰富对外服务的方式，提升政府公开信息的价值，比如提供更智能的检索方式、给特定人群提供决策依据等。

目前的知识服务主要针对的是结构良好、保存规范、制作相对严格的结构化数据，而政府公开信息整合服务平台获取的网络政府信息还包含大量非结构化文本数据、图像、音视频等多媒体数据，这些数据占比更大，其中隐藏的信息更多，获取的难度也更大。政府公开信息整合服务平台知识服务的下一步工作就是以结构化数据为切入点，逐步尝试处理非结构化数据，最终提供更为广泛、深入的知识服务，把政府公开信息纳入有机数字馆藏，让更多的数据资源转变成知识资源，提供更优质、更深入的知识服务。

政府信息公开已经发展多年，在智慧图书馆建设的新时代，逐步智慧化相关数据，建设智慧化的资源库、知识网络，提升数据揭示方式，最后提供多样化的、知识化、个性化的服务，是政府信息公开项目乃至网络存档项目发展的可行途径，这项工作在当前环境下的逐步完善需要技术与数据方面的双重支持。希望这些基于政府公开信息的研究成果与经验，可以推广到其他网络存档项目中，推动网络存档在智慧图书馆时代的转型与发展。

参考文献

[1] 第22次《中国互联网络调查统计报告》[EB/OL].[2023-11-26]. http://www. 3.cnnic.cn/n4/2022/0401/c88-813. html.

[2] 第52次中国互联网络调查统计报告[EB/OL].[2023-11-26]. https://www.cnnic.net.cn/n4/2023/0828/c88-10829. html.

[3] 中华人民共和国国民经济和社会发展第十四个五年规划和2035年远景目标纲要[EB/OL].[2023-11-26]. http://www.gov.cn/xinwen/2021-03/13/content_5592681.htm.

[4] 饶权.全国智慧图书馆体系：开启图书馆智慧化转型新篇章[J].中国图书馆学报，2021(1)：4-14.

[5] 马宁宁，曲云鹏.中外网络资源采集信息服务方式研究与建议[J].图书情报工作，2014(10)：85-89，116.

[6] 中华人民共和国政府信息公开条例[EB/OL].[2024-03-20]. http://www.gov.cn/zwgk/2007-04/24/content_592937.htm.

[7] 徐婷.从数字化到数据化：信息组织工作如何应对图书馆智慧化转型[J].图书馆界，2022(2)：57-61.

[8] 初景利，段美珍.智慧图书馆与智慧服务[J].图书馆建设，2018(4)：85-90.

[9] 萨蕾.公共图书馆网络政府信息编目[M].北京：国家图馆出版社，2015：4-5.

[10] 赵荣荣，梁蕙玮，萨蕾.公共图书馆政府公开信息元数据研究——以中国政府公开信息整合服务平台为例[J].图书馆学研究，2013(15)：63-67，49.

[11] 杨正洪，郭良越，刘玮.人工智能与大数据技术导论[M].北京：清华大学出版社，2019：377.

[12] 中国政府公开信息知识服务[EB/OL].[2024-02-20]. http://govinfo.nlc.cn/second/index. html.

精准服务视域下探析公共图书馆竞争情报服务发展路径

周　洁（参考咨询部）

中国图书馆学会制定的《中国图书馆学会“十四五”发展规划纲要（2021—2025年）》指出，图书馆行业迫切需要推动服务方式、技术手段等方面的创新，贯彻新发展理念，转变完善服务方式，推动高质量发展成为下一轮图书馆事业发展的主基调。参考咨询服务是图书馆的核心服务之一，从数字图书馆时代到智慧图书馆时代，图书馆参考咨询工作主要体现为深入知识层面的信息精准服务。笔者通过检索中国知网相关文章发现，目前关于国内图书馆精准服务应用大部分集中在阅读推广和学科服务方面。竞争情报服务是参考咨询工作的核心业务，本文从公共图书馆竞争情报服务如何更加高效精准地契合用户需求的角度出发，探讨提升服务质量的路径。

1　精准服务的概念

图书馆精准服务的概念最早由牛勇在2016年提出，其认为图书馆精准服务是在普适服务的基础上，面向用户个性化需求建立的以用户问题为导向的服务模式。曹宁、杨倩在《面向智慧图书馆的参考咨询服务发展思路初探》一文中也提出对精准服务的看法，作者认为在传统图书馆时代，信息精准服务的主要形式是分层服务和个性化服务。前者可为党政军立法决策服务、为重点科研机构服务、为重要企事业单位服务，后者主要表现为文献提供和馆际互借。在数字图书馆时代，参考咨询工作的进步主要体现为传统参考咨询服务在网络环境下的延伸和拓展。在智慧图书馆时代，深入知识层面的信息精准服务将成为参考咨询服务的主要形式，“信息提供知识化”将在智慧图书馆服务中大放光彩。

2　公共图书馆竞争情报服务精准化发展的必要性

随着外部环境及用户需求的不断变化，开展竞争情报服务是保持和提升图书馆核心竞争力的重要举措，是知识服务和信息服务的延伸，也是图书馆服务业务的创新增长点，更是谋求可持续发展的有效途径。近年来一个比较明显的趋势是，用户对于媒体报道汇编等类型的咨询业务占比在不断缩小，个性化的定制服务在当下公共图书馆竞争情报业务中的占比逐年升高，信息精准化服务应当在业务发展和产品规划推广中被视为重要考量因素。公共图书馆作为拥有海量文献资源的平台更应该利用好这一优势，为服务对象提供信息服务，使图书馆信息服务更好地适应地区经济、社会发展的需要，从而创造更大的经济效益和社会效益。面向决策者提供支持创新发展的法律法规制定和政策出台的决策咨询服务，面向创业者提供支持国家创新和科技创新的商业信息服务。当下许多企业正在往专业化、精细化、特色化方向发展，国家也在持续加大“专精特新”企业培育力度。公共图书馆作为重要的社会咨询服务机构，正如联合国教科文组织与国际图联在《公共图书馆宣言》中强调的，其职能包括“为地方企业、社团群众提供充足的信息服务”。因此，利用资源优势为企业创新开展信息服务，帮助企业实现管理创新、制度创新、产品创新和技术创新、促进科技成果转移转化等，是公共图书馆义不容辞的责任。

3 公共图书馆竞争情报服务精准化发展现状及存在的问题

3.1 公共图书馆竞争情报服务精准化发展现状

目前公共图书馆竞争情报服务业务类型广泛，以国家图书馆企业信息服务中心为例，该中心担负着为国内外企业、政府机构、事业单位、大专院校和科研机构等提供信息咨询服务的职能，业务涉及媒体分析报告、舆情分析专题参考资料、行业数据统计分析等形式多样的信息情报服务。媒体分析报告是围绕用户关注的某一事件、活动或竞争对手等内容的相关新闻报道，进行定量和定性分析，量化媒体传播的广度、深度、内容等指标，剖析其媒体表达、社会态度和内容指向，形成集传播情况、传播特点及社会反响于一体的分析报告。舆情分析主要是搜集关于某一机构或某一舆情事件的新闻媒体报道和网友具有倾向性的观点和评价，根据用户需求对数据进行媒体情况、报道内容和舆情特点的量化统计分析及可视化呈现。专题参考资料对用户委托的专题（如历史、人物、事件、话题等）进行文献检索和资料解析，梳理出与专题相关的历史背景、发展脉络、现状问题、典型案例、经验启示等信息而形成的专题资料汇编。行业数据统计分析是对用户委托的特定主题或者行业，基于公开发布的统计数据，进行文献检索和数据解析后形成的专题分析报告。通过数据统计分析帮助用户深入了解某一主题或者行业的发展现状、问题等，研判经济形势，为其决策、政策制定等提供信息支持，辅助用户创新思路、解决问题。可以看出，行业数据统计分析这类业务不属于图书馆传统咨询业务，这是基于服务对象个性化需求而产生的新的业务增长点。

3.2 公共图书馆竞争情报服务精准化发展存在的问题

3.2.1 检索结果的精准性不足，信息聚合加工颗粒度不够细致

在实际业务操作中，用户在沟通初期就可清晰描述自身咨询服务需求的往往是极少数。更常见的情况是需要委托双方通过多轮沟通才能清晰地建构出用户的真实需求。而在日常的委托业务中，参考咨询馆员往往并没有机会直接与用户进行沟通，用户的需求是通过转述的方式传达下来的，这导致了在项目初期，受委托方往往未能精准把握用户

需求以及用户的需求范围是不确定的。制作人员花费了大量时间进行了初期检索，而检索结果并没有达到用户的实际要求或者与需求偏差较大。有效沟通环节的缺失会导致检索结果的精准性不足以及信息服务供需的匹配度降低。此外，参考咨询馆员对馆内丰富的数据库资源检索利用的熟练程度也在很大程度上影响了服务的时效性，信息聚合和加工颗粒度不够细致也会降低服务质量，进而影响用户的信任程度。

3.2.2 用户需求挖掘的深度不够

信息精准服务最根本的驱动力是服务对象的需求，如何快速把握客户的显性需求、挖掘隐性需求，需要参考咨询馆员长期的项目积累经验和较强的主观判断力才有可能做到。用户的需求瞬息万变，往往会随着项目合作的进展产生出新的业务需求点，但如果项目成员缺乏项目拓展的主动性以及需求拔高的能力容易流失业务深层次合作的机会。此外，近年来，越来越多的企业已经意识到知识信息对企业发展的重要性，大型企业集团大多已经配备了较为完善的知识体系，以一汽集团为例，集团战略管理部信息情报研究与分析部的职能就是及时洞察行业发展趋势，识别企业创新商机，为集团战略规划制修订和关键战略决策提供有效输入。该部门构建的信息分析研究体系涉及集团战略信息资源统筹管理、信息研究资料编撰、战略研究报告机制建设等多维内容，因此，此类用户需求挖掘方面存在定位难点，其服务价值与市场痛点的精准对接路径需要深入探索。

3.2.3 新技术与业务实操融合利用紧密程度不高

在图书馆业务全流程的升级改造中，智能化馆藏管理、智慧化场馆、智慧化阅览室逐渐成熟，相对而言，业务内容形式的智慧化推进还有很大的提升空间。目前，以ChatGPT为代表的生成式人工智能（AIGC）技术迅猛发展，尤其是OpenAI首个视频AI模型Sora的发布，引爆了新一轮人工智能大模型产业化热潮，腾讯、阿里、百度等企业纷纷加入大模型研究阵营，不少咨询机构也在布局自己的模型系统。生成式人工智能的智能化和个性化技术应用对各行业的冲击引发了学界、业界的思考与热烈讨论。目前公共图书馆业务实操与新技术融合利用紧密度还不够，信息服务的创新也需要更多地结合和利用新技术提升服务内容的质量以及服务时效。

4 精准服务视域下公共图书馆竞争情报服务精准化发展路径

4.1 建立完善的服务反馈机制

双向的有效沟通机制是提升精准服务的高效路径。建议在项目委托初期项目负责人能够安排项目成员与用户进行直接沟通，这样可以在沟通过程中较为准确地把握用户的真实需求以及可能存在的隐性需求。项目委托合同签订后，项目负责人应尽快梳理项目流程单，尤其是应尽快建立问题反馈机制，及时召开项目制作经验交流会，定期回访客户，根据用户的反馈及时调整项目制作流程。此外，在日常接触中，应善于总结对接用户的工作方式及思维习惯，多从用户的角度去思考问题，及时预判用户可能会提出的新需求或者工作方向，以便能够在用户提出问题的当下给予及时正向反馈。

4.2 搭建一体化资源平台

要紧紧抓住以人工智能技术为核心的发展机遇，对图书馆开展智能化、自动化和数字化改革创新，加快知识库、数据库、行业平台等一体化资源平台的搭建进程，为信息精准服务助力。参考咨询馆员也可以通过分析文献、参考书籍等资料，学习相关领域的基础知识和前沿进展，了解各类知识库和数据库的构建方式，以便在系统搭建过程中从业务角度给系统方提供搭建优化的建议。

4.3 提升馆员信息检索知识的深度与广度

参考咨询馆员，需强化自身专业能力，扩宽业务视野，加强对文献检索尤其是外文文献的分析能力。此外，政府决策咨询服务一直是公共图书馆拓展其服务深度的重要方向，馆员在日常积累中应根据相关领域热点、焦点问题积极跟踪国家重大战略，以便及时掌握大量准确的、全面的决策信息。同时注重积累未来产业研究热点，有助于把握科技前沿研究。

参考文献

[1]《中国图书馆学会“十四五”发展规划纲要（2021—2025年）》的通知印发［EB/OL］.［2024-02-28］. https://www.lsc.org.cn/contents/1299/15358. html.

[2] 庄卉卉，覃显晶，杨子杨．面向读者需求的图书馆精准服务探究［J］. 传播与版权，2023（16）：71-73，77.

[3] 牛勇．图书馆精准服务研究［J］. 图书馆学研究，2016（5）：50-52.

[4] 曹宁，杨倩．面向智慧图书馆的参考咨询服务发展思路初探［J］. 国家图书馆学刊，2022（3）：22-28.

[5] 陈琦勇．公共图书馆在人工智能技术信息检索中的应用探讨［J］. 兰台内外，2023（26）：67-69.

[6] 刘一鸣，徐春霞．基于用户画像的公共图书馆健康信息精准服务路径研究［J］. 图书馆，2023（9）：53-59.

[7] 王慧娜．基于智慧图书馆的精准知识服务研究［J］. 文化产业，2023（10）：127-129.

[8] 田一楠．准服务视域下图书馆参考咨询服务智慧化发展策略［J］. 河南图书馆学刊，2023（3）：87-89.

数据对学位论文自动分类标引的影响研究*

谢庆恒（中文采编部）

2022 年 12 月 19 日发布的《中共中央　国务院关于构建数据基础制度更好发挥数据要素作用的意见》[1]中明确强调数据是新型生产要素，关乎生产生活和社会治理方式的改变，“数据基础制度建设事关国家发展和安全大局”，足以看出数据在国家发展中的重要作用。面对全球数据海量增长的新特征，习近平总书记深刻洞察大数据正日益产生重要影响，作出了“大数据是信息化发展的新阶段”的重要论断[2]。随着 ChatGPT[3]等人工智能技术的快速发展，数据的重要性逐渐显现，关注和保护数据成为全社会共识。2022 年 11 月 30 日，OpenAI 公司推出 ChatGPT 人工智能对话系统，凭借其在参考咨询、程序编写、对话聊天、文学创作等领域的出色表现，ChatGPT 一经推出立即引起广泛关注。ChatGPT 主要基于 GPT3.5 开发，它的成功“出圈”是集成创新的成果，其学习能力的提升得益于软硬件技术方法的有效集成，即不仅得益于模型参数的增多（从 GPT-1 的 1.17 亿个参数到 GPT-3 的 1750 亿个参数）和硬件设施的发展（部署含 28 万个 CPU 内核和 1 万个 GPU 的超级计算机），更得益于训练语料规模的扩大（从 GPT1.0 的 5GB 到 GPT3.0 的过滤前 45TB，过滤后 570GB）[4]和质量的提高（人工标注的维基百科等高质量文本数据），可以说没有大规模高质量数据的保证，ChatGPT 很难取得两个月内突破 1 亿用户的出色表现。

数据是 ChatGPT 等人工智能应用的基础，模型的训练和预测都需要大量数据支持。学位论文自动分类标引模型的开发同样需要一定规模的高质量数据作为支撑。研究学位论文的自动分类标引问题，自然绕不开对学位论文人工标注数据质量和规模的讨论：数据规模如何影响模型效果，越大越好？数据质量对模型效果的影响机理如何？应该如何控制数据质量？针对这些问题，本文尝试从自动分类模型的原理出发，以学位论文中医学类和农学类为例，探讨学位论文数据广度、规模、质量等方面对自动分类标引的影响，以期厘清其间的机理，为提高学位论文自动分类标引效果提供有益的参考。

1　模型原理

分类模型主要由两大部分构成，即特征提取器和分类器。本文实验模型特征提取器主要采用 Word2Vec[5]和 BERT[6]，采用 softmax 主流分类器，其基本原理如图 1 所示。

* 本文系中国图书馆学会青年项目“智慧图书馆中学位论文自动分类标引研究”（项目号：2022LSCKYXM-ZZ-QN003）的研究成果之一。

文本输入特征提取器得到文本的特征向量，再将其输入到分类器，通过前向传播得到预测值。将预测值与真实值进行交叉熵损失值计算，之后通过链式求导方法将该损失值通过神经网络进行反向传播，其间给定学习率，从而对网络参数进行优化更新，如此反复直至损失值达到阈值为止。

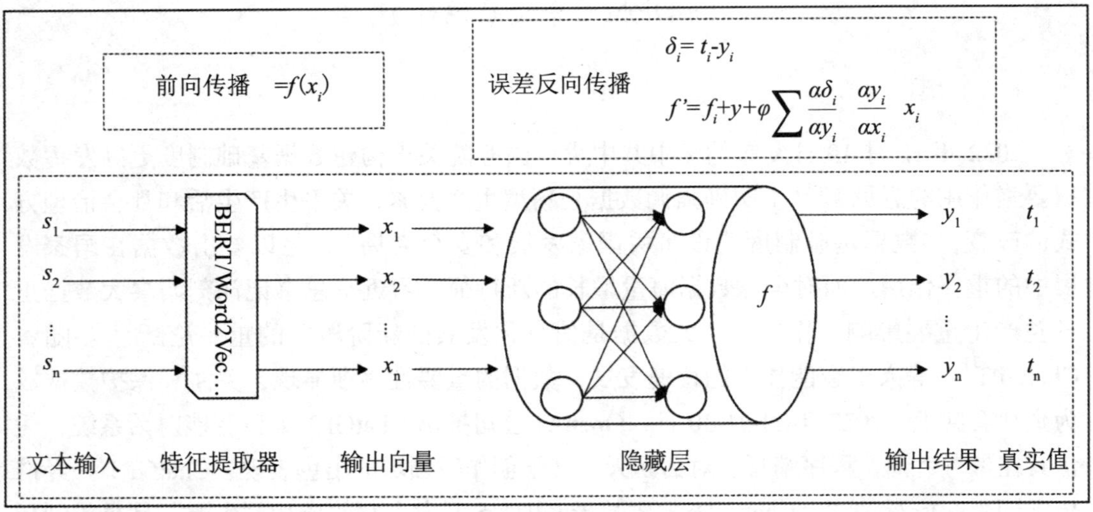

图 1　分类模型原理

Word2Vec 是一种由 Google 研究开发的词向量生成技术，它通过分析大规模文本数据集，能够生成具有丰富语义信息的词向量表示。该模型通过分布式的词表示方法，有效地解决了传统 One-Hot 编码所面临的高维空间、词汇间缺乏联系以及数据稀疏性等问题。其核心是一个浅层的神经网络，主要有两种架构：连续词袋（CBOW）（见图 2）和跳跃语法（Skip-gram）。前者给定一个词的上下文（即周围的词），目标是预测出这个中心词。后者则是利用一个给定的中心词来预测它的上下文。

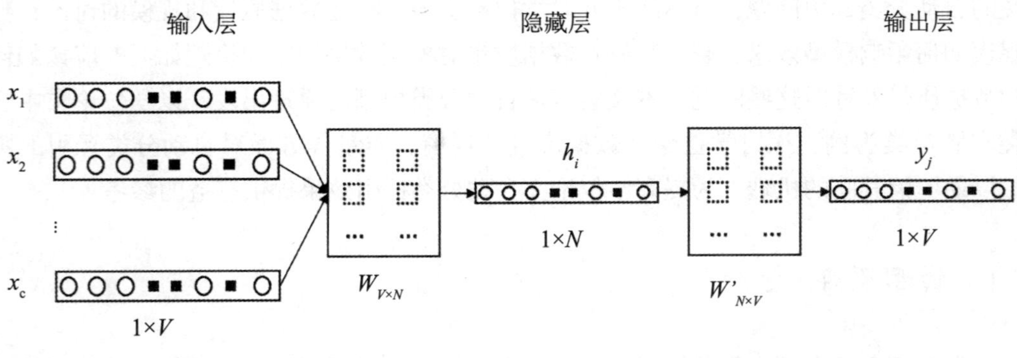

图 2　Word2Vec 模型原理（CBOW）

图片来源：谢庆恒 . 关于 Word2Vec 文本分类效果若干影响因素的分析［J］. 现代信息科技，2024（1）：125-129.

BERT 是一种由 Google 研究团队在 2018 年开发的自然语言处理模型，它基于

Transformer 架构，通过结合双向编码器表示，能够捕捉到文本中的复杂上下文关系，结构如图 3 所示。BERT 模型的特点是采用预训练和微调的两阶段方法，其中预训练阶段通过 Masked Language Model（MLM）任务让模型学会预测句子中被遮盖的单词，以及通过 Next Sentence Prediction（NSP）任务让模型学会判断两个句子之间的逻辑关系，从而使得模型能够理解单词和句子的深层含义。在微调阶段，BERT 可以将预训练得到的词向量用于各种下游任务，如情感分析、句子关系判断等，通过少量的调整即可适应特定任务。在进行文本分类时，只需将文本输入 BERT 模型，提取出的特征向量随后用于分类器，便可得到分类结果。

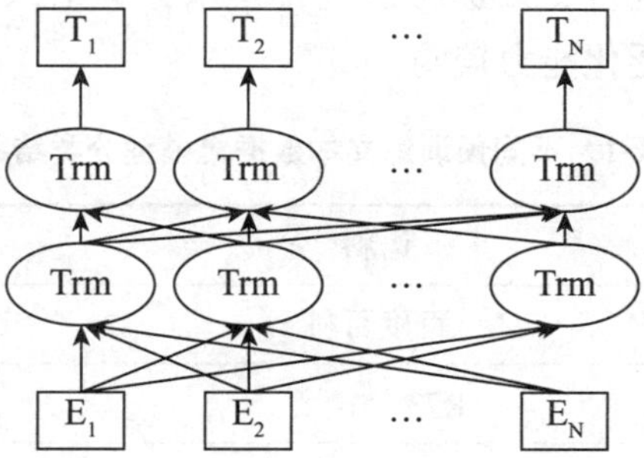

图 3　BERT 模型结构

2　数据的影响

数据的重要性体现在数据范围、数据规模和数据质量三个方面，对模型效果的影响则贯穿模型的预训练和微调两阶段全过程。以 BERT 模型为例，数据对预训练阶段的影响主要体现在输入模型的数据的数量规模、类别范围、专指程度上。若语料覆盖门类广、内容观点鲜明、语言表达准确，模型“习得”的文本语义信息则全面充分，抽取能力比较出色。反之，模型抽取能力则较弱，无法获取完整准确的语义信息。在微调阶段，完成诸如文本分类、情感分析等任务时，训练语料的规模和人工标注的准确性对模型效果影响较大。语料规模是模型达到正常效果的基础保证，人工标注的准确性和一致性则直接影响模型参数的更新调整，进而影响到模型的效果。以下以学位论文的自动分类标引为例，实证分析数据范围、数据规模和数据质量如何影响模型分类效果。

2.1　数据范围

数据范围主要是指数据内容的覆盖广度、专指深度。一般的，基于广域语料训练的模型泛化能力更强，专指性较差，而基于限定域语料训练的模型专指性强，泛化能力则较差。为了佐证上述观点，本文基于广域的百度百科中文数据集和限定域的肿瘤学和农作物学数据集，采用 Word2Vec 模型进行文本自动分类实验。其中百度百科数据集源自互联网上的公开信息，其大小为 1.32GB，包含文学、农学以及音乐知识等多个领域的数据，总计有 4410426 条记录[7]。而 R73 类和 S5 类的数据则来自万方在线学位论文数据库，此处主要采用摘要形式，数据量分别是 50000 条和 32199 条。

在构建模型时，设定词向量维度为 300，并保留了 Word2Vec 的其他默认参数。分类器选用了 softmax，并配置了 1% 的学习率、3 个训练轮次、128 的批次大小以及 50% 的 dropout 比率。损失函数采用交叉熵，优化方法为随机梯度下降。分类结果如表 1 所示。结果显示基于百度百科数据集预训练的分类模型在 R73 类和 S5 类上的效果均不如基于各自本领域语料数据集预训练的分类模型效果，F1 值分别低约 10 个百分点和 12 个百分点，表明广域预料的专指性较弱，而限定域预料的专指性较强。同时也看到基于百度百科数据集的模型结果仍然有 80% 左右的 F1 值，表现较为出色，泛化能力较强。而将 R73 类和 S5 类数据进行交叉训练再进行模型分类结果则较差，F1 值均只有 30% 左右，表明限定域语料的泛化能力较弱。

表 1　不同预训练文本数据集模型分类结果

类别	语料	加权 F1 值
R73	百度百科	83.46%
	R73 类摘要	93.48%
	S5 类摘要	27.31%
S5	百度百科	76.86%
	S5 类摘要	88.02%
	R73 类摘要	31.29%

2.2　数据规模

模型进行预训练时需要一定的数据规模做支撑。一般来看，训练语料规模越大，模型“见识”越广，模型进行参数调整的“机会”和次数越多，调整得到最优结果的可能性越大，“习得”的语义知识越丰富，对文本信息的提取更准确。为此，本文分别基于前文所述全部和部分 R73 类限定域语料数据集，采用 Word2Vec 模型进行文本自动分类实验。参数设置同 2.1 部分，运行结果如表 2 所示。结果显示语料数据规模越大，加权 F1 值越高，表明基于大规模数据的模型分类效果越好。

表 2　不同训练语料规模下 R73 分类结果

摘要数据规模	加权 F1 值
25000	92.97%
50000	93.48%

2.3　数据质量

数据质量主要包括数据洁净性（尽量少的无效数据）、数据互斥性（每条数据均不与其他重复）、人工标注的准确性和一致性（相同类别标注一致，不同类别不一致）、数据内容丰富性（信息全面，足以反映所表达主题）、易辨别性（主要信息点出现的位置较为统一合理）。

（1）数据洁净性。尽量避免数据格式错误、表达偏差等，减少非模型因素的误差。比如数据的乱码、包含较多网络新兴字符、内容表达方式不符合语言习惯等均是数据噪声，需要进行相应处理，保持数据的洁净性。

（2）数据互斥性。数据互斥性保证了数据的唯一性，减少了数据冗余度。重复数据的存在对模型训练毫无益处，白白浪费存储空间，对数据进行查重、去重等预处理工作很有必要。

（3）人工标注的准确性和一致性。标注的一致性则确保模型参数更新调整的正确性。分类模型的参数更新方向和调整程度取决于真实值与预测值之间的误差，一般用交叉熵损失值来表示。损失值达到某个阈值则停止更新。若某一特定类别样本数据被标注到不同的类别之中，即真实值存在偏差，那么当模型调整到同一损失值时，会出现后来的参数调整“破坏”前期正确的参数状态的情况，导致参数网络不稳定、不准确。具体如图 1 所示，假设 x_1 与 x_2 属于同一类别，则等式 $y_1 = y_2$ 成立，若人工标注二者不一致，即 $t_1 \neq t_2$，则 $\delta_1 \neq \delta_2$，进而导致误差反向传播后 f' 不一致，出现参数更新后的模型接受相同的输入值却得到不同预测值的情况，影响模型效果。

（4）数据内容丰富性。数据内容丰富性保证足够信息量以供模型提取。样本数据信息量的缺乏会导致“无米之炊”，模型效果难以体现。就学位论文而言，大多数情况下题名所含信息不如摘要详尽，因此，基于摘要数据训练的模型分类效果优于题名。本部分实验将数据集扩充成 R 类 169495 条，S 类 108762 条，基于 BERT 构建文本分类模型，参数设置为：输入层采用 Google 发布的中文模型“BERT-Base，Chinese”。批次大小设为 40，学习率设为 5e−5，最大序列长度设为 400，使用 Adam 优化器和 50% 的 dropout，训练进行 2 轮，通过随机梯度下降法更新权重，运行结果如表 3 所示。观察到在 S 类和 R 类摘要数据的分类任务中，F1 分数分别比题名数据的 F1 分数高出大约 1% 和 2.8%，显示出摘要数据的分类性能更优。

表 3　不同数据集上 BERT 模型分类结果

数据集	S 类			R 类		
	P	R	加权 F1 值	P	R	加权 F1 值
题名	0.6973	0.6975	0.6810	0.7528	0.7548	0.7504
摘要	0.7011	0.7070	0.6907	0.7797	0.7841	0.7778

例：

2001#$a 甘蓝型油菜开花期候选基因 BnaCOL9 和 BnaMYB109 的功能验证。

330##$a 油菜作为我国重要的油料作物，在长江流域广泛种植。开花期……[8]。

本例从题名“甘蓝型油菜”看似属于 S634.3（蔬菜园艺），但实际上作为油料作物，应归类于 S565.4（油料作物），造成这种情况的原因正是题名中缺乏“油料作物”这一关键信息，模型获取不到这一主题，导致误分。可见，具有详细主题信息样本数据对模型预训练和预测均很重要。

（5）数据内容易辨别性。易辨别性则便于模型对文本信息的快速准确提取，保证模型分类效果。写作习惯、行文风格等差异使得样本数据中有一些关键信息容易被其他信息所掩盖，模型难以拨开干扰信息的“云雾”获取到主要信息，导致误分。

例：

2001#$a LncRNA NKILA 通过下调 NF-κB 信号通路抑制 HBV 复制及其相关肝细胞癌的发生发展。

330##$a 目的：乙型肝炎病毒感染所导致的乙型肝炎是威胁人类生命健康的一个世界性公共卫生问题，HBV 持续感染能引起肝脏病变……目前，临床治疗慢性乙型肝炎相关 HCC 的方案……结果显示 HBx 诱导的肝癌细胞生长具有调控作用[9]。

解析：题名中的“肝细胞癌”直接指向 R735.7（肝癌）分类，但摘要中的“乙型肝炎”可能会引起误判，导致归入 R512.6（病毒性肝病），摘要主要信息被开篇论述部分掩盖，造成分类结果不准确。

3　结论与建议

本文通过构建自动分类模型，基于学位论文数据讨论数据范围、数据规模、数据质量对模型分类效果的影响。结果表明基于广域语料训练的模型泛化能力较强、专指性则较弱，而基于限定域语料训练的模型则正好相反，即泛化能力较弱，而专指性较强；数据规模的研究则显示数据规模越大，模型分类效果越好；数据质量中的人工标注准确性和一致性、数据内容的丰富性、数据信息点的易辨别性等均对模型效果产生较大影响。人工标注的不一致会导致模型参数调整的不正确，数据内容不够丰富则会使得模型无法提取到主题信息，数据信息点隐藏较深则使得模型难以提取到正确主题。学位论文数据的重要性体现在数据范围、数据规模和数据质量上，这些均是保证学位论文自动分类标引效果的重要方面。

综合上述分析，本文提出以下几点改进学位论文自动分类标引效果的建议：

（1）训练专属特征提取器。根据分类需求选定训练语料，基于所选训练语料构建文本特征提取器进行专属特征提取器的预训练。例如需要对医学类学位论文进行自动分类标引，则可选取医学相关的期刊论文、学术论文、新闻报道、电子书籍、政策文件等作为训练语料，将其输入到诸如 BERT 等大语言模型中训练得到专属特征提取器，增强模型的专指性能，在此基础上构建自动分类模型以提高模型的分类效果。同时，可以基于分层思想构建包含多个专属特征提取器的综合特征提取器以满足多类别学位论文的自动分类标引需求。

（2）严把人工标注质量关。人工标注数据是影响学位论文自动分类标引效果的重要因素，应加强人工标注培训，在标引人员中树立数据质量高于一切的观念，强化数据质量意识，为每一条标引数据负责。引入奖惩机制，对优秀标引人员进行奖励，对数据质量控制不严的标引员进行适当的惩罚以达到提高人工标注数据质量的目的。同时，对自动分类标引系统给出的预测结果进行人工校对，对自动标引结果进行一定的补充纠偏，以更好地保证分类标引效果。

（3）提高内容丰富性与可辨识性。学位论文数据包含的信息点主要分布在题名、摘要、前言、结论等部分。考虑到数据的易获取性，题名获取最容易，其次是摘要，最难获取的是前言和结论等部分。但题名信息往往不足以揭示论文主题，需要摘要等信息点的信息作为补充。从纸质载体论文上获取这些信息较为困难，应从电子版论文上获取。故需要通过纸质版论文电子化或直接获取到电子版论文，以便获取多个信息点，推动加强数据的丰富性。同时，尝试推动出台学位论文写作方式规范，确保行文风格一致，便于模型对信息的抓取。

大规模高质量数据是实现学位论文自动分类标引的重要基础。本文尝试从范围、质量、规模等方面对数据的重要性进行论述，对学位论文自动标引系统的研发具有一定的理论参考意义。但仅探讨了医学类和农学类的情况，其他学科学位论文的情况还需进一步分析。

参考文献

［1］中共中央　国务院关于构建数据基础制度更好发挥数据要素作用的意见［EB/OL］.［2024-03-26］. http://www.gov.cn/zhengce/2022-12/19/content_5732695.htm.

［2］习近平：实施国家大数据战略加快建设数字中国［EB/OL］.［2024-03-26］. https://www.xinhuanet.com/politics/2017-12/09/c_1122084706.htm.

［3］OpenAI. ChatGPT：optimizing language models for dialogue［EB/OL］.［2024-03-26］. https://openai.com/blog/chatgpt/.

［4］张智雄，于改红，刘熠，等.ChatGPT 对文献情报工作的影响［J］. 数据分析与知识发现，2023（3）：36-42.

［5］MIKOLOV T，CHEN K，CORRADO G，et al. Efficient estimation of word representations in vector space［J］. Arxiv，2013：1301，3781.

［6］DEVLIN J，CHANG M W，LEE K，et al. BERT：pre-training of deep bidirectional transformers for language understanding［EB/OL］.［2023-12-01］. https://arxiv.org/pdf/1810.04805.pdf.

［7］预训练中文语料汇总［EB/OL］.［2023-12-01］. https://zhuanlan.zhihu.com/p/163614279/?utm_id=0.

［8］郭建 . 甘蓝型油菜开花期候选基因 BnaCOL9 和 BnaMYB109 的功能验证［D］. 武汉：华中农业大学，2023.

［9］张鹏 . LncRNA NKILA 通过下调 NF-κB 信号通路抑制 HBV 复制及其相关肝细胞癌的发生发展［D］. 长春：吉林大学，2023.

西班牙国家图书馆战略规划评估模式研究

宋　冉（典藏阅览部）

1　西班牙国家图书馆战略规划评估模式分析

西班牙国家图书馆十分重视中长期业务发展，自 2006 年起对外发布了《2006—2008 战略规划》《2009—2011 战略规划》《2012—2014 战略规划》《2015—2020 战略规划》《2021—2025 战略规划》五份战略规划文件，以期不断总结发展经验，明确不同阶段的发展目标和宗旨，有效推进图书馆业务高质量发展。

评估工作对图书馆自身发展以及业务方向调整都起着至关重要的作用。战略规划的评估不仅要剖析规划目标的落实情况，还要对未来业务以及图书馆界发展趋势进行深入思考。每年，为提升战略规划项目执行效率和质量，西班牙国家图书馆制订年度执行方案并逐年进行执行方案评估。截至 2024 年 3 月，受疫情、技术等因素影响，该馆发布了三份战略规划评估报告，即《2009—2011 战略规划评估报告》[1]、《2012—2014 战略规划评估报告》[2]、和《2015—2020 战略规划项目总结》[3]。通过年度项目评估以及完整的评估报告，西班牙国家图书馆将战略规划与量化评估相结合，探索建立科学系统的评估模式。

西班牙国家图书馆根据已制订的中长期战略规划，于每年年初发布该年度执行方案，并逐年对执行方案进行评估。规划期满后，该馆对外发布《战略规划评估报告》。通过对年度执行方案和战略规划的评估，该馆搭建起了较为完整的评估体系，探索出了较为科学的评估模式，以期全方位检验项目成果，动态调整规划任务，提升图书馆整体服务水平和质量。

1.1　执行方案评估模式

执行方案评估报告整体分为三部分，即总体目标述评、目标任务概览和年度项目执行进度。在总体目标述评中，报告首先总结国际尤其是欧洲的热点问题和发展趋势，然后从不同对象、不同层次对已完成的项目进行亮点评价，最后指出次年将开展的重点工作。在目标任务概览中，报告围绕战略规划的根本宗旨、战略方针和总体目标分别进行阐述。在年度项目执行进度中，该馆将总体目标量化为具体项目，并将完成指标分为“尚未开展”“进行中或制订中”“已完成”三类。其中，“进行中或制订中”的项目需说明已完成项目、已完成进度百分比以及未完成项目的预期开展时间。而“已完成”项目需将成果量化，具体说明文献处理数量、活动及培训规模、改扩建面积、签署合作协议数量等。

1.2 战略规划评估模式

历年的战略规划评估报告大致基于“3W”（what-how-why）黄金圈思维模式[4]从内容、规则、目的及作用三个角度，结合效能、质量、效率以及效益对战略期内开展的各项业务工作和项目进行系统考核和评估，以量化指标的形式提升评估模式的客观性和准确性，科学检验规划实践成果。

1.2.1 What：评估的主要内容

综合2015年至2025年的战略规划及评估报告[5-6]，西班牙国家图书馆主要围绕基础业务、馆藏建设、馆际合作、内部管理等方面制定目标及任务，因此评估工作也主要针对这四方面开展。

一是基础业务，主要统计到馆人次，展览、活动、公众培训举办数量及参与人次，网络资源利用率，网页浏览量，网络用户增减量，活动宣传频次及数量，宣传矩阵覆盖范围等。二是馆藏建设，包括各类型实体文献增减量、各类型网络资源增减量、文献数字化数量、文献修复类型及数量、文献编目数量、文献捐赠数量等。三是馆际合作，包括签署国内及国际馆际合作协议数量、与国际组织及文化产业相关领域机构合作项目数量、合作项目馆内人员占比、邀请学术专家讲座频次、专业论坛举办数量及参与人次等。四是内部管理，包括馆内人员培训频次、馆内人员科研成果数量、馆区改造面积、内部管理流程优化章程数量等。

1.2.2 How：评估的规则

该馆评估报告的数据来源主要是年鉴、年度指数报告、图书馆规范章程、不同部门年度数据及信息、年度学术会议成果、内部规划文件、内部管理报告等。基于上述数据及信息，通过文字和图表分析，评估工作结合战略规划的每一项细分任务和项目进行逐项评估。

为了检验项目成果并适时调整目标任务，评估工作将收集的数据、指标和已完成项目作为三项变量来衡量项目进展情况。数据与指标主要验收三个方面：一是图书馆产品和服务；二是项目成果，尤其是中期成果；三是最终达到的效果，以及从战略规划愿景层面产生的影响。通过数据和指标，该馆从效能、质量、效率以及效益四个维度全面衡量已完成项目的产品服务、成果及影响。

评估规范和标准的制定成为该馆评估工作逐年顺利推进的保障。数据信息的收集注重一致性和整体性，方便进行量化分析测算。形成科学完整的评估流程体系有助于高效统筹各部门工作，盘活各环节资源，推动图书馆高质量发展。

1.2.3 Why：评估的目的及作用

战略规划的评估首要目的就是要检验战略规划期内的各类细化项目是否达到预期效果。评估要与实际应用紧密结合，保障各项工作任务的实施效益，将宏观方针目标落到实处。评估结果既可以及时反映图书馆在各项工作中遇到的难点问题和成功经验，又可以反馈项目的真实成果和效益，为促进和改善图书馆整体服务提供依据。此外，该馆的战略规划评估工作不仅可以动态监测规划期内各类项目的进展情况，还可以为下一轮规划编制和相关政策的制定提供依据和决策参考。战略规划的评估为图书馆服务提供了切实的数据基础，也为图书馆发展提供了参考依据。

2 西班牙国家图书馆战略规划评估模式特点

2.1 动态调整性

通过“年度执行方案”和“战略规划”的评估模式，该馆按照既定时间节点检测项目效果。执行方案的评估工作以年为单位，可以动态检验项目完成进度，灵活调整与业界发展新形势不相适应的业务发展方向。对于不能如期完成的工作任务，该馆深入剖析问题原因，适时调整项目进程和方针目标。对于按时完成的项目，针对国际尤其是欧洲地区图书馆界出现的新趋势和新变化，不断优化和补充战略规划发展宗旨，增强战略规划的适应性。战略规划评估作为中长期整体项目评估，可以全方位总结各类细分项目完成效果，为日后图书馆战略性布局和战略性谋划提供前瞻性参考依据。

2.2 项目成果量化

西班牙国家图书馆在数据和信息收集过程中要求尽量采用数字的形式，年度执行方案将统计结果和项目完成进度均以表格数据和百分比的形式呈现。对于需要解释说明的，可补充文字备注。战略规划评估报告以各年度执行方案评估数据为基础，结合年鉴、年度指标报告等数据及信息来源，进行深入的数据对比运算和数据剖析。项目成果量化不仅可以更加清晰直观地呈现项目进度，还可以增强数据分析的稳定性、可靠性和准确性，减少主观判断的干扰。当前，大数据和云计算技术发展迅速。2020 年起，该馆与巴塞罗那超级计算机中心达成合作协议，在人工智能和数据挖掘方面开展深入合作，全面搭建数字档案馆[7]。新技术的引入提升了馆内业务的工作水平，也进一步提升了评估工作数据收集和数据分析的质量和效率。

2.3 标准规范化

从内部管理上看，该馆分时段、分目标、分维度规定了评估工作所需的采集、统计、对比、分析等工作，建立了完整的工作流程以及严格的内部审核及发布流程。中长期战略规划文件发布后，该馆在每年年初发布具体年度执行方案，每年年底发布年度执行方案评估报告。规划期满后，由该馆技术部门牵头起草战略规划评估报告，各部门均审核评议后才可对外发布。数据信息采集围绕基础业务、馆藏建设、馆际合作、内部管理四个方面，规范数据收集的标准，降低沟通及管理成本，提升各部门工作效率和工作积极性。数据统计和分析从效能、质量、效率以及效益四个维度，挖掘业界前沿动态和项目难点问题，规范工作成果呈现方式。

从外部交流来看，西班牙国家图书馆因历史、文化、语言等原因与拉丁美洲各国图书馆人员交往频繁，合作形式丰富。西班牙国家图书馆牵头成立的伊比利亚美洲国家图书馆联盟、伊比利亚美洲遗产数字图书馆等更是成为国际图书馆合作的示范项目。西班牙国家图书战略规划评估的标准规范化，也带动引导了拉丁美洲地区图书馆制定中长期战略规划并开展规范化评估工作。

3 对我国的启示

3.1 重视战略规划评估工作

2013 年，原文化部（现文化和旅游部）印发《全国公共图书馆事业发展“十二五”规划》。这是我国第一部全国性图书馆战略规划文件。2017 年和 2021 年，国家图书馆陆续出台《国家图书馆“十三五”规划纲要》[8] 和《国家图书馆“十四五”发展规划》[9]，以五年为期对国家图书馆业务工作进行战略性谋划。

然而，无论是全国各地公共图书馆发展规划还是国家图书馆战略规划，均尚未出台系统完整的评估报告。我国发布的规划文件以纲领性文件居多，每年也没有对应发布相应的执行方案，对于各类项目成果的项目进展和成果效益也缺乏科学规范的评估体系和评估模式。关于国际和国内业界前沿动态也尚未在战略规划中进行系统评估，对未来业务工作发展起引导性作用。

评估事关图书馆项目落实和未来发展。规划期内各类项目是否可行有效，取得了怎样的效果和收益，遇到了怎样的困难和挑战，动态发展趋势如何，需要在哪些方面改进等，这些均关系着图书馆业务工作的系统性、承接性和完整性。因此，我国各层级政府及图书馆应高度重视评估工作，从战略全局角度部署全国性图书馆规划评估。各省市地方图书馆也应结合自身实际，有的放矢制定符合自身发展需求和规划需求的评估模式。只有落实规划评估工作，才能检验各项工作成果，为日后决策提供借鉴性参考意见。

3.2 研究制定战略规划评估体系

除西班牙国家图书馆外，美国高校图书馆[10]、东莞图书馆和美国昆西公共图书馆[11] 还从高校图书馆和公共图书馆角度对图书馆战略规划评估模式进行了探索。综合来看，各类型图书馆对规划评估途径、评估时间节点、评估实施流程等完成了具体操作，对我国图书馆制定战略规划评估体系具有重要的参考意义。

就规划评估途径而言，我国图书馆可采用内部自评与外部机构或聘请第三方机构互评的方式，全面真实检验项目效果。内外结合、纵横联动的评估模式可增强项目的公开性和透明度，提升图书馆公信力，保障评估工作的科学性。针对评估时间节点，可采用“年度执行方案评估 + 中期项目进展评估 + 终期战略规划评估”的模式，动态掌握项目进程和实施效果。可参照西班牙国家图书馆的做法，根据已制订的中长期战略发展规划，每年发布具体的执行方案，以年为单位开展评估总结。中期评估可以及时发现问题，综合业界前沿发展趋势，对项目落实提供改进和完善方案。同时，可以把握项目进展情况，适时调整业务方向。终期评估作为整体性评估，在全要素综合分析的基础上，可为下一轮规划的制定提供建设性参考依据。关于评估实施流程，我国图书馆制订战略规划时，可借鉴西班牙国家图书馆的做法，拓宽信息来源渠道，注重日常数据收集和挖掘，形成规范化流程。评估工作的细节开展、财务审计、报告起草、审核通过等均需要制定规范化标准，提升工作效率，保障工作质量，建立科学的评估体系。

3.3 智慧量化评估模式

纵观各类型图书馆评估模式，数据统计及分析大部分采用成果量化的方式。随着5G、人工智能、大数据、云计算等技术的应用和发展，我国图书馆战略评估工作可结合“全国智慧图书馆体系”建设，将规划评估推向智慧化。

通过智能化技术手段，我国图书馆可在信息及数据收集、存储、整理、分析、评估等流程环节制定统一标准和规范，将项目成果量化，并开展深层次、全方位的效果评估。目前已开展战略规划评估的图书馆在量化分析时仅为浅层次对比和趋势分析，在用户服务体验、产品供给满足、馆藏资源开发、个性化需求等方面的智慧化挖掘较为欠缺。日后，可将智慧技术与评估工作相结合，利用信息网络化和连接共享优势，加快各项目评估速度，深化评估维度和层次，增强决策服务性。评估是为了提供更好的图书馆服务，也是为了各项改进图书馆服务的项目落实落地。智慧化手段或将为图书馆规划评估提供更高效的评估体系、更深度的数据挖掘、更及时的动态追踪、更精准的决策依据。

参考文献

[1] Plan estratégico 2009-2011—evaluación [EB/OL]. [2024-03-15]. https://www.bne.es/sites/default/files/repositorio-archivos/Informe_indicadores2011_PlanEstrategico2009_2011_evaluacion.pdf.

[2] Evaluación del Plan Estratégico BNE 2012-2014 [EB/OL]. [2024-03-20]. https://www.bne.es/sites/default/files/repositorio-archivos/Evaluacion_Plan_Estrategico_BNE_2012_2014.pdf.

[3] Seguimiento Plan Estratégico 2015-2020 [EB/OL]. [2024-03-25]. https://www.bne.es/sites/default/files/repositorio-archivos/Cuadro_Seguimiento_Plan_Estratxgico_Actuaciones_2016%20%281%29.pdf.

[4] 斯涅克，米德，多克尔. 如何启动黄金圈思维 [M]. 石雨晴，译. 杭州：浙江人民出版社，2019：13.

[5] Biblioteca nacional de España Plan Estratégico 2015-2020 [EB/OL]. [2024-03-28]. https://www.bne.es/sites/default/files/repositorio-archivos/Plan_Estrategico_BNE_2015-2020.pdf.

[6] Biblioteca nacional de España plan ESTRATÉGICO 2021-2025 [EB/OL]. [2024-03-30]. https://www.bne.es/sites/default/files/repositorio-archivos/2021-plan-estrategico-bne%5B1%5D.pdf.

[7] La BNE y el Centro Nacional de Supercomputación (BSC-CNS) desarrollan un protocolo de actuación conjunta con la IA como eje [EB/OL]. [2024-03-31]. https://www.bne.es/es/noticias/0616-bne-centro-nacional-supercomputacion-desarrollan-protocolo-actuacion-ia.

[8] 国家图书馆“十三五”规划纲要 [EB/OL]. [2024-03-31]. https://www.nlc.cn/dsb_footer/gygt/xxgk/202104/P020210428319324349887.pdf.

[9] 国家图书馆“十四五”发展规划 [EB/OL]. [2024-04-04]. https://www.nlc.cn/dsb_footer/gygt/xxgk/202110/P020211009593349959836.pdf.

[10] 胡平. 美国高校图书馆战略规划评估模式分析 [J]. 图书馆工作与研究，2015（1）：8-11.

[11] 邱建恒. 公共图书馆战略规划实施效果评价实践案例研究——以东莞图书馆和昆西公共图书馆为例 [J]. 河南图书馆学刊，2023（10）：31-33.

彩色缩微技术的发展历程及其在图书馆文献保存中的应用

肖　波（缩微文献部）

1　彩色缩微技术的发展历程

1.1　缩微技术的产生和彩色缩微技术的萌芽

从维多利亚时代早期开始，作为一种高效、实用且经济的信息存储和复制手段，摄影技术的应用领域一直在持续扩展。缩微摄影技术作为摄影技术的一个分支，其起源可以追溯到 1839 年摄影技术出现的同年。当时英国人约翰·本杰明·丹瑟在达盖尔照相法（银版照相法）出现后不久就制作了世界上第一张缩微胶片。1845 年，德国的阿尔伯特·德雷塞尔博士首次提出将缩微摄影技术作为复制人类纸质文明的手段。他认为，对于那些保存状态较差的手稿类文献，应该摒弃之前人工誊写的方法，进而采用缩微技术代替。由此可见，虽然把缩微技术应用于文献保存早在 1845 年就已经被提出，但塞瓦斯蒂安诺夫才是真正把缩微技术应用于实践的人。然而，由于欧洲革命浪潮的影响，他的尝试并没有得到公众的关注与支持。普法战争中，法国政府为了与同被围困在巴黎的部队联系，将一份 3000 页的情报拍摄后，缩制在只有几英寸长的胶片上，并用信鸽送到了巴黎[1]。这一应用足以说明缩微技术在当时的发展潜力。但是缩微技术仍然没有得到广泛的应用，其核心原因是当时人类对信息的处理没有形成一套完整的系统。直到 20 世纪初，各国政府和大型机构在工作中产出了大量的纸质文件，缩微技术才得到关注及应用。

随着缩微技术的发展，人们对彩色缩微技术的兴趣也日益增长。但在当时与传统的黑白缩微技术相比，彩色缩微品的成本至少是黑白缩微品的 10 倍甚至更多。直至 20 世纪 50 年代末也没有出现一款保色度和分辨率俱佳的彩色胶片，但是人们并没有停止对制作彩色缩微品的尝试。

如果说 1839 年到 19 世纪 60 年代缩微技术的发展历史本质上是黑白缩微技术的历史，那么 19 世纪 60 年代就是彩色缩微技术逐步发展并应用于实践的开端，此时彩色缩微品的分辨率已经相较之前有了很大提高，彩色胶片乳剂的质量和彩色缩微摄影技术也有了显著提升。一些彩色缩微品的发行机构看到了新媒体带来的商机，以罕见的或绝版的艺术作品作为切入点，制作了珍贵手稿、绘画、艺术期刊等出版物的彩色缩微品。其中最早的是当时国际著名的艺术期刊《国际画廊》。这本期刊 1893 年发刊，直到 1969 年，缩微世界出版社以 35mm 彩色缩微胶片的形式继续将其出版。

1.2 彩色缩微技术发展的缓慢推进期——阻碍与机遇

1.2.1 彩色胶片的褪色问题

随着彩色缩微技术的不断发展，其短板也随之出现，面临最首要的也是最难的问题就是彩色胶片的褪色问题，这也是在彩色缩微技术发展中必须突破的技术壁垒。

彩色缩微胶片主要分为两种类型。第一种是染色型（外耦型）彩色胶片。它最早由柯达公司在 1935 年生产并使用，名为柯达克罗姆（Kodachrome）。柯达克罗姆是一种非常独特的胶片，本质上它是黑白胶片，因为它自身乳剂并不含有颜料，其色彩的呈现也不是通过胶片片基上的乳剂感光后直接完成的，而是需要 4 种不同的冲洗药液通过 4 次显影步骤，让药液与胶片片基上的乳剂进行耦合而产生。通俗地说，这种技术意味着胶片上的彩色染料与附着它们的乳剂之间的黏合力很弱，导致染料颗粒与周围环境容易相互作用，从而导致褪色。

第二种彩色胶片名为汽巴克罗姆（Cibachrome），于 20 世纪 60 年代由伊尔福公司制造并销售。汽巴克罗姆是唯一一种不用生色染料的胶片，它所采用的是偶氮染料，这种染料颜色鲜艳且性质稳定，在出厂前就已提前被嵌入胶片乳液层中，显影时利用染料参与受光银盐还原反应的特性进行漂色。由于染料是提前预制入胶片的而不是由生色剂形成，因此用汽巴克罗姆冲洗完成的图像也更加清晰。由于偶氮染料比生色染料稳定得多，在日常灯光下也不易褪色。对于彩色缩微技术来说，汽巴克罗姆的出现是革命性的，它为之后彩色缩微技术的普及打下了基础。

1.2.2 彩色胶片耐久性测试数据的缺乏

由于彩色缩微胶片在市场上真正批量应用得非常少，所以对其耐久性的实验和研究直至 20 世纪 80 年代都是很少的。1987 年由南希 · E. 格文著，美国图书馆协会出版的《缩微胶片的保存保护：给图书馆员和档案管理员的指南》一书是当时关于缩微这一主题最全面的文献。其中有关彩色缩微技术内容的篇幅不到 10 行。篇幅如此有限的原因就是当时没有可利用的耐久性测试的数据支持。事实上，1983 年汽巴－嘉基公司的阿明 · 梅耶和丹尼尔 · 伯马呐就发表过一篇关于汽巴克罗姆稳定性和耐久性测试的文章，他们把胶片放在 77° C 的高温，60% 相对湿度的条件下观察了 112 天，结果是几乎没有发现胶片有显著的褪色和密度变化。最终他们的结论是汽巴克罗姆的稳定性和持久性是当时任何染色型胶片都无法相及的[2]。

然而由于当时大部分图书馆和档案馆使用的仍然是柯达克罗姆胶片，人们对彩色胶片褪色存在固有认知，且因为实验时间和实验环境的局限性，这项研究并没有引起关注。这种困境在 1990 年出现转机。1990 年，由罗切斯特技术研究院的影像耐久性研究所（IPI）主持的彩色缩微胶片暗稳定研究表明：即使在室温下，彩色缩微胶片影像也可能保存 100 年；在加速老化研究中，密封袋子里的胶片寿命比自由悬挂在舱里的短；汽巴克罗姆染料在室温和适中的相对湿度条件下，两三个世纪后才会发生明显的染料褪色反应[3]。

1.2.3　行业标准的缺失

相比于黑白缩微技术已经有了整套完整的标准，彩色缩微技术自诞生以来很长一段时间都缺乏统一的国际标准。

1980 年 5 月，参加国际标准化组织（ISO）年会的英国代表团为缩微技术委员会 ISO/TC 171 的议程提出了一个额外的工作项目，即起草一份题为《彩色缩微胶片的生产和操作指南》的规范性文件[4]。这一提案如果想获得通过，必须有至少 5 个参会国家的赞成。最后，该提案以 7 票支持，3 票反对的结果获得通过。但是，包括美国在内的 6 个国家都没对投票做出回应。由于美国是当时世界上最大的彩色缩微品生产国，其态度无疑给推进彩色缩微技术标准化进程制造了障碍。事实也确实如此，这一项目在之后的几年内都没有商定的迹象，随后便搁浅了。

1.3　彩色缩微技术的稳步发展时期——实践与创新

1.3.1　彩色缩微技术的逐步应用

自 20 世纪 70 年代末开始，有些缩微品出版商开始关注彩色缩微，并依靠更新的技术在各领域内发行彩色缩微品，其应用涉及医学、教育学、美术学等。以出版业为例，出版商们关注的不再仅限于文字和手稿，而是集中在将彩色缩微技术应用于艺术。1984 年由伯金·哈瓦德编写的《十九世纪诺福克彩色玻璃》一书出版，书中附赠了 5 张彩色的缩微平片以供读者欣赏[5]。这本书的主题与彩色缩微平片的展现形式完美契合，是彩色缩微在出版行业中的成功尝试。

另外，彩色缩微技术的价值也逐渐被图书馆看到。1992 年纽约州立图书馆的馆员彼得·麦克唐纳德就表示，在该馆的地图阅览室里，有数百张 19 世纪纽约市的手绘彩色地图。这些地图的借阅率很高，已经逐渐褪色，一些颜色细节已经模糊，开始出现严重老化的迹象，只有尽快用彩色缩微技术把这些色彩保留下来，才能继续发挥它们的作用。

1.3.2　数字转模拟（COM）彩色缩微技术的出现

19 世纪 50 年代，随着计算机性能的飞跃发展，缩微技术也开始与之相结合，创新出了数字影像转换成模拟影像 Computer Output Microfilm，COM）(以下简称“数转模技术”)。这是一种可以将计算机的输出信息直接记录在缩微胶片上的技术。数转模技术将计算机系统的高速、高效同缩微胶片的稳定、经济相结合，为未来世界信息保存和管理提供了新的可能。

彩色数转模的设备主要分为激光打印和光源曝光两种类型。这两种技术原理完全不同，也为彩色缩微的应用方向带来不同思路。以激光打印技术为支撑的彩色数转模系统，以 Archive-Laser 为例，其原理主要是使用红色、绿色和蓝色激光，通过声光调制器根据图像信息对各个激光束进行调制，并最终通过特殊的光学设备进行组合。利用这项技术，Archive-Laser 能够还原出原件真实的色彩和灰度，成品的分辨率可以达到每毫米 160 线对，既可以记录模拟图像也可以记录数字代码[6]。光源曝光型彩色数转模属于拍照型技术。拍摄的技术原理是利用数字存档机将原生性或再生性的数字图像转换到缩微胶片上，具体是通过特殊的影像显示技术将数字图像按照一定比例投射或打印到缩微胶片乳剂层上，当光线触及卤化银晶体时，这些晶体发生结构性变化形成缩微影像，从而实现数字资源的缩微化转换[7]。

2 彩色缩微技术在图书馆中的应用——以国家图书馆为例

国家图书馆现有的馆藏珍品文献中，有1600余部彩色文字批注的宋、元代的善本古籍，包括极为少见的手绘彩色善本，还有古代舆图、手稿手札、金石拓片等馆藏珍品，这些都可以用彩色缩微的方式保存[8]。1985年，国家图书馆正式成立了全国图书馆文献缩微复制中心（以下简称“缩微中心”）。缩微中心是我国图书馆中第一个尝试彩色缩微品制作的部门。2010年3月，缩微中心开始正式投入彩色缩微的拍摄工作。同年，由缩微中心主任李健、副主任张阳、北京电影学院教授李铭共同起草的GB/T 25073—2010《缩微摄影技术　彩色缩微胶片　曝光技术及与之相适应的线条原件和连续色调原件的制备》国家标准通过审核并公开发布。

通过多年彩色缩微的工作实践，缩微中心现实行两种彩色缩微的工作模式，即传统彩色缩微拍摄和数字转模拟缩微拍摄。

缩微中心彩色缩微工作流程图如图1所示。

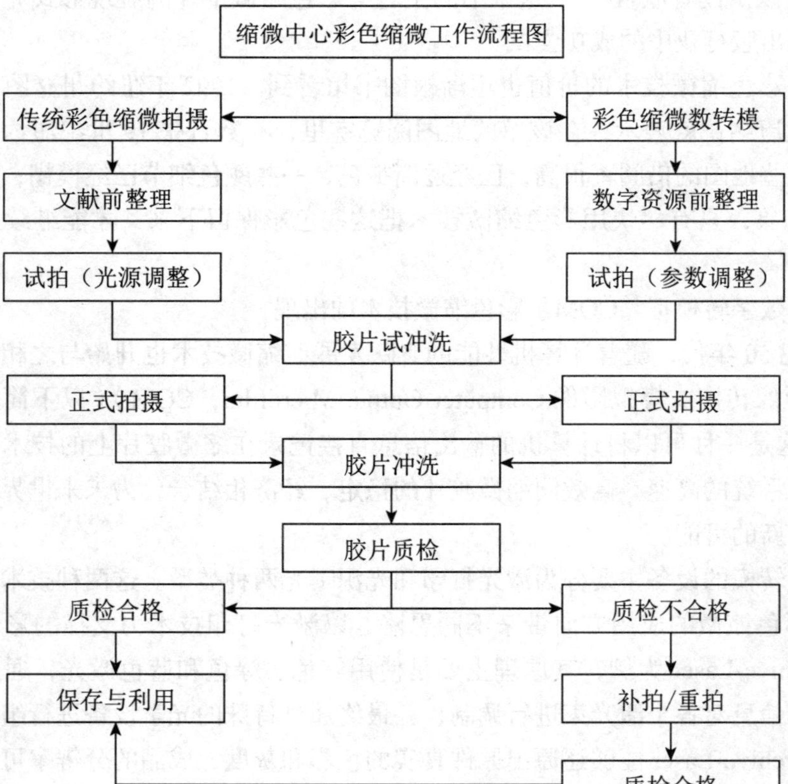

图1　缩微中心彩色缩微工作流程图

2.1 传统彩色缩微工作

缩微中心最初的彩色缩微拍摄工作也是由黑白缩微工作延伸开展的。2006年缩微中心就开展了为期一年的彩色缩微工作试验，于2007年顺利完成。试验把当时已有的日本富士M2型黑白缩微拍照机、AP5型冲洗机分别改装为黑白/彩色两用的缩微拍摄机和彩色缩微胶片冲洗机，选用伊尔福克罗姆（Ilfochrome）彩色缩微胶片，采用传统的银漂法冲洗工艺进行冲洗。缩微中心进行了大量的改装、试拍、冲洗、耐久性实验，对于彩色缩微技术在中国图书馆的应用是开创性的。虽然随着彩色缩微技术的进步，缩微中心已将拍摄机更新为德国ProServ公司的PS2002彩色专用拍摄机，冲洗机更新为美国Crowley公司的HF Mini-color LabMaster 500冲洗机，但传统彩色缩微的工作模式一直延续至今。

2.2 彩色缩微数字转模拟（COM）工作

国家图书馆馆藏的数字资源大部分为灰度图像和彩色图像，其中也不乏许多珍贵古籍的稿抄本、碑帖拓本等，这一部分数字资源的保存与利用对缩微工作同样意义重大。2009年起，缩微中心就开始了对彩色缩微数转模工作的调研和准备，2011年开始彩色缩微数转模工作进入量产阶段，缩微中心先后购入了德国赛数公司出品的OP300、OP500、OP800数字存档机[9]。彩色缩微数转模同样选用伊尔福克罗姆彩色缩微胶片，使用HF Mini-color LabMaster 500冲洗机冲洗。

2.3 面临的挑战及对未来的思考

彩色缩微有许多显而易见的短板，如成本高、技术复杂等，但笔者认为我们现在面临的最大的瓶颈并不是资金和技术，而是工作时的思维困境。如何跳出惯性思维去寻找彩色缩微工作更多的可能或许是现在我们更应该思考的问题。

如上文提到的彩色缩微界已经出现的激光记录系统Archive-Laser，它可以将数字资源以激光记录的方式保存在彩色缩微胶片上。同时，所有类型的信息（如关键词、特定内容描述、技术信息）都可以作为元数据录入胶片。这种元数据不仅可以确保原始数据结构的快速重建，还有助于读者轻松找到特定的内容或图像。在未来，彩色缩微工作甚至有可能将激光技术嵌入工作流程，将数字和模拟结合为一体用于图书馆资源的长期存储。

另外，一种新型缩微胶片——数字胶片也在近几年悄然出现并崭露头角。本质上，它是黑白缩微胶片，表面看每一拍都是一副高密度二维码，但其却可以记录彩色内容。它的存储逻辑是将拟保存的数字资源（数据包）经编码处理之后生成高密度二维码图像打印到胶片上，未来可以通过光学仪器读取胶片上的编码图像进行解码处理之后还原成原始数据[10]。数字胶片依托数转模技术实现了黑白胶片对彩色影像的记录。虽然数字胶片技术属于起步阶段且其应用有一定技术局限，但是我们仍需要不断思考彩色缩微的定位，在读者需求和存储需求中做好应用研究。

自古以来，中国大地书香氤氲，孕育出无数文化典籍，沉淀出独有的历史华彩。缩微技术让传统文化与现代技术相遇——我们与先辈共鸣；彩色缩微让古典美学与色彩还原融合——我们与先辈共情。颜色曾是被低估的文化元素，但彩色缩微技术的出现开创了我们对色彩追求的新阶段。熟悉彩色缩微技术的发展脉络，才能真正理解其中的文化意义和传承意义，而图书馆应承担起传承文明与文化的社会责任，让中华传统文化焕发新光彩。

参考文献

[1] 唐见林，张怀涛 . 可随身携带的图书馆——介绍缩微复制的新技术［J］. 湘图通讯，1980（6）：45.

[2] MEYER A，BERMANE D. The stability and permanence of Cibachrome images［J］. Journal of applied photographic engineering，1983（4）：117-120.

[3] 聂曼影 . 彩色缩微胶片在档案保护中的应用［J］. 数字与缩微影像，2004（1）：18-20.

[4] BROWN H，BAKER J，CYBULSKI W，et al. The role of microfilm in digital preservation［J］. Microform & digitization review，2012（2）：65-82.

[5] FLOWERS P. Reference applications of color microfiche：the world in the palm of your hand［J］.1992，21（2）62-66.

[6] HOFMANN A，RIEDEL W J，SASSENSCHEID K，et al. Archivelaser project：accurate long-term storage of analog originals and digital data with laser technology on color preservation microfilm［J］. Archiving Conference，2005（2）：197-200.

[7] 刘小露 . 数转模拍摄工作中密度的控制［J］. 现代青年，2021（1）：101-104.

[8] 李健 . 彩色文献的长期保存方式——彩色缩微［J］. 数字与缩微影像，2006（2）：11-15.

[9] 张阳 . 彩色缩微技术——缩微品源文献领域的开拓者［J］. 数字与缩微影像，2014（1）：1-3.

[10] 张建明，龙凌云，杨安荣 . 数字胶片技术及其在档案数字资源长期保存中的应用［J］. 中国档案，2023（2）：64-66.

生成式人工智能对图书馆阅览服务的影响研究

关　键（典藏阅览部）

美国OpenAI公司于2022年11月推出基于GPT-3.5的聊天机器人产品ChatGPT，由于其可以通过简单的问答交互方式来完成回答用户问题、提供信息、执行特定任务等工作，标志着计算机科学在自然语言处理领域取得了重要进展，也展示了大语言模型在实际应用中的潜力。这不仅影响了计算机行业，更为全社会的信息化变革带来了新的契机。目前，我国正在积极规划建设全国智慧图书馆体系，而生成式人工智能的出现及发展恰逢其时，将毫无疑问地对智慧图书馆体系的规划与发展产生深远影响。

生成式人工智能（AIGC，AI-Generated Content）技术及其相关产品在图书馆领域的应用日益成为图书馆业界和学界的关注焦点。相关领域的研究和讨论逐渐向多元化和精细化方向发展。如蔡子凡等讨论了生成式人工智能技术在图书馆文献采购、阅读服务、决策咨询等各方面的应用前景[1]；赵杨等尝试建立了融合生成式人工智能的智慧图书馆体系框架并提出生成式人工智能技术对图书馆员基础工作提出了更高的要求[2]；储节旺等认为生成式人工智能时代图书馆服务应从普适化、智能化向个性化、智慧化转变[3]；符荣鑫等建议图书馆融合智能技术，建设"采编流阅"一体化服务，实现图书全流程智慧化管理[4]；李鹏等以图书馆阅读推广工作为角度，探索了生成式人工智能赋能下新书推荐活动的工作模式[5]；张鑫娟等则从服务老年用户的角度探索了相关的图书馆创新策略[6]；等等。本文拟在前人研究的基础上，梳理生成式人工智能与智慧图书馆的相关概念，并从阅览服务的角度就生成式人工智能对图书馆的相关影响这一主题展开讨论。

1　相关概念的讨论与界定

目前，图书馆学界在讨论生成式人工智能、智慧化图书馆等相关问题的过程中，存在着对生成式人工智能、大语言模型[7]、ChatGPT[8]、人工智能[9]等若干相关概念未达成广泛共识的情况，多个不同概念相互混用时有发生。为确定讨论对象，有必要对其中一些概念的内涵特征、应用状况和这些概念与智慧图书馆之间的关联进行梳理和总结。

1.1　生成式人工智能与大语言模型

生成式人工智能与大语言模型（LLM，Large Language Models）从英文全称便可以看出二者存在一定区别。具体来说，生成式人工智能通常指的是利用机器学习技术来自动生成文本、图像、音频等各种形式的内容的技术产品。与传统的人工智能、机器人相比，生成式人工智能产品可以生成内容与训练数据相似，但是又有一定程度新颖性的新内容，而不仅仅是机械地对数据分类或预测，这也是生成式人工智能产品受到社会广泛关注的根本原因。而大语言模型则是人工智能实现文本生成功能的核心技术，它的底层是一种叫作转换器（Transformer）的深度学习模型架构，通过转换器，大语言模型可以执行自主学习，能够理解和生成自然语言文本。二者的关系也可以理解为目的与手段，大语言模型是一种手段，其目的是为生成式人工智能提供文本生成能力，或者说大语言模型是实现生成式人工智能的一种技术。如 ChatGPT 就是基于 GPT-3.5、GPT-4 大语言模型之上的生成式人工智能产品。

1.2 智慧图书馆与图书馆的智慧化

智慧图书馆在学界已经不是一个新概念。目前，学界已经对智慧图书馆的体系架构[10]、服务模式[11]等有了较为完善的探索与讨论，从智慧图书馆的顶层设计到具体工程的解决方案都有了较为系统的研究，并且开始从理论研究逐渐向实践应用方向发展。当前，我们需要认识到，图书馆的智慧化是一个系统性的工程，目前还不存在通用的解决方案。智慧图书馆的实践建设工作中也存在开展缺乏系统性与深入性、馆员队伍建设滞后，理论研究与实践联系不够紧密等依靠现有资源短时间内难以解决的诸多问题[12]。而中共中央、国务院印发的《关于推进实施国家文化数字化战略的意见》[13]提出要“统筹推进全国智慧图书馆体系建设”，通过该指导意见我们也要清醒地认识到，智慧图书馆是当前图书馆发展的必然趋势。对新技术的开放和拥抱，使智慧图书馆有机会成为生成式人工智能发挥其应用场景的重要阵地。

2 生成式人工智能助力图书馆阅览服务向智慧化发展

生成式人工智能在近两年的突破性高速发展为图书馆阅览服务带来了前所未有的可能性。与传统图书馆阅览服务相比，生成式人工智能的融入将推动图书馆阅览服务向智能化、个性化、专业化方向发展。当前，一些国外图书馆已经开始尝试将生成式人工智能引入图书馆的应用生态中。例如，西班牙图书馆尝试利用生成式人工智能技术发掘匿名作品，瑞典国家图书馆利用生成式人工智能训练模型来开发馆藏资源，回顾瑞典语的演化[14]，阿联酋扎耶德大学图书馆尝试构建用于参考咨询的生成式聊天机器人[15]等。当前从图书馆阅览服务角度对生成式人工智能在图书馆中的应用研究较少，下面提出两个应用前景较为明确的方向进行讨论。

2.1 创新性的生成式检索服务

在传统的图书馆书籍检索过程中，读者通常需要在图书馆的开放式联机公共目录查询系统（OPAC）中通过多字段检索、多库检索，甚至使用通用命令语言进行多种组合检索尝试，经过反复实验和修正，才能得到相对满意的检索结果，找到所需的图书。为解决这一问题，图书馆可利用生成式人工智能技术，尝试为读者提供一种生成式检索服务。

生成式检索系统则可以依托现有的开源通用大语言模型，如 LLaMA、ChatGLM-6B 等对图书馆现有数据库的数据进行自主学习，生成能够针对图书馆藏书数据的、经过训练和优化的垂直领域大模型，最终为读者提供一种“智能搜索助手”服务。从读者服务的角度来看，这种智能搜索助手将具备自然语言的理解能力，大幅提升检索工作便捷性，并且能根据读者的阅读习惯，自主提供相关的书籍推荐，甚至能为书籍提供自动摘要，帮助读者快速了解书籍内容以便决定是否要详细阅读。从图书馆的角度来看，这种生成式的检索服务可以通过不断的自主学习，持续改善图书馆书籍的搜索算法，对不同读者的历史行为和偏好进行分析和挖掘，最终实现书籍的精准化传播，解决目前图书馆藏书资源利用率较低、书籍知识资源服务对象较为单一的问题，实现“多元化”“面对面”的效果，为不同知识需求的读者提供书籍的不同知识侧面。

2.2　特殊群体的阅览适配

针对老年人、残疾人等特殊群体的阅览需求，生成式人工智能技术也有广泛的应用前景。现代图书馆担负着向社会公众提供知识信息服务的重要任务，也是推广终身教育的重要阵地。当前，图书馆的信息化、智慧化程度越来越高，随着新技术的不断落地应用，老年人、残疾人等特殊群体在其中往往处于弱势边缘地位，出现了群体信息素养水平错位的现象[16]。

老年人对新技术、新知识的敏感性较低，学习能力也相对较弱，图书馆引入的各种智能设备可能反而会降低老年人的服务体验。通过前文提到的智能搜索助手，老年人可以使用简单的语音指令或自然语言查询来找到他们感兴趣的书籍或资料。对于那些因身体状况或其他原因无法亲自到图书馆阅读的老年人，生成式人工智能技术可以以个人信息助手的形态，帮助他们通过智能手机或平板电脑等设备远程访问图书馆的电子资源。

我国的视障群体在图书馆知识资源获取方面面临着两大障碍。从图书馆服务的角度来看，尽管近年来我国的省级、市级公共图书馆大多建立了视障服务区或盲人阅览室，并提供纸质盲文书刊、大字本图书等借阅服务，但仍存在盲文图书种类稀少、不易携带，以及有声书、无障碍电影资源稀缺的问题[17]。从视障群体自身的角度观察，由于我国城市基础设施建设相对不足，视障群体独自外出容易遇到很多困难，很多人不便到图书馆进行阅读学习，更无法参与图书馆的各类培训活动。生成式人工智能技术在扩展视障群体的知识来源方面具有巨大潜力。它可以通过优化过的自然语言处理（Natural Language Processing）深度学习算法，将图书馆的馆藏资源转换为语音输出。通过自然语言处理算法，人工智能可以将文本内容转换为自然流畅的语音，并以语音播报的形式呈现，使视障群体的图书资源获取范围不再囿于盲文文献。

此外，图书馆传统的参考咨询、阅读推广、教育培训等活动也可以借助生成式人工智能技术通过语音方式开展，这将大大提高图书馆的无障碍服务供给能力，进而提高了特殊群体的图书馆公共文化参与度。通过这些技术手段，图书馆能够更好地满足视障群体的文化需求，帮助他们克服获取知识的障碍，实现信息平权。

3 生成式人工智能技术在图书馆阅览服务中的发展路径展望

实用化的生成式人工智能产品在问世两年以来就展现出了较高的应用价值和广阔的发展前景。未来随着生成式人工智能技术的持续快速迭代和高速发展，图书馆的阅览服务也应该持续跟进生成式人工智能技术的发展路径，不断扩展升级，推动阅览服务从数字化向信息化、智慧化转型。

3.1 构建阅览服务领域的垂直大模型

生成式人工智能产品的核心技术大语言模型的定义和概念上文已述。目前，一些科技公司和研究机构已经相继开发出基于转换器（Transformer）原理的开源通用大模型，如 LLaMA-2、BLOOM、ChatGLM-6B、Qwen 等。这些通用大模型都是以互联网上的公开数据作为其语料训练基础的，尽管它们的适用场景广泛，但难免存在网络语料质量不高、专业领域积累不足、行业针对性不够等问题。为了解决这些问题，现在很多学者开始尝试基于通用大模型来构建针对特定行业的垂直领域大模型[18]，以达到能够更好地处理特定领域的知识、术语的能力。相较于互联网上的公开语料，图书馆馆藏的各类数字资源和对大量文献资源的高质量元数据标注而形成的数据资源，无论在规模上还是质量上都无疑具备明显的优势。当前，针对图书馆阅览服务领域的垂直大模型建设尚属空白，为了更好地让大语言模型应用于图书馆领域，图书馆应做好统筹规划，明确自身在大语言模型产业中的定位，参与相关标准的制定和垂直大模型的建设，充分开发现有的馆藏资源，将之切实转换成质量高、基数大、影响力强的数据资产。

3.2 建设生成式人工智能时代的智慧馆员队伍

在图书馆的智慧化建设过程中，图书馆员扮演着至关重要的角色。一方面，他们是沟通图书馆与读者不可或缺的桥梁；另一方面，他们也是图书馆智慧化建设的重要基石。未来，随着生成式人工智能技术的不断升级和快速迭代，其势必在图书馆的智慧化进程中起到重要的作用，不可避免地给现有的图书馆传统阅览服务模式带来影响和冲击。图书馆员在高速的科技发展浪潮中应该具备与时俱进的能力，主动适应学习新技术，只有自身对新技术有了一定的理解、应用、评估能力之后，图书馆员才能在生成式人工智能时代提升阅览服务能力，进而为读者提供更完善的阅览服务，提供更充实的阅读体验，丰富读者的文化生活。以美国为例，一些美国的高校图书馆就有专业的咨询馆员专门针对 ChatGPT 产品提供相应的咨询服务[19]。图书馆在提升馆员数字技术素养的过程中应该发挥更积极的作用，如通过各类培训、讲座、专题性的课程和学术研讨活动乃至线上课程等专门对进行馆员培训教育，提高其技术理解和应用能力，帮助馆员能够跟踪生成式人工智能技术的最新发展态势和应用情况。

通用性生成式人工智能产品目前所展现出的实用价值在图书馆阅览服务中还是有限的。在未来的一段时间内，阅览服务仍将主要依靠传统工作模式开展。但是我们也应该注意到，现有的生成式人工智能产品已经能够在撰写文稿、设计图案等方面给图书馆员提供一些帮助，减轻其工作压力。未来随着技术的不断发展，生成式人工智能技术的逐步应用将不可避免地对图书馆阅览服务产生更加深远的影响。图书馆员在不断与时俱进、跟踪学界前沿动态的同时，应该保持清醒的认识，即技术不是独立存在的。图书馆服务的核心对象是人，阅览服务的根本在于馆员自身的专业素养。在技术高速发展的浪潮中保留一份人文关怀的理念，为读者提供智能、高质量且有温度的知识服务，是图书馆阅览服务的最高追求。

参考文献

[1] 蔡子凡，蔚海燕 . 人工智能生成内容（AIGC）的演进历程及其图书馆智慧服务应用场景［J］. 图书馆杂志，2023（4）：34-43，135-136.

[2] 赵杨，张雪，范圣悦 .AIGC 驱动的智慧图书馆转型：框架、路径与挑战［J］. 情报理论与实践，2023（7）：9-16.

[3] 储节旺，杜秀秀，李佳轩 . 人工智能生成内容对智慧图书馆服务的冲击及应用展望［J］. 情报理论与实践，2023（5）：6-13.

[4] 符荣鑫，杨小华 .AIGC 语言模型分析及其高校图书馆应用场景研究［J］. 农业图书情报学报，2023（7）：27-28.

[5] 李鹏，宋西贵 .AIGC 技术赋能图书馆阅读推广工作的创新应用［J］. 农业图书情报学报，2023（12）：84-93.

[6] 张鑫娟，刘焕成，郝杰，等 .AIGC 视域下图书馆老年用户阅读推广服务创新研究［J］. 河南图书馆学刊，2023（11）：15-18.

[7] 郭利敏，付雅明 . 以大语言模型构建智慧图书馆：框架和未来［J］. 图书馆杂志，2023（11）：22-30，133.

[8] 郭亚军，郭一若，冯思倩，等 .ChatGPT 赋能高校图书馆元宇宙空间服务［J］. 图书馆论坛，2024（9）：69-78.

[9] 刘泽，邵波 . 元宇宙场景下人工智能生成内容（AIGC）赋能图书馆用户服务研究［J］. 图书馆 2024（2）：10-16.

[10] 饶权 . 全国智慧图书馆体系：开启图书馆智慧化转型新篇章［J］. 中国图书馆学报，2021（1）.

[11] 邵波，单轸，王怡 . 新一代服务平台环境下的智慧图书馆建设：业务重组与数据管理［J］. 中国图书馆学报，2020（2）：27-37.

[12] 李沅洁，邵波 . 智慧图书馆十年实践研究：进展、困境与出路［J］. 图书情报工作，2023（24）：135-148.

[13] 关于推进实施国家文化数字化战略的意见［EB/OL］.［2022-05-22］. https://www.gov.cn/xinwen/2022-05/22/content_5691759.htm.

[14] 李佳轩，储节旺，杜秀秀 . 关联、黑箱与赋能：AIGC 驱动智慧图书馆的转型路径［J］. 图书情报工作，2023（23）：18-27.

[15] 刘莉，邵波．生成式 AI 赋能智慧图书馆的融合路径探析——以扎耶德大学图书馆为例［J］．图书馆学研究，2023（12）：34-43.
[16] 陈丹，岳小楠，张凌．智能技术背景下我国图书馆适老化服务研究综述［J］．图书馆工作与研究，2022（11）：113-120.
[17] 余雪月，冯锦福．《马拉喀什条约》背景下公共图书馆视障群体服务研究［J］．四川图书馆学报，2024（2）：70-74.
[18] 张君冬，杨松桦，刘江峰，等．AIGC 赋能中医古籍活化：Huang-Di 大模型的构建［J］．图书馆论坛，2024（10）：103-112.
[19] 于曦．美国高校图书馆 ChatGPT 服务实践及启示［J］．山东图书馆学刊，2023（6）：97-105.

从书目数据管窥国家图书馆西文多语种馆藏建设的成效和优化策略

曾庆睿（外文采编部）

国家图书馆作为国家总书库和国家书目中心，海纳百川、兼收并蓄是其文献资源建设的努力方向。经过百余年不断积累，国家图书馆外文文献的馆藏量在国内首屈一指。根据笔者的调研成果，截至 2023 年 7 月，国家图书馆外文文献的语种数量已达 161 种，西文语种数量为 81 种，约占外文语种总量的一半。西文主要囊括用拉丁字母、希腊字母书写的语言文字。国家图书馆的西文文献资源建设可追溯到 20 世纪 20 年代，当时馆藏量 6 万余册[1]，以外国政府出版物、参考工具书、整套专门杂志、英国文学、音乐美术图书、考古学重要报告为特色[2]。随着时代发展，遵循“中文求全，外文求精”的建设原则，西文馆藏日臻完善。截至 2023 年 7 月，西文文献馆藏量已达 300 多万册，在引进国际前沿学术、深化国内外合作交流方面起到了不可替代的作用，较好地满足了中央和国家领导机关以及重点科研、教育与生产单位的文献资源需求，同时为社会公众提供了有力的信息保障。

质量评估是确保馆藏文献资源建设水平的有效措施。对于外文文献资源，语种是读者的主要兴趣点，也是构建科学馆藏结构的重要一环，与文献保障度和读者满意度密切相关，因此是评估馆藏质量的重要指标之一。为了准确把握馆藏西文语种统计数据，从而进一步优化多语种馆藏建设策略，笔者于 2023 年采用书目数据分析法对馆藏西文文献语种具体情况开展了相关调研。本文详细地梳理了调研结果，深入分析了语种确认的工作难点，基于调研情况指出国家图书馆开展多语种馆藏建设存在的不足，并提出优化策略。

1 语种调研情况及难点分析

1.1 语种调研情况

笔者的语种调研采用书目数据分析法，即在国家图书馆外文书目数据库中以语言代码作为检索点，依次输入由美国国会图书馆（Library of Congress，LC）创建并维护的语言代码表中的每个代码，记录相应的检索结果。LC 语言代码共包括 516 个，其中现行代码 485 个，曾用语言代码 31 个。如果语言代码发生过变化，检索结果即为现行语言代码和曾用语言代码分别检索结果的和。

对于多语种文献，非通用语种（即除英语、汉语、法语、俄语、西班牙语、阿拉伯语 6 种联合国工作语种外的其他语种）文献，视听资源和涉及我国民族语言的文献，确认语种存在困难或有标准执行不统一的情况；数据量较少的语言代码存在误判的可能性。调研分别针对上述几种情况进行二次分析和筛查，对判断标准进行统一，确保语种认定的正确性和一致性。

经过上述数据检索及二次分析和筛查，调研汇总得出外文书目数据库中确定存在的外文语言或语族共 161 种，其中西文 81 种。与现行统计数据的 123 种相比[3]，本次结果增加了 38 种，说明经过几年建设，语种数量稳步提升。在西文馆藏中，英语文献量遥遥领先，以 250 多万种位列第一；德语和法语文献量均超过 10 万种，分别位列第二和第三位。馆藏量超过 1 万种的语种共有 7 个。前 10 位的西文语种如表 1 所示。

表 1　馆藏量前 10 位的西文语种列表

排序	中文译名	语种名称	代码	数据总量 / 条	占西文总数据量的比例 /%
1	英语	English	eng	2535587	83.18
2	德语	German	ger	210376	6.90
3	法语	French	fre	159107	5.22
4	西班牙语	Spanish	spa	29027	0.95
5	意大利语	Italian	ita	26333	0.86
6	罗马尼亚语	Romanian	rum	19066	0.63
7	拉丁语	Latin	lat	14559	0.48
8	捷克语	Czech	cze	8114	0.27
9	匈牙利语	Hungarian	hun	7930	0.26
10	波兰语	Polish	pol	7004	0.23

从调研结果来看，西文馆藏语种丰富，但是结构不均衡。英语文献占了绝大多数，欧洲主要语种文献也较多，然而不少语种的文献量仅有个位数。例如，作为新西兰 3 种官方语言之一的毛利语文献仅有 6 种馆藏。此外，第三世界国家语言文献入藏也较少，尚有优化空间。

1.2　语种调研难点

书目数据反映出确认语种有难点的几类情况，以多语种文献、非通用语文献、视听资源、涉及我国少数民族语言文献和数据量较少的文献为代表。

1.2.1　多语种文献类型多样，情况复杂

多语种文献包括含有多种语言的文献，如外语教学文献、多语言对照文献和多语种词典等。对于含有多种语言的文献，编目员需要判断哪种语言占内容表达的大部分，则在 008/35-37 字符位记录该代码，并在 041 字段记录多种语言代码；如果内容表达的语言多于 3 种，且无法判断哪种语言占主导位置，则在 008/35-37 字符位和 041 字段记录

"mul"（多种语言）。

调研对多语种文献进行了二次梳理，视情况将其归入某种西文语种。外语教学文献多为中外语言对照，考虑到读者往往是学习外语人群，所以记录为外语语种。多语种对照文献多为哲学、文学、艺术等人文读物，编目员需要按照文献题名页的语种顺序，将位于首位的语言代码记录在 008/35-37 字符位。对于西文和汉语对照文献，为了丰富语种馆藏，一般记录为西文文献。对于多语种词典，编目员需要判断词典的用途[4]。例如 *Nouveau Dictionnaire Francais-Japonais*（《新法日词典》）一书，有并列标题"模范佛和大辞典"。该文献是日本人学习法语所用词典，因此归为法语文献。

1.2.2 编目员知识经验难以覆盖非通用语种

馆藏西文文献涵盖十分小众的非通用语种，如叙利亚语、科萨语（居住在南非开普省的牧民使用的语言）、祖鲁语等。编目员的知识储备和经验不足以覆盖这类语言，难免束手无策。对于这类情况，如找不到专业人员，编目员需要根据题名、ISBN 等信息，在美国国会图书馆、哈佛图书馆、英国国家图书馆等权威图书馆网站检索，找到一致的数据，或根据线索使用翻译软件确认语种。

1.2.3 视听资源内容无法直接阅读

如今，视听资源是图书馆资源建设的重要组成部分[5]。不同于纸质文献，视听资源不一定是清晰的文字叙述，其语种二次确认过程较为琐碎，除了根据编目对象本身的信息，调研还根据题名、责任者国籍、出版地或其他附注信息进行判断，必要时需要去其他权威图书馆网站、视听资源网站查询相关资源信息[6]。

对于纯音乐作品，需要在 008/35-37 字符位记录"zxx"（无语言内容，如纯音乐录音制品）。对于无法判断内容的无旁白、无歌词音频资料，在 008/35-37 字符位记录"und"（未能确定的语言，如带有嗡嗡声、哼鸣声的录音资料）。对于多语种歌曲汇编，如果语种超过 3 种，则记录"mul"，在 546 字段补全语种。如果资源包含语种不超过 3 种，则按照重要程度依次记录在 041 字段，并将最重要的语种代码记录在 008/35-37 字符位。对于带有英语字幕、小语种旁白的视频资料，则根据文献信息记录该旁白语言代码在 008/35-37 字符位。

1.2.4 我国少数民族语言易被误判为西文

少数民族多有自己的文化和语言。部分少数民族语言可以实现罗马化，如藏语；还有部分为了传播发展，创造了应用拉丁字母的书写方式，如 1957 年后的壮语。介绍藏地文化的文献有使用罗马化藏语写就的，如 *Mandalas of the Bon Religion: Triten Norbutse Collection, Kathmandu*（《苯教的曼荼罗：孜珠寺收藏，加德满都》）；20 世纪 80 年代也涌现了一批壮语课本。这类文献往往因其采用拉丁字母书写而被错误归类为西文文献，本次不做西文统计。

综上所述，书目数据反映出语种确认有难点，需要综合考虑多方面因素，但也并非没有规律可循。语种确认和标引的工作流程如果能进一步规范化，提供更准确的数据，更加有助于评估馆藏建设工作。

2 西文文献馆藏语种建设的不足

2.1 语种数量与国际领先水平相比仍有差距

国家图书馆馆藏外文语言或语族共161种，在国内处于领先水平。中国高等教育文献保障系统（CALIS）联合目录覆盖了英语、日语、俄语、法语、德语、西班牙语、拉丁语、阿拉伯语等180多个语种[7]。从语言类院校图书馆来看，截至2016年9月，北京外国语大学图书馆除汉语、英语外，馆藏语种有52种，西安外国语大学图书馆有33种[8]。因此，与国内情况相比，国家图书馆的馆藏语种已经称得上丰富多样。

但与处于国际领先水平的图书馆相比，国家图书馆馆藏语种数量还有一定差距。如美国国会图书馆馆藏语种有470种[9]，俄罗斯国家图书馆有367种[10]。这主要是机构规模和经费、语言文化背景差异造成的结果。

2.2 语种结构呈“一超多强”态势

从西文文献语种结构的角度来看，英语作为19世纪后国际强势语言的优势仍然非常明显[11]，欧洲主要语种的文献量也较多，同体而言呈“一超多强”的态势。本次调研显示，外文书目数据总量已经近500万条，西文300万条。英语约为250万条，占西文总量约83%。但数据量超过1万条的语种除英语外，仅有德语、法语、西班牙语、意大利语、罗马尼亚语和拉丁语。这说明西文语种分布较为不均匀，发达国家语言占据绝对主导地位，与语言的国际通用程度成正比。

相比之下，非通用语种文献虽然已经初具馆藏规模，但是数据量少了很多，比如波兰语约7000条、土耳其语约1000条、斯瓦希里语（非洲重要的通行语言）仅有200余条。

2.3 编目质量会对馆藏建设造成影响

本次语种调研揭露了日常编目工作中语种确认的困难之处。编目工作虽然有规则可循，但是西文文献语种情况复杂、资源类型多样，编目员需要具体问题具体分析，难免会有疏漏之处，造成书目数据需要进一步确认和修改的情况。这说明编目质量对馆藏建设的重要性，因此语种确认的标准化、科学化和统一化是书目数据质量的重要衡量标准[12]，也是资源建设、资源共享的基础和前提。

3 国家图书馆西文馆藏优化策略

3.1 精细化通用语文献的采选工作

英语及其他通用语种文献占据了西文文献馆藏的绝大多数。这类文献代表了世界领先国家的政治经济情况、文学艺术作品和前沿科研成果，具备较高收藏价值，符合国家图书馆对外文采选“求精”的要求，即精细采选高质量文献、精准采选符合读者需求的文献。同时，通用语因其国际通用地位，在国内的受众也更广，语言学习者、相关研究人员对此类文献的需求量大，通用语文献也更加广泛地符合读者的需求。因此，在未来通用语文献的入藏工作仍然是西文文献建设的一项重要内容。

3.2 馆藏建设向非通用语文献倾斜

此前，我国更加注重对世界发达地区的研究。非通用语种图书使用范围窄，读者群也非常小。然而随着共建“一带一路”倡议的影响愈发显著，我国与“一带一路”国家与地区的经贸往来和人文交流日益密切，亟须增进和加强对相关国家的了解和研究。对于国家图书馆来说，建设非通用语种文献，尤其是介绍相关国家政治、经济、文化发展概况的文献，不仅响应了“一带一路”共建，为亚非国家的研究者提供更多空间，为普通读者开阔了新视野，也有助于丰富自身馆藏，进一步形成馆藏特色，强化业界引领作用。

3.3 拓宽西文资源入藏渠道

近年来，外文文献采购经费大幅萎缩，随之而来的是文献入藏量的锐减。部分非通用语种文献出版量少、书目信息缺乏、搜集渠道不畅，如非洲部分国家文献也无法通过常规采购渠道入藏。因此拓宽入藏渠道也是未来重要的建设方向，例如加强与国内外机构文献交换的合作关系，鼓励文化机构、文化组织、学者和普通读者捐赠图书。借此措施，国家图书馆也能够更好地发挥其文化交流的媒介功能。

3.4 建设外文文献共享体系

多年来，外文编目始终缺乏一个文献共建共享体系。为此，国家图书馆应当发挥业界引领作用，履行文献资源保障体系协作与协调的职能，领导建设外文文献共建共享体系。通过全国共享机制，国家图书馆能够加强与其他图书馆的合作，发挥统筹协调作用，从而加强自身建设，弥补语种馆藏的不足。

3.5 提升编目人才建设水平

目前大部分非通用语种文献的编目工作是由英语或其他通用语种专业的编目员完成的。编目员不得不借助翻译软件以及咨询专业人士才能完成工作，导致部分数据不规范，需要后续数据维护和修改。此外，非通用语种编目人才的欠缺也导致非通用语种编目工作不能形成统一规范[13]，成为资源建设、数据维护的一个障碍。为此，国家图书馆可以为非通用语种专业大学生提供实习机会，与国内外语院校建立人才共建共享模式。

本次语种调研全面掌握了馆藏的语种建设现状、勾勒了语种结构、发现了语种确认难点、夯实了编目规范，也改进了数据质量，为语言人才、编目人才的吸纳和建设，非通用语种文献的补藏，外文文献共享体系的建设提出了建设方向。对于编目员来说，加强语言学习，不仅能够提升编目水平和数据准确性，也能够掌握打开新世界的媒介。对于图书馆来说，丰富语种文献馆藏，实现语种标引精确化，更是广纳文化瑰宝、推进资源建设的体现。

参考文献

[1] 蔡丹，罗翀．中国国家图书馆西文编目规则的嬗变与开新［J］．国家图书馆学刊，2019（5）：26-33.

[2] 李致忠．中国国家图书馆馆史：1909—2009［M］．北京：国家图书馆出版社，2009.

[3] 国图概况［EB/OL］．［2024-04-08］．https://www.nlc.cn/web/dsb_footer/gygt/lsyg/index_2.shtml.

[4] 刘青端，闫瑞君．多语种文献的主题标引［J］．现代情报，2005（3）：148-149.

[5] 盖玲，邓胜利．国际图联原则——对图书馆视听和多媒体服务的指导［J］．图书馆理论与实践，2007（1）：8-10.

[6] 陈洁薇．图书馆视频资源著录和标引信息获取探究［J］．图书馆建设，2010（8）：49-51.

[7] 高等教育文献保障系统编目服务［EB/OL］．［2024-03-18］．http://www.calis.edu.cn/pages/list.html?id=302cd21d-93ee-4544-b0dc-48eedee2e97b.

[8] 王明惠，刘延莉．"一带一路"背景下外语院校图书馆非通用语种文献资源建设的困境与对策［J］．晋图学刊，2017（2）：18-23.

[9] 美国国会图书馆馆藏信息［EB/OL］．［2024-03-18］．https://www.loc.gov/about/general-information/.

[10] 俄罗斯国家图书馆馆藏信息［EB/OL］．［2024-03-18］．https://www.rsl.ru/en.

[11] 张西平．西文之中国文献学初议［J］．文献，2014（2）：90-95.

[12] 夏咏梅，李润润．中西文文献的界定和馆藏文献登录号的设置［J］．图书馆论坛，2011（1）：104-105，90.

[13] 曹红杰．高校图书馆小语种图书编目现状分析［J］．内蒙古科技与经济，2016（14）：108-109.

国家图书馆外文文献采访政策的回顾与展望

杨 柳（外文采编部）

经过建馆以来百余年的积累，国家图书馆（以下简称“国图”）的外文馆藏规模宏富、质量上乘、特点突出，满足了各层次读者的需求。外文文献采访政策是外文文献资源建设工作的指导，对外文馆藏建设至关重要。建馆以来，国图的外文文献采访政策从无到有，不断完善，成为《国家图书馆文献采选条例》不可或缺的组成部分。

1 雏形阶段（1909—1949）

1.1 外文采选标准初立

国图的前身是筹建于1909年的京师图书馆。从京师图书馆筹建到1949年中华人民共和国成立的40年时间，是国图外文文献采选政策形成的雏形阶段。

京师图书馆初创时期，外文馆藏数量稀少。1910年《京师图书馆及各省图书馆通行章程》中出现了最早的外文文献采选原则：“海外各国图书，凡属系政治、学艺者，均应随时搜采，渐期完备，惟宗旨学说偏驳不纯者不得采入。”[1] 但当时图书馆缺少稳定的采选经费和专门的采选人才，上述原则无法落实，外文藏书增速缓慢，至1928年仅入藏外文书刊38856册[2]。

1929年8月，京师图书馆与北平北海图书馆合并为国立北平图书馆。合并后，外文采购经费逐渐稳定，又设立购书委员会，推选知名学者担任委员，负责决定购书方针、审核购书相关事宜。在经费和人才的双重支持下，国立北平图书馆的外文文献采访工作取得了显著进展。

购书委员会制定了如下外文文献采访方针：“一为国家搜罗重籍，二为研究提供便利……对于西文书则着重供给科学研究之方便，数年以后，即可成为若干研究之中心。”[3] 考虑到购书经费有限，国立北平图书馆还调研了北京地区各图书馆的藏书，认为各馆应合作发展，避免重复浪费，奠定了国图一般不入藏医学、地质、军事、农业等外文书的基调。

在上述采访方针的指导下，1929—1935年，图书馆积累了70499册外文书，平均每年增加超过10000册[4]。

1937年抗日战争全面爆发，国内局势混乱，国图的购书经费、渠道均受影响。抗日战争胜利后，国图接收了敌伪机关和汉奸大量的日文藏书，一定程度上补充了外文馆藏。除此之外，外文文献的采选工作几近停滞，采选政策也未出现新的发展。

1.2 特点分析

新中国成立前的40年对国图外文文献资源建设意义重大。首先国图在屡次机构沿革中形成了外文采购经费专款专用的惯例，为外文文献的发展提供了经费保障；其次，第一代选书员确立了“中文书求全，外文书求精”的方针，为后续制定精细化采访政策提供了总体思路；最后，外文文献从建馆初期就强调学术性，致力于满足国内科研需求，这一时期积累的外文馆藏也成为后续馆藏发展的基石。

2 曲折发展阶段（1949—1976）

中华人民共和国成立后，国立北平图书馆正式更名为北京图书馆。从新中国成立初期到20世纪70年代末是图书馆外文采访曲折发展的阶段。这一时期，国内外局势发生了翻天覆地的变化，外文文献采访工作也受到影响，带有鲜明的时代烙印。

新中国成立初期，为了促进国民经济的发展，我国急需引进国外的先进技术，因此对外文文献需求迫切。但受到当时政治环境的制约，进口渠道遭到封锁，西方出版物难以进口，入藏的外文文献以苏联和东欧国家出版物为主。以1952年为例，当年共收外文书10751册，其中来自苏联的俄文书多达8160册[5]。

1953年国际书店（现中国国际图书贸易集团公司）开始引进少量西方出版物。随着图书进口机制的建立和完善，北京图书馆购书经费不断增加，在1956年“向科学进军”、1958年“大跃进”的推动下，北京图书馆的外文书刊采访范围逐渐扩大，采购数量不断增加，1958年共新增西文书刊57617册[6]。但随后在三年困难时期，图书馆的购书经费严重削减，导致外文文献采访量持续下滑。

1963年起北京图书馆的各项工作逐渐恢复，外文采访方面采取了“科学技术与社会科学两大类并重”的方针，1963年共选定5677种外文图书[7]。但1967年起，“文化大革命”给北京图书馆的业务工作造成巨大影响，外文采访工作也受到波及，陷于停顿，直至1971年才重新开馆恢复业务工作。这一时期，由于受到极左思潮的影响，外文图书采选工作短暂地偏离了“外文书求精”这一基本原则和“科学技术与社会科学两大类并重”的方针，片面强调革命性和进步性，图书馆正常的藏书建设被迫中断，许多外文书刊停止采购。1969年和1965年相比，西文书减少了70%，日文书减少了80%，俄文书减少了87%，外文期刊减少了50%[8]。采购量的大幅减少影响了馆藏的连续性，造成馆藏体系残缺不全，西文社科图书缺藏情况尤为严重。

这一阶段，受到各种因素影响，北京图书馆外文文献采访数量时高时低，采访重点屡次变更，带有很大的随机性。除1961年制定的《北京图书馆入藏图书报刊数量标准》规定了“进口西文原版书一般只购一部”“进口原版期刊一般只购一部”[9]的原则外，这一时期没有形成成文的采访政策。

3 重回正轨阶段（1977—2000年）

3.1 《北京图书馆书刊资料采访条例》出台及初次修订

随着党的十一届三中全会的召开，北京图书馆事业重新焕发生机，外文文献采选工作也重回正轨，进入系统化发展的新局面。

3.1.1 《北京图书馆书刊资料采访条例》出台

为了更好地服务读者，满足读者文献借阅需求，北京图书馆在1977年制定了《北京图书馆中外文书刊资料入藏数量暂行规定》和《北京图书馆中外文书刊资料采访工作试行条例》，以指导文献采访工作，促进馆藏发展。在此基础上，1984年底北京图书馆召开采访工作会议，出台了《北京图书馆书刊资料采访条例》（以下简称《条例》），这是国图历史上首个正式的采选条例。

《北京图书馆书刊资料采访条例》（以下简称“1984版《条例》”）共分七章，包括总则，国内出版物，国外出版物，古籍和善本特藏，地图、绘画、照片，国际交换与接受捐赠和附则。1984版《条例》明确了北京图书馆作为“中国国家图书馆”“综合性研究图书馆”“国家总书库”的定位[10]，正式确定了外文书刊全面采集、着重采选、适当采选和不宜采选四个级别；强调尽力搜采各国出版的专论中国的书刊资料，将北京图书馆建设成研究中国和华人问题的书刊文献的收藏中心；要求对医学、农业、地质和军事方面的书刊，只采选入藏其综合性、工具性和边缘性的部分；明确了科技报告、非书型会议录、标准、专利、产品说明书以及中小学教科书、普通儿童读物不入藏的原则；要求对缺藏的国外出版物，特别是多卷集和连续性出版物，及时补缺，保证馆藏的连续性和完整性。

3.1.2 1984版《条例》的首次修订

1996年11月，北京图书馆再次召开采选工作会议，根据出版形势变化和文献载体的发展趋势，对1984版《条例》进行了修订，出台了新的《北京图书馆书刊文献采选条例》（以下简称“1996版《条例》”），并于1997年开始全面执行。

1996版《条例》分为总则、通则、各类型出版物、国际交换书刊、接受赠书、采选工作规范、采选工作岗位要求七章，另有《北京图书馆采选工作细则（试用本）》附则一篇。1996版《条例》进一步提出北京图书馆负有“为科研、生产服务的职责”。在外文文献采选政策方面，1996版《条例》继承了1984版《条例》的总体思路，保留了四级采选制度和对医学、农业、地质和军事书刊的处理方式。

1996版《条例》在外文采选方面的主要变化包括：总结不同时期的采选方针，正式提出“外文求精”的原则；将采选范围扩展到音像资料和电子出版物；要求选书人员熟知馆藏结构、跟踪世界出版业发展、熟悉不同国家和地区学科专长，以提升采选水平。

随着1984、1996两版《条例》的问世和购书经费的逐年增加，北京图书馆外文文献采访工作进入系统稳定的发展阶段，外国出版物每年的进书量也从20世纪80年代的4万余种，增长到20世纪90年代的5万余种[11]。

3.2 特点分析

进入20世纪80年代，外文购书经费增加，采访渠道逐渐畅通，加之改革开放深化，读者对外文文献需求与日俱增，北京图书馆急需指导性文件以保证采选质量和合理利用经费，实现馆藏稳定、持续、高质量发展，这是1984版《条例》出台的背景。该条例继承并发扬了建馆初期的工作思路，确保了外文文献资源建设的连贯性。1996版《条例》在传承1984版精神的同时，特别强调了选书员队伍的重要性，突出了人在藏书建设中的关键作用，将选书员队伍建设视为藏书建设的核心要素。

4 向数字化过渡阶段（2001—）

1998年12月北京图书馆正式更名为国家图书馆。面对21世纪迅猛发展的信息化、数字化环境，国图的采访工作也需要跟上时代的发展。为了适应外部环境的变化，国图分别在2003年、2006年和2010年对《条例》进行了三次修订。

4.1 向数字化过渡的三次修订

2003年,《北京图书馆书刊文献采选条例》更名为《国家图书馆文献采选条例》（简称“2003版《条例》”），并进行21世纪的首次修订。2003版《条例》分为五章：总则、各类文献采选、文献采选方式、文献复本及复本分配、附则。它在继承先前采选方针的基础上，提出“国内出版物求全、国外出版物求精”，并指出“世界各国和地区出版的有代表性的、有较高学术性和参考价值的文献应重点采选，以满足为重点科研、教育、生产单位服务的需求”①。

2003版《条例》将电子出版物、网络文献单列一节，规定了电子出版物和网络文献的定义，明确了中外文电子出版物和网络文献的采选原则、采选重点：“国外正式出版的电子出版物，参照国外印刷型文献的采选原则，并结合已形成的馆藏特色适当采选。”②2003版《条例》还指出除购买、交换和捐赠外，复制文献和网络采选等也是补充外文馆藏的途径。

2006年和2010年，国图再次对2003版《条例》进行了修订。这两次修订突显了向数字化过渡的趋势，对于传统载体外文文献的采选内容未做明显改动。外文文献采选的总原则、获取渠道及文献类型的划分标准与上一版基本保持一致。

考虑到电子资源的迅速发展，2006版《条例》增加了关于电子出版物和网络文献与传统文献之间协调采选的规定，强调各类文献间的互补性，对国外报刊特别是科技、检索类报刊采取网络版优先原则。2010版《条例》则使用“数字资源”替代了“电子出版物、网络文献”，明确了数字资源包括电子出版物、数据库、网络信息资源。在文献获取渠道方面，除了传统的缴送、购买等方式外，还新增了网络信息采集和数字化转

①② 来源于《国家图书馆文献采选条例》，2003。

换两种方式。

4.2 特点分析

进入21世纪后，《条例》的三次修订主要为应对信息化和数字化发展，修订重点涉及新的载体形态和文献类型，外文文献采选的总体政策保持稳定，传统载体文献采选内容未做大调整，体现了稳定与发展的结合。修订大幅扩展了外文文献采选范围，“外文求精”的原则延续至新型载体文献，保证了馆藏质量的统一；又通过强调不同类型文献间的协调发展，避免重复建设导致的浪费。上述修订是国图对外部信息环境变化的应对，也是其实现职能定位、满足新时代读者多样化需求的重要措施。

5 国家图书馆外文文献采选政策的主要特点

5.1 坚持“外文求精”的基本原则不变

国图自建馆伊始便收藏有外文图书。从1930年设立购书委员会西文组，首次提出成文的采访方针，到后来自成体系、屡次修订更新的《采选条例》，都将“求精”作为外文文献采选的基本原则，数十年坚持稳定不变。多版《采选条例》都强调国图外文文献资源的代表性、学术性和参考价值，强调为立法与决策、重点科研、教育、生产单位服务的职责。坚持“外文求精”基本原则是国图高品质外文馆藏的制度保障。

5.2 顺应技术发展和环境变化

国图成立百余年，尤其在改革开放后，经历了科技的飞速发展。图书馆对外部环境和技术变化及时响应，这在外文文献采选政策的演变中尤为明显。1996版《条例》首次提及“电子出版物”，进入21世纪后，经过多次修订，《条例》逐步纳入网络资源、数据库和数字资源，体现了国图对技术发展的敏锐感知及其在明确自身定位下的从容应对。

5.3 以人为本，注重采选队伍对馆藏质量的重要作用

外文文献采选工作的成功与高素质人才队伍密切相关。建馆初期，知名学者和文化名人负责外文文献采选，奠定了高质量馆藏的基础。1996版《条例》指出“藏书采选的队伍建设，是藏书建设至关重要的因素”①，并对采选人员的素质提出要求。2003年版《条例》进一步要求选书人员“熟悉学科发展，了解国内外出版、发行状况，通晓读者需求”②。以人为本，重视选书员队伍建设和综合素质，减少了采选盲目性，成为高质量外文馆藏建设的基石。

---

① 来源于《北京图书馆书刊文献采选条例》，1996。

② 来源于《国家图书馆文献采选条例》，2003。

近十多年来，国图在外文文献资源建设中面临诸多挑战。开放获取运动使文献类型更加丰富，需调整采购策略以整合新资源。智慧图书馆建设要求利用现代技术提高服务效能。采购经费下降影响了文献保障能力和资源建设的连续性。审读制度的收紧使得部分文献的全面入藏变得困难。随着专业阅览室的开放，特藏文献与普通文献的采选政策需进一步区分。

为了应对新挑战，国图在《国家图书馆“十四五”发展规划》中提出了“面向国家战略，积极拓展完善多元立体馆藏体系”的战略目标[12]，计划根据信息环境和出版形势的变化修订《国家图书馆文献采选条例》，完善馆藏政策体系。自2020年起，国图组织团队修订《条例》，形成了《国家图书馆馆藏发展政策（征求意见稿）》。未来，随着新政策的实施，外文文献资源建设将迎来新的变化，采选人员需思考如何在新政策下应对建设工作中的挑战。

参考文献

[1] 李致忠 . 中国国家图书馆馆史资料长编（上）[M]. 北京：国家图书馆出版社，2009：21-22.

[2-4][6] 李镇铭 . 七十年来北京图书馆外文藏书建设 [J]. 图书馆学通讯，1982（2）：21-32.

[5] 邵文杰 . 九十年来外文文献的采访 [J]. 北京图书馆馆刊，1999（3）：3-10.

[7] 李致忠 . 中国国家图书馆馆史资料长编（中）[M]. 北京：国家图书馆出版社，2009：515.

[8] 李致忠 . 中国国家图书馆馆史资料长编（中）[M]. 北京：国家图书馆出版社，2009：581.

[9] 李致忠 . 中国国家图书馆馆史资料长编（中）[M]. 北京：国家图书馆出版社，2009：512-513.

[10] 李致忠 . 中国国家图书馆馆史资料长编（中）[M]. 北京：国家图书馆出版社，2009：744.

[11] 邵文杰 . 九十年来外文文献的采访 [J]. 北京图书馆馆刊，1999（3）：3-10.

[12] 国家图书馆“十四五”发展规划 [EB/OL].[2024-04-08]. https://www.nlc.cn/upload/attachments/2023-04-14/4dd2526a.pdf.

国家图书馆藏陕甘宁边区报刊情况研究

屈　凯（典藏阅览部）

二十世纪三四十年代的中国处于动荡时期，在这样的大环境下，陕甘宁边区作为重要革命根据地之一，报刊等出版物也成为重要的政治宣传和文化交流方式。因此，了解报刊出版发行的总体情况和作用，可以更全面地了解当时边区社会的文化和政治状况。同时，对于人们更深入地认识当时的历史和文化，也非常有必要。

1　馆藏陕甘宁边区报刊的价值

陕甘宁边区作为中国革命的重要根据地，其报刊资料的整理工作一直备受关注。多年来社会各界有关陕甘宁边区的报刊文献的搜集、整理和保护工作成果丰富。关于这方面工作最早的公开论述可追溯至1941年1月8日《新华日报》刊登的《陕甘宁边区新文化运动的现状》一文，其中第八部分列举了当时出版的共18种报刊。

新中国成立以后，不断有研究者对延安时期发行的报刊进行总结和研究。一些专著如《延安时代新文化出版史》等文献出版，这些专著对延安时期报刊的出版发行情况进行了详细的梳理和分析。

此外，在论文方面，曹桂芳的《延安时期的文艺团体和文艺刊物简介（四）·延安时期的文艺刊物》着重介绍了每一种文艺刊物的出版项目和内容。刘苏华的《延安时期报刊出版情况统计与分析研究（1937—1947）》则对出版业兴盛阶段的主要报刊进行了详细的列举和分析，其中列举延安时期出版兴盛阶段出版的报刊55种。

除以上这些专门论述陕甘宁边区出版报刊的专著及论文外，还有诸多文献从共产党新闻出版全史、全集的角度整理了陕甘宁边区报刊的出版情况。

1.1　馆藏文献是边区政治史的载体

20世纪30年代，陕甘宁边区作为革命根据地，党不仅在这里实现了军事重组和新的领导体系建立，而且在农业、文化、教育等方面也进行了一系列的重要实践和理论探索[1]。然而，由于当时外部环境的不稳定，陕甘宁边区的报刊出版物也面临着巨大的困难和压力。由于财政匮乏、技术水平落后，边区各级的报刊出版物产生了一系列的问题和困难，例如资金紧缺、用纸印刷质量低下、保存困难等问题。而根据馆藏现状可以看到，国家图书馆收藏的陕甘宁边区出版报刊中属于中央级、中央西北局级、陕甘宁边区级报纸是全面的，并具有较为完整的卷期。

1.2 馆藏文献是边区经济史的载体

20 世纪 30 年代，由于长时期的战乱，经济困难重重。陕甘宁边区位于西北边陲，交通不便、资源匮乏，经济困难等问题更为严峻[2]。在这种背景下，中共领导人采取了一系列的措施，推动陕甘宁边区的经济发展。而在国家图书馆现有馆藏中不乏阐述当时党的经济政策、描述军民生活水平、介绍边区工农业情况等报道的报纸期刊。从这些报刊中可以看到以下几个方面：中共领导人在农村实施土地改革，这对于改善当地的经济状况具有重要意义；陕甘宁边区工业的逐渐发展。中共领导人为此制定了一系列的经济政策，鼓励企业家投资兴业，提高了当地的工业发展水平，促进了当地经济的发展，缓解了陕甘宁边区的经济困难；同时由于当时国际局势动荡，边区处于经济与军事封锁中，边区的经济表现出多方面的困难和问题。总之，通过深入研究这些馆藏报刊，可以更好地了解当时的历史和文化背景，认识当时的经济实践与探索历程，同时有助于人们总结和借鉴当时的经验，以加强当代经济发展的科学性、可持续性和社会性。

1.3 馆藏文献是边区文化发展史的载体

陕甘宁边区位于黄土高原，有着独特的文化特色。这种文化背景催生了陕甘宁边区的红色文化，即以人民文化、革命文化为主体的一种文化形态。由于国家图书馆馆藏报刊中包含较多且丰富的文艺类期刊，加之卷期较为完整的综合性日报，可以从中看到当时陕甘宁边区的文化表现出以下几个方面：陕甘宁边区的文化本质上是动态的和革命的，因此，在推进文化建设的过程中注重在人民群众中间进行文化宣传和教育，广泛地普及共产主义和马克思主义的思想名著，用新的文化理念和实践引导人民思想和行为[3]；陕甘宁边区的文化还拥有鲜明的时代特征，陕甘宁边区的文化主题主要围绕着反帝反封建的革命主题展开；文化与艺术方面也有其独特的表现形态。在推进新民主主义革命的过程中，遵循“为人民创作，为人民服务”的原则，在文学、音乐、戏剧、美术等领域开展了大量的创作，将人民群众的生产生活和思想倾向融入作品中，以此呈现当时的时代特征和历史人文底蕴[4]。

2 国家图书馆陕甘宁边区报纸藏存利用情况

2.1 馆藏情况

从上面的既有文献整理工作概观可以看出，以往的工作注重文献出版信息及内容的整理研究，而对文献实体的藏存研究较少，缺少文献藏存方面的调研，笔者希望在总结前人工作成果的同时，对国家图书馆现藏存陕甘宁边区报刊情况进行梳理，为今后社会各界对陕甘宁边区报刊的研究与再利用提供便利。

国家图书馆拥有非常丰富的陕甘宁边区报纸收藏，涵盖陕甘宁边区各个历史时期的报纸刊物。馆藏各类原版报刊共计 33 种，其中各类情况详见表 1：

表 1　国家图书馆陕甘宁边区报刊藏存情况统计表

名称	起始时间	终止时间	主办单位	国家图书馆藏存	国家图书馆缩微	国家图书馆数字
新中华报	1937-01	1941-05	中共中央	√	√	
解放周刊	1937-04	1941-08	中共中央	√		
前线	1938-01	1941-06	国民革命军第十八集团军（八路军）总政治部前线周刊社	√	√	
团结	1938-02	1905-04	中共陕甘宁边区党委	√		
前线画报	1938-07	1942-04	国民革命军第十八集团军（八路军）政治部前线画报社	√		
青年战线	1938-09	1938-10	西北青年救国联合会	√	√	
文艺突击	1938-10	1939-06	陕甘宁边区文化界救亡协会	√	√	
八路军军政杂志	1939-01	1942-03	八路军总政治部	√	√	
共产党人	1939	1941	中共中央延安共产党人编辑委员会	√		
文艺战线	1939-02	1940-02	中华全国文艺界抗敌协会延安分会	√		
中国青年	1939-04	1941-03	中华青年救国团体联合办事处宣传部	√		
中国妇女	1939-06	1941-03	中共中央妇女运动委员会	√	√	
西北	1939-07	1940-04	中共陕西省委	√		
学生通讯	1939-12	—	陕甘宁边区学生救国联合会	√		
中国工人	1940-02	1941-03	中共中央职工运动委员会	√	√	
中国文化	1940-02	1941-08	陕甘宁边区文化协会	√		
边区群众报	1940-03	1948-01	陕甘宁边区文化协会、中共陕甘宁边区党委	√	√	√
大众文艺	1940-04	1940-12	中华全国文艺界抗敌协会延安分会	√		
抗大	1940-09	1941-11	抗大政治部	√		
青年新闻	1940-09	—	陕甘宁边区学生救国联合会	√		
文艺月报	1941-01	1942-09	延安文艺月会	√	√	
文摘	1941-01	—	中共中央宣传部	√		
中国文艺	1941-02	1941-02	中国文艺界抗敌协会延安分会	√		

续表

名称	起始时间	终止时间	主办单位	国家图书馆藏存	国家图书馆缩微	国家图书馆数字
国防卫生	1941-02	1942-06	国民革命军第十八集团军军医处国防卫生编委会	√		
边区教育通讯	1941-04	1949-01	陕甘宁边区政府教育厅	√		
解放日报	1941-05	1947-03	中共中央	√	√	√
敌伪研究	1941-05	1941-09	延安日本问题研究会	√		
三边报	1942	1948	中共三边地委	√	√	√
陇东报	1942-07	1955-10	中共陇东特区委员会	√	√	
时事参考资料	1944-06	—	延安时事资料社	√		
边区教育通讯	1945-11	1949-11	边区教育通讯组委会	√		
群众日报	1948	—	中国共产党中央委员会西北局	√	√	√
边区政报	1948-04	1948-04	陕甘宁边区政府《边区政报》编委会	√		

资料来源：本表除国家图书馆藏存文献外，其他信息来源于以下几种专著及论文。吴锡恩．中国解放区报业图史［M］．北京：清华大学出版社，2012；王晓岚．中国共产党报刊发行史［M］．北京：中国社会科学出版社，2009；残石．抗日战争时期延安出版之报纸、期刊目录初编［J］．宁夏图书馆通讯，1981（1）：49-51；赵晓恩．以延安为中心的革命出版工作（五）（1936—1947）［J］．出版发行研究，2001（5）：71-76；惊秋．陕甘宁边区新文化运动的现状［N］．新华日报，1941-01-08（2）；高文，巩世锋．抗战时期陕甘宁边区主要报刊简介［J］．新闻战线，1981（9）：23；曹桂芳．延安时期的文艺团体和文艺刊物简介（四）·延安时期的文艺刊物［J］．河北师范大学学报（社会科学版），1987（1）：39-47；白雪峰，孙晓凯．初探延安时期的新闻出版［J］．新西部，2017（21）：85-86.

此外，笔者针对上文中各类文献内所列举的各种报刊进行了统合，共整理出国家图书馆未收录陕甘宁边区报刊共计75种：《出版与读书》《救亡日报》《敌情汇报》《延安世界语》《时事资料》《中国新文字》《边区文化》《参考消息》《中共陕甘宁省委通讯》《党的工作》《党的生活》《老百姓报》《救亡报》《战声报》《边区儿童》《时事论坛》《戏剧工作》《艺术工作》《边区青年》《抗战报》《进步报》《民先报》《关中报》《大众习作》《连队生活》《歌曲月刊》《新诗歌》《新文字报》《中国青年通讯》《青年工作者》《通讯战士》《中国通讯》《陕北文化》《歌曲旬刊》《关中文化》《歌曲半月刊》《锄奸画报》《新诗歌》《鄘州文艺》《西北儿童》《鲁迅研究月刊》《草叶》《谷雨》《部队文艺》《新鄘报》《民族音乐》《群众音乐》《边区戏剧》《学习导报》《抗战中的八路军》《新边墙报》《部队生活》《陕情汇报》《通讯员往来》《延安文艺》《安塞群众》《鄜县通讯》《葭县报》《靖边报》《米脂报》《农村生活》《群众生活》《绥德大众报》《延属报》《今日新闻》《山脉诗歌》《诗建设》《大家看》《边讯》《通讯》《新少年》《延川报》《战歌》《诗刊》《青苗》。

2.2 利用情况

根据国家图书馆现行阅览政策，纸本原版文献已不再提供读者阅览，现阶段读者可持国家图书馆读者卡，于每周二至周日早九点至晚五点到馆缩微文献阅览室阅览相关缩微制品，并可根据个人需求申请还原。关于馆藏数字文献现藏于中国历史文献总库·近代报纸数据库中，该数据库为局域网访问数据库。内容除可浏览外，亦可通过文章标题、作者及栏目进行检索，检索结果可下载。

3 基于馆藏进一步完善陕甘宁边区报刊藏存与整理的意义及难点

3.1 进一步完善陕甘宁边区报刊藏存与整理的意义

在进行文献整理工作时，实体文献的收藏保存是非常重要的一环。通过收集、整理和保存实体文献，可以确保这些珍贵的文献资源不会因时间的流逝、物质的破损而消失。实体文献的收藏保存可以为后续的研究提供原始资料，帮助研究者更深入地了解陕甘宁边区的历史和文化。

因此进一步完善陕甘宁边区文献藏存整理工作的价值与意义在于：从保存历史遗产的角度看，通过对文献的整理和保存，可以保存陕甘宁边区丰富的历史遗产；从促进学术研究的角度看，文献整理工作为学者和研究人员提供了珍贵的研究资源；从丰富图书馆收藏的角度看，文献整理工作的成果可以为图书馆的收藏提供宝贵的资源，通过将整理的文献数字化保存，并与图书馆的数据库相链接，可以使得更多读者方便地访问和利用这些珍贵的文献资源。

3.2 进一步完善陕甘宁边区报刊藏存与整理工作的方向

进一步以文献收藏保存为出发点进行陕甘宁边区报刊文献整理的工作，笔者认为可以从以下几个方向开展。首先，进一步收集和整理报刊文献。本文通过以往各种专著论述，总结整理出当时出版文献 108 种，而馆藏文献包括纸质与缩微品共计 33 种，其余没有收藏的报刊文献数量众多，如有可能需要进一步收藏与保护。其次，加强数字化保存和管理。将收集到的报刊文献进行数字化处理，包括扫描和转换为电子文档。数字化文献的保存和管理可以通过建立一个专门的文献数据库或文献管理系统来实现。这样可以提高文献的保存效率，方便后续的检索和利用。最后，加强陕甘宁边区报刊资料的合作共享。保护与开发陕甘宁边区报刊的工作，这些文献是早期革命先辈留给我们的珍贵文化财富，只有进一步引起社会重视，与相关的图书馆、档案馆、研究机构建立合作关系，共享资源和信息，才能提高整理工作的效率和质量。

3.3 进一步完善藏存与整理工作中可能存在的困难

在以文献收藏保存为出发点进行陕甘宁边区报刊文献整理的工作中，可能会面临以下困难。第一，由于历史原因和文献保存条件的限制，陕甘宁边区的实体文献可能存在着损坏、腐朽等问题。尤其因为当时该地区经济困难，出版纸张普遍脆弱，又经历多年，即使保留至今，质量也已非常差，在文献保护和修复方面存在较大困难。第二，陕甘宁边区报刊的出版发行距今已有数十年，当时需要时刻面对敌人的封锁与破坏，部分文献散落失踪，难以找到的情况是存在的，即使找到，该文献也很可能是其他机构或个人的珍藏之物，因此在进一步完善藏存与整理工作中，可能会面临资源受限、人力不足、难以统筹协调等困难。

馆藏陕甘宁边区报刊保存尤为重要，原版纸质文献已接近百年历史，唯有加倍保护，才能继续流传后世。笔者认为国家图书馆相关工作人员可以进一步开展针对这批文献的再生性保护工作。通过加强纸质与电子资源的整合，可以实现报纸资源的数字化、缩微化和保存保护，提高资源的利用效率和共享度。同时加强外部合作与交流是推动边区报纸研究和利用的重要手段，可以借鉴其他机构的经验和资源，丰富报纸资源的内容和形式。

陕甘宁边区报刊出版发行在当时的历史条件下，是一种独特的文化现象。它凝聚了当时革命先驱们的艰辛努力和智慧创造，为新中国的诞生和发展发挥了重要的历史作用。通过进一步开发及宣传这批文献，对内有利于丰富馆藏，整合馆藏珍稀文献，对外有利于向社会揭示珍贵文献，加强人们对当时革命先辈的认识，便利读者，启示社会。

参考文献

[1] 张友渔 . 新闻之理论与现象［M］. 北京：中国传媒大学出版社，2018：23.

[2] 王飞 . 抗战时期陇东根据地的文化宣传与政治动员［J］. 军事历史研究，2013（2）：65-74.

[3] 张曼，庞宇瑶 . 陕甘宁边区新闻传媒与文化运动的开展［J］. 传承，2016（11）：37-39.

[4] 李文 . 试论陕甘宁根据地新闻事业的群众性［J］. 新闻研究资料，1993（1）：144-158.

知识可信视域下公共图书馆知识服务的实践与思考

肖璟波（研究院业务管理处）

在知识经济时代，无论对于国家还是个人，丰富的知识资本已经成为主要的竞争优势之一。网络知识环境日趋复杂，“信息污染”“信息过载”对知识资源的有效利用渐渐形成障碍，用户对知识准确性与精确度的需求日趋强烈，如何从纷繁的信息中提取到可信的知识内容或者解决方案是目前亟待解决的问题之一[1]。公共图书馆作为知识的宝库，承载着推动知识传播、促进文化交流、提升公众素养的重要使命。为了保证公众获取的信息准确无误、全面详尽且值得信赖，公共图书馆所提供的知识服务必须保持高度的可信性。在信息服务领域，探索如何判断知识可信度和获取可靠知识至关重要。本文从知识可信视域梳理总结图书馆知识服务的实践，分析其中问题并对未来开展的知识服务的方向进行展望并提出建议。

1 公共图书馆提供可信知识服务的重要性

1.1 对国家知识安全的重要意义

知识是一种独特而宝贵的资产，可信的知识更是科学研究与社会进步的基石。面对逐步紧张的国际竞争环境，减少知识封锁对我国创新的影响、保证知识的安全是也当今面临的严峻挑战。可信知识是科技创新的力量源泉，也是面向社会大众进行文化普及、科学普及的重要资源。梁启超就曾在《中国近三百年学术史》中指出：“无论做哪门学问，总须以别伪求真为基本工作。因为所凭借的资料若属虚伪则研究出来的结果当然也随而虚伪，研究的工作便算白费了。”[2]公共图书馆构建可信知识服务，帮助用户快速获取高品质、高可信度知识，是支持我国科技创新、文化创新保障的重要内容之一。

1.2 可信知识服务是智慧图书馆服务的重要任务

图书馆作为知识资源中心与公共文化服务中心，应立足科技创新、文化创新的需求，提升知识资源整合、挖掘与存储能力，主动提供更加专业、精准的可信知识服务[3]。

新时代和新形势下，全球图书馆事业都面临着转型挑战，基于人工智能的智慧图书馆将是未来图书馆的发展形态。目前在图书馆咨询服务还停留在被动提供检索服务的现状下，很多商业平台已经将人工智能技术应用到信息推荐、知识服务中，提供更加智慧化的服务。2020年初，国家图书馆提出了建设“全国智慧图书馆体系”的设想，实现优质知识资源更加广泛、高效、便捷的共知、共建、共享，推动图书从数字化向智慧化发展[4]。与传统图书馆服务不同，智慧化知识服务为用户提供的不仅是简单的指向知识的信息线索，更重要的是对知识进行综合归纳、整理与评价，以提升咨询结果的专业性与质量，其强调帮助用户解决实际问题的能力，从而更好地将知识转变为生产力。

2 公共图书馆可信知识服务相关实践

对知识可信的研究并非新的话题，在知识管理领域，知识可信主要指对知识生产、存储、管理的过程中知识的质量本身进行评价，以保证知识在使用情景中的有效性，其研究对象根据知识的粒度可以分为本体、知识网络以及知识内容等。目前，对知识可信度评价或者测度还没有完整的评价体系，但是影响知识可信度的因子的研究已经得到了一定的关注。

在实践方面，为确保知识资源的可信性，公共图书馆在资源收藏与组织、知识服务方面进行了不懈的实践和探索。

2.1 资源收藏与知识组织中的知识可信实践

资源是图书馆赖以生存的基础。在数字信息社会，图书馆的资源形态、来源、结构、用途等都在发生剧烈变化，然而其资源收藏与知识组织的使命并未改变。近年来，公共图书馆文献资源规模持续扩大，截至 2022 年底，全国公共图书馆总藏量达 13.6 亿册（件）[5]。文献资源规模的急剧扩大对公共图书馆资源收藏与知识组织过程的可信化管理提出了新的挑战和要求。

馆藏资源采选过程中的知识可信管理包括资源内容的完备性和系统性保障、馆藏质量控制、文献处置等多个方面。文献资源的完备性和系统性，是衡量其质量的重要标准，同时也是知识追溯不可或缺的要素。完备性确保了馆藏资源在内容和形式上的完整无缺，系统性保证了馆藏资源在时间上的延续性和一致性。此外，为确保馆藏资源的知识可信度，公共图书馆需要建立严格的资源评价与选择机制，这包括对出版商、作者、内容质量等多方面的评估，确保所收藏资源的来源可靠，内容准确、权威。同时，图书馆还会定期对资源进行审查和维护，及时剔除过时、错误或不完整的信息，确保馆藏资源的时效性和准确性。2022 年 4 月，文化和旅游部印发《公共图书馆馆藏文献信息处置管理办法》，为提高公共图书馆馆藏科学化、专业化建设水平提供了政策依据[6]。

随着知识资源建设规模的不断扩大和复杂性的增强，加强知识资源的集成管理、深度加工与整合、揭示过程中的规范化和标准化管理，对提升知识资源组织的可信度至关重要。各馆在实践过程中，针对采购、揭示、编目、服务和统计等各个环节逐步建立了相应的工作规范，各类型文献信息书目数据加工标准不断完善。例如：浙江大学图书馆制定了覆盖数字资源采访规范、论证规范、典藏规范等数字资源工作流程中各主要环节的规章制度；中国科学院文献情报中心编制《中国科学院科技文献资源保障规范》和《中国科学院文献情报中心商业资源建设工作手册》等一系列管理办法、建设规范和工作手册，确保商业数字资源的引进与管理的规范性。

2.2 咨询服务过程中的知识可信实践

图书馆通过多样化的手段将知识资源与读者连接起来，帮人找书、为书找人。参考咨询服务、立法决策服务等知识服务作为图书馆服务的重要组成部分，均需要在服务过程中对所提供的信息进行严格的筛选、分析和评估，保证知识的可信性，确保所提供的信息对决策具有实际的参考价值。

参考咨询服务通过定制化服务，如综合咨询、科技咨询、社科咨询、企业信息服务等，为读者提供全面准确的信息。参考咨询馆员解答与图书文献资料查询、图书馆资源利用相关的各种问题，同时提供各种增值的文献信息服务，如专题文献检索、事实数据查询、原文提供、科技查新、定题跟踪、文献查证、竞争情报等。服务主要是基于第三方的立场对知识发表情况进行客观见证，或者为读者提供公开出版物上发表的内容，以确保服务内容的可信度。由于其强调提供结果的客观性，并且考虑到咨询馆员可能不具备相关的学科背景，因此在实际操作过程中会尽量避免对检索结果进行整理分析与评价，直接将检索结果提交给读者本人供其筛选。近年来，图书馆参考咨询服务逐渐开始侧重于一些高难度的事实数据查询、定题跟踪、专题检索等类型的专业知识服务，对知识的可信度有极高的要求，从侧面也反映出读者对咨询结果的内容深度、形式规范性等方面均提出了更高的标准。

国内外许多图书馆都在为国家、地方立法和决策提供专业服务。此外随着我国图书馆事业的持续进步，各级公共图书馆正逐步发挥其核心功能，积极响应国家新型智库建设的号召，推出多种智库型服务产品，例如国家图书馆、上海图书馆等已建立起专门的智库机构。信息专报、政务舆情、专题资源建设、专题咨询、课题研究服务等是其产品成果的主要形式[7]，需要严格的质量控制。此类信息服务产品不仅要求提供原始资料的整理汇编以确保其信息内容的真实可信，还需要对信息进行深度挖掘，进行更深层次的加工、整理与揭示，加大产品的附加价值。目前针对信息深度挖掘过程的可靠性控制主要来源于管理机制，如各馆高度重视组织架构优化调整与管理体制创新工作，保证内部系统与外部力量的有机结合；组建相当规模的研究人员团队，通过多渠道引进高层次人才，同时完善专家咨询机制，引入高端智力资源；严控产品质量，建立成果上报的“三级”审核机制；建立课题的选择立项到研究的开展再到评审的实施程序，如研究课题竞争机制、成果审议机制、课题退出机制等①。

3 公共图书馆可信知识服务面临的挑战与机遇

当前图书馆知识服务建设正处于深入推进阶段。随着信息技术的迅猛发展和知识经济的兴起，图书馆知识服务向着定制化、专业化的方向发展。在此过程中，图书馆的可

① 信息来源为国家图书馆研究院 2022 年《国内智库机构建设与运行管理调研报告》。

信知识数据建设、使用以及技术赋能等多个方面，都面临着重大的挑战与机遇。

3.1 知识数据建设可信度控制

知识资源的可靠性来源于其知识源真实性、组织方法有效性以及应用环境的适应性，满足以上条件才能确保数据使用不失真。目前图书馆知识资源与数据资源建设与管理还处于探索起步阶段，资源可信度控制作为确保知识资源质量的重要指标之一，面临着以下几方面问题。一是知识资源可信度的控制主要依赖于对信息源质量的控制，目前信息源控制规范、标准以及评价方法还不完善；二是馆藏资源急剧膨胀，而出版质量却参差不齐，蕴含大量虚假知识，这使得知识可信度的控制变得尤为复杂，此外，数据源的多样性、异构性也增加了控制难度；三是不同类型数据格式转换、清洗等问题需要大量的人力成本和时间成本，为数据可信度整体控制带来了巨大挑战；四是馆藏资源的加工揭示还多停留在文献元数据层面，基于内容的细颗粒度数据知识组织还在探索阶段，尤其是知识体系构建主要依赖人工介入并辅助以机器学习算法，评估体系并不完善。

3.2 知识数据使用过程可信度管理

目前数据验证与核实技术还处于起步阶段，而人工核查的成本高，效率上都远远不能适应当前的实际使用需求；对知识数据来说，其可解释性对其可信度的支持尤为重要，但目前该方面研究仍处于起步阶段；知识数据的时效性和相关性可信度管理的重要内容随着时间的推移，数据可能变得过时或不再具有代表性，这些方面仍需要进一步研究。此外，知识数据可信度管理还面临着法律和伦理的挑战，如何保护个人隐私、确保数据安全和合规使用等成为亟待解决的问题。

3.3 技术挑战与技术赋能

随着大数据、人工智能等技术的快速发展，检索知识资源的颗粒度从篇、章逐步细化为知识元，知识数据的数量级呈指数级增长，海量的知识数据与技术为决策和创新提供了有力支持。数据处理、人工智能、知识图谱等技术日趋成熟，已经有了不少商业性应用先例，为数据资源的生成、自动聚类与知识关联提供了新的技术工具。然而技术层面的挑战同样不容忽视，例如虽然数据清洗、验证和溯源技术不断发展，但面对海量的数据和复杂的数据关系，知识组织与管理、知识检索与推荐、知识分析与挖掘等领域的技术效率和准确性仍有待提高。未来图书馆应以超大型数据中心为核心，构建新兴技术与业务深度融合的互联互通中心和技术支撑中心，并在此基础上，建立大数据、大内容挖掘平台，以辅助敏感信息的深入挖掘和决策参考，推动图书馆服务的智能化、高效化和精准化。

4 图书馆可信知识服务提升路径

4.1 可信资源内容建设

从技术角度来看，随着人工智能、大数据等技术的不断发展，知识数据可信度管理将呈现出更加多元化和智能化的趋势，管理上将更加依赖于自动化和智能化的技术手段。创新数据验证与核实技术、加强数据溯源与追踪技术的研发是推动知识数据可信度管理技术发展的重要内容。随着数据规模的指数级扩大和复杂性的增强，传统的数据验证方法已经无法满足需求，需借助区块链等技术，实现数据的可追溯性和可验证性；探索知识数据溯源和追踪技术，确保数据的来源和流向，有助于及时发现和纠正数据中的错误，提高数据的质量和可信度；集成可信一次文献源并进行内容挖掘与关联验证，建设内容可信的知识内容集成仓储，逐步构建可复用的知识资源库；优先针对事实数据、常识数据进行知识化加工制作，广泛吸纳开源优质知识资源库，扩充可信资源类型。

转变资源建设理念，重构知识资源建设模式，重点突破基于联盟协同、大规模协作的知识资源管理与开放式共享等技术。稳固自身的核心数据资源优势、积极寻求广泛的协同合作，以实现公共数据资源在不同层级、区域、系统、平台和业态之间的共建共享；提供针对互联网环境下网络原生资源、科学数据、个人创作资源等的众包加工揭示、自动语义关联和集成管理服务，建立数据可信度评级制度，对数据资源质量评分评级。

4.2 构建新型可信知识服务

公共图书馆需要构建新型可信知识服务模式，建立一套科学的信息筛选、评价和推荐机制，从信息资源的权威性、准确性、时效性等对其可信度进行全面评估，确保为读者提供的知识信息可靠。

针对图书采访与推荐工作，图书馆面对采购书目的多样性、低质量图书泛滥、图书馆经费紧张、读者碎片化阅读习惯、图书版权保护不完备等一系列问题，构建一套智能化图书内容质量评价体系，从内容可信的角度对图书质量进行多层次、多维度的评价，为图书馆图书采访、处置提供筛选依据，优化馆藏资源。

针对咨询业务如参考咨询、立法决策服务、智库服务等，图书馆利用大数据与人工智能技术深入挖掘知识资源，在综合整合、利用多元知识资源的基础上，构建新型知识服务模式，将创新驱动发展建立在可信知识资源保障的基础之上。随着大量可信的知识库的逐步构建与充实，大数据、文本处理等技术的发展为基于知识内容的咨询服务提供了可能。将可信知识库中的知识链接到检索结果中，能够为读者对结果的判断选取提供重要的帮助；在此基础上可以构建可信知识评价评估模型，对检索结果进行可信度分级评价，能够优化检索结果的排序；知识可信度也可以作为学科评价、科研评价等的重要指标。此外，要逐步更新人才队伍结构，并重点加强学科馆员、数据馆员、交流馆员、科研信息助理、智库专家、知识产权服务专家及情报分析专家等核心专业人才的培育与发展。

百度百科、知乎等大众知识众包平台由于其作者身份不明确、人人可编辑、无严格的实名责任者制、审核机制滥用、缺乏可信内容引用的支撑等问题，在利益的驱动下大量的捏造事实、伪科学大行其道，内容可信度较差。在后真相时代，图书馆作为面向社会大众的知识普及机构，更应该主动聚焦社会热点、重点事件提供检索、验证服务，为公众提供可信的知识与信息，承担起科学普及、文化普及的社会责任，保护所有群体获取知识的公平性。

展望未来，知识可信赋能公共图书馆咨询服务是公共图书馆创新发展的重要方向之一。两者并非简单拼凑，而是需要深度融合，这既需要公共图书馆在资源建设、服务设计等方面进行创新，也需要在技术应用、人才队伍等方面进行积极的准备和投入，紧跟时代的步伐。

参考文献

[1] 李玉梅 . 面向用户的图书馆知识服务模式探析 [J] . 图书馆工作与研究，2009（5）：7–10.

[2] 梁启超 . 中国近三百年学术史 [M] . 北京：商务印书馆，2011：247.

[3] 饶权 . 回顾与前瞻：图书馆转型发展面临的问题与思考 [J] . 中国图书馆学报，2020（1）：4–15.

[4] 饶权 . 全国智慧图书馆体系：开启图书馆智慧化转型新篇章 [J] . 中国图书馆学报，2021（1）：4–14.

[5] 中华人民共和国文化和旅游部 2022 年文化和旅游发展统计公报 [EB/OL] . [2024-04-11] . https://zwgk.mct.gov.cn/zfxxgkml/tjxx/202307/t20230713_945922. html.

[6] 张若冰 .《公共图书馆馆藏文献信息处置管理办法》解读 [J] . 国家图书馆学刊，2022（4）：42–49.

[7] 王婵 . 省级公共图书馆智库型信息服务产品调研 [J] . 图书馆理论与实践，2021（4）：72–78.

地方文献与红色旅游融合的智慧型服务模式研究

——以国家图书馆馆藏开发与长征文化传承为例

张　莹（典藏阅览部）

党的二十大报告提出，坚持以文塑旅、以旅彰文，推进文化和旅游深度融合发展。习近平总书记指出：“红色基因就是要传承。中华民族从站起来、富起来到强起来，经历了多少坎坷，创造了多少奇迹，要让后代牢记，我们要不忘初心，永远不可迷失了方向和道路。”[1] 并提出开展“传承红色基因”主题教育。地方文献中往往蕴藏着对红色基因最客观、翔实的记录。红色旅游则是红色基因最直接生动的表达方式和传播载体。人们在图书馆查阅地方文献时充满着对旅游地的想象和向往，人们对旅游的热爱也体现在对旅游地文化内涵的追求。当地方文献与红色旅游融合时，红色基因的传承带动旅游发展，旅游彰显红色基因的内涵，地方文献在保护和传承红色基因中起到重要作用。

1　地方文献的概念和特征

1.1　地方文献的概念

地方文献作为特定地域内知识信息的载体，是记录某一地区自然、社会、历史、文化等各方面信息的文献资源。它不仅包括地方志、地方名人著述、报刊等传统文献，还涵盖了现代音像资料、网络资源等新兴载体，地方文献是对各地的历史变迁、重要事件、文化发展最客观、准确且持续的记录。地方文献往往可以为历史研究、社会研究提供丰富的考据来源。

1.2　国家图书馆馆藏地方文献的特征

国家图书馆（以下简称“国图”）馆藏地方文献主要由地方志、文史资料、年鉴、家谱及地方出版物等组成。具备以下六方面特点。

1.2.1　地域显著性

国图馆藏地方文献最本质的特征是它的地域特色明显，这也是判断地方文献的基本条件。地方志和文史资料是记载特定地域内历史时期、近现代时期的政治、经济、文化及自然资源、社会风貌的综合性著作。截至 2024 年 12 月，国图馆藏地方资料数据达 15 万余条，其中一部分地方文献经过数据回溯处理，跟新书一起入藏排架。

1.2.2　史料真实性

所含史料的真实性是地方文献最为显著的特征，也是地方文献价值的重要体现。地方文献所收录的历史资料具有“亲历、亲见、亲闻”等特点，以真实的记录反映出特定地域内自然资源和社会风貌的历史变革与发展概况。

1.2.3 多样性

国图馆藏地方文献的表现形式丰富多样，既有传统的纸质书籍、报纸杂志，也有现代的电子出版物、网络资源等。这种多样性不仅丰富了地方文献的载体形式，也提高了文献的可获取性和利用率。同时，地方文献的多样性还体现在其内容和记录形式上，如地方志、家谱、碑刻、民俗资料等，这些都为我们全面了解地区文化提供了多元化、多维度的素材。地方文献门类齐全，内容丰富，堪称各地方的百科全书。

1.2.4 价值特殊性

国图馆藏地方文献很多是内部出版物和非正式出版物，其中还有一部分为珍贵的手抄本、铅印本、复制本、扫描本。馆藏包含大量流传久远、具有很高学术价值的文献，从文献保存程度可以看出当时著者编写文献时，经过数据调查、实地采访、理论经验总结、统计整理等多个环节，还要通过购买、复制、交换等方式获取资料，实属不易。此外，地方文献中还包含一些历史事件中当事人经历的口述、政府官方的发布文件，得益于多措并举的系统性保护，这些地方文献得以完整存续，使得人文资料跨越时空流传至今，具有珍贵的参考和利用价值。

1.2.5 资源稀缺性

地方文献为珍贵历史文化遗存，但在长期贮存与借阅过程中，避免不了纸张等载体的老化，更难免因人为、虫蛀、酸化、发霉等保存不当而遭受损坏。在国图馆藏资源中，有的地区有志无史，有的地区则有史无志，地方文献仍需大量补藏。正因此，这些得以保存下来的珍贵文献资源更应得到重视，应加强对地方文献开发复用研究，充分发挥其史料价值。

2 红色旅游的概念与内涵

2.1 红色旅游的概念

红色旅游，主要是指以中国共产党领导人民在革命和战争时期建树丰功伟绩所形成的纪念地、标志物为载体，以其所承载的革命历史、革命事迹和革命精神为内涵，组织接待旅游者开展缅怀学习、参观游览的主题性旅游活动[2]。

2.2 红色旅游的内涵

红色旅游是红色文化和旅游的有机结合。其内涵丰富，既承载了历史的厚重，又体现了革命的传承，更是对红色文化精神的深度体验。红色旅游旨在通过参观革命遗址、聆听红色故事、体验革命精神，让游客身临其境感受到那段艰苦卓绝的历史岁月，激发爱国热情，传承红色基因。

3 地方文献与红色旅游融合

3.1 地方文献与红色旅游融合的方式

为纪念红军长征胜利这一伟大壮举，弘扬长征精神，传承红色基因，我们可以利用数字技术，开发国图馆藏的地方文献，深入挖掘长征文化中的红色基因，并搭建一个数字化平台，促进地方文献与红色旅游的深度融合。数字技术使得传统图书馆的角色被“替代”，图书馆是传统人文学者依赖的核心资源，而数字图书馆使得这一角色发生了重要的转变[3]。

3.1.1 图书馆地方文献与数字人文学科的应用

数字人文最直截了当的一种解释是，将计算原理、过程及机制应用于人文学科领域。人文是知识生产，数字是传播途径。数字技术与人文资料的交叉展现，既是知识获取的新途径，也是知识表现形式的一种创新，是数字时代的研究方法和传播载体，是图书馆地方文献资源展现的数据平台。

图书馆通过对地方文献中旅游资源的数字化整合，在数据平台建设中添加人物图像、景区地貌、影像资料、专业讲解等内容，运用数字技术与人文知识开展的合作性、交互性、跨越性，进行叙述、分析、评论，生成可视化的多媒体影像，进行对长征事件、历史环境的真实还原和多层次体验。结合地方文献整理出英雄人物的生平事迹，长征沿线的地理、地貌特征，革命遗址位置及保存情况等方面信息。读者通过交互式网页浏览，看到可视化文本、图片链接、动态影像等，通过数字化扩展延伸，模拟雪山、草地、吊桥等景象，进行长征模拟体验，增加读者对景区的兴趣和向往程度。其展现方式具有直观化、便捷化、动态化、形象化的特点，方便读者了解和检索有关长征文化的地方文献资源和对该部分人文知识更深层次的理解和挖掘。实现时间与空间的数字化跨越，实现“远读＋云游”的图书馆智慧型服务模式。

3.1.2 地方文献在数字人文学科中的表达方式

笔者通过整理地方文献中记载的长征记忆、文物胜迹（革命旧址、纪念建筑、革命文物）、风景名胜等人文资料，运用数字技术进行展现，将旅游资源附加文化价值。地方文献记载的人文资料如表 1 所示。

表 1 地方文献记载的人文资料

地方概况	文物胜迹	风景名胜
江西于都，红军长征的集结地	红四军政治部旧址，毛泽东旧居，中央军委扩大会议旧址，红军长征渡口遗址，革命烈士纪念塔	于阳十景：隔日灵泉，双江分月，龙门夜雨，僧塌奇篁，应时瀑布，乌石沙图，瑞莲池影，蚊窟宵灯，三洞堆云，仙岩古桧 ①
广西兴安，湘江战役的发生地	界首镇，红军堂，唐家司，衡州会馆，红军长征突破湘江烈士纪念碑园，同仁红军桥 ②	灵渠公园，五里峡水库，古严关，石马坪古墓群，秦城遗址，猫儿山风景名胜区 ③

续表

地方概况	文物胜迹	风景名胜
贵州瓮安，"伟大转折的前夜" 所在地	猴场会议遗址，文峰塔，垛丁关红军战斗遗址	穿洞瀑布，老鹰洞，仙桥山，后岩观，震天洞，风神洞，朱家山原始森林区[④]
四川宝兴，长征翻越的第一座大雪山	夹金山红军长征遗址，凉水井与誓师坪，红军栈道，红军长征翻越夹金山纪念馆	夹金山旅游风景区，峣碛景观及藏乡风情，神木垒，小黄山，蜂桶寨大熊猫生态旅游区[⑤]
陕西甘泉，雪地会师的旧址	下寺湾毛泽东旧居，史家湾毛泽东旧居，中央红军和红十五军团会师处旧址	甘泉古城，云山寺，禅师塔，石宫寺，石门石窟，古佛寺[⑥]

① 黄文生，中国人民政治协商会议江西省于都县委员会文史资料研究委员会．于都文史资料：第三辑［G］．于都：中国人民政治协商会议江西省于都县委员会文史资料研究委员会，1992：91.

② 蒋太福，政协兴安县文史资料委员会．兴安文史资料：第九辑　红军过兴安［G］．兴安：政协兴安县文史资料委员会，2011：62-88.

③ 张永年，兴安县地方志编纂委员会．兴安县志［M］．南宁：广西人民出版社，2002：483.

④ 贵州省瓮安县地方志编纂委员会．瓮安县志［M］．贵阳：贵州人民出版社，1995：13，630-639.

⑤ 张顺昌，田孟良，宝兴县地方志编纂委员会．宝兴县志：1986—2005［M］．北京：方志出版社，2012：430-433.

⑥ 甘泉县地方志编纂委员会．甘泉县志［M］．西安：陕西人民出版社，1993：596-597.

3.2　地方文献与红色旅游融合的意义

3.2.1　政治效益

地方政府和文化旅游部门结合地方文献开展红色旅游建设，公共文化服务体系在展现和推广地方文化的同时，积极履行爱国主义教育功能，这种体系不仅致力于践行社会主义核心价值观，还大力弘扬革命精神，传承红色基因。这样的举措既增强地区文化软实力，又提高民族凝聚力、民族自豪感和荣誉感。

3.2.2　社会效益

随着人民生活水平持续提升，红色旅游文化已成为满足人民日益增长的精神文化需求的重要途径。通过参与红色旅游，游客们能够身临其境地学习革命历史，深化对革命传统的认识，从而增强爱国情感，坚守初心使命，这一过程不仅有助于培育时代精神，促进个人全面发展，还能为建设和谐社会提供有力支撑。

3.2.3　经济效益

地方政府和文化旅游部门在推进红色旅游的同时，打造地方旅游文化品牌，通过创新旅游信息的表现形式，进一步促进游客对文化产品消费。这不仅有助于提高景区周边居民就业率，为地方经济注入新的活力，还能有效推动地方实现文化和经济的双重脱贫。

3.2.4 生态效益

各级人民政府及自然资源、文化旅游部门应依托地方文献中的自然资源和地质资源信息，应强化对古城、革命遗址、纪念建筑物等历史文化景区景点的保护工作。在开发这些自然资源时，应秉持可持续性原则，确保环境不受破坏，推动生态文明建设。促进地方经济可持续发展，为地方带来长远利益，实现经济效益与环境效益的双赢。

4 地方文献与红色旅游融合中的问题分析

4.1 图书馆地方文献开发

4.1.1 图书馆种类不全，挖掘深度不够

各级公共图书馆在加大地方文献的入藏量，查漏补缺的基础上，应剔除重复文献，挑选补藏革命老区地方文献，使馆藏地方文献在广度和深度上得到同步发展，为红色旅游产业提供坚实的历史文献支撑。

4.1.2 入藏分散，利用率低

地方志工作机构及相关部门应结合国家修志、年鉴统计和人口普查等契机，策划地方文献资源整合项目，撰写出版地方文献书目。地方文献资源的开发应紧跟时代步伐，保持持续性和创新性。在整理和出版书目的同时，建立地方文献数据库，实现图书馆之间网络互联和文献资源共享，提高地方文献的利用率。

4.1.3 研究成果缺少实践性

加强图书馆地方文献领域的专业人才队伍建设，鼓励青年员工参与地方文献研究工作，并进行社会实践，确保研究项目的专业化和多元化，并确保研究成果具有连续性和可实际操作性。

4.1.4 借阅难度大，文献被尘封

地方文献包含内部文献和非正式出版物，还有一些古籍善本。这些文献常常是一书难求，在书架上成为“沉睡之书”。图书馆员在深入研究的基础上，通过放宽借阅条件，扩大阅览规模，定期举办专题展览，设立专项图书馆等措施，将地方文献“活化”，充分发挥地方文献具有的价值和意义。

4.2 地方旅游景区建设

4.2.1 旅游景区周边设施开发不足，地方宣传力度不够

旅游景区需要地方政府的扶持和响应，需要政府财政支持，完善景区配套设施，优化景区交通服务体系，推广红色旅游宣传，提升景区知名度。景区结合现代信息技术开发旅游 APP，满足游客“吃、住、行”的一站式服务，游客对景区满意度的评价和分享出来的照片也是网络上最直观的宣传。

4.2.2 文化消费项目较少，旅游消费水平有待提高

加强文化消费产品的开发和创新，提升文化消费的档次和品位，不断丰富文创产品、体验项目和娱乐设施的种类，同时，地方特产和旅游纪念品的开发也是关键，它们

能够满足游客“游、购、娱”方面的多元化消费需求。

4.2.3 导游讲解词重复单一，教育意义有待深化

景区应建立专业导游队伍，结合地方文献记载的人文资料，丰富对革命历史、景区特色及民俗风情的讲解。举办大型实景演出，打造历史事件的实景体验区，满足游客“体验、学习、研究、感悟”的精神文化追求。

4.2.4 景点环境保护不力，不文明现象频发

完善景区周边安保措施，制定相应规章制度，加强对遗址、自然环境、景区设施的保护，加大力度宣传文明素质教育，消除景区内的不文明现象，共建文明城市，维护地方红色旅游形象。

在新时代的征程中，每一代人都有属于自己的长征路，这是时代赋予我们的责任和使命。作为新时代的图书馆员，我们肩负着传承中华优秀传统文化和推动新时代文化建设的双重任务。我们坚守初心，铭记“传承文明，服务社会”的崇高使命，以爱岗敬业，无私奉献的精神，致力于在图书馆员的岗位上，弘扬传统文化，传承红色基因，树立文化自信。在这条道路上，我们将为建设新时代中国特色社会主义文化强国贡献自己的力量，为再立新功而不懈努力。

参考文献

[1] 传承和弘扬红色基因[EB/OL].[2024-03-25].http://theory.people.com.cn/GB/nl/2018/0703/c40531-30106342.html.

[2] 2004—2010年全国红色旅游发展规划纲要[EB/OL].[2024-03-25].https://zfxxgk.ndrc.gov.cn/web/iteminfo.jsp?id=112.

[3] 孟建.数字人文研究[M].上海：复旦大学出版社，2020：7.

基于阅读疗法理论的少儿真人图书馆研究

张迁葳（典藏阅览部）

阅读疗法就是以文献为媒介将阅读作为保健、养生以及辅助治疗疾病的手段，使自己或指导他人通过对文献内容的学习、讨论和领悟，养护或恢复身心健康的一种方法[1]。少儿是一类特殊群体，他们的心理发育并没有定型，因此少儿真人图书馆通过阅读疗法可以更好地发挥自身优势，也可以将少儿的阅读和身心调试相结合，即增强他们的自我认知，建立自尊，完善行为，提高适应社会的能力等。

1　相关理论

为查找我国真人图书馆在少儿阅读推广方面的研究成果，本文选择中国知网，以“真人图书馆”+“少儿”为主题进行跨库检索，并对查询结果进行初步筛选，规定发表时间为2023年以前，检索后一共得到11篇文献。我国少儿真人图书馆文献年发表量情况见表1。

表1　我国少儿真人图书馆文献年发表量

年份 / 件	2012	2013	2014	2015	2016	2017	2018	2019	2020	2021	2022	2023
篇数	1	1	1	1	0	4	1	1	0	1	0	1

从论文发表状态来看，我国对少儿真人图书馆方向的学术研究始于2012年，但相关的研究并不多。调查可知，少儿真人图书馆作为一种创新型阅读推广服务，尚处于探索阶段，相关的理论化服务模式也并不成熟，在业界的关注程度也不够广泛。

从历年少儿真人图书馆的相关研究来看，王祎[2]、李旎[3]、杨彦嫦[4]等从真人图书馆在少儿领域的发展进行初步的探究，杨彦嫦[5-6]、施衍如[7]、蒲克玲[8]等从少儿真人图书馆阅读推广与实践方向进行研究。随着相关研究不断深入，少儿真人图书馆对儿童和青少年身心发展的影响逐渐引起业界学者的重视。如2017年陈雯[9]研究了真人图书馆对留守儿童的心理世界建设，2019年郝天晓、胡莹[10]从发展心理学出发对少儿真人图书馆活动进行探究，2021年史朝霞[11]从发展心理学角度出发对少儿真人图书馆体验中心空间进行建构，2023年陈慧、庄莉等人[12]则以随迁儿童为真人图书来提升其在城市正向发展的可能性。可见，真人图书馆对儿童和青少年心理发展的影响成为近几年理论研究的主要方向，但以阅读疗法为理论基础的少儿真人图书馆研究尚未被发现。

2　相关实践

图书馆所开展的少儿真人图书馆活动主题较为广泛。其中，大部分以座谈、讲座形式开展。如河南儿童图书馆以“陪伴”为主题，在六一儿童节开展亲子性的真人图书馆活动[13]。此外，还有图书馆通过参观体验的方式开展少儿真人图书馆活动，例如：大庆市图书馆在2017年以创意手工的形式开展“指尖舞　细沙流”真人图书馆活动，儿童通过欣赏和亲手绘制沙画来体会多重艺术之美[14]；杭州图书馆在2023年以参观和讲座相结合的方式开展多期“亚运真人图书馆”，以达到宣传亚运文化的目的[15]。线上少儿真人图书馆活动在2020年后才逐渐兴起，如邯郸数字图书馆借助微信、钉钉视频直播等方式举办主题为“中学生的整本书阅读”的真人图书馆活动，向中学生分享整本书的阅读方法[16]。

调查发现，我国已有部分公共图书馆运用阅读疗法开展真人图书馆活动，其主题设立也与阅读疗法理论中的适应证[17]相结合，即学习障碍、自尊自信、态度、举止、对未知事物胆怯、自我认识和发展等6个主题方向。如陕西省图书馆于2015年开展主题为“罕见的人生　罕见的故事”的真人图书馆活动，4位罕见病患者通过分享自己的抗病经历，为读者带来对生命的思考与启迪；同时，活动中还加入了罕见病患者摄影展及科普知识展和“罕罕快跑”的互动游戏等互动环节，以此来激发读者共鸣[18]。湖北省图书馆在2020年新冠疫情期间，通过网络直播的方式向市民开展“疫病传播期间情绪管理与心理调适”主题的真人图书馆活动，以此来减轻疫情所致的心理困顿，指导读者做好身心调试[19]。目前，图书馆针对少儿开展的此类真人图书馆活动较少。如南京市六合区第二图书馆的“文明小义工”真人图书馆活动，该图书馆邀请优秀少儿志愿者分享自己的心得体会和图书馆的文明礼仪，从而调整良好的工作态度，并建立个人自信[20]。贵州省图书馆与贵阳南明区爱心家园儿童特殊教育康复训练中心联合开展“笨小孩”真人图书馆活动，活动中，孤独症、智力障碍、学习困难等特殊儿童对自身故事进行分享，会在专家和志愿者的指导下，此外，孩子们通过两人相互交叉拍手式欢迎、手指谣游戏“点点豆子”、让星星儿童与普通儿童有自然肢体的接触等方式，来消除人们对特殊儿童的隔阂，以促进特殊群体儿童和普通儿童之间的了解、接纳、融入[21]。调查可知，目前以阅读疗法理论为指导的少儿真人图书馆尚处于起步阶段，少儿真人图书馆在真人图书讲读、流程设计、读者正向反馈等多维度上并未实现与阅读疗法指导理论的系统化结合，也未充分挖掘阅读疗法理论中表达技巧、辅助工具（如图片、身体语言等）、读者反应观察等进行少儿真人图书馆活动设计。

3　阅读疗法指导下的少儿真人图书馆实施路径探究

通常认为，阅读疗法可以被粗略地分为两大类，即发展阅读疗法和临床阅读疗法。发展阅读疗法目的在于保健养生，预防疾病的发生，即通过图书馆员、其他非医学人员所建议的阅读材料来弥补心理缺憾，协助病人处理成长、生活中所遭遇的问题。临床阅读疗法，目的在于阅读治病，即资格医师将阅读作为辅助治疗的手段，并纳入实际的心理或生理疾病的治疗中，配合药物、手术、仪器等常规疗法对病人进行治疗。

由此可知，公共图书馆开展的少儿真人图书馆活动更适合采用发展阅读疗法理论作为指导。本文结合发展阅读疗法理论与少儿真人图书馆的实践特点，对少儿真人图书馆开展过程中所采取的方式、阅读群体、阅读群体态度、开展人员、图书内容、技巧、环境、目的等相关特点进行归纳（见表2）。

表2　发展阅读疗法指导下的少儿真人图书馆开展特点

少儿真人图书馆	特点
方式	团体
阅读群体	处于危机意识中的少儿
阅读群体态度	积极的、自发的
开展人员	真人图书、图书管理员、教师或其他
图书内容	富有想象力及教诲性
技巧	资料讨论、强调读者反馈与领悟
环境	图书馆、社区、网络等
目的	正常人格发展及自我实现

发展阅读疗法指导下的少儿真人图书不再是单一“文献工具”，而是一种可以帮助读者认识并解决其所在年龄层面遇到的重要问题的“咨询工具”。美国学者希奇科特和布克提出的阅读疗法流程[22]，即阅读前的准备阶段、阅读或倾听内容、复述书中主要内容、讨论书中角色的经历、后续治疗活动，再结合少儿真人图书馆活动的相关流程，可将少儿真人图书馆的实施路径归纳为：真人图书准备阶段、引领阅读活动阶段、读者状态观察阶段、后续激励反馈阶段。

3.1　真人图书准备阶段

真人图书是一种以真人为依托，且拥有自主行为的“图书资源”。根据阅读疗法理论，少儿真人图书馆前期准备阶段可以从图书内容提炼、语言叙述技巧、身体语言等方面着手。

（1）对讲述内容进行选取和提炼应围绕少儿的兴趣及所面临的相关问题，这样可以快速、有效地吸引其注意，引发其共鸣。此外，在对图书内容进行提炼时，还应注意叙述风格、故事中人物的性格特点、语言的组织与运用、照片与图画展示等方面的把握和调整。

（2）采用大声朗读方法进行阅读治疗，这种方法通常对年龄较小的少儿有显著功效，所以少儿真人图书在讲述过程中也应该注重语音、语速、声调、语气和故事节奏等方面的把控。其中，声调、语气和故事节奏是决定真人图书感染力的重要因素，对成功将读者代入故事起着十分重要的作用。同时，真人图书在阅读过程中，应保持语句通顺，避免用错词语以及避免词语的发音错误。

（3）身体语言是对有声口语的解读，因此在少儿真人图书馆活动开展时，真人图书通常会采取一定的身体语言，以鼓励少儿积极地投入故事情节。

3.2 引领阅读活动阶段

引领阅读活动阶段的一项重要任务是认同和投射，即帮助少儿认识到书中的问题和自身问题的相似性。因为少儿在认知方面存在明显差异，所有在认同这方面，儿童和青少年应做区别讨论。

对于中低龄段少儿，可以不必要求他们对书中内容有过于深刻的理解，不要求他们能够对书中内容进行解释说明。真人图书只要引导儿童从书中找到一个相似的人物或者相似的经历，从而引领他们去发现并解决自身面临的问题。

对于中高龄段的少儿，真人图书可以进行深入引导，即帮助他们进入宣泄和疏导阶段。在青少年读者进行情感释放和疏导后，真人图书和辅助人员再引导其进入领悟和解决问题阶段。

3.3 读者状态观察阶段

在进行少儿真人图书阅读时，真人图书和辅助人员应密切观察孩子们的不同反应，包括情感流露、对书中人物和故事的批评判、语音语调、行为举止等。记录孩子们的情感方面，真人图书和辅助人员不仅要记录孩子们的愤怒、快乐、嫉妒、安慰等明显的情感表达，还应该留意他们欲言又止、言不由衷等隐晦性情感。语音语调所蕴含的信息也很大，同样的话语，不同的语调所表达的态度和认知也不尽相同。而孩子们的行为举止则反映其真实态度，行为举止也是读者语言反馈的另一种解读方式。对孩子的这些反应，真人图书要给予他们鼓励，并将其记录下来，以便在后续激励反馈阶段对孩子进行疏导与调节。

3.4 后续激励反馈阶段

开展少儿真人图书馆活动时，大多数孩子们容易做出反应，然而有一些孩子需要更多的鼓励才能对真人图书做出反应。因此，少儿真人图书馆活动需要通过后续活动来进一步鼓舞孩子，从而尝试解决自己面临的困难。

少儿真人图书馆的后续激励反馈阶段更注重交互性。调查可知，少儿真人图书馆通常会根据书中内容开展不同形式的活动，如创意手工、布置作业、角色扮演、路演等，这些活动可以加强孩子们对故事中的人物和问题处理的认知。而真人图书和辅助人员应全程保持对孩子们活动的干预和管理，并根据其表现情况来监督领悟状态。如邯郸市数字图书馆开展的“非遗泥塑·兔儿爷”真人图书馆活动，真人图书通过引导孩子捏制兔儿爷，来深化孩子对兔儿爷故事的了解[23]。

通常情况下，少儿真人图书馆的后续激励反馈阶段更注重交互性，即“少儿—真人图书”交互。针对中低龄段少儿的少儿真人图书馆的后续阶段可以通过绘画、角色扮演、简单的手工制作等方式来帮助孩子理解故事中人物的思想感情，对那些无法语言表达出来的问题做出反应；针对中高龄段少儿的少儿真人图书馆的后续阶段则可通过人书交谈、写作等方式来鼓舞他们尝试以新的方法处理困扰他的压力，并唤醒他们的期待、尊敬、警醒、良善等情感。

此外，由于该阶段需要与少儿进行接触，为提高效率，避免过量工作，所以该阶段通常采用团体阅读方式，人数通常控制在 8 人以内。但无论是分组阅读，还是活动规划，甚至是现场把控等工作，都需要丰富的经验和技巧，因此该阶段不仅对真人图书素质要求很高，更对辅助人员的能力有极高的要求。

目前，我国少儿真人图书馆的发展还处于萌芽阶段，但少儿真人图书馆是对少儿阅读推广的一种创新，它有效拉近了少儿与“文献”之间的距离，为少儿阅读带来了一种新体验。鉴于少儿阅读推广的主要目的是激发少儿的阅读兴趣，培养阅读习惯，解决他们生活中的问题，丰富他们对世界的认知，而在阅读疗法理论指导下的少儿真人图书馆，可以更为有效地帮助少儿发现症结所在，从而快速找到解决问题的最优办法。所以，基于阅读疗法理论的少儿真人图书馆研究则十分必要。而这类研究目前尚处于空白阶段，且有着很大的潜力，希望业界能对该领域的研究有进一步的探讨。

参考文献

[1] 王波 . 阅读疗法 [M] . 北京：海洋出版社，2014：15-16.

[2] 王祎 . Living Library：少儿图书馆读者服务新模式 [J] . 江西图书馆学刊，2012（5）：67-69.

[3] 李旎 . 让 Living Library 走进少年儿童 [J] . 图书馆工作与研究，2013（2）：113-116.

[4] 杨彦嫦 . 面向少儿的真人图书馆的发展现状、存在问题及对策研究 [J] . 现代情报，2014（3）：143-146.

[5] 杨彦嫦 . 真人图书亲子共读在少儿图书馆的实践与探索——以广州少儿图书馆为例 [J] . 四川图书馆学报，2015（1）：34-37.

[6] 杨彦嫦 . 公共图书馆少儿科普阅读推广的实践与探索——以广州少年儿童图书馆为例 [J] . 四川图书馆学报，2017（1）：47-50.

[7] 施衍如 . Human Library 亲子共读服务模式的实践与推广研究 [J] . 四川图书馆学报，2017（6）：21-24.

[8] 蒲克玲 . 基于真人图书馆的少儿阅读推广活动研究 [J] . 图书馆学刊，2017（10）：72-75.

[9] 陈雯 . 走进“留守儿童”心灵世界的“真人图书馆” [J] . 图书馆杂志，2017（6）：67-71.

[10] 郝天晓，胡莹 . 少儿真人图书馆服务中的发展心理学理论的应用与实践 [J] . 图书馆学研究，2019（20）：82-85.

[11] 史朝霞 . 少儿真人图书馆体验中心空间建构策略探究——基于认识发展心理学视角 [J] . 图书馆研究，2021（6）：104-109.

[12] 陈慧，庄莉，庄芳，等 . 儿童真人图书对促进随迁儿童正向发展的可能性探索 [J] . 心理月刊 . 2023（24）：189-191.

[13] 图书馆里过六一　缤纷阅读伴成长［EB/OL］.［2024-04-21］. https://zzrb.zynews.cn/html/2019-06/03/content_1077308. htm?spm=zm5087-001.0.0.1.7VlmIO.

[14] 真人图书第三十五期文秀《指尖舞　细沙流》［EB/OL］.［2024-04-21］. https://dqlib.mh.chaoxing.com/engine2/d/6903064/221052/1?t=2622631&p=68844.

[15] “亚运真人图书馆”第七期：“绿色亚运”全民行动［EB/OL］.［2024-04-25］. https://www.hzlib.net/hdbd/6224.htm.

[16] 中学生的整本书阅读——真人图书馆线上服务［EB/OL］.［2024-04-25］. http://www.sztsg.net/Home/Article/detail/id/1371. html.

[17] PARDECK J T，PARDECK J A. Bibliotherapy：a clinical approach for helping children［M］. Singapore：Gordon and Breach science publisher，1993：4-7.

[18]【主题宣传】陕西省图书馆举办“改变从了解开始”国际罕见病日宣传活动［EB/OL］.［2024-04-27］. https://www.sxlib.org.cn/hd/hdbd/201503/t20150306_451952. html.

[19] 真人图书馆线上阅读直播活动预告——疫病传播期间情绪管理与心理调适［EB/OL］.［2024-04-30］. https://digi.library.hb.cn：8443/#/search/detail?id=446452.

[20] 少儿真人图书馆 | 感谢不一样的你——“文明小义工”专场活动［EB/OL］.［2024-04-28］. https://www.sohu.com/a/240490791_99902812.

[21] “笨小孩”真人图书馆活动［EB/OL］.［2024-04-30］. http://www.gzlib.com.cn/information/3145.

[22] SCOGIN F，JAMISON C，FLOYD M，et al. Measuring learning in depression treatment：a cognitive bibliotherapy test［J］. Cognitive therapy and research，1998（5）：475-482.

[23] 学泥塑捏“兔儿爷”——真人图书馆带你体验非遗魅力［EB/OL］.［2024-04-28］. http://www.sztsg.net/Home/Article/detail/id/1521. html.

电影疗法在公共图书馆视听服务中应用的构想及策略

高泉泉（典藏阅览部）

当下在人们所处的视觉文化传播时代，影像成为人们获取知识和信息的重要渠道。电影作为一种重要的视觉影像，历经从黑白到彩色，从无声到有声，从平面到立体的发展过程，逐渐成为人们娱乐、思考和交流的重要媒介形式。电影以其丰富多样的故事情节和人物形象，常常引发人们的情感共鸣。观影过程中，人们可以暂时远离现实，释放压力和不良情绪，获得情感的疏导和安慰。基于电影的疗愈作用，国外学者提出“Cinema Therapy”（电影疗法或电影疗愈）的概念，并随着对电影疗法研究和应用的不断深入，其已成为治疗某些心理疾患的良方。公共图书馆在视听服务中开展的优质电影资源推介和电影视听推广活动旨在引导读者在观影过程中释放压力、放松身心，这种以促进心理健康为导向的服务理念，与电影疗法通过影像艺术实现心理疏导的核心理念高度契合。

1 电影疗法在公共图书馆视听服务中应用的理论依据

1.1 电影疗法的概念内涵

1990年，这一术语率先由Berg-Cross等学者提出，他们认为“电影疗法可以作为对传统咨询与治疗的有效补充，给来访者布置电影作业，让他们通过电影有所改变”[1]。此后电影疗法得到广泛关注并快速发展，诸多学者对其概念内涵做了较为丰富的阐释。其中比较有代表性的观点有：Solomon认为电影疗法就是给来访者“开电影‘处方’，以帮助他们康复”[2]；Dermer和Hutchings将其定义为“一种特殊的心理治疗技术，包含选择影片供来访者独自或与群体一同观看，以期获得治疗效果”[3]；Wolz则认为“电影疗法是通过有意识地看电影，结合心理治疗理论及强化意识训练，来实现个人康复和成长的一种治疗方式”[4]。目前学界对电影疗法的界定尚未形成统一意见，在发展中形成的共识是，电影疗法是电影治疗师运用心理治疗技术，通过评估观影者（个人或团体）的心理状况和偏好，根据一定的选片原则筛选相应的电影或电影片段，并以此为治疗媒介引导观影者在观看、讨论和解读电影的过程中达到情感释放、心理慰藉和心灵启迪的疗效，以此促进心理愈合或成长。

1.2 电影疗法的作用机制

电影疗法的作用机制是一个复杂而微妙的精神活动过程，主要包括隐喻、投射、认同、净化和领悟几个阶段。隐喻是电影疗法发挥作用的一个重要原因。通过比喻或暗示来传递与电影情节或角色相关的意义，可以激发观影者的想象和联想。投射是指在由电影画面、音乐、灯光形成的一个相对独立的场域中，观影者的意志容易发生内在转移，将个人情感、思想、无意识投射到电影中。经过投射，当故事情节或人物角色与观影者个人经历相重叠时，在与现实的观照中观影者就会产生共鸣和认同，电影与观影者就产生了联结纽带。当观影者与电影建立了内在联系，随着情节或人物命运发展，观影者往往会表现出诸如开怀大笑、喜极而泣、痛哭流涕等情绪反应。在这沉浸式的情感净化过程中，积极情绪为观影者带来精神的愉悦与心灵的滋养，而消极情绪则通过释放使观影者获得舒缓与排解。经过净化阶段，观影者得到情感释放和情绪疏解后，心理状态逐渐趋于平静和稳定，进而在认知层面上对电影中蕴含的深层意义有所思考和领悟。这种领悟不仅停留在思想层面上，还意味着现实层面行动上的改变和探索。根据作用机制的不同，电影疗法可以分为不同类型，如有助于情感释放的"爆米花电影疗法"，帮助观影者加深自我认识的"共鸣电影疗法"，有利于打开心结、敞开心扉的"宣泄电影疗法"等[5]。

1.3　电影疗法的干预流程

电影疗法的干预流程主要包含三个阶段：观影前、观影中和观影后。观影前，电影治疗师要首先运用心理学技术对观影者的心理健康状况、性格特点、兴趣偏好、参与意愿等进行综合评估和分析，由此确定治疗目标和筛选有针对性的影片。在正式播放影片之前，治疗师还要对影片概况进行简要导读，以此激发观影者的阅览兴趣。影片放映过程中，治疗师要作为旁观者仔细观察并及时记录观影者的情绪及肢体反应（如大笑、流泪、鼓掌等），并根据现场表现情况设置后续与观影者互动的讨论问题（问题以观影者对故事情节、人物角色的看法及自身行为感受为焦点）。放映结束后，治疗师等待观影者平复情绪后，便可与其围绕影片展开轻松而舒缓的对话。对话过程中，治疗师要引导观影者理解故事内容和角色，帮助其领悟电影背后所包含的意义和哲理，鼓励观影者探索影片对自身情绪调节、行为模式可能产生的积极启示，助力其成长。讨论结束后并不意味着电影治疗的结束，治疗师还要根据观影反馈形成治疗报告和档案，并在后续展开回访追踪测试，检验治疗效果并确定后续治疗方案[6]。

2　电影疗法在公共图书馆视听服务中的现实意义

2.1　公民心理健康促进和教育的现实需要

随着经济社会的快速发展，人们面临着诸多压力和挑战，心理健康问题在我国日益突出。据《中国国民心理健康发展报告（2021—2022）》，我国有超过 10.6% 的人口存在不同程度的心理健康问题，与之对应的公民心理健康服务需求也在快速增长[7]。对此，我国相继出台了《关于加强心理健康服务的指导意见》《健康中国行动（2019—2030 年）》《"健康中国 2030"规划纲要》等一系列政策，这些政策对心理健康服务和社会心理服务体系建设做出了重要部署。作为政府设立的公共文化服务设施，公共图书馆不仅有资源也有义务在职能范围内承担起为读者提供公益性心理健康服务的社会责任，满足公众日益增长的心理服务需要。公共图书馆在读者服务中应通过阅读疗法和电影疗法，加强相关理论研究和实践应用，以此对读者心理健康发挥积极的疏导和干预作用，使公共图书馆的人文关怀和以人为本的服务宗旨落到实处。

2.2 图书馆视听服务拓展提升的创新渠道

新媒体时代，以声音、视频、图像、文字等为载体的视听文献使公共图书馆的馆藏资源日趋丰富多样，视听资源成为读者获取知识信息和文化娱乐的重要媒介。

目前，尽管视听服务在公共图书馆越来越受到重视，读者对视听服务的需求也更加强烈，但服务内容基本停留在传统的文献借阅层面上，视听文献开发和阅读推广的程度和水平整体较低。近年来公共图书馆的服务理念从“书本位”向“人本位”转变，服务模式从单一的文献借阅服务向多元的文化服务转型，心理健康服务就是其中一项重要的举措。视听资源所呈现的文化内容具有较强的吸引力和感染力，特别是电影制品具有较强的优势，更容易受到读者的欢迎和青睐。在公众心理健康促进与教育过程中创新性应用电影疗法，深入挖掘馆藏中具有疗愈属性的电影文献，开展疗愈主题电影阅读推广活动，将有效拓宽公共图书馆视听服务的业务创新发展空间，提升读者服务的广度和深度。

2.3 图书馆探索研究疗愈理论的发展方向

当前阅读疗法已然成为公共图书馆业务创新和拓展的新亮点，图书馆将其作为辅助心理治疗的重要手段，基于有指导的阅读活动和健康素养教育帮助读者了解和改善心理健康状况，提高心理健康水平。相较于文本化的阅读疗法，电影疗法融合了多重视听元素，更符合新媒体时代读者多元化的阅览习惯和需求。电影疗法作为阅读疗法的发展和延伸，让阅读疗法从纸本文献拓展至融合音乐、美术、摄影、造型等多维艺术元素的电影文献，其在图书馆公众心理健康教育和促进方面具有较为广阔的运用空间。由阅读疗法拓展至电影疗法，公共图书馆在视听服务中尝试应用电影疗法，不仅是为了更好地满足读者心理健康服务的实际需要，也是公共图书馆服务发展的前进方向，更是探索疗愈理论本土化研究和实践的发展方向。

3 电影疗法在公共图书馆视听服务中应用的实施策略

3.1 改善阅览环境，建设打造电影疗法艺术空间

为了达到理想的电影疗愈效果，公共图书馆应该通过特色空间改造，打造一个专门的电影疗法艺术空间，为读者提供一个可供观影阅读、交流讨论的独立场所。这种电影疗法艺术空间在空间设计和布局上要区别于传统的视听阅览室，可以利用隔音墙和隔音吊顶开辟出一块相对开阔、安静的区域。环境布置上要凸显人文关怀，室内墙面、地

面及家具陈设的色彩搭配应该选用柔和且舒适的低饱和度颜色，营造出淡雅且富有艺术气息的风格；同时配以鲜花、绿植、香薰等作为点缀，使读者对环境产生亲近感和安全感。为了使读者在观影过程中获得良好的视听享受，室内要配备高清大屏、投影、Hi-Fi 音响、高保真耳机等专业化影音播放设施。同时，选用舒适的软包沙发、座椅、坐垫等家具，让读者尽可能得到自然、舒适和放松的阅览体验。在阅览文献的配置上，要开架摆放馆员遴选出的具有疗愈属性的书籍和电影制品，方便读者根据个人情况和偏好有针对性地进行阅览。空间内要设置多媒体检索推荐平台，触摸彩屏循环展示相关疗愈系电影的资讯介绍和馆藏索取信息，以此提供更加直观、生动、详尽的导览体验。

3.2 盘活馆藏资源，编制推广电影疗法资源目录

开发馆藏资源并编制和推广资源目录是图书馆应用电影疗法开展相关服务的基础。馆员要吸纳和邀请心理治疗专家、电影疗法治疗师、影评人等共同组成研制团队，以图书馆馆藏电影资源为依托，从类型众多的作品中筛选出具有疗愈属性的电影，并且根据适应心理症状的不同进行功能划分。要均衡考察古今中外不同风格的优秀影片，选片的过程中要特别注意电影传递的价值取向。要对电影创作者所传递的包含政治倾向、宗教信仰、种族问题、伦理道德方面的价值观保持敏感和谨慎，选择有争议的影片容易引发观影者的排斥和阻抗。选片时还要充分考虑观影者年龄、性别、教育程度及文化背景的不同所造成的对影片认知和理解的偏差，每部影片都有其目标观众，要结合影片主题、内容及语言情况，分层分众编制电影疗法资源目录，以便电影治疗师引导观影者顺利度过心理疗法作用机制的每个阶段。

在目录的推广和使用过程中，图书馆要以前期调查收集到的观影者的用户画像作为重要前提，选择适配度最高的影片进行推荐和播放。电影疗法的资源目录的编制和推广是一个系统而长期的过程，需要经过调研、初筛、试看、整理、评审等多个环节的工作，目录编制完成后还要在后期的推广使用中进行效果评估和修改完善。

3.3 提升馆员技能，培养组建电影疗法服务团队

电影疗法是一门交叉学科，电影治疗师对观影者综合情况的判断与分析，对电影资源的筛选和运用，对疗愈过程的设计和推动，对疗愈效果的评估和分析都离不开对心理学、电影学、教育学、医学等多学科知识和技能的综合运用。公共图书馆员往往具备多学科知识背景，可从中选拔学科专业对口、业务知识扎实、服务意识突出的骨干力量组成图书馆电影疗法服务团队。图书馆围绕电影疗法，对团队成员开展专业化知识和技能培训，聘请相关领域专家学者开展普及性教学，教授国内外电影疗法的基本理论以及经典治疗案例。还要组织团队成员到电影治疗现场进行观摩和体验，在实践中学习和积累沟通及心理暗示等技巧。理论和实践学习完成后，还要对成员进行考核评判和奖励，除了知识测试，还要设置电影疗法现场模拟演练，邀请专家一对一给予点评和指导，在反复实操训练中促进成员相关知识和技能的运用。

仅凭馆员的力量不足以支撑图书馆电影疗法服务的开展和实施，图书馆还要通过外

聘人才、招募志愿者等多渠道吸纳专业人员参与其中，最大程度保证电影疗法在图书馆视听服务中推广应用的科学性、准确性和权威性。

3.4 拓展多方合作，策划开展电影疗法主题活动

公共图书馆跨界开展电影疗法视听服务需要多方联动，图书馆要积极创造条件，与心理咨询机构、高校、医院、社区等建立长期合作关系，形成资源共享、融合互补的共赢机制，合力策划开展电影疗法系列主题推广活动，聚力形成图书馆特色服务品牌效应。要构建“线下 + 线上”融合的发展路线，在视听阵地服务中，可以分主题定期举办电影疗法心理辅导活动，招募具有相似心理症状的读者，集体观看合适的影片并在馆员的引导下进行有效沟通和讨论，以“观影 + 沙龙”的疗愈模式进行群体性心理互动辅导。还可以举办诸如电影疗法专题讲座、电影治疗师现场咨询、电影选段配音、电影片段演绎、撰写电影影评等多种形式的电影疗法推广活动，辅助引导观影者建立自身与电影间的内在联系，在对电影的深层理解和领悟中促进心理转变和成长。

此外，图书馆还要着力推进图书馆电影疗法线上服务的开展。通过“互联网 +”搭建电影疗法线上服务平台，利用微信公众号、微信服务群、真人直播平台等推送电影疗法资源推荐，普及心理健康知识，开展电影疗法心理辅导直播活动，从而借助新媒体平台提升图书馆心理健康服务的范围和效能，同时满足参与者对匿名和隐私的内在需求。

3.5 借助虚拟技术，构建沉浸式电影疗法新体验

虚拟现实（VR）技术通过计算机生成虚拟环境，用户通过佩戴相应设备可以在其中进行互动，获得融合式体验。VR 技术在心理治疗领域最早应用于特定焦虑症状的治疗，通过模拟各种情境使患者在可控的安全环境中进行暴露疗法，进而逐步克服恐惧。此后，VR 技术在创伤后应激障碍、抑郁症、孤独症谱系障碍等的治疗中得到了广泛而多元的应用[8]。公共图书馆在探索电影疗法服务过程中也应积极尝试引入 VR 技术，根据观影者的需求和偏好定制个性化沉浸式电影场景，使观影者在高度逼真的三维虚拟场景中触发视觉、听觉、触觉等多种感官刺激，引发生理反应，进而影响其心理状态。还可以通过 VR 技术构建的交互式反馈场景，实时监测呼吸和心率等生理指标，进而根据观影者的反馈及时调整治疗策略，这样有助于提高电影疗法的实际效果。随着技术的不断进步和应用范围的扩大，VR 电影疗法未来将更加智能化、个性化和普及化，将为心理健康服务带来更多的创新和变革。

电影疗法作为西方的舶来品，引入我国的时间相对较晚。现有的理论基础和电影资源主要来自国外，我国亟待加强本土化的研究和实践。对于公共图书馆而言，相较于阅读疗法，在开展公民心理健康促进与教育的过程中电影疗法具有独特优势和多重意义。“图书馆 + 电影疗法”作为一个新兴的研究课题，具有面向未来的潜在研究价值。笔者希望借由本文论述，引发学界对图书馆跨界开展电影疗法特色服务的持续关注和深入探究。

参考文献

[1] BERG-CROSS L，JENNINGS P，BARUCH R.Cinematherapy：theory and application［J］. Psychother priv pract，1990（1）：135-156.

[2] SOLOMON G.The motion picture prescription［M］.California：Aslan Publishing，1997：50-167.

[3] DERMER S B，HUTCHINGS J B.Utilizing movies in family therapy：applications for individuals，couples，and families［J］.American journal of family therapy，2000（2）：163-180.

[4] WOLZ B.E-motion picture magic：a m，ovie lover's guide to healing and transformation［M］. Colorado：Glenbridge Publishing，2005：10-100.

[5] 梅奥，克蒙德．观影诊疗室：用电影疗愈心灵［M］．舒敏，柯健明，译．北京：中国人民大学出版社，2018：7-56.

[6] 黄籍毅，王鑫强．电影疗法的作用机制、干预流程及案例述评［J］．心理技术与应用，2015（7）：43-48.

[7] 傅小兰，张侃，陈雪峰，等．心理健康蓝皮书《中国国民心理健康发展报告（2021—2022）》［M］．北京：社会科学文献出版社，2023：5-65.

[8] 徐跃家，牛怡霖，齐超杰．虚拟现实：疗愈空间发展的未来［J］．建筑创作，2020（4）：140-145.

《中华人民共和国刑法修正案（十一）》视角下刑法类文献分类标引浅析

朱　武（中文采编部）

现行的《中华人民共和国刑法》（以下简称《刑法》）自 1997 年 10 月 1 日起实施以来，为使之能够及时适应经济社会发展的需要，我国主要是通过修正案的形式对其进行修改完善，从 1999 年 12 月 25 日《中华人民共和国刑法修正案（一）》公布施行开始，直至《中华人民共和国刑法修正案（十二）》于 2024 年 3 月 1 日起正式施行，二十余年间历经十二次修正，此修改法律的方式不仅维护了《刑法》的相对稳定性，也较好地保障了《刑法》的社会适应性。《刑法》内容包含总则和分则两编以及附则部分，共有十五章四百五十二条。其中的总则编共有五章一百零一条，对有关犯罪、刑罚的一般原理、原则做出规定。而的分则编共有十章三百五十条，对各种犯罪的构成要件及其具体刑罚进行规定。总则编对分则编具有指导和规范作用，分则编则是总则编的具体应用和体现，二者相辅相成，互为补充，是共性与个性的关系，最后是一条附则，对《刑法》的生效日期进行规定。《刑法》在维护国家安全和社会稳定、保护人民群众合法权益等方面发挥着不可替代的作用，也因此其在我国特色社会主义法律体系中占据举足轻重的地位。

2021 年 3 月 1 日起施行的《中华人民共和国刑法修正案（十一）》（以下简称《修正案（十一）》）是近年来对《刑法》修正力度较大的一次，其结合刑法领域的司法经验，细化了《刑法》分则各章节罪名的相关概念，增设了部分罪名，填补了立法空白[1]，经过此次修正，《刑法》的内容更加丰富和完善，能够更好地适应当今经济社会发展的需求。《最高人民法院、最高人民检察院关于执行〈中华人民共和国刑法〉确定罪名的补充规定（七）》新增、修改了二十五个刑法罪名，其中十七个刑法罪名是根据《修正案（十一）》新增，另有五个刑法罪名是根据《修正案（十一）》修改[2]。随着《修正案（十一）》的施行，社会各界对《刑法》中罪名的最新变更情况关注度越来越高，研究越来越多，相关领域文献也不断涌现，为使文献标引人员能够及时关注到《刑法》分则内容的变化，更好地了解刑法罪名的变更情况，从而提升刑法类文献分类标引工作的准确性和效率性，为社会进一步做好刑法类文献服务，以满足读者日益增长的法律信息需求，本文基于《修正案（十一）》的视角，对该修正案新增和修改的刑法罪名进行介绍，并根据《中国图书馆分类法（第 5 版）》（以下简称《中图法（第 5 版）》）中中国刑法分类体系下“D924.3 分则”类目的设置情况，梳理出变更后的刑法罪名与刑法分则类目之间的对应关系，再辅以标引实例加以说明，以期能为日后刑法类文献分类标引工作的开展提供一些参考。

1《修正案（十一）》新增、修改的刑法罪名介绍

1.1 在《刑法》分则第二章“危害公共安全罪”中新增、修改的刑法罪名介绍

《修正案（十一）》在《刑法》分则第二章中增设第一百三十三条之二，对行驶中的公共交通工具驾驶人员危及公共安全的行为进行规定，即新增“妨害安全驾驶罪”[3]；增设第一百三十四条之一，对安全生产从业人员违反安全管理制度做出具有发生严重后果的现实危险行为进行规定，即新增“危险作业罪”。对第一百三十四条第二款进行修改，在保留原来对强令他人违章冒险作业行为规定的基础上，对组织他人违章冒险作业行为进行补充规定，扩大了该罪的适用范围，即将原“强令违章冒险作业罪”修改为“强令、组织他人违章冒险作业罪”。

1.2 在《刑法》分则第三章“破坏社会主义市场经济秩序罪”中新增、修改的刑法罪名介绍

《修正案（十一）》在《刑法》分则第三章第一节“生产、销售伪劣商品罪”中增设第一百四十二条之一，对情节严重的违反药品管理法规的行为进行规定，即新增“妨害药品管理罪”。分别对第一节中第一百四十一条和第一百四十二条进行修改，在保留原有对生产、销售假药和劣药行为规定的基础上，增加“药品使用单位的人员明知是假药、劣药而提供给他人使用”的表述，对向他人提供假药、劣药的行为进行补充规定，即将原“生产、销售假药罪”和“生产、销售劣药罪”分别改为“生产、销售、提供假药罪”和“生产、销售、提供劣药罪”，使药品犯罪立法进一步完善。对第三节“妨害对公司、企业管理秩序罪”中第一百六十条进行修改，使用上位概念“证券”替代“股票、债券”，扩大了该罪的适用范围，即将原“欺诈发行股票、债券罪”修改为“欺诈发行证券罪”。在第七节“侵犯知识产权罪”中增设第二百一十九条之一，对知识产权的保护进行强化，即新增“为境外窃取、刺探、收买、非法提供商业秘密罪”。

1.3 在《刑法》分则第四章“侵犯公民人身权利、民主权利罪”中新增的刑法罪名介绍

《修正案（十一）》在《刑法》分则第四章中增设第二百三十六条之一，对负有特殊职责人员的性侵行为进行规定，即新增“负有照护职责人员性侵罪”。

1.4 在《刑法》分则第六章“妨害社会管理秩序罪”中新增的刑法罪名介绍

《修正案（十一）》在《刑法》分则第六章第一节“扰乱公共秩序罪”中增设第二百七十七条第五款内容，对使用暴力手段危害正在执行公务的警察人身安全的行为进行规定，即新增“袭警罪”。增设第二百八十条之二，对顶替他人取得的三种待遇资格的行为以及组织、指使他人实施冒名顶替的行为做出规定，即新增“冒名顶替罪”。增

设第二百九十一条之二，对情节严重的高空抛物行为进行规定，即新增“高空抛物罪”。增设第二百九十三条之一，对情节严重的通过非法手段索要高利贷等违法债务的行为进行规定，即新增“催收非法债务罪”。增设第二百九十九条之一，对情节严重的损害社会公益的侵害英烈名誉的行为进行规定，即新增“侵害英雄烈士名誉、荣誉罪”。在第三百零三条之中增设第三款内容，对情节严重的组织中国公民参与境外赌博的行为进行规定，即新增“组织参与国（境）外赌博罪”。在第五节“危害公共卫生罪”中增设第三百三十四条之一，对情节严重的非法采集人类遗传资源或将其走私出境，并危害公众健康或社会公益的行为进行规定，即新增“非法采集人类遗传资源、走私人类遗传资源材料罪”。增设第三百三十六条之一，对情节严重的将基因编辑、克隆的人类胚胎植入活体或将基因编辑、克隆的动物胚胎植入人体的行为进行规定，即新增“非法植入基因编辑、克隆胚胎罪”[4]。在第六节“破坏环境资源保护罪”中增设第三百四十一条第三款内容，对违反野生动物管理法规，以食用为目的[5]，情节严重的非法买卖在野外环境生长的陆生野生动物的行为进行规定，即新增“非法猎捕、收购、运输、出售陆生野生动物罪”。增设第三百四十二条之一，对违反自然保护地管理法规，在国家保护区域非法开发情节严重的行为进行规定，即新增“破坏自然保护地罪”。增设第三百四十四条之一，对情节严重的非法引进放生外来物种的行为进行规定，即新增“非法引进、释放、丢弃外来入侵物种罪”。在第七节“走私、贩卖、运输、制造毒品罪”中增设第三百五十五条之一，对情节严重的组织、强迫、引诱、教唆、欺骗运动员使用兴奋剂参加体育竞赛或向运动员提供兴奋剂的行为进行规定，即新增“妨害兴奋剂管理罪”[6]。

1.5 在《刑法》分则第九章“渎职罪”中修改的刑法罪名介绍

《修正案（十一）》对原《刑法》分则第九章中第四百零八条之一第一款进行修改，在保留原有对食品监管渎职行为规定的基础上，又增加对药品监管渎职行为的规定，将药品领域纳入该罪规范范围，即将原“食品监管渎职罪”修改为“食品、药品监管渎职罪”。

2 《修正案（十一）》新增、修改的刑法罪名与《中图法（第5版）》中刑法分则类目之间的对应关系

2.1 《中图法（第5版）》刑法分则类目的设置情况

本文谈及的《修正案（十一）》新增和修改的刑法罪名属于《刑法》分则部分的内容，文献标引人员在对相关刑法类文献进行分类标引时，应将其相应地归入《中图法（第5版）》中“D924 刑法”类目下的“D924.3 分则”类。“D924.3 分则”类目下设有十一个子类，分别为：“D924.31 危害国家安全罪”类、“D924.32 危害公共安全罪”类、“D924.33 破坏社会主义市场经济秩序罪”类、“D924.34 侵犯公民人身权利、民主权利罪”类、“D924.35 侵犯财产罪”类、“D924.36 妨害社会管理秩序罪”类、“D924.391 危害国防利益罪”类、“D924.392 贪污贿赂罪”类、“D924.393 渎职罪”类、“D924.394

军人违反职责罪”类、“D924.399 其他”类。

2.2 《修正案（十一）》新增、修改的刑法罪名与《中图法（第5版）》中刑法分则类目之间的对应情况

由上文可以看到，《修正案（十一）》新增的十七个刑法罪名以及修改的五个刑法罪名，在“D924.3 分则”类目下均能找到相对应的刑法类目，笔者对二者之间具体的对应情况梳理如下。

在《刑法》分则第二章“危害公共安全罪”中新增的“妨害安全驾驶罪”和“危险作业罪”以及修改后的“强令、组织他人违章冒险作业罪”，共计三个罪名，均与“D924.32 危害公共安全罪”类目相对应。在《刑法》分则第三章“破坏社会主义市场经济秩序罪”第一节“生产、销售伪劣商品罪”中新增的“妨害药品管理罪”、修改后的“生产、销售、提供假药罪”和“生产、销售、提供劣药罪”，在第三节“妨害对公司、企业管理秩序罪”中修改后的“欺诈发行证券罪”，以及在第七节“侵犯知识产权罪”中新增的“为境外窃取、刺探、收买、非法提供商业秘密罪”，共计五个罪名，均与“D924.33 破坏社会主义市场经济秩序罪”类目相对应。在《刑法》分则第四章“侵犯公民人身权利、民主权利罪”中新增的“负有照护职责人员性侵罪”与“D924.34 侵犯公民人身权利、民主权利罪”类目相对应。在《刑法》分则第六章“妨害社会管理秩序罪”第一节“扰乱公共秩序罪”中新增的“袭警罪”“冒名顶替罪”“高空抛物罪”“催收非法债务罪”“侵害英雄烈士名誉、荣誉罪”“组织参与国（境）外赌博罪”，在第五节“危害公共卫生罪”中新增的“非法采集人类遗传资源、走私人类遗传资源材料罪”“非法植入基因编辑、克隆胚胎罪”，在第六节“破坏环境资源保护罪”中新增的“非法猎捕、收购、运输、出售陆生野生动物罪”“破坏自然保护地罪”“非法引进、释放、丢弃外来入侵物种罪”以及在第七节“走私、贩卖、运输、制造毒品罪”中新增的“妨害兴奋剂管理罪”，共计十二个罪名，均与“D924.36 妨害社会管理秩序罪”类目相对应。在《刑法》分则第九章“渎职罪”中修改后的“食品、药品监管渎职罪”与“D924.393 渎职罪”类目相对应。

2.3 《修正案（十一）》新增、修改的刑法罪名与《中图法（第5版）》中刑法分则类目之间的对应表

综上所述，《修正案（十一）》新增和修改的共计二十二个刑法罪名在《中图法（第5版）》中的刑法分则类目体系中均能找到相对应的刑法类目。这二十二个刑法罪名与《中图法（第5版）》中刑法分则类目之间具体的对应情况如表1所示。

表 1 《修正案（十一）》新增、修改的刑法罪名与《中图法（第 5 版）》中刑法分则类目之间的对应表

《修正案（十一）》新增、修改的刑法罪名		对应的《中图法（第 5 版）》中刑法分则类目
新增	妨害安全驾驶罪	D924.32 危害公共安全罪
	危险作业罪	
	妨害药品管理罪	D924.33 破坏社会主义市场经济秩序罪
	为境外窃取、刺探、收买、非法提供商业秘密罪	
	负有照护职责人员性侵罪	D924.34 侵犯公民人身权利、民主权利罪
	袭警罪	D924.36 妨害社会管理秩序罪
	冒名顶替罪	
	高空抛物罪	
	催收非法债务罪	
	侵害英雄烈士名誉、荣誉罪	
	组织参与国（境）外赌博罪	
	非法采集人类遗传资源、走私人类遗传资源材料罪	
	非法植入基因编辑、克隆胚胎罪	
	非法猎捕、收购、运输、出售陆生野生动物罪	
	破坏自然保护地罪	
	非法引进、释放、丢弃外来入侵物种罪	
	妨害兴奋剂管理罪	
修改	强令、组织他人违章冒险作业罪	D924.32 危害公共安全罪
	生产、销售、提供假药罪	D924.33 破坏社会主义市场经济秩序罪
	生产、销售、提供劣药罪	
	欺诈发行证券罪	
	食品、药品监管渎职罪	D924.393 渎职罪

3 刑法类文献分类标引工作实例

为便于文献标引人员理解上文所述内容，在实践中更好地开展刑法类文献分类标引工作，笔者辅以刑法类文献标引实例进行说明。

例 1:《论妨害安全驾驶罪的危险性判断》，该文献内容是有关《刑法》中“妨害安全驾驶罪”的研究。由上文分析可知，该罪为《修正案（十一）》新增的刑法罪名，与《中图法（第5版）》中的“D924.32 危害公共安全罪”类目相对应。故在对该文献进行分类标引时，应将其归入“危害公共安全罪”类，分类号为“D924.32”。

例2:《高空抛物行为刑事责任认定实证研究——以31个刑事案例为样本》，该文献内容是有关《刑法》中“高空抛物罪”的研究。由上文分析可知，该罪为《修正案（十一）》新增的刑法罪名，与《中图法（第5版）》中的“D924.36 妨害社会管理秩序罪”类目相对应。故在对该文献进行分类标引时，应将其归入“妨害社会管理秩序罪”类，分类号为“D924.36”。

例3:《食品、药品监管渎职罪司法适用——基于104份判决书的实证研究》，该文献内容是有关《刑法》中“食品、药品监管渎职罪”的研究，由上文分析可知，该罪为《修正案（十一）》修改的刑法罪名，与《中图法（第5版）》中的“D924.393 渎职罪”类目相对应。故在对该文献进行分类标引时，应将其归入“渎职罪”类，分类号为“D924.393”。

4 结语

《刑法》作为我国特色社会主义法律体系中不可或缺的重要组成部分，一直以来，我国根据经济社会发展的需要，都在通过修正案的方式不断地进行修改和完善。《修正案（十一）》的出台，是对《刑法》进行的一次重要修正，其回应了诸如环境污染犯罪等多项社会关切，使《刑法》内容进一步丰富和完善，进而能够更好地适应当今时代的发展要求，同时也使得《刑法》在现代社会治理体系中的作用得以更好发挥。

近年来，社会各界对《修正案（十一）》的关注度越来越高，作为文献标引人员也应及时捕捉到相关的刑法知识，以便对相应的刑法文献进行准确分类，笔者对《修正案（十一）》新增和修改的刑法罪名进行了梳理，并以此为视角，分析了其与《中图法（第5版）》中刑法分则类目之间的对应关系，以期使文献标引人员可以更好地了解《刑法》的发展变化情况，从而提升刑法类文献分类标引工作的质量和效率，为社会进一步做好刑法类文献服务，以满足读者日益增长的法律信息需求，也希望文中所述能为《刑法》知识的传播尽一份绵薄之力。

参考文献

[1]《刑法修正案（十一）》新增罪名及重点解读[EB/OL].[2024-04-06]. https://www.bjlaw995.com/xingfa/17798. html.

[2] 最高人民法院、最高人民检察院关于执行《中华人民共和国刑法》确定罪名的补充规定（七）[DB/OL].[2024-04-08]. https://flk.npc.gov.cn/detail2. html?ZmY4MDgxODE3YmRkN2Y4YzAxN2JlMzQzZDE0ZTM1Y2M.

[3-6] 中华人民共和国刑法修正案（十一）[EB/OL].[2024-04-08]. http://www.npc.gov.cn/npc/c2/c30834/202012/t20201226_309442. html.

国家图书馆复制业务企业化运营的探究与思考

王　瑶（参考咨询部）

2021年3月，文化和旅游部、国家发展改革委、财政部印发了《关于推动公共文化服务高质量发展的意见》，该意见提出进一步强化社会参与，加大政府购买公共文化服务力度，稳妥推动基层公共文化设施社会化运营，创新监管方式，规范推广政府与社会资本合作（PPP）模式，持续促进文化志愿服务特色化发展，鼓励利用多种方式，推动社会力量参与公共文化设施运营、活动项目打造、服务资源配送等。

在此大背景下，国家图书馆在社会力量参与公共图书馆读者服务方面做出了积极的尝试。自2023年3月起，国家图书馆复制业务开始企业化运营，由信息咨询中心（以下简称"中心"）对复制外包项目履行监督与管理职责。国家图书馆复制服务企业化改革，引入市场竞争机制，提高经营服务能力，促进了业务的良性发展。

1　图书馆企业化运营的本质

在我国，一般把政府拨款出资的社会服务组织和机构称为行政事业单位，传统图书馆就属于这种行政事业单位，在国外则统称为非营利机构[1]。传统的行政模式与时代环境已不相适应，市场经济条件下的图书馆为将其社会功能达到最大化，更好、更有效地为社会主义的物质文明和精神文明建设服务，适度引入企业化运作是非常必要的。

1.1　提高读者服务能力

图书馆企业化改革的本质在于将现代企业制度运用到图书馆运营管理中，特别是以市场和用户为中心的管理理念，以提升图书馆的运营效率和服务质量。图书馆企业化改革，是为了消除现有体制下的弊端，借助企业灵活的经营模式，提升图书馆服务效能。企业化运营有助于图书馆明确服务目标，强调以读者为中心，通过设定明确的服务标准，优化服务流程，可以有效地提高服务效率，使读者在更短的时间内获得所需的信息和知识。

1.2　引入市场竞争机制

长期以来，图书馆是依靠国家拨款的事业单位，这种政府依附的性质，使得非营利组织形成了一种与市场脱节、自我封闭的经营模式[2]。图书馆企业化改革应注重引入市场竞争机制，在兼顾社会效益的前提下提升经营效率，实现一定经济效益的市场化运营模式。在充分市场中参与竞争中，可以激发图书馆的创新活力，调整服务产品种类以适应市场竞争，并不断改进服务质量。图书馆经济效益的提升，可以提高员工收入水平，进一步激发员工工作积极性，实现良性循环。但这种改革并不意味着图书馆要完全变成营利性机构，而是要借鉴企业的管理手段，更好地实现图书馆作为公共服务机构的功能。

2 图书馆服务企业化运营的优势

2.1 日常管理优势

企业化运营管理制度的运用在图书馆读者服务业务中，在人事、财务、效率等多方面有明显优势。传统的图书馆管理模式，相对固定、单一，无法满足文化事业高速发展的实际需求。事业单位缺少灵活的体制机制，所以运营比较死板，预算管理执行严格，造成运营收支没有相互融合，绩效工作额度有限，缺少有效的激励机制，导致工作人员积极性难以提升[3]。图书馆采用企业化管理方式，可以提高机制灵活性，薪酬不再受预算与绩效工资限制，同时，施行多样化激励机制，能极大地调动员工的工作热情。

以国家图书馆复制业务企业化运营为例，业务转企后中心采用公司管理方式，引入“钉钉”系统管理员工考勤，日常业务流程也在逐步实现信息化和数字化，有效提高了工作效率。优化岗位管理制度，推动公司部门间人员交换与借调，优化人才结构，提高员工素质，打造高效协作的团队。

2.2 财务管理优势

目前多数图书馆在资金使用方面，需要提前一年申报预算，在采购时实际需求可能与申报时有所不同。而且近些年预算额度较少，申报项目往往不能获得审批，且申请环节与程序比较复杂，效率不高。在企业化背景下，图书馆可以更加科学地管理和使用资金，依法使用自己的资金，不再受年度预算与固定政采商户的限制，如遇资金紧张，可以通过多种途径筹措资金，充分发挥资本运营在企业发展中的特殊作用。

2.3 人才选聘优势

传统的图书馆人事招录模式体现出的是被动等待人才上门的局面，这导致了大量的人才流失。虽然现在已经改革了人才引进制度，但面对日趋激烈的人才竞争环境，传统的图书馆人事机制依旧缺乏主动发现人才的能力。在人员招聘上，图书馆每年制订招聘计划，固定时间完成校招与社招，不能根据业务需求适时调整岗位人员数量。在人员使用上，单位需要根据编制情况安排人员，人才流通不畅，没有合理的人才进入与退出机制。

采用企业化人事机制可以使图书馆更加灵活自主地对人员进行管理，根据业务发展适时调整人员数量，人才选聘与解聘自由度较高，根据《中华人民共和国劳动法》要求招聘工作人员，依法签订劳动合同，如招聘人员不能适应岗位要求，依法解聘即可，不会存在“只进不出、只升不降”的情况。国家图书馆复制业务企业化运营后，中心依据自身业务情况，通过原派遣员工转企、返聘优秀退休员工、社会公开招聘等多种渠道引进人才，有助于提升企业的整体工作效率和创新能力，为业务发展提供了坚实的保障。实践证明，规范、科学有效地开发人力资源是企业获得竞争优势的源泉[4]。

2.4 经营决策优势

事业单位经营决策过程存在着一定的弊端，因其一般具有稳定资金来源和固定业务范围，这导致事业单位在经营决策时通常因缺乏市场导向而失去竞争意识，过于依靠政府和政策的支持，使其忽视了市场需求和竞争态势的变化。由于各部门、上下级间缺少有效信息共享与沟通机制，领导层在决策中无法获得准确、全面的信息，从而影响决策的正确性和有效性。

企业管理机构的自主性比较充分，受上级主管部门干预少，自负盈亏、自主经营赋予了企业更高的灵活性，使其能够更快速地适应市场变化，能迅速调整经营策略，抓住市场机遇，降低经营风险。自主经营决策使企业能够根据自身实际情况和市场需求，合理配置资源，直接决定业务发展的重点，提高资源利用效率，降低成本，避免资源浪费，从而提高企业的盈利能力和竞争力。

3 国家图书馆复制业务企业化运营的经验

国家图书馆复制业务企业化运营以来，中心始终坚持以读者为中心的服务理念，不断加强读者服务工作，积极落实复制业务企业化的各项措施。

3.1 业务量显著增长

2023 年国家图书馆的复制业务量在各个指标基础上均呈现出明显的增长态势。无论是复制件数、复制页数还是复制种类，都实现了大幅度的提升，具体情况如表 1 所示。

表 1 2022—2023 年复制业务对比表

年份	复印量 / 面	装订量 / 负	拍照量 / 拍	扫描量 / 负	服务人次	复制册数
2022 年	6150199	10274	38712	406968	13494	32473
2023 年	6065347	12903	75087	539375	14390	41698
同比	−1%	26%	94%	33%	7%	28%

3.2 提升读者服务体验

随着企业化运营的深入推进，复制业务迎来了全新的发展阶段。为了满足广大读者的多元化支付需求，中心升级了财务收银系统，新增了一系列复合电子支付设备，这些设备可以同时支持微信、支付宝和云闪付支付，极大地增强了支付渠道的多样性。

与此同时，为提升服务质量与效率，总馆南区与总馆北区均新增开具电子发票的服务。这一举措简化烦琐的发票开具流程，减少了纸质发票的使用，既环保又便捷。读者不再需要为报销而四处奔波，极大地节省了时间与精力。

3.3 降低运营成本

复制企业化运营后，中心不再受年度预算与政采限制，复制业务可以根据自身特点与实际情况，更加灵活地分配资金，制定合适的采购策略和措施，以实现降低成本的目标。

3.3.1 优化供应链

在复制耗材的供应链选择上，中心现在有了更多选项，除与长期固定供应商获得优惠价格外，还可以选择不同品牌产品，不再拘泥于事业单位统一政采供货商，根据市场价格波动，选择合适的时机和方式完成采购。

3.3.2 采购策略多样性

中心根据自身需求和市场情况，采用多种采购策略，如集中采购、联合采购、长期协议采购等。这些策略可以有效降低采购成本，提高采购效率。对于一些小件易耗办公用品，通过电商平台直接购买，快速、便宜且能满足日常办公需求。

3.3.3 引入竞争机制

自主采购可以引入市场竞争机制，中心通过招标、询价等方式，吸引更多优质供应商参与竞争，从而获得更优惠的价格和更好的服务。复制业务转企后，中心无论金额大小，重新签订所有大型复印机到期的全保合同，通过竞标比价方式，在相同技术需求文件要求下，价优者得，多个全保合同整体价格下降20%。

3.4 业务扩展

复制企业化运行后，中心紧跟市场发展，将单一服务向衍生服务领域发展，推进业务深度融合，实现业务多元化发展。为适应多元化新兴业态，复制业务在中心的多元化经营战略指引下，积极拓展业务种类与优化服务内容。

3.4.1 发展古籍扫描业务

古籍扫描与普通扫描之间存在多方面的显著差异，这些差异主要体现在操作要求、设备选择、扫描标准以及处理流程上。在古籍保护领域，转企后中心承接了“大觉寺古籍文档数字化项目”，项目实施过程中严格按照古籍扫描业务规范，运用高精度书刊扫描仪，采用投射式无眩目冷光源技术，最大限度保护古籍不受损伤。

3.4.2 新增内部刊物编辑工作

完成“《学校后勤》内刊制作项目”的排版与印刷工作。该项目是一个复杂且精细的工作，涉及封面设计、目录编辑与正文排版等多个环节，需要多种专业技能，团队充分发挥了设计创意和印刷技术的优势，将每一期内刊都打造得十分精美。这不仅提升了内刊的品质，也增强了读者对校园文化的认同感。

3.4.3 承接文献精装工作

中心制作了“黄炎培专题文献资料汇编项目”的烫金精装书。团队通过精心策划和制作，将黄炎培先生的文献资料以烫金精装书的形式呈现，既彰显了其学术价值，也体现了对文化名人的尊重与敬仰。

3.5 参与机构用户服务

在深化服务内容的过程中，中心强化机构用户服务工作，旨在满足机构用户的特定需求并提供高质量的信息资源和服务，致力于提供更为精准、专业的文献保障。在“文化馆历程资料检索项目”中，中心充分发挥了自身的专业优势，通过细致入微的文献检索和整理工作，为项目提供了全面、准确的资料支持。

4 国家图书馆复制业务企业化运营面临问题与挑战

4.1 市场竞争激烈

随着信息技术的发展，复制业务市场涌现出众多竞争者，包括专业的复制服务提供商、数字化服务提供商等。这些竞争者往往具有更加灵活的市场策略和先进的技术手段，给国家图书馆的复制业务带来了较大的竞争压力。

4.2 体制机制束缚

作为国家级的公共文化服务机构，国家图书馆在体制机制上面临着多重约束：既要恪守事业单位的公益属性，保障公共文化服务的普惠性；又要顺应文化产业发展趋势，探索市场化运营的创新路径。这种双重使命使其在推进企业化改革时面临结构性矛盾。

4.3 版权与知识产权问题

在复制业务开展过程中，涉及的大量文献、图片等知识产权问题是制约业务发展的关键因素。在推进企业化运营的实践中，中心作为运营主体，与版权所有者的沟通协商工作相比国家图书馆等机构面临着更大的授权获取难度。为规避版权风险，中心已建立了严格的版权审核机制，并优先采用无版权或授权内容资源。然而，这种审慎的版权策略在保障合规性的同时，也不可避免地对复制业务的规模扩张形成了显著制约。

4.4 资金和人才短缺

复制业务企业化运营要真正实现市场化运作，充足的资金保障和专业的人才支撑是不可或缺的基础条件。由于国家图书馆作为公益性事业单位的固有属性，客观上制约了其对复制业务的支持力度，中心的薪酬水平难以引进高端专业人才，这种资金和人才的双重制约，直接影响了复制业务在关键领域的竞争力。

5 国家图书馆复制业务企业化运营发展建议

国家图书馆复制业务在推进企业化运营过程中面临着多方面的问题和挑战。为了克服这些问题和挑战，需要深入分析市场需求和竞争态势，制定针对性的发展策略，以实现可持续发展。

5.1 依托国家图书馆资源优势，丰富服务产品

国家图书馆拥有海量的珍贵文献和特色资源，在发展复制业务时，应对这些文献进行深度的挖掘和整理，根据市场需求开发多样化复制产品，如高精度复制品、古籍电子化扫描、个性化定制产品等，提高复制业务附加值。

5.2 借助运营馆渠道，建立合作共赢机制

国家图书馆应积极与其他图书馆以及博物馆、档案馆等相关机构合作，共享资源、技术和市场。同时，加强市场推广，通过线上线下多种渠道宣传复制业务，提高品牌知名度和市场占有率。以借助公司运维图书馆为支点，进一步拓展复制服务领域，面向企业、园区、机构开展专业化、个性化复制产品。

5.3 加强人才队伍建设，优化奖励机制

企业化运营需要专业的人才支持。加强人才培养和引进，建立一支具备市场化思维、专业技能和创新能力的人才队伍，为复制业务的发展提供有力保障。结合市场化运营机制，重新优化经济效益指标的权重，从以岗定人、考核兼顾激励、优化绩效考核等方式上进一步提高激励效果。

5.4 加强营销与推广，建立反馈与改进机制

利用线上线下多种渠道，加强国家图书馆复制业务的营销与推广。通过举办宣传活动、参加行业展会等方式，提高品牌知名度和市场占有率。及时收集客户反馈，了解市场需求和服务效果。针对问题和不足，制定改进措施，不断优化服务质量和提升客户满意度。

公共文化服务社会化运营无疑是符合当今时代发展趋势之举。图书馆部分服务的企业化改革，正是解决传统运营模式中存在的一些弊端、推动图书馆事业发展的重要途径。在此发展过程中，图书馆必须紧密围绕市场需求，积极利用先进技术，同时以人才为核心驱动力，持续打造和推出具有市场竞争力的服务与产品，通过不断创新和优化，实现图书馆的可持续发展，为社会大众提供更加高效、便捷和多元化的知识服务。

参考文献

[1] 常有寅 . 数字图书馆企业化经营与管理 [M]. 北京：北京图书馆出版社，2003：30-32.
[2] 周献红，王咏梅 . 现代图书馆的企业化经营研究 [M]. 沈阳：辽宁大学出版社，2011：18-19.
[3] 李晶辰 . 大型体育场馆运营管理企业化改革分析 [J]. 文体用品与科技，2023（11）：106-108.
[4] 伏美麟 . 公共部门人力资源管理企业化改革的路径分析 [J]. 人才资源开发，2013（5）：18.

《儿童世界》中图画故事的发展流变及其启示

袁　野（典藏阅览部）

民国时期，随着社会变革与文化思潮的涌动，《儿童世界》中登载的图画故事逐渐成为吸引读者、传递文化的重要方式之一。从最初的简单插图到后来的精美绘本，从故事内容的单一性到形式的多样化，图画故事在《儿童世界》中经历丰富多彩的发展变化。这种变化不仅反映时代的变迁和儿童阅读需求的不断变化，更体现编辑、作家、插画家们对儿童文学创作的不懈追求和创新精神。

图像叙事的形式在中国并不罕见，最早可追溯至简牍和帛书，如现存最早的唐咸通九年印刷体《金刚般若波罗蜜经》卷首图以及扉页《说法图》，明嘉靖二十一年的木刻刊本《日记故事》。直至近代，中国涌现出一批优秀儿童图画故事作品，比如，由商务印书馆出版的我国第一本绘本《幼童文库》、叶圣陶的童话集《稻草人》（配有许敦谷绘制的插画）、郑振铎与高君箴合译的《天鹅：童话集》（配有许敦谷绘制插图）。叶圣陶在《天鹅：童话集》序中通过对郑振铎儿童文学理念的阐释，间接说明了插图的重要性。郑振铎在编译《天鹅：童话集》时，通过插图强化叙事效果，认为童话书中插图是不可省略的[1]。

民国时期，许多报刊重视儿童图像叙事，如近代第一份由传教士创办的儿童报刊《小孩月报》的办刊宗旨为："标以图画，令小于触目感怀。"[2]但许多珍贵报刊资料未能完整保存，而《儿童世界》现存最为完整。

1　文献综述

现有关于《儿童世界》的研究，侧重于该刊的创办背景、编辑经营特征、历史价值、儿童教育、儿童诗、儿童文学、郑振铎主编时期的内容特点以及封面插图艺术等方面。有学者从创刊背景和思想、栏目内容、作者群体四个方面对该刊进行了介绍，阐述郑振铎倡导的"儿童本位""知识与趣味并重"发挥的启蒙思想作用，目的重在实施科学教育、道德教育和爱国主义教育[3]，但多以儿童文学为视角展开，如系统介绍儿童文学的产生与发展，以及通过文学的方式展现出的美学价值[4]。有的以《儿童世界》为对象追溯我国文学童话的发展历程，阐述中国童话的基本理论概念，梳理一批优秀的文学童话先驱者的成果[5]。崔宁坤的《〈儿童世界〉杂志封面设计研究》以《儿童世界》的杂志封面为研究对象，对杂志封面设计进行多视角、全面且系统的研究，通过刊物的发展历程、办刊主旨、版面印刷等方面挖掘刊物封面字体与儿童形象及封面整体艺术特色的变化与发展，证实《儿童世界》在五四时期“新儿童观”的引导下，不再像以往与成人封面高度相似，已经呈现出了“童年本该有的样子”[6]。

《儿童世界》“儿童本位论”的办刊理念符合当时儿童的精神需求，并通过儿童文学的创作方式完整刻画出民国时期儿童真实形象。在儿童文学研究中，张梅的《晚清五四时期儿童读物上的图像叙事》在大儿童文学概念的基础上，以图像为切入点考察中国儿童文学史[7]。

2 《儿童世界》简介及创作背景

2.1 《儿童世界》简介

《儿童世界》创刊于1922年1月，由郑振铎担任主编，次年由徐应昶接任主编，在上海商务印书馆创办，深受新文化运动的影响。行文和版式均采用白话文和新式标点，是我国最早的儿童文学白话文刊物，民国时期该刊曾畅销海内外。内容包括与儿童相关的图画故事、寓言故事、戏剧、小说、格言童话、译作等。撰稿人有叶圣陶、郑振铎、矛盾、许地山、高君箴等。该刊自1922年第1卷第1期创刊至1941年第47卷第2期出版后停刊，中途曾因“一·二八”事变和“八一三”战役以及香港沦陷而停刊。

2.2 《儿童世界》创作背景

郑振铎早在1921年5月开始筹备《儿童世界》的创刊工作，他曾先后在民国时期知名报刊《晨报副刊》《学灯》《妇女杂志》上发表《儿童世界宣言》。该宣言指出当时儿童教育的弊端，提出儿童需要课外读物的观点。《儿童世界》的创刊宗旨为“真正为儿童服务”，该刊紧紧围绕激发和养成儿童的兴趣爱好展开。力求办符合儿童心理的刊物，郑振铎指出“喜欢童话故事是儿童的心理特点，并不会对将来的成长造成影响”，并认为“儿童心理与初民心理相似”。

近现代学者评价《儿童世界》是“中国儿童文学和少儿报刊史上的一座丰碑”。叶圣陶名作《稻草人》童话集里的故事首次发表在该刊。郑振铎注重图画的运用，他在“滑稽画”的基础上新制图画故事。用有深度的故事和文图结合的方式，使该刊成为中国图画书的雏形。

五四前后公众对儿童观的认识存在差异。五四以前，儿童读物与成人读物内容在本质上并无差别，如《三字经》等儿童读物内容多宣传封建纲常。五四时期，受新文化运动思潮的影响，倡导人性的解放，成人和儿童人性问题的全面发展受到重视，成为我国现代儿童杂志的萌芽阶段和发展期。

3 《儿童世界》中图画故事内容的发展流变

《儿童世界》各时期的发展与历史事件和社会背景相关，从而影响该时期登载的图画故事内容，《儿童世界》的图画故事在不同历史阶段呈现出不同的特点与内容。

3.1　1922 年

《儿童世界》创刊之初，郑振铎本人创编多篇图画故事（见表 1），内容多以动物为主角，生动地描绘了它们的生活故事，充满趣味性与启发性。其中代表作《河马幼稚园》系列深受孩子们喜爱，故事情节与角色塑造呈现出鲜明的儿童视角，引导儿童探索世界与生活。

表 1　1922 年第 1—4 卷图画故事篇目

卷	期	篇名	作者
1	1—6	两个小猴子的冒险（1—6）	郑振铎
2	9	小老人梦游记（彩图）	
	11	青蛙寻食记	
	12	狗之故事	
	13	鹦鹉与贼	
3	1	水手与大摩	
	2	熊与鹿	
	3	蜻蜓与青蛙	
	4	象与猴子	
	5	苹果树下	
	6	伤狐避害记	
	8	小羊旅行记	
		小鱼历险记	
	9	猴王	
		断尾狐	
	10	小狗历险记	继程
	11	苦约克之经历	张勉寅
	12	笨大汉	—
	13	园丁与两个孩子	继程
4	1	小狗打老虎	严既澄
	2	小鸟的遭遇	—

续表

卷	期	篇名	作者
	3	河马幼稚园（一）	郑振铎
	4	河马幼稚园——钓鱼（二）	
	5	河马幼稚园——猴儿买果（三）	
	6	鼠夫人教子记（彩图）	
		河马幼稚园（四）——玩具店	
	7	捕鸟记（彩图）	
		河马幼稚园（五）——野游	
	8	性缓的人	谢六逸、许敦谷 郑振铎
		河马幼稚园（六）——漆匠	
	9	性急的人	
		河马幼稚园（七）	
	10	河马幼稚园（八）——请医生	郑振铎、继程
	11	战时（彩图）	
		猫与活动鸭（彩图）	
		河马幼稚园（九）——捉迷藏	
		爱林的小偶人	
	12	小猫到火炉里去	
		圣诞节前夜（彩图）	
		河马幼稚园（专）——圣诞节前夜	

1922 年第 4 卷第 3 期首次连载《河马幼稚园》，故事讲述河马夫人与一群顽皮小动物的趣事。儿童通过故事中的小动物，与他们自身的顽皮、童真产生共鸣。故事中河马夫人的包容与理解，小动物们对河马夫人怀有的感恩之心，传达出河马夫人对孩子的关心和爱并不是严厉的训斥，而是融入儿童。

3.2　1932 年至 1937 年

“一·二八”事变爆发后，图画故事更多地体现抗战主题，1932 年第 29 卷第 1 期首次登载由叶圣陶创作的《熊夫人幼稚园》系列（见表 2）。该系列通过动物角色的生活经历传递爱国、团结与勇敢的精神。同时，《儿童世界》登载抨击战争的漫画故事，表达人们对和平的渴望与对侵略者的愤怒。

《儿童世界》中图画故事的发展流变，其背后的原因和意义值得深入探讨。尤其是“九一八”事变后，日本关东军为支持伪满洲国傀儡政府，通过串通日本上海公使馆助理蓄谋制造事端。1932 年 1 月 28 日，日本侵略上海，中国军民不顾国民政府的不抵抗原则，积极抵制日本侵略，展开为期一个多月的激烈抗战。

"一·二八"事变时期，《儿童世界》停刊于 1932 年 1 月第 29 卷第 3 期，同年 10 月复刊，续出第 29 卷新 1 期，改为半月刊。受战事影响，图画故事的内容和作者群体均有不同，如 1937 年第 38 卷、1940—1941 年第 45 卷登载的图画故事篇目由沈志坚等人创编（见表 3 和表 4）。

表 2　1932 年第 29 卷图画故事篇目

卷	期	篇名	作者
29	1	熊夫人幼稚园——虎儿替身	叶圣陶
	2	熊夫人幼稚园——一袋假饼	
	3	熊夫人幼稚园——一个大饼	
	4		
	5	熊夫人幼稚园——打靶子	
	6	熊夫人幼稚园——一条冰冻的板凳	

3.3　1937 年至 1941 年

1938 年起，《儿童世界》又被迫迁至长沙出版，这时期登载的图画故事篇目偏向科学实用性（见表 3）。同时，不乏登载抨击战争与渴望和平的漫画故事，表达民众对侵略者的愤恨与儿童对求学、和平与慈爱的渴望。

表 3　1937 年第 38 卷图画故事篇目

卷	期	篇名	作者
38	1	小科学家——黑夜寻针	沈志坚
	2	小科学家——花瓶自制	
	3	小科学家——烫疼了手	
	4	观赏杏花	
	5	小科学家——小气的保生	
	6	小科学家——巧切玻璃瓶	
	7	儿童节	
	8	採笛	

续表

卷	期	篇名	作者
	9	小青蛙	
	10	图画战	
	11	一张写生画	
	12	草帽里的蜜蜂	

第二次世界大战期间，日军攻占中国香港地区。此时《儿童世界》自第41卷第4期迁至香港出版，直至1941年6月第46卷第9期停刊。这期间登载的《生产劳军》和《拾弹片》（见表4）讲述当时幼童受童子军的影响，共同从事生产劳作来慰劳军队的故事。

表4　1940—1941年第45卷图画故事篇目

卷	期	篇名	作者
45	1	生产劳军	沈志坚
	2	小笨猫	
	3	父亲的网球	
	6	高明的纸蛇	
	8	正直的朱义	
	9	拾弹片	
	10	得了空鼓失了肥鸡	

3.4　《儿童世界》图画内容故事发展特点

《儿童世界》各时期登载的图画故事内容呈现出明显的变化。具体情况如表5所示。

表5　《儿童世界》各时期图画故事内容特点

年代	内容特点	主题特点
1922年	以动物为主角，生动描绘生活故事。强调启发性与趣味性	引导儿童探索世界与生活。着重表达爱与友谊的重要性
1932年至1937年	更多体现抗战主题，如爱国、团结与勇敢等。故事情节突出抗战背景	强调爱国主义情感，表达对和平的渴望与对侵略者的愤怒
1937年至1941年	更突出战争时期的生活困境与抗争精神。故事中呈现出团结与奉献的场景	强调团结、奉献和抗争精神，鼓舞与慰藉儿童

1922年，以动物为主角具有启发性的趣味图画故事突出友谊的重要性；1932年至1937年，图画故事则更多体现爱国主题，强调团结与抗争精神；而1937年至1941年，

故事内容突出生活困境与奉献精神，鼓舞与慰藉儿童。这一变化显示《儿童世界》在不同历史背景下对儿童阅读需求的不断调整与创新。

4 《儿童世界》中图画故事流变的教育启示

现代人类文明进程中成人与儿童的关系至关重要，它涉及自然、文化、传统与未来发展等诸多要素；同时，也是儿童学前教育核心问题之一，教育家曾证实儿童和传授知识者之间的互动是影响儿童发展的重要因素。《儿童世界》中登载的插图故事，正是知识传播者与儿童互动的媒介，引领儿童发现自己的知识园地。同时，《儿童世界》作为民国时期教材的补充，是优秀的课外读物，担负民国时期儿童启蒙重任。

《儿童世界》中图画故事不仅提供趣味性的阅读体验，也引导儿童接受正面的教育观念与品德价值观。其中的图画故事也不断反映出当时社会环境的特点和价值取向，从而为儿童提供与时俱进的教育内容。随着现代科学技术的发展，可以利用图画故事的形式结合互动媒体，为当代儿童提供更加丰富、多样的教育资源。通过与数字化技术的结合，打造出更具互动性和趣味性的教育内容，进一步提升儿童的学习兴趣和参与度。因此，《儿童世界》中的图画故事不仅是一种娱乐方式，更是一种教育资源，具有重要的教育意义和深远的影响力。

五四时期现代儿童的问题被首次提出，由于图像对儿童天生具有亲和力，儿童图画故事正是因历史的需要而发展。因此，《儿童世界》是五四时期文化界、教育界所倡导的“儿童本位”启蒙思想在报刊上的成功实践。《儿童世界》自创刊以来，影响民国时期儿童二十余年，形成的儿童启蒙思想具有深厚的历史意义。

《儿童世界》的图画故事内容与当时的社会背景密切相关，反映出儿童文学在战时社会中的重要作用和角色。首先，在战争爆发初期，图画故事更多地侧重于传授科学和实用性的知识，这与当时社会的迫切需求和资源匮乏密切相关。随着战争的持续发展，图画故事逐渐转向抨击战争、传达抗战情感的方向，反映出民众对侵略者的愤怒和对和平的渴望。在抗战时期，《儿童世界》的图画故事继续承载抗战情绪，突出抗战时期普通人民的生活困境和对国家安危的担忧，同时体现儿童文学在战时社会中的教育和引导作用。通过图画故事，《儿童世界》向儿童传递正确的价值观和爱国情感，激励他们为国家的抗战事业贡献力量，并体现出社会的变迁和人们对战争的认知与态度的变化。因此，本文通过深入阐述三个停刊阶段图画故事与社会背景的关联，我们可以更加深入地理解儿童文学在战争时期的作用和意义，以及《儿童世界》在特殊历史时期中的社会责任和使命。

参考文献

[1] 郑振铎 . 插图之话 [J] . 小说月报，1927，18（1）：1-2.
[2] 随感录三十五 [J] . 新青年，1918，5（5）：513-517.

[3] 胡小莲．民国时期小学课外读物中的儿童启蒙思想及当下启示研究［D］．杭州：杭州师范大学，2022.
[4] 谭梅，甘露．民国时期《儿童世界》儿童文学生产及其美学价值［J］．现代中国文化与文学，2023（1）：241-252.
[5] 陈禹男．《儿童世界》与中国文学童话的发生［D］．长春：东北师范大学，2020.
[6] 崔宁坤．《儿童世界》杂志封面设计研究［D］．济南：山东工艺美术学院，2021.
[7] 张梅．《晚清五四时期儿童读物上的图像叙事》［J］．新文学料，2017（2）：45.

《永乐大典》中蕴含的美学思想探究

吕晓薇（展览部）

《永乐大典》(以下简称《大典》)的编纂始于明朝永乐初年，嘉靖年间重新抄录，形成最终版本。《大典》曾被嘉靖视为最喜爱的枕边书之一，然而随着时间推移，王朝兴替，《大典》早已四散飘零，至今仍不知所终，百存一二。这部恢宏的皇家巨制，是当时文化的最高丰碑，具有极高的研究价值。本文从美学角度出发，以中国传统美学思想为基础，对《永乐大典》中所蕴含的美学理念做简要论述，在深入理解和汲取传统美学精华的同时，也为今后新的艺术形式提供审美借鉴与参考。

1 《永乐大典》的历史地位

中国历史上的历代帝王，除昏聩无能之辈，都将政权稳固作为第一要务。他们通常会采取两种做法来实现这一目的，即修史和编书，二者互为一体。武力震慑固然是一种办法，然而想要长治久安，只能施以文治，赢取民心。修史是自有文字以来便延续下来的优良传统，这使得几千年的文明得以被后世知晓，也逐渐成为统治者声明政权合法性的方式；编书则是这一方式的发扬和集中体现，表明朝政清明，文化昌盛，万众归心，所谓“盛世修文”，正在于此。正如宋代《太平御览·序》中所写：“太宗皇帝为百圣立绝学，为万世开太平，为古今集斯文之大成，为天下括事理之至要。”[1]宋太宗赵光义明白，夺天下靠武力，但守天下要靠文治，因此主张修撰了《太平御览》。

同样，明成祖朱棣意图以文治笼络人心，消弭“靖难之变”后朝野上下的不平之气，令解缙等人悉数梳理“各书所载事物类聚之，而统之以韵”，集合“书契以来经、史、子、集、百家之书，至于天文、地志、阴阳、医卜、僧道、技艺之言”[2]编成一书，后命名为《永乐大典》，这便是《大典》的由来。《大典》定稿于永乐五年（1407），嘉靖四十一年（1562）正式决定重录，明世宗朱厚熜命高拱、瞿景淳为总校官，六年后于隆庆元年（1567）完成。全书共计22877卷，目录与凡例60卷，分装11095册，共约3.7亿字，是皇家主持修纂的一部大型类书，号称“中国古代的百科全书之最”。凡例言：“是书之作，上自古初，下及近代凡天文、地理、人伦、国统、道德、政治、制度、名物，以至奇闻异见，谀词逸事，悉皆随字收载。”[3]由此可见其包罗万象的内容远超前代所有类书。

历史上诸多珍贵典籍的亡佚，使《永乐大典》在“佚书宝库”的价值更加突显。盛世修文的传统到了清朝，清高宗弘历在位时是清朝社会政治最稳定、经济最发达的时期，他也需要一部规模空前的典籍来彰显其治世的伟大和超越前代的成就。乾隆三十八年（1773），四库全书馆正式开办。《永乐大典》就是《四库全书》底本的重要来源。乾隆皇帝还专门成立了“校勘《永乐大典》散篇办书处”[4]，“择其（永乐大典）醇备者付梓流传，余亦录存汇辑，与各省所采及武英殿所有官刻诸书，统按经史子集编定目录，命为《四库全书》，俾古今图籍荟萃无遗，永昭艺林盛轨”[5]。耗时十三年完成中国历史上最大的一部丛书——《四库全书》。

因此，《永乐大典》成了中国历史上一座承上启下的文化丰碑。著名学者胡道静先生曾说：“这座矿山（永乐大典）自全谢山他们以来，经历两百多年的不断挖掘，矿藏的本身虽经劫难而残余无几，但矿脉仍未告绝，辑佚校勘，提供学术研究的资料，还是大有可为。”[6]

《永乐大典》不仅是文物和史料，同时也是艺术品，其中的每一个音、韵、点、线、色、形，都代表了当时文化、艺术、审美的最高水准，展现出中国传统美学的思想、意义、情感和价值。

2 中国传统美学思想在《永乐大典》中的体现

2.1 虚实与空白

图 1 （清）八大山人《孤禽图》

“天地之间，其犹橐龠乎？虚而不屈，动而愈出。”[7]老子认为天地万物的本质是“虚空”，任何事物只有“实”而没有“虚”都会失去其作用，只有“虚”与“实”结合统一，天地万物才能运转、交流，进而演化出生生不息的生命。

虚空是道家哲学追求的崇高境界，中国传统审美方式由此而衍生，同时虚空也是传统美学最重要的特点。受此影响，传统艺术素有“有形但为无形造”的美学理念，在现当代更多地表现为“留白”。例如，对中国画的鉴赏不会只看画家着墨的部分，更是要看画家没有落笔的部分，这些空间的处理，会突破画面有限的空间，营造出更广阔的世界，因虚空，方有意境，因意境，愈见虚空，虚实相生，给人满幅的灵动之感（图 1）。正如汤贻汾先生曾说：“人但知有画处是画，不知无画处皆画。画之空处，全局所关，即虚实相生法。”[8]“言外之意，意外之韵，含不尽之意如在言外”[9]，这种“言外之意”之境，不仅在于中国画中，更延伸到书法、戏曲、音乐，甚至建筑园林等领域。

翻开《永乐大典》，首先会感到其版式的考究，在大千气象和娟秀文字之间巧妙的平衡。《大典》的开本颇具皇家风范，50.3 厘米高，30 厘米宽，尺寸之大远超其他古籍，然而版式呈双边版框，35.5 厘米高，23.5 厘米宽，上、下、侧边都留有比例非常和谐的空白（图 2）。方寸之间另有天地，版式栏线与界行的划分使得整个版页井然有序，端庄清肃。朱丝细栏，大红鱼尾，温润雅致，灿然悦目。

上下的留白，称作天头地脚。天头略长于地脚，《易传·系辞上传》曰："天尊地卑，乾坤定矣。"不仅体现着中国传统的天地哲学观、秩序观，运用在画面比例上，竟也有恰如其分的美感与舒适。

天头与地脚的面积大致以 3∶2 的比例划分，留白处使得书叶的文字主体更突出，同时给读者批注留有余地，还有这空白中蕴藏的"道"与"艺"也是书籍与读者心灵的链接。"独与天地精神往来，而不敖倪于万物"，阅读的过程正是修身养性的过程，在阅读中使心灵得利净化，在超脱的胸襟中体味天地的意境，是人所一直追求的艺术境界。

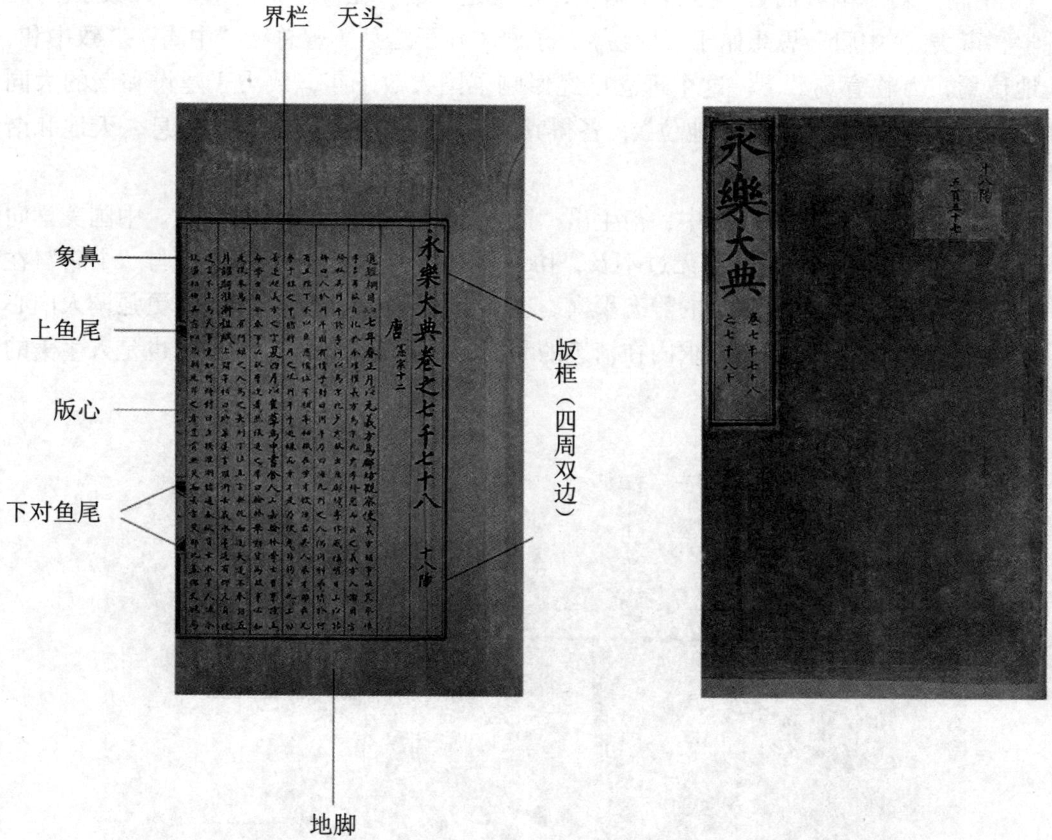

图 2 《永乐大典》的内页与封面

2.2 秩序与中庸

翻看《永乐大典》，会被这部鸿篇巨制中体现出的一种克制、儒雅的东方美感所深深折服。全书共约 3.7 亿字，但无所不在一种秩序之中，仿佛每个字迹，标题也好，注释也罢，都是行进的华彩仪仗，有人执华盖，有人驾车辇，有人掌乐器，各司其职，秩序井然，共同奏出一曲华美乐章。

《大典》以单列大字题写卷次、韵字、辞条编目等一二层级，正文以双列行文，以朱红色中字著录作者、出处，以墨色小字书写正文内容，正文以明代官员通用的清秀小楷写就，称为“台阁体”（清称为“馆阁体”）。这类楷书是明清两代的官方文书指定字体，凡参加尤其是通过科举考试的生员们，以及在朝的官员们都擅长书写这种规矩小字（图 3）。

另外，行文还以红色小圆圈，圈注断句及标、声、符号。标题首字用多种篆、隶、草体书写。整部《大典》结构秩序井然，一目了然，清晰易览。字体端正整齐，又不乏洒脱精神，个性中处处和谐，一种刚健而温雅的中庸之美，在《永乐大典》中恢弘展现。

“中庸”对于国人而言一点也不陌生，甚至是多数人在日常生活中，所处处践行的哲学和审美。“中庸”思想始于《周易》，子思（孔子之孙）曾总结“中庸”：“致中和，天地位焉，万物育焉。”[10] 这个理念已经影响了国人数千年，致力于建设和谐的大同社会，“致中和”才能使“天地位”，各得其所，各有其序，万物生生不息，天地和谐共处。

在“中庸”和“秩序”当中，衍生出“适度”与“和谐”的美学印象。中国美学向来追求协调的美，不偏不倚，无过不及，协调融合，和谐统一。“秩序”与“中庸”在美学中的阐释，不是一种绝对的静态平衡，也不是强制性的道德约束，其更强调人内心世界的平和怡然，在差异中寻求内在情感的和谐，由此实现中度合节，这也是人生美的基础。

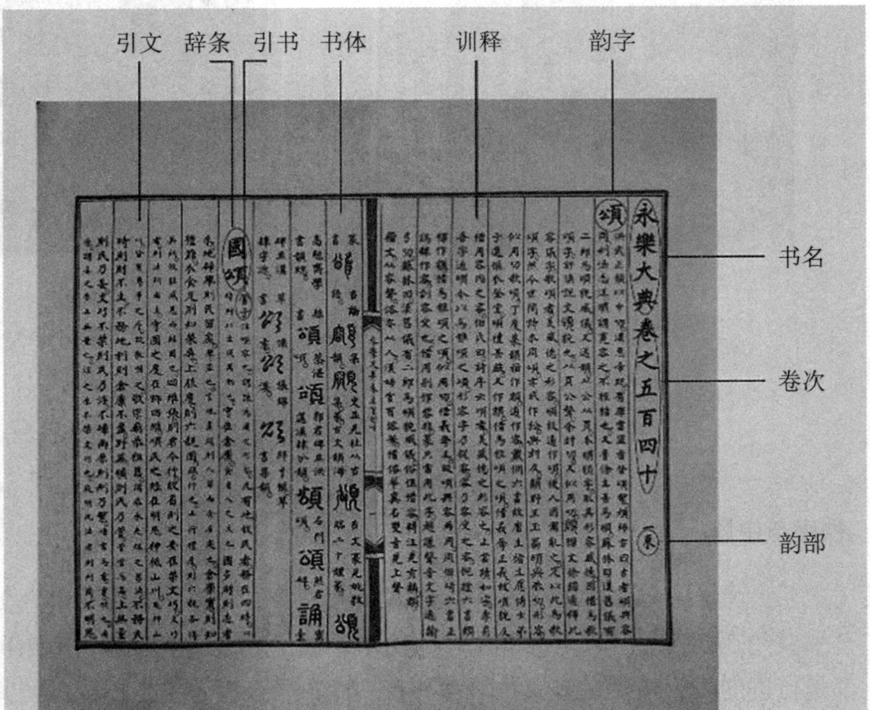

图 3 《永乐大典》内页的结构层次与秩序

颇值一提的是,《永乐大典》中的朱墨是以朱砂矿物质制成，经久不褪颜色，粲然悦目，便于阅读。誊写均用徽墨，以黄山松烟加多种配料制成，不干不酥，湿润有光，古香古色。墨色与纸色黑白互显又相交融合（图 4），一阴一阳互摩互荡，呈现出生命之和谐。

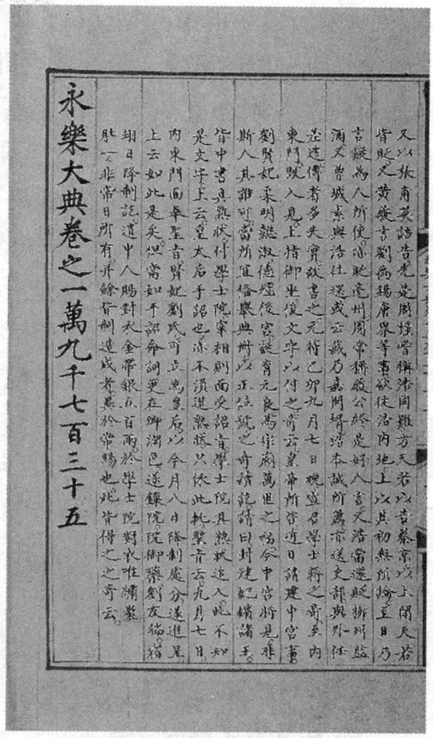
永樂大典卷之一萬九千七百三十五

图 4 《永乐大典》经时光侵蚀仍色墨不衰

2.3 自然与守拙

元代文学家杨维桢有斋名“钝斋”，其作《钝之字说》有言:“锋锐而藏于不锐，其孰能御我之锐哉，故曰‘锐以钝养’。老子曰:‘大辨若讷，大巧若拙。’老子之辨养于讷，天下之辨莫能胜；老子之巧养于拙，天下之巧莫能争。生之锐养于钝，则天下之锐莫能敌矣。”

杨维桢的这段话非常典型地体现了国人对于“巧”“拙”、自然与人为的辩证观。与虚实、阴阳的观念类似，古人同样将机巧与稚拙、自然与人为各看作一对相辅相成的矛盾。认为自然的东西有它不可替代的好的一面，人为的因素，只应在其背后增进益处或者弥补不足，否则人为因素就是失去了存在的意义，这是一种对于自然的敬畏和发自内心的尊重。于是“藏巧于拙”“大巧若拙”等返璞自然的审美观点、生活哲学指导国人生活了几千年。

“以巧追巧，并不能巧；拙中见巧，方是大巧。”[11]“大巧若拙”“藏巧于拙”培养了一种独特的审美观点和生活哲学，中国人以此为人生智慧，指导生活了几千年。由此足见古人对顽石、枯槁、残荷、朽木等的欣赏，国画中对“画无枯树则不疏通”[12]的迷思（图 5），书法中对“以妍润鼓之以枯劲”[13]的追求，诗人对“一丘一壑写高古”的神往，同样都来自“大巧若拙”的哲学思想。

图 5 （北宋）苏轼《枯木竹石图》

《永乐大典》的纸张是模仿自然创造的过程，是物质材料转化的生命形态，其优良的质感是对自然的敬爱，蕴涵着不可逾越的美感，自然天成，大巧若拙，散发出天地的气息和朴素纯粹之美。“完美的书籍形态具有诱导读者视觉、触觉、嗅觉、听觉、味觉的功能。”[14]纸张的视觉、触觉肌理、软硬度以及气味等感官美，以具体的“象”的形式呈现给读者，而书籍的内容是以一种“意”的感受传递到读者的内心，纸张本身与书籍内容所构成的特定气场，使纸张外在的“象”与内在的“意”融合于书籍的精神之中，形成一个完整的审美过程。

《大典》使用的是以桑树皮和楮树皮为主要原料制成的皮纸（图6），纸张厚度约0.12毫米，纸质洁白柔韧，纵纹扯断如棉丝，故称“白棉纸”[15]。这种纸在嘉靖前后上百年间生产量很大，极利于书写，能够与被称为“南唐文房三宝”之一的“澄心堂纸”相媲美。清代学者孔广森曾赞美：“比澄心于宋纸，殊镜面于吴笺。”[16]翁方纲［乾隆十七年（1752）进士，官至内阁大学士］也赋诗赞曰：“澄心堂纸欧阳诗，此纸年数倍过之。”[17]其赞美之辞溢于言表。

图6 《永乐大典》纸张

但是，《大典》也因为纸的质地过于优良而遭到一些“滥用”和“破坏”。彼时，重录官须在每册《大典》的末尾署名，因此署名页剩有大量空白部分，称为余纸（图7）。乾隆帝亦懂得这些余纸的珍贵，竟在《四库全书》编撰期间，允许官员裁截这些余纸，以作赏赐馆臣之用，“幅余茧素灿如雪，诏给臣等供其私”[18]。其余大部分余纸用以仿造藏经纸。乾隆四十九年（1784），“大监鄂鲁里交《永乐大典》双页纸二千零五十三张、单页纸三千三百九十七张，传旨：交杭州织造处毁造藏经纸送来”。现存《大典》残本，除去后来补录的，其余均有被剪裁的痕迹[19]。从其中不难看出，当时截取《大典》余纸的操作是相当随意的，这对《大典》造成不小的伤害。

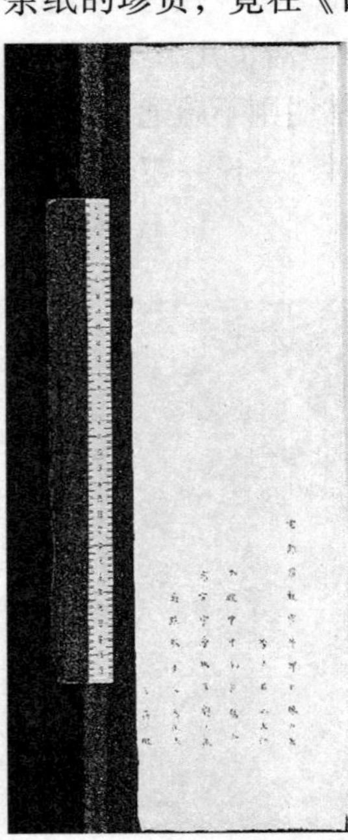

图7 《永乐大典》余纸

乾隆帝允许裁纸的行为，在当时或许无足轻重，然而以长远的目光计，无疑是对文化的一种伤害。老子曾曰：“圣人为腹不为目”[20]，王弼注：“为腹者以物养己，为目者以物役己”，庄子强调“圣人工乎天而拙乎人”。这些抱朴守拙的哲理看似迂腐，但细思都是告诫人们不要无妄作劳，要时刻审视自己的一点私欲，遵从大道，恪守本性，不要为了某种欲望去启动破坏本性的行为。“智慧出，有大伪”，回看《永乐大典》被“破坏”的遭遇，莫不感叹这是一种“文明的荒诞”。

《永乐大典》这部无所不包的皇皇巨著，被称为“辑佚之渊薮”，处处体现着几千年来中国传统文化的智慧结晶、审美意趣。“十年多难与君同，几处移家逐转蓬”。这部恢弘的皇家巨制，在六百余载的光阴中辗转流离，昔日的光芒渐渐消失，和家国兴亡、人民大众的喜怒忧伤紧紧捆绑在一起。如今我们回看《永乐大典》，犹如穿越时光，回溯曾经鼎盛的中原王朝，它不断提醒我辈始终不忘先辈所创造的伟业，从中汲取源源不绝的养分，创造更光明的未来。

习近平总书记曾强调：“中华民族有着五千年的文明史，创造和传承下来丰富的优秀文化传统。一方面，随着实践发展和社会进步，我们要创造更为先进的文化。另一方面，在历史进程中凝聚下来的优秀文化传统，决不会随着时间推移而变成落后的东西。我们决不可抛弃中华民族的优秀文化传统，恰恰相反，我们要很好传承和弘扬，因为这是我们民族的‘根’和‘魂’，丢了这个‘根’和‘魂’，就没有根基了。”[21]

参考文献

[1] 李昉铉等 . 太平御览［M］. 北京：中华书局，1960：1.

[2] 杨士奇 . 明太宗实录：卷 21［M］. 抄本 .1404（明永乐二年）

[3] 解缙 . 永乐大典目录［M］. 抄本 .1644-1911（清）.

[4][19] 翁连溪 . 清内府刻书档案史料汇编［M］. 扬州：广陵书社，2007：159，343.

[5] 陈垣 . 办理四库全书档案［M］. 台北：新文丰出版股份有限公司，1993.

[6] 胡到静 . 古籍整理研究［M］. 上海：上海人民出版社，2011：58.

[7] 河上公撰 · 老子道德经章句［M］. 刻本 .1368-1644（明）.

[8] 汤贻汾 . 画鉴析览：卷下十一［M］. 刻本 .1814（清嘉庆十九年）.

[9] 朱良志 . 曲院风荷：中国艺术论十讲［M］. 北京：中华书局，2014：149.

[10] 傅可注释 . 大学 · 中庸诵读本［M］. 北京：中华书局，2017：20.

[11] 朱良志 . 曲院风荷：中国艺术论十讲［M］. 北京：中华书局，2014：113.

[12] 唐志契 . 绘事微言［M］. 刻本 .1621-1627（明天启年间）.

[13] 孙过庭 . 唐孙过庭书谱［M］. 刻本 .1368-1644（明）

[14] 吕敬人 . 书艺问道［M］. 北京：中国青年出版社，2006：124.

[15] 对话文史名家——走近旷世宏编《永乐大典》[EB/OL]. [2025-05-05]. https://news.hubeidaily.net/pc/241776. html.

[16] 汤蔓媛 . 傅斯年图书馆善本古籍题跋辑录［M］. 台北：“中央研究院”历史语言研究所，2008：157.

[17-18] 翁方纲 . 复初斋诗集：第 16 卷［M］. 稿本 .1644-1911（清）.

[20] 河上公撰 · 老子道德经章句［M］. 刻本 .1368-1644（明）.

[21] 中共中央党史和文献研究院、中央学习贯彻习近平新时代中国特色社会主义思想主题教育领导小组办公室 . 习近平新时代中国特色社会主义思想的世界观和方法论专题摘编［M］. 北京：中央文献出版社，2023：46.

日本国际儿童图书馆服务现状及对我国图书馆未成年人服务的启示

武婧怡（典藏阅览部）

1 日本国际儿童图书馆概况

日本国际儿童图书馆（以上简称“国际儿童图书馆”）是在国际合作的基础上，从事提供国内外儿童图书及相关资料服务的日本国立儿童书籍专业图书馆。该馆作为日本国立国会图书馆的支部图书馆，于2000年1月成立，是日本唯一一家国家级的少年儿童图书馆。在“儿童图书连接世界，开拓未来！”的理念下，该馆立足“儿童书籍专业图书馆”“儿童与图书的交流场所”和“儿童图书的博物馆”三项基本职能的足位，提供图书馆服务。据统计，国际儿童图书馆共有日语藏书343008册，外语藏书129736册，国内刊行杂志1915种，国外刊行杂志192种[1]。

国际儿童图书馆馆区占地面积7733平方米，包括“砖砌栋”和“彩虹栋”两个馆区。其中，“砖砌栋”前身为1906年建成的帝国图书馆；新馆“彩虹栋”于2015年建成，设有少儿图书研究资料室、多功能会议室等。

2 日本国际儿童图书馆的服务特色

2.1 针对不同年龄段人群拓展服务，满足多元的读者需求

2.1.1 分区分类的阅览服务

国际儿童图书馆按年龄段和书籍主题划分阅览区域，为有不同阅读需求的儿童读者、青少年读者、家长读者和图书馆领域从业人员等提供丰富多元的纸质资料和数字资源。

“儿童阅览室”为0—12岁儿童提供开架阅览的图画书约1万册，主题丰富，满足了儿童的好奇心和多样的阅读需求。

“世界知识阅览室”为0—12岁儿童提供开架阅览图书约2000册，上架书籍涵盖世界各国地理、历史和文化主题，以及在120个国家和地区出版的外语书籍。此外，该室设置5个专架，包括“SDGs（联合国可持续发展理念）角”、“IFLA角”“世界共读角”“ABC角”和“数字角”，为读者提供了多角度、多维度的文献资料。

“青少年研究室”是专门为12—18岁的初中生、高中生设立的资料室，藏书约1万册，能够帮助中学学段的读者更好地完成课业题目，学习调查研究的专业知识，同时

提升他们未来职业规划的能力，拓宽他们对社会及世界的认知和视野。

“少儿图书研究资料室”专为18岁以上研究性读者设立，藏现行日本教科书、约150个国家和地区的图画书（含海外翻译发行的日本图画书、外国儿童文学奖的获奖作品等）、儿童文学研究相关书籍，同时设无障碍阅读推进相关资料专架和SDGs（Sustainable Development Goals，可持续发展目标）关联童书研究专架。

“少儿图书展廊”的约1500册藏书重现了从明治时代至现今的日本儿童书籍发展历程。2011年2月至2015年10月，该室举办了“从国际儿童图书馆馆藏看日本儿童文学发展脚步”展览。现在，该室藏有大量儿童文学史书、绘本史书和极具时代特色各阶段代表性儿童文学作品，同时设置儿童文学和绘本作家介绍专栏、教科书刊登作品专栏和研究用书专栏，供读者自由取阅。

2.1.2　丰富多元的阵地活动

国际儿童图书馆为不同成长阶段的儿童开展主题和内容各异的故事会和讲座。

服务于6个月—4岁读者的“婴幼儿故事会”，通过简单的绘本讲读和节奏舒缓轻柔的歌声，触动婴幼儿对外界声音的感知，激发小龄儿童对绘本阅读的兴趣。针对4—12岁读者的“儿童书话会”，以馆员绘本讲读和儿童交流对话为主，通过唱歌和简单游戏互动提升活动趣味性并增强孩子们彼此之间的熟悉度。“儿童书话会”活动旨在培养儿童的阅读兴趣，促进儿童对外界的探索欲，同时增强其沟通交流能力。针对中学学段的读者参与，国际儿童图书馆定期请图书作者或其他领域专家举办讲座，以绘本创作、科普知识等内容为主题，吸引了大批读者参与。为了满足小读者对科普的需求，该馆还曾设“科学玩味”（已于2017年11月停办）栏目，每期活动以科学小实验的形式呈现科普绘本的内容。

此外，国际儿童图书馆组织各学段的见学活动，并定期举办亲子图书馆之旅、阅读挑战赛等知识性和趣味性兼具的活动，形成了品牌效应。

2.2　充分发挥地缘优势，积极推动文旅融合发展

国际儿童图书馆位于日本东京都上野公园内，临近东京都恩赐上野动物园、东京国立博物馆、国立新美术馆、国立科学博物馆和东京文化会馆。2013年4月起，上野公园及周边的9个文化机构共同合作推出了“爱上野——从上野出发的博物馆之旅”项目。这个项目为孩子设计了六条路线，以家庭或学校为单位自由参观博物馆或图书馆。每个机构都设计了独特的徽章，将其作为纪念品发放给参观者。除简单的参观讲解之外，上述机构还联合路线上的其他机构开设了一些工作坊，让儿童能够更深入地体会到博物馆和图书馆的魅力[2]。

国际儿童图书馆与这些机构合作，设计了博物馆与图书馆共游路线，举办了艺术工坊活动、儿童绘本音乐会等，充分利用地缘优势带来的便捷，拓宽儿童图书馆活动举办的主题。

2.3 举办儿童阅读展览，提供业内数据及资讯

日本国际儿童图书馆内设有“图书博物馆”，以发挥其儿童书目典藏与展示的功能。图书博物馆无常设展览，定期更换展览主题。2022 年 3 月—5 月，国际儿童图书馆在此举办主题为“穿越上野之森，去图书馆吧——跨越世纪的砖砌栋”的大型展览，展示国际儿童图书馆作为东京都具有历史代表性的建筑，其建设历程、设计理念和建筑模型等。展览引起广泛关注，参观人数共计 13107 人。

在“儿童阅览室”“世界知识阅览室”中，常设有小型展览、迷你展览和热点展览。展览往往选择儿童熟悉的日常生活主题，向孩子们推荐图画书、科普书和报纸，例如，“帽子之书”“南瓜之书”“冬天的动物们”等。这些主题展览紧扣与孩子切身相关的事物主题，旨在抓住儿童阅读兴趣培养的关键时期，挖掘孩子的新兴趣点，提升他们对周围环境的观察力和感知力。“少儿图书研究资料室”和“少儿图书展廊”也设有展览角，展出儿童文学奖获奖作品和知名作家的作品合集。

2010 年，国际儿童图书馆官网正式上线，读者足不出户也可通过互联网了解图书馆最新动态和业内资讯。官网主页以主动、开放的姿态，完整地呈现了图书馆的方方面面，为儿童读者建立了立体的图书馆形象，也消除了儿童和图书馆之间的信息壁垒，让读者在到馆之后迅速融入图书馆的氛围之中[3]。通过官网，读者不仅可以熟悉图书馆的设施与服务，还可以观看线上展览，通过移动终端请求阅览数字资源。

除了普通读者，研究人员可在网上获取“日本国立国会图书馆儿童书综合目录”“海外翻译发行日本童书信息”“从国际儿童图书馆藏书看日本儿童图书出版情况”等数据。为了支持儿童阅读活动，网页还设置“儿童书目新闻”专栏，登载国内外儿童文学奖、儿童阅读和图书馆的相关新闻等。

2.4 注重业内人员专业素养提升，广泛开展业务交流

国际儿童图书馆十分重视未成年人阅读事业的发展。为支持地方的儿童阅读推广活动，该馆不仅提供馆藏出借、书目信息查询、远程复制、参考咨询、参观交流等服务，而且通过举办讲座、研修班、交流会等活动帮助提升地方从业人员的业务素质，还实施了多项关于儿童阅读的调查研究[4]。2022 年，国际儿童图书馆举办儿童文学系列讲座，邀请 5 位领域专家进行线上直播授课，同时邀请讲师到地方馆举办讲座，并将课程视频进行制作后发布。同时，与日本图书馆协会合作，共同举办面向图书馆员的专业培训，以加强其队伍建设，培养图书馆员职业精神。

国际儿童图书馆广泛开展国际交流，助力国际儿童图书馆事业的发展。积极参与国际图书馆协会与机构联合会的多场座谈会；出席博洛尼亚书展等大型活动；并与中国国家图书馆、韩国国立儿童图书馆定期举行业务交流，例如 2022 年举办的线上“中日韩儿童童话交流”会议。

此外，日本规模较大的公共图书馆为地方图书馆和学校图书馆提供童书和童书领域研究书籍的外借服务。通过馆际协作，日本公共图书馆广泛且大众化的馆藏和大学图书

馆的专业性馆藏相结合，图书资源高效利用，形成共赢互利的协作新模式[5]。

3　日本国际儿童图书馆的阅读推广模式与品牌活动

3.1　满足各学段需求的见学活动

针对小学学段及以下读者，国际儿童图书馆设计了包括馆内参观讲解、故事讲读会和自由阅读等环节的见学路线。

初高中生则可以在馆员的指导下，利用馆内“青少年研究室”的纸质资料和电脑终端，在规定时间内体验“针对图书馆的调查研究特别项目”。项目共设计有以下6种课程，见表1：

表1　日本国际儿童图书馆见学课程

课程	难易度	时间/分钟	活动内容
调查作战	难/易	60	分成小组进行课题挑战。利用研究室内资料和数据，团队合作寻找答案，让小读者们体验网络检索和文献搜索各自的特性和差异，找到调查方法的诀窍。
知识测验	难/易	60	以团队或个人为单位，挑战3选式猜谜数游戏。以在限制时间内，尽可能多地正确回答为目标。
集章挑战	难/易	90	以团队为单位，在馆内自行参观探索。观察建筑设施的特征，参观图书展览，使用研究室的资料和电脑终端回答问题集章。
出题对决	难	90	两个队伍分别给对方队出题并作答。从作者和解答者两方面分别体验图书馆研究室的调查活动。
故事创作	极易	60	看图画书想象故事情节。每个场景由组内一人撰写文字，完成后重新整理故事，展示并朗读创作的图画书。
广告制作	易	60	每个人选择一本研究室内的文献，在短时间内掌握文献的内容，为其制作广告促销卡片。

此外，科技赋能激发图书馆生机，国际儿童图书馆推出“VR探险！走进国际儿童图书馆”，读者可以通过VR影像，随时随地探索拥有100多年历史的文艺复兴时期风格的图书馆建筑。

3.2　与其他机构的联合活动

2022年11月，国际儿童图书馆在东京都恩赐上野动物园的支持下举办了以“老虎”为主题的“秋天欢乐会”。馆员讲读以老虎为题材的图画书，饲养员展示老虎头骨、皮毛和尾巴等实物标本，让孩子们通过书籍和实物结合的方式认识动物。2023年6月，作为“东京都都市公园制度制定150周年纪念活动”的一部分，国际儿童图书馆与东京都东部公园绿地事务所在上野公园共同主办“It's My Park Day：大好天，读书天！”活动。小读者们在上野公园散步和运动之后，来到图书馆的安静环境中，选择自己喜欢的图画书，沉浸在阅读的世界里。此外，“绘本音乐会”的举行让孩子在音乐中走进绘本世界，在图画中感知音乐魅力。

国际儿童图书馆坚持与其他文化机构联动，形成一系列“图书馆 +”的品牌活动，既拓展了阅读推广的新形式，又释放了儿童图书馆的活力。

3.3 阅读挑战赛

为了让儿童阅读更多好书，国际儿童图书馆于暑假在“儿童阅览室”以试卷答题形式举办阅读挑战赛活动。小读者们选择不同难度的试卷可获得不同的积分，积分累计后可兑换奖品。试卷上会注明推荐书目，小读者需阅读试卷对应的推荐书目，并根据书中内容进行作答。

2022 年 7 月 15 日到 9 月 4 日的暑期阅读挑战赛共计 1690 名读者参加，试卷难度分为初级、中级、高级 3 种。为防止新冠疫情的传播，2021 年后减少了试卷问题数目，在书目选择上也偏好各年龄段人群都能在短时间内阅读完毕的书。另外，挑战赛也开通了线上通道和馆际合作通道，无法到场的读者可以在官网主页上下载试卷，其他公共图书馆也可下载试卷和答案，用以举办活动。

3.4 亲子图书馆之旅

国际儿童图书馆在暑期定期举办的亲子图书馆之旅活动，深受家长和儿童的喜爱。活动招募多组家庭共同参观砖砌栋和彩虹栋，馆员会为到场人员讲解明治时期以来，日本国立图书馆的历史沿革、介绍馆区设施与服务，并为孩子推荐童书。家长和儿童可以在活动中体验亲子共读的乐趣，拉近亲子关系。

4 对我国公共图书馆未成年人服务发展的启发

4.1 加强基础设施和资源建设，提供更人性化的读者服务

我国独立建制的少年儿童图书馆均设置了不同年龄段的阅读分区，满足了各年龄段儿童的多元的阅读需求。但许多公共图书馆的少儿阅览室受到空间限制，未做阅览分区，在排架上也没有体现出读者年龄和书籍主题的区别。图书馆应根据儿童身心发展规律，贴合儿童成长轨迹，设置低幼儿童、青少年等分区，并设立经典名著、自然科普等广受读者欢迎的主题阅读专架，便于到馆读者找到适合自己的书目。除纸质文献外，图书馆也应加强数字资源的建设，以谋求提供更多元化的读者服务。

许多少年儿童图书馆设有亲子阅读区，为亲子共读提供了空间。亲子阅读区在空间布局上应关注低幼儿童的特点，摆放大小和高矮合适的桌椅，并预留宽阔的活动空间，同时开设母婴室满足哺乳需求。

此外，图书馆需格外关注特殊群体的需求，优化基础设施建设，保障无障碍通道畅通，建设残障人士友好的图书馆。在资源建设方面，重视馆藏建设，引入适合视障儿童

的点读机，提供更人性化的少儿服务。

4.2 打造特色品牌活动，加深馆际合作

日本国际儿童图书馆服务内容多样，其品牌活动已有成熟的开展路径，并受到读者的喜爱。我国图书馆近年来也积极开拓阅读推广活动的新模式。2023 年 2 月，国家图书馆少年儿童馆推出“四季童读”新书推荐项目，以季度为单位推荐国内新出版的童书。该馆以书单为依托，打造“四季童读 +”品牌活动，开展一系列阅读推广活动。例如，以作家讲座形式开展的文津少儿讲坛、鼓励读者阅读打卡的阅读挑战赛和以音频、图文形式推出的一系列线上推广活动等，都受到了许多读者的喜爱，参与人次十分可观。值得一提的是，该馆与我国各地区公共馆达成合作协议，在“四季童读 +”的品牌下合力共赢，实现了优质资源共享，扩大了品牌的影响力。

我国图书馆的少儿阵地活动大多为故事会、分享会、手工活动等，图书馆应发掘自身的特色活动，在已有活动的基础上整合凝练，打造连锁的品牌阅读推广活动。同时加强馆际间合作，学习借鉴它馆优秀经验，实现优势互补，为各地区读者提供更高质量的服务。

4.3 挖掘本土文化特色，积极探索“图书馆 +”新模式

我国原创绘本创作量持续增加，许多带有中国本土特色、文化标识鲜明的优秀作品涌现。图书馆可根据绘本内容，与其他文化机构进行合作，积极探索文旅融合新路径，打造“图书馆 +”模式。例如，针对世界遗产主题绘本，图书馆可去往遗产所在地，与景区、博物馆和当地图书馆联合举办游学活动，实现“图书馆 + 博物馆”的合作模式；推广以非物质文化遗产为主题的绘本，图书馆可与非遗技艺传承人、技艺发源地相关机构合作，开展非遗体验日的活动，让孩子们在实践中领悟书籍表达的内容。

参考文献

[1] 国際子ども図書館の窓（第 23 号）[EB/OL].[2024-03-31]. https://dl.ndl.go.jp/pid/12996627.

[2-3] 余雯. 日本国际儿童图书馆的服务创新研究 [J]. 图书馆建设，2019（S1）：41-43，47.

[4] 张麒麟，姜霖. 日本儿童阅读推广的长效促进机制 [J]. 图书馆论坛，2020（3）：147-155.

[5] 张韩飞，茹勉. 日本图书馆为少儿读者服务现状与启示 [J]. 内蒙古科技与经济，2020（20）：118-120.

国家图书馆法律馆智慧化服务的思考

贾雯菡（立法和决策服务部）

国家图书馆法律馆（以下简称“法律馆”）于2023年4月28日正式开馆，实体空间中配备了开放阅览区、专题研讨室、珍贵文献展示区及法律文献书墙，并配备了智能瀑布流书架、交互式触控屏等技术装备，同时上线法律馆网站，为读者提供资源导航、新书推荐等服务，实现多功能一体化布局，满足读者的多元化需求。伴随着原来法律阅览室到法律馆的升级，其服务模式由原有的传统读者服务、法律文献服务延伸到了线上服务。随着法律馆的开放，相较于原法律参考阅览室，读者量有了近21倍的增长。机构读者及个体读者对法律馆的需求持续增加，推进法律馆高质量发展，开展智慧化服务已成为当务之急。

1 国内外法律文献服务现状

1.1 国外法律文献服务

美国提供法律文献服务机构多种多样，包含公立高校法学院以及私立高校法学院等机构。公众通过查找、使用法律资料来维护自己的权利，并推动司法公平。部分大学制定了法律资料的使用权限，例如一些学院图书馆的法律资料仅限本院师生使用，华盛顿大学便是这样的一个例子。而爱荷华大学则将其图书馆服务对象区分为三种不同的群体：法学院师生、该校其他院系师生以及本州的居民，这种划分体现了他们为不同使用者提供文献服务时的优先次序。

耶鲁大学法学院图书馆致力于保障课程与项目所需的资料，并旨在构建和完善优秀的资料资源体系，从而向师生们提供一流的资料查询服务[1]。而哈佛大学法学院图书馆的使命是依托其卓越的专业服务能力，为师生提供专业的法律参考资料，促进学术研究和教学活动，同时满足其他高校学者获取其珍贵藏书的需求[2]。

加州大学洛杉矶分校法学院图书馆虽拒绝公众进馆，但该馆的参考咨询馆员仍通过电话、电子邮件等途径为公众开展法律文献服务。同时，为了便于广大民众利用学校的法律数据库资源，用户只要在校园内连接无线网络，便可轻松访问包括Westlaw、LexisNexis、HeinOnline、Springer等多个数据库。此外，该图书馆与法学院旗下的法律咨询诊所合作，共同编写了一本内容丰富的《法律文献检索指南》，以此满足社会大众的法律援助查询需求。该馆的法律文献服务经验在于，其能够通过提供电话和电子邮件咨询支持、在线法律数据库访问和分发《法律文献检索指南》等多种法律文献服务形式，满足民众对法律文献服务的需要[3]。

1.2 国内法律文献服务

国内法律文献服务主要由公共图书馆开展，通过设立法律文献专区或专门的法律主题馆的方式，汇集不同类型的法律文献。读者可以通过阅读书籍、报纸、期刊获得相应的法律知识。

深圳图书馆与深圳市中级人民法院协作创建了深圳图书馆法律分馆暨深圳法院文化交流中心。同时，为了强化知识产权法律领域的服务和研究，重庆图书馆与重庆市渝北区人民法院共同筹建了服务于该领域的独立分支机构重庆图书馆渝北区法院分馆。

馆员对发布来源零散的初始信息进行梳理和编目，将原文内容压缩成摘要、概况，抑或是精炼关键信息，并按照特定学科或领域的要求对它们进行系统分类，最终形成索引、文摘等系统化文档集合供用户使用。深圳图书馆法律分馆结合新法颁布、热点焦点法律问题或读者的实际需要等组织开发多项二次专题文献，编制如“劳动合同法”推荐专辑、“食品安全法”专辑、“房地产法”专辑、“婚姻法”专辑、“3·15 普法维权专辑”等。这些二次文献集锦信息含量高且内容精炼，它们不仅优化了法律主题文献的索引与管理，也相应提高了原始法律专题文献的使用频率[4]。

2 国家图书馆法律馆服务

国家图书馆法律馆在推动读者服务与信息化建设融合的过程中，不仅积极采纳前沿科技手段，还注重科技手段与读者需求的深度融合。

2.1 传统服务

国家图书馆法律馆分为上下两层。一层的馆藏中文图书近 4 万册，外文（西、日、俄文）图书近 1 万册，政府公报及中文期刊 25 种。二层主要为外文（西、日、俄、韩文）法律期刊，共 325 余种。馆内设阅览座位 88 席，为读者提供自习空间；设六人研讨间 2 个，方便读者讨论学习；展柜 5 个，用于展示珍贵法律文献。

2.2 线上服务

网站是智慧化服务的重要组成部分。国家图书馆法律馆建立了完善的法律馆官方网站，为读者提供丰富的法律资源和信息。网站内容丰富，包括新规解读、普法阵地、法治新闻等多个板块，能够满足读者多样化的需求。通过网站，读者可以随时随地获取最新的法律资讯和研究成果，进一步拓宽知识获取的渠道。

为了满足读者多样化的需求，国家图书馆法律馆网站不断进行优化完善。在二期建设中，致力于为用户提供富有交互性的个性化的体验。用户可随时随地获得专业的法律文献资料，进一步拓宽了法律馆服务的覆盖面。同时在现有基础上，对网站模块进行整合，依托“三中心一阵地”的定位，将网站服务细化为“资源”“服务”“合作交流”“普法阵地”及“专栏”。法律馆网站展示了在数字化时代中如何通过智慧图书馆平台，提升法律信息服务的效率和质量，同时强化用户体验感和满意度。

法律馆网站的“资源”下拉菜单，细分为“馆藏资源”“数字资源”“网络资源”和“文献捐赠”，体现了网站在资源整合方面的深度与广度。这种整合不仅使得法律文献资源更加丰富、易于访问，也通过对数字资源的深度挖掘和优化，增强了法律馆的信息服务功能，满足了不同用户群体的需求。

网站的“服务”下拉菜单直接反映了网站在服务创新上的探索，菜单包括“阅览服务”“研讨间预约”“通知公告”和“往期活动”。“服务”模块不仅提供了基础的图书馆服务，还通过在线服务平台（“服务”模块中“联系我们”），为用户提供了预约、咨询和互动的便利，这在传统图书馆服务中是难以实现的。

“合作交流”部分则展现了网站在推动国内外法律图书馆合作交流方面起到的积极作用。通过线上平台，法律馆可以更加便捷地分享交流活信息，促进了法律信息资源的共享，加强了国际法律文化交流。

“普法阵地”则体现了国家图书馆法律馆的社会责任感及其在文化传播方面的使命。通过线上平台讲述中国法治故事，传播法治文化，这不仅丰富了公众的法律知识，也促进了法治文化的普及。

2.3 个性化服务

在法律馆尚未正式运行前，国家图书馆下设的法律参考阅览室定期推出“法润人心，书养正气”系列展览活动，针对养老立法、家庭教育立法、税制改革立法等重点问题，选取馆藏中外文图书进行推介，方便读者参观阅览。为了更加广泛开展普法工作，国家图书馆通过在法律参考阅览室举办“文化与法治——法学名家系列讲座”“非物质文化遗产法解读”“民法实务”等系列线下讲座，为社会公众全方位解读法律法规。

为更好满足读者需要、做好法律文献的二次开发，法律馆依托宏富馆藏文献，打造自身品牌，制作新书推荐、外国立法动态等内容产品，为读者提供更加专业的服务。

广大读者需求不断变化，图书馆的线下传统阅读服务难以满足读者多样化需求。法律馆线上网站，则能为读者提供24小时服务，同时馆内还配备新书推荐系统、瀑布流借阅机等智能设备。

2.3.1 新书推荐系统

新书推荐系统是法律馆信息化发展的重要组成部分，该系统提供电子图书、电子期刊、电子报纸等资源以及线上读报、新书推荐等功能，为读者提供个性化的阅读体验。目前，新书推荐系统上线报纸100余种，包含《人民日报》《光明日报》《新华每日电讯》《解放军报》《人民政协报》《法治日报》等；期刊95余种，包含《证券市场周刊》《北京周报》《互联网周刊》等；图书6000余种。点击新书推荐界面，系统会呈现未成年人保护、个人信息保护、民事诉讼法、互联网司法、妇女权益保护5个模块，用户点击每个模块，系统将显示对应的新书推荐。

2.3.2 瀑布流借阅机

瀑布流借阅机则是法律馆在自助服务方面的一次创新尝试，通过该技术，读者可以方便快捷地完成图书的借阅，大幅提升了借阅效率。法律馆瀑布流借阅机包含资源展示、在线触屏阅读、资源分类浏览等功能，用户可通过微信扫描图书二维码，实现图书在线阅读。瀑布流数字借阅机具有图书展示或听书模块，且其动画模式及背景模板可通过后台进行管理。读者可以在终端应用中对云端资源、本地资源进行在线触屏阅读。书籍的翻页动作可模仿最真实的翻书效果。

3 国家图书馆法律馆高质量发展待解决的问题

在国家图书馆法律馆高质量发展的过程中，人们日益变化的需求和当前智慧化供给不匹配成为发展过程中的挑战。在服务层面上，覆盖范围窄、资源整合不够精细，根源在于缺乏技术手段分析读者需求，难以实现精准服务供给；在技术应用中，文献检索效率低、智能服务质量不足，反映出 AI 检索、数据处理等关键技术应用滞后，亟需通过设备升级和文献深度数字化，构建线上线下融合的高效服务体系。行业协同领域，因缺少智慧化共享平台，法律数据库联合使用、电子资源共建等工作推进困难，传统合作模式效率低下的问题凸显。同时，人才队伍的年轻化对法律馆智慧化服务与高质量发展也存在影响。

3.1 智慧化水平有待提高

读者无论在线下实体空间还是在网站上，都很难快速地查找到需要的法律文本，咨询馆员仅提供文献查找，而无法为读者提供更多的专业咨询。目前，法律馆推出的法律专题报告、海外研究智库报告以及针对用户具体需求的咨询服务产品依然存在提升空间。无论是对法律主题文献的深耕，还是智能设备的升级，都给法律馆未来发展提供了建设思路。

3.2 智能问答系统需要优化

国家图书馆官网已上线智能问答系统，但面对复杂的语句还是无法给出准确的回答。由于人类语言的复杂性和多样性，智能问答系统往往难以准确理解用户的问题和意图。例如，同一个问题可能有多种表述方式，而智能问答系统有时难以识别并理解这些不同的表述。人工智能的发展已经催生了一批专业的法律问题咨询工具，如何使这些工具能为我所用，需要法律馆的深入研究和思考。

3.3 行业引领作用发挥不明显

目前，国家图书馆法律馆尚未发挥“行业领头羊”的引领作用，面对财政经费不足的问题，没有最大程度地调动社会资源，实现资源共享。例如，开展法律数据库的联合使用、电子书的共享获取。法律馆顶层设计还需要明确方向，制定明确的标准和规范，广泛号召高校、律所等对法律资源与服务需求高的主体参与设计。法律馆尚未形成自己的品牌，社会各方力量关注与参与的积极性较低。因此，有必要广泛吸引社会力量参与法律馆建设，提升社会力量在法律馆基础设施建设和法律文献资源开发运营方面的参与度。

3.4 人才队伍构成过于年轻化

丰富的经验需要时间的沉淀。当前，法律馆馆员存在对馆藏信息不熟悉、专业服务水平有限、研究能力有待提高的情况。目前，法律馆馆员共 9 人，其中硕士学位背景 7 人，学士学位背景 2 人。35 周岁以下青年人数 7 人，占总数的 77%。法律馆馆员学科背景涵盖法学、政治学、新闻学、图书情报学、日语等专业。团队人员构成呈年轻化态势，但成员普遍存在实务经验不足、法律专业背景薄弱的问题。

4 未来国家图书馆法律馆的智慧化服务思考

4.1 深耕法律文献，提升智慧化服务水平

国家图书馆法律馆是集法学文献专藏、法学资源发现与法律阅览服务于一体的学科型、领域型、研究型图书馆，兼具文献发掘与文献传递等作用。建设法律馆不仅是国家图书馆建设专藏型图书馆的积极尝试，也是国家图书馆建设高水平智库，履行“为国家立法和决策服务”法定职能的必然要求。国家图书馆法律馆具有“三个中心、一个阵地”的鲜明特征。国家图书馆法律馆不仅服务普通读者，也服务法律专业读者。因此，层次化、智慧化法律文献服务非常关键，也是未来法律馆发展的方向。

利用大数据分析技术，对法律馆的藏书、用户行为等数据进行深入分析，以便更好地了解用户需求，优化法律馆服务内容和方式。文献深度加工是一项至关重要的工作，它需要对原始文献进行精细地剖析和整合，从而提炼出更具价值和深度的信息。在进行文献深度加工时，我们需要对原始文献进行充分的了解和分析。这包括对文献的外部特征，如题名、作者、出版日期等进行详细的记录和整理，同时也需要对文献的内容进行深入的解读和分析。通过这样的工作，我们可以将原始文献中的零散信息整合成一个有机的整体，从而提高文献的利用价值和效率。

除此之外，文献深度加工还需要运用各种专业的工具和技术。例如，工作人员可以利用计算机技术对文献进行自动化处理，如自动分类、自动摘要等，以提高工作效率和准确性。同时，工作人员还需要运用各种检索技术和方法，如关键词检索、主题检索等，以便更好地满足用户的服务需求。做好二次文献编制工作后，可以上线法律馆网站，或设立自建数据库。

4.2 服务内容创新，完善智能问答系统

在参考咨询服务中加入 AI 自助问答功能，建立专门的法律专业语料库。将豆包、kimi、文心一言等人工智能助手嵌入法律馆网站。通过运用前沿信息科技，致力于向用

户提供迅捷、精准且方便的资讯服务体验，以应对各个领域和多种层次的资讯查询需求。首先，法律馆员应构建用户画像，利用 ChatGPT 等自然语言处理模型，分析用户输入的文本，识别其阅读偏好、主题兴趣、阅读水平等信息，结合用户的交互数据，构建多维度的用户画像。其次，法律馆应对图书馆藏书进行内容分析，提取书籍的主题、关键词、作者、出版日期等信息，使用 ChatGPT 或类似模型对书籍内容进行自动摘要和分类，根据用户的阅读偏好和历史行为推荐相关图书。

4.3 发挥行业引领，实现资源共享

通过建立图书馆联盟，多个图书馆可以共享藏书和资源，从而提高资源的利用率和覆盖范围。这种联盟可以通过互联网进行连接，使得用户可以在任何一个联盟图书馆中访问到所有的资源。将图书资源进行数字化处理，可以让更多的用户通过网络访问到这些资源。建立一个在线的资源共享平台，让用户可以在这个平台上上传、下载和分享他们的图书资源，这个平台可以以社交网络、论坛或专门的资源共享网站等形式存在。

4.4 加强人才培养，转变服务理念

习近平总书记在二十届中共中央政治局第十次集体学习时强调："要加强专业人才培养和队伍建设。坚持立德树人、德法兼修，加强学科建设，办好法学教育，完善以实践为导向的培养机制，早日培养出一批政治立场坚定、专业素质过硬、通晓国际规则、精通涉外法律实务的涉外法治人才。"[5] 作为图书馆员，不断加强学习，成为拥有图书馆学专业与法律方向双重背景的人才，更能迎合时代所需。

传统的学科服务理念着眼于"满足使用者所需的书籍或情报"这一宗旨，偏重提供文献资源的数量。法律文献服务主动化、动态化，则要求图书馆能动态跟踪某一法律进程，随时关注立法动态、司法实践以及社会热点，并针对不同用户提供个性化的法律文献服务。法律馆工作人员不仅要在法律文献和读者间搭建桥梁，更要思考"作为图书馆员，我可以提供什么"。针对法律文献检索服务改进问题，国家图书馆法律馆未来将推出指导课程，针对国家图书馆联机检索系统以及数据库使用，推出指导课程，完成"授人以鱼"到"授人以渔"的转变。

服务智慧化是国家图书馆法律馆未来发展的方向。作为社会变革力量，智能化在理念、技术、产品、平台等层面对国家图书馆法律馆发展发挥着系统性影响。而国家图书馆法律馆智能化发展的关键在于，不仅为人服务，同时还为知识服务。作为中外文法律文献收藏中心、咨询与文献服务中心、中外法律图书馆交流中心，国家图书馆法律馆智慧化模式探索既需要深入分析用户群体的个性化需求，提供定制化、专业化、知识化的服务和产品，也需要积极引入外部力量，构建多方联动、共建共享、协同共赢的发展模式，紧密围绕习近平法治思想和习近平文化思想，不断探索技术与服务融合的路径，促进图书馆智慧化的持续发展和完善，推动图书馆建设向更高层次迈进，从而更有力地助推社会主义文化强国和中华民族现代文明建设[6]。

参考文献

［1］耶鲁大学图书馆官网［EB/OL］.［2025-04-26］. https://library.yale.edu/about-us.

［2］哈佛大学图书馆官网［EB/OL］.［2025-04-26］. http://hls.harvard.edu/library/about-the-library/harvard-law-school-library-mission.

［3］许乐 . 美国法学院图书馆法律文献服务探析［J］. 图书馆学研究，2021：86-93.

［4］刘红梅 . 论公共图书馆专题文献服务——以深圳图书馆法律馆为例［J］. 图书馆学刊，2012（5）：79-81.

［5］习近平在中共中央政治局第十次集体学习时强调 加强涉外法制建设　营造有利法治条件和外部环境［EB/OL］.［2025-04-26］. http://www.news.cn/2023-11/28/c_1129996975.htm.

［6］张奎 . 公共图书馆文化旅游融合的数字化：作用机理与创新路径［J］. 国家图书馆学刊，2023（6）：38-49.

博物馆的夜场开放与其教育职能的延伸

——以国家典籍博物馆夜场实践为例

赵一鸣（展览部）

1 博物馆夜场与博物馆的教育职能

随着社会的繁荣发展以及人们生活节奏的提速，博物馆传统的开放时间难以满足公众持续增长的文化需求。公众多元化的需求是推动博物馆探索新模式的重要动力，博物馆夜场在此背景下应运而生。顾名思义，博物馆夜场即博物馆在白天（通常为上午九点至下午五点）参观时间之外对公众开放的行为，最早起源于欧洲，1997 年德国柏林正式推出第一个"博物馆之夜"活动。进入 21 世纪，我国开始有博物馆陆续尝试采取延长参观时间、举办夜间活动等方式，探索博物馆夜场的可能性。2021 年 5 月，中央宣传部、国家发展改革委、教育部等 9 部门联合发布的《关于推进博物馆改革发展的指导意见》中明确指出：鼓励有条件的博物馆错峰延时开放[1]，满足公众对文化的多样需求，推动博物馆事业的持续健康发展。

博物馆作为重要的文化载体，其基本功能通常被定义为收藏、研究和教育三大方面。在博物馆的社会职能中，公众教育为核心职能，体现出博物馆的文化责任[2]。相较于传统教育，博物馆的社会教育具有非强制性和直观性等特点，更适合沉浸式的探索学习。夜场作为博物馆运营的创新模式，不仅是博物馆在履行教育职能过程中的创新尝试，更是对其社会职能的扩展与深化。夜场的设置拓宽博物馆教育的边界，丰富公众的学习体验。

2 国家典籍博物馆夜场开放实践

国家典籍博物馆（以下简称"典博"）是国内首家国家级典籍博物馆，依托国家图书馆宏富馆藏，以展示中国典籍、弘扬中华文化、创新阅读服务方式、保护文化遗产、加强中外文化交流、提升国家软实力为宗旨[3]。2014 年 9 月开馆以来，典博先后举办百余场展览以及数千场社会教育活动，到访者络绎不绝，活动深受社会各界好评。

2.1 典博夜场开放概况

为满足人民群众日益增长的精神文化需求，丰富博物馆公共文化服务内容，为观众营造更好的参观环境和体验，2023 年暑期（2023 年 7 月 18 日—8 月 27 日）典博场馆运营时间延长至晚上八点，其间除每逢周一闭馆外，共计延长开放 36 个参观日。

典博夜场营造情景之美，特意设计搭建了中式落地灯、假石、翠竹等组成的景观打卡点，为观众拍照留念提供好去处。同时，典博结合自身的馆藏特色和资源优势，策划并推出以“典籍博物馆三十六夜”（以下简称“典博三十六夜”）为主题的系列专题活动。这些活动寓教于乐，让参与者在轻松愉快中感受文化，充分发挥博物馆的教育职能，受到观众热烈追捧。

2.2 “典博三十六夜”专题系列活动

博物馆以丰富的藏品为基石，通过精心策划的陈列展览，向观众呈现藏品的文化内涵。展览是博物馆与观众沟通的核心媒介，直观生动的呈现方式便于观众理解和感知，是博物馆实现教育职能的基础方式。典博夜场的显著特点是展厅开放时间的延长，可以为更多观众提供参观服务。国际先进的博物馆教育理念认为，展览固然是博物馆教育的主要载体，但不是唯一手段[4]。博物馆需要围绕展览来开展延伸教育和拓展服务，丰富观众的学习体验，实现博物馆社会教育效能的最大化。

2.2.1 “酉时开讲”

夜场期间，典博会分时段提供 4 个展览的定场公益讲解服务，讲解人员直接面对观众，就展览及展品内涵进行专业的解读阐释。讲解是博物馆教育概念中的核心内容之一[5]。通过讲解员的导览，观众能获取丰富信息，更好地理解展览意图，不少观众在走出博物馆后会自主学习讲解过程中点到为止的内容，对博物馆展示内容做延伸探索。同时，讲解员在解读展品的过程中，穿插介绍相关的文化知识和价值观念，帮助观众理解和接受优秀传统文化，增强文化自信。相比观众自主参观，定场讲解作为实物展品与博物馆观众之间的桥梁，与观众有情感上的交流，可以更直接、有效地传递知识信息。

2.2.2 “书画消夏”

为增加夜场的趣味性和互动性，典博推出团扇绘制活动——“书画消夏”。活动准备数量有限的团扇以及笔墨纸砚等中国传统文房用品，鼓励参与者在挥洒笔墨间倾诉内心情感，为生活增添一抹别样的文化韵味。观察发现，有些观众在创作时会选择临摹展览中看到的内容，还有不少观众在完成作品绘制后会手持团扇到打卡点拍照，这些举动为他们参与典博夜场留下特别纪念。活动结束后，观众可以将自己亲手完成的团扇书画作品带回家。这种亲身参与体验的方式增强了学习的趣味性和实效性，通过如此别出心裁的社会教育活动，博物馆为公众提供了一次与传统文化亲密接触的机会，让人们在避暑消夏的同时，感受到中华传统文化的魅力。

2.2.3 “博物馆梦游记”

典博为观众编排了一出侦探类互动情景剧——“新大明四大奇案之血字的研究”，情景剧在夜场期间上演。演出贯穿四大主展场馆，带领观众踏上一段奇幻的博物馆之旅，从正厅启程，观众历经“邂逅 · 多彩大明 1573——万历文物主题特展”“甲骨文记忆”和“珠还合浦　历劫重光——《永乐大典》的回归和再造”展厅的层层探索，最终抵达“CaseLab 元世界——福尔摩斯大型沉浸式主题展”，观众与演员一同抽丝剥茧，揭开剧情真相。有理论称，在博物馆学习和开展教育要开动几乎全部的感官[6]。“博物馆梦游记”是这一理论的成功实践，戏剧元素为观众打造了一个沉浸式的博物馆世界，小观众们被精彩剧情吸引，实现了深度体验式学习。

2.2.4 “山海社的试炼”

2019年，典博结合当时展览推出过一款主题实景解谜游戏，叫作“古籍保卫局系列”之“山海社的宝藏”，巧妙地将博物馆教育职能与游戏元素融合，以“寓教于乐、寓学于趣”为核心理念，引导观众积极参与互动，细致观察展品。观众在玩游戏的同时能够学习古代文化常识，成功让古籍中的文字焕发新生。本次夜场，典博推出限时折扣的“古籍保卫局”系列之“山海社的试炼”研学解谜包，是前作“山海社的宝藏”的姊妹篇，游戏以“珠还合浦 历劫重光——《永乐大典》的回归和再造”和“甲骨文记忆”两个展览为蓝本，在实景解谜中展现丰富的典籍知识与厚重的历史文化，推动玩家关注古籍善本的保护现状，丰富了观众的夜场文化体验。

2.2.5 “限时集章”

在当下的博物馆参观热潮中，盖章打卡作为一种独特的文化活动逐渐成为新风尚，博物馆纪念章成为集章爱好者分享和交流的主流话题。纪念章不仅起到宣传引流作用，同时也增加了博物馆与观众之间的联系与黏性[7]。2023年暑期，典博仅在夜场时段向观众提供3款展览纪念印章，放置于相应的展厅中，图案选取各展览主题与展览中的特色纹样。此外，观众与微信公众号“国家典籍博物馆”互动可以得到与典博及展览有关的线索，向工作人员出示正确答案后，能够额外加盖两款“典博三十六夜”主题的隐藏纪念章。集章为博物馆参观增添新乐趣，吸引更多人群走进博物馆。

2.2.6 “夕市有礼”

结合各项夜场活动，典博为观众准备了丰富的礼品和惊喜。如“博物馆梦游记”中，演员会随机给小观众派发特色礼品。另外，馆内几家文创商店推出促销活动。近年来，博物馆文创产品的开发与博物馆商店的营销日益受到业界的重视，成为博物馆利用藏品发挥功能的重要途径[8]。文创产品是博物馆藏品的延伸，扩展了博物馆的教育功能，例如精美的印刷图录等，可供观众欣赏、学习和临摹，另外观众在选购纪念性商品的过程中加深了对藏品和展览的印象。促销活动降低了购买门槛，可以让更多走进博物馆的观众购买到心仪的文创产品，进一步提升参观体验。

2.3 观众参与典博夜场后的反馈

典博在新冠疫情结束后随即取消参观预约制度，同时解除了人员限流措施，允许观众自由地出入展览场地。本次在暑假期间尝试夜场开放，典博以包容的姿态迎接每一位到访者。“典博三十六夜”系列专题活动是一场文化盛宴，夜场期间，展厅内人头攒动，观众们纷纷驻足欣赏、互动体验，夜场尝试赢得广泛好评。

在与博物馆相关的社交网络平台上，观众的留言热情洋溢，对展览和活动赞不绝口。有观众表示：“这次参加的典博夜场活动，真的是名副其实的‘博物馆奇妙夜’。原本只是想带孩子来感受一下典籍的魅力，没想到自己也深深沉浸其中，仿佛穿越时空，与古人对话。”还有观众感慨道：“现在的博物馆真的太‘卷’了，举办的活动一个比一个精彩。不仅大人爱看，小孩子也乐此不疲。这样的活动不仅让我们学到了知识，还对孩子的教育产生了深远的影响。现在我家孩子都成了集章小能手了！”

从反馈中不难发现，夜场的典博不仅是观众欣赏展览、领略文化的场所，更是一个充满互动体验的教育空间。精心设计的互动环节，让观众在轻松愉快的氛围中，耳濡目染地接受了文化的熏陶。这种注重参与感和体验感的做法，让观众在参观博物馆的同时收获满满的快乐。博物馆通过夜场活动，充分发挥社会教育职能，为观众带来了一次难忘的文化教育之旅。

3 博物馆夜场开放对博物馆教育职能延伸的启示与思考

博物馆夜场的开放与博物馆教育职能的延伸紧密相连，夜场的开放进一步丰富了博物馆教育的形式和内容。从心理学角度看，人们在夜晚往往拥有更丰富的情感体验，精神状态也更为放松，这使得夜晚观展更易引发观众的情感共鸣，增强文化体验的深度。如此一来，夜晚的博物馆对观众更具吸引力，可以激发观众的探索欲。2023 年暑期“典博三十六夜”系列专题活动的成功实践便是生动例证。在夜场时段，通过举办各类活动，观众到博物馆不仅是观看展览，也能积极参与到文化互动之中，更深入地了解历史文化知识。典博暑期夜场期间，观众流量较平时显著增长，显示了夜场开放对博物馆教育职能拓展的可能性。

从典博的经验来看，博物馆在夜场开放过程中应着重关注三大方面：安全秩序、活动安排以及观众反馈。首先，确保安全是首要任务，必须严格管理，维护良好的参观秩序。其次，合理安排夜间活动的时间和内容，为观众提供丰富多样的文化体验。最后，密切关注观众反馈，及时优化服务，不断提升夜间开放的质量和体验感，以满足观众多样化的需求。夜场吸引了很多年轻人和外地游客前来参观，尤其吸引了许多家长带放暑假的孩子前来参观，为典博注入了新活力，观众参与活动后在网络平台的自发推荐，扩大了博物馆教育的影响范围。

党的十八大以来，习近平总书记高度重视博物馆建设，希望广大群众特别是青少年多一些和博物馆的深度接触，他指出“一个博物院就是一所大学校”[9]，强调博物馆建设要更完善、更成体系，同时发挥好博物馆的教育功能。博物馆是连接过去、现在、未来的桥梁，创新实践如“典博三十六夜”系列专题活动等形式，将更多文化资源呈现给公众，不仅满足公众日益增长的文化需求，还能助力典博建立自己的教育品牌，提升博物馆的教育职能和社会影响力。随着文化产业蓬勃发展，公众文化需求日趋多元化，夜场已然成为博物馆社会教育的新契机与新平台，展现出广阔的发展前景和重大的社会意义，不断优化夜场活动与实践策略，主动探索新路径，会吸引更多观众主动走进博物馆，营造良好的社会文化氛围。

参考文献

[1] 中央宣传部　国家发展改革委　教育部　科技部　民政部　财政部人力资源社会保障部　文化和旅游部　国家文物局关于推进博物馆改革发展的指导意见［EB/OL］.［2024-04-03］. https://www.gov.cn/zhengce/zhengceku/2021-05/24/content_5610893.htm.

[2] 单霁翔 . 博物馆的社会责任与社会教育［J］. 东南文化，2010（6）：9-16.

[3] 熊远明 . 国家典籍博物馆：为增强中华文明传播力影响力贡献力量［J］. 中国新闻发布（实务版），2022（11）：73-76.

[4] 郑奕，陆建松 . 博物馆要“重展”更要“重教”［J］. 东南文化，2012（5）：101-109.

[5] 张希玲 . 博物馆讲解：一个独特的专业教育领域［J］. 中国博物馆，2006（1）：18-25.

[6] 曹兵武 . 以物为媒：建构性的博物馆学习与教育论［J］. 中国博物馆，2016（2）：46-54.

[7] 彭羽帆 . 符号学视域下博物馆纪念印章相关问题研究［D］. 天津：天津师范大学，2023.

[8] 安来顺，潘守永，吕军，等 .“博物馆藏品架起沟通的桥梁”专家笔谈［J］. 东南文化，2014（3）：11-25.

[9] 习近平春节前夕赴陕西看望慰问广大干部群众　向全国人民致以新春祝福　祝祖国繁荣昌盛人民幸福安康［N］. 人民日报，2015-02-17（1）.

开放获取背景下国家图书馆联合国特藏文献采选工作研究

武小瑞（外文采编部）

1　国家图书馆联合国特藏文献的采选历程

1.1　国家图书馆与联合国的渊源

国家图书馆与联合国的文献保存关系的建立可以追溯到国家图书馆的前身——国立北平图书馆时期。早在1947年，国立北平图书馆就与联合国建立了文献保存关系，自1949年起开始获得联合国主动分发的资料，但数量有限，寄送时间也不稳定。1961年国家图书馆成立了联合国资料组，专门负责联合国资料的收集整理工作[1]。截止到2024年，国家图书馆对国际组织与外国政府出版物的采选工作已有70多年的历史。目前国家图书馆对联合国出版物的采选范围包括：联合国出版物、联合国下属机构出版物、联合国专门机构出版物、联合国相关机构出版物。文献收藏的时间跨度从1945年起至今，文献语种绝大部分为英语，有少量中文书和以英文为主包含其他语言的双语书。文献内的载体形式多种多样，包括印刷型、缩微型、电子型和网络型。文献内容涉及：政治与外交、经济与金融、法律与法规、科教与卫生、人口与人权，以及各种统计资料。

1.2　国家图书馆联合国特藏文献采选途径

国家图书馆作为联合国托存馆，对联合国特藏资源的采选途径主要是接受联合国主动赠送的文献，以及根据“托存协议”向联合国提出文献需求申请，由联合国统一分发，还有一部分文献通过购买获得。

1.2.1　赠送和托管

国家图书馆联合国资料的采选途径最初为赠送和文献托存，采访人员按照《联合国文献保存图书馆章程》（ST/LIB/13/Rev.5）中列出的文献申请方式，向联合国及其下属机构提出申请，由联合国图书馆服务部统一分发。

1.2.2　购买

购买是联合国特藏资源采选的另一个途径，由于赠送和托管都比较被动，综合考虑资源建设和读者的需要，国家图书馆通过购买的方式采选部分文献。于1964年采购了1946—1960年间的联合国图书和期刊，1985年购买的1946—1982年间的联合国文件缩微平片，以及2000年前后补订的1983—2005年的部分联合国缩微平片[2]。联合国缩微平片的内容包括联合国早年出版的书刊、联合国成立以来主要机构的正式记录，以及联合国工业发展组织和联合国贸易和发展会议的会议文件。

1.3 传统采选途径的弊端

1.3.1 被动接受交换和托管文献，资源建设主观能动性差

国家图书馆作为联合国最早的一批托存图书馆，大部分纸质文献通过赠送、托管或交换获得。这就导致两个很大的问题：一是资源建设主观能动性小，无法根据读者需求或者专题需要构建体系化主题资源；二是大量利用率低的副本积压在基藏库，占用馆藏空间。随着出版业数字化和网络化的发展，自2010年以来，实体文献已不再是各国际组织知识与信息传播的主要载体，国家图书馆收到的托存实体文献逐年下降，加之购书经费有限，导致联合国特藏资源建设受限。

1.3.2 经费削减，新增特藏资源呈下降趋势

联合国资料出版物类型多样，包括纸本文献、缩微文献、光盘、数据库等。国家图书馆特藏文献除联合国免费托存文献外，其他有采选价值的资源通过订购的方式获得，国家图书馆为联合国特藏资源提供专门的采购经费。但随着出版价格的上涨，购买出版物的成本也越来越高，尤其是缩微平片和数据库的购买成本，年度涨幅较高，加上目前购书经费紧张，导致联合国特藏资源新增量不足以满足读者需求。

1.3.3 采选语种单一，多语种版本资源建设不健全

联合国正式出版物语种丰富，涉及汉语、英语、法语、俄语、西班牙语和阿拉伯语等，但通过传统代理机构采购图书时，他们提供的书单多为欧美通用语种。然而，根据读者反馈，部分专题研究需要特定区域的文献，例如"一带一路"涉及中亚、西亚，而代理商很少提供这些区域语种的文献。传统采选模式过于依赖代理商，资源采购比较被动，导致资源建设空间受限。

1.3.4 特藏出版物出版周期长，到手资源时效性差

联合国特藏资源因其权威性、专业性、实时性特点，受到部分特定群体的读者喜爱[3]。随着计算机与互联网技术的迅速发展，各类信息越来越多地以数字形式产出并通过网络途径进行传播。联合国及其下属机构所从事的出版行为并不以营利为目，具有很强的公益性。为节约成本、加速流通、增强影响力，越来越多的国际组织开始利用互联网这一成本低廉、实效性强、受众面广的信息渠道来发布信息。联合国出版的许多重要的文献资源都可以通过网络免费获取，网络甚至成为某些机构出版物唯一的发布渠道。图书馆采购到手的纸质出版物，因为时效性差，利用率不高。

2 联合国各机构开放获取情况调研

近年来，国家图书馆联合国特藏实体文献的到馆量总体呈递减趋势，重要的国际机构和政府，如世界银行、加拿大政府已于2013年陆续发布正式通知，宣布从2014年起停止文献托存计划的实施，不再为相关机构提供实体文献的托存服务，转为利用在线数

字资源。数字资源种类繁多、数量庞大，利用数字资源的前提是能够获取资源。各机构数字资源开放获取（Open Access，OA）的程度直接影响国家图书馆对该部分特藏资源的建设和利用。笔者调研了联合国 16 个主要机构数字资源的开放获取现状[4]，具体情况如表 1 所示。

表 1　联合国主要机构开放获取情况调研

机构名称	资源格式	是否有 OA 政策	是否有 DOI 标识符	是否免费下载	是否有访问限制
联合国	PDF	是（部分）	是（部分）	是（部分）	是（部分）
联合国贸易和发展会议	PDF	是（部分）	是（部分）	是（部分）	是
联合国儿童基金会	PDF	是	否	是	否
联合国开发计划署	PDF	否	否	是	是
联合国环境规划署	PDF	是	否	是	否
联合国工业发展组织	PDF	是	是	是	否
国际劳工组织	PDF	是	是	是（部分）	否
世界银行	PDF	否	是	否	是
世界卫生组织	PDF	是	否	是	否
联合国粮食及农业组织	PDF	是	否	是	否
世界知识产权组织	PDF	是	否	是	否
联合国旅游组织	PDF	是	否	是（部分）	否
国际海事组织	PDF	否	否	否	是（付费）
联合国教育、科学及文化组织	PDF	是	否	是	否
国际原子能机构	PDF	是	否	是	否
世界贸易组织	PDF	是	否	是	否

* 此表统计时间截至 2024 年 2 月。

从各机构的访问许可政策以及使用条款来看，多数国际组织允许非营利性质的机构进行资源获取和利用。

3　开放获取对联合国特藏资料采选的影响

国际出版形势的巨大变革，对联合国特藏资料的出版也产生了巨大影响，不少图书、期刊、文件由纸质载体资源转为网络资源，这对图书馆特藏资源传统采选模式也产生了巨大的冲击。但总体来说，这种趋势对联合国这类特殊的特藏资源建设利大于弊。

3.1.1 缓解购置经费压力，保持特藏资源可持续建设

国家图书馆履行国内外图书文献采选和保护的职责，肩负特藏资源保存、保护和传播人类知识的责任和使命，对联合国特藏资源建设有专款支持。但是随着出版成本的增加、购书经费的削减，国家图书馆每年采购的新书有限，无法支撑其满足读者参考咨询需求。开放获取资源有效解决了经费不足带来的资源采购受限问题。因为大多数国际组织是公益组织，而且根据调研，这些机构都有开放获取政策，支持公益性使用，这就使得图书馆可以免费获取高质量的开放资源，用于本地化保存供读者参考使用。

3.1.2 扩大资源采访渠道，弥补传统采访的局限性

从各机构的访问许可政策以及使用条款来看，多数国际组织允许非营利性质的资源获取和利用。由于图书馆属于以教育、研究、为读者服务为目的公益性组织，不属于营利机构，多数联合国机构允许图书馆利用其数字资源。即使是有版权限制的文献资料，图书馆只要事先得到有关机构或有关作者的许可和授权即可使用，但大量复制（刻录）或翻译是不被允许的。此外，联合国出版物一般都是多语种出版物，可以打破以英语语种文献为主要采购对象的采访弊端，其他多语种文献可以以电子出版物的方式提供给读者或者用于内部科研使用。

3.1.3 拓宽联合国特藏资源覆盖面，满足更多用户需求

近年来，越来越多的国际组织为了节约印刷出版和分发寄送的成本，陆续转向提供网络出版物，即使提供实体印刷文献，也滞后于网络出版物。既然网络出版物时效强、资源丰富，图书馆可以借助“国际组织与外国政府出版物”网络资源整合服务平台，为读者提供联合国各机构的出版物服务平台以及数据库，这样读者可以自己访问链接，检索自己需要的文献，图书馆既可以缩短采访周期，又大大提高了读者服务的效率。

3.2 开放获取资源使用中的问题

3.2.1 开放获取资源使用中的版权问题

在特藏资源数字化发展趋势下，利用互联网进行资源下载或者网络连接跳转，已经成为图书馆获取特藏资源的重要方式。然而，在图书馆获得这些信息之前，首先要考虑的就是版权保护等相关的法律问题，也就是采集和使用网络资源的合法性。当然，大部分联合国文献，例如联合国文件、联合国统计年鉴、联合国数字图书馆里的文献，是允许非营利性使用的，但是不允许使用者大规模的刻录、翻译或从中获利。图书馆如果想大量使用联合国特藏资源，就需要和其他托存图书馆一起协作并和联合国积极沟通，洽谈出一个有效的解决办法。

3.2.2 开放获取资源的遴选和甄别尤其重要

从同行评议上看，开放获取图书内容的学术性容易遭质疑。众所周知，经过同行评议的图书出版才有质量保证，开放图书是新事物，其上容易出现低水平的研究内容，这为相关研究带来不可估量的风险。采访人员如何过滤掉那些低价值的开放获取学术图书成为一道难题。但对于联合国资源采选来说，这个问题难度相对小一些，因为联合国资

源的作者大多数是机构团体，内容相对客观、权威。但联合国每年开发获取出版量可观，想要从海量的资源中遴选出符合国家图书馆采选政策的文献，对工作人员来说责任重大。

3.2.3　开放获取资源编目难度大

在多数情况下，网络获取数字资源的首选信息源为内在信息源，与传统资源获取相比，缺乏直观性。特别是远程访问的数字资源，信息源不规范，书目信息分散，信息标识不明显，需要人工分析判断的成分较多，客观著录难度大。而且，网络资源的时效性和易变性使其各类信息处于不断更新状态，更为著录增加了难度。另外，数字资源多是多种类型资料的结合体，如电子书兼具图书和电子资源的双重特征。这些多重特征一方面增加了编目人员确定资源著录类型的难度，另一方面使编目人员需要参考多种资料类型的编目规则，使得数字资源的编目更为复杂。

3.2.4　存取特征多元，难以进行馆藏管理

开放获取数字资源作为特殊的馆藏，如何像传统资源的索取号一样具有唯一标识？直接存取的数字资源的索取号如何设计，是否需要与已有载体类型文献的索取号保持一致？远程访问的数字资源的 URL（Uniform Resource Locator，统一资源定位符）如何处理（例如，不同的 URL 可能指向同一资源，而 URL 更新后，原来 URL 指向的信息已不复存在等），这些问题都是数字资源编目的难点。

4　开放获取背景下联合国特藏文献采选工作的思考

4.1　制定本地化开放获取文献采选政策

现行的《国家图书馆文献采选条例》并没有对开放获取资源采选方法作规定。在新的采选环境下，图书馆应制定规范、详尽的馆藏政策声明，并强调“定期优化文献采选和保存标准”，是当前开放获取资源采选工作需要解决的首要问题。采选条例的制定可以在一定程度上解决开放获取资源良莠不齐所导致的问题。开放获取资源采选原则还要考虑资源遴选的指标，抓取高质量、有影响力且可持续采集的资源。资源可持续采集可以保证开放获取资源主题内容的延续性以及后续资源的深加工利用。

4.2　构建国际组织开放获取知识库

开放获取资源存在异构性和不稳定性，这些特点导致该类资源获取必须有时效性。因此，对开放获取资源进行本地化保存，构建开放获取专题资源知识库将是一种行之有效的方法。具体可以结合现有的国际组织与外国政府出版物网络资源整合服务平台，对免费开放获取的联合国网络文献资源进行分类梳理，本地化保存，提供 DOI（Digital Object Identifier，数字对象唯一标识符）链接、内容介绍和相关知识图谱链接以及版权说明。在平台主页开设开放获取专栏项目，建立开放获取专题资源知识库。借助大数据技术，按照读者的个性特点和实际需求，积极为读者提供全方位、开放式、深层次的智慧服务。

4.3 重视网络资源的长期保存

目前，国家图书馆在网络资源的长期保存方面，尚未形成相应的政策、法规。但是近年来，国际组织与外国政府出版物实体文献的到馆数量呈递减趋势，多数机构转为利用在线数字资源。2000 年之前，国家图书馆每年收到联合国赠送出版物高达 1500 余种，2011 年国家图书馆收到的联合国出版物不足 600 种，2022 年则只有 50 余种。面对数字化时代的到来，图书馆特藏资源建设除了依托传统的印刷型、缩微型文献资源之外，也要逐步将数据库和在线资源等电子型和网络型的文献纳入采选范围。因此，图书馆需要制定相应的采选原则保存政策，保障资源格式的有效性和资源内容的稳定性，促进网络资源保存的长期发展。

4.4 打造“虚拟托存图书馆”系统，共建统一大数据平台

目前，国内获得联合国及其他国际组织文献托存资格的图书馆分散在多个省市，受图书馆性质和行政地归属差异限制，国内托存图书馆之间缺乏沟通合作，导致采选工作重复进行。在开放获取环境下，国内托存图书馆联合打造线上“虚拟托存图书馆”平台，整合托存图书馆现有的联合国资源库，建立数字资源共建共享机制，按照“元数据集中，对象数据分散”的原则，实现资源的共建共享[5]。该平台应该以读者服务为核心，按需收集各种联合国网络文献资源，以个性化定制服务方式提供给读者，读者也可以在这个平台检索出所有托存图书馆的资源，并通过预约提取或者馆际互借的方式获取资源。图书馆共建统一大数据平台，可以有效地解决联合国资源建设中网络资源使用率低、信息孤岛等问题，也为开放获取背景下，特藏资源模式发展提供新思路。

参考文献

[1] 联合国正式文件系统［EB/OL］.［2024-04-13］. https://documents.un.org/.

[2] 王萌萌 . 国家图书馆的特藏文献收藏——以国际组织和外国政府出版物为例［J］. 图书馆论坛，2015（16）：193-194，197.

[3] 李锐 . 中外开放获取资源现状比较研究［D］. 镇江：江苏大学，2010.

[4] 国际组织与外国政府出版物网络资源整合服务平台［EB/OL］.［2024-03-15］. https://www.nlc.cn/web/ziyuanfuwu/zhuantiziyuan/gjzzywgzfcbw/index.shtml.

[5] 魏大威 . 以数字图书馆推广工程为抓手，构建覆盖全国的数字图书馆服务体系［J］. 国家图书馆学刊，2012（5）：14-19.

浅析特色阅览室智慧化转型发展

——以国家图书馆缩微文献阅览室为例

袁　琨（典藏阅览部）

图书馆作为传承人类文明、传播知识信息的重要场所，在当代以“互联网+”、“5G通信”等为代表的信息化浪潮中，迎来了前所未有的发展机遇与挑战。在《中华人民共和国国民经济和社会发展第十四个五年规划和2035年远景目标纲要》的指导下，智慧图书馆建设已进入实质性全面推进阶段，图书馆服务正从数字化、网络化服务向智慧化服务转型[1]。而特色阅览室作为图书馆的重要组成部分，其智慧化转型发展亦是大势所趋。本文以国家图书馆特色阅览室之一的缩微文献阅览室为例，分析其智慧化转型的必要性及转型策略，以期为图书馆特色阅览室的智慧化转型发展提供参考，进而推动图书馆服务的升级与创新。

1　图书馆智慧化转型概述

1.1　智慧图书馆的概念简述

智慧图书馆的概念是随着“智慧地球”“智慧社会”“智慧城市”“智慧校园”等一系列智慧化概念的产生而提出的[2]。关于智慧图书馆的定义，目前学者尚未形成统一的表述。芬兰奥卢大学图书馆M.Aittola等人，于2003年最早提出了“智慧图书馆”的概念，他们认为，“智慧图书馆”是一个不受空间限制且可被感知的移动图书馆[3]。在我国，最早给智慧图书馆下定义的人是华侨大学厦门校区图书馆的严栋，他在2010年发表的《基于物联网的智慧图书馆》论文中认为，智慧图书馆是以一种更智慧的方法，通过利用新一代信息技术来改变用户和图书馆系统信息资源相互交互的方式，以便提高交互的明确性、灵活性和响应速度，从而实现智慧化服务和管理的图书馆模式。智慧图书馆=图书馆+物联网+云计算+智慧化设备，它通过物联网来实现智慧化的服务和管理[4]。

1.2　图书馆智慧化转型的背景

智慧图书馆是未来图书馆的主导模式与最高形态，是驱动图书馆未来发展的主体动力要素，是图书馆的新定位、新形象、新能力[5]。传统图书馆向智慧图书馆的转型与发展，是顺应时代发展需求的必然趋势。

1.2.1　信息技术的革新推动

进入21世纪以来，信息技术经历了飞速的发展，从最初的计算机化，到大数据、云计算，再到今天的人工智能等高新技术的普及和应用，这些技术的发展为各个行业都带来了巨大的变革。图书馆作为社会文化的重要载体和知识传播的重要场所，也自然而然地被卷入到这场技术变革当中，图书馆的智慧化转型已然成为未来图书馆的发展趋势。与此同时，新技术的应用也为图书馆智慧化转型提供了强大的技术支持。

1.2.2　读者需求的深刻转变

随着社会的快速发展和科技的迭代更新，读者对于图书馆的需求也在发生着深刻的变化。传统的图书馆服务模式，如简单的文献借阅、参考咨询等，已经无法满足现代读者对于高效、便捷、个性化信息获取的需求。现代读者更加注重信息的时效性和准确性，他们期望图书馆能够提供更加智能、高效的服务，如智能检索、个性化推荐、在线学习等。同时，读者对图书馆的空间环境、文化氛围等也有了更高的要求。这些变化都促使图书馆必须不断地进行自我革新，以适应新的读者需求。

1.2.3　图书馆内在发展的需要

面对信息技术的发展和用户需求的变化，图书馆需要不断地进行自我更新和改进，以实现自身的持续发展。智慧化转型不仅是图书馆应对外部挑战的重要手段，更是图书馆实现自身发展、提升服务水平的必然选择。通过智慧化转型，图书馆可以实现对馆藏资源的深度挖掘和高效利用，提高服务质量和管理效率；可以创新服务模式，满足用户的多元化需求；还可以促进业界联动，实现资源共享与互利共赢。

2　国家图书馆缩微文献阅览室概况

国家图书馆缩微文献阅览室（设立之初名为“显微阅览室”），于1957年底正式面向读者开放，是国家图书馆的特色阅览室之一。经过几十年的发展，缩微文献阅览室的规模逐步扩大，目前阅览室总面积约600平方米，读者阅览区共设有18台缩微阅读器、18个阅览座席。缩微文献阅览室以缩微文献库房为依托，提供馆藏中外文报刊、民国时期图书期刊、UMI博士论文、日本政府出版物、英美政府解密资料和早期来华传教士资料、1850年前西方出版的有关中国的书籍、世界各国语种词典和各国人物传记等胶卷和平片的闭架阅览服务。到室读者在通过工作人员预约到胶卷或平片之后，可以使用阅览室内专用的缩微阅读器，对胶卷或平片内容进行阅览。截至2023年底，室藏文献总量已达419807种617148卷（件）；2023年全年读者接待量达5445人次，全年胶卷及平片流通量达27702卷（件）。

3　缩微文献阅览室智慧化转型的必要性

缩微文献阅览室作为国家图书馆的特色阅览室之一，是图书馆开展特色阅览服务的窗口，是图书馆的重要组成部分，在特色文献存藏与读者服务等方面发挥着重要的作用。然而，在智慧化建设普及的大背景下，缩微文献阅览室传统的服务方式也迎来了前所未有的机遇与挑战。

3.1　传统服务模式需智慧化转型

当前，缩微文献阅览室的服务模式仍停留在较为传统的阶段，尚未实现服务模式的智慧化转型。例如，按照现行的借阅流程，读者在检索系统里查找到自己所需要的胶卷或平片信息后，需要到人工窗口手动填写文献索阅单，阅览室工作人员根据读者填写的文献索阅单，通过人工操作才能在系统里完成对缩微文献的预约，而读者不能直接在检索系统里自行完成预约。此外，一些初次到访的读者，通常对室藏闭架文献没有直观的概念，甚至不知道该如何检索或者不知道要检索什么内容，这种情况则需要工作人员对其进行借阅指导和操作演示。总的来说，读者预约的胶卷或平片的取还、条码信息的记到和删除，均需由工作人员人工操作完成。由此可见，这种传统的服务模式与智慧图书馆理念倡导的高效管理模式相比，尚有明显差距。智慧化转型可以通过引入智能化管理系统，对传统服务模式进行优化，实现自动化、智能化的服务流程，从而提高读者检索效率，缩短读者的借阅时间，提升缩微文献阅览室服务效能。

3.2　读者个性化服务需求的驱动

随着社会的多元化发展，读者的需求也呈现出多样化的趋势。目前，缩微文献阅览室仍采用传统的“人找文献”的方式，缺乏针对读者个性化需求的主动式、深度式服务。在数字化、网络化快速发展的今天，单一的服务手段很难满足读者多样化的需求。例如，对于需要快速获取某一主题或某一系列文献的读者，阅览室尚缺乏相应的个性化推送服务；对于需要对某一专题进行深度研究的读者，阅览室目前尚不能提供定制化的文献整理和分析服务。同时，由于缺乏数据分析工具，阅览室难以对读者的借阅行为、阅读习惯等进行有效分析，从而难以针对性地优化服务。

3.3　阅览设备需智慧化升级

因旧式的缩微阅读器出现老化严重、成像不清晰且日常故障率高等问题，为确保读者服务质量，缩微阅览室于 2022 年至 2024 年连续三年开展缩微阅读器更换项目，目前已经完成 18 台缩微阅读器的更换。相较于旧式阅读器，新型缩微阅读器为读者浏览胶片提供了良好的阅览体验。然而，尽管阅览室内现有的缩微阅读器在展示胶卷资料、提供阅览方面发挥了重要作用，但是在图书馆智慧化转型的背景下，读者期待的是更加便捷、高效和多样化的阅览体验，因此，缩微阅读设备不应仅仅是一个阅览工具，更应该是一个综合性的信息处理平台。笔者在长期的一线服务实践中发现，读者在使用缩微阅读器阅览胶卷或平片时，多数希望能够直接打印出所需的资料，以节省委托复印的等待时间；或希望将胶卷或平片上所需的内容扫描到电子设备中，以便于后续的编辑等。但受相关服务政策、技术手段等的限制，目前的阅览设备尚不能直接满足读者的此类需求。

4　缩微文献阅览室智慧化转型策略

4.1　引入智能化管理手段

智能化管理手段的运用是缩微文献阅览室智慧化转型的关键。一方面，引入智能化管理系统能够为读者提供更加高效便捷的阅览体验。例如，建立数字化室藏目录，能够让读者对室藏文献有比较清晰的了解；构建智能导览系统，读者可以方便快捷地查找到所需的文献资源，避免传统服务模式下烦琐的检索过程；并且读者在查找到自己想要阅览的文献信息时，可以在系统里直接预约，从而缩短了人工预约过程中的等待时间。另一方面，智能化管理系统可以实现文献资源的自动化整理、分类和保存，从而减少人工干预，提高工作效率。同时，智能化管理系统还能够实现对特色文献资源使用情况的实时监控和数据分析，以便为后续服务决策提供相关的数据支持。

4.2　提供个性化读者服务

崔文文在《智慧公共图书馆：数字技术和智能系统的应用和发展》一书中指出，在公共图书馆中，数据挖掘和分析技术可以帮助图书馆了解用户行为和偏好，从而更好地为用户提供服务[6]。在智慧化转型过程中，缩微文献阅览室可利用大数据分析技术，精准分析读者的阅读习惯、兴趣偏好，构建以服务读者为中心的个性化阅读推荐系统。读者在进入阅览室时，能够接收到根据其个人喜好而量身定制的文献推荐等信息，供读者进行借阅参考。阅览室还可以根据读者的个性化需求，提供定制化的文献整理、汇编和解读服务，帮助读者更深入地挖掘特色文献的价值。此外，阅览室利用数据挖掘和分析技术，还能够实现对室藏特色文献资源的深度挖掘与整合，为读者提供更加全面、深入的知识服务，从而促进阅览室特色文献资源的有效利用，推动知识的传播与创新。

4.3　加快阅读设备智慧化升级

缩微阅读设备是读者阅览缩微文献的重要媒介，在图书馆智慧化转型的背景下，阅览室现有的缩微阅读设备需要在功能上与时俱进，实现智慧化升级。打造能够智能识别并自动安装胶片以及具备打印、扫描等多样化输出功能的智慧化阅览机器，可以满足读者多元化的阅览需求。此外，现代图书馆的智慧化不仅仅体现在硬件设备上，更在于软件和服务的升级。例如，通过引入先进的图像识别技术，缩微阅读设备可以实现对胶卷内容的自动识别和分类，以最快的速度帮助读者检索识别到所需要的内容，从而大大提高读者的阅览效率，给读者带来良好的阅读体验。

4.4　注重培养智慧型馆员

缩微文献阅览室智慧化转型不仅需要技术和管理手段的支持，更需要一支具备智慧化思维和技能的馆员队伍。“智慧服务首在人”，即“智慧来源于馆员，作用于用户”[7]。因此，缩微文献阅览室在智慧化转型过程中，应重视智慧化人才的培养和引进。阅览室可以通过开展岗位培训、业务交流和研究活动，提升现有人员的智慧化素养和技能水平；同时，馆员自身也要增强持续深入学习新知识、掌握新技能的自觉性，主动学习相关领域知识，努力培养智慧化思维。此外，阅览室还可以通过引进具备信息技术、数据分析等背景的专业人才，为智慧化转型提供强有力的人才保障。

缩微文献阅览室的智慧化转型是顺应图书馆智慧化转型的必然趋势，通过引入智能化管理手段、提供个性化读者服务、加快阅读设备智慧化升级以及培养智慧型馆员等措施，有效推动缩微文献阅览室的智慧化转型，提升图书馆的特色服务水平和社会影响力。探索其智慧化转型，亦可对特色阅览室的智慧化转型提供思路。未来，随着技术的不断进步和应用场景的不断拓展，特色阅览室的智慧化转型发展将会更加深入和广泛。

参考文献

[1] 马小翠，曹宁欣 . 智慧图书馆时代公共图书馆服务能力构建与提升路径研究 [J]. 农业图书情报学报，2022（11）：48-56.

[2] 田一楠，高鹏 . 智慧图书馆建设与管理 [M]. 北京：企业管理出版社，2023：4.

[3] 刘泽，孙文娉，邵波 . 我国智慧图书馆理论研究与实践应用综述 [J]. 图书情报工作，2023（13）：4-13.

[4] 严栋 . 基于物联网的智慧图书馆 [J]. 图书馆学刊，2010（7），8-10.

[5] 刘彤彤，戈文锦，周莉 . 现代智慧图书馆建设与服务创新 [M]. 长春：吉林摄影出版社，2023：19.

[6] 崔文文 . 智慧公共图书馆：数字技术和智能系统的应用和发展 [M]. 长春：吉林文史出版社，2023：39.

[7] 许春漫，陈廉芳 . 高校图书馆智慧服务模式下智慧馆员队伍的建设 [J]. 情报资料工作，2014（1）：87-91.

近代期刊借阅服务下的文献保护问题研究

——以国家图书馆馆藏为例

星　曼（典藏阅览部）

图书馆作为知识和文化的宝库，一直以来都是人们获取知识的重要场所。以文献为基础的读者服务在图书馆工作中无疑是最核心的一项。然而，文献损坏，尤其是早期文献损坏，让读者服务面临前所未有的挑战。本文将以近代期刊为例，介绍文献的损坏和使用情况，探讨替代性文献应用的现状，旨在为文献保护工作提供有益思路，从而推动图书馆事业可持续发展。

1　近代期刊馆藏概况

1.1　产生和特点

中国近代期刊是指在1840年至1949年之间创办的期刊。1840年鸦片战争结束后，外国人开始肆无忌惮地扩大在中国的办报活动范围。与此同时，国内部分政治家和知识分子开始意识到报刊的传播功能，参与创办或者主办报刊，因他们的参与，报刊迅速发展起来，很快成为大众获取消息和分享知识的重要渠道。

报刊在当时承担了传播知识和情报的重要作用。1896年，梁启超在《时务报》上发表《论报馆有益于国事》，把报馆比作国家的“耳目”和“喉舌”。文中他描述报刊，“言政务者可阅官报，言地理者可阅地学报，言兵学者可阅水陆军报，言农务者可阅农学报，言商政者可阅商会报，言医学者可阅医报，言工务者可阅工程报，言格致者可阅各种天、算、声、光、化、电专门名家之报。”“有一学即有一报，其某学得一新义，即某报多一新闻”“其出报也，或季报，或月报，或半月报，或旬报，或七日报，或五日报，或三日报，或两日报，或每日报，或半日报。”[1]由此看，梁启超对当时报刊的功能性有深刻且长远的认知，但此时他还没有分辨“报”和“刊”的意识。报和刊在当时人们眼中是一种刊物。梁启超所说的“官报”“地学报”“水陆军报”等，都非报纸而是属于期刊。到民国时期，期刊发展已经非常繁荣，正如梁启超所预言“有一学即有一报”。当时创办的部分期刊一直保存到现在，成为当代学者研究晚清及民国时期历史、文化、政治、经济的重要历史资料。

民国时期是我国期刊发展的繁荣阶段，民国时期期刊构成了近代期刊的主体。据学者估算，民国时期出版期刊规模约在2.5万种[2]。国家图书馆现藏1.5万余种，是此类文献收藏的重要阵地。期刊之所以缺藏，除历史的客观因素，还有两个重要原因。第一，图书馆接收出版物呈缴的法令不连续；第二，图书馆对出版物的选择性购买。现在，国家图书馆入藏中文文献的主要方式是受缴，但是在民国时期却非如此。1916年，国家图书馆的前身京师图书馆获得了出版物缴送的行政法令。但是，其在1927年至1936年的国立北平图书馆时期并未被国民政府列入受缴单位[3]。1934年出版的《国立北平图书馆概况》中，介绍当时馆藏杂志1400余种，说到文献入藏方式也只提到调拨、捐赠和购买，并未提到受缴[4]。民国中期，期刊出版的繁盛程度一度超过图书，但是期刊的质量良莠不齐，在当时引发不少学者担忧。1930年邢云林在《图书馆管理杂志法》中，形容当时杂志多如"恒河之沙"，他从经费角度出发认为图书馆入藏期刊应有所选择[5]。图书馆协会为此拟定"图书馆必备之期刊目录"，供各图书馆根据该目录选择优先入藏的期刊。此外，民国时期刊物发行时间大多较短，过于零散和缺乏专业性的刊物也并不具备参考和收藏价值。因此，国家图书馆收藏的近代刊物虽不完整，但是经过筛选和多年的征集，精品和重要的刊物几乎都有涵盖。

1.2 保存现状和保护情况

近代期刊作为旧刊，酸化非常严重，多数出现损坏。事实上，老旧文献都有一定酸化和破损情况，但是不及近代期刊普遍。这和期刊的用纸有关，首先，当年造纸使用含有酸性物质的漂白剂，使文献本身就"酸"；其次，印刷期刊多使用价格低廉的新闻纸，这种纸质量本身就差。因此，近代期刊的破损是普遍现象，并非一家之痛。

国家图书馆目前存放近现代期刊的库房位于地下。存储空间设有安全保障设施和监管人员，安装有漏水报警器、烟雾感应器、温湿度监测装置和通风管道等自动化设备。根据《图书馆民国时期文献特藏书库基本要求》规定，将库房日常温度控制在14℃到24℃之间，相对湿度控制在40%到60%范围内[6]。但是，对于酸化、破损严重的近代期刊而言，改善保存条件还不够。为解决近代期刊酸化破损严重的问题，国家图书馆对原始文献进行整理和开发，建设了数字资源，以期通过转换载体实现知识的传递。

2 近代期刊的原件、数字资源、影印出版情况

2.1 近代期刊原件使用情况

国家图书馆提供近代期刊原件的闭架阅览服务。读者到馆后填写借阅申请单，工作人员根据读者需求向期刊书库发送约书申请，库房接收到信息后提取期刊并送到读者面前，这就是文献闭架服务流程。在这过程中，管理员需检查文献是否破损，选择状态较好的复本，或提供可替代的缩微品资源，最大限度满足读者需求和保护文献。

笔者通过查看国家图书馆近代期刊的约书单，统计了从2018年到2023年读者服务期间（2020年曾暂停服务），近代期刊的流通量、流通量占比情况，如表1。通过简单计算可知，近五年近代期刊流通量占比平均为16%，2021年、2022年因受新冠疫情影响，近代期刊的流通量占比低于均值，但新冠疫情过后，流通量占比快速回升，达到18%。而近代期刊仅占馆藏期刊总量的9%，因此，近代期刊在读者服务中的重要性不

容小觑。

表 1 近代期刊流通量情况表

年份	近代期刊流通量 / 册次	近代期刊流通量占比
2018 年	3266	21%
2019 年	2594	17%
2021 年	807	13%
2022 年	732	12%
2023 年	1652	18%

2.2 近代期刊的数字资源建设及使用情况

2.2.1 缩微建设和使用

国家图书馆缩微阅览室设立于 1959 年[7]，截至 2021 年 3 月，国家图书馆缩微中心拍摄馆藏民国时期期刊 9204 种[8]，读者可在总馆南区缩微阅览室查阅。

随着资源的不断丰富，缩微品的使用情况也值得关注。2023 年，曲艳华老师曾发表《国家图书馆缩微文献阅览室近四年来文献流通情况概述》，其中有介绍期刊的缩微品在国家图书馆各阅览室中的流通量和流通量占比。在她的统计数据中，中文期刊（含民国时期期刊）的流通量占流通总量的 3%，4 年间累计被借阅约 2400 册次，流通频次远不及中文报纸、民国时期图书、UMI 博士论文及外文资料等缩微品[9]。而民国时期期刊流通量，被统计在中文期刊数据中，其流通频率低是显而易见的。

2.2.2 电子资源建设

读者可以在国家图书馆网站访问特色资源数据库，远程查阅 6808 种民国时期期刊，数据库不仅提供原文，还显示部分期刊目录。此外，读者还可以访问外购的数据库，涉及近代期刊的有《晚清期刊全文数据库》和《历史文献总库 · 近代期刊数据库》，分别收录晚清期刊 302 种、民国时期期刊 4449 种。这些数据库给读者提供了更加丰富和便捷的电子资源服务。

2.3 影印出版情况

影印出版是通过复制将原文献内容转移到新载体上，从而起到保护原件的作用。这些出版物多是以辑刊或者专题汇编的形式辑录近代期刊，如《民国时期职业教育文献辑刊》《金陵女子大学校刊汇编》等。

3 读者服务中的文献保护问题

3.1 保护意识欠缺

近代期刊酸化、老化非常严重，因此无法承受快速翻阅和过度使用，取放都要非常小心。使用者若不了解文献特性或者在使用时未加以留意，极易造成文献损伤。

3.2 数字资源使用率低

文献的数字资源既涵盖缩微品，又包括电子资源，它们是纸质文献再生性保护的重要措施。但是，目前数字资源在替代纸质文献完成读者服务方面还存在使用率偏低、覆盖率低、读者接受度低等问题。这些问题直接背离以数字资源助力文献保护的初衷。

3.3 数字资源使用不便利

数字资源使用不便利导致读者过度依赖原件。首先，图书馆缺乏多元化的阅读设备，限制读者在报刊阅览室内使用数字资源文献的可能性；其次，图书馆检索系统设计复杂，增加读者查找特定文献的难度；此外，图书馆对馆藏文献内容揭示不足，缺乏信息服务与增值功能辅助，难以满足用户的个性化需求；值得注意的还有，部分文献资源实体印刷质量不佳，导致数字化后内容清晰度进一步降低，阅读体验感差。这些问题都亟需改善和优化。

4 借阅服务下的文献保护策略

图书馆服务工作是指“利用馆藏和设施直接向读者提供文献和情报的一系列活动”[10]。而文献随着使用次数和保存年限增加，破损的概率变大，这就需要图书馆尽可能地维持其形态。现代图书馆不仅藏有丰富的印刷资料，在互联网和数字化技术的加持下，更进行了大规模的数字资源建设，为读者提供了多样化的选择。因此，探讨图书馆文献保护工作，离不开对数字资源服务的关注。

4.1 提高文献保护意识

原件是读者服务的保障，是复制品、电子资源的基础，所以提升对原件文献的保护意识是图书馆文献保护的首要任务。无论文献是否流通，都应得到妥善的保护和综合管理。读者、图书馆员和管理者应当树立文献保护的意识，并深入了解保护文献所必备的基础知识和方法。

4.2 加强原件保护

4.2.1 脱酸和修复

文献纸张变黄变脆的一个重要原因是酸化，严重酸化的文献触碰即碎，而解决此问题的办法是脱酸。脱酸的原理是去除纸张的酸性物质，防止因纤维素被分解导致纸张持续变脆，从而减缓文献老化，延长保存时间。然而，对于已处于易碎状态的纸张来说，脱酸并不能使之恢复韧性。近代期刊是受酸化影响的重灾区，因此应尽早开展脱酸工作。

文献修复是使退变或损坏的文献恢复或接近原有特征，或对其进行加固的工作[11]。从这一定义看，文献修复有两层含义：一是恢复文献原貌，二是加固文献。除少量有收藏价值的期刊外，大多数近代期刊应以加固文献为修复目标，迅速开展工作。此外，一些内容不清晰、难辨识的电子资源，也需要进行修复，才能更好发挥作用。

对于破损严重的近代期刊，需要修复与脱酸同时进行。单纯修复，酸化持续，文献难长久保存；而单纯脱酸，也不能改变文献已破损的现状。两者同时进行，才能确保文献维持在良好的保存状态。

4.2.2 使用装具

未装订或使用软纸做封皮装订的期刊，具有柔软易变形的特征，在取放和排架时容易受损伤，因此需要使用装具保存。稳固硬挺的装具能够提供良好的支撑度，对保护文献有很重要的作用。此外，装具的密封性也很重要，高质量的装具能有效隔绝空气中的有害物质，防止文献酸化、氧化，更利于文献保护。

4.3 提升数字资源服务

4.3.1 加强数字资源建设

数字资源既包括文献的缩微品，又包括电子资源，其是否覆盖原件所有内容，关系到其能否替代原件成为服务主体。目前，古籍，尤其是善本古籍等重要历史文献都对使用原件有严格要求，大部分服务依托数字资源或者影印本完成。而近代期刊的数字资源则需要加快建设步伐，以适应快速发展的时代需求。

4.3.2 对影印出版资料进行内容揭示

影印出版资料缺乏对内容的揭示，难以体现与原件的关联性，导致其替代性服务效果大打折扣。例如检索《电影画报》时，结果显示一系列名为《民国时期电影文献辑刊》的专著，但这些专著除了包含《电影画报》原始题名外，没有提供其他重要信息，如出版年份、卷、期、作者、发行单位等。这种信息指向性模糊，造成读者甄别困难的问题，从而降低了文献实际利用率，削弱了影印资料与原件之间的联系，无法发挥影印本的作用。为解决这一问题，需要加强对影印出版资料内容的说明，建立相关的检索链接，充分发挥影印文献的替代功能，进而提升文献的利用效果和文献保护的作用。

4.3.3 优化编目数据和检索技术

在现代图书馆的信息化服务中，检索系统是至关重要的资源查找工具。但图书馆自建和购买的数据库各自拥有独立的检索入口。数据库分散性的格局，对新用户非常不友好，需要读者有一定的知识储备，增加了其学习的成本。此外，部分影印本在编目时被归类为专著，与期刊的载体形式存在差异，当限定检索条件为期刊时，被编目为专著的影印资源无法被发现。检索效率难以提升，这在很大程度上制约了资源的被发掘。因此，数字资源服务质量的提升，需要图书馆不断优化编目数据和检索技术。

4.3.4 数字资源服务推广

读者过度依赖原件，并非原件具有不可替代的作用。很多时候，与读者的阅读习惯有关。培养新的阅读习惯需要较高的学习成本，并且也需要重新建立信任感。因此，图书馆要善于利用展板和提示牌介绍“自己”，积极推广自身的“产品”，介绍其使用方法，引发读者关注和参与。

4.5 优化服务空间布局

在现代社会中，时间的价值越来越高。图书馆通过优化服务空间布局，减少读者查找、获取资料所用的时间，不仅是其提高服务水平的方式，还有利于提升馆藏文献利用率。近代期刊因破损而服务缺失的现象日益严重，数字资源替代服务愈加重要。打造实体、缩微、电子资源于一体的阅读空间，对节约读者时间、保护纸本文献、扩大数字资源影响力都是有利之举。

4.6 加强交流合作

图书馆与各文献收藏单位通过开展学术研讨和业界培训，共同搭建一个学习和交流的平台；建立联合编目系统，加强文献资源共建共享；合作开展文献整理开发等项目，实现各自的文献资源补充；通过合作与交流，促进文献保护的技术创新，为社会提供更丰富的知识资源和更优质化的阅读服务。

在近代期刊文献保护工作中，图书馆应逐渐转变以传统纸质资源为主的服务模式，朝着以数字资源为主体的信息化服务方向发展。为解决这一转变过程中出现的各种困难和挑战，图书馆要积极寻求解决方案攻克难关。

参考文献

[1] 梁启超 . 论报馆有益于国事［J］. 时务报，1896（1）：1-2.

[2] 卜军钰，何雨谣，吕思毅 . 民国时期书刊出版数量研究综述［J］. 文献与数据学报，2022（2）：100-115.

[3] 邓茜，申晓娟，汪东波 . 出版物样本缴送立法的必要性及制度设计［J］. 国家图书馆学刊，2011（4）：3-8.

[4] 国立北平图书馆概况［EB/OL］.［2025-04-26］. http://read.nlc.cn/OutOpenBook/OpenObjectBook?aid=511&bid=38483.0.

[5] 邢云林 . 图书管理杂志法［J］. 文华图书科季刊，1930（3/4）：317-326.

[6] 中华人民共和国文化和旅游部 . 图书馆民国时期文献特藏书库基本要求：WH/T 95—2022［S/OL］. 北京：中华人民共和国文化和旅游部，2022［2024-04-02］. http://mgwxbh.nlc.cn/bhyj/ysxbh/202203/P020220321336051432762.pdf.

[7][9] 曲艳华 . 国家图书馆缩微文献阅览室近四年来文献流通情况概述［J］. 数字与缩微影像，2023（1）：18-21.

[8] 唐宏伟，崔云红 . 全国图书馆文献缩微复制中心馆藏情况考察报告［J］. 数字与缩微影像，2021（2）：4-7.

[10] 图书馆学百科全书编委会 . 图书馆学百科全书［M］. 北京：中国大百科全书出版社，1993：463.

[11] 术语在线［ED/OL］.［2025-04-26］. https://www.termonline.cn/wordDetail?termName=%E6%96%87%E7%8C%AE%E4%BF%AE%E5%A4%8D&subject=6fb8593326a811ee83abb068e6519520&base=1.

公共文化机构文旅融合的实践、问题及建议

王　浩　苏丽璇（研究院）

2018年，原文化部与国家旅游局进行职责整合，组建文化和旅游部，标志着“诗与远方”成为现实。之后党和国家出台多项政策，对文化和旅游（以下简称“文旅”）融合发展的重要性、必要性进行阐述。党的二十大报告明确指出要“坚持以文塑旅、以旅彰文，推动文化和旅游深度融合发展”。在政策指引下，各级各类公共文化机构结合自身情况，积极探索文旅融合深度发展。如今距离文化和旅游部成立已有7年之久，经过多年的实践，我国公共文化机构在探索文旅深度融合方面取得了丰硕成果。因此，本文通过对国内公共文化机构文旅融合的主要实践形式进行梳理，分析当前融合存在的问题，并提出相应的建议。

1　我国公共文化机构文旅融合的主要实践形式

本文通过文献调研和网络调研，对公共文化机构文旅融合实践情况进行梳理与总结，将公共文化机构文旅融合的实践形式分为了以下两个方面。

1.1　在公共文化服务中融入旅游元素

公共文化机构作为公共文化服务体系的重要组成部分，积累了丰富的空间资源、信息资源、人力资源等，许多公共文化机构通过打造文化空间、开展信息咨询服务、举办公共文化活动等方式，将旅游元素引入公共文化服务中。

1.1.1　依托空间建筑打造景观化公共文化设施

公共文化机构既可以因为其文化价值成为当地的公共文化中心，也可以因为其艺术价值、历史价值、建筑价值等成为当地的公共文化服务地标建筑。例如，苏州博物馆新馆以“中而新，苏而新”的设计理念，将现代主义建筑与苏州园林景观相融合[1]，成为苏州旅游的热门打卡地；天津滨海新区文化中心图书馆充分利用现代建筑设计理念，建成了一个巨型中厅，并赋予其“滨海之眼”和“书山有路勤为径”的文化内涵，被美国《时代周刊》评为“2018年值得去的100个地方”的榜首[2]。

1.1.2　开展融入旅游元素的研学活动

研学旅行是以中小学生为主要对象，以集体旅行生活为载体，以提升学生素质为教学目的，依托旅游吸引物等社会资源，进行体验式教育和研究性学习的一种教育旅游活动[3]。公共文化机构具有文化和教育的双重属性，《中华人民共和国公共文化服务保

障法》[4]第十条明确规定，“国家鼓励和支持公共文化服务与学校教育相结合，充分发挥公共文化服务的社会教育功能，提高青少年思想道德和科学文化素质”。因此，开展研学活动也是公共文化机构文旅融合的重要形式之一。例如，广州博物馆推出的“营建·镇海楼”研学课程，立足镇海楼建筑本体，从建筑文化、建筑测绘、模型搭建三个方面开展实地研学[5]。

1.1.3 提供旅游相关的文献信息资源服务

随着互联网的飞速发展，公众可以随时随地在互联网搜索、查询、了解旅游相关信息，极大提高了人们信息获取的便利性，但海量化、碎片化的旅游信息资源也给人们的选择带来了困扰，甚至使人们产生信息焦虑。公共文化机构，特别是公共图书馆作为信息资源加工和整合的专业机构，针对不同主题、不同类型的信息资源进行深度挖掘加工与整合，为公众提供旅游相关的信息资源与服务。例如，宝安区图书馆作为深圳首个旅游主题图书馆，馆藏资源包括旅游主题图书 2000 册、旅游杂志 20 多种，内容涵盖人文风光、旅游攻略、旅行札记等[6]。首都图书馆在门户网站建设有“北京记忆”专题，集中展示古都文化、戏剧文化、胡同文化，以多样化的形式展示和推介北京文化旅游资源[7]。

1.1.4 开展旅游推介、阅读推广等特色活动

例如，北京顺义区图书馆手绘了顺义的传统技艺、民间文学以及旅游景点，并通过文字讲解、图片展示、语音朗读等方式，为公众展示和宣传顺义的旅游文化[8]；温州市图书馆在馆区打造“文旅融合·智享生活”特色阅读空间，以推介本土建筑文化、饮食文化、名人旧居等文旅特色资源为主线，打造了“瓯菜及典故”“走读江心屿”等主题阅读场景[9]，并开展了非遗漆器染印、线装书装帧等阅读活动，吸引了众多读者参与[10]。

1.1.5 开发具有地域特色的文创产品

公共文化机构依托馆藏资源、形象品牌等要素，开发了各类具有地域特色的文创产品，不仅可以进一步满足公众多样化的文化需求，提升公共文化服务水平，还有助于打造精品 IP，提高公共文化机构的知名度和宣传度。例如，莆田市图书馆深入挖掘地方文献中的特色元素，设计了方言童谣明信片、地方特产挂画、莆仙戏脸谱书签等系列文创产品，体现了当地独有的文化特色，兼具观赏性和实用性[11]；南越王博物院依托岭南地区特色文化资源，通过精选馆藏文物中具有南越特色的文物，先后开发了 300 余种文创产品，更是凭借“虎小将”系列 IP 获得“2020 年中国旅游商品大赛”金奖[12]。

1.2 公共文化服务延伸到旅游全领域

吃、住、行、游、购、娱是现代旅游的基本要素，随着文旅融合的不断深化与拓展，公共文化机构也将服务延伸到了旅游的各个方面，进一步扩大公共文化服务的辐射范围。

1.2.1 联合旅游机构打造公共文化展示新空间

近年来，诸多公共文化机构积极与旅游机构开展合作，将公共文化服务延伸到旅游

产业中，通过在旅游场地内植入文化元素、建设公共文化服务设施等方式，进一步提升旅游产业的文化内涵。例如，浙江省宁海县前童镇将综合文化站与同位于古镇景区内的6个文化分馆结合起来，在保留古代建筑风格的同时，将元宵文化、红妆文化、宗族文化等文化元素植入其中，让游客在参观游览的同时感受特色文化[13]。上海市宝山区图书馆与顾村公园合作共建“樱悦书苑”，为游客提供纸质和电子书借阅、旅游咨询、阅读推广等服务，打造集文化和旅游为一体的服务平台[14]。

1.2.2　在旅游休闲场所建设公共文化服务阵地

饮食与住宿是游客旅游活动中必不可少的因素，公共文化机构也积极与旅游休闲场所开展合作，让游客在休憩过程中也可以享受到优质的公共文化服务。例如，宁波图书馆先后与10余家酒店和民宿开展合作，除在酒店内部设立专门的阅读空间外，还在公共区域摆放包含当地历史文化、饮食文化、民俗文化等的主题图书，让游客可以随时了解宁波地方文献信息[15]。杭州图书馆通过直接建设、委托建设、共建共管等方式，按照“图书馆＋主题”的建设理念，以“一馆一特色、一馆一主题”的方式[16]，陆续建设了生活主题分馆、音乐主题分馆、旅游主题分馆等20余家主题分馆。

1.2.3　依托公共交通工具打造公共文化流动服务

公共文化流动服务不仅是推动公共文化服务均等化、打通“最后一公里”的重要举措，也是文旅融合实践的重要形式。公共文化机构通过在公共交通工具上提供文化资源、开展文化服务等方式，让游客在出行路途中，也可以体会到浓郁的文化气息。例如，重庆图书馆在部分列车上开设列车书屋，为游客提供上千册精选纸质书籍以及电子书籍、有声读物等，让旅客在欣赏沿途美景的同时，也能够捧卷而读，将列车出行之旅变成一场阅读之旅、文化之旅[17]。昆明市图书馆打造了全国首家建在飞机上的图书馆——祥鹏“云端”分馆，通过在飞机上提供图书借阅服务，开展阅读推广、旅游景点推介等活动，将当地旅游特色和公共文化服务相融合。此外，“云端”分馆还通过分析读者阅读偏好等需求，开展有针对性的图书流转和配送，为读者提供个性化的阅读体验[18]。

2　我国公共文化机构文旅融合实践存在的问题

当前，我国公共文化机构在文旅融合研究与实践上都取得了一定的进展，探索出多种文旅融合新模式，进一步健全了现代公共文化服务体系，推动公共文化服务提质增效。但总体而言，文旅融合的程度还不够深入，存在一些亟待解决的问题。

2.1　文旅融合存在融合表面化、形式化等问题，缺乏具体的保障性政策规范

文化是旅游的灵魂，旅游是文化的重要载体，文旅融合强调的是逐渐突破文化和旅游各自的产业边界或要素领域，使它们相互交融形成新的共生关系。但在实践过程中，部分公共文化机构对文旅融合服务的认知并不清晰，只看到了“能融尽融”，未看到“宜融则融”，存在着为融合而融合的情况，不仅达不到文旅融合的目的，还会限制

公共文化机构的职能作用。此外，虽然当前政策对公共文化机构文旅融合提出了相应的要求与发展方向，但仍缺乏保障性的政策规范或标准，无法确保文化和旅游真正实现深度融合。

2.2 服务同质化现象突出，难以满足公众个性化、多样化文化需求

随着文旅融合不断深入发展，文旅融合的同质化现象较为严重。部分公共文化机构在文化融合过程中，未能充分挖掘和利用当地的文化资源，而是照搬照抄别的地区的文旅融合发展模式，造成文旅融合"水土不服"，从而出现文旅融合形式千篇一律、模式大同小异等问题。这让公众逐步产生"审美疲劳"，因而无法很好地吸引公众参与进来，公共文化服务也无法满足公众对于文化的多样化需求。例如，在文化创意产品开发上，往往是文化和旅游"形"的结合，而缺乏文化和旅游内涵的"意"的结合，存在着文创产品种类单一、设计风格雷同等创新不足的情况。在研学旅游开发上，存在研学内容重复、研学主题单一等现象，在研学旅游内容、路线设计上还不够系统科学。

2.3 公共文化机构文旅融合发展不均衡，单打独斗现象较多

通过对公共文化机构文旅融合实践情况的分析，发现江浙沪等经济发达地区的文旅融合模式和案例较多，文旅融合程度高于中部和西部经济欠发达地区。且目前公共文化机构在文旅融合上大多是与旅游机构合作，而公共文化机构之间的合作相对较少，在资源共享、活动合作等方面的程度还有待进一步提高。

3 关于公共文化服务机构文旅融合发展的几点建议

3.1 优化顶层设计，推动文化和旅游标准体系逐步建立

目前，公共文化机构已建立公共文化服务相关的标准规范，旅游行业也有自身的旅游相关标准规范，这些标准中的部分条款虽然涉及文旅融合服务的相关内容，但专门针对文旅融合的标准规范还较少。有关部门一方面应将已有相关标准纳入文化和旅游标准体系中来，实现标准体系的兼容互补；另一方面应探索出台文化和旅游方面的专门标准。同时，有关部门应以文化和旅游标准体系为基础，围绕地方财政能力、文化特色及实际需求，逐步形成既有基本共性又有特色个性、上下衔接的适合本区域的具体实施标准，从而为各地公共文化机构文旅融合提供相应的实施标准与政策规范。

3.2 双侧协同发展，构建公共文化服务供需平台

公共文化机构一方面应健全完善群众文化需求表达机制，保障文化供需双方精准对接，及时了解掌握群众，特别是老年人、残疾人等特殊群体的基本公共文化需求，提高公共文化服务供需的匹配程度；另一方面应积极围绕智慧图书馆、智慧博物馆等智慧化建设需求，积极利用大数据、云计算、人工智能、5G、物联网等信息技术，以数字化、网络化、智能化的服务管理模式和立体化、可感知的呈现模式，提高社会公众对于文旅

融合活动的兴趣与热情，打造文旅融合新体验。

3.3 加强融合共享，推进公共文化机构区域联动发展

2022年12月，文化和旅游部等3部委印发了《关于开展国家文化产业和旅游产业融合发展示范区建设工作的通知》[19]，目的是推动文化产业和旅游产业更好地发挥优势，促进新型文化和旅游业态蓬勃发展，坚持把社会效益放在首位、社会效益和经济效益相统一，推动文化产业和旅游产业深度融合和高质量发展，进一步发挥融合发展优秀案例的示范引领作用和对周边区域的辐射带动作用。一方面公共文化机构应积极开展国家文旅产业融合发展示范区的创建工作，引导和鼓励示范区内各类公共文化机构的生产要素合理集聚，扶持文旅融合精品示范项目，打造区域特色品牌，满足市场多样化、个性化、品质化需求。另一方面，公共文化机构应积极以开放合作、互惠共享的理念，加强同公共文化机构之间以及社会各领域之间的合作共享，进一步提高文旅融合的深度与广度。此外，截至2022年6月，全国分别有2674个、2642个县（市、区）建成文化馆、图书馆总分馆制，占全国县（市、区）比例分别达到94%和93%[20]，总分馆制已实现基本建立。公共图书馆、文化馆等应积极依托总分馆制度，发挥总分馆制效应，联合开展文旅融合相关服务与活动，在打通公共文化服务“最后一公里”的同时，以点带面，逐步推动文旅融合向纵深发展。

公共文化机构文旅融合不仅仅是丰富社会公众精神文化生活、满足人民群众多样化的文化需要的方式，更是提高公共文化服务水平和质量的重要手段。公共文化机构应坚持以人为本，深度挖掘文化资源内涵、积极探索文化和旅游新模式，才能真正实现以文塑旅、以旅彰文，打造独具魅力的中华文化旅游体验，推动公共文化机构与旅游产业的融合发展。

参考文献

[1] 张欣，陆雪梅，谢晓婷．传承　创新　融合——谈苏州博物馆新馆建筑与陈列设计［J］．装饰，2009（3）：27-30.

[2] 潘丽凤．公共图书馆助力城市文化建设实践探索——以天津滨海新区图书馆为例［J］．河北科技图苑，2020（3）：3-7.

[3] 中华人民共和国国家旅游局．研学旅行服务规范：LB/T 054—2016［S］．北京：中华人民共和国国家旅游局，2016.

[4] 中华人民共和国公共文化服务保障法［EB/OL］．［2023-05-20］．http://www.npc.gov.cn/zgrdw/npc/xinwen/2016-12/25/content_2004880.htm.

[5] 研学招募 | 营建·镇海楼［EB/OL］．［2023-05-29］．https://mp.weixin.qq.com/s?__biz=MzA4MjUzMTMwNA==&mid=2651353006&idx=1&sn=1dd60a23d5b24a8a6f6e83d415eb28aa&chksm=84788929b30f003ffe002ede31568fbb812b4ef49c17248143f9ea021e65d1042868bf023999&scene=27.

[6] 深圳竟然有个旅游主题图书馆 对，就在宝安［EB/OL］．［2023-05-29］．https://www.dutenews.com/n/article/76017.

[7] 北京记忆［EB/OL］.［2024-01-05］. http://bjmemory.clcn.net.cn/#/.

[8] 手绘“顺义区图书馆文旅融合特色”平台上线啦～［EB/OL］.［2024-01-14］. https://news.bjd.com.cn/2023/01/14/10301920.shtml.

[9] 温州市图书馆：聚焦文旅融合打造沉浸式主题阅读新场景［EB/OL］.［2024-03-10］. https://wl.wenzhou.gov.cn/art/2021/9/10/art_1642046_58895586. html.

[10] 温图新闻报道丨解锁最潮打卡姿势：温州市图书馆演绎文旅融合新主角［EB/OL］.［2024-03-14］. https://mp.weixin.qq.com/s/NzCd7TyDOxrLKFdcz608tA.

[11] 莆田：传统文化步入寻常百姓家 打卡美好生活幸福城［EB/OL］.［2023-12-05］. http://www.hjwmw0594.gov.cn/tsfs/20190305/331200008.shtml.

[12] 四十载传承与发展，谱写岭南文化之光［EB/OL］.［2023-12-09］. https://epaper.southcn.com/nfdaily/html/202306/09/content_10063531. html.

[13] 畅游全国公共场所，感受当地群众对城市的情绪与记忆［EB/OL］.［2023-12-05］. https://www.sohu.com/a/488498995_120006290.

[14] 漫步公园邂逅书香！顾村公园“樱悦书苑”正式对外开放［EB/OL］.［2024-03-21］. https://www.shbsq.gov.cn/shbs/bmxx/20221128/352493. html.

[15] 徐益波，毛婕. 打造公共图书馆文旅融合的“宁波样本”——宁波市图书馆文旅融合服务实践探析［J］. 图书馆研究与工作，2019（9）：10-12.

[16] 这一次，主题图书馆也有了杭州模式［EB/OL］.［2024-03-21］. https://hzxcw.hangzhou.com.cn/whhz/content/2019-12/17/content_8987945.htm.

[17] 重庆图书馆列车书屋正式开放［EB/OL］.［2024-03-21］. https://cq.chinadaily.com.cn/a/202304/14/WS64393a96a31053798936fd43. html.

[18] 全国首家建立在飞机上的图书馆与旅客见面［EB/OL］.［2024-03-21］. https://society.yunnan.cn/system/2023/01/10/032421088.shtml.

[19] 文化和旅游部　自然资源部　住房和城乡建设部关于开展国家文化产业和旅游产业融合发展示范区建设工作的通知［EB/OL］.［2024-03-25］. https://www.gov.cn/zhengce/zhengceku/2022-12/24/content_5733347.htm.

[20] 2021 改革创新优秀案例丨深入推进县级文化馆图书馆总分馆制改革：打通公共文化服务［EB/OL］.［2024-03-21］. https://www.163.com/dy/article/I3DIT38P05505AV6. html.

基层图书馆建设中的政府职能研究

李思涵（离退休干部处）

2018 年 1 月，《中华人民共和国公共图书馆法》（以下简称《公共图书馆法》）正式施行，其中明确规定："县级以上人民政府应当设立公共图书馆。地方人民政府应当充分利用乡镇（街道）和村（社区）的综合服务设施设立图书室，服务城乡居民。"[1]《公共图书馆法》的颁布为基层图书馆的建设提供了法律保障。《中华人民共和国国民经济和社会发展第十四个五年规划和 2035 年远景目标纲要》（以下简称"十四五"规划）中也指出："创新实施文化惠民工程，提升基层综合性文化服务中心功能，广泛开展群众性文化活动。推进公共图书馆、文化馆、美术馆、博物馆等公共文化场馆免费开放和数字化发展。"[2]

作为公共文化服务的重要组成部分，基层图书馆为城乡居民提供了设施、资源、活动和服务保障，通过图书报刊、音像制品及公益讲座等公共文化服务资源，丰富城乡居民的精神文化生活，实现社会教育，提升城乡居民的文化素养。除了公共文化服务，基层图书馆也是各地方珍贵史料文献的重要保存场所，对进一步研究人类文化遗产，传承发扬优秀传统文化，有着十分重要的意义。

然而，当前我国基层图书馆的建设还面临诸多问题，包括服务均衡化不足、资金渠道狭窄，以及专业人才缺乏等。本文通过梳理我国基层图书馆问题现状，探讨基层图书馆建设中的政府职能，以便进一步推动我国基层图书馆的建设，从而推动我国公共图书馆事业实现高质量发展。

1　目前我国基层图书馆建设中的问题

虽然我国对基层图书馆建设的重视程度逐步提升，但现有资料显示，与省级及以上公共图书馆相比，当前我国的基层图书馆建设还面临诸多问题，大多集中于城乡服务不均衡、资金来源不足、专业人才短缺等方面。

1.1　城乡服务不均衡

根据第七次全国县级以上公共图书馆评估定级工作统计，我国共有一级图书馆 1302 个，二级图书馆 680 个，三级图书馆 741 个，绝大多数的一、二级图书馆分布于东部发达地区。其中，山东省一级图书馆最多，有 128 个，青海省只有 2 个一级图书馆，西藏自治区甚至没有一级馆，经济较为发达的广东省有 93 个一级图书馆，而与之相邻的广西壮族自治区只有17个；从县级以上公共图书馆的整体数量来看，经济发展较为薄弱的青海省一、二、三级图书馆总数也仅有19个，这一数量也仅比甘肃省的一级图书馆多一个[3]。从整体来看，我国公共图书馆城乡和区域间发展仍有着显著差距，与发达地区相比，受区域内经济发展影响，经济欠发达地区在图书馆发展上相对缓慢[4]。截至2022年底，全国人均图书藏量0.96册[5]，其中，根据国家统计局数据，上海市的人均拥有公共图书馆藏量最多，为3.33册；北京市的人均拥有公共图书馆藏量为1.60册。相较之下，贵州省为0.51册，河南省最少，仅0.46册[6]。

《"十四五"文化和旅游发展规划》[7]提出了"公共文化服务体系更加健全""基本公共文化服务标准化均等化水平显著提高，服务效能进一步提升"的发展目标，且随着公众受教育水平的不断提升，其对基层公共图书馆设施和资源的需求也在不断提高。由于城乡差异，部分欠发达地区村镇对基层图书馆建设工作不够重视，未开设相应的图书室，部分地区还因为交通不便使得资源流通率低，从而导致地区群众对全民阅读战略的参与度略低[8]。此外，部分地区虽然开设了相应的图书室和农家书屋，但很多藏书的出版年代较早，损坏程度较高，内容上也不够与时俱进，无法满足公众对阅读质量的要求。

相较而言，北京、上海、浙江等经济发达地区，不仅对基层图书馆建设的重视程度更高，而且设施设备也更加人性化。例如，北京市朝阳区的各类城市书屋和街道图书馆，不仅实现了自助借阅、电子阅读等服务，还开设满足不同人群需求的阅读空间，在资源的供给上也会定时上架最新出版的图书，及时更换被损坏的图书。另外，在经济较为发达的地区，部分基层公共图书馆和城市书屋已不再局限于最基本的借还书服务，如依托北京市朝阳区图书馆进行公共阅读资源建设的郎园 station 良阅书房等北京地区的城市书屋，还会开展知识讲座、读书沙龙等文化活动，提供咖啡简餐和文创产品。而经济欠发达地区的基层图书馆仅能提供最基础的借还书服务，图书资源也不够丰富全面。这种城乡和区域间服务的不平衡也会导致教育资源的不均衡，不利于城乡和区域间开展文化交流和信息沟通。

1.2 资金来源不足

我国公共图书馆的大部分资金来源于财政拨款，来自社会捐赠和企业资助的经费所占比重较低。据2022年《中国文化文物和旅游统计年鉴》统计，2021年我国公共图书馆财政拨款为1782476万元，占公共图书馆总收入约97%[9]。

但财政对基层图书馆的支持力度相对薄弱，资金不足使得相当一部分基层图书馆，如农家书屋和城市街道图书馆等，没有足够的经费进行资源更新和设备完善，从而导致图书资源不够、设施设备陈旧、服务人员不足。《公共图书馆法》规定："出版单位应当按照国家有关规定向国家图书馆和所在地省级公共图书馆交存正式出版物。"[10]这让省级图书馆无需担心自身藏书资源更新的问题，但基层公共图书馆并没有这样的待遇，只能用有限的经费采购图书，或是接受社会捐赠。这样会导致基层图书馆的藏书资源质量参差不齐，无法满足群众日益多样化的公共文化服务需求，从而使更多的读者转向其他公共图书馆或者网络资源。

另外，由于经费限制，基层公共图书馆的信息资源供给效率也有限。特别是在北京、上海等经济发达城市，经费支持力度相对薄弱的街道图书馆还要面临来自省、市、区级等一级图书馆的竞争压力。虽然在总分馆制度的帮助下，这些街道图书馆也有着相比经济欠发达地区基层图书馆更加丰富的资源和便利的设施，但群众在查找资料时依然更多地依赖资源更丰富的一级图书馆，以及网上数据库和百度、谷歌等搜索引擎。在满足群众阅读需求上，除大型公共图书馆外，一些书店不仅提供免费阅读服务，藏书种类和质量也优于普通的街道公共图书馆。

1.3 专业人才短缺

我国基层图书馆工作人员的管理，目前还存在“重物轻人”现象。基层图书馆将更多的精力放在图书馆硬件投入和资源建设上，包括新馆扩建、扩充馆藏等，缺乏人力资源开发与利用的意识，并未形成对人力和智力的投入、产出、创新、发展的思路[11]。

与其他行业相比，图书馆从业人员的福利待遇普遍偏低，并且相较省级图书馆员能够凭借科研成果获得晋升，基层图书馆工作人员的晋升渠道更狭窄，缺乏有效的晋升评审机制，获得专业培训的机会也更少。在业务工作上，由于文化服务和信息资源提供方式较为单一，多数基层图书馆工作人员仅能从事最基本的借还书工作，而这种相对单调的工作对现代社会的年轻人来说过于枯燥乏味，缺乏创新和挑战，容易造成职业倦怠，也不利于年轻人未来的职业规划与提升。

另外，外界对图书馆员存在“工作轻松”“工作内容简单”“工作压力小”等刻板印象，还有部分图书馆工作者认为自己从事的借还书、图书采编等工作容易被人工智能等科技替代，使得基层图书馆工作者职业认同感较低。种种因素导致了基层图书馆无法吸引和留住人才。

对于选择留在基层图书馆的年轻人来说，多数也并非希望从事基层公共文化服务相关工作，或是对图书馆员这一职业有一定抱负和理想，而是看重了基层图书馆的岗位适合当下追求“躺平”的风潮。在这一心理的作用下，加上基层图书馆员晋升困难、福利待遇较低的现实情况，基层图书馆员的工作积极性进一步降低，从而严重影响公共文化服务的质量和资源供给的效率。

2 基层图书馆建设中的政府职能

2.1 为基层图书馆建设提供制度保障

做好城乡基层图书馆等公共文化服务的均衡化工作，首先就是政府要提升对基层图书馆的重视程度，在政策上予以支持。通过法律法规以及相关条例为基层图书馆的资金渠道、设施设备和人才队伍建设提供保障。

各地虽然都根据新的《公共图书馆法》修订完善了相应的图书馆条例，但随着经济的发展和社会的进步，还需进一步优化和完善相关图书馆建设工作及业务工作标准。由政府协同相关机构制定标准化工作机制、构建标准规范体系，以确保基层图书馆服务做到地域和城乡的全覆盖。

在政策保障上，政府还需要充分评估各地区的人力、物力、财力水平，对资源较为欠缺的地区，政府要给予足够的政策和资源倾斜，保障地区的基层公共图书馆能够顺利运营，为当地群众提供文化资源获取渠道。

《关于推进县级文化馆图书馆总分馆制建设的指导意见》指出，要因地制宜推进总分馆制建设，各地方政府要根据当地实际情况，依托县级图书馆建设基层图书馆分馆，并推动乡村地区农家书屋与县级图书馆资源整合互通[12]。对于这一方面，也有学者提议可以成立专门的图书馆事业发展局，对基层图书馆予以帮扶，对基层图书馆的发展进行专业规划，提高其服务效能[13]。

2.2 为基层图书馆建设引入社会力量

2021年我国公共图书馆财政拨款为17824757万元[14]，2020年为1821282万元，2019年为1835549万元，2018年为1754512万元[15]，分别占国家财政总支出的0.072%、0.074%、0.077%、0.079%。可以看出，公共图书馆财政拨款占国家财政总支出的比例逐年减少，因此公共图书馆，特别是基层图书馆亟待拓宽资金来源。

政府除去对基层图书馆进行拨款以外，还需要适当引入社会力量协助基层图书馆的建设和运营，以弥补其资源上的不足。一方面，《公共图书馆法》中规定了“国家鼓励公民、法人和其他组织自筹资金设立公共图书馆。县级以上人民政府应当积极调动社会力量参与公共图书馆建设，并按照国家有关规定给予政策扶持。”[16]这为社会力量参与建设公共图书馆提供了法律保障；另一方面，在智能化不断发展的社会，对于大多数基层图书馆来说，与社会力量合作也能够让自身不落后于时代[17]。当前一些基层图书馆，例如临平图书馆等，依托企业进行整体运营，并取得了一定的运营成效，不仅弥补了资金的不足，还进一步丰富了服务内容，打造了特色化的公共图书馆[18]。

地方政府作为基层公共图书馆的主管行政机构，要主动打通社会力量参与建设基层图书馆的通道，同时还要强化对社会力量参与基层图书馆建设的监督审核。政府需要认真对社会力量的专业性和资金运行情况进行评估，对合作对象进行充分调研，通过拟定合同的形式形成比较完备的准入机制[19]，做好与以企业为主体的社会力量的职责划分，明确权利和义务的界限，在完善监督机制的同时，给予社会力量参与基层图书馆建设的人、财、物等方面的权利，充分发挥社会力量在公共资源供给方面的优势。此外，政府还要对社会力量加以培育，而不是选择“一包了之”，应在择优合作的基础上帮助企业树立信心，据其实际投入给予扶持[20]。

2.3 帮助基层图书馆培养人才

作为基层图书馆的行政主管机构和上级部门，各地方政府必须提升对图书馆专业人才培养的重视程度。要积极筹划基层公共图书馆的发展战略，研究人才与薪酬机制的关系，鼓励基层图书馆选择综合性人才，全面发挥其优势特长[21]。

作为上级部门，政府还可以协助基层图书馆用多种方式吸引人才，例如采用劳务派遣、志愿者等形式扩充人才队伍，缓解基层图书馆人员编制不足问题。同时，政府还可以协助基层图书馆与省级公共图书馆、高校、研究所等机构达成合作，鼓励机构定期对基层图书馆工作人员进行专业化的培训，帮助他们学习图书馆行业相关知识，提升技能和服务水平，为基层图书馆的建设和运营培养高素质人才。要在图书馆资料系列人才培养的顶层设计方面，出台明确的文件与政策，支持专业技术人员的学习提升[22]。政府也应积极鼓励和协助基层图书馆打通人才晋升渠道，制定人才晋升方案，优化人员配置，构建多元的人才考核评价体系，增加人才晋升路径，充分激发各类人才的积极性。

最后，针对社会公众对图书馆工作者的刻板印象和图书馆员自身的职业认同感不足问题，政府还需要加强引导宣传，可以通过微信、哔哩哔哩等新媒体平台展示基层图书馆工作内容与资源服务，强化社会对图书馆工作的认识。此外，政府还需要在扩充晋升渠道和提高福利待遇的基础上，了解年轻基层图书馆工作者的困难与需求，帮助基层图书馆工作者树立正确的职业观念，提升他们的成就感和归属感，杜绝“躺平”和“养老”心理的出现。

在“十四五”新发展阶段，在建设文化强国的新时期，政府要充分认识到基层图书馆的重要性，要更充分发挥在公共图书馆建设，特别是基层公共图书馆建设上的主导性作用，让基层图书馆真正成为群众享受精神文化生活的“最后一公里”，满足广大人民群众“好读书、读好书”的精神文化需求，更使我国的公共图书馆事业更进一步。

参考文献

［1］［10］［16］中华人民共和国公共图书馆法［EB/OL］.［2023-12-01］. https://www.gov.cn/xinwen/2017-11/05/content_5237326.htm.

［2］中华人民共和国国民经济和社会发展第十四个五年规划和 2035 年远景目标纲要［EB/OL］.［2023-12-01］. https://www.gov.cn/xinwen/2021-03/13/content_5592681.htm.

［3］文化和旅游部关于公布第七次全国县级以上公共图书馆评估定级上等级图书馆名单的通知［EB/OL］.［2024-01-08］. https://zwgk.mct.gov.cn/zfxxgkml/ggfw/202312/t20231228_950575. html.

［4］曹勇，张玉红 . 乡村振兴战略背景下我国农村图书馆可持续发展探究［J］. 边疆经济与文化，2020（8）：116-118.

［5］中华人民共和国文化和旅游部 2022 年文化和旅游发展统计公报［EB/OL］.［2023-12-01］. https://zwgk.mct.gov.cn/zfxxgkml/tjxx/202307/t20230713_945922. html.

［6］国家数据［DB/OL］.［2023-12-01］. https://data.stats.gov.cn/easyquery. htm?cn=E0103.

［7］文化和旅游部关于印发《“十四五”文化和旅游发展规划》的通知［EB/OL］.［2023-12-01］. https://zwgk.mct.gov.cn/zfxxgkml/ghjh/202106/t20210602_924956. html.

［8］王欣恺 . 东西部协作战略下基层图书馆对口帮扶工作探究——以甘肃省甘南州舟曲县图书馆为例［J］. 图书馆工作与研究，2022（S1）：155-158.

［9］［14］中华人民共和国文化和旅游部 . 中国文化和旅游年鉴 2022［M］. 北京：中国旅游出版社，

2022：76.
［11］邓文池．从行政推动到内源发展：基层图书馆人力资源问题探讨［J］．图书馆，2022（2）：18-24，31.
［12］文化部　新闻出版广电总局　体育总局　发展改革委　财政部关于印发《关于推进县级文化馆图书馆总分馆制建设的指导意见》的通知［EB/OL］．［2023-12-01］．https://www.gov.cn/gongbao/content/2017/content_5216448.htm.
［13］郝朝军，怀保民，邢燕．中国图书馆事业治理体系和治理能力现代化之关键［J］．图书馆，2021（1）：1-10.
［15］中华人民共和国文化和旅游部．中国文化文物和旅游统计年鉴 2021［M］．北京：国家图书馆出版社，2021：5.
［17］白玉静．社会力量参与公共图书馆建设的思考——以北京地区的公共图书馆为例［J］．新世纪图书馆，2023（1）：12-15，55.
［18］仰煜，沈兰燕．公共图书馆社会化运营管理案例研究——以临平图书馆为例［J］．新世纪图书馆，2022（9）：23-28.
［19］刘军军．社会力量参与公共图书馆建设的模式与路径［J］．图书馆刊，2023（5）：34-37.
［20］李少惠，袁阁臣．企业参与公共图书馆跨界融合的动力机制研究——基于公共文化服务供给视角［J］．图书馆建设，2023（2）：52-65.
［21］盛瑞蓬．公共图书馆人才队伍建设路径探究［J］．图书馆工作与研究，2022（S1）：123-126.
［22］商丁元，王丹，徐基田．新发展理念下公共图书馆专业技术人才培养机制与路径研究［J］．图书馆，2023（3）：84-91.

专题书目在红色文献信息资源建设中的作用

——以《革命历史文献专题书目（1911—1949）》为例

张新宇（中文采编部）

近年来，作为党史学习教育的重要内容和相关研究的重要依据，红色文献的收集、整理、传承、发掘和利用备受社会各界重视。以图书馆为代表的文献存藏机构，不仅具有资源优势，而且因为其继承了目录学的传统，在研究方法上实现了书籍史和学术史的有效关联。目录学是书籍史和学术史的连接点，专题书目的编制因之成为红色基因传承的节点所在。新中国成立后，一大批以红色文献为报道对象的专题书目相继问世，为红色文献的展示、研究和利用奠定了基础。

本文以2024年4月国家图书馆出版的国家图书馆编《革命文献专题书目（1911—1949）》（以下简称《专题书目》）为例，以该书的内容、形式和编制方法作为切入点，浅析专题书目在红色文献信息资源建设中的作用。

1 “红色文献”相关概念及其应用

学界对红色文献及其相关概念如革命文献、革命历史文献的定义，围绕时间断限、空间范围、出版主体、内容和形式特征几个维度，各有不同阐述[1]。笔者认为，红色文献在广义上可以使用“革命历史文献”的概念，即从1911年辛亥革命前夕到1949年，部分领域可适当放宽至1956年新民主主义革命取得完全胜利，在世界范围内形成的与中国共产党和中国革命相关的文献和文字资料；从特指的意义上看，红色文献系1921年中国共产党成立至1949年10月新中国成立，各革命根据地（解放区）的党、政、军、群等出版主体，以正式或非正式的形式，编辑、印刷和发行的所有文献。在理论研究中，可以反对其形式特征进行讨论；但在工作实践中，应从文献汇集的角度，更加注重内容的系统性和完整性，根据实际需要厘定其具体范围，避免削足适履。

2 相关专题书目的编辑和出版

明确红色文献相关概念内涵，进而编制目录，揭示文献形式和内容等相关信息，是图书馆基础的文献工作。最早有计划地开展红色文献收藏工作的是国家图书馆的前身国立北平图书馆。抗日战争时期，该馆便有意识地全面收集抗战资料，与国立西南联合大学在昆明联合组建“中日战事史料征辑会”。这些征集来的文献，为国家图书馆红色文献的收藏工作奠定了基础。

国内红色文献相关专题书目的编撰工作始自解放初期，在20世纪末达到一个高峰，至2010年各公藏机构的编纂工作暂告结束。目前已出版的主要书目，详见表1。

表1　红色文献相关专题书目统计表

题名	责任者	出版者	出版年	收录时间	数量	文献类型	分类体系
《北京图书馆馆藏革命历史文献简目》	北京图书馆善本组	书目文献出版社	1984	1911—1949	6700种	书、刊	《中国图书馆图书分类法》（第3版）
《革命文献书目》	山东省图书馆特藏部	出版者不详	1987	—1949	6000种	图书	《图书分类新法》
《解放区根据地图书目录》	中国人民大学图书馆	中国人民大学出版社	1989	主要为1937—1949	无统计	图书	《中国人民大学图书馆图书分类法》
《首都图书馆藏革命历史文献书目提要》	首都图书馆	国家图书馆出版社	2013	1911—1949	1400种	书、刊	《中国图书馆分类法》（第5版）
《上海图书馆藏革命文献总目·目录编》	上海图书馆	中华书局	2021	1911—1949	8940种	图书及非出版文献资料	《中国图书馆分类法》（第4版）

3 《革命历史文献专题书目（1911—1949）》的编辑、出版及特色

近年来，随着革命历史文献再度成为社会各界的关注热点，大量散佚的文献被发掘，数据库成为信息时代文献学的基础设施，数字人文的研究方法也开始从理论走向实践。这些变化为红色文献相关专题书目的编纂提供了新的契机和思路，也提出了更高的要求。

《革命历史文献专题书目（1911—1949）》正是应这一需求而产生的。该书目是"革命文献与民国时期文献保护计划"文献普查工作的阶段性成果之一。该书目编者从普查数据中辑录1.8万余条革命历史文献书目数据，以及国家图书馆、上海图书馆、重庆图书馆、南京图书馆、东北师范大学图书馆等50余家收藏单位的馆藏数据，经过审读、比对、查重、校勘，整理合并为1.4万余条目，形成书目，该书目是至今收录最全、

著录内容最详细的红色图书目录[2]。在文献收录的完整性、存藏机构的代表性和专题内容的严肃性等方面，都达到了一定的水平。

该书目收录1911年至1949年9月我国出版的革命历史文献（中文图书），酌情收录这段时间内国外以中文出版的革命历史文献（图书），以及一部分反映革命历史的手抄本等非印刷类文献和传单等非书资料。除马克思列宁主义经典著作的译本和宣传马克思列宁主义的文献资料外，全面收录我党、我军以及各个革命团体编印、出版的图书，解放区和根据地初版的图书，对国统区、敌占区发行的进步图书，以及这一时期出版的革命、进步的文献资料，和共产国际与中国革命有关的文献资料也有收录。其收录原则意在完整汇集可为革命史的论述和相关研究提供系统史料支撑的文献。

该书目在《中国图书馆分类法》（以下简称《中国法》）（第4版）的基础上，根据文献保障原则，对部分类目进行调整，分16个大类。以汇集同一作品为原则，合并同题名、责任者和出版者的不同版本，编为书目的一个条目。每个完整条目著录9个项目，分别为顺序号、题名、责任说明、版本、出版发行、形态细节、丛书、提要及附加说明、馆藏标记。

与同类专题书目相比，《革命历史文献专题书目（1911—1949）》的特色体现在以下方面。

一是，此前的专题书目大多为馆藏书目，该书目利用“革命文献和民国时期文献保护计划”普查成果，汇集了50余家收藏单位的近15000种图书，基本覆盖了国内红色文献的主要收藏单位，是全国性的联合目录。

二是，此前的专题目录受限于编纂方式和信息渠道，著录项目较少且难与原书有效核对。本书目在编纂过程中，利用丰富的数字资源，对著录项尽可能详尽考订，在内容的准确性、著录的完备性和客观性等方面，有了较大的质量提升。

三是，此前专题书目的编制，大都缺少传统目录学所重视的提要和版本源流信息，只起到“财产账”的作用，降低了其使用价值和学术价值。该书目在普查数据的基础上，尽量为每个条目都补充了详尽的内容提要和版本源流等信息，在一定程度上克服以往目录编制仓促、简陋的问题。

4 专题书目在红色文献信息资源建设中的作用

文献信息资源建设，大体可分为资源的采集与筛选、著录与揭示两大部分。专题书目不仅是资源采集筛选的重要依据，也为资源的著录与揭示提供了一种思路。

4.1 摸清家底

摸清家底是避免信息资源重复建设的基础。前文提到，红色文献相关概念在理论层面上含混不清，缺少可操作性，或收录范围的完整性不够，或标准的一致性难以得到贯彻，不能实现同类书目的有效汇集，给实际工作的开展造成了一定阻碍。《革命历史文献专题书目（1911—1949）》的编纂，在操作的层面上，为革命文献的厘定提供了一种可行的方法。

根据普查要求，各收藏单位在进行书目数据上传时，需在399字段著录“革命历史文献”标识，作为收藏单位对文献性质的判断。该书编者以此为依据，根据书目收录的时间断限，首先确定书目的基本范围。在此基础上，为避免遗漏，该书编者从责任者、出版者、主题等多个角度设置详尽的检索条件，分别提取数据，对各书目提供机构的主观判断结果进行修改和补充。如在责任者方面，梳理1949年以前历届中央领导机构的人员，确保党和国家领导人著作的全品类收录；梳理中国左翼作家联盟等文艺团体的人员名单，并考察其异名，确保重点类重点作者的全面收录。在出版者方面，借助相关工具书，梳理1949年以前由我党领导或受其影响的党、政、军、群众组织等机构，并考察其异名，以此作为检索条件，避免遗漏。在内容方面，以《中图法》历史、地理类相关类目为核心，梳理对应的人物、机构和历史事件等主题词，以此为检索条件对普查数据进行筛选。同时参考其他书目、数据库和学界研究成果，对某些专题，如《毛泽东选集》的各版本，追本溯源。通过以上方式，确保该书收录范围的科学性、全面性和一致性，为红色文献信息资源建设提供了一个方法论层面的可操作范例。

4.2 形成馆藏评价体系

为业界提供一个红色文献特藏建设的基本书目。在此基础上，形成馆藏评价体系，为进一步整理、开发和利用馆藏红色文献提供依据。

数字资源的大量建设，带来的一个问题是文献信息资源的同质化日趋严重。图书馆的价值回归，需要借助特藏资源作为其突破口，将特藏资源的建设、传播与共享作为其重要工作内容。专题书目是开展特藏文献收集与整理的基础，有助于收藏单位以目为纲，按目索书，获取和拓展符合馆藏建设方针的收藏内容，为图书馆的服务创新和学术贡献提供坚实的基础。红色文献专题书目的编制，也为出版界和研究界提供基础的文献依据，支持学科建设和学术研究，促进了学术创新和知识发现。

红色文献广泛散布在图书馆、档案馆、革命纪念馆、军队系统以及私人藏家手中。《革命历史文献专题书目（1911—1949）》虽然具有联合目录的性质，但参与联合目录建设的单位，大多集中于公共馆和高校馆领域，不能做到收藏单位全覆盖。《革命历史文献专题书目（1911—1949）》利用馆藏数据，在条目之下汇集收藏单位信息，以此为窗口，有助于收藏机构展示其独特的收藏和专业优势，从而在学术界和文化领域树立其独特的地位，吸引更多的合作伙伴加入专题目录建设，为该书目和联合目录平台的修订和维护创造条件。

在基本书目和联合目录平台的基础上，通过一致的标准和方法，对红色文献的出版和利用情况，进行不同维度的定性和定量分析，形成推荐目录，作为文献信息资源建设的评价指标。各收藏单位将本机构馆藏《专题书目》、联合目录平台和推荐目录进行比对，评估资源建设质量。同时通过馆藏筛查、征集、补藏、寄存、出版等形式，在丰富特藏资源的同时，对红色文献进行再生性保护。

4.3 有助于统一和细化红色文献描述标准

红色文献诞生于传统出版向现代出版过渡的时期，它在出版形式上有其独特性。当下比较成熟的文献描述、整理和出版规范，并不能直接套用于红色文献。

针对这一现状，国家图书馆组织专家制定了《民国时期图书联合目录数据暂行标准》《民国图书联合目录数据制作阶段性要求》等标准化文件，作为编制红色文献目录的基础标准。以上标准虽然在尊重现有信息资源描述标准的基础上，针对革命历史文献和民国时期文献的内容和形式特征进行了优化，但仍难以满足对其内容描述和揭示的更高需求，亟需针对红色文献的具体情况，制定更为科学、灵活的文献描述标准。

如对出版发行项的著录，参照现代文献的标准，应优先著录出版者。但在当时的制度框架下，发行者才是法律意义上的出版责任主体。该书编者在处理相关问题时，以数据去重和实现同种作品的汇集作为优先考量，扩大规定信息源的选取范围，凡举出版者、发行者、印刷者、经售者、藏版者等，均可作为出版发行项的著录对象，以满足对同一作品不同版次集中展示的需要。再如对翻印本、重印本的处理，该书编者选择收录部分红色文献的重印本，并对其版本沿革进行揭示，反映了特定时期出版采用"纸型"翻版、多地印刷的历史特征。此外，针对红色文献出版地播迁频仍、出版主体复杂多变、出版时间模糊等时代特征，该书编者充分利用各种手段加以考订，既可以在现有数据库描述相关数据元素时，提供一个修订和增补的参照，又能使未来相关领域标准化文件在修订过程中借鉴其经验，尽快推出针对红色文献的更加科学合理的描述细则。

4.4 为红色文献的展示提供知识组织脉络

网络信息资源组织的理论和实践为红色文献提供了关联展示的路径，但从传播角度看，在纸质文献的载体限制下，若想把中国革命思考和实践的历史，通过将近两万个版本纲举目张地汇集在一起，简明直观地展示给公众，采用图书分类法仍是最优选择。

在革命历史文献和民国时期文献的分类实践中，考虑数据基础和现实原因，启用《中图法》（第4版）作为分类工具。在用于《革命历史文献专题书目（1911—1949）》的组织时，该书编者根据文献保障情况对类目体系进行了一定调整。例如，对于A大类单行本和汇编文献的区分，现有分类法使用手册并未有明确规定。该书编者通过比对《中图法》（第3版）A类著作表，将被著作表收录的文献分入单行本，其余分入汇编本，此举从文献生成的角度体现了我党领导下的出版系统从发展到成熟的过程。

文献保障是分类法编制和修订的一个重要原则，如《中图法》N、O、P、Q类，出版和存世的红色文献较少，编辑过程中适当合并。又如K类文献，按《中图法》分类原则，相关历史事件集中在以时间段立类的类目之下，处理方法上相当于编年体。该书编者根据文献量，借鉴纪事本末体的编列方式，将部分条目按事件集中，如长征、东北抗战等。该书编者基于文献保障原则，对类目的编排方式所做的修订也为《中图法》修订提供了新的思路。

《中图法》的组织方式也适合于专业院校或存藏单位构建基于学科的特藏资源库。

习近平总书记在学校思想政治理论课教师座谈会上强调，要“挖掘其他课程和教学方式中蕴含的思想政治教育资源，实现全员全程全方位育人”[3]。在高校专业教育中融入思政教育内容，是党和国家对高等教育提出的新要求。按学科属性类分后革命历史文献，有效起到了《分类法》同类汇集的功能，可以更好地为相关专业课程的开发提供文献支撑，是高校的现实需求。

4.5 为红色文献相关规范元数据的建设提供了基础

建设好名称规范元数据是实现书目关联揭示和知识服务的关键。专题书目中包含有大量与名称规范相关的信息。同类书目及项目，如包弼德主持的中国历代人物传记资料库，其处理名称的通行的原则是“汇集而非考证”，即考虑到项目实施目的在于大规模地汇总传记资料，项目团队本身并不会对任何历史人物进行细致入微的考证[4]。而该书编者对著录项目进行大范围的考证辨识，某种程度上超越了这个原则。如对责任者一致性的处理，责任者名称形式参照原书、两版《民国总目》、国图规范数据库、国际虚拟规范文档等权威来源，考证为同一责任者的，著录为相同的名称形式，对于信息源中出现的其他形式，则作为参照，在附注中说明。通过一定方式析出并复用相关信息，可为红色文献相关规范数据的建设提供相对权威的数据基础。

专题书目在编纂成书的过程中，在收录原则的把握、书目筛选和提取方法、信息资源描述和揭示、规范控制等方面，充分体现了图书馆领域信息组织的深厚底蕴和成熟而灵活的数据处理经验，为红色文献信息资源建设提供了宝贵的经验。基于此，我们希望在红色文献信息资源建设领域看到更多的成果，与专题书目的形式相结合，构建一个多元立体的红色文献信息资源保障矩阵。

参考文献

[1] 王爽，王彦君 . 红色文献概念辨析与图书馆资源建设［J］. 图书馆学刊，2023（4）：57-61.

[2] 李光杰 . 红色出版文献的历史考察及整理、出版路径探析［J］. 出版发行研究，2022（6）：52-58，51.

[3] 习近平主持召开学校思想政治理论课教师座谈会［EB/OL］.［2025-04-27］. https://www.gov.cn/xinwen/2019-03/18/content-5374831.htm.

[4] 包弼德，王宏苏，傅君劢，等 .“中国历代人物传记资料库”（CBDB）的历史、方法与未来［J］. 数字人文研究，2021（1）：21-33.

基于文献计量学方法的社会调查的影响力评价研究

宋　娜（参考咨询部）

社会调查是认识社会、改造社会最基本、最直接的方法，是现代社会研究的重要方式之一。目前关于社会调查的概念认识不一,一般社会调查又称为社会调查研究，它是指人们有目的、有意识地通过对客观存在的社会现象的系统考察、全面了解、详细分析和深入研究，具体地把握现实社会状态及其发展变化趋势的一种科学认识活动[1]。因此，社会调查的本质就是搜集社会信息。社会调查可以研究社会生产活动的各个方面，比如人口、家庭、收入、消费、教育、健康、养老、心理、社交等各类主题，也可以研究特定人群，比如老年人、学生、私营企业主、农民、宗教人士等。通过社会调查能够发现社会问题、暴露社会矛盾，继而为决策部门提供有效的信息支持，帮助其制定和实施合理的政策和规划。

新中国成立后，我国举办了很多大规模的社会调查活动，比如中国老年健康与家庭幸福调查（CLHLS）、中国健康与养老追踪调查（CHARLS）、中国老年社会追踪调查（CLASS）、中国综合社会调查（CGSS）、中国社会状况综合调查（CSS）、中国家庭追踪调查（CFPS）、中国家庭金融调查（CHFS）、中国家庭收入调查（CHIP）、中国劳动力动态调查（CLDS）、中国健康与营养调查（CHNS）、中国教育追踪调查（CEPS）、中国私营企业调查（CPES）等。这些大型的社会调查大都是持续多年，具有很高的社会研究价值，大部分调查都已建立了公开的资源数据库，调查数据都可供研究人员免费使用。

文献计量学是科学评价的重要理论和方法来源。文献计量学是以文献体系和文献计量特征为研究对象，采用数学、统计学等计量方法，研究文献情报的分布结构、数量关系、变化规律和定量管理，并进而探讨科学技术的某些结构、特征和规律的一门学科[2]。利用文献计量学可以阐明文献的增长规律和发展趋势，测定文献的学科分布和文献质量，研究学者的成果产出量、影响力和合作网络，还可以预测某一技术领域的研究热点和发展动向。

社会调查数据是研究社会问题的一个重要来源依据，在文献中被广泛应用。研究人员利用社会调查数据研究并发布学术成果，这很大程度上能反映出社会调查的使用情况和学术影响力。文献计量学可以从发文年代、作者、作者机构、期刊及影响因子、关键词等不同的角度进行揭示，能够全面系统地对社会调查的学术价值和传播能力进行评价。

1 研究现状

目前，使用文献计量学方法评价社会调查影响力的研究还不多。刘刃基于中国知网中的有关中国健康与养老追踪调查项目的论文，从发文量、期刊分布、作者、高频关键词的角度进行可视化分析，旨在了解“中国健康与养老追踪调查”数据库的运用情况[3]。张山探讨了基于“中国健康与养老追踪调查”数据库进行数据分析的老年研究的关注热点和发展趋势[4]。国家图书馆科学评价中心基于中国综合社会调查、中国私营企业调查的研究文献计量分析，产出了一系列关于社会调查影响力的计量分析报告。

目前，大多数文献是利用社会调查数据研究和解决社会问题，而通过文献计量学方法研究社会调查影响力的文献还不是很丰富。但这些已有的研究都为本课题提供了较好的参考和指导。本文基于前期的工作积累和探索，梳理出了从文献角度对社会调查影响力评价的几个方面，并阐述了文献计量学在评价社会调查影响力方面的价值和意义。

2 社会调查研究文献的获取

基于社会调查所产出的文献可以通过数据库检索获取。目前，国内三大知名的数据库检索平台——中国知网、万方数据知识服务平台、维普资讯网，基本上覆盖了国内绝大部分公开出版物资源，其收录的文献涵盖了期刊论文、会议论文、学位论文、图书、报纸等各种类型。国家图书馆馆藏文献、读秀学术搜索和方正电子图书是对图书资源的充分补充。国外数据库资源也非常丰富，比较权威和有代表性的数据库有 Web of Science 平台、ProQuest 平台和 EBSCO 平台，每个平台都集合了社科领域的多个子数据库，收录范围也涵盖了期刊论文、图书、学位论文等主要文献类型。使用合适的检索字段在以上数据库检索，就可以获得比较全面准确的社会调查研究文献。

3 利用文献计量学方法评价社会调查影响力的角度和意义

3.1 文献发表年份统计分析

对文献发表年份数据进行统计，就可以分析得出每年的发文数量和发文趋势。这项统计能很好地揭示出社会调查在文献中最早被使用的年份、受关注度最高的年份以及被传播或关注程度的变化趋势。

发文量变化趋势大致都符合诞生、发展、成熟、衰落的整体规律。美伊那德（Menard）的研究表明，一门学科总的文献增长率随不同的时期而变化。他认为，一般可以分为三个阶段：

①稳定界——直线型增长。学科处于诞生时期。

②增长界——以较快的指数型速率增长。学科处于发展时期。

③循环界——稳定和增长交替发生。学科处于成熟时期[5]。

通过发文数量的变化规律可以判断出社会调查在文献研究中处于哪一阶段，并可以通过函数拟合预测接下来的发展趋势，继而评价社会调查在文献中的生命力。

3.2 学科统计分析

大多数数据库都有自己的学科分类体系，有的数据库以载文期刊作为文献的学科分类标准，比如 Web of Science 核心合集，它将所收录的每一份期刊都划分到至少一个学科类别中，目前一共划分了 254 个学科。有的数据库则以中图分类号对文献进行学科分类，比如中国知网，它一共划分出 8 个一级学科和下属的 170 个二级学科。因此，不管是国内数据库还是国外数据库，所划分的学科类别都较为丰富，可以细致地呈现出文献的学科分布情况。

文献的学科分布能揭示出社会调查主要应用在哪些研究领域，由此可以看出社会调查在各学科中的受关注程度。如果有关文献在各学科中分布较为广泛，则反映出该社会调查具有多个学科的研究基础和跨学科属性，在众多领域的影响力都较为深远；如果有关文献只在少量学科上集中布局，则表明该社会调查专业性较强，很难被其他学科引用研究，可能在某一学科的影响力很大，但缺乏广泛传播的基础。

此外，学科分布结合发文年份分析，还能精确地展现出该社会调查在各个学科中被应用的起始时间，对比出其在不同学科中受关注程度的增长速度，继而预测出该社会调查在不同学科中的活力。

3.3 作者、机构统计分析及合作网络展示

作者发文量、机构发文量、作者合作网络、机构合作网络是文献计量中常关注的维度。通过作者发文量和机构发文量统计，可以看出社会调查的受众面是否广泛，继而评价社会调查的传播能力；还可以展示出该领域研究的领军人物、重点研究机构有哪些，继而发现重点关注该社会调查的群体。

结合文献的发表年份、学科分布以及载文期刊影响因子等数据，可以总结出该领域研究的科研时间跨度、学科跨度和科研深度以及近几年较为活跃的新兴学者。合作网络则能展示出学者之间的合作关系，发现科研带头人及团队集群，学者之间的代际传承也能反映出社会调查的蓬勃生命力。

机构信息都带有明确的地理位置属性，可以依此统计出研究机构的国家信息和省份信息等，这对于了解社会调查在哪些区域比较受欢迎，提供了有力的数据支撑，也从侧面反映出社会调查在空间维度上不同的学术价值。

3.4 载文期刊影响因子和分区统计分析

期刊影响因子和分区是评价期刊质量的通用指标。期刊质量一定程度上代表着文献质量，间接地反映出社会调查学术价值的高低。在载文期刊中，高质量的期刊占比越高，则说明社会调查的学术价值越高，反之，则较低。

从期刊影响因子和刊载文献数量两个维度考察，还可以找出影响因子较高、刊载文献数量也较多的期刊，说明这些期刊也是对该社会调查主题非常感兴趣的优质期刊。

结合时间维度分析，期刊质量的变化也可以反映出社会调查影响力的变化。如果期刊平均影响因子逐渐升高，说明利用社会调查进行的学术研究水平越来越高，社会调查在文献中的作用也越来越重要。

3.5 关键词统计分析、文献耦合和共被引聚类分析

关键词和参考文献是反映文献主题的重要参考依据。利用关键词字段可以进行高频关键词统计、关键词共现分析。利用参考文献可以进行文献耦合、共被引聚类分析。这些分析都能显示出文献主题的研究热点和研究范围。

从时间维度上展开关键词统计，还能显示出某些研究主题的突现节点。关键词突现不仅能够体现某一时期的研究热点，还能发现研究主题的转折点和研究前沿。

文献研究主题和社会调查的主题密不可分，也受到当时社会政策、社会热点和社会形势的影响。研究热点和研究前沿分析可以帮助社会调查人员从数据应用的角度了解社会调查的定位，拓宽社会调查的角度，跟随时代发展调整社会调查的方向，不断增强社会调查的影响力。

3.6 社会调查年份统计分析

一般大型的社会调查都会持续进行，比如中国综合社会调查、中国私营企业调查、中国家庭金融调查等都是平均每两年举办一次，中国老年健康与家庭幸福调查、中国健康与养老追踪调查平均每三年举办一次。

文献在使用调查数据进行分析研究的时候，都会标明数据来源年份，因此，可以统计出每年的调查数据在文献中的应用情况、使用多年调查数据和单年调查数据文献的比例分布、调查年份和文献发表年份的关联和规律。

各年份数据的使用情况能够直接地反映出每年社会调查学术影响力的大小，数据被使用频次高，表明这一年社会调查主题和数据的学术价值更高，影响力也更大。对单年数据和多年数据使用的比例统计分析，可以揭示学者对静态数据和动态数据的使用情况，也从侧面反映了社会调查主题是否具有较好的持续性。

根据对中国综合社会调查数据年份和有关研究文献发表年份的对比分析发现，文献发表时间通常较数据公开时间滞后一至两年，并在五至十年内达到文献发表高峰。这说明调查数据的成果产出具有明显的滞后性，社会调查影响力的评价必须考虑到调查时间的影响。

3.7 社会调查数据应用方式统计分析

社会调查数据在文献中的应用方式是多种多样的，最主要的有以下几种类型：直接使用调查数据进行分析研究的文献（分析研究型）；间接引用或转述他人研究成果的文献（引用转述型）；提及或报道社会调查项目但未涉及调查数据内容和结论的文献（报道型）；以及其他情况，比如只在参考文献中出现。这些文献对社会调查影响力的评价能力是依次降低的，最需要重点分析的是分析研究型文献。

统计社会调查数据应用方式是进行社会调查影响力评价的一个重要方面。其中，分析研究型文献在各文献中的占比越大，社会调查的学术影响力越高。结合发文年份数据，还可以统计分析研究型文献占比的变化趋势，反映社会调查在时间维度上的重要程度。

文献计量学是通过对文献特征的计量分析，客观地展示文献内容分布结构和变化规律的学科，目前已经被广泛应用在学科评价、科研机构评价、人才引进、技术发展演变研究等各个领域，但对社会调查影响力的评价还少有研究成果。

本文基于使用社会调查数据产出的文献成果，利用文献计量学方法从文献发表年份、学科统计分析、作者和机构统计及合作网络分析、期刊影响因子和分区统计、关键词统计、文献耦合和共被引聚类分析、社会调查年份统计、调查数据使用方式七个角度阐述了如何利用文献计量学方法评价社会调查的影响力。针对不同的社会调查主题和评价目的，这些分析维度之间可以相互组合和搭配，比如从时间维度上分析文献发表时间与学科、作者、关键词等的变化趋势，从空间维度上分析国家或省份信息与期刊影响因子、社会调查年份等的空间分布关系，这样可以从不同的角度全面地了解和评价社会调查的影响力。

评价社会调查影响力可以通过单一的研究对象，也可以选择两个或多个对象对比分析。本文充分探讨了可以分析评价社会调查影响力的角度，但针对具体情况研究者应当选择合理的评价指标，设置恰当的指标权重，建立规范的评价体系，展开进一步探讨。

参考文献

[1] 谢俊贵 . 社会调查理论与实务［M］. 北京：清华大学出版社，2014：4.

[2] 邱均平 . 文献计量学［M］. 2 版 . 北京：科学出版社，2019：9.

[3] 刘刃，周聪慧，胡镜清 . 收录于 CNKI 的“中国健康与养老追踪调查”项目论文文献计量学分析［C］// 第三届北京大学老龄健康博士生论坛论文集 .［出版地不详］:［出版者不详］，2018：32-46.

[4] 张山，何思源，吴瑛 . 基于中国健康与养老追踪调查的文献计量学分析［J］. 军事护理，2023（3）：5-9.

[5] 邱均平 . 文献计量学［M］. 2 版 . 北京：科学出版社，2019：59.

图书馆采编业务优化与新型公共文化空间建设

胡乐婧（中文采编部）

图书馆采编业务与新型公共文化空间建设之间存在非常紧密的联系，建设新型公共文化空间的举措之一是扩展图书馆阅读服务场景，提升图书馆阅读服务质量，而这些离不开图书采编业务工作在背后提供的支持。如通过创新图书采编工作，可以丰富新型公共文化空间的阅读资源，还可以通过调查了解读者的实际阅读需求以及文化需求，有针对性地丰富新型公共文化空间文化服务内容，提升图书馆对读者的吸引力，实现未来图书馆更好地发展。现代化图书馆应立足信息化时代，加强对采编业务的发展与新型公共文化空间建设的探索，加强二者之间的联结，为广大读者提供更多优质的阅读文化服务。

1 图书馆采编工作的基本内容

图书馆采编工作主要包括两大基本内容，一是图书的采购工作，二是图书的编目工作。在采购图书前，采编工作人员需要先做好市场调查工作，明确读者的阅读需求，制定合理的图书采购计划，然后再进行各种中外文图书、报纸杂志及数据库的订购。针对入馆的图书，需要及时验收，并完成图书信息的登记与报账工作。此外，除图书采购外，还需要负责接收外部机关单位、社会组织及个人等主体的赠书。

在开展图书编目工作时，主要编目对象是入馆图书，采编工作人员需要以读者检索、阅读习惯为依据，并结合现代化图书检索与阅读管理的需要，在参考《中国图书馆分类法》《中文书目数据制作》等规定的前提下，对图书进行分类著录；还需要规范录入书目数据，完成对图书的整理、加工（如制作并粘贴图书条形码）、馆藏地址的分配、排架，以及图书馆书目数据的日常调整与维护[1]。采编工作人员除了要做好上述采编工作以外，还需要配合图书馆其他部门开展阅读推广活动，如更新微信公众号内容等。在信息化时代下，图书采编工作人员还需要负责一些数字图书资源的采购工作，如采购中国知网的文献资源以及其他数字化平台的电子图书、有声读物等。采购过程需要采编人员反复地比较、选择、考量，以便更好地满足广大读者的阅读需求。

2 图书馆采编业务发展现状

2.1 图书采购招标化

图书馆为满足广大读者的阅读需要，一般每年都需要采购大量图书。在开展图书采购工作时，可以选择公开招标模式，例如可以委托一些专业且资质完善的招标企业，负责图书采购具体的招标工作。图书馆需要明确的是自身年度图书采购的经费、数量、种类以及采购标准，然后由招标机构发布招标需求，以公开、公正、公平的方式进行招标，并成立专家评委小组，由其对参与竞标单位进行全面的审查，最终选择资质符合要求、供货质量优质、图书价格优惠的单位合作，从而更好地保障图书采购质量。

2.2 线上图书采购发展迅猛

在图书馆传统采编业务模式下，图书采编人员主要以图书目录为依据来进行图书的选择与采购。这种采购业务模式缺点比较明显，即图书采编人员难以全面了解图书的情况，很容易造成误判，不利于图书采购质量的提升。信息化时代，图书采购业务开展方式多样，既可以现场采购，还可以进行网上采购。尤其是信息化时代，线上采购业务发展迅猛，极大提高图书的采购效率。除线上采购外，图书采编人员还可以参与线下采购，从而进一步加强对图书信息的了解。不同采购方式的灵活搭配，可以进一步提升图书采购的质量。

2.3 图书编目工作规范化

中国机读目录（China Machine-Readable Catalogue，CNMARC）格式是一种可借助计算机技术来识别和处理数据的格式，国家图书馆数据组的编目员主要是借助这种格式，依托全国图书馆联合编目中心组织编写的《中文书目数据制作》（全国图书馆联合编目中心使用手册 第一辑）一书，对文献进行编目数据制作。

3 智慧图书馆采编业务未来发展方向

与以往传统图书馆相比，现代图书馆最大的优势在于引入了很多智能化、自动化软件与硬件设施，应用了很多现代化信息技术，如大数据技术、人工智能技术等。在这些设施与技术的支持下，图书馆服务智能化、信息化水平显著提升，这不仅为读者阅读带来了便利，同时对图书馆采编业务工作开展也有着积极的影响，决定了采编业务未来的发展方向。可以预见，在现代化技术的支持下，采编业务将会朝着如下几个方向发展。

3.1 图书采购信息智能化匹配与采集

图书采购是采编业务工作的重要内容。在智慧化图书馆中，智能化技术可以结合图书馆实际的需要，自动匹配、采集需要的图书信息，罗列图书采购清单，然后通过网络将这些图书信息共享至图书馆数据库。图书馆数据库在完成数据整理匹配工作后，会将图书采购信息传输至图书订购中心，从而实现图书资源的针对性采购，显著提升图书采购工作的效率与水平。

3.2 图书审核自动化、智能化水平提升

在智慧化图书馆中，完成采购的图书在正式入馆前，可以进行智能化图书信息校对与匹配，自动完成图书信息审核。审核内容包括图书的目录、质量、数量、价格、出版社等关键信息，确保图书信息准确无误[2]。审核完成后，将通过审核的图书数据信息传输至图书馆数据库中，设置已审核检查标识。采编工作人员还可以利用数据库中的书籍清单信息进行核销，并结合图书馆图书存藏情况，实现对图书资源的科学合理分配，并标记具体的存放地点。数据存放信息也会被数据库记录，用于后续的图书管理。

3.3 图书可以实现智能化登记入库

图书通过审核后，在智能化、自动化信息技术的帮助下，采编工作人员可以对这些图书进行一键扫描，完成入库登记，生成电子档案。电子档案包括书籍的入库编码、书名、作者等信息。不仅如此，采编工作人员还可以对入库的书籍生成存放编号，然后根据存放编号，找到图书存放的指定位置，完成书籍的存放。书籍存放的信息会自动录入数据库，供图书管理人员查询、检索与管理。

3.4 图书编目自动化、智能化水平提升

通过应用先进的信息技术，图书编目业务的自动化、智能化水平也有效提升。在传统图书编目工作模式下，书籍资料的分类整理、目录编写、排架等工作主要由人工完成，整体的效率低下。而在智慧图书馆中，采编工作人员可以将书籍的机读目录数据直接导入图书智能采编系统平台，由系统结合实际编目需求，完成图书信息的计算与分类，自动完成书籍的编目，然后将编目信息存储至数据库中，一键生成图书目录体系表，上传图书阅读平台，为后续读者查阅创造有利条件。

3.5 实现图书的精准查找与推荐

做好图书的推荐工作，帮助读者快速查找书籍也是一项重要的图书馆业务内容。在智慧图书馆中，图书查找与推荐业务同样会变得越来越智能化、人性化、精准化。应用图书智能采编系统，采编人员可以通过直接输入书名、书号、入库流水号等信息，完成对图书资源的精准化查询，随时了解最新入库的图书信息，掌握图书最新的状态，如图书借阅情况、库存量、存放位置等信息，从而更好地开展图书推荐以及相关的采编工作[3]。对读者而言，也可以通过前端智能化操作平台，一键完成对图书资源的查找，进一步提升图书资源的获取速度，提高自身的阅读体验。在图书推荐方面，采编人员可以通过后台数据库记录的读者查询数据，了解读者阅读的喜好，实现对图书的智能化推荐，更好地满足读者阅读需求。一些智慧化水平较高的图书馆还可以应用大数据技术，深入挖掘读者查询、浏览的书籍信息，对每一名读者进行用户画像，精准地识别读者阅读偏好，了解读者的阅读习惯等，从而为读者提供更加智能化、精准化的图书推荐服务，进一步提升读者的阅读体验。

4 打造新型公共文化空间的思考

在智慧图书馆建设过程中，采编工作人员立足图书采编工作的不同环节，减少重复性工作，提升采编业务，智能化、自动化水平，满足读者多样化的阅读需求，还需要将图书采编业务终末环节，即图书的查询与推荐服务作为采编业务与新型公共空间的连接点，更好地发挥出图书采编的服务价值，为读者提供更加人性化、贴心化的阅读服务。在这一过程中，采编工作人员应抓住智慧化转型的机遇，通过推动智能化图书采编工作的开展，加强图书馆文化空间的变革，释放公共文化空间新活力，打造新型的公共文化空间，为读者提供精准化服务，满足社会公众多样化的文化需求，在推动图书馆发展的同时，提升我国公共文化空间的服务效能。

4.1 加强智能化技术应用，提升公共文化空间服务的便捷性

在打造新型公共文化空间时，图书馆首先应加强对各种先进信息技术的应用，围绕读者的阅读服务需求，引入人脸识别、物联网、远程监控、大数据等技术，同时加强各种硬件、软件设施的配置。例如，图书自助借还设备，为读者提供图书自助借阅服务，从而节约大量人力物力成本，提高图书借阅服务效率。其次，还可以借助各种智能化终端设备与国家公共文化云平台建立连接，为读者提供“享活动”“学才艺”“订场馆”“看好书”等功能。在读者阅读服务方面，通过外部公共平台加强与读者的互动式交流，提供各种预约式、菜单式服务，引导读者真正参与图书馆各种阅读服务活动，提升读者的阅读服务体验。

4.2 基于图书推荐业务，打造线上新型公共文化空间

在智慧图书馆中，图书采编人员同样需要配合其他部门，推动图书推荐以及阅读服务工作的开展。图书采编人员可以借助各种先进信息技术，建立线上公共文化空间体验专栏，打造线上新型公共文化空间。在具体实现的过程中，图书馆采编人员可以建立特色专藏网站，或者利用微信公众号、小程序等平台，打造线上新型公共文化空间，还可以利用一些用户覆盖面广的新媒体，如抖音、快手、B 站（哔哩哔哩）等，扩大线上公共文化空间的范围，实现不同平台资源的互联互通，提升线上公共文化空间影响力。在打造的线上新型公共文化空间之中，可以定期发布一些图书推荐信息、线上图书阅读交流活动，还可以加强线上与线下的联动，举办一些类似图书馆读者文化周的主题活动，具体活动主题的设置可参考表 1 中的示例。通过各类型活动的开展，图书馆可以全方位、立体式展示馆藏图书资源，普及各种公共文化艺术知识，在引导读者阅读图书的同时，还可以引领读者在线上新型公共文化空间学习一些文化艺术技能，参与图书馆线下阅读活动，进一步提升读者的阅读服务体验。

表 1　智慧图书馆线上新型公共文化空间图书活动主题设置示例

序号	主题	活动内容
①	全民阅读，共建书香家园	组织开展“作家面对面交流活动”“你选书我买单”等活动
②	书香润心田，读书品人生	组织开展“悦读分享”“好书鉴赏”等活动
③	诵读传承红色文化，一心一意跟党走	组织开展“红色书籍品读”“红色诗歌朗诵”等活动
④	书香满校园，好书伴成长	组织开展“书海寻宝”“书籍读后感征文比赛”等活动

4.3　搭建智能化图书采编平台，加强与新型公共文化空间的连接

在智慧图书馆中，图书采编业务与新型公共文化空间的连接，离不开作为“桥梁”的智能化图书采编平台。所以还应在搭建智能化图书采编平台的基础上，推动图书馆新型公共文化空间建设的发展，智能化图书采编平台架构如图 1 所示[4]。智能化平台不仅可以更好地推动图书采编业务的高效开展，还便于采编人员充分把握当前图书馆馆藏资源情况，了解图书资源的最新变化，第一时间掌握读者的阅读需求，并基于这些信息，及时更新调整新型公共文化空间提供的各种文化服务。图书馆还可以将智能化图书采编平台接入图书供应商的数据接口、读者端应用小程序等，彼此通过网络实现数据交换与共享，从而分析新书数据、图书馆图书库存情况以及读者浏览记录等，在新型公共文化空间中推荐一些深受读者喜爱的优质图书，加强图书采编业务与新型公共文化空间的联动，更好地展现新型公共文化空间的服务价值。

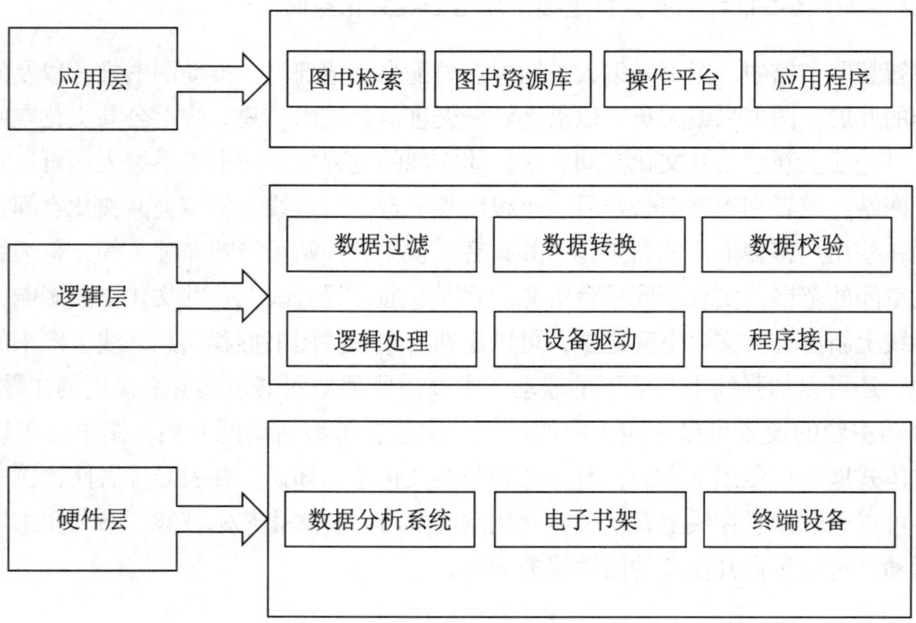

图 1　智能化图书采编平台框架

在信息化时代，图书馆采编业务将会朝着智能化、自动化、信息化方向不断发展，通过各种智能信息技术的应用，有效提升图书采编的工作效率，减少重复性劳动，更好地保障图书采编工作质量。在打造图书馆新型公共文化空间的过程中，图书采编业务也发挥着重要作用。因此，图书馆应通过图书采编业务优化，加强新型公共文化空间建设与发展，不断提升图书馆阅读服务质量水平。

参考文献

[1] 牟达.公共图书馆中文期刊采编业务外包质量控制探析——以天津图书馆为例[J].图书馆工作与研究，2023(S1)：78-81.

[2] 精益求精守正创新——广东省文献编目中心发展回顾[J].图书馆论坛，2023(4)：1-2.

[3] 洪芳林，龚蛟腾.公共图书馆空间价值研究：表达、支撑与策略[J].国家图书馆学刊，2023(2)：26-39.

[4] 洪芳林，龚蛟腾.公共文化空间中城市图书馆角色的三重视野[J].图书情报知识，2023(4)：19-31.

老幼融合视角下公共图书馆代际阅读推广服务研究

季　业（典藏阅览部）

2022年，我国人口出现近61年来的首次人口负增长[1]，长寿化、少子化致使人口老龄化进程进一步加剧。《中华人民共和国国民经济和社会发展第十四个五年规划和2035年远景目标纲要》（以下简称"'十四五'规划"）提出以"一老一小"为重点完善人口服务体系，实施积极应对人口老龄化国家战略[2]。作为一种有效应对人口老龄化的新型发展模式，老幼融合在国外已受到高度重视。它将养老设施与育幼设施在空间上紧邻设置，并通过有组织的或自发性的代际交流活动，促进老幼群体之间的互利互惠。

2011年9月，"代际阅读"一词在《图书馆、阅读和代际对话的突尼斯宣言》中首次进入大众视野[3]。公共图书馆作为提供代际阅读最主要的阅读空间和文献保障机构，开展代际阅读推广服务，传承代际文化，成为其重要职责。在老幼融合的视角下，本文通过分析代际阅读推广现状、论述图书馆开展代际阅读推广服务的价值，进而尝试探索开展代际阅读推广服务的有效路径。

1　代际阅读推广现状

《图书馆、阅读和代际对话的突尼斯宣言》发表后，世界各国相继开展形式多样的代际阅读推广项目，并取得一定的成果。如美国有将养老院和幼儿园开在一起的"代际学习中心"，帮助老人再次融入社会[4]。瑞士国家图书馆的"书籍搭建桥梁"项目，为缺乏父母关爱的贫困儿童开辟代际阅读专区，由馆员和老年志愿者利用馆区配备的童书资料与助读设备共同为儿童提供"阅读＋托管"服务。德国柏林国家图书馆的"金色好牧羊人阅读志愿者"项目，为不同年龄段儿童匹配适合的老年志愿者，提供差异化的代际阅读服务，满足多样化的阅读需求等[5]。

当前，代际阅读已从家庭化向社会化转变，并由单一的单向的"老对幼"，向双向的"老幼之间"转变。然而，大众普遍缺乏代际间的交流和沟通，对代际阅读推广服务认知程度和接受度均不高。尽管国内图书馆已经针对老年读者和年轻读者开展了丰富多彩的阅读推广项目，但多数项目均为单独开展，缺少代际间的融合。我国代际阅读推广服务相对国外起步较晚，除了大众，图书馆员对代际阅读的重视程度也不够，未能及时利用多种渠道开展代际阅读推广活动，向大众传播代际阅读服务理念。且各图书馆在资金有限的情况下，除非占用其他原有项目资源，否则难以开展新的代际阅读推广项目，再加上图书馆各部门相对独立，而代际阅读推广项目的实现、往往需要多部门乃至社会各界多方协同合作，需要全民共同参与。仅凭借图书馆力量略显单薄，导致现阶段代际阅读推广服务开展难度较大。

2 公共图书馆开展代际阅读推广服务的价值

2.1 缩小代际差异，实现积极老龄化

《2022 年度国家老龄事业发展公报》指出，截至 2022 年年末，全国 65 周岁及以上老年人口占总人口比重达到 14.9%，国家老龄事业在老年民生保障、养老服务体系、老年健康服务、银发经济、老年友好型社会等方面已成为社会各界关注重点[6]。老年群体与年轻群体之间因生活方式、认知、心理的不同，互动越来越少，代际间的矛盾和冲突愈发明显，并随着社会发展而加剧，这对两个群体均造成了消极的影响。

公共图书馆作为公共文化信息交流的空间，拥有丰富的资源，便于提供各种代际阅读推广服务，为代际交流和传承提供空间和机会。老年人不仅可通过图书馆开展的代际阅读推广项目将自身丰富的社会经验和技能传承给年轻人，使之受益，同时其作为代际阅读的参与者也提升了自我价值的认同感。年轻人的陪伴学习也可帮助老年人更好地接受新事物、新知识，对助力老年人融入信息化社会，缩小代际鸿沟起到良好的推动作用，同时也加强了年轻人的社会责任感。代际阅读推广服务的开展不仅促进老幼融合、缩小代际差异、改善社会关系，还能预防老年人被社会边缘化，使其获得精神上的慰藉，保持身心健康。此外，对促进全民阅读和应对我国老龄化社会发展现状也有显著影响[7]。

2.2 文化精准扶贫，阻断代际贫困

代际贫困是指贫困以及导致贫困的相关条件和因素，在家庭内部由父母传递给子女，也指在一定的社区或阶层范围内，贫困以及导致贫困的相关条件和因素在代际之间延续，使后代重复前代的贫困境遇。因而阻断代际贫困是彻底摆脱贫困的重要一环，精准扶贫则是扶贫工作开展的重要方向，尤其是文化精准扶贫，可从文化和精神层面提高贫困群众自主脱贫的动力[8]。公共图书馆作为我国公共文化服务体系的核心主体，应积极推进文化精准扶贫的进程，肩负起阻断文化贫困代际传递的社会责任。有针对性地开展代际阅读推广服务，将文化资源向贫困及弱势群体家庭倾斜，实现资源共享，创造良好的阅读环境，有助于培养其终身阅读的习惯，从根本上解决落后的思想问题，增强自我价值认同感。提高贫困人员接受教育和培训的机会，可进一步改善贫困家庭的生活环境、缩小贫富差距，促进社会平等和服务均等化的实现，使得社会发展更加均衡。

3 公共图书馆开展代际阅读推广服务路径探析

3.1 宣传代际阅读服务理念，加强代际阅读服务体系建设

2014 年，“倡导全民阅读”首次被写入《政府工作报告》。“十四五”规划更明确提

出“深入推进全民阅读，建设‘书香中国’”[9]。从“倡导”到“深入推进”，足以体现国家对全民阅读工作的高度重视。代际阅读尤其是“一老一小”群体的代际阅读作为全民阅读的组成部分，是推广全民阅读的新模式和新理念。在此背景下，首先，各公共图书馆要对我国代际阅读推广服务的发展现状有清晰的认知，明确开展代际阅读推广服务的重要性和价值，增强自身代际阅读服务意识，宣传代际阅读服务理念，使全社会尽快形成促进代际阅读的良好氛围。其次，由于国外图书馆开展代际阅读推广项目时间较早，发展也相对成熟，各式案例对我国图书馆开展相关研究有着重要的借鉴意义。我国公共图书馆可通过积极与国外图书馆开展交流互鉴，吸取经验，将国外图书馆代际阅读优秀案例转化为适合我国国情和当前现状的成果，为自己所用。最后，大力推动代际阅读服务体系建设。当前，各图书馆对代际阅读推广服务研究相对独立，缺乏引领主体和协调机制。政府应履行职责，尽快使代际阅读有法可循、有规可依。中国图书馆学会阅读推广委员会应牵头成立专门负责代际阅读的组织机构，由专人进行服务体系研究和服务规范的制定，并联合各图书馆，以增加图书馆在代际阅读推广服务中的社会影响力。

3.2 开展多领域代际阅读推广项目，打造代际阅读推广品牌

公共图书馆作为代际阅读推广的引领主体和实施群体之一，要充分考虑自身能力和地域发展不平衡的特点，加强读者需求评估研究，深入了解当代老年人和年轻人的实际需求，寻找二者之间的交叉领域[10]。通过选取适宜主题并研发新的代际阅读推广项目或拓展原有不同年龄读者的阅读推广活动等手段，有针对性地开展多元化、可持续、双向的代际阅读推广服务。例如，可根据地域特点、社区人口构成、周边配套设施设备等，开展以公共图书馆为主体，社区分馆、城市书房为辅助，代际双方均感兴趣、参与度高且易于坚持的代际阅读推广活动，进而打造具有各馆特色的代际阅读推广服务品牌；可充分利用老年人在社会经验、专业知识以及年轻人在智能技术等方面的优势，鼓励他们积极参与以经验传承和智能技术运用为主题的代际阅读推广活动；可向残障人士等弱势群体开展专业的代际阅读培训、图书捐赠等定向代际阅读援助服务，同时联合社区、学校等多群体协同参与，实现服务均等化；对于失独家庭的老人，可鼓励其走进图书馆，增加与人交流的机会，丰富其精神生活，帮助其找到生活的意义；可向包括儿童和老人在内的乡村留守人员开展专业技能培训，帮助他们树立终身学习理念，充分发挥图书馆的社会教育职能。

3.3 加强图书馆馆藏资源及代际空间场所建设，助推老幼融合

公共图书馆是代际阅读服务兴起时最重要和最主要的代际阅读空间，有关代际阅读的馆藏资源则是代际阅读推广服务开展的媒介。公共图书馆应重视这部分馆藏资源的建设，着力从代际阅读相关的专业图书、老年人和年轻人共同感兴趣的图书、代际阅读活动主题相关图书等方向来丰富馆藏资源。此外，随着信息时代的发展，线上开展代际阅读推广活动成为一种新形式。公共图书馆可搭建适合代际阅读推广活动开展的线上平台，为不便于到馆参与活动的代际双方提供更多的交流途径。可建设代际阅读推广服务

相关主题数据库作为馆藏资源建设的补充，并指导老年人和年轻人正确使用。还可利用大数据模型制定个性化服务，让更多人了解代际阅读并参与其中。

当前，公共图书馆的空间设计主要满足单一年龄群体的需求，有意识地将不同年龄段读者进行物理空间及文献资源层面上的分隔，例如低幼阅读室、青少年阅读空间、成人阅览室、无障碍阅读空间等。除此之外，例如会议室、活动室、公共空间等区域则更方便全年龄群体共同使用。这种情况导致各图书馆缺少能够方便进行代际间交流互动的空间，这在一定程度上阻碍了代际阅读推广项目的开展。公共图书馆若要助推老幼融合，应重新规划和设计空间布局，加强代际空间场所建设，打破空间分隔，逐渐从满足单一年龄群体需求的空间向代际空间转变，为老年人和年轻人创造更多参与代际阅读推广活动的机会，在促进代际融合中发挥公共图书馆优势，贡献更多力量[11]。

3.4 加强社会合作，延伸图书馆服务阵地

促进代际阅读推广项目实施与落地，不仅要靠公共图书馆主导，还要团结社会资源共同开展。首先，因大众对代际阅读推广项目的了解和关注程度有限，加之代际阅读推广项目自身的公益性质和发展不成熟，导致项目在实施方面面临一定的资金困境。图书馆可联合教育出版机构、商业机构等社会力量，获得代际阅读推广项目的专用资金并由专人监管，确保资金落实到图书的购买、活动场地的布置、代际阅读推广对象的补贴、志愿者基本补助的发放等实处。其次，图书馆不是进行代际阅读的唯一空间，学校、幼儿园、养老院、老年活动中心、医院等均可作为代际阅读推广活动的场所。而作为这些机构的重要载体，社区也成为开展代际阅读推广活动的辅助空间。公共图书馆可为社区提供代际阅读推广服务的合作方案并组织培训，与社区人员共同负责组织代际阅读推广活动。例如，可在社区建立专门用于开展代际阅读推广活动的场所，或完善社区现有图书馆、活动室、阅读角等文化设施，也可将养老育幼设施相结合，作为长期开展代际阅读推广的活动场所，将图书馆服务阵地向外延伸。

3.5 加强人才队伍建设，培养专业领域和跨界人才

代际阅读推广服务的开展离不开多方合作，公共图书馆应加强对专业领域和跨界人才的培养，加快人才队伍建设。首先，将代际相关专业课程纳入到图书馆学专业人才培养计划中来，让更多的学生了解代际阅读推广的价值与重要性，从而提升图书馆员等从业人员的专业能力。其次，加强图书馆员相关培训，保障优秀人才继续从事相关研究，为代际阅读推广设计可实行、高质量的项目。可对实施代际阅读推广活动的阵地人员进行文献精准推荐和代际空间场所建设指导等。完善志愿者服务，招募有爱心、耐心和包容心的志愿者，在培训过程中传播代际理念，强调老年人和年轻人在当今社会的作用和价值，消除志愿者存在的刻板印象，并为其提供社会实践的平台，实现多方共赢。此外，还要建立健全的激励机制，对拥有良好职业素养、理论基础扎实、代际阅读推广活动经验丰富的人员给予一定奖励。

当前，老幼融合已成为积极应对人口老龄化的新模式。公共图书馆作为公共文化服务体系的重要组成部分，通过积极开展多领域代际阅读推广项目，打造代际阅读推广品牌，加强图书馆馆藏资源及代际空间场所建设，并联合社会力量延伸图书馆服务阵地等途径，不仅为老年人和年轻人提供沟通与交流的场所，促进双方身心健康发展，而且对阻断代际贫困、缩小代际差异、实现积极老龄化均有着重要意义。

参考文献

[1][9] 中华人民共和国 2022 年国民经济和社会发展统计公报［EB/OL］.［2024-04-02］. https://www.stats.gov.cn/xxgk/sjfb/tjgb2020/202302/t20230228_1919001. html.

[2] 中华人民共和国国民经济和社会发展第十四个五年规划和 2035 年远景目标纲要［EB/OL］.［2024-04-02］. https://www.gov.cn/xinwen/2021-03/13/content_5592681.htm.

[3] 赵俊玲，郭腊梅，杨绍志 . 阅读推广：理念　方法　案例［M］. 北京：国家图书馆出版社，2013：111-112.

[4] 谭博，邱庆东 . 国外代际阅读推广案例及其启示［J］. 图书与情报，2017（3）：109-113，133.

[5] 张骊，马静 . 欧洲四国公共图书馆少儿代际阅读推广服务实践调研与启示［J］. 图书馆工作与研究，2020（11）：40-44，50.

[6] 2022 年度国家老龄事业发展公报［EB/OL］.［2024-04-02］. https://www.mca.gov.cn/n152/n165/c1662004999979996614/attr/315138.pdf.

[7] 吕冰玉，杨芳 . 基于代际阅读的老年人阅读疗法服务研究［J］. 河北科技图苑，2019（3）：55-59.

[8] 谭博，单力融 . 图书馆阻断代际贫困的路径与策略［J］. 图书与情报，2019（1）：100-105.

[10] 李俏 . 代际共融：积极应对人口老龄化［M］. 北京：社会科学文献出版社，2022：211.

[11] 苗美娟 . 老龄化背景下美国公共图书馆代际实践研究［M］. 北京：国家图书馆出版社，2023：182-198.

数字图书馆线下体验活动内容形式及开展策略探讨

——以国家图书馆数字图书馆体验区为例

宫蛟飞（信息技术部）

近年来，随着互联网和信息技术的发展，图书馆的服务形式也在发生深刻变化。数字图书馆作为一种新型的图书馆形式或传统图书馆开辟的一种新型服务模式，为读者提供了丰富且获取便捷的信息资源。随着数字图书馆的不断创新发展，如今图书馆早已不仅仅是信息获取的场所，更成为公众体验科技前沿与信息融合、全媒体服务与纸本图书借阅互补、新型阅读方式与优秀传统文化繁荣共生的重要途径，成为参与数字化教育、发扬社会教育服务功能的重要阵地。

国际图书馆协会与机构联合会（International Federation of Library Associations and lnstitutions，IFLA）将现代图书馆的职能概括为：保存人类文化遗产、开展社会教育、传递科学信息、开发智力资源。现代图书馆学强调的图书馆功能包括：维护社会信息公平、缩小数字鸿沟、促进社会包容、促进社会阅读等[1]。数字图书馆开展线下体验活动，将科技、知识、文化、馆藏进行有机结合、互动呈现，无疑是对上述图书馆职能的有益实践。

国家图书馆数字图书馆体验区（以下简称“体验区”）以多年来开发创建并积累起来的多媒体展示项目为基础，以科技手段为助力，探索新型资源展示方式、挖掘优秀馆藏资源，并通过开展形式多样、主题丰富的线下体验活动，将创新性服务方式和阅读形式展示给读者，广大读者通过现场互动的立体化、多维化体验，共享科技变革和服务创新成果。因此，探讨体验区开展的线下体验活动，能够在活动的内容形式及开展策略等方面为图书馆业界开展相关活动提供一定的参考。

1　数字图书馆体验区开展线下体验活动的内容及形式

体验区是面向公众提供数字图书馆服务体验的窗口，是国家图书馆重要的服务阵地和宣传阵地之一。依托多年积累所搭建起的展项系统，借助传统节日、世界读书日等时间节点，结合社会热点、科技沸点，体验区自 2014 年 9 月开放以来[2]，举办了众多主题丰富、形式多样的线下体验活动，吸引大批来访嘉宾和读者前来参观体验，收获了良好的口碑和社会效益。本文选取 2022 年至 2023 年具有代表性的 3 次线下体验活动进行综合分析，3 次活动的主题及具体展项内容、展项形式等信息详见表 1。

表 1　数字图书馆体验区 2022 年至 2023 年 3 次线下体验活动展项详情

时间节点	活动主题	活动展项	展项内容	展项属性	关键词
元旦及春节	“博古通今，炫彩数读”体验活动	读者画像程序	对原有读者画像程序进行扩展，新增读者人脸识别分析模块，分析读者行为数据，实现图书个性化推荐	扩展	人脸识别、个性化推荐
		知识竞答系统	新建知识竞答系统，制作冬奥、诗词、党建、防疫等主题题库	新增	知识竞答、社会热点
		魔墙	增加名著品读、非遗漫谈、典籍鉴赏等优秀传统文化资源	扩展	传统文化资源
		光影流书墙	创新光影流书墙资源展示形式，更新展示资源	扩展	资源展示形式
		全景展厅和阅读树	为全景展厅和阅读树更新数部题材新颖、制作精良的视频资源	扩展	VR 视频资源
元旦及春节	“奋进新时代，筑梦新征程”数字体验活动	党的二十大精神主题宣传视频	从官方媒体严选相关内容和素材，制作形式新颖的宣传体验项目，发挥体验区党建宣传窗口作用	新增	党建宣传、宣传形式
		楹联贺新春	精选优秀传统楹联资源，利用多媒体展示技术搭建数字化展厅，并将楹联资源制作成电子翻书阅读形式，支持线上线下体验	新增	传统文化资源、资源展示形式
		知识竞答系统	新增有关党的二十大精神的主题题库，有助读者对有关知识点形成更为深刻的理解和记忆	扩展	知识竞答、社会热点
		魔墙	新增党的二十大相关视频	扩展	更新资源
		入口处欢迎屏	更新党建内容	扩展	党建宣传
		AR 阅读	新增《本草纲目》《姓氏图腾录》等优秀传统文化 AR 书签，利用增强现实技术，将中草药生长过程、姓氏起源进行生动展示	扩展	AR 阅读、资源展示形式
科技周	“穿汉服、写汉字、共赏AR”互动体验活动	指笔成书互动展项	用手指触屏即可进行毛笔书法，并可选择古代大师字体进行转换，书写或转换完毕的书法作品可下载保存	新增	传统文化资源、资源展示形式
		“国图 AR 阅读”小程序	制作“国图 AR 阅读”小程序，选取《本草纲目》中记载的中草药，全新制作中草药生长过程 AR 动画	新增	AR 阅读、资源展示形式
		全景展厅和阅读树	更新两部《天工开物》主题影片	扩展	VR 视频资源
		汉服打卡	号召读者穿汉服参加活动，并预备各式服装和配饰，满足读者着装需求；配置柔光灯箱等设备，保障读者打卡照相效果	新增	弘扬优秀传统文化、互动体验

从表1能够看出，体验区结合不同时期的节日属性及当下技术特点，拟定各有侧重点的线下体验活动主题，主题涵盖古今文化资源、社会发展热点、优秀传统文化及创新阅读体验形式等多个方面。每次活动推出的展项内容及形式异彩纷呈，集中在新资源展示、新技术应用、新形式探索、新知识挖掘等诸多层面。

体验区近期举办的3次活动共推出了15个活动展项，平均每次活动推出5个展项。推出的活动展项中包含6个为配合活动主题新增的展项，以及9个在体验区原有展项基础上进行扩展的展项。新增展项形式多样，包括知识竞答系统、党的二十大精神的主题宣传视频、楹联贺新春、指笔成书互动展项、“国图AR阅读”小程序、汉服打卡活动等。扩展展项主要集中在资源扩展和技术扩展两个方向，其中资源扩展涉及名著、非遗、典籍、楹联、古代书法大师作品等数字化传统文化资源，VR视频、AR动画等新型视频资源，以及党建视频、知识问答题库等时政热点资源；技术扩展包括利用人脸识别技术分析读者借阅信息从而进行个性化推荐，以及利用光影技术、AR技术、VR技术、全景技术等进行全新资源展示形式的探索。

2 数字图书馆线下体验活动开展策略

通过综合分析体验区举办各项各类活动的内容及形式，并结合体验区多年来开展线下体验活动积累起来的经验，本文从选定主题、选取资源、技术创新、用户体验、前期宣传与现场保障等5个方面归纳总结数字图书馆线下体验活动的开展策略，以期为图书馆及数字图书馆同行开展线下体验活动提供参考思路及实操方法。

2.1 选定主题：紧跟时代，传承文化、传递正能量

线下体验活动的主题是活动的主基调及主线，具备主题的线下体验活动更具系统性和实用性[3]。通过挖掘与主题相关的展项形式，体验区设置多个分展项，并将其灵活组合最终构成活动要体现的大主题。主题的选定一般遵照以下方法和原则。

2.1.1 紧跟时代潮流，关注社会热点

图书馆是紧跟时代、与时俱进的有机主体，与广大读者共同探索时代发展前沿、社会生活热点是数字图书馆线下体验活动的重要选题思路之一。体验区在庆祝建党100周年、喜迎党的二十大等重大历史时刻，积极策划相关宣传展项，在全景展厅和阅读树等展项上更新红色主题全景视频，将弘扬主旋律、传播正能量视为己任；在视听体验区域的数字电视上，根据相关时间节点，播放抗战老兵口述史、抗美援朝纪录片等主题视频，教导广大读者不忘历史，弘扬爱国主义教育；在“文化和自然遗产日”期间，播放非遗主题纪录片，营造非遗保护良好社会氛围。

2.1.2 结合传统节日进行选题

传统节日富有深刻的历史文化内涵，是中华优秀传统文化的结晶，也是中华儿女共同的精神寄托。选取传统节日作为主题开展线下体验活动，往往能够极大地引发广大读者的共鸣，同时配以线下活动现场所营造出的浓厚的节日氛围，能够使参与活动的读

者更加沉浸在主题活动中，提升活动效果并创造活动记忆。体验区在元旦、春节期间举办过多次活动，在数字图书馆推广工程项目期间，国家图书馆联合全国各级图书馆举办“网络书香过大年”活动，推出“丹凤来仪·金鸡报晓”“福随春至·戌狗迎新”“欢乐祥瑞·金猪纳福”等 VR 贺新春数字文化虚拟现实体验活动。

2.1.3　结合图书馆自身机构热点进行选题

图书馆在发展变革的进程中，形成了自己独特的机构历史，选取本机构热点，如馆庆日、历年传统活动举办日、当地独有的纪念日等，开展特色主题线下体验活动。“文津图书奖”是由国家图书馆倡导，由全国图书馆及读者、专家、媒体共同评选的公益性图书奖项，一般在每年的 4 月 23 日“世界读书日”当天揭晓奖项评选结果。因此，体验区会结合此项重大活动开展相关的线下体验活动，例如利用光影流书墙发布获奖图书，读者可进行现场互动体验、阅读获奖书目。每年 9 月 9 日国家图书馆馆庆日，国家图书馆通常会举办特色主题活动，体验区也积极开展诸如打造全景式数字文化体验场景、展示公共数字文化工程融合创新发展成果等主题活动。

2.2　选取资源：打造特色资源体系，展示优质资源

拥有丰富海量且多样化、多样态的资源是图书馆的最显著特征之一，这是其为公众提供优质服务的前提。数字图书馆时代，多种媒体介质不断演变、发展融合，质优多维的数字资源是支撑数字图书馆线下体验活动的基础。

2.2.1　馆藏资源数字化

数字图书馆技术的进步为图书馆纸本馆藏资源数字化提供了技术保障，图书馆将馆藏资源依照不同等级进行相应的数字化加工，并建立科学的数字资源存储与发布体系。此外，图书馆根据“共知、共建、共享”的原则[4]，加强与各级各类公共图书馆资源建设的互联互通，进行数字化资源和元数据资源的集中仓储建设，扩大古籍文献、民国时期文献以及现代文献存储量。构建起由馆藏文献资源、数字化信息资源、共建共享数字资源和网络信息资源等共同组成的文献信息资源体系[5]，保障各类读者的阅读需求，为线下活动的举办提供丰富素材。

体验区历次线下活动中所展示的数字资源，包括镇馆之宝《永乐大典》全景视频、甲骨文实物数字化模型、民国时期文献及各历史时期重要老照片，以及年画、地方戏曲等传统文化资源等，都离不开国家图书馆在文献数字化加工方面多年来所做出的努力与深厚积累。

2.2.2　数字资源检索与揭示

资源检索与资源揭示是交互体验、相辅相成的过程，是图书馆提供读者服务的重要内容，也是关系到读者资源获取效果、阅读体验的重要因素。在做好文献数字化、构建数字资源库工作的基础上，图书馆通过采用科学的数字化资源存储与排列机制、加强关联数据生命周期管理[6]等策略，提升数字资源信息生态环境，维护图书馆海量资源的有序性、关联性、可持续性及使用时的高效性。体验区动态数据展示屏为文津搜索系统提供了展示和体验的平台，以及通过 OPAC 联机公共目录检索系统[7]，对国家图书馆

包括纸本书籍资源、自建数字资源库、特藏数字资源、外购国内外大型数据库等在内的资源提供简洁易用的一框式检索和立体多维的资源揭示，方便读者快速、高效寻找到目标资源。

2.2.3 配合主题选取资源，传播优秀传统文化

图书馆配合每次线下体验活动主题，选取适当的资源内容进行展示，不仅关系到活动现场效果，也关系到为参与活动的读者带来的后续文化影响力。因此，资源的选取不是随意的拼配，应当符合科学、严谨、系统、可持续的理念，并且对应主题，尽可能将中华优秀传统文化以及当前热门科技资源展示给公众。例如，体验区紧扣春节活动主题，精选馆藏特色楹联资源，利用多媒体展示技术搭建数字化展厅，并将楹联资源制作成电子翻书阅读形式。读者不仅可在体验区触摸屏上进行体验，而且为配合手机等移动多媒体阅读形式，图书馆将楹联进行渲染展示，提供移动端在线阅读、楹联系列讲座在线点播、楹联知识在线漫谈、主题手机壁纸下载等功能，为读者送上数字化新春贺礼，对中国传统优质楹联资源进行系统性展示。

2.3 技术创新：打造新展项、扩展原展项，实现展项可持续发展

技术是数字阅读发展的推动力，也是打造良好口碑的线下体验活动的实现手段。数字图书馆的关键技术体系包括数据采集、信息处理、知识挖掘、分析预测、大语义模型、数据聚类等[8]，综合运用技术手段对数字图书馆各类型资源进行标引、揭示、可视化加工，有利于读者快速有效获取信息。同时利用 AR、VR 等新型技术手段将数字资源以令人耳目一新的方式进行展示，能够吸引读者广泛参与到线下体验活动中来，从而推动数字图书馆新阅读形态的构建和发展。

2.3.1 展示新技术，打造新展项

数字图书馆线下体验活动是新技术与新阅读形式的探索渠道之一。体验区综合利用新技术打造新展项，探索推动全民阅读的有效路径。例如，体验区基于 5G、全景视频、VR 技术，建立沉浸式阅读空间。该沉浸式阅读空间包含两部分主要展项，分别是全景展厅和阅读树。同时，该沉浸式阅读空间采用“云”“边”“管”“端”的建设思路[9]，从国家图书馆机房构建边缘节点，边云协同，利用 5G 高传输速率，从公有云同步 VR 互动内容到边缘节点[10]，实现全景展厅播放 8K+360° 全景视频内容以及展现现实场景的 3D 复刻，并实现将阅读树作为 VR 体验终端进行个人 VR 沉浸式观赏体验。

2.3.2 利用新技术，扩展原展项

新技术的发展不仅能够开发新展项、新阅读方式，也能为原有展项赋予活力，使原有展项在资源丰度、互动体验感等方面都得以提升，不仅能够在节约开发成本的同时，满足不断开展的主题线下体验活动的需求，也能对技术和阅读方式进行更深层次的探索，还满足展项可持续发展的要求。例如，体验区多年来致力于 AR 阅读展项的发展与探索，在展项功能方面，在原有台式 AR 体验一体机的基础上，体验区根据读者阅读习惯，陆续推出了能够在手机端、平板电脑端使用的 AR 体验 APP，后又结合互联网发展特点，推出了更加便捷、免下载的小程序，实现了扫描二维码即可进行 AR 体验的便捷

操作；在资源方面，陆续对特色馆藏资源《本草纲目》《中华百家姓》等进行扩充，根据古籍原著记载，依托计算机图形设计技术，将古籍中的内容制作成生动形象的 AR 动画，展示中华本草的生长过程、百家姓的起源故事等。

2.4 用户体验：促进资源、展项、技术与人的和谐交互

用户体验感是衡量线下体验活动质量的最直观标准之一，数字图书馆线下活动用户体验感取决于多维度、多方面的因素。从活动整体层面来看，用户体验感包括活动主题体验、活动功能体验、活动流程体验、活动氛围体验等；从展项层面来看，用户体验感受展项资源丰富度、展现技术先进度、展项设计新颖度、展项性能流畅度、展项设计的交互友好度等因素影响；从读者个体感受层面来看，用户体验感包括读者认知体验、使用舒适体验、读者情感体验、读者社会体验等。

图书馆若想提升用户体验感，应在进行线下体验活动前期策划时就予以重视，在主题选定、资源选取、技术结合等方面，参照用户体验感影响因素进行选择和创作，并注重交互性体验及个性化体验的策划制作。

展项交互性体验的目的是通过巧妙设计交互形式[11]，让读者零距离体验资源与技术的融合，从而在展项层面及读者个体感受层面综合提升用户体验感。例如，体验区魔墙展项是集中进行数字化资源展示的平台，考虑到读者普遍的资源体验诉求，该展项采用多块液晶大屏进行拼接，以较大面积保证多位读者共同体验的舒适度。另外，该展项采用多点触控技术，使多位读者可同时打开多种不同资源，多个资源同时播放、互不影响，全面考虑读者的交互体验感。

线下体验活动往往现场参加人数较多，使读者能够尽可能实现个性化体验[12]，这既是活动的亮点也是策划的难点。体验区在科技周举办“穿汉服、写汉字、共赏 AR”互动体验活动时，充分考虑到了读者个性化体验。其中“穿汉服”环节，为了弘扬中华优秀传统服饰文化，以及照顾到不同性别、不同年龄层次读者的实际着装需求，活动现场准备了多套不同款式的汉服，并准备了多种团扇、发簪等配饰，供读者按照自己喜好进行挑选使用，满足了活动参与者的个性化体验心理。

2.5 前期宣传与现场保障：助力线下体验更上一层楼

做好现场活动开始前的宣传工作，对于线下活动的成功开展具有不可或缺的重要作用。适当的宣传能够号召更多读者来到图书馆参与活动，一方面能够让活动现场气氛更加活跃，从而调动所有参与者的积极性；另一方面能够将精心策划的活动、优质的资源向更多读者进行推广，促进全民阅读的发展，提升数字化阅读的影响力。体验区每次开展活动之前都非常重视宣传工作，利用包括官方微信公众号、微信服务号、微博、抖音、视频号等众多渠道发布活动预告，将活动时间、地点、内容、注意事项等详细信息告知公众；并精心制作与展项相关、富含文化寓意的文创产品作为小礼品赠与参与者，扩大宣传效果。同时，宣传工作对于将线下体验活动打造成图书馆的品牌服务，以及促成活动的跨馆合作、跨界合作都是积极有效的途径。

成功的活动举办离不开现场的保障工作，成熟流畅的保障工作体系包括现场组织人员、服务人员的人力保障，以及展项使用和维护的技术保障。因此，图书馆应加强人才队伍建设，定期开展展项使用的相关培训工作，以保障活动有序开展以及读者顺畅体验此外，图书馆应严抓展项维保服务，保障展项工作状态，确保在现场活动时如遇展项故障，能够第一时间予以处理。

随着数字图书馆的兴起和发展，以及促进全民阅读工作的开展，数字图书馆不仅是公众获取资源的途径，也可以成为开展线下体验活动的重要场所。数字图书馆应从选定主题、选取资源、技术创新、用户体验、前期宣传与现场保障等几方面策略着手，打造优质线下体验活动，从而收获良好服务效益和社会效益，传播弘扬优秀传统文化。

参考文献

［1］图书馆职能［EB/OL］.［2025-04-27］. https://www.termonline.cn/wordDetail?termName=%E5%9B%BE%E4%B9%A6%E9%A6%86%E8%81%8C%E8%83%BD&subject=72eee50a26a811ee892ab068e6519520&base=1.

［2］申悦 . 人工智能机器人在图书馆的设计与实现——以国家图书馆数字图书馆体验区为例［J］. 图书馆，2020（6）：37-41.

［3］郭坚 . 红星闪闪耀童心：湖南省少年儿童读书活动组织机制研究［M］. 北京：经济管理出版社，2021：21-23.

［4］王菲 . 变革与参与：国家图书馆面向用户与图书馆员的数字化教育——第 85 届国际图联世界图书馆与信息大会会议报告［J］. 农业图书情报，2019（12）：48-55.

［5］易路杰，苏宇波 . 新媒体环境下公共图书馆阅读推广活动研究［M］. 长春：吉林人民出版社，2022：48-53.

［6］蔡颖 . 国家图书馆关联数据注册与服务系统设计及实现［J］. 数字图书馆论坛，2019（11）：36-43.

［7］张宁，李雪 . 用户体验服务模式在图书馆中的应用实践——以国家图书馆数字图书馆体验区为例［J］. 图书情报知识，2017（2）：33-41.

［8］陈鸿 . 图书馆阅读推广活动理论与方法［M］. 哈尔滨：北方文艺出版社，2022：129-130.

［9］王宇鸽 .5G 环境下的图书馆新阅读体验中心建设［J］. 科技创新与应用，2022，12（13）：34-38.

［10］路龙惠，蒙海光 .5G 技术在图书馆智慧化转型发展中的应用——以国家图书馆为例［J］. 中国科技信息，2023（12）：130-132.

［11］韦彦欣，杨勤 . 基于 CUBI 用户体验模型的交互式科普展项设计研究［J］. 设计，2022（7）：66-68.

［12］张甦 . 新媒体环境下图书馆线上专题建设现状及发展策略研究［J］. 传媒论坛，2023（1）：112-114.

智慧时代图书馆元数据标准体系发展方向

——浅析 DC、MODS、RDA 和 BIBFRAME

莫　菲（中文采编部）

元数据（Metadata）是关于数据的数据，它提供了关于原始数据的描述信息，使得用户能够理解和解释资源的内容、特征和结构。元数据广泛应用于图书馆领域，是信息管理和组织中的关键组成部分，能够对大量数据进行分类、检索和维护。在智慧图书馆的建设中，元数据起着至关重要的作用[1]，元数据的丰富性和准确性直接影响资源检索的效率。智慧图书馆可以通过元数据实现资源的智能分类和聚类，便于用户浏览和检索。此外，智慧图书馆可以通过元数据分析用户行为及其资源使用模式，从而优化服务和资源配置，提供个性化推荐服务。

标准化的元数据格式使得不同系统之间能够共享和交换数据，促进数据的集成和协同工作。MARC 是最早的图书馆元数据标准之一，能够充分描述信息资源，确保数据检索效率。随着信息技术的发展，MARC 难以满足图书馆对电子资源、网络资源等非传统资源描述的新需求。为提升图书馆资源的利用效能，编目工作需要遵循新的元数据标准，DC、MODS、RDA、BIBFRAME 等元数据标准相继推出。在未来的编目实践中，如何根据资源的特点和描述需求选取元数据标准，将元数据与图书馆智慧技术有效结合，实现图书馆智慧服务，是我们面临的重大挑战。

1　早期的 MARC 优化方案：DC 元素集和 MODS 元数据标准

1.1　DC 元素集

1995 年，联机计算机图书馆中心（Online Computer Library Center，OCLC）在美国俄亥俄州的都柏林召开第一届元数据研讨会，定义了都柏林核心元数据倡议（Dublin Core Metadata Initiative，DCMI），确立一种简单、通用的元数据标准——都柏林核心（Dublin Core，DC），旨在用简单的元数据记录描述各类新型文献资源，支持各类信息资源的发现和检索。DC 建立之初由 13 个元素组成，后经修改增至业内广泛认可的 15 个核心元素[2]（如表 1）。

表 1　DC 的 15 个核心元素及其对资源的描述

元素名称	元素主要功能
题名	描述资源的名称或标题
创建者	标识创建资源内容的主要责任者
主题	描述资源内容的主题
出版者	标识资源的发布者或发行机构
描述	提供资源的详细描述，包括内容、目的、条件等
其他责任者	描述除主要责任者之外，其他对资源有贡献的个人或团体
日期	记录资源的创建或发布日期
类型	描述资源的类型，如种类、体裁、作品级别等
格式	描述资源的物理或数字格式，如媒体类型或数据资源所占空间大小等
标识符	提供资源的唯一标识符，如 DOI（数字对象标识符）、ISBN（国际标准书号）等
来源	指向资源的来源作为当前资源的参照
语种	描述资源所使用的语言
关联	描述资源与其他资源之间的关系，如系列、部分或相关资源
覆盖范围	描述资源应用的范围，包括空间、时间或主题范围
权限	描述资源的使用权限和访问限制，如版权等

随着语义网概念的提出，DC 数据模型于 1997 年正式引入资源描述框架（Resource Description Framework，RDF）。RDF 是一种描述信息资源的框架，而 DC 提供了一套用于描述各类网络资源的属性，二者的结合使得 DC 能够更好地支持资源的语义描述，满足语义网发展的需求。以 RDF 为基础，DC 引入修饰词，对需要详细描述的资料进行语义限定。

自 2001 年起，DCMI 年会取代了 DC 元数据研讨会，不限制参与人数[3]，通过开设社区组促进用户群体之间的合作，共同推动 DC 标准的发展和创新。DCMI 社区组负责维护 DC 的元素集、属性、类、数据类型和词汇编码等元数据术语，这些术语用 RDF 词汇表表示，以便在链接数据中使用。

DC 具有简易性、通用性、可重复性、可扩展性和可修饰性的特点，成为图书馆领域描述各种类型资源的标准之一，并广泛应用于多媒体、数据库等资源信息共享[4]。随着智慧时代的到来，DC 将继续提高资源描述的质量和效率，适应大数据与人工智能等新兴技术，实现更深层次的智能化资源管理和服务。

1.2　MODS 元数据标准

虽然 DC 实施难度小且通用性强，但结构过于简单，难以详细描述资源内部结构和复杂关系。为此，美国国会图书馆（Library of Congress，LC）于 2002 年公布了元数据对象描述模式（Metadata Object Description Schema，MODS）[5]。MODS 采用模块化、结构化和层次化的设计，是基于可扩展标记语言（Extensible Markup Language，XML）从 MARC21 中抽出来的元素。

各版本 MODS 都包含最高层级的根元素、若干主元素，以及各主元素之下的子元素。其中，主元素包括身份标识元素、物理描述元素、主题与分类、摘要和注解、关联和链接、权限和访问、记录信息元素、扩展元素等几部分。随着信息技术的发展，MODS 的元素和属性不断增加和完善，以适应新的资源类型和描述需求。2010 年发布的 MODS 3.3，共包含 20 个主元素和 2 个根元素[6]（如表 2），至 2017 年，MODS 已更新至 3.7 版，根元素和主元素未见改变。

表 2 MODS 主要元素

类别	元素名称	元素主要功能
根元素	MODS	包含一件具体资源的所有描述信息
	MODS Collection	包含整个资源集合的所有描述信息
主元素	题名信息	描述资源的标题和相关标题信息
	名称	描述与资源相关的个人或组织名称
	资源类型	指定资源的类型，如文本、图像、音频等
	来源信息	提供资源的创建或发行信息
	体裁形式	描述资源的体裁或形式
	语言	描述资源所使用的语言
	标识符	提供资源的标识符，如 ISBN、DOI 等
	载体形态描述	描述资源的物理或数字形式，如尺寸、形态、颜色等
	分类	按分类标准提供资源的分类号
	主题	使用关键词或主题词表等描述资源的主题内容
	摘要	提供资源内容的摘要或概述
	目次	提供资源内容的目录或摘要
	部分	描述资源中的各个独立部分或组件，如篇章、卷期等
	附注	提供关于资源的其他注解信息
	读者对象	用于描述预期的用户群体特征，如年龄、教育水平、职业等
	相关文献	描述与当前资源有关联的其他资源
	馆藏位置	提供资源存储位置或访问路径的信息
	访问条件	描述获取和使用资源的条件，如版权声明或访问限制
	记录信息	提供关于 MODS 记录本身的元数据，如创建日期和记录修改历史
	扩展	通过添加元素或定义属性扩展标准，以适应特定用户群体或资源描述的需求

MODS 以 XML 为句法规则，而 XML 允许自定义标签，因此 MODS 具有高度扩展性，可以通过添加新的元素和属性来适应新的资源类型和描述需求[7]。模块化设计进一步提高了 MODS 的灵活性，可以根据资源描述的需要，选择和使用不同的元素以适应不同类型的资源管理。MODS 提供了一种结构化的元数据框架，包含根元素和多个层次化的子元素，这一系列丰富的描述性元素提供了资源的详细信息，满足图书馆专业领域的需求，有助于用户获取资源。随着语义网技术的发展，MODS 积极尝试与 RDF 相结合，支持资源的语义描述和数据的关联与链接。此外，MODS 在设计时考虑了与 DC 等元数据标准的兼容性，能够与已有的元数据系统和工具相融合，便于资源的共享和交换。

MODS 广泛适用于图书馆和档案馆的数字资源管理，但其设计开发仍然受限于原有的编目体系和技术水平，难以取代经过长期发展的 MARC 格式。

2　新时代的图书馆元数据标准：RDA 和 BIBFRAME

1998 年，国际图联（International Federation of Library Associations and Institutions，IFLA）发布《书目记录功能需求》（Functional Requirements for Bibliographic Records，FRBR），建立以“实体 - 关系”（E-R）模型为基础的概念模型，并以此为基础，发布国际编目原则声明（Statement of International Cataloguing Principles，ICP），图书馆编目事业进入新的时代。2017 年，IFLA 对原有模型进行整合更新，发布《国际图联图书馆参考模型》（Library Reference Model，LRM）。LRM 是一个与语义网兼容的高级概念模型，对于具体的编目规则制定起到指导作用。

2.1　RDA 的建立和发展

由于《英美编目条例》（Anglo-American Cataloguing Rules，AACR）难以满足 FRBR 模型的 E-R 结构和功能需求，2005 年，新修订的第 3 版 AACR 正式更名为资源描述与检索（Resource Description and Access，RDA），并于 2009 年编制完成。RDA 专为数字化与网络化环境设计，继承了 AACR2 的结构和描述规则，以 ICP 为纲领，借鉴 FRBR 和 FRAD 概念模型中定义的实体、关系、属性等术语概念和模型构架。2010 年，RDA 发布了在线电子资源形式的 RDA 工具包（RDA Toolkit），为 RDA 的实施和应用提供了重要支持。

RDA 定义了作品（Work）、内容表达（Expression）、载体表现（Manifestation）、单件（Item）、个人（Person）、家族和团体（Family）、地点（Place）、时间（Time Span）、事件（Event）、概念（Concept）、对象（Object）、集合（Collection）、序列（Series）等 13 个实体[8]，每个实体都有一系列的属性和关系，用于描述该实体的特征和与其他实体的联系。LRM 发布后，RDA 新增行为者（Agent）和名称（Nomen）等概念，以及资源（Res）这一高级实体的语义范畴。为确保与新模型的一致性，RDA 指导委员会牵头展开 RDA 工具包重构和再设计项目[9]。经过一系列修订，新版 RDA 于

2020年正式发布。由于“名称”实体对于题名、责任者名称、主题等的规范控制将覆盖范围扩大到所有RDA实体，新版RDA奉行“一切可选”原则，未设定核心元素，更加关注资源描述的区别性、充分性、关系性、准确性表达[10]。

RDA强调帮助用户查找、标识、选择和获得他们所需要的信息，并支持书目记录的聚类，显示作品及其创建者之间的关系。RDA的设计以用户需求为出发点，旨在提供更直观、更易于理解的编目记录，强调对单个实例的描述，关注于资源本身，而不是传统编目中的实体或作品。对于编目人员而言，RDA具有高度的灵活性和扩展性，编目人员可以根据资源类型和编目目的决定如何描述资源。RDA从AACR2发展而来，提供了更灵活的内容描述框架，更适合新兴的数据库技术；基于概念模型建立，与新的编目体系相适应。此外，RDA与MARC21、DC、MODS等元数据标准兼容，能确保不同标准元数据之间的数据交换和过渡。

2.2 BIBFRAME的建立和发展

RDA的出现为图书馆界提供了全新的编目规则，也使得业界对新编目格式的需求更加急迫。为此，LC开发出书目框架模型（Bibliographic Framework，BIBFRAME），替代现有的MARC记录格式。BIBFRAME基于FRBR模型和RDA规则构建，采用关联数据技术，主要由实体模型和术语词表组成。模型中的实体和其他数据文件通过RDF/XML编码产生链接，并提供链接之间的相互关系[11]。术语词表由类（Class）和属性（Property）组成。类主要指核心实体类及其他非核心实体的各种共性概念；属性描述文献资源的特征，用于表示类之间的关系。

2012年，BIBFRAME 1.0正式发布，其中实体模型包括作品（Work）、实例（Instance）、规范（Authority）和注释（Annotation）4个核心实体，作品、实例和规范共同构成核心模型，作品、实例和注释共同构成注释模型；术语词表包含53个类和289个属性。2016年，LC推出BIBFRAME 2.0，并发布MARC 21与BIBFRAME词汇表的映射。BIBFRAME 2.0模型分3个层级，包括作品（Work）、实例（Instance）和单件（Item）3大核心实体[12]；BIBFRAME 2.0词表将BIBFRAME 1.0中的部分属性改为类，并复用外部成熟词表，共定义176个类和197个属性[13]，并以分类视图形式分17个类别呈现，进一步规定了使用BIBFRAME进行编目的方法。2021年，BIBFRAME 2.1发布。新模型包括超级作品（Hub）、作品、实例和单件4大核心实体，与LRM和RDA中作品、内容表达、载体表现、单件4层级实体基本对应。BIBFRAME2.1词表在BIBFRAME2.0词表的基础上，又增加了7个类和15个属性[14]。

BIBFRAME以E-R模型为核心，与新的编目标准一致，具备和RDA相似的灵活性和可扩展性。BIBFRAME依据RDF和统一资源标识符（Uniform Resource Identifier，URI）对资源进行描述，能够表达丰富的语义关系，并使用通用搜索引擎进行检索，使书目数据成为真正的Web数据，符合智慧图书馆对编目数据开放可读的要求。BIBFRAME在修订和发展过程中，通过复用已有元数据的关联数据词表，实现与现有元数据标准的兼容。

近年来，LC大力推广BIBFRAME的试验和应用。2021年，LC提出BIBFRAME 100计划，全体编目人员采用BIBFRAME进行编目，不再同时创建MARC记录。但BIBFRAME发展时间较短，且结构复杂，其全面应用还面临着一定困难。

3 DC、MODS、RDA和BIBFRAME在编目实践中的前景展望

DC、MODS、RDA和BIBFRAME都是用于描述和组织信息资源的元数据标准，旨在提供标准化的方式来描述各种类型的文献资源，以便用户能够更好地发现、检索和使用资源。如表3所示，四种元数据标准各有其特点和优势，适用于不同的资源描述需求和应用场景。DC以其简单性和通用性适用于网络资源描述和共享资源；MODS和RDA提供了资源的详细信息，适合复杂的文献资源描述和专业的图书馆编目；BIBFRAME则为图书馆提供了一种新的编目框架，适应现代信息环境的需求。DC、MODS、RDA和BIBFRAME都具备良好的扩展性、灵活性和兼容性，这有利于几种标准相互补充，共同提高资源的利用效率，尤其RDA和BIBFRAME是基于关联数据和语义网建立的，便于与网络环境中的其他资源和技术相结合，推动编目事业向智慧化方向发展。

表3 四种元数据标准各自的特点

	DC	MODS	RDA	BIBFRAME
特点	简单、通用的元数据标准，包含15个基本元素	基于XML建立，网络化、结构化、模块化的MARC21精简版本	强调对资源的描述，取代AACR为图书馆提供一种新的编目规则	基于RDF构建，为图书馆提供一种新的编目框架
难度	结构简单，易于理解和应用	较为复杂，学习和实施难度较大	较为复杂，学习和实施难度较大	复杂，学习成本和实施难度高
描述能力	缺乏对复杂资源和关系、资源内部结构的描述	能够描述资源的细节，支持复杂的资源描述	能够描述复杂资源的细节和关系，兼具规范性和灵活性	支持细粒度的资源描述，通过URI链接描述全网络资源间的关系
扩展性	通过限定符扩展元素的含义	通过添加元素或定义属性扩展标准内容	通过附录和扩展规则来增加新的元素和属性	通过添加核心实体的类和属性扩展模型
互操作性	易于与MARC和RDF等元数据标准和应用结合	支持与MARC21、DC等元数据标准的映射和RDF技术的集成	元素与已有元数据标准的元素相对应以实现数据的互操作	支持与MARC双向转换，通过复用术语词表与各种元数据兼容

元数据是智慧图书馆建设的基石，它不仅关系到资源的组织和管理，还直接影响到

服务的质量和用户体验。随着技术的进步，元数据获取逐渐成为信息系统数据建模和实现功能的关键性步骤，这不仅是语义技术和知识图谱技术必需的应用，而且已成为信息系统建立独立的、基于知识的内容架构的基本操作和主要方案[15]。为此，我们需要继续探索和创新元数据标准，以适应不断变化的服务需求和技术环境，推动图书馆事业向智慧化方向发展。

参考文献

[1][10]白雪.新版RDA对智慧图书馆描述性元数据建设的实现[J].图书馆学刊，2023（6）：44-48.

[2]郑志军.实现DC元数据与档案元数据EAD的映射[J].科技创新导报，2013（1）：225-226，228.

[3]范炜，林君松.DCMI 2021虚拟年会综述[J].数字图书馆论坛，2022（5）：66-72.

[4]范小松.基于DC元数据的资源统一描述策略探讨[J].中国中医药图书情报杂志，2020（3）：21-25，29.

[5]张爱珍.元数据标准MODS的发展及应用[J].科技视界，2013（33）：243，242.

[6]蔡惠霞.网络信息资源MODS编目探讨[J].江西图书馆学刊，2012（1）：53-55.

[7]谢明亮.MODS在图书馆元数据整合中的应用[J].河北科技图苑，2015（3）：27-29.

[8]丁政，蔡丹.新版RDA探微——3R项目稳定阶段略述[J].数字图书馆论坛，2020（10）：32-37.

[9]王薇，罗翀.3R项目进展及国家图书馆RDA本地化实施的应对策略研究[J].国家图书馆学刊，2018（5）：106-112.

[11]周小萍.CNMARC与BIBFRAME的映射及转换研究[J].图书馆杂志，2018（8）：21-29.

[12]Overview of the BIBFRAME 2.0 model[EB/OL].[2024-03-30].http://www.loc.gov/bibframe/docs/bibframe2-model. html.

[13]辛苗.BIBFRAME 2.0词表变化分析[J].图书馆杂志，2018（5）：45-51.

[14]BIBFRAME本体2.1版发布（4层确认）[EB/OL].[2024-03-30].https://catwizard.net/posts/20210625164233. html.

[15]刘炜，刘倩倩，付雅明，等.人工智能时代的元数据方法论[J].图书馆理论与实践，2023（4）：16-29.

基于 SICAS 模型的公共图书馆青少年阅读推广实践路径研究

唐　睿（典藏阅览部）

近年来，国家高度重视人民群众的精神文化生活。自 2014 年至 2023 年，“全民阅读”已经连续 10 年写入政府工作报告，其表述也从 2014—2016 年的“倡导全民阅读”，变为 2023 年的“深入推广全民阅读”，可见近十年阅读推广在全社会引起了广泛的关注[1]。国际图书馆协会与机构联合会（以下简称“国际图联”）在 2 0 1 8 年发布的《国际图联 0—18 岁儿童图书馆服务指南》中提出，图书馆应向家长、教育者和照顾者提供专业指导与技术设施，并开展相关研究，发现影响青少年阅读与接受能力的相关因素，以制定科学的图书馆阅读推广方案[2]。《中华人民共和国公共图书馆法》明确要求公共图书馆“开展面向少年儿童的阅读指导和社会教育活动”[3]。如今，随着国家的“双减”政策的进一步落地实施，课程内容和考核形式的变化都对青少年的阅读能力提出了更高的要求。在此情形下，公共图书馆作为文献资源收藏、保护和利用的重要文化场所，在资源整合、服务提供、技术应用等诸多领域具有优势，需要更多地开展阅读推广服务和活动，提升青少年的阅读素养。

采用生物标准和法律标准可将青少年定义为：个体由儿童向成人的过渡期，特指 12—17 岁阶段的未成年人。其中 12—14 年龄段称为少年期，也就是青春期；15—17 年龄段称为青年初期[4]。本文主要涉及的青少年读者群体为 12 岁至 17 岁正接受教育的未成年人。

目前，学界围绕青少年阅读推广已展开了不同侧面的深入研究。学者朱燕玲提出阅读推广的定义应该不再局限于阅读书籍这个小概念，而是以阅读推广要素论为基础，从实际研究对象出发，将阅读推广定义为促进个体发展的实践活动。该实践活动是以公共图书馆为主体，以青少年为对象，以提高青少年综合素质为目的实践活动[5]。学者董娜、张鑫提出公共图书馆应加强与不同社群的沟通和交流，借助外部优质资源促进未成年人阅读推广发挥更大效益[6]。学者董娟提出，借助互联网将公共图书馆进行在线延伸，包括“图书馆＋学校”“图书馆＋家庭”“图书馆＋社会机构”，将公共图书馆的在线阅读 与推广服务延伸到青少年的主要活动场所[7]。

分析相关文献发现，当前图书馆界对于青少年阅读推广的研究多集中在图书馆资源和服务效能的优化方面，而忽略了青少年读者本身不仅是阅读推广服务的接受者，同时也是阅读推广的助力者和参与者。基于此，本文将基于 SICAS 模型将阅读推广探究的重点放在青少年读者这一群体上，力求构建更能激发他们主观能动性的阅读推广体系和路径。

1 SICAS 模型概述

SICAS 模型是一种全景模型，用户行为、消费轨迹在这样一个生态里是多维互动过程，而非单向性的递进。其全解是：品牌——用户互相感知（Sense），产生兴趣——形成互动（Interest & Interactive），用户与品牌——商家建立连接——交互沟通（Connect & Communication），行动——产生购买（Action），体验——分享（Share），五个阶段[8]。

Sense（用户互相感知）：通过分布式、多触点，在品牌、商家和用户之间建立动态感知网络。打通有效的感知通路是这一环节的关键。

Interest & Interactive（兴趣及互动）：构建良性互动，不仅限于触点铺设的数量，也需关注互动的方式、内容和关系。而及时地跟随、响应、理解用户的兴趣和需求则是互动的关键因素。

Connect & Communication（建立连接与沟通）：意味着必须将移动互联网与 PC 互联网相结合，连接新老用户，在品牌和用户之间建立持续沟通和交流的机制。

Action（产生购买）：用户的购买行为可能发生在线上线下等多种地点。品牌需要提供良好的用户体验，以刺激消费意愿向消费行为的转化。

Share（分享）：体验和分享并非消费的终点。在社会化网络下，用户的碎片化口碑分享能够扩大营销的辐射范围，同时也是消费生产力的重要来源之一。

2 SICAS 模型对公共图书馆青少年阅读推广的价值

SICAS 模型包含的 5 种要素相互影响，呈现网状结构，促使营销推广的效率进一步提高，其推广方式与公共图书馆青少年阅读推广的过程也具有高度相关性。结合公共图书馆青少年阅读推广的特点，笔者基于 SICAS 模型的 5 种元素，将公共图书馆青少年阅读推广思路整合为以下 4 个部分，如图 1 所示。

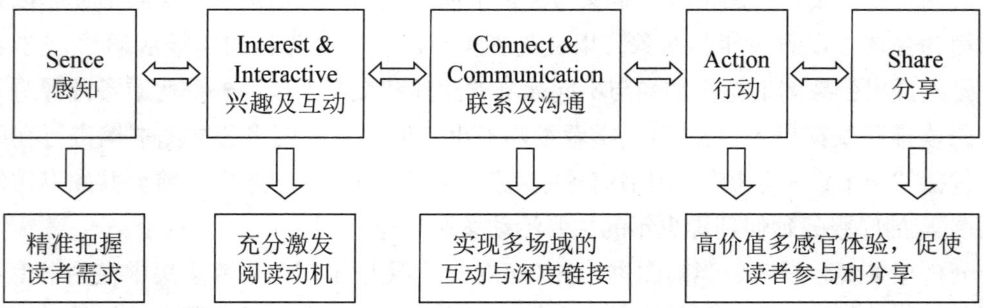

图 1 基于 SICAS 模型的公共图书馆青少年阅读推广思路

2.1 有助于深入挖掘青少年群体的阅读需求

在当今的网络时代，受各种社会信息，尤其是热点新闻的影响，青少年群体的阅读需求也在发生着变化。SICAS 模型强调从用户自身行为及其消费路径的角度，观察、深入分析用户需求，及时响应并与用户进行互动。运用该模型的多触点分析系统，可在推广营销的主客体之间构建出动态感知网络，精准把握用户需求。因此，该模型将有助于公共图书馆广泛搭建针对青少年阅读需求的动态分析系统，更好地抓住该群体阅读的需求点和痛点，持续地获得反馈信息，提升阅读推广活动的有效性和针对性。

2.2 有助于充分激发青少年的阅读动机

青少年读者有着强烈表达个人观点和情感的需求，在阅读行为上也有着区别于儿童阅读的一些特点。根据 2023 年《中国儿童青少年阅读现状与需求调研报告》可以看出，中小学阶段，“没有兴趣”是孩子很少进行课外阅读的首要原因；选择“没有时间”的比例从幼儿园阶段的 18.0% 上升至 7—9 年级阶段的 42.5%[9]。可以看出，阅读时间的缺乏和阅读兴趣的匮乏是当前阻碍青少年阅读的主要因素。而 SICAS 模型把用户的感知和兴趣放在极为重要的位置，充分重视营销主体与客体的深度链接，因而该模型能促使公共图书馆在阅读推广中注重匹配甚至催生用户的阅读兴趣，持续激发青少年读者的阅读动机。

2.3 有助于实现与青少年读者的深度互动

SICAS 模型注重商家与用户之间，以及用户与用户之间的多点交互式链接，以互动触发用户对产品的关注。利用 SICAS 模型可以打通图书馆与青少年读者之间沟通渠道，打造稳定而高效的互动模型。同时，该模型强调多维度和多点互通，使公共图书馆、第三方资源和线上线下各传播平台与青少年群体之间保持高频率的有效互动这一点能够有效帮助公共图书馆进行资源整合，拓展阅读推广的场域，充分活用社会力量和多媒体平台进行引流推广，进行多维度和全方位的体验覆盖，建立与青少年读者的深度链接，实现阅读推广服务横向及纵向的延伸。

2.4 有助于促使青少年分享阅读体验

当前，青少年群体在生活和学习中遇到疑问，会更倾向于询问同龄人，或进行网络检索。因此，青少年读者会通过各种网络社交平台获取图书资源、推荐书单、书评和图书馆活动等相关信息。在获取信息的同时，他们往往也乐于将喜爱的图书和参与阅读活动的体验分享到自己的社交平台主页上，并在网络上与感兴趣的用户积极讨论。SICAS 模型强调用户的主体地位，把用户的体验分享放在整个营销推广的源头而不是末尾，这就促使公共图书馆更加关注阅读活动中每一个用户的体验和分享，让青少年群体成为阅读推广的强助力者。

3 基于 SICAS 模型的公共图书馆青少年阅读推广策略

3.1 绘制用户阅读画像，精准识别读者需求

青少年群体的心理特点决定了他们对阅读书目的情感切合度和价值认同度的要求都比较高。过于空泛和重复的阅读推广主题很难调动起青少年群体的参与积极性。面临着课业压力、社交焦虑、个人价值探索，以及家庭关系处理等多种问题，在不同的情景下，青少年的阅读需求也呈现出流动性变化。

公共图书馆在策划阅读推广活动时，要提前进行用户需求数据采集，精细化识别青少年群体在不同情景下的阅读需求，并及时对相关数据进行分析量化，从而提高服务的情境适配度。当前的出版环境，各种实体图书和网络图书的质量良莠不齐，但青少年群体课余时间有限，理性分辨能力也较为不足，容易被一些粗制滥造的网络流行小说中刻意铺设的“爽点”所吸引。因此，公共图书馆需要结合青少年读者的需求，用心筛选出高品质书目，帮助青少年群体更多地接触优秀经典读物，并可结合当前社会热点或青少年独有的个人体验，挖掘出经典优秀读物中能激发青少年情感共鸣的内容，加以阐释和推广，充分拉近经典优秀读物与青少年群体之间的距离。

3.2 深入推进高价值互动，建立强链接交互网络

SICAS 模型十分注重在营销主客体间搭建一对一交互的咨询路径，以便营销主体能够精准扫除用户消费顾虑[10]。公共图书馆作为阅读推广活动主要阵地，在青少年阅读推广活动中，需要构建起完善的阅读推广辅导机制，及时跟进并解决青少年群体在阅读中遇到的问题。

公共图书馆需要对负责青少年阅读辅导的馆员进行专业培训，培训内容应该包括阅读推广技巧、教育学和青少年心理学等相关知识，以便在阅读推广的实践中充分贴合青少年阅读需求和心理特征。

青少年群体对于流行趋势、社会新热点和新动向的敏感度较高。公共图书馆在阅读推广的全过程中，需要确保与该群体始终保持深度互动与链接。在活动策划阶段，需要主动了解青少年群体的需求，及时顺应读者阅读行为的变化；在活动运行阶段，要加强与青少年的交流和互动，除集中解答共性问题外，还可一对一地为有阅读困难的青少年读者，提供针对性的帮助和全方位指导，提升其活动体验感；活动结束后，要积极收集反馈意见，以便为之后的活动提供详细的信息参考。

3.3 积极推进新技术应用，实现多平台专业化推广

由于距离原因，很多青少年无法经常到馆进行阅读。虽然各公共图书馆都推出了线上服务，但是在资源的呈现方式和内容质量上还较为单调，无法满足青少年对图书馆线上服务的需求。SICAS 模型强调运用多种技术优化与用户的沟通机制。目前涌现的众多新技术为公共图书馆实现与用户的线上多触点链接提供了技术支持。公共图书馆可以运用元宇宙、VR 等多种新技术打造沉浸式的虚拟阅读空间，还原线下阅读的场景和体验，

并根据读者个性化的需求塑造虚拟阅读场景，如自定义虚拟书架、创意虚拟书桌、仿真虚拟书本等，让青少年读者可以足不出户就能得到云端“逛”图书馆的沉浸式体验。

在当前社会化媒体高度普及的背景下，微信、微博、小红书和抖音等社交媒体平台都拥有着广大的青少年用户，这些平台是青少年获取信息资源的重要端口。公共图书馆需要针对这些平台信息推广的不同特点，进行精确和高适配度的内容投放，并积极在各平台进行阅读活动引导和话题讨论，以此提升青少年群体对公共图书馆的感知度和关注度，从而使他们更多地参与到公共图书馆的阅读推广活动中来。同时，公共图书馆还应全面打通“线上 + 线下”的推广路径，让阅读活动尽可能地实现双渠道优势互通，获得最大效益，全面提升青少年群体的信息素养和阅读素养。

3.4 激发互动式沉浸体验，促使读者口碑传播

SICAS 模型将充分激发用户的分享行为，视为营销推广的重要助力。如何引导读者实现由“服务接受人”向“服务传递者”的转化，是公共图书馆需要着重发力的部分。公共图书馆需将阅读活动覆盖面扩展至社区、学校和家庭等多种场域，通过举办主题阅读打卡、线上书友会和话题讨论会等高互动性活动，提高青少年群体的参与度。在阅读推广活动中，馆员要主动引导青少年读者分享个人观点和见解，使馆员与读者之间，以及读者与读者之间实现良性互动，由此让每一位活动参与者都获得独特的阅读体验，对公共图书馆产生情感认同和价值认同。

此外，公共图书馆可联合周边各学校，举办阅读推广进校园的活动，活动中可招募一些主动性较强的青少年成为阅读推广人，鼓励他们参与到阅读推广活动的策划和实施中，运用榜样的力量，在青少年群体中实现口碑传播。同时，公共图书馆可充分联合社会力量，活用各类社会优质资源，推出如文化手工坊、文化剧本杀和书画体验营等主题活动，保证活动形式的多元化，为青少年群体提供全感官、高沉浸式的体验，促使其对活动内容和价值进行积极分享，实现高活性的用户口碑传播。

3.5 树立差异化品牌，提高读者依存度

目前，许多公共图书馆都推出了各具特色的阅读品牌：例如，国家图书馆于 2012 年推出的“文津经典诵读”品牌栏目，举办了包括诗词赏析、线上读诗、系列讲座等在内的多种主题活动，并结合文创开发，使读者在多元服务中深入了解传统经典读物；南京图书馆于 2020 年推出的“文化走读”品牌项目，将书本阅读与户外实景相结合，让读者获得沉浸式的文化体验。通过调查可以发现，目前公共图书馆的阅读品牌主要面向成人或儿童，针对青少年群体推出的阅读品牌还比较少见。因此，公共图书馆可运用 SICAS 模型充分挖掘青少年读者的群体特征，活用馆藏资源，突出自身的特色，创建具有高识别性的文化阅读品牌，并根据青少年的情感需求、学业需求和阅读习惯等特征，推出高品质特色阅读服务。当前，青少年对各种联合知名“IP”进行营销的文创产品都非常热衷，因此图书馆界在进行阅读品牌建设时，可以打造具有深刻文化内涵的“IP”形象，或与知名“IP”进行品牌联动合作，以提升社会影响力，增强青少年群体对阅读

品牌的认可度和依存度。

公共图书馆进行青少年阅读推广的根本目的在于激发青少年的阅读兴趣，提升青少年的阅读素养。本文基于 SICAS 模型提出以精准画像挖掘用户需求，以高价值互动实现交互连接，以新技术助力专业化推广，以沉浸式体验促使口碑传播，以差异化品牌提升读者依存度的公共图书馆青少年阅读推广策略，有助于公共图书馆实现服务模型的创新，让更多青少年真正享受到阅读的无限乐趣和力量。

参考文献

[1] “全民阅读”连续 10 年写入政府工作报告 [J]. 科技与出版，2023（3）：128.

[2] Teen Programming Guidelines [EB/OL]. [2024-04-03]. https://www.ala.org/yalsa/sites/ala.org.yalsa/files/content/TeenProgramingGuidelines_2015_FINAL.pdf.

[3] 中华人民共和国公共图书馆法 [EB/OL]. [2024-04-03]. http://www.npc.gov.cn/zgrdw/npc/xinwen/2018-11/05/content_2065662. htm?eqid=f349f1f4004366c700000004643b7f73.

[4] 莫晓春. 关于“青少年”年龄界定问题的思考 [J]. 广西青年干部学院学报，2009（2）：38-40.

[5] 朱燕玲. 美国公共图书馆青少年阅读推广的特点及启示 [J]. 图书馆，2023（4）：49-54，61.

[6] 董娜，张鑫. 基于社群合作的公共图书馆未成年人阅读推广策略——以京津冀地区公共图书馆为例 [J]. 图书馆工作与研究，2023（12）：93-99.

[7] 董娟. 公共图书馆针对青少年群体的阅读服务模型创新探析 [J]. 兰台内外，2023（7）：76-78.

[8] 王淑芹 .SICAS 模式下广告创意发展趋势 [J]. 新闻大学，2012（2）：93.

[9] 少儿出版人需关注！一文了解儿童青少年阅读现状、分级阅读情况 [EB/OL]. [2024-04-03]. http://www.cbbr.com.cn/contents/533/90175. html.

[10] 敬海燕. 基于 SICAS 模型的高校图书馆慕课阅读推广实践路径研究 [J]. 图书馆工作与研究，2022（3）：73-79，128.

数字人文领域大模型应用场景研究与商业化前景分析

霍文硕　王佳瑶（国家图书馆出版社）

数字人文领域融合了人文学科和计算机科学，为人们理解和探索人文文化提供了新的途径。大型预训练模型（以下简称“大模型”）的出现，如BERT（Bidirectional Encoder Representations from Transformer，基于变换器的双向编码器表示技术）、GPT（Generative Pre-trained Transformer，基于转换器的生成式预训练模型）等，为数字人文研究带来前所未有的机遇。这些大模型具有强大的文本理解和生成能力，为数字人文领域的文学文本分析、历史数据挖掘、文化遗产保护等提供了新的可能性。本文旨在通过运用综合文献研究、案例分析和实证研究等方法，探讨数字人文领域大模型的应用场景和商业化前景。

1　文献综述

数字人文属于跨学科领域，涉及人文学科和计算机科学，旨在利用数字技术来研究和理解人文文化。近年来，随着人工智能和大数据技术的发展，大型预训练模型的出现为数字人文领域带来新的机遇和挑战。在数字人文领域，大模型的应用场景主要集中在以下几个方面。

（1）文学文本分析：大模型可以应用于文学作品的文本分析和理解，帮助研究者发现作品中隐藏的主题、情感倾向以及文学风格等；

（2）历史数据挖掘：利用大模型对历史文献、档案等进行数据挖掘和分析，有助于揭示历史事件的演变过程和背后的规律。

（3）文化遗产保护：大模型可以帮助文化遗产保护与研究机构对文物进行数字化处理和保护，同时通过分析相关数据挖掘文化遗产的价值和内涵；

在数字人文领域内，大模型的应用已经取得一些成果，包括但不限于：文本生成与翻译，大模型在文本生成和翻译任务上取得显著的进展，能够生成高度仿真的文本并实现多语言之间的翻译。情感分析，大模型可以进行情感分析，帮助研究者理解文本中的情感倾向和态度。知识图谱构建，利用大模型对文本进行理解和知识抽取，可以构建丰富的知识图谱，辅助文化遗产保护和语言学研究。除了数字人文领域外，大模型在其他领域也有广泛的应用，包括自然语言处理、计算机视觉、医疗健康等。这些领域的应用经验可以为数字人文领域的大模型应用提供借鉴和启示。

在图书馆业务领域，人工智能生成内容（Artificial Intelligence Generated Content，AIGC）技术能够广泛应用于文献采购、资源组织、阅读服务和决策咨询等多个环节，通过创新服务形式提升公共图书馆的知识服务水平和效能。与此同时，数字人文作为人文科学与数字技术融合的产物，正在积极探寻有效整合人文知识与技术的方法和路径，致力于推动人文领域在数字化时代的新发展。

尽管大模型在数字人文领域有着广泛的应用前景，但其应用也面临着一些挑战和限制。如数据质量问题与稀缺性，数字人文领域的数据通常是非结构化和稀缺的，这给大模型的训练和应用带来了挑战；模型解释性差问题，大模型通常是黑盒模型，其内部运行机制较为复杂，解释性较差，这给数字人文研究者的研究带来了困难；伦理和隐私问题，大模型在数字人文领域的应用涉及用户数据和敏感信息，需要注意保护用户隐私和遵守伦理规范。

综上所述，数字人文领域的大模型应用场景广泛，其应用已经取得一些成果，但也面临着一些挑战和限制。未来，随着技术的不断进步和研究的逐步深入，大模型在数字人文领域的应用前景仍然十分广阔。

2 应用场景分析

在数字人文领域，大模型的应用涉及多个方面，包括文学文本分析、历史数据挖掘、文化遗产保护等。以下是几个典型应用场景分析，展示了大模型在数字人文领域中的应用场景和效果。

2.1 文学文本分析

OpenAI 公司的 GPT-3 是一种基于深度学习的大型预训练语言模型，具有强大的文本生成能力。研究者利用 GPT-3 进行文学文本分析，探索文学作品中的主题、情感以及文本风格等方面的特征。GPT-3 在文学文本分析中取得了显著的效果。通过输入文学作品的片段或主题，GPT-3 能够生成连贯且高度仿真的文本，帮助研究者理解作品的内涵和特点。例如，研究者可以利用 GPT-3 生成特定风格或主题的文学作品，以探索不同文学风格之间的差异和联系。

2.2 历史数据挖掘

BERT 是一种基于 Transformer 模型的预训练语言模型，具有良好的文本理解和表达能力。研究者利用 BERT 对历史文献进行信息提取和分析，可以揭示历史事件的演变过程和背后的规律。BERT 在历史数据挖掘中展现出了强大的应用价值。通过输入历史文献的文本，BERT 能够识别和提取其中的重要信息和关键事件，帮助研究者理解历史事件发生的背景和动因。例如，研究者可以利用 BERT 分析历史文献中的人物关系、时间线索等，以揭示历史事件之间的关联和发展规律。

2.3 文化遗产保护

文化遗产保护是数字人文领域的重要研究方向之一，涉及对文物和遗址等文化遗产的保护和管理。研究者利用大模型对文物图像进行识别和分类，以实现对文化遗产的自动化保护和管理。大模型在文化遗产保护中发挥了重要作用。通过输入文物图像，大模型能够准确识别并分类不同类型的文物，帮助文化遗产保护与研究机构对文物进行数字化处理和保护。例如，研究者可以利用大模型对文物图像进行自动化的分类和标注，以提高文化遗产的管理效率和保护水平。

综上所述，大模型在数字人文领域的应用涉及多个方面，包括文学文本分析、历史数据挖掘、文化遗产保护等。这些应用场景展示了大模型在数字人文领域中的具体实践效果，为数字人文研究提供了新的方法和工具。

3 应用前景分析

数字人文领域的大模型应用前景十分广阔，其应用不仅可以推动学术研究的发展，还可以为企业和机构提供有价值的产品和服务。目前市场上已经存在一些与大模型相关的产品和服务，主要包括：文本生成工具，一些公司和平台提供基于大模型的文本生成工具，可以帮助用户快速生成高度仿真的文本内容，如文章、故事、诗歌等。语言理解服务，一些公司提供基于大模型的语言理解服务，可以帮助用户理解和分析大量的文本数据，从中挖掘出有价值的信息和见解。文化遗产保护解决方案，一些公司开发了针对文化遗产保护的解决方案，利用大模型进行文物图像识别、文化遗产管理等，为文化遗产机构提供数字化保护服务。

图书馆可以发挥自身优势，基于丰富的馆藏资源进行汉语语料库的建设，为大模型在专业领域的应用提供更多帮助，同时也能利用大模型，反作用于汉语语料库建设与升级。第一，自动识别和清洗低质量或错误文本数据；第二，辅助数据标注和注释工作；第三，增加数据多样性，提高模型泛化能力和适应能力；第四，对于缺失的文本数据可以自动进行文本生成或修复；第五，利用大模型的评估能力对不同的文本样本进行评估和选择。

针对数字人文领域大模型的商业化，公司可以采用以下商业模式和盈利模式：订阅模式，提供基于大模型的文本生成工具或语言理解服务，用户通过订阅的方式获取服务，公司按照使用量或功能等进行收费。定制化服务，针对特定领域或客户特定需求，公司可以提供定制化的大模型应用服务，包括文学文本分析、历史数据挖掘、文化遗产保护等，收取一定的定制费用。数据许可模式，公司可以基于大模型对数据进行分析和挖掘，将分析结果提供给客户，收到数据的许可使用收费。

随着数字人文领域的发展和大模型技术的成熟，数字人文领域的大模型商业化发展依然面临着巨大的机遇。随着用户对数字人文应用需求的不断增加，数字人文领域的大模型，其商业化前景将会更加广阔，并有望成为数字经济时代的新兴增长点。

4 大模型的应用对图书馆工作的影响

4.1 工作流程改变

大模型的应用使得图书馆可以更高效地处理文献资源，提供信息服务，并开展数字化转型工作。例如，图书馆原本需要手动整理和分类大量的文献资源，通过大模型可以实现自动化的文本分类和标注，大大减轻了图书馆工作人员的工作负担，提高了工作效率。

4.2 服务模式变革

大模型的应用改变了图书馆的服务模式，使得图书馆可以提供更智能、个性化的服务。例如，图书馆可以利用大模型对用户信息和需求进行分析，推荐用户感兴趣的文献资源或提供定制化的信息服务。此外，大模型还可以用于构建智能问答系统，提高图书馆服务的响应速度和质量。

4.3 用户体验提升

大模型的应用使得用户在图书馆的使用体验得到了显著提升。例如，用户可以通过智能搜索引擎快速找到所需文献资源，通过智能推荐系统发现更多符合自己兴趣的内容。同时，大模型还可以用于构建智能导览系统，帮助用户更轻松地了解图书馆的布局和资源分布。

5 图书馆大模型应用的应对策略

5.1 人员培训

图书馆工作人员需要具备一定的技术能力和专业知识，才能更好地利用大模型进行工作。因此，图书馆需要加强对工作人员的培训和学习，提升其对大模型的理解和应用能力。

5.2 资源投入

大模型的应用需要大量的资源和数据支持，因此图书馆需要投入一定的资源用于建设和维护大模型相关的技术平台和数据库。这包括硬件设备的更新和维护、软件系统的开发和更新以及数据的收集和整理等。

5.3 数据安全与用户隐私保护

图书馆在利用大模型进行工作时，需要处理大量用户的数据和文献资源，因此需要加强对数据安全和用户隐私的保护。图书馆需要建立健全数据管理和安全机制，确保用户数据不被泄露或滥用。

5.4 技术支持与合作

图书馆可能缺乏足够的专业技术人员，因此需要与技术公司或研究机构合作，共同推动大模型在图书馆领域的应用和发展。同时，图书馆还可以通过加强与其他图书馆或机构的合作，共享资源和经验，提升自身的技术水平和竞争力。

6 未来展望

大模型在数字人文领域的应用方兴未艾，并展现出巨大的发展潜力。本文综述了数字人文领域大模型的应用场景、商业化前景以及对图书馆工作的影响，并分析了其面临的挑战和机遇。大模型赋能数字人文研究，为传统人文研究范式带来革新。特别是在文学文本分析、历史数据挖掘、文化遗产保护等领域，大模型展现出强大的辅助研究能力，帮助研究者更深入地理解和挖掘人文数据蕴含的价值。

从商业化视角看，随着社会对数字人文应用需求的日益增长，基于大模型的文本生成、语言理解、文化遗产保护等产品和服务将拥有巨大的市场空间。图书馆作为知识与文化的重要载体，应积极探索大模型在馆藏资源建设、信息服务、数字化转型等方面的应用，以进一步提升服务能力和水平。

展望未来，数字人文领域的大模型应用将持续深化，与人工智能、大数据等技术融合创新，构建更加智能化、数字化的人文研究新范式。同时，大模型也将为文化遗产保护、知识传播、教育培训等领域带来新的机遇，推动数字人文研究成果的转化和应用，为社会发展做出更大贡献。以下几点建议供数字人文领域的研究机构、实践单位以及政策制定部门参考：第一，加强数据治理和用户隐私保护，建立健全数据安全保障体系；第二，提升模型解释性，增强用户对模型结果的理解和信任；第三，加强产学研合作，推动大模型技术创新和应用推广；第四，构建数字人文人才培养体系，为大模型应用提供人才支撑。数字人文领域的大模型应用是一项充满挑战但也充满希望的事业，相信在各方共同努力下，大模型将为数字人文研究和应用带来更大的突破，为人类文明的传承和发展做出重要贡献。